本丛书的出版得到华东师范大学历史学系战争与和平基金会、
上海市高峰学科发展基金的支持



大夏世界史文丛
史学家文萃

# 战争与和平

李钜廉 著

全国百佳图书出版单位
时代出版传媒股份有限公司
黄山书社

## 图书在版编目(CIP)数据

战争与和平/李鉅廉著.—合肥:黄山书社,2019.6
(大夏世界史文丛·史学家文萃)
ISBN 978-7-5461-8302-2

Ⅰ.①战…　Ⅱ.①李…　Ⅲ.①战争与和平问题-研究-世界　Ⅳ.①D814.2

中国版本图书馆 CIP 数据核字(2019)第 115075 号

**战争与和平**
ZHANZHENG YU HEPING

李鉅廉 著

出品人　贾兴权
责任编辑　秦矿玲
责任编辑　李　磊
封面设计　李　昕
出版发行　时代出版传媒股份有限公司(http://www.press-mart.com)
　　　　　黄山书社(http://www.hspress.cn)
地址邮编　安徽省合肥市蜀山区翡翠路 1118 号出版传媒广场 7 层　230071
印　　刷　安徽新华印刷股份有限公司
版　　次　2019 年 12 月第 1 版
印　　次　2019 年 12 月第 1 次印刷
开　　本　700mm × 1000mm　1/16
字　　数　580 000
印　　张　33.25
书　　号　ISBN 978-7-5461-8302-2
定　　价　69.00 元

服务热线　0551-63533706
销售热线　0551-63533768
官方直营书店(https://hsss.tmall.com)

# 编委会名单

# 总 序

经过两年多的策划和准备,“大夏世界史文丛”终于问世了。本套丛书由三部分组成:资深学者的个人文集、反映华东师范大学世界史学科队伍最新研究水平的论著和着眼于人才培养的教材及读本。

世界史学科是华东师范大学历史学系的传统优势学科。1951 年建校时便汇聚了林举岱、王养冲、郭圣铭、王国秀等一批知名教授。20 世纪 80—90 年代,在法国史、二战史、非洲史、俄苏史、美国史、德国史等研究领域在国内学界都确立了自己的地位,拥有孙道天、艾周昌、陈崇武、王斯德、李鉅廉、钱洪、孙炳辉、余志森、洪波、潘人杰等一批知名学者。1984 年,华东师范大学历史学系获批成立世界史博士点,1987 年获得博士学位授予权,为改革开放后我国世界史学科的发展培养了一大批青年才俊。1995 年华东师范大学世界史又成为上海市教委重点学科。1998 年,设立历史学一级学科博士后流动站,2000 年获得历史学一级学科博士学位授予权,确立了地区国别史、断代史和专门史(思想史)等三个重点发展方向。

华东师范大学世界史学科目前所取得的成就和影响力与老一辈学者打下的良好基础密不可分。今天我们编辑和出版这些老先生的个人文集,不仅是重温他们的学术思想,了解他们的学术发展轨迹,更是对他们治学理念的回顾和传承,管窥他们对学术的孜孜追求和敏锐的学术洞察力。

进入 21 世纪后,华东师范大学世界史学科发展获得新的发展机遇。2007 年,被教育部批准为国家重点学科(培育),同年被上海市政府批准为上海市重点学科。在国家 211 和 985 工程建设中,世界史学科也一直作为重点学科建设对象,获得研究资金和人员配备上的支持。在调整学科布局和保持原学科优势的基础上,涌现出以国际冷战史、中国周边关系史、地区国别史、全球思想文化史、国际历史教育比较等为代表的5个学科群。其中国际冷战史研究已成为国内一流、国际影响较大的学科发展方向，形成一支实力强劲的优秀研究团队；继2016年华东师范大学成立中国周边国家关系研究院后，中国与周边国家关系，尤其是20世纪下半叶的双边关系史研究异军突起，研究团队几乎访问了所有的周边国家档案文献收藏机构，并搜集了数量可观的周边国家对华关系档案，总量有数百万页，搭建起了一个周边国家对华关系文献数据库，档案语种涵盖越南语、缅甸语、泰国语、马来西亚语、柬埔寨语、蒙古语、韩语、日语和俄语等。在此基础上，研究团队除了给有关部门提交了数十篇高质量的咨询报告外，还在国内外权威期刊上公开发表了数篇学术论文。在地区国别史方面，非洲史、德国史和美国史在继承老先生文脉的基础上又有了新的发展，其中非洲史侧重于中非关系、非洲文化和坦桑尼亚历史的研究，与达累斯萨拉姆大学联合成立了“坦桑尼亚研究中心”，密切了双方的学术交流和人才培养机制；德国史主要关注20世纪德国历史的演进，特别是断代史、社会史、外交史、史学史及中德关系史，郑寅达教授当选为德国史学会会长；美国史则倾向于对美国城市发展过程中的内部治理的研究。在国际历史教育比较方面，引领中国历史教育走向国际化。本学科从21世纪初开始便积极同国际历史教育界建立联系，近4年已两次召开国际历史教育工作坊，邀请来自世界各地的专家与会，讨论如“各国历史教科书中的中国形象”等重大话题。孟钟捷教授当选为国际历史教育学会学术委员会成员，多次参加国际历史教育领域内的合作项目。杨彪教授多次前往国际教科书研究所。2015年起，本学科与德国奥格斯堡大学合作，创立国内首个历史教育海外研修学校，组织大学教师、中学教师、历史师范生前往德国。

“路漫漫其修远兮，吾将上下而求索。”经过60多年的学术积累和发展，华东师范大学世界史学科已经形成具有自己特色的研究领域和学科布局，并建立了从本科到博士后的完整专业人才培养体系，学术研究水平和人才培养质量在国内同类系科中位于前列，若干研究领域处于国际领先地位。在2016年全国第四轮学科评估中，华东师范大学世界史学科获得A+的评价。这既是对我们过去几十年来不遗余力地发展世界史学科的肯定，也是对我们未来学科能否成为世界一流学科的鞭策。我们倍感肩上的责任与重担，为此，我们本着有所为、有所不为的原则，在继承华东师范大学世界史学科前辈奠定的学

科特色基础上,放眼全球,努力与当今世界著名高校的世界史研究相接轨,重点发展以下三个方面:

一是世界史学科在发展过程中主动对接国家战略,以适应社会经济发展提出的新需求。冷战史、地区国别史、欧洲社会文化史和历史教育国际比较研究等都涉及国家重大对外战略与重要学术创新。冷战国际史研究引领国内学术研究的潮流,同国际上的许多知名大学和研究机构建立了广泛而密切的学术联系,成为极具特色和优势的研究领域之一。结合华东师范大学"引领中国教师教育"的办学方针,世界史学科积极开展国际历史教育的比较研究,以"中国周边国家历史教科书中的中国形象"作为未来的重大研究课题。学科还积极参与上海市的智库建设,提交咨询报告。

二是致力于思考华东师范大学世界史学科人才培养的目标和方向,形成自己的学科特色和目标。那就是致力于培养热爱祖国,德智体全面发展,专业基础扎实、能力强、素质高,自觉为社会主义现代化事业,为繁荣历史科学服务的高级专门人才。其中以两类为主:一是基础教育的骨干师资,二是高等院校和科研单位的研究人员。人才培养过程中秉持"宽口径、厚基础"的理念,注重科研能力的训练和综合素质的培养。要求所培养的硕士研究生具有较系统的理论基础和正确的教育思想观念,熟悉国内外史学研究动态,打好扎实深厚的专业基础,能运用科学的研究方法进行专业领域的学术研究,熟练掌握一门外国语,毕业后能在本学科领域独立从事研究和教学工作,或在实际工作部门从事相关工作。博士研究生具有较深厚的理论素养和先进的教育思想观念,熟悉本专业领域史学研究成果和国内外最新研究动态,能够站在学术前沿,运用先进的研究方法和手段进行创造性研究,至少熟练掌握一门外国语,毕业后能在本学科领域独立从事高层次的研究和教学工作,或在实际工作部门从事相关的较高层次工作。目前,华东师范大学世界史学科下设世界断代史、世界地区国别史、专门史(冷战国际史)三个二级学科博士点和硕士点,同时拥有世界史一级学科的博士后流动站。世界断代史方向涵盖了世界上古中世纪史、世界近代史、世界现代史和世界当代史。注重世界通史观的培养,注意打破各断代史的壁垒,使学生形成宏观的世界史认识。地区国别史方向包括非洲史、美国史、德国史、日本史、法国史等国别地区史,其特色是注意将国别史中的国内史与对外关系史相结合。专门史方向主要为冷战国际史和中外关系史，目前是国内领先的学科方向，集合了国内顶尖的学者。学科以冷战国际史研究中心和当代文献史料中心为依托，将档案资料的收集与科学研究紧密结合，在利用档案文献研究社会主义国家关系史、中国与周边国家关系史方面已经形成了自身的特色，同时在研究生培养方面也形成了以档案文献整理为特色的理论与实践课程。

三是努力与国际接轨，及时跟进国际社会世界学科研究的新进展。早在2013年，就在美国著名智库伍德罗·威尔逊国际学者中心设立了"华东师范大学－威尔逊中心冷战研究美国工作室"。此后，从2017年开始，又陆续在日本早稻田大学、越南国家社会科学研究院、德国奥格斯堡大学和坦桑尼亚达累斯萨拉姆大学设立了工作站，目的是在世界历史研究领域内增进双方的学术交流、学生培养和联合研究等方面的深入合作。上述5个工作站同时也是开放式的，为中国其他高校世界史的师生进站研究提供必要的相关帮助。

当今国际学术界的世界史研究日新月异，国际冷战史、全球史、环境史、社会史、妇女史、城市史、医疗史、移民史等领域的研究成果不断涌现，华东师范大学世界史学科在跟踪这些领域研究动态的同时，也努力展现自己的学术研究成果，为建构中国特色的世界史学科体系、学术体系和话语体系贡献自己的微薄之力。

沐涛　孟仲捷

2019年10月

# 华东师范大学历史学系“战争与和平研究基金”章程

战争与和平研究一直以来是历史研究中的重要内容,为更好地促进此项研究的发展,特成立“战争与和平研究基金”。

## 第一章　总则

**第一条**

为支持华东师范大学历史学系学科发展,依据《华东师范大学基金会章程》的相关规定,结合我系目前实际情况,特制定华东师范大学历史学系“战争与和平研究基金”章程。

## 第二章　人员配备

**第二条**

设立基金管理小组,负责基金的管理和使用等各项事务。

顾问:李鉅廉、郑寅达、余伟民

执行小组:沐涛、李月琴、孟钟捷

**第三条**

历史学系党政一把手作为此项基金的工作负责人。

## 第三章　基金用途

**第四条**

(1)资助出版有关“战争与和平”为主题的历史专业著作。

(2)资助有关“战争与和平”的研究选题。

(3)每年资助华东师范大学历史学系在读的有志于从事相关研究的本科生和研究生若干名。

(4)建立评奖机制,每3年评选全国范围内有关“战争与和平”的优秀著作和论文,并予以奖励。

(5)资助举办相关学术会议。

(6)资助从事相关的教育宣传。

## 第四章 档案及数据建立与保管

**第五条**

执行小组应做好基金使用过程中的信息收集、整理和保存,并定期向捐赠人汇报。

## 第五章 附则

**第六条**

本章程由华东师范大学历史学系负责解释。

**第七条**

本章程自 2018 年 3 月 16 日起施行。

2018 年 3 月 16 日,华东师范大学教授李钜廉捐款 120 万元,设立“战争与和平研究基金”

# 第二次世界大战史研究及学科建设的发展历程

郑寅达

华东师范大学历史学系的世界现代史学科点在国内史学界小有名气。全国世界现代史研究会华东片区的负责人集中在这里,开设的“二十世纪世界史”课程成为上海市精品课程,其中的“世界现代史”课程被“超星”学术网站全程拍摄,在网上播放,获得普遍好评。“世界现代史”课程的片断“第二次世界大战起源”,成为第二批入选的国家精品视频课程,也获得好评。编写的《世界现代史》(王斯德主编)和《世界当代史》(王斯德和钱洪主编)教材,由高等教育出版社出版,20 余年来一再重印,至今仍被不少高校采用。由潘人杰、郑寅达主讲的“世界现代史”课程 43 讲,钱洪、郑寅达、余伟民主讲的“世界当代史”课程 43 讲,在中央教育电视台播放,其中“世界现代史”课程获得教育部颁发的“全国首届电教教材评比三等奖”。开创这一良好局面的,是李鉅廉教授、冯纪宪先生、王斯德教授、潘人杰教授、钱洪教授、郑寅达教授等为核心的学者群,一个令不少同行羡慕的群体。正是他们的拼搏和努力,使华东师范大学的世界现代史学科点在国内如林的强手中脱颖而出,赢得了稳固的发展空间。而开创蓬勃向上新局面的突破点,是从第二次世界大战史研究开始的。

## 开　创

世界现代史是一个年轻的学科,1978 年中共十一届三中全会后,我国的社会科学迎来了发展的春天。当时我校历史学系世界现代史教研室的主干人员，都是新中国成立后培养起来的一代史学工作者。经过“十年动乱”，他们深感自己耽误了做学问的最佳年龄段，经过严冬的人才会体会到春天的温暖。虽然当时他们都已是40岁上下的人，但大家都十分珍惜这个付出沉重代价后到来的新时代，决心团结协作，为发展我国的世界史研究作出贡献。没有老先生带路和提携，增加了起步的难度，但阻止不了勇敢者拼搏的勇气，科学研究本来就没有什么捷径可走，勇敢拼搏者的拼搏惯性，也许会比顺境者更为强劲持久。

在起步阶段，以李鉅廉为首的学术群体，重点抓住了三个环节。

**第一，强调团队精神。**

当时世界现代史教研室的主体力量是中年学者，包括李鉅廉、王斯德、冯纪宪、潘人杰、钱洪，如何实现“强强联合”，发挥群体的优势，协同攻关，成了大家共同关心的问题，并很快达成共识。潘人杰曾经讲过一句形象生动的话：“人无完人，我们在学术上都有各自的缺点和优点，犹如有人手臂粗壮，有人腿部有力，但是一旦组合起来，就能达到手腿都健壮有力的效果。”李鉅廉在求学和工作时，曾经通读过《列宁全集》，其中的不少篇章，还研读过数遍。他自己对苏联历史也很感兴趣。如果选择单兵作战，他就会专攻广义的苏俄十月革命史。然而，由于各人掌握的外语语种不一，以苏联史作为大兵团作战的“战场”，很难发挥出优势。经过反复研讨，大家决定选择需要知识面较广和多个语种的第二次世界大战史，作为集体研究的中心课题，其中又以第二次世界大战起源作为首先突破的重点。

**第二，强调放眼世界。**

人类历史上空前规模和惨烈的第二次世界大战是怎样打起来的？几十年来，西方国家和苏联通过公布档案、发表回忆录、撰写论文和出版专著，各自从不同的立场进行阐述，众说纷纭，某些方面的研究相当深入。我国的研究起点比较低，再加上“十年动乱”的摧残，更为闭塞落后。因此研究团队强调要放眼世界，利用团队协作的多语种优势，首先摸清国外学界对第二次世界大战起源的研究状况和动态。这方面的努力成果，反映在：1979年《世界史研究动态》第7期发表的《近十五年来苏联有关第二次世界大战史书籍的情况》（田娟玉、李鉅廉），1979年刊登在《上海师范大学学报》第4期上的《泰勒挑起的一场论战——希特勒究竟该不该对战争的爆发负责》（郑寅达、李家善、孙仪)，1985 年刊登在《第二次世界大战起源研究论集》上的《苏联史学界关于二战起源的研究动态》(俞新天、徐筠)、《西方史学界关于二战起源的论争述评》(潘人杰)、《日本史学界关于太平洋战争史的研究动态》(金仁芳)等。放眼世界使我们的研究能够一开始就站在较高的起点上。

**第三，强调实事求是。**

针对当时我国世界史学界存在“左”和简单化、公式化、概念化的偏向，研究团队强调实事求是的研究原则。所谓“实事”，就是要从收集原始的历史档案材料出发；所谓“求是”，就是要解放思想，站在史实的基础上，以马克思主义的观点去研究和阐述第二次世界大战的历史。为此，研究团队利用协作的多语种优势，首先致力于收集、整理和翻译各国有关二次大战起源的历史档案材料，计划从英、俄、日、德、法五种文字的资料中，编译出版相关历史文件资料集。

航向已经确定，团队也已成型，然而起步的路程还是相当艰难的。

在拥有知名老学者的群体中，依靠老学者的地位和影响，轻而易举就能获得大量的学术资源，起步时就站立在学术制高点上。而华东师范大学世界现代史学术团队，只能从零开始。

1978 年 11 月，李鉅廉和王斯德两位老师出席在苏州召开的全国性世界史学术会议。他们及时抓住机遇，向全国同行发出信息，通报了准备以第二次世界大战起源作为研究重点的打算和计划。由于准备工作做得比较充分，这一通报不仅引起同行们的重视，也获得当时中国社会科学院世界历史研究所领导朱庭光同志的肯定。

朱庭光同志很具有战略眼光，认为第二次世界大战的研究工作有很大的发展空间，不仅能够有效提升我国的世界史研究工作的水平和影响，对当时我国政府的和平外交工作、力避新的世界战争的努力，也有很强的借鉴作用。他充分利用中国社会科学院世界历史研究所的学术地位和影响，要求在全国范围内推动第二次世界大战史研究，进一步向广度和深度发展。这一情况不啻为我校世界现代史学术团队提供了很好的发展机遇，同时也提出了更高的要求。勇者不惧挑战，变挑战为机遇，通过拼搏来提升自己的学术水平和地位。

李钜廉(左)与朱庭光(中)、齐世荣(右)合影

1979年7月在哈尔滨召开的首次全国第二次世界大战史学术讨论会,我校的研究团队不仅参与了会议的筹备工作,而且在学术上作了充分的准备。在70年代末和80年代初,我方每次出席有关的全国性学术会议,都会把团队成员撰写的学术论文打印后装订成册,提交给会议。这一做法在当时尚属创新,当即引起与会者关注。由于文章质量较高,往往引发同行们索要,一时让人产生"洛阳纸贵"之感。

哈尔滨会议是我国第二次世界大战史研究发展标志性的开端。在学术自由的气氛下,会议打破传统的禁区,首次就一系列问题展开大胆的探索和评价,这些问题包括《苏德互不侵犯条约》和苏联1939—1941年外交政策的评价,苏联在战争初期失利的实况和原因,20世纪30年代西方国家绥靖政策的本质和根源,对美英开辟第二战场的认识,对美苏《雅尔塔协定》以及苏联出兵中国东北的认识等。会议还就第二次世界大战前世界矛盾、战争根源、如何理解"战争是政治的继续"等理论问题,开展了有益的讨论。可以说整个

20 世纪 80 年代我国二战史研究中多数的重大争论问题，在哈尔滨会议上都提出来了。

我校学者以积极的姿态参加这次会议，全部的中年教师，包括李鉅廉、王斯德、冯纪宪、潘人杰、钱洪等，全体出动，并在会议中充分表现了实力。钱洪在分组会议上，就苏联签订《苏德互不侵犯条约》问题谈了自己的看法，认为这一举动也包含了对希特勒德国实施绥靖政策的因素。当天晚上，朱庭光亲自与钱洪沟通，希望他在第二天的全体会议上作大会发言。一石激起千重浪，学者们展开了充分的讨论。我校的李鉅廉和王斯德等也明确谈了自己的不同意见，把我校学者之间真诚地切磋砥砺学问的过程，鲜活地展示在国内学者面前。王斯德论文《论苏德互不侵犯条约》发表于《红旗》杂志内部文稿 1979 年第 10 期和《世界史研究动态》1979 年第 8 期。一时间，华东师范大学中年学者的实力引起全国世界现代史学界的关注：那里有强大的团队，也有实力不凡的个体。

团队合作（左起：潘人杰、王斯德、朱庭光、李鉅廉、钱洪）

随后,我校学者又参与了筹办1980年6月在昆明召开的第二届全国第二次世界大战史学术讨论会。从这次会议开始,历次全国学术讨论会会议简报的编纂工作都由我校的钱洪主持,每次出席会议的我校研究生,都成了采集会议学术动态并写作稿件的主力军。在这次会议上,成立了中国第二次世界大战史研究会,李鉅廉当选为研究会的秘书长(1982年起为副会长兼秘书长),华东师范大学二战史研究室成为中国第二次世界大战史研究会的会址所在地。研究会秘书处不仅处理研究会的日常事务,还利用有限的活动经费,推动全国范围的二战史研究工作。由李鉅廉主编的中国二战史研究会会刊《二战史通讯》别具特色,它主要刊登反映国外史学界新史料、新观点和新成果的译文。在当时的条件下,这些译文无异于流入沙漠的泉水,受到全国相关学者的欢迎和好评。

在这个阶段,我们教研室公开发表的论文有:1979年《世界历史》第5期发表《关于二次大战前史的若干问题》(李鉅廉、潘人杰);1980年《华东师范大学学报》第6期发表《一九三九年英法苏谈判初探》(李鉅廉);1982年《华东师范大学学报》第1期发表《战前纳粹德国的对英政策》(李鉅廉、郑寅达);1982年《历史研究》第6期发表《论太平洋战前美国远东战略及其演变》(王斯德、李鉅廉)等。

年轻一代加入其中,左一、二、五分别为陈石、陈兼、郑寅达

# 发　展

从1983年起,华东师范大学历史系第二次世界大战史科研点进入了发展时期,成立了第二次世界大战史研究室。

1983年1月,李鉅廉被确定为全国哲学社会科学"六五"期间世界史学科规划小组成员。同年6月,我们的"第二次世界大战起源研究"被确定为"六五"国家重点科研项目。同年10月,在华东师范大学校园内举办"第二次世界大战起源全国专题学术讨论会",朱庭光和中国社科院世界历史研究所的第二次世界大战研究团队全体出席,另外还有包括军事科学院、国防大学的前身军事学院、北京大学等23个单位的学者出席。

20世纪80年代的中、后期,我们在承担国家重点科研项目的研究工作期间,相继发表了众多有关二次大战起源的研究成果。

1986年11月华东师范大学出版社出版了由王斯德、钱洪主编的《第二次世界大战起源研究论集》。该书收入科研点的16篇论文和3篇学术动态评述,内容涵盖了:

《两次世界大战起源的比较研究》(潘人杰、李鉅廉);

《中国抗日战争与世界主要大国的战略演变(1931—1941)》(王斯德、陈兼);

《纳粹德国的外交战略(1933—1939)》(郑寅达);

《纳粹德国的军事战略和战争准备(1933—1939)》(郑寅达、李鉅廉);

《略论德日意轴心国集团的形成》(陈兼);

《和平主义与绥靖》(邵汝);

《两次大战之间的英国和平主义运动》(钱洪、潘卫东);

《二次大战前夕英国的对外政策》(王斯德);

《二次大战前英国的军备政策》(倪培华);

《试论法国巴尔都外交》(陈石);

《论1939年英法苏谈判》(李鉅廉);

《略论苏德战争初期苏军失利的原因》(钱洪);

《苏德战争前夕苏联对外政策》(俞新天);

《二次大战前苏联军事战略思想》(余伟民);

《论 1933—1937 年罗斯福的对外政策》(冯纪宪);

《试论两次大战间美国的军事战略和军备政策》(魏楚雄);

《苏联史学界关于二战起源的研究动态》(俞新天);

《西方史学界关于二战起源的争论评述》(潘人杰);

《日本史学界关于太平洋战争史的研究动态》(金仁芳)。

此外还有未收入的《1937—1941 年美国对德政策》(陈兼发表于《历史研究》1983 年第 4 期);《1939 年希特勒开战决策初探》(李鉅廉发表于《世界历史》1987 年第 1 期)等论文。

为加强学术研究的基础工作,同时推动全国各地的青年学者投身于第二次世界大战起源的研究工作,我们计划编纂出版一套三卷本的《第二次世界大战起源历史文件资料集》。我们通过各种关系,尽可能地收集资料,复印当时尚属于“内部资料”的外文版《英国外交文件集》《德国外交文件集》《国际事务文件集》等资料。这些书籍,有些收藏在国家图书馆,但作为内部资料不得借阅,有些在外交学院或国际关系学院,分别由外交部等相关部门管辖,有些在军事单位。我们克服种种困难,多方疏通求情,总算复制成功。结果是,自 1937 年 7 月到 1939 年 8 月的时间段内,我校拥有的相关资料,竟然是国内最为齐整的。由于当时科研经费比较紧张,复印以后的装订工作全部是自己来完成。李鉅廉亲自动手,从家里拿来手摇钻等工具,打洞、穿线、定型,全部自己完成,令一旁的青年教师深受感动和鼓舞。复印之后是挑选、翻译、校对、编纂、加注释,1985 年由华东师范大学出版社出版由李鉅廉和王斯德主编的第二卷,覆盖时段为 1937 年 7 月至 1939 年 8 月,内中收录 346 个档案文件,共 65 万字。

1987 年 6 月,由李鉅廉主持的《第二次世界大战战略问题研究》,被确定为国家教委“七五”重点科研项目。

在这个阶段,我们形成了从更高、更广、更深层次去考察和分析二次大战起源的理论认识,这集中反映在潘人杰、李鉅廉在 1989 年第 1 期《世界历史》杂志上发表的《时代、格局和人——关于世界大战起源问题的若干思考》一文中。

李鉅廉、潘人杰、钱洪同军方学者在一起

## 延　伸

从 20 世纪 90 年代开始，《第二次世界大战史研究》科研点进入了发展延伸时期。

首先是我们从以第二次世界大战起源为研究重点开始，扩展延伸到对整个第二次世界大战的研究，发表了诸多成果，除论文之外，出版的著作主要有：

《第二次世界大战——专题述评》（李鉅廉、潘人杰著，华东师范大学出版社 1990 年 4 月出版）。该书是受国家教育委员会委托编写的高校历史专业教材，同时也是一部第二次世界大战史的学术著作。该书不同于一般的历史专业教材，而以十大专题——（1）世界大战的起源；（2）纳粹德国走向战争之路；（3）西方国家的绥靖政策；（4）1939 年的欧洲；（5）从九一八事变到珍珠港事变；(6)国际反法西斯同盟；(7)中国抗日战争在世界反法西斯战争中的地位；(8)第二次世界大战的军事战略和战争样式；(9)第二次世界大战的战争经济；(10)第二次世界大战的结局和影响——进行深入的探讨和论析，书末还附有一篇题为《我国第二次世界大战史研究概况》的评述。此专著出版后，在我国有关学界引起关注(详见军事科学院徐晓村研究员撰写的书评——读《第二次世界大战——专题述评》，载于1993年第3期《军事历史》杂志)。

《第二次世界大战百科辞典》(李鉅廉和复旦大学历史系教授金重远主编，上海辞书出版社1994年7月出版)。该书的16位撰稿人中，我们研究室(含在读研究生)有10人。该书是我国首部关于第二次世界大战的综合性辞书，荣获首届全国辞书三等奖。

1995年纪念世界反法西斯战争胜利50周年时，我们研究室除了发表多篇论文外，还出版了三部著作：

《希特勒的战争谋略——乖戾的军事天才》(李鉅廉著，上海人民出版社出版)；

《亚太地区反对日本法西斯侵略的斗争(1931—1945)》(李鉅廉、王斯德主编，上海远东出版社出版)；

《会议桌上的世界——第二次世界大战中大国安排战后世界纪实》(郑寅达著，上海人民出版社出版)。

此外，还有《血碑——震撼全球的两次世界大战》(李鉅廉著，西苑出版社出版)。

从20世纪90年代开始，我们研究室的研究重点，从第二次世界大战起源延伸转入如下两个战略方向：

一个是扩展深入对法西斯主义的研究。

法西斯主义(包括思潮、运动和体制)是20世纪的重大历史现象。第二次世界大战就是由法西斯国家发动侵略而引爆的，因此研究法西斯主义是第二次世界大战研究的一个重要中心课题。在我国史学界，对法西斯主义的研究十分薄弱，早在1980年的全国世界史研究动态会议上，齐世荣教授就提出要开展这方面的研究。我们在20世纪80年代开始第二次世界大战起源研究时，就注意到这一点，并由郑寅达分担了对德国法西斯问题的研究，但当时注意的重点是放在法西斯夺取政权后的对外侵略和军事战略等方面。1984年

11 月，在朱庭光领导下，中国社会科学院世界历史研究所主持在烟台召开全国关于法西斯主义问题的第一次专题学术讨论会，李鉅廉和郑寅达受邀出席。经过我国学界众多同仁两年多的努力，终于出版了我国第一部关于法西斯主义问题的专题论集《法西斯主义与第二次世界大战》（朱庭光主编，华夏出版社 1988 年 4 月出版）。此后，在朱庭光指导下，中国社会科学院世界历史研究所由陈祥超研究员具体主持的法西斯主义研究课题，于 1986 年和 1991 年分别列入“七五”国家重点科研项目和中华社科基金重点项目。我校李鉅廉和郑寅达受邀参加了此科研项目有关德国方面的工作。

1991 年 4 月，重庆出版社出版了朱庭光主编的《法西斯新论》。此书是我国第一部对 20 世纪法西斯主义思潮、运动和夺权之路（包括意大利、德国和日本），以及法国、西班牙、葡萄牙和巴西的法西斯运动，进行探讨性研究的学术专著。李鉅廉和郑寅达及邸文（世界史所研究员），承担了其中的第三章《德国纳粹党的纲领和派别》和第四章《德国纳粹党同主要社会阶层的关系及其性质》的撰写。

此后，我校的李鉅廉和郑寅达进一步深入参加世界历史研究所此项法西斯主义研究课题的工作。在朱庭光指导下，我们转入对我国世界史学领域处于空白状态的法西斯体制的研究。经过几年的努力，终于在 1995 年 4 月由上海人民出版社出版了 54 万字的学术专著——《法西斯体制研究》（朱庭光主编，李鉅廉、陈祥超、孙仁宗副主编）。此书共 3 编 12 章，按德、意、日的顺序，每个国家一编。第一编《德国法西斯体制》，含《纳粹体制的确立》《纳粹政治体制》《纳粹经济体制》《纳粹文教体制和社会控制机制》等四章，由李鉅廉、郑寅达及邸文三人撰写，全编由李鉅廉统稿。

《法西斯新论》和《法西斯体制研究》这两部专著，至今仍然代表着我国学术界在这一领域里的最高水平。

研究室延伸转入的另一个战略方向，是从人类战争与和平历史运动这个更广、更高的视角，去考察第二次世界大战。

1995 年纪念世界反法西斯战争胜利 50 周年时，李鉅廉发表了这方面研究的第一篇论文——《战争历史运动座标上的第二次世界大战》（刊于《世界历史》杂志 1995 年第 4 期）。同年，在《学术月刊》的“二次大战与人类进步”特辑，他发表《二次大战对战争历史运动的划时代影响》。

李鉅廉在全国法西斯问题学术讨论会上发言，左一、二分别是齐世荣、朱庭光

经几年的努力，李鉅廉在1999年12月出版了一部29万字的专著——《战争与和平——时代主旋律的变动》(学林出版社出版)。该书从人类历史发展的总体上，对战争与和平的历史运动作宏观考察。时间跨度从远古到当今，重点放在20世纪。全书共六章：1. 人类战争的起源；2. 战争的历史运动；3. 世界大战——20世纪的历史现象；4. 二次大战后的战争风云；5. 新的有限战争时代；6. 和平运动与和平研究。该著作于2000年获得上海市第五届哲学社会科学优秀成果著作类三等奖。

此后，李鉅廉又在2000年第1期的《华东师范大学学报》上发表了《人类战争运动的历史趋势及21世纪世界大战可能性析论》。

2000年前后，李鉅廉名义上离开了教学与科研舞台，然而，学者的余热仍在继续发挥。

2005年纪念世界反法西斯战争胜利60周年时，李鉅廉应约在《史学理论研究》(2005年第3期)发表论文《战争与和平历史运动的转折——一个中国学者对第二次世界大战的思考》。

2006年，李鉅廉受聘担任国家社会科学基金军事学项目《世界军事革命史》编审委员会委员。2012 年,三卷本的《世界军事革命史》由军事科学出版社出版。该书的出版说明写道:"尤其是李鉅廉教授,多次与主编进行沟通和探讨,写下长达数千字的信件,阐明自己的学术观点和意见,对本书纲目的拟定、军事革命的划分及其历史分期、资本主义体系与军事革命的关系等重大基础理论问题,提出了十分宝贵的意见和看法,为本课题组所采纳。"

回顾第二次世界大战史研究和学科建设的发展历程,精神振奋,感受良多,欣慰不已。当今不少人已年老退休,但壮心犹存,他们仍以各种途径和方式为历史研究和历史教育事业做出不懈努力。

(选自《文脉——华东师范大学学科建设回眸》,华东师范大学出版社 2017 年 2 月出版)

# 目 录

序…………………………………………………………………… 1

第一编

战争与和平——时代主旋律的变动

前言…………………………………………………………………… 3

第一章　人类战争的起源…………………………………………… 7

一、动物群斗与人类战争 ……………………………………… 7

二、从原始形态到“文明”时代的演变 ……………………… 13

三、人类为什么打仗? ………………………………………… 20

第二章　战争的历史运动 ………………………………………… 32

一、显性趋势与隐性趋势……………………………………… 32

二、古代战争的历史演进……………………………………… 39

三、中世纪战争的起伏搏动…………………………………… 51

四、从冷兵器过渡到火器……………………………………… 64

五、法国大革命与拿破仑——无限战争的再生……………… 73

第三章　世界大战——20 世纪的历史现象 …………………… 83

一、世界大战的物质基础……………………………………… 83

二、世界大战的社会根源……………………………………… 88

三、世界大战的直接导因……………………………………… 93

四、第一次世界大战——无限化总体战争时代的开始……………………99
五、第二次世界大战——战争历史运动上升坐标的顶峰……………………108
第四章　二次大战后的战争风云……………………122
一、50多年来的局部战争……………………122
二、战争运动轨迹的变化……………………128
三、热点——发生战争的地区分布……………………133
四、热国——进行和参与战争的国家统计……………………139
五、热源——引发战争的因素分析……………………144
六、未再发生新世界大战的原因……………………155
第五章　新的有限战争时代……………………168
一、当代有限战争的概念……………………168
二、当代有限战争的萌发……………………174
三、国际性制约的因素……………………185
四、国家整体实力的较量……………………196
五、威慑战略的轨迹……………………205
六、高技术战争……………………215
七、人类战争运动的变异……………………227
第六章　和平运动与和平研究……………………241
一、“和平”究竟是什么？……………………241
二、渊源与传统——和平主义与和平运动的历史……………………244
三、事与愿违的悲剧——两次大战间的和平运动……………………254
四、核阴影下的光亮——当代和平运动的发展……………………265
五、对和平的理性追问——和平研究……………………279
结语……………………289
附录一：1945—1999年主要的武装冲突和战争……………………292
附录二：和平运动与和平研究大事记……………………302

# 第二编

## 血碑——震撼全球的两次世界大战

前言……………………………………………………………………… 313
第一章 血与泪的世界纪录…………………………………………… 315
一、两场战争浩劫伤亡损失知多少 ………………………………… 315
二、人类为什么打仗? ……………………………………………… 319
三、世界大战是20世纪的历史现象………………………………… 326
第二章 浩劫的源起…………………………………………………… 333
一、对市场、资源和领土的追逐…………………………………… 333
二、强权集团对强权集团 …………………………………………… 338
三、白热化的军备竞赛 ……………………………………………… 343
四、引爆的发火点 …………………………………………………… 347
第三章 不可思议的战争……………………………………………… 352
一、旧时代战略和战争观的破产 …………………………………… 352
二、全社会投入的“战争动员”…………………………………… 357
三、从平面发展到立体的战争样式 ………………………………… 362
四、成打的王冠落地 ………………………………………………… 366
第四章 不稳定的和平与不可靠的安全……………………………… 371
一、胜利者的分赃 …………………………………………………… 371
二、强权主持下的集体安全 ………………………………………… 375
三、被捆绑的德意志 ………………………………………………… 379
四、受遏制的日本 …………………………………………………… 383
五、法国人的依托 …………………………………………………… 388
六、英国人的王牌 …………………………………………………… 391
七、美国人的梦幻 …………………………………………………… 395

第五章　通向新浩劫之路…… 399
一、大和民族的强兵霸权梦 …… 399
二、德意志的铁血复仇 …… 405
三、不列颠目光短浅的绥靖 …… 412
四、法兰西没有主心骨的外交 …… 416
五、美国不分是非的中立 …… 420
第六章　从局部战争走向全球战争…… 424
一、日本由“蚕食”满洲到全面侵华 …… 424
二、希特勒从“一次切一片”到“破釜沉舟” …… 431
三、苏联后果严重的闪避 …… 436
四、波兰的覆亡 …… 444
五、法兰西的败降 …… 450
六、“巴巴罗萨” …… 458
七、战争的全球化 …… 467
第七章　无限化总体战争的顶峰…… 473
一、集约快速的突击与摧毁 …… 473
二、走向极限的战争动员 …… 480
三、无限化的打击与杀伤 …… 486
四、战争教育了人民，人民赢得战争…… 492
五、国际社会追究战争罪责 …… 496
结　语：人类还能打世界大战吗？ …… 500
主要参考书目…… 503

# 序

我生于1934年,父母取名李鉅廉。50年代实行汉字简体化,我把“鉅”字简化为“巨”(李巨廉)。1958年研究班毕业后,我就在华东师范大学历史学系工作。从助教升至教授、博士研究生导师,获国务院专家津贴。历任中国第二次世界大战史研究会副会长兼秘书长,上海市世界史学会副会长。发表论文50余篇,出版著作11部。1999年退休,其后在换发二代身份证时,姓名恢复使用繁体“鉅”字(李鉅廉)。

我的学术研究,主要是在20世纪70年代末,从对第二次世界大战史的研究开始。到90年代,进一步深入扩展为对人类战争与和平历史运动的研究(参见郑寅达教授所著的《第二次世界大战史研究及学科建设的发展历程》一文)。

战争与和平研究是当今有待进一步开拓发展的学术研究领域。它不同于一般的战争史、军事史,需要从更广、更高的视角,对人类战争与和平的历史运动,作具有战略性和理论性的探索研究。1999年12月由学林出版社出版的《战争与和平——时代主旋律的变动》一书,是我这方面研究的代表作(获2000年上海哲学社会科学优秀成果著作类三等奖)。

我退休之后,虽仍发挥余热,参与了若干学术研究课题,发表了若干论文,但已日感力不从心。2010年我住进上海浦东亲和源老年公寓,实行“卖房养老”,基本退出了学术研究领域。然而,对于开拓战争与和平研究的心愿犹在,遂从卖房所得中,拿出120万元,捐献给母校、母系,建立“战争与和平研究基金”,期望能够有助于推动年轻一代学者,继续投入此领域的研究。

为了启动这方面的研究,此次由黄山书社出版本书,收录我在1999年出版的《战争与和平——时代主旋律的变动》以及2000年出版的《血碑——震憾全球的两次世界大战》两书,分别列为本书的第一编和第二编。我深切希望华东师范大学历史学系“战争与和平研究基金”,能够运作有成。我本人打算今后再作后续的资金捐赠,也希望有其他仁人志士参与此项捐赠,促使我国的战争与和平研究取得更大发展。

李钜廉

2018年3月

# 第一编

# 战争与和平

——时代主旋律的变动

# 前　言

“战争与和平”是一个涉及国家和民族生存、人类命运和文明发展的重大问题，历来都受到各个国家、民族以及各个社会集团的高度重视。从这个意义上说，它从远古时代起，就一直被人们加以研究。

两千多年以前，著名的古希腊哲学家亚里士多德，在其《政治学》一书中就阐述过战争与和平的问题。但是，长久以来，人们更多的是研究战争而不是和平，它首先集中反映在军事学的领域。古代中国的孙武①，古希腊的色诺芬②，古罗马的恺撒③和韦格蒂乌斯④，都有关于战争的著名论述。他们都是人类最早研究战争的大师。到了17、18世纪，西方对战争的研究已经成为独立的专门学科——军事科学。拿破仑战争（这是近代世界第一场大规模的战争）之后，若米尼⑤和克劳塞维茨⑥把这一专门研究战争的学科系统化，成为近代军事学的鼻祖。但军事科学是专门研究战争的学问（而且着重于如何进行战争），一直很少接触和平的问题，因此对于“战争与和平”的研究来说，它是不全面的。

---

① 孙武（孙子）为公元前5世纪我国春秋时代的军事家。其名著《孙子兵法》被公认为世界最早的一部伟大军事著作。

② 色诺芬（Xenophon，约前430—前354），古希腊军事家。其《长征记》叙述他参与和统率希腊雇佣军，经小亚细亚、两河流域到黑海岸的作战历程，被公认为古希腊军事名著。

③ 恺撒（Gaius Julius Caesar，前102—前44），古罗马统帅和政治家。毕生征战，用兵有方。其军事名著为《高卢战记》和《内战记》。

④ 韦格蒂乌斯（Flavius Vegetius Renatus，约4世纪—5世纪），古罗马军事著作家。其《罗马军制》一书，在几个世纪的时间里被欧洲军界奉为经典。

⑤ 若米尼（A. H. Jomini，1779—1869），军事理论家。生于瑞士，参加过拿破仑战争、俄土战争和克里木战争。著有《战略学原理》《战争艺术概论》《论大规模军事行动》等。

⑥ 克劳塞维茨（Carl von Clausewitz，1780—1831），军事理论家，普鲁士将军，参加过拿破仑战争。其名著三卷本《战争论》被公认为西方近代的军事理论经典。

战争与和平问题在历史科学领域中也占有非常重要的地位。任何一个时代最伟大的历史巨著,几乎都是同对战争的研究连在一起的。对于人类历史的发展来说,各种各样的战争不仅其本身一直是历史学科的主要研究对象,而且就战争与和平的影响而言,几乎覆盖了所有重大的历史问题。但是,历史学是一门研究人类社会发展的综合性学科,往往偏重于叙述和解释已经发生过的战争的起因、过程、结果和影响,缺乏对"战争与和平"作专题性的深入考察。

近代以来,随着资本主义的发展,世界性的国际交往和冲突日益频繁。西方越来越多的政治思想家,致力于探讨国际关系的问题,于是开始从一般的历史学和法学中,逐渐分化出国际关系学。马基雅弗利[①]、格劳秀斯[②]、普芬道夫[③]等,作为国际关系学的先驱者,他们研究的主要问题是国家间的关系在何种条件与情势下,可以保障最低限度的国际秩序与和平;或者反过来说,是研究由众多国家组成的国际社会(世界大家庭),是否会不断地陷于战争。一句话,也就是研究国际之间的战争与和平问题。不过,此时对于国际关系问题的论述,大都仍然包藏在上述思想家的法学、史学和哲学著作里面,尚未有系统的国际关系著作。人类进入 20 世纪之后,1914—1918 年发生了第一次世界大战的浩劫,"战争与和平"就成为国际社会关注的问题和众多学者研究的对象。战后出版了大量有关国际关系的专著,它们集中探讨的就是这场浩劫的"起因"或"根源",以及怎样避免新的世界战争与保障国际和平。这标志着国际关系学真正成为一门独立的学科。[④] 如果说军事学科着重研究的是国家之间的战争问题(即如何进行战争),那么国际关系学则比较着重研究国家之间的"非战争状态"问题(即如何避免国际战争)。

第二次世界大战的浩劫,尤其是战后热核武器的发展,人类的战争能力达到了能够毁灭地球的程度,"战争与和平"就更成了关系人类命运的重大问

---

① 马基雅弗利(Niccolo Machiavell,1469—1527),意大利政治思想家。著有《君主论》《战争的艺术》等,提出国际社会处于无政府的自然状态是发生战争的重要原因。

② 格劳秀斯(Hugo Grotius,1583—1645),荷兰法学家。其巨著《战争与和平法》被认为是国际法的奠基之作。

③ 普芬道夫(Samuel von Pufendorf,1632—1694),德国法学和史学家。

④ 有人认为 1919 年巴黎和会期间,美英决定成立国际关系研究机构,标志着国际关系学的诞生。

题。在学术领域，它被作为一个综合性的专门课题提了出来，成为多门学科——军事学、历史学、国际关系学、法学、社会学、未来学等交叉研究的聚焦点。但是，战争与和平的问题涉及面太广，有许多模糊不清和难以确定的地方，因此又很难界定其研究范畴。何谓战争？何谓和平？对此不同的学派、不同的"主义"，都有各自不同的看法和解释。而且，从其所涉及的不同学科，比如军事学、历史学、政治学、法学、社会学等，从不同的研究视角也各有不尽相同的理解。

我们究竟是研究国际战争与国际和平（这主要属于国际关系学的范畴），还是包括国内战争与国内和平？我们是研究全面战争与全面和平，还是研究包括局部战争、武装冲突以及一般的暴力威胁（包括国际恐怖主义行动），即研究人类社会不同群体的关系紧张与和谐问题（这很大程度上是属于社会学范畴）？我们究竟是着重研究战争，还是着重研究和平？就着重研究战争来说，我们是着重研究过去已经发生的战争（这主要属于历史学的范畴），还是着重研究未来战争的演变问题（这主要是属于未来学的范畴）？我们是着重研究"实战"（这属于军事学范畴）和战争指导（古典战略学），还是研究包括"实战"以外的，诸如战争起源、战争准备、战争威胁以及战争罪责（后者很大程度上属于法学范畴）等问题？我们过去一直缺乏对和平的专门研究，但如果着重研究和平的话，那什么是"和平"呢？仅仅是没有世界大战的和平、核威胁下的和平、霸权主义统治下的和平，还是别的什么样的和平？我们当然可以从不同的角度、不同的层面、不同的结构入手，分别去研究"战争"或者去研究"和平"，也可以综合研究战争与和平的演变，既探讨战争是如何发生的（或曰和平是如何转向战争的），又探讨战争是如何转向和平的，研究战争与和平的互相转化，等等。所有这些，都是同"战争与和平"这个命题有关的。作为一个专门的研究课题需要明确的研究范围，也就是给它的研究对象画出明确的界线。但由于"战争与和平"涉及的面太广，有时很难加以界定。

另外，还需要说一说有关"20 世纪"的问题。

我们都是生活在 20 世纪的人，但是，我们对于 20 世纪的认识很不足。这也许是必然的，古人说："不识庐山真面目，只缘身在此山中。"现在 20 世纪即将过去，无论从总结和认识本世纪人类历史发展的要求，或者是从探索和迎接 21 世纪的需要，研究 20 世纪都应该成为当今社会科学的重大课题。事实上，人们已经纷纷从不同方面和不同角度对它进行了研究。我以为，作为一个历史性的总体认识，“20 世纪研究”起码包含下列六个方面，即 20 世纪的资本主义历史运动，20 世纪的社会主义历史运动，20 世纪的民族主义历史运动，20 世纪的战争与和平历史运动，20 世纪的科技革命效应以及 20 世纪的文化冲突与交融。这些问题是紧密相连，不可分割的。我们虽然不是要（也不可能）在本书中全面涉及这六个方面的问题，但在认识上来说，离开对这些问题的了解，就很难对 20 世纪的“战争与和平”有一个比较深入和实事求是的论述。

总的来说，今天关于战争与和平的问题、关于 20 世纪的历史发展问题，虽然客观上已成为全球共同关注的热点，但对它们的研究仍然是很不够、很薄弱的。本书把这个既是综合性的也是专门性的课题，提出来作为自己论述的主题，完全是一种尝试性的探索。我将主要从人类历史发展的总体上，对战争与和平的历史运动作宏观的考察。时间跨度从远古到今天，但重点放在 20 世纪。因为 20 世纪是人类战争历史运动发展到顶点的世纪，出现了前所未有的无限化总体战争——世界大战，同时也是人类争取和平的斗争大发展的世纪，和平开始成为世界的主旋律。从宏观上考察战争与和平的历史运动，不是对历史上所发生的众多战争进行具体阐述，但它必须立足于战争史（尤其是 20 世纪）的基础上，因此本书仍然是历史性的著作。由于时间跨度很大，综合面很广，个人的学识有限，必有疏漏，敬请指正。

本书写作过程中，得到上海市社联副主席武克全同志的大力支持。中国社科院世界史研究所、中国军事科学院军史部等单位我的学术朋友们，华东师范大学历史学系我的同事们，以及已经赴美的我的几位学生，也多方予以帮助。特此表示感谢。

李钜廉

1997 年 11 月于丽娃河畔

1999 年 6 月修订

# 第一章　人类战争的起源

## 一、动物群斗与人类战争

战争虽然是社会科学最基本的研究对象之一，但人们对于“战争”这个概念的内涵和战争的起源，一直存在不同的认识。新中国成立以来的传统观点，强调战争是人类社会有了私有财产和阶级之后才出现的。毛泽东在《中国革命战争的战略问题》一文中说：“战争——从有私有财产和有阶级以来就开始了的，用以解决阶级和阶级、民族和民族、国家和国家、政治集团和政治集团之间在一定发展阶段上的矛盾的一种最高斗争形式。”[①]这句话构成了我国关于战争定义传统观点的最基本内容。

从学术上进行追溯，这一观点可以说是20世纪30年代在苏联形成的。当时最有代表性和传播最广的是苏联哲学家罗森塔尔和尤金合编的《简明哲学辞典》[②]。其解释如下：“马列主义认为战争不是人民和国家生活中一种必然的和自然的现象，而是一种在人类社会发展一定阶段上产生并和社会生活的暂时条件相联系的历史现象。战争是不同的阶级或国家，为了一定的经济目的和政治目的而进行的有组织的武装斗争，是阶级社会产生和发展的必然产物。……战争按其实质来说，就是某一阶级的政策通过暴力手段的继续。占统治地位的剥削阶级使用各种手段，即经济的、思想的和外交的手段来达到他们的阶级目的。如果这些手段还不能达到预定的目的，那末他们就采取

---

① 《毛泽东选集》第1卷，人民出版社1951年版，第168页。

② 这本书，我国在1955年翻译出版了其俄文第4版，1973年三联书店重印。

公开的暴力斗争方式，即进行战争。”这两位苏联学者所说的“人类社会发展一定阶段”，就是指存在私有制和阶级的社会。他们强调，远古时代的原始社会（原始共产主义社会），以及将来消灭了私有制和阶级的共产主义社会，都是没有战争的。

苏联的这一观点，被国际共产主义运动各党和后来的各社会主义国家所普遍接受，而且长期以来一直被坚持。苏联20世纪70年代出版的多卷本《苏联军事百科全书》，我国1979年出版的《辞海》，对“战争”都作如是解释。虽然不能说我国以前没有出现过不同的观点，例如1950年叶蠖生就曾在当时的理论刊物《学习》杂志上发表过两篇文章，提出在原始共产主义社会中氏族部落之间发生的武装冲突，“虽然不是阶级间的斗争，还是可以称作战争的”。但这种不同的观点，只是极少数人表示的一点异议，而且当时还受到了批判。

20世纪80年代初，我国随着中共十一届三中全会以后的思想解放，带来了学术的自由与繁荣，人们开始大胆地探讨这个问题。近年来我们国家关于战争的认识，已经开始发生了变化。不过直到目前，占统治地位的仍然是传统观点，比较有代表性的是1990年出版的《中国军事辞典》。它明确强调：“在原始社会，人类曾经度过了没有战争的漫长年代。在原始社会制度下没有私有财产，社会尚未分成阶级，也就没有战争。……战争随着阶级的产生而产生，随着阶级社会的发展而发展，也必将随着阶级社会的消亡而消亡。战争是阶级社会的必然产物。只要世界上存在着剥削制度，战争就不会从人类社会生活中消失。”①另一本1992年出版的《军事大辞典》也说：“马克思主义认为，战争是发生于生产资料私有制和阶级产生以后……是人类历史发展到一定阶段的社会现象。”该书强调“原始社会，部落与部落之间的争斗和冲突，还不具有阶级斗争的性质”②。使用了“争斗和冲突”的概念，以区别于“战争”的概念。

我以为，对于“战争”这个概念的内涵和战争的起源，今天应该重新进行研究和认识。首先，当代世界的现实和发展趋势，向我们提出了很多新问题。例如：说战争是阶级社会的必然产物，是私有制和阶级社会特有的现象，是占

---

① 见《中国军事辞典》“战争”词条，解放军出版社1990年版。

② 郑文翰主编：《军事大辞典》“战争”词条，上海辞书出版社1992年版。

统治地位的剥削阶级的政治继续,那么为何在消灭了私有制和剥削阶级的社会主义国家之间也发生战争呢?按照传统的观点,强调帝国主义是现代战争的根源,强调私有制消灭以前战争不可避免,可是第二次世界大战后的五十多年来,没有发生新的世界大战,而且虽然局部战争不断,但在发达资本主义国家之间并没有发生战争。总的来说,经济发达的国家和地区战事极少,相反在经济和文明发展比较落后的国家和地区却战火连绵……这些都需要我们进行新的探索和作出新的解释。

另外,大量的考古发现和人类学的研究,都充分证明原始社会(即有文字记载以前的史前时期)确实存在着战争。最近的一个发现是1994年在澳大利亚西北部的地表下,考古学家发掘出许多1万多年前的石器壁画。画面显示了人类两个不同的群体,以长矛和飞镖相互作战,其中有以长矛刺杀对方身体的,有在救护受伤同伴的,每方约有80人,都有一个头佩特殊装饰物的"统帅"人物在指挥作战。这是典型的人类原始社会战争的场面。

近年来我国不少军事史学的研究者,都谈到了有关原始社会的战争。毛振发、鲍世修、房立中等几位研究者,在20世纪80年代中期接连发表文章提出了这个问题。① 国防大学吴广权等撰著、1992年出版的《外国战争史和军事学术史》一书,论述了原始社会的战争及其产生的必然性。军事科学院的高锐,在其1995年出版的《中国上古军事史》一书中,叙述了四五千年前"中国古史传说中黄帝时代的战争"(即中国原始社会的战争)——蚩尤与炎帝战争、炎帝与黄帝战争、黄帝与蚩尤战争、共工与颛顼战争,并且说这是"原始社会的全民战争"。② 这都是我国学者探讨人类战争起源的新努力。不过吴广权和高锐都强调,战争只是在原始社会的末期才出现,认为"从社会关系上讲,人类最早拥有的是和平,战争不会也不可能伴随人类一同出现"。③ 这在我看来是不够彻底的,但毕竟承认了人类在原始社会有战争。

其实,早在一个多世纪以前,马克思和恩格斯根据当时的人类学和古代社会学研究成果,就曾经多次明确地论述过原始社会的战争。我们在这里仅

---

① 见毛振发在1983年《学术论坛》第5期的文章、鲍世修在1984年《战术研究》第1期的文章、房立中在1985年《史前研究》第3期和1987年《军事史林》第6期的文章。

② 高锐:《中国上古军事史》,军事科学出版社1995年版,第1—17页。

③ 吴广权等著:《外国战争史和军事学术史》,国防大学出版社1992年版,第2—3页。

引述马克思和恩格斯的三处有关论述。

第一处是马克思在1881—1882年，认真研读美国民族学家和社会历史学家刘易斯·亨利·摩尔根1877年出版的《古代社会》一书之后，写的一篇读书笔记。马克思明确而具体地论述了原始社会的战争："土著部落起源于一个原始人群……他们不断移居……每个移居者的团体都带有武装殖民的性质。他们力求获得并保持新得到的地域……他们（土著）之间经常发生战争，凡是相持最久的战争，照例都是起源于讲着不同语言的部落之间的战争。"①

第二处是马克思写的《政治经济学手稿》。在这篇手稿中，马克思又具体分析了原始社会发生战争的原因："一个共同体（即原始社会的部落）所遭遇的困难，只能由其他共同体所引起，后者或者是先已占领了土地，或者是到这个共同体已占领的土地上来骚扰。因此，战争就是为了占领生存的客观条件，或者是为了保护并永久保持这种占领所要求的巨大的共同任务、巨大的共同工作。"②

第三处是恩格斯1884年写的名著《家庭、私有制和国家的起源》。恩格斯明确讲到了原始社会的蒙昧时代"各部落之间战争不断"，而且指出这种部落之间的战争"进行得很残酷，使别的动物无法和人类相比"。恩格斯还具体作了阐述：原始社会的氏族部落内部实行共产制，没有军队、宪兵、警察。这种与当时社会条件相适应的简单的氏族部落组织，"能够处理在这样组织起来的社会内部一切可能发生的冲突。对外冲突，则由战争来解决；这种战争可能以部落的消灭而告终。但决不能以它的被奴役而告终。氏族制度的伟大，同时也是它的局限性，就在于这里没有统治和奴役存在的余地"。当时的战俘"就是简单地杀掉，在更早的时候甚至把他们吃掉"。恩格斯接着分析说：以后由于生产力发展，出现了剩余产品，出现了私有财产，于是"古代部落对部落的战争，（已经）开始蜕变为……攫夺家畜、奴隶和财宝而不断进行的抢劫，变为一种正常的营生"。③

我们从马、恩的这些有关论述中可以看到，他们认为在原始社会中，作为

---

① 马克思：《摩尔根〈古代社会〉一书摘要》，人民出版社1956年版，第95—101页。
② 《马克思恩格斯全集》第46卷，人民出版社1963年版，第475、490页。
③ 《马克思恩格斯全集》第4卷，人民出版社1972年版，第9、92—94、104、154—155、175页。

当时社会单位的氏族部落群体，其内部实行共产制度，没有剥削，没有阶级，也没有国家和军队，但在氏族部落与氏族部落之间则存在着战争。当人类社会出现私有制和阶级以后，古代原始社会的部落战争，就“蜕变”（这是马、恩的用词）成为人类文明时代的战争。战争的形态和性质都发生了变化。但作为人类社会群体之间的一种有组织的暴力对抗和争斗行动，人类古代的原始部落战争，与人类文明时代的战争，又有着共同的属性。这种共同属性就是都同样具有社会性和暴力性。

所谓社会性：一是说战争是人类社会所特有的现象，它不同于动物界的生存竞争；二是说战争是人类社会群体和集团之间的暴力冲突，而不是少数个人之间的械斗。所谓暴力性：就是说战争不是单纯的意志行为，而是使用具有促使意志行为实现的特殊工具（武器）。在我国一些坚持传统战争定义的人，常常强调原始社会的部落战争，同文明时代阶级社会的战争是根本不同的，说只能称之为“武装械斗”或者称之为“暴力冲突”，而不是“战争”①，我不同意这种说法。但是，在探讨战争的起源和演变时，我们确实需要划清如下的两个界线：一是划清人类的战争与动物的群斗之间的区别；二是划清人类原始社会时代的战争与文明时代阶级社会的战争之间的区别。本节将主要阐述人类的战争怎样从动物的群斗演变而来。

我们知道，任何事物都有一个演变发展的过程。人是从动物（狭义的动物，即类人猿）进化而来的。动物之间存在着群斗，人类存在着战争。战争是从动物群体之间的争斗演变而来的，就像人是从动物演变而来的一样。人类战争的产生与动物群斗不可截然分开，这是一个漫长的发展过程，然而又是一个“质”的转变过程。在这个转化过程中，除了人脑和人体的进化之外，工具的出现具有决定性的意义。

众所周知，能制造工具是人区别于动物的标志。我们可以说，能够使用制造出来的工具（武器）去与同类进行群斗，就是人类战争区别于动物群斗的主要标志。恩格斯在《自然辩证法》一文中，曾经论述过这一点。他说：“人类

---

① 前述《中国军事辞典》说，原始社会的氏族部落之间发生的武装冲突，只是为了求取生存，不同于现今概念的战争。它还强调，马恩著作中讲过的原始社会“战争”，只是在探讨古代社会时借用摩尔根的提法，并不是马恩后来从严格科学意义上所使用的“战争”概念。

社会区别于猿群的特征又是什么呢？是劳动……劳动是从制造工具开始的。我们所发现的最古老的工具是什么呢？……是打猎的工具和捕鱼的工具，而前者同时又是武器。"[①]这就说明，动物（类人猿）进化为人的历史过程，同时也就是动物群斗演变为人类战争的历史过程。

我们可以把人类的战争与动物的群斗，归纳为如下三个区别：

1. 人类战争是借助于人类制造的工具（武器）来进行的；动物群斗则是地地道道的以牙还牙、以爪还爪、以角还角。

2. 人类战争是不同社会群体和集团，有意识、有目的、有组织地进行的；动物群斗则是单纯的本能行为[②]。人类的独特之处就在于具有理性，能够（也必然）以语言和符号表达思想感情，形成自己的价值观念和意识形态，成为人类社会生活的重要组成部分。语言是思想之直接体现。没有思维的语言和没有语言的思维同样是不可想象的。"语言是从劳动中并和劳动一起产生出来的"。[③] 首先是劳动，然后是语言，这两个因素加在一起，使人类得以从一般动物界分离出来，组成人类社会，从事生产活动并发展自己的理性思维。恩格斯说："人离开狭义的动物愈远，就愈是有意识地自己创造自己的历史。"[④]虽然非理性的生物需求与冲动（即动物性的本能），依然在人类社会生活中（包括战争）发挥着一定的作用（越是低级的人类社会发展阶段，这种作用就越大），但已经越来越受到人类身上有意识活动的那部分所指挥和制约。

3. 人类战争可以随着武器的发展而无限制地扩大下去，但同时它又随着人类社会的发展而受到各种社会因素（包括理性因素）的制约。动物群斗则永远是有限的（受到动物本身的自然条件限制），但它同时又是肆无忌惮的（即它又是不受任何社会性制约的）。

总之，人类在私有财产和阶级出现以前的原始社会就存在着战争。这种人类社会最初形态（原始形态）的战争，是从动物的群斗演化而来的。自从人类脱离动物界之日起，他们之间的群斗也就同时演变成了战争。

---

① 《马克思恩格斯选集》第 3 卷，人民出版社 1972 年版，第 457、509、513 页。

② 今天西方越来越多的生物学家，采用"先天行为"（innate behavior）这一术语，而不用比较旧的"本能行为"（instinct）。

③ 恩格斯：《劳动在从猿到人转变过程中的作用》，《马克思恩格斯选集》第 3 卷，第 457 页。

④ 恩格斯：《自然辩证法》，《马克思恩格斯选集》第 3 卷，第 457 页。

恩格斯说:“有了人,我们就开始有了历史。”①人类在何时出现?对此考古学家和人类学家的研究,还没有得到十分肯定的结论。以前曾经推测为大约在地质史的“第三纪”末或“第四纪”初,即距今约100多万年以前。近年根据最新科学方法对考古新发现的测定,其年代又向上推算到距今约300多万年以前。即使我们假定人类出现在100万年以前,那么在整个人类历史中,存在私有财产和阶级的社会历史时期,只占0.5%的时间(即5千年左右)。相比之下,原始社会的历史时期要漫长得多。如果承认人类在私有财产和阶级出现以前的原始社会就存在着战争,那么我们对于人类战争发展史(人类战争的历史运动),应该有一个新的认识并认真加以研究。

## 二、从原始形态到“文明”时代的演变

上一节我们探讨了人类战争怎样从动物的群斗演变而来,划清了人类战争与动物群斗之间的区别。本节则主要探讨人类战争从原始形态到“文明”时代的演变,划清我们上面所提出的第二个界线:即人类原始社会的战争(原始形态的战争),与文明时代的战争之间的区别。

原始形态的战争在人类历史长河中延续的时间很长,占了整个人类战争发展史的绝大部分时间。正如我们可以把漫长的原始社会称为人类社会的史前史时期一样,我们也可以把原始形态的战争称为人类战争的史前史时期。在这长达百万年的时间里,没有留下有关人类社会(包括原始形态战争)的文字记载,因为当时人类尚未有文字。我们只能通过诸如化石、遗迹的考古发现,以及人类学家对某些未开发的、保留原始社会形态的部落的考察,来进行科学推断性的研究。

对于这段漫长的人类历史,有些考古学家按照人类生产工具的发展演变,划分为旧石器时代、新石器时代、铜器和铁器时代。有些人类学家主要按照人类体质的发展演变,划分为猿人、古人、新人(或称“智人”)时代。有些社会学家(如马、恩所推崇的摩尔根)主要按照人类物质文明状况的发展演变,

---

① 恩格斯:《自然辩证法》,《马克思恩格斯选集》第3卷,第457页。

划分为蒙昧时代、野蛮时代和文明时代。蒙昧时代和野蛮时代都属于原始社会范畴，由于时间太过漫长，所以又把它们各分为低级、中级和高级三个阶段。近年又有些社会学家，主要按照人类原始社会结构的发展演变，划分为“原始群”和“氏族公社”两个时期。由于氏族公社的早期，女性曾居于支配地位，实行“母权制”，晚期才过渡到“父权制”，所以又把氏族公社时期划分为两个不同发展阶段：“母权制的原始氏族公社”和“父权制的氏族公社”。虽然我们推断，自从人类脱离动物界之日起，他们之间的群斗也就演变成人类的战争。虽然我们引证说，考古发现和人类学研究都证明，人类原始社会确实存在过战争。但我们对于这长达百万年的人类原始社会生活(包括原始形态的战争)，能够确凿知道和说明清楚的东西甚少。就今天所能够达到的认识来说，可以确定的只是，人类原始形态的战争带有很多动物群斗的痕迹，而且在这长达百万年的漫长年代里，战争的形态和性质也几乎没有发生过很大的变化。

在“原始群”时代，人类刚刚从一般动物界脱离出来而组成社会。他们的工具是极其简陋粗糙的石器，在劳动中仅起辅助的作用，因而只能向大自然索取现成的食物。如采集野生植物的果实和块根，猎捕较小的动物，茹毛饮血。当人类学会火的使用后才开始捕鱼(鱼类只有用火才能做成完全可吃的东西)。在食物不足时还经常发生食人的现象(一般是食另一群体的人)。当时的原始人，为了获取维持生存的起码物质资料，抵御自然灾害和猛兽的袭击，不得不结成群体。恩格斯在《家庭、私有制和国家的起源》中，专门论述了这一点。他说：“为了在发展过程中脱离动物状态，实现自然界中的最伟大的进步，还需要一种因素：以群的联合力量和集体行动来弥补个体自卫能力的不足。”①原始人在某一群体中，共同劳动(渔猎和采集)，进行自卫(脱离群体的单个就会成为猛兽甚或其他原始人群的牺牲品)，群内杂婚(不分亲子、兄妹)。他们无固定的居住地，以群体为单位(一般约50—100人为一群体，人数过少和过多都不适宜于当时的生存条件)，过着流动迁移的生活。群与群之间彼此孤立隔绝。由于当时人类征服自然的能力极低，活动范围极其有限，群体的数量也极其有限，而且分散在广阔的地域，因此碰撞的机会并不

① 《马克思恩格斯选集》第4卷，第18—23、29页。

多，但一旦遭遇，便经常会发生战争，这种人类最原始形态的战争，其表现形式几乎同动物群斗没有多少区别。人类历史属于“原始群”时代的时间很长（如果按人类有100万年历史计算则有96万年）。虽然对于“原始群”时代的人类战争，我们未能以直接的历史证据去说明它（因为考古学家发掘出能够表现原始战争的远古遗迹，如石器、壁画和刻有图画的陶器残片，最早的也只是在1万多年以前）。不过，我们既然承认人类是起源于动物界，承认人类原始战争是从动物群斗演化而来，那末，我们就不能不承认这种过渡状态了。[①]

人类历史发展到距今大约4万—5万年以前，随着生产力的逐步提高，“原始群”内部出现以性别和年龄为基础的社会分工。女人和小孩主要采集植物性食物和捕鱼，男人则主要狩猎和打仗。同时，“原始群”不断增殖，一个母群繁衍分离出若干个女儿群，女儿群又繁衍分离出自己的女儿群。母群与女儿群之间维持一定的经济联系，相互给予一定的援助，组成一种以血亲关系为纽带的联合，那就是最初的氏族。“原始群”内最初是不分亲子、兄妹的杂婚。杂婚导致其生不蕃的自然规律，后来逐渐为原始人所认识。于是，群内“杂婚”逐步被禁止，转变为族外“群婚”，即由属于不同群体的男女实行群婚，他们相互以对方群体的同辈男女为共同的“夫”或“妻”。作为对方群体男子共“妻”的女子，不再互称“姐妹”；同样，作为对方群体女子共“夫”的男子，也不再互称“兄弟”，而互称“普那路亚”（Punaluan，意为“亲密伙伴”）。这种婚姻关系在人类发展史上就称为“普那路亚家庭”（The Punaluan Family）。恩格斯说：“氏族制度，在绝大多数场合下，都是从普那路亚家庭中直接发生的。”[②]恩格斯还说：“外婚制的部落只能从别的部落娶妻，而这在与蒙昧时代相适应的各部落之间战争不断的状态下，只有用抢劫的办法才能做到。”[③]

“氏族公社”时期，随着氏族人口的增殖，母系氏族分离出若干女儿氏族，它们联合起来称为“胞族”。若干有亲缘关系的胞族，又联合而成部落。从血缘纽带的作用来说，部落也是由氏族组成的，人数一般约2000人。不过部落的人数在不同时期和地区是不同的。恩格斯引用摩尔根对印第安易洛魁人

---

① 恩格斯：《家庭、私有制和国家的起源》，《马克思恩格斯选集》第4卷，第18、36页。

② 恩格斯：《家庭、私有制和国家的起源》，《马克思恩格斯选集》第4卷，第18、36页。

③ 恩格斯：《家庭、私有制和国家的起源》，《马克思恩格斯选集》第4卷，第9页。

的统计，说到“美洲各部落的平均人数在2000人以下；但是彻罗基部落却有2.6万人，这是合众国说同一方言的数目最多的印第安人”[①]。原始氏族部落是当时主要的社会组织和单位，有自己特定的名称和标志，由同一的语言和宗教观念相维系，而且已经占有比较明确的地域。但部落与部落之间并无明确的疆界，一般总是隔着广阔的地带或高山密林的自然障碍。他们大都各有相异的方言和宗教观念，彼此闭关自守，绝少交往。虽然有一定亲缘关系的部落，常会因暂时紧急的需要而结成部落联盟，但随着这种需要的消失即告解散。原始社会低下的物质生活条件，形成了原始人维护自己共同体的集团意识，他们把本氏族部落的利益和需要，看作神圣不可侵犯；把本氏族部落赖以生存的水源、土地及其之上的动植物，都看作大自然赋予本氏族部落的共同财产。由于极端落后的生产力，不能从有限的自然条件中获得更多的生活资料，各个氏族部落仍然经常需要不断游动迁移。即使到新石器时代开始出现畜牧业和农业以后，仍然需要寻找或扩大新的放养地和耕地，以取代被极端落后的生产方式耗尽地力的旧地域。如果再考虑到人口的增长就更是如此。这样，某个氏族部落在广阔无垠的地域不断游动迁移过程中，常会遭遇到另一氏族部落（照例是讲着不同的语言和具有相异的宗教观念），双方为争夺维持生存所必需的地域，就必然要发生冲突和爆发战争。

恩格斯曾经根据美国民族学家摩尔根有关印第安人的研究资料，对原始氏族部落发生战争的情况，作了如下的描绘：“氏族推选一个酋长（平时的首脑）和一个首领（军事领袖）……军事首领仅仅在出征时才能发布命令。……氏族有议事会，它是氏族一切成年男女享有平等表决权的民主集会。这种议事会选举、撤换酋长和军事首领……接受和派遣使者，宣战及媾和。要是发生战争，大半都由志愿兵来进行。在原则上，每一个部落只要没有同其他部落订立明确的和平条约，它同这些部落便都算是处在战争状态。反对这种敌人的军事行动，多半由一些优秀的战士来组织；这些战士发起一个战争舞蹈，凡参加舞蹈的人，就等于宣告加入了出征队，队伍便立刻组织起来，即时出动。部落的领土若被侵犯，其防卫也多半由志愿兵来担任。这种队伍的出发和归来，总要举行公共的典礼。……假如有几支这样的队伍为了一次大规模

---

① 《马克思恩格斯选集》第4卷，第87页。

战事而联合起来时，其中每支队伍只服从它自己的首领；作战计划的统一，在某种程度上由这些首领的议事会来保证。”①

这就是人类原始形态战争的一般情况。

由于原始形态的战争是从动物群斗演化而来的，所以还带有很多动物群斗的痕迹。这主要表现在如下四个方面：

1. 其争斗手段（武器）十分低劣，主要是借助于打猎的原始木、石工具，攻击杀伤力非常有限。

2. 其争斗方法十分简单，只有从原始打猎方法演变而来的最初步的战术，如隐蔽接近、埋伏、集体围攻等。

3. 其争斗的规模和范围很小，因为当时作为人类社会单位的氏族部落规模很小，活动范围极其有限，而且还处于完全割裂的分散状态。

4. 其争斗具有相当的随意性和肆无忌惮性（即无制约性）。常常是不同的氏族部落在游动迁移过程中遭遇上了，双方才在争夺维持生存所必需的地域时发生冲突。因此战争的时间、地点、对象具有很大的随意性。但一旦爆发战争，其争斗则具有肆无忌惮的残酷性。

人类社会发展到“氏族公社”的晚期，随着弓箭和戈矛的改进，金属器的铸造和使用，畜牧业和农业的发展，体力较强而无妊娠生育困苦的男子，逐渐成了主要的生产者。同时，婚姻关系上也从“普那路亚家庭”过渡到“对偶家庭”（The Pairing Family）。于是“母权制”就转变为“父权制”。由于耕作方法的进步，尤其是耕犁和畜力的利用，过去只能由氏族公社集体耕作的劳动，已经可以由几个人协作完成，于是氏族公社的集体经营，就分化为“家庭公社”的个体经营。“父权制氏族公社”遂逐步向“家长制家庭公社”演变。当人的劳动成果超出维持最低生存需要的基本消费水平时，私有财产的积累便成为可能。氏族内部开始发生贫富分化。随着铁器用于作战武器，战争的威力加强了。抢夺别的氏族部落所积累起来的财富，越来越成为战争的一种目标。战争中的俘虏，原来要么杀死，要么作为平等成员收容在氏族内，现在则开始把他们变为奴隶。恩格斯说：“他们是野蛮人：进行掠夺在他们看来是比进行创造的劳动更容易甚至更荣誉的事情。以前进行战争，只是为了对侵犯进行

---

① 恩格斯：《家庭、私有制和国家的起源》，《马克思恩格斯选集》第4卷，第88—89页。

报复，或者是为了扩大已经感到不够的领土；现在进行战争，则纯粹是为了掠夺，战争成为经常的职业了。"①

私有财产的出现，使人类战争的性质发生了变化。反过来，部落之间频繁的战争，又加速了私有财产和奴隶剥削的发展。由于频繁战争的需要，军事首长成了不可缺少的常设公职人员。恩格斯说："军事首长、议事会议和人民大会构成了发展为军事民主制的氏族社会的各机关。其所以称为军事民主制，是因为战争以及进行战争的组织现在已成为民族生活的正常职能。"②虽然这种军事民主制，最初是在氏族民主制基础上产生的，但频繁的战争日益发展了军事首领的个人权力。他们往往优先获得战争中抢夺到的财富和俘虏（奴隶）。"掠夺战争加强了最高军事首长以及下级军事首长的权力；习惯地由同一家庭选出他们的后继者的办法，特别是从父权制确立以来，就逐渐转变为世袭制，人们最初是容忍，后来是要求，最后便僭取这种世袭制了；世袭王权和世袭贵族的基础奠定下来了。于是，氏族制度的机关就逐渐脱离了自己在人民、氏族、胞族和部落中的根子，而整个氏族制度就转化为自己的对立物……转变为掠夺和压迫邻人的组织……转变为旨在反对自己人民的一个独立的统治和压迫机关了。"③以血缘为纽带的原始氏族制社会，遂过渡到划分为阶级的奴隶制社会，原始形态的战争也演变为文明时代的战争。

我们可以把人类原始形态的战争演变成为文明时代战争的历史性变化，总结为如下三点：

**第一，战争的目的发生了变化。**

私有财产出现以前的原始社会，战争的目的十分简单，就是为了争夺自然提供的生存资料（水源和天然食物的地域），或者是为了血亲复仇。这种血亲复仇，也是保持本种群的整个氏族部落，以及该氏族部落的每一个体，能够自然生存下去所必需的。因为原始社会时代，人类同自然界进行斗争的能力十分低下，每一种群的氏族部落规模既不会太大也不能太小，规模太小，该氏族部落就难以获得生存下去的足够食物。如果某一氏族部落的某个成员遭

---

① 恩格斯：《家庭、私有制和国家的起源》，《马克思恩格斯选集》第4卷，第160—161页。

② 恩格斯：《家庭、私有制和国家的起源》，《马克思恩格斯选集》第4卷，第160—161页。

③ 恩格斯：《家庭、私有制和国家的起源》，《马克思恩格斯选集》第4卷，第160—161页。

受到伤害,那就意味着该氏族部落的整体生存受到损害。这就是原始社会的氏族部落实行血亲复仇的基础和原因。总之,原始社会的战争目的,带有很大的纯粹自然生存所需要的性质。私有财产出现以后,人类战争的目的发生了根本性的变化,开始演变成为主要是掠夺财富和维护私有财产的手段;而随着阶级和国家的出现,战争就演变成为政治的继续。

**第二,战争的组织结构发生了变化。**

私有财产出现前的原始社会,战争的组织就是以血缘为纽带的氏族部落组织。不存在一种与生产分离、专门从事战争的固定武装组织。它仅仅是在发生战争时,由整个氏族部落成员以自由的"志愿兵"形式临时组成。可以说是一种原始形态的"全民皆兵"。私有财产出现后,以血缘为纽带的原始部落群体开始瓦解,生产与打仗合一的组织结构发生了分离,武装组织开始从生产组织中分离出来,逐渐形成一套专门和系统实施暴力、从事战争的特殊组织机构(军队),所谓"国家机器",首先就是这种专门和系统实施暴力的特殊组织机构。

**第三,战争的手段(工具)发生了变化。**

私有财产出现以前的原始社会,人类进行战争的工具,常常就是进行生产(打猎)的工具,没有专门用于打仗的工具(武器)。私有财产出现以后,就开始从一般的生产工具中,分离出一种专门进行战争的特殊工具(武器)。它在形制和功能上,向有利于人类之间的搏斗而不是便于生产的方向发展。这一进程与上述的武装组织从生产组织中分离出来的进程完全同步,而且在人类社会结构的发展中,也分离出一种专门使用武器从事战争的特殊职业和特殊社会群体(军人)。

上述这三点变化,就是人类原始形态的战争发展成为"文明"时代的战争的标志。到了这个时候,也只有在这个时候,战争才成为人类用以解决阶级和阶级、民族和民族、国家和国家、政治集团和政治集团之间矛盾的一种最高的斗争形式,战争才成为政治的继续。

我们可以把第一节和本节所述的、从动物群斗到人类战争的整个演变过程,简单地表列如下:

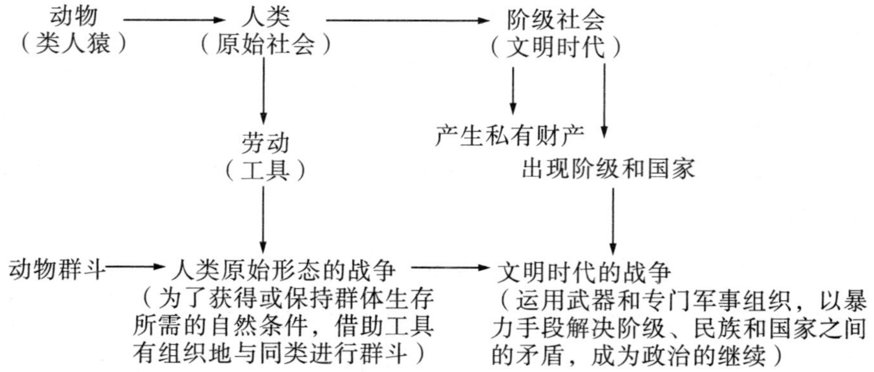


在这个演变过程中，就人类的起源来说，从“动物”发展为“人”的转折关键是劳动（制造和使用工具）。相应地就战争的起源来说，从“动物群斗”发展为“人类战争”的转折关键，则是借助工具（武器）有目的、有组织地与同类群斗。就人类社会的演变来说，从“原始社会”演变为“文明时代”的转折关键，是私有财产、阶级和国家的出现。相应地就人类战争的演变来说，从“原始形态战争”演变为“文明时代战争”的转折关键，则是运用武器和专门军事组织，以暴力手段解决阶级、民族和国家之间的矛盾，战争成为政治的继续。

## 三、人类为什么打仗？

人类为什么打仗？也就是关于人类社会发生战争的根源，这是战争观的主要问题之一。虽然长久以来人们从不同的方面和不同的学科领域（包括哲学、历史、政治、军事、地理、经济、社会学、人类学、社会心理学、伦理学和神学等），对之进行过广泛的探索，但一直存在着多种多样的、甚至根本对立的观点。

我国2500多年以前的古代，就有一些伟大的思想家，提出过关于战争起源的很有哲理的观点。战国时代的军事思想家吴起（吴子），曾经论述了引起战争的五种原因：“一曰争名，二曰争利，三曰积恶，四曰内乱，五曰因饥。”①被誉为“东方兵学鼻祖”的孙子，则把战争的根源高度概括为一个“利”字。他抓

① 见《吴子·图国第一》。

住这个“利”字来论述有关战争的诸多问题。其言简意赅的名著《孙子兵法》，全书(共5913字)多处讲到“利”，但没有一处提到“义”。由于中国文字的特点，“名”“利”等几个简单的字，可以包容很广泛的含义和作多种多样的解释。这就为我们今人的探索，留下了极大的伸缩性、不确定性和某种神秘性。这也许正是东方文化所特有的一种魅力。

西方文化在历史上对于战争问题的观点，最早主要来源于古希腊的历史哲学和古罗马的法学。古希腊的伟大历史学家修昔底德[①]，在其8卷本的巨著《伯罗奔尼撒战争史》中，不仅从军事上和政治上，而且从心理上，论述了公元前400多年所发生的雅典与斯巴达之间的战争。他说，人由于荣誉、惧怕或利益的原因而进行战争。到了中世纪，基督教思想家则教诲说，战争出自人类本性中一种根深蒂固的邪恶——原罪。他们强调，人类始祖亚当和夏娃违反上帝禁令偷吃禁果，于是道德的败坏便侵入他们体内，并遗传给后裔，因此人人皆有“原罪”。

随着资本主义的萌芽和封建主义的崩溃，西方开始进入到近代，人们扩大了视野。一些学者从社会学和国际政治学的角度，提出战争是人类社会“自然状态”的产物。16世纪意大利政治思想家尼科洛·马基雅弗利首创这种理论。他认为国际社会与国内社会是完全不同的，国际社会处于无政府无秩序的“自然状态”，这是国家之间发生战争的主要原因。17世纪英国政治思想家托马斯·霍布斯把这一理论系统化。他在其名著《利维坦》中，强调战争是“自然状态”的必然产物，论述了人类达到“和平与安全”所必需的条件，并根据其社会契约说提出一个能够达到此种条件的“理想国”方案。[②] 18世纪著名的法国启蒙思想家卢梭和德国哲学家康德，都认为人在自然状态中是受“本能”“人体冲动”和“权利欲望”支配的，所以在自然状态下冲突和暴力占支配地位。他们认为，文明状态只是一种必要的约束，在国家建立以后人们才得以按照道义行事，而在国际范围内，不同国家的目标和利益总带有特殊性，如果没有一个超越各国的权威机构调节和制止各种特殊意志和利益的冲

---

① 修昔底德(Thucydides，约前460—前400)，曾任雅典将军，参加过伯罗奔尼撒战争。

② 托马斯·霍布斯(Thomas Hobbes，1588—1679)在哲学上倡导演绎法，从运动来解释物质现象，并推论于人类社会组织。他1651年出版的名著《利维坦》，包括“论人”“论国家”“论基督教国家”和“论黑暗王国”四个部分。

突,战争就成为不可避免的了。[①] 此后相当一部分西方国际关系学者,都以此为立论根据。美国当代著名国际关系学家、现实主义流派主要代表人物汉斯·摩根索[②],从这一思想出发提出了均势理论。他认为人性本恶,争夺强权是人和国家的永恒法则,战争正是渊源于人的这种权欲。在他看来,国内社会的和平之得以维持是由于国家(政府)的存在,因此维持国际和平也需要有一个世界政府,目前世界政府不可能实现,那么构成"均势"就是维持和平所必需的了。

随着人类对自然和社会发展的科学研究的进步,以及资本主义社会矛盾和国际冲突的展现,促使19世纪以来西方出现众多对战争根源的不同解释。黑格尔推动了国家的拟人化以及民族精神和民族冲突的哲学研究。达尔文的生物进化论,促使人们把人类社会发展以及国际政治斗争的观点,建立在生物竞争、适者生存的观念之上。麦金德[③]把空间的和地理中心的观点,带进了人类历史发展与国际冲突演进的研究之中。而弗洛伊德[④]则扩展了这样一种心理学概念,即"人类灵魂深处的黑暗心理力量投射于外界",造成了社会的冲突。也就是在这一历史时期,诞生了马克思主义的历史观和战争观。一些西方学者评价说:"世界上没有任何人像马克思那样加强了这样的思想,即各个社会经济阶级的生死斗争必然导致冲突。"[⑤]

在对战争根源五花八门的说法中,19世纪末和20世纪上半叶,西方曾经相当流行"生物进化说"和"地缘政治说"。生物进化说是把达尔文的进化论运用于社会学,形成社会达尔文主义。[⑥] 他们强调"战争是自然的需要,是种族之间生存竞争的法则,有历史进步的意义,是社会进化的最高法则"。生物进化说鼓吹种族之间"优胜劣败"的生存竞争,后来发展成为划分"优等"人种

---

① 卢梭(Jean - Jacques Rousseau,1712—1778)在其名著《论人类不平等的起源和基础》中,虽然认为人类的自然状态是发生战争的根源,但强调人类进化到产生私有财产阶段才陷入可怕的战争状态。

② 汉斯·摩根索(Hans J. Morgenthau,1904—1980),当代美国经典现实主义理论权威。其名著有《国际纵横策论——争强权,求和平》《科学人与强权政治》《捍卫国家利益》等。

③ 麦金德(Halford Mackinder,1861—1947),英国地理学家,地理政治学奠基人。

④ 弗洛伊德(Sigmund Freud,1856—1939),奥地利心理学家,精神分析学派创始人。

⑤ 詹姆斯·多尔蒂等:《争论中的国际关系理论》,世界知识出版社1987年版,第235页。

⑥ 英国哲学家斯宾塞(Herbert Spencer,1820—1903)第一个把进化论引入社会学。

与“劣等”人种的反动种族主义理论。地缘政治说则以地理环境来解释人类战争的根源。德国地理政治学家弗·拉采尔[①]是这种思想的倡导者。不过“地缘政治”(Geopolitik)一词,则是瑞典地理政治学家鲁道夫·契伦[②]创造的。他们强调国家是一个“空间有机体”,通过领土扩张而增加它的力量是自然而合理的,否则它将会由衰落而消亡。因此争夺“生存空间”是人类永无止境的斗争过程。在第一次世界大战后的特定历史条件下,生物进化说与地缘政治说都成为纳粹主义的思想来源,并被引向了极端。希特勒夺取政权后,纳粹德国以此作为思想理论根据,对犹太人实行灭绝人性的种族大屠杀,发动夺取“生存空间”的侵略战争,导致人类有史以来规模最大、战斗最烈、影响最广的战争——第二次世界大战。经过这场人类空前的战争浩劫,今天世人已经很少持这类观点了。不过必须指出,“地理政治学”(Geopolitics)并不等同于纳粹德国的“地缘政治学”(Geopolitik)。我国过去常常把两者混淆起来。地理政治学从国家的地理空间研究国家的实力和行为,并扩展到国际关系所致的地理政治格局,它在二次大战后的60年代有很大的发展。[③]

在西方关于战争根源的众多说法中,从人类的本性出发分析战争的根源是最古老、也最普遍的观点。很多学者都在不同程度上承认战争同人的本性有关;但各个不同的学派以及各个不同的学者,又各有不尽相同的理解和解释。大致可以分为两大类别:一类是理性主义者和乐观主义者,强调“人性本善”,他们认为人虽有邪恶行为(如战争),但通过教育和引导,邪恶可以转变为善良,可以减少以至消灭战争。另一类是悲观主义者和现实主义者,强调“人性本恶”,他们认为人的邪恶本性永远是战争的因素,人类自我改正的可能性即使存在也是微乎其微,需要寻觅抑制这种邪恶的方法。

中世纪基督教思想家圣·奥古斯丁[④]是“人性恶”论的早期代表之一。他认为人类的求生欲中有一种“自维因素”(Self - preservation),每个人都在追

---

① 弗·拉采尔(Friedrich Ratzel,1844—1904),最早提出“生存空间”的概念。

② 鲁道夫·契伦(Rudolf Kjellen,1864—1922),发展了拉采尔的思想,除创造了“地缘政治”一词外,还创造了“生态政治”“人口政治”等术语。

③ 杰弗里·帕克:《20世纪的西方地理政治思想》,解放军出版社1992年版。

④ 圣·奥古斯丁(Saint Augustine of Hippo,354—430),被尊为教父的基督教思想宗师。他阐发的“圣父、圣子、圣灵三位一体”论,奠定了西方神学的基础。

求其个人利益,而这种追求并未能按照理性的指引去做。他阐发了基督教的"原罪"与"神恩"之说,强调人的堕落出于本性,这种邪恶本性就是战争的根源;人无法自觉扭转这种堕落的后果,必须依靠上帝赐"爱"于人的心灵。直到本世纪,著名的基督教现实主义代表人物莱·尼布尔,仍强调自私、自大和伪善是人的"原罪",战争就是起源于这种"人类心灵中黑暗和无意识的因素"。他说,知识的每一个进步,技术的每一次创新,都包含邪恶的潜在可能性。邪恶的基础就是"自我"。人类总是力图使自我绝对化,"这一直是人类生活中最后的一个罪孽,这一罪孽又总是导致人类最残酷的流血冲突"。①

我们前面已提到过的当代现实主义代表人物汉斯·摩根索,也是"人性恶"论者。他认为,"人行为中的邪恶之所以普遍存在",是因为人对权力根深蒂固的贪求。不过摩根索强调:"政治现实主义以人性的多元概念为基础。现实的人是'经济人''政治人''道德人''宗教人'等的综合。一个仅仅是'政治人'的人恐怕是头野兽,因为他根本没有道德制约。一个仅仅是'道德人'的人恐怕是个傻瓜,因为他毫无深谋远虑。一个仅仅是'宗教人'的人恐怕是位圣徒,因为他根本没有七情六欲。"②西方著名历史学家汤因比也主张"人性恶"。他说,"战争是人类暴力和残酷性的一种特殊表现形式","这些坏的冲动是人的本性生来具有的,是生命本身的一种本质表现"。③ 另一西方著名心理学家弗洛伊德,强调人生来具有两种本能——"生存本能"(eros)与"死亡本能"(thanatos),前者是性欲、恋爱、建设的动力,后者是杀伤、虐待、破坏的动力。他认为人类战争的原因,就在于这种最古老的永恒人性,即人的"侵犯性、存坏性和冲动等"。④ 西方现代行为学创始人康·洛伦茨⑤,从研究动物到人类的行为,强调人类的好战行为具有先天性的基因。他专门写了名为《论侵犯性》(*On Aggression*)⑥的书,论述"人类的好斗性是一种真正的无意识的本能。这种好斗性,即侵犯性,有其自身的释放机制,同性欲及其他人类

---

① 尼布尔(Reinhold Niebuhr,1892—1971),美国神学家。著有《道德的人和不道德的社会》。引文见肯·N·华尔兹:《人、国家与战争》,上海译文出版社1991年版,第18—23页。

② 汉斯·摩根索:《国际纵横策论——争强权,求和平》,上海译文出版社1995年版,第18页。

③ 阿·汤因比:《展望21世纪》,国际文化出版公司1985年版,第248页。

④ 引文见《国外社会科学动态》1979年第9期,第21页。

⑤ 康·洛伦茨(Konrad Lorenz,1903—1989),奥地利学者。著有《动物与人类行为研究》等。

⑥ 英文Aggression也译"攻击",引文见康·洛伦茨:《论侵犯性》,1963年纽约版,第271页。

本能一样,会引起特殊的、极其强烈的快感”。洛伦茨认为,单凭理智的力量是很难克服人的侵犯性本能的。所有这些都是着重从“人性本恶”的角度去论述战争根源。

理性主义者和乐观主义者则不同。17 世纪的唯理性主义哲学家斯宾诺莎[①],把人类定义为兼有理性和感情的生命。理性是“上帝无限智慧”的一部分,因此“善良”对人类有共同的客观意义。他用人的理性和行动的狂热(感情)相对立的二元观点,去分析战争的根源;认为现实生活中人的行为不是由理性而是由感情所驱使,因而经常卷入冲突;但人的理性将导致合作与和谐。实用主义创始人之一威廉·詹姆斯[②]认为,虽然战争根植于人类的好战本性,但这种坏的“冲动欲”是可以被引导和转移的。他建议大批地安排最具“冲动欲”的青年人,到煤矿和商船上做工,去建造大楼和修筑马路,以转移其“冲动欲”。20 世纪英国著名思想家柏特兰·罗素[③]更加明确地强调:人类本性中的“冲动”,既是战争的根源,也是科学、艺术和爱的来源。他说,“一个社会如果没有想象力,不爱冒险,不久就会变成一个停滞不前的社会”。但是,“就是那个产生一切最好东西的活动力(‘冲动’),也产生战争与战争爱好”。“问题是要控制这些冲动,不要使它们把战争作为出路”。从这种观点出发,罗素呼吁理性,提倡要发展一种“积极的、富有冲动和热情的生活”,以引导人们的“冲动”向好的方面而不是向战争发展。

还有一种“文化冲突说”。他们与大量的“人类本性说”相反,认为人类的各种“侵犯性”,如破坏财物、残害同类、武器屠杀等,都是属于一种后天的“文化习得”(即属于一定的文化模式所形成的行为)。玛格丽特·米德[④]说,战争是文化发明,而不是生物需要。波罗尼斯拉夫·马林诺夫斯基[⑤]宣称,战争并非人类生来俱有的产物,“人类永远不会在侵犯性冲动的直接驱使下进行大规模的战斗……一切形式的战斗都是复杂的文化反应”。他们强调,民族之

---

① 斯宾诺莎(Benedict de Spinoza,1632—1677),生于荷兰。著有《伦理学》。

② 威廉·詹姆斯(William James,1842—1910),美国著名哲学家。著有《真理的意义》等。

③ 柏特兰·罗素(Bertrand Russell,1872—1970),晚年积极投身和平运动,发表《罗素-爱因斯坦声明》,要求禁止核武器。引文见其《社会改造原理》一书,上海人民出版社 1959 年版。

④ 玛格丽特·米德(Margaret Mead,1901—1978),美国人类学家。著有《文化发展的连续性》等。

⑤ 波罗尼斯拉夫·马林诺夫斯基(Bronislaw Malinowski,1884—1942),波兰社会人类学家,英国伦敦大学教授,后受聘于美国耶鲁大学。著有《科学的文化论》等。

间和国家之间的战争,表面看起来是种族对抗,是生物对抗,实际上都是文化的冲突和对抗。P. 索罗金[①]在其《社会与文化的动力学》中,提出了“元社会”(grand society)的概念,认为历史是由富有激情和幻想的各种文化的长波运动构成。他统计和分析了自公元前6世纪以来的战争与动乱,得出结论说,人类各种文化无论其本身还是彼此之间,本来都是协调的;只是由于内部或彼此间的平衡遭到严重破坏时,才会引起战争与动乱。因此,索罗金强调,战争与动乱的高峰通常发生在一种类型的文化向另一种类型文化过渡的时期。[②]

总的来说,今天的西方学者,已经很少单纯从“人性”角度来论述战争的根源,而是越来越趋向于多角度、多层次的解释。美国著名国际政治学家、当代西方国际关系理论现实主义流派代表人物之一昆西·赖特[③],就强调战争起因的多元性。他告诫人们不要采取过分简单的研究方法。他说:“在现实中,一场战争产生于一种总体情势,它最终几乎涉及人类历史迄今发生的一切,直到战争爆发的那一瞬间。”[④]他把战争的历史发展分为五大时期——动物时期、原始时期、文明时期、近代时期和现代时期,并且这样解释战争的起因:“战争在历史上某些时期比较经常,比较激烈,比较广泛,持续时间也比较长,在另一些时期则不是那样。在历史上,有些国家经常同对手兵戎相见,有些国家则根本未动过干戈。……这种变化不定的情况表明,战争的起因应该到各种不同的社会制度和社会关系中去寻找,而不应该到人的本性中某种永恒不变的特点中去寻找。然而进行战争的终归是人。因此,人的本性中必定有某些品质,使人能够在情况合适的时候发动战争和参加战争。”昆西·赖特还说:“战争并非如人们有时候所说的那样,是由于争夺自然界的有限资源而引起。”他认为,经济因素对战争起因的直接和间接影响的重要性,要比政治野心、思想信仰、心理错觉(非理性的心理状态)小得多。[⑤]

---

① P. 索罗金(Pitirim Sorokin,1889—1968),生于俄国,曾任克伦斯基的秘书,十月革命后移居美国。从1931年起长期担任哈佛大学社会学系主任。1949年退休后致力于和平研究。

② Peter Wallensteen:《和平研究——成就与挑战》,Westview Press,1988,第33页。

③ 昆西·赖特(Quincy Wright,1890—1970),著有《战争研究》《国际关系研究》《国际法在防止战争中的作用》等。他后来被认为是当代和平研究的先驱。

④ 昆西·赖特:《战争研究》,University of Chicago Press,1942,卷Ⅰ,第17页。

⑤ 《不列颠百科全书》第14版和美国《国际社会科学百科全书》(1968年版),关于“战争”(War)这一条目,就是由昆西·赖特撰写的。他对其战争观作了最简明的阐述。

美国另一国际关系学家查尔斯·霍奇斯，则对人类发生战争的原因作这样的解释："总的来说，战争的发生有政治、军事、经济和社会四个方面谋求权力和安全的动力。"他对政治方面的"动力"作这样的解释：从王朝时期的家族安全、荣誉和扩大君权，到现代民族主义和帝国主义的相互关系紧张，"变成一种螺旋形迅速上升的利益冲突"。军事方面的"动力"，他强调军国主义和军备竞赛。经济方面的"动力"，他强调"人口日益增长的压力和工业化国家对原料和市场不断扩大的需要"。社会方面的"动力"，他认为："人的本性仍然是进行战争的基本因素。引起战争的心理原因不断起作用……愤怒、好斗、贪婪、偏见——这些东西不是单独表现出来的，而是与其他引起冲突的因素联在一起表现出来的。"①

美国当代现实主义流派代表人之一肯·N·华尔兹②，在其1959年出版的《人、国家与战争：一种理论分析》一书中，对战争的根源从三个层次上进行了很有意义的解释。第一个层次（第一种基本概念）是人的本性和行为。他说："战争的最重要根源在于人性和人类行为：自私导致战争，误向的进取冲动导致战争，愚昧也导致战争。其他根源是次要的，而且必须根据上述因素加以解释。""人的邪恶或其不轨行为导致战争，个人的美德如能普及则意味着和平。"因此他强调："要消除战争就必须启发和提高人类的良知，或保证其社会心理的再调整。"第二个层次（第二种基本概念）是国家内部体制的缺陷。他说："人性是战争根源，但不是唯一的根源，国家的性质也是根源之一。""国家内部的缺陷是造成战争的根源之一……只有改造国家，才能减少战争或永远结束战争。""和平与战争分别为好的和坏的国家的产物。"华尔兹紧接着提出了这样的问题："好的国家难道就意味着和平吗？"他说："坏的国家导致战争。从广泛的意义上说，这是正确的。但这一论断的对应的一面，即好的国家意味着世界和平，则是一个非常令人怀疑的命题。"由此就导入到第三个层次（第三种基本概念）——国际体系。他说："人生活在国家里，而国家则存在于由国家组成的世界里。如果我们要着力研究战争是如何发生的，那么除了

---

① 见美国1979年出版的《科利尔百科全书》，霍奇斯撰写的"War"这一条目。

② 肯·N·华尔兹（Kenneth N. Waltz，1924— ），著有《人、国家与战争》《国际政治的冲突》《国际政治理论》等。引文见其《人、国家与战争》一书，上海译文出版社1991年版。

考察国家的作用、它的社会、经济性质和政治体制之外,还应集中观察称之为国家社会的世界体系。"华尔兹强调,迄今为止国际关系的特点是处于无政府状态,缺乏一个真正有权威的管辖机构。他引用卢梭的论述说,战争的发生并不仅仅是由于人或国家邪恶,甚至也不是因为国家(好的或坏的国家)之间存在的分歧所致。"战争之所以发生是因为没有什么能防止它,由于缺乏一个超级的权威机构,这样冲突就经常通过武力来加以解决了。"华尔兹作为一个国际政治学家,特别强调了国际体系对制止战争的作用。他说:"这三个层次的每一个层次所分析的根源都是重要的。……要充分阐述国际政治,就需要把第三种基本概念视为一种结构,其他两个层次上的根源正是在这一结构之内起作用的。"

人们对于一个动态事物的认识,也许必须经过一个从"简单"到"复杂"再到"简单"的演变过程。这第二个"简单"是在高一层次上对事物的本质有更加深刻而准确的认识。关于人类战争的根源,人们最初以比较直观的视角作出比较简单的解释。修昔底德曾经说过,假如你想知道人们为什么打仗,只要询问他们,他们就会告诉你。[①] 后来人们进一步深入到探索人类引发暴力冲突(战争)的多方面的因素:从人类的本性到地理的和社会的环境,从生物冲动、心理状态到社会的文化习得,从意识形态到政治、经济矛盾,从个人心理和行为到社会制度和社会条件,从国家体制到国际体系,进行了多方面、多领域的广泛探索,出现了五花八门的假说和解释。这些假说和解释,促使人们对战争根源的认识深入一步,但它们之中即使具有真理性,也都会因为陷于某个领域而带有片面性。现在人们对战争根源的认识,已进入到高一层次的多方面、多领域的科学综合阶段,但同时也要求人们从众多复杂的因素中,获得更加深刻的本质性认识。在这个过程中,我以为应该区分一下这样几个概念:一个是战争的"根源",它应该是人类社会发生战争的最根本的动因(即总根源),它强调的是一般性的总的理论概括。另一个是战争的"起源",也就是从人类历史的发展上,探究战争是在什么时候和怎样产生出来的,它强调的是一种过程,如我们在前面两节所述——战争是从动物的群斗演变而来。第三个是战争的"起因",也就是在现实中直接引发战争的具体原因,它强调

---

① 詹姆斯·多尔蒂等:《争论中的国际关系理论》,世界知识出版社 1987 年版,第 326 页。

的是探讨历史上引发战争的种种原因。战争“起因”在各个不同的历史时间和空间中,具有不同的特点和内容,因此必然是多方面的和历史性的。当然,战争的“根源”“起源”和“起因”,三者密切联系,在人们平常的使用中,往往会把它们当作一回事。但我们在对战争进行科学探讨时,应当对它们加以区别。

历史上引发战争的原因是多种多样的,有阶级的原因、民族的原因、经济的原因、政治的原因、意识形态(包括宗教)的原因等;而且在不同的历史时期会有不同的变化。但作为对人类社会发生战争的总根源(即最根本的动因),不应该是很多的。在我看来,战争与和平是由人类的生存与发展这两大本能演化出来的。从历史唯物主义的观点来看,物质的存在是第一性的,人类的生存与发展的本源也是物质性的。人们的一切冲突(战争),归根结底都是源于也最后落脚于物质性的社会利益。我这里所说的物质性的社会利益,并不是今天市井上把一切都归结于一个“钱”字的那种理解;而是指作为社会的人所赖以生存和发展的全部客观实在,既包括人类赖以生存和发展所必需的自然条件(如人口、土地、资源等),也包括人类社会历史实践过程中所创造的物质财富,还包括在此基础上发展起来的人类社会成员的心理需要(如归属感、自尊心、荣誉感和自我实现的需要等),以及相应的社会需要(如人身安全、繁殖、养育和训练后代等)。纵观历史,当人类不同群体的生存和发展,受到各种因素的限制时,就会发生矛盾争端,争执不下的结果往往就发生武装冲突(战争)。

长期以来,在我们国家存在一种观念,总是把战争看成是私有制和阶级斗争的产物,强调战争是政治的继续。这虽然确实能够解释人类历史上的不少战争,但在认识上过分强调则有一定的片面性。我们纵观整个人类历史,从原始社会的部落之战,奴隶社会的城邦之战和诸侯之战,封建社会的领主之战、王朝之战,资本主义时代的殖民之战、争霸之战,直到消灭了私有制和剥削阶级的社会主义国家之间的战争,其发生的原因是多种多样的、十分复杂的,很难都简单地归结到存在私有制和阶级对立上面。原始社会没有私有制和阶级,但存在着不同物质利益的群体,它们之间的利益冲突会引起战争。社会主义国家虽然消灭了私有制和剥削阶级,但不同社会主义国家之间(包括同一社会主义国家内的不同社会群体之间),也有不同的利益,它们之间的利益冲突也会引发武装冲突(战争)。

其实,战争与政治的结合,或者说战争之成为政治的继续,是人类社会发展到一定历史阶段的结果。在漫长的原始社会时期,人类的生存与发展的本能需要,直接地同自然的物质利益连在一起,战争的发生往往就直接和简单地由人类不同群体的物质利益冲突引发,不存在什么政治的继续。以后随着生产力的提高,人类的活动能力和范围的增强和扩大,物质利益冲突也越来越复杂化。从私有制以及阶级和国家出现之后,人类不同群体复杂化的物质利益冲突,就上升为(或曰集中为)政治矛盾,并形成意识形态的矛盾。战争就逐渐脱离原始自然的直接物质利益冲突,转而依附于政治,成为解决国家与国家、阶级与阶级、集团与集团之间矛盾的最高斗争形式,成为政治的一个特殊部分(即成为政治的特殊手段,也就是我们通常所说的:“战争是政治通过另一种手段——即暴力——的继续”)。但是,如果我们再深入一步探究:政治的基础是什么?政治的最终目的是什么?那我们就会发现,政治归根到底要落脚到物质利益上。这也就是马克思主义所说的:政治是经济的集中表现。从战争发生的根源来说,“政治”只不过是“战争”与“物质利益”之间的“二传手”。我们可以用下列这样一个公式来简单表述:物质利益矛盾→政治机制抗争→军事形态冲突。

恩格斯说:“历史上一切冲突的根源是生产力状况及其交往的形式。”①当人类社会的生产力不够发达时,社会不可能有足够丰富的物质财富,满足整个人们的普遍需要,而且其发展水平又很不平衡,人与人之间、群体与群体之间就必然产生矛盾,形成物质利益冲突。在这种情况下,为了维持一定的社会物质生活秩序,就会形成一定的、适合于当时的生产力状况的生产方式和分配方式,并在此基础上形成一定的政治上层建筑(包括意识形态)来保护和巩固它。这样,一方面,就在人类各个不同群体(不同的集团、阶级、民族以至不同的国家)之间,形成一定的物质利益界限,使大家具有某种共同遵守的利益规范,以免在冲突中同归于尽,这就具有抑制冲突的作用。但另一方面,这种不同物质利益界限的存在,又必然会发生变动和带来矛盾,并由此产生冲突和引发战争。因此从历史唯物主义的观点来看,人类社会战争的发生、发

① 《马克思恩格斯选集》第1卷,第84页。

展、演变及其走向消亡，最终不在于意识形态，不在于道德规范，甚至也不在于政治制度和社会制度的改造，而在于人类物质生产的发展。从根本上说，只有人类社会生产发展达到极高的程度，物质财富以及在此基础上的精神财富能够充分满足不同人群的广泛需要，并由此而形成了新的“人”。到了那时，人类社会的战争才有可能逐步走向消亡。

# 第二章　战争的历史运动

## 一、显性趋势与隐性趋势

战争是人类社会经常存在的现象，尤其是进入文明时代以后。西方有些学者曾经利用计算机进行统计，据说从有文字记载的公元前3200年到20世纪的80年代，约5000多年的时间里共发生过14500多次战争，平均每年有近3次战争，在整个人类文明史中只有292年没有发生战争。[①] 当然，这种统计很难说是准确的，不仅因为古代没有完整确凿的史料，而且怎样才算是“一次战争”，没有一个比较公认的合理标准。例如伯罗奔尼撒战争、拿破仑战争、第二次世界大战等，都可以作为“一次战争”统计，也可以作为多次战争统计。伯罗奔尼撒战争起码可作3次战争统计，即十年战争（前431—前421）、西西里战争（前415—前413）、德凯利亚战争（前413—前404）。拿破仑战争起码可作9次战争统计，即从第1次到第7次的反法联盟战争，以及拿破仑征俄战争和征葡、西战争。第二次世界大战也可以分作中日战争、德波战争、德国与英法战争、巴尔干战争、苏德战争、太平洋战争等多次统计。对于有关这种战争次数统计的问题，本书第四章对第二次世界大战后的战争风云进行统计时还要论述，此处就不作展开。但不管如何，西方一些学者的这类统计，反映出战争是文明时代人类社会的经常现象，应该是确凿无疑的。回顾人类战争历

---

① 19世纪著名的军事史学家伊万·S·布洛克，在其1897年发表的六卷巨著《从技术、经济和政治关系看战争的未来》，就曾作过一个统计。据他的计算，在人类有记载的3457年历史中，3230年有战争，只有227年的和平。（转引自汉森·W·鲍德温：《第一次世界大战史纲》，军事科学出版社1991年版，第1页）

史运动的发展轨迹,对于我们认识当代的战争与和平是十分必要的。

人类从野蛮发展到文明,又从比较低级的文明发展到比较高级的文明。那么作为人类社会经常存在的一种现象的战争,又经历了怎么样的发展演变呢?人类曾经如何对待和进行战争(即对战争的指导)呢?这涉及整个战争发展史和军事学、战略学的问题,显然是很难在本书中全面阐述的。我们仅仅是在整体上,就其大概的历史运动轨迹进行若干分析。本节首先从总体上揭示战争历史运动的大趋势,然后在本章其他各节中,分别叙述不同历史时代的战争运动演变进程。

人类漫长的原始社会,战争历史运动的演变是很慢很慢的,一百万年的时间里没有多少变化。但进入"文明"时代之后,随着人类生产力的提高、社会经济的发展、科学技术的进步以及整个社会的发展,其演变速度就大大加快了。其发展的总趋势大体上是这样的:

**一是战争的规模和范围越来越大。**

投入战争的人数大大增加了。在原始社会,一场战争,就算是冲突双方的整个氏族部落全面投入,其人数充其量也不过是几百人。因为当时作为人类社会基本单位的氏族部落,其规模一般也就是几百人到两千来人。进入"文明"时代之后,随着人类社会的发展,投入战争的人数就不断增加。公元前 13 世纪,古埃及同小亚细亚赫梯人的战争,双方投入兵力共达 5 万人,双马战车数千辆。公元前 8 世纪的亚述战争,双方投入兵力共计 20 万人。公元前 5 世纪的希波战争,波斯军约 25 万人,战船 1000 艘;希腊联军约 12 万人,战船 400 余艘。至于中国,公元前 4—前 3 世纪的战国时代,一场大战动辄投入兵力 10 万—30 万人。公元前 2 世纪项羽同刘邦的大规模战争,双方投入兵力共计超过 50 万人。7 世纪中国的隋炀帝,调集 113 万陆军和 8 万水军远征朝鲜,这是历史上第一次投入兵力超过 100 万人的战争。西方到 19 世纪也出现投入兵力超过百万人的战争。而在 20 世纪,投入兵力百万以上的大战已不稀奇。世界大战投入的武装力量高达数千万,甚至上亿人(第二次世界大战动员的武装力量共达 1.1 亿人)。

战争的空间大大扩展了。在人类历史早期,战争仅仅是在大陆上人们能够生存的有限自然地域内进行,而且战斗距离不大。以后,随着人类活动能力的提高,战争的地域不断扩展,战斗的距离不断加大,从大陆扩展到海洋,后来又扩展到空中和海底。到了20世纪,战争已经从平面发展到立体,其战斗行动常常是在几百公里、上千公里的正面和纵深内展开(第二次世界大战的直接作战地区面积有2000余万平方公里)。现代战争的作战行动,甚至越出人类生存的有限空间,向地球的外层空间发展。

**二是战争的破坏性和烈度增加。**

这是随着战争的手段(武器)的发展而出现的变化。在冷兵器时代,人类战争的破坏性和烈度是很有限的。火药的出现及其广泛应用于战争,使人类战争的破坏性和烈度出现一个大发展。而20世纪中叶热核武器的出现,更使人类战争的破坏性和烈度跳跃性地发展到了能够毁灭整个人类文明的程度。

不过,在这里需要指出,我们不能把战争的破坏性和烈度的增加,简单地理解为随着武器杀伤力的发展,战争中人员的伤亡率也在增加。虽然由于投入战争的总人数增加了,战争的总规模和范围扩大了,人类在战争中的伤亡总数也增加了。但是,战争实际上是一种“矛”和“盾”的辩证发展。按照美国军事历史学家杜普伊(T. N. Dupuy)的计算,从古代战争到1973年的中东十月战争,兵器对大规模军事编队的杀伤力提高了2000倍,而战场上的士兵分散率则提高了4000倍,因而在实际战争中,进行战斗的每日平均伤亡数,同投入战斗的总人数相比所得出的伤亡率。则是在下降,他以投入军队3万—7万人的战役为标准来统计,得出如下战斗伤亡率的变化表格[①]:

| 年代 | 败方伤亡率 | 胜方伤亡率 |
|---|---|---|
| 17世纪的战争 | 30% | 20% |
| 1800—1815拿破仑战争 | 21.5% | 15% |
| 第一次世界大战 | 8% | 5% |
| 第二次世界大战 | 5% | 3% |

**三是战争的原因、目的和性质趋向于复杂化。**

人类社会最初的战争,常常只是简单而直接地为了获取或保护其群体生存的自然条件的斗争,战斗也仅仅是两个或几个氏族部落之间的武装冲突。但到了“文明”时代,战争演变成为阶级和阶级之间、政治集团和政治集团之间、民族和民族之间、国家和国家之间各种各样性质的战争。引发战争的原

① T. N. 杜普伊:《武器和战争的演变》,军事科学出版社1985年版,第374—384页。

因，发展为经济的、政治的、民族的、疆域的、意识形态（包括宗教）的等多种因素或多种因素交叉的作用。到20世纪还出现了错综复杂的世界大战。

**四是对于战争的指导从简单趋向于复杂。**

人类社会最初对战争的指导，仅仅是关于战场上的具体格斗和配合方法的简单战术指导。后来发展为比较复杂的战术和战役指导。战术是指导战斗的方法，而战役则是交战双方按各自的作战意图，在一定时空范围内进行的一系列战斗的总和。再以后发展为包括若干战役在内的整个战争的全局性战略指导。到了20世纪，人们对于战争的指导，已经发展成为不仅仅是对战争过程的作战指导，而且包括对战争之前的国防战略、军备建设、开战决策的指导，也包括有关结束战争的停战、媾和以及战后处理的指导，成为一门新的学科——战略学。

**五是战争对人类社会生活的影响越来越广和深。**

人类早期的战争，投入作战的仅仅是军队。两军在战场上相对展开厮杀，战线分明，战区有限。一般的老百姓，除了处于直接作战的地区外，其他地区的人们基本不受影响，仅仅是多缴纳一定的赋税和增加一些徭役。一般来说，战争对整个社会生活影响的范围和深度都相对比较小。以后，随着人类活动能力和社会联系的发展，战争影响的范围和深度就不断增加。战争同经济的关系、同人们社会生活的关系越来越密切。到了20世纪，一场大的战争，投入作战的已不仅是军队，而是整个民族、整个国家、整个社会都卷入到战争之中，前线和后方的界线日趋消失。战争发展成为双方整体综合力量较量的现代化总体战争。

总之，人类自从进入文明时代，战争规模越来越大，参战的军队和卷入战争的人数越来越多，破坏性越来越烈，战争的原因和性质越来越复杂，对人类社会生活的影响也越来越广和深。可以说，在人类历史上，战争存在着一种向越来越无限化方向发展的趋势。由于在以往的历史中，这种趋势处于主导地位，而且大家比较容易看得见，我把它称之为迄今以来人类战争历史运动中的“显性趋势”。

但与此同时，人类战争历史运动中还存在着另一处趋势，即随着人类社会的进步，战争作为一种工具、一种手段，它在被利用的同时，又受到越来越多的制约和控制：战争的自由度在下降，战争的野蛮度在下降，战争的伤亡率在下降，战争向着控制大于自由的方向发展。由于这种趋势迄至20世纪中叶（准确地说是迄至第二次世界大战）以前是不明显的、不占主导地位，我把它称之为迄今以来人类战争历史运动中的“隐性趋势”。对于这种趋势，人们过去一直没有进行过认真的研究，今天应该加以重视。当然，这种战争受到越来越多制约控制的隐性趋势，同战争向着越来越无限化方向发展的显性趋势，都是相对的。在任何一个时代的战争中，事实上也都同时存在着相反相成的无限性和有限性两个方面。

我们回顾人类在原始社会时代的战争，由于那时生产力水平很低，武器很原始（破坏力和杀伤力有限），人类活动的地域空间有限，作为当时社会单位的氏族部落人数和规模也都很小。因此，战争在客观的现实中是十分有限的。但是，从另一方面看，原始氏族部落是武装的群体，每个部落成员都是战士，可以说是一种原始状态的全民皆兵。一旦发生战争，整个部落都投入进去，因此战争具有一种自然的总体性。而且，当时人们在发动战争和如何进行战争上，具有很大的随意性、盲目性和肆无忌惮的野蛮性，在这方面可以说是拥有充分的自由，没有什么限制。也就是说，在原始社会，人类的战争虽然在客观上是十分有限的，但在主观上却是没有限制的（即无限的）。

人类社会进入文明时代后，一方面由于生产力的发展和社会的变化（尤其是私有财产、阶级和国家的出现），武器的破坏力和杀伤力增加了，战争的地域范围扩大了，投入战争的人数增多了。战争比原始社会时代更大更烈了。但从另一方面来看，这时人们发动战争的自由和进行战争的手段，也开始受到某种社会性的（非自然性的）限制。公元前218—前201年的第二次布匿战争，罗马人同迦太基人曾签订过禁止使用大象作战的条约，这是人类有文字记载的最早一次对战争手段（武器）的限制。[①] 以后，随着战争的破坏性和暴烈性的增加，人们从不同的角度对战争进行某种限制的趋势也在发展。这种限制，并不一定是通过双方达成协议或条约来体现的，也可以是一种不成文的、受多种矛盾因素制约而实际形成的限制。在不同的历史时期，这种限制的具体内容会发生变化，但它确实是存在的。例如，历史上存在过发动战争之前要先下战表，在某些共同宗教节日双方停止战争行动，还有如禁止

① T. N. 杜普伊：《武器和战争的演变》，第9页。

杀害放下武器的俘虏，以及近代禁止在战争中使用毒气，等等。

人类最早从理论上提出限制战争主张的，是在17世纪欧洲三十年战争之后。

1618—1648年，欧洲的两大强国集团——信奉旧教的“神圣罗马帝国”哈布斯堡王朝集团同信奉新教的反哈布斯堡王朝集团，以欧洲的中心地带为主要战场，进行了一场全欧性的争霸战争——即有名的欧洲三十年战争。这场战争，一方面由于火药广泛应用于军事所带来的武器飞跃性发展；另一方面由于围绕着从中世纪向近代过渡所出现的宗教改革，使战争带有一种狂热的宗教色彩（即意识形态因素），因而具有一种当时条件下空前的残暴性。据英国著名军事史专家J. F. C. 富勒的统计，这场战争死亡人数达800万人，其中还不算在战斗中被杀死的35万人。仅仅在波希米亚地区，其人口就从战前的200万人减少到战争结束时的70万人，该地区战前有3.5万个村庄，战后还有人居住的只有6000个了。[①] 战争的残暴性，使得17—18世纪欧洲一些先进的思想家，从理论上提出了限制战争的主张。

荷兰政治家和法学家雨果·格劳秀斯[②]在三十年战争期间就写了一本书：《战争与和平法》（1625年发表），提出要节制战争中的暴力和破坏行为。另一著名法理学家托马斯·霍布斯，在三十年战争之后发表《利维坦》一书，也提出了同样的主张。但格劳秀斯和霍布斯都不是和平主义者，他们并不认为应该禁止战争。霍布斯在《利维坦》一书中写道：“每个人在他还有希望达到目的时，都应该尽量致力于和平；只有不可能达到和平目的时，他才可以寻求和利用其他手段，包括使用战争的手段。这是由理性所产生的一种律令，或者称为一般规则。”后来，18世纪法国著名启蒙思想家伏尔泰，在1758年出版的《万国公法》一书中，详细论述了关于在国际间要制定一种共同遵守的“节制战争的规则”。伏尔泰写道，因为所有交战国都认为自己的事业是正义的，没有法官来裁决，所以要制定调节战争的规则，这是“国家之间的志愿性法律”。他继续写道：“这个法律的第一条，就是双方都承认存在着一种正规战争。如果人们希望在这种武装暴力行为中也有秩序或规则，那就要确立一

① J. F. C. 富勒：《战争指导》，解放军出版社1985年版，第5、7—10页。

② 雨果·格劳秀斯（Hugo Grotius，1583—1645）是一位知识广泛的人文主义者，著述甚多。

条限制战争产生灾难的界限,并且要使和平得以归来的大门永远敞开。”伏尔泰强调:“这一条是绝对必要的。……决定战争行为的合法性以及战争效果的权利……都不是依赖战争理由的正义性,而是战争手段的合法性,这就是说,一切都应该符合于正规战争的要求。……所以,在国家与国家之间,应该提出一个共同的规则。”[①]这就是人类历史上最早出现的、关于限制战争的理论。

17世纪中叶欧洲三十年战争之后,到18世纪末法国资产阶级大革命之前,在近一个半世纪的时间之内,欧洲确实曾经出现过一个战争规模相对较小的时代。富勒从军事发展史的角度,把这段时期称为“专制国王的有限战争”时代。[②] 出现这种“专制国王的有限战争”,当然不是那时的封建统治者们听了法理学家们的说教,大发慈悲地对战争进行控制,而是由于处在封建社会后期的当时,社会经济客观条件所产生的制约作用。其主要原因是,封建社会的自给自足的自然经济。在物质利益上,既不存在过去奴隶社会那种要以掠夺异族的财富和人口(补充奴隶来源)来作为其经济发展的条件;也不像后来因资本主义经济发展而出现那种激烈竞争的需要。因此,那个时代的战争,其目标对于双方的生存一般都不构成根本性威胁。此外,当时欧洲投入作战的军队是以高昂费用雇佣组成的常备军,人数有限而且作战缺少积极性(早期封建王朝的军队来自贵族集团的亲兵,具有某种为荣誉和信念而战的积极性)。还有,在封建社会后期,军队的供应主要靠封建王朝的租税收入,由后方供应纵队供给,因此作战的地域范围和机动性受到很大的限制。在这种条件下,通行的军事战略是针对敌方的要塞城堡采取长期围困的消耗战略,或者是袭击对方的后勤供应线而避免主力决战的迂回战略,因此战争的激烈程度有限,战争进程旷日持久,但对双方人力和物力的损失相对较小。

这一切都说明,战争的历史运动是有起有伏的。其向着越来越大、越来越烈方向发展的显性趋势,同它受到制约与控制的隐性趋势,总是同时存在并相反相成地发生影响。不过在20世纪中叶以前,总的趋势(或者说主导趋势)是向着越来越大、越来越烈的方向发展。我们将在本章下面的几节中,分

---

① J. F. C. 富勒:《战争指导》,解放军出版社1985年版,第7—10、5—15页。

② J. F. C. 富勒:《战争指导》,解放军出版社1985年版,第7—10、5—15页。

别对各个历史时代战争运动的起伏演变，作进一步的阐述。

## 二、古代战争的历史演进

人类进入文明时代并不是同步的。首先在位于温带适合农业耕作的地区，如尼罗河、底格里斯河、幼发拉底河、印度河、恒河以及黄河、长江等冲积平原上，孕育了人类最早的文明。大约公元前第四千纪到前第三千纪，在埃及、两河流域、印度和中国，分别出现了早期的奴隶制国家。它们分散在不同地区，彼此没有密切联系（有些甚至是没有联系），因此我们考察人类战争历史运动的发展轨迹时，有很长一段时间需要分别考察。只是到了16世纪以后，随着资本主义的发展，人类逐渐越出地区性的分割状态，走向整体性的发展，才开始有真正的"世界史"。不过从严格意义上说，只有到20世纪才能作全球统一的战争历史运动的考察。

古代东方是世界最早的文明发源地。随着人类脱离原始的氏族公社，形成早期的奴隶制国家，战争历史运动的轨迹也最早在那里出现上扬。正如我们在第一章所述，随着原始氏族公社向奴隶制社会过渡，抢夺土地、牲畜、财物和奴隶，越来越成为战争的目标。频繁的战争又加速了私有财产和奴隶剥削的发展，形成世袭王权和世袭军事贵族的奴隶主国家。经常不断地对外征战，可以说是奴隶制国家的一种需要（抢夺异族人口来补充奴隶来源是奴隶制经济发展的一个条件）。这就使得无论在哪个地区，当其社会发展达到从原始公社向奴隶社会过渡时，都出现了某种程度的战争高峰时期。我们甚至可以说，战争成了人类进入文明时代的接生婆。

古埃及的尼罗河盆地，大约公元前第四千纪中叶，经过长期频繁的部落战争，强大的部落并吞弱小部落，形成40多个被称为"斯帕特"[①]的奴隶制小国家。其后又经过长期的争夺战争，逐渐形成两个对立的王国：尼罗河盆地南部的"上埃及"和尼罗河盆地北部的"下埃及"。约公元前3100年，"上埃

---

① "斯帕特"（spt）希腊人称为"诺姆"（nomos），我国则译作"州"。郭圣铭：《世界文明史纲要》（古代部分），上海译文出版社1989年版，第27—28页。

及”征服“下埃及”，形成了第一个统一的埃及古王国。与埃及相隔不远的两河流域[①]，定居于波斯湾口地区的苏美尔人（Sumer），也大致在这一时期形成若干早期奴隶制城邦国家。它们之间，以及同其北面的阿卡德人（Akkad）[②]，不断进行战争。苏美尔人文明程度较高，军事上采用步兵方阵(6 人为一排，6 排共 36 人组成，可见当时战争的规模和人数仍然是不大的)，在初期占有优势。从公元前第三千纪初叶到中叶，苏美尔人主宰了两河流域。但到公元前 2341 年，阿卡德人迅速崛起，其军事领袖萨尔贡一世组建了世界上最早由国家供养的常备军（这支常备军有 5400 人，每天在萨尔贡的宫殿里吃饭），打败苏美尔人的乌鲁克王国，控制两河流域并向周围扩张，建立了一个东起波斯湾、西到地中海东岸的阿卡德帝国。中国第一个奴隶制国家夏朝，也是通过原始氏族社会末期部落联盟之间的长期战争（从公元前 31 世纪起的黄帝时代及其后的尧舜时代），才由作为部落联盟军事领袖的禹，于公元前 21 世纪在黄河流域建立起来。夏朝的军队是酋长卫队式的常备军与奴隶社会的民兵制相结合，步兵为主，也有车兵（为世界上最早使用战车作战）。至于作为人类古文明发源地之一的印度，大约公元前第三千纪，印度河流域的达罗毗荼人（Dravidians）开始从氏族公社演进到国家。印度河流域的古文化（亦称“哈拉巴文化”）延续到公元前 1750 年左右突然中断。对此解释不一，有谓系由雅利安人南下所摧毁，有谓系突然的自然灾害所致。由于达罗毗荼人的古文字至今尚未译读成功，我们对印度远古时期的历史还很不清楚，但考古发现哈拉巴城曾遭战争惨祸。所有这些都表明，随着埃及、两河流域、中国和印度等地区先后进入文明时代，人类战争便在那里开始出现了明显上扬的历史运动。

奴隶制社会的古代文明，是建立在对奴隶的暴力统治和不断对外征战基础之上的。虽然出现过相对战争较少的时期，但很快就被新的战争高潮所代替。埃及古王国从公元前 23 世纪起不断发生奴隶起义和诸侯混战，直到公元前 2000 年才重新统一为埃及中王国。在埃及中王国鼎盛的一百多年里，频频

---

① 两河即底格里斯河与幼发拉底河。发源于小亚细亚东北的亚美尼亚山区，向南注入波斯湾，其冲积平原形成大片弧形的肥沃地带，希腊人称为“美索不达米亚”（Mesopotamia）。

② 阿卡德人是塞姆人一个分支。塞姆人（Semitic People，亦称“闪族”）在古代东方分布地区很广，包括阿摩利人、腓尼基人、希伯来人、亚述人、迦勒底人、阿拉伯人等。

对外征战,开疆辟土,势力达到地中海的克里特岛,但随后在农民和奴隶起义的冲击下又走向衰落。公元前18世纪,叙利亚一带的游牧部族喜克索斯人(Hyksos)入侵埃及。他们刚从氏族公社向奴隶制过渡,善于骑马和驾车作战(当时埃及人还只知步兵作战),迅速侵占了尼罗河盆地北部。直到公元前1570年左右,埃及人才把喜克索斯人逐出尼罗河盆地,建立起埃及新王国。在同喜克索斯人的长期战争中,埃及人学会了使用马匹和战车,形成强有力的庞大军队(还兴练了海军)。埃及新王国的几个法老,都穷兵黩武,对外征战,最著名的法老图特摩斯三世,从公元前1490—前1436年,连续进行18次大规模远征,将其势力扩张到巴勒斯坦、叙利亚和红海一带。

中国的夏朝(公元前21世纪到前16世纪),也是经常同周围的氏族部落和由部落转化的小国家(史称"方国")进行战争。约公元前1562年,夏的藩属商汤通过讨伐夏桀的战争,建立了商朝。此时商王的常备军已发展到3万人的规模,由徒(步)兵和车兵组成,主要以青铜兵器装备。商朝存在的500多年里,进行的大小战争不下百余次[①],其中最大的是公元前13世纪商王武丁[②]征伐四方的战争,征伐的对象包括四周上百个方国,出动兵力最大时达到2.3万人。

两河流域的战争更加频繁。埃及四周有沙漠和海洋的天然屏障,相对来说不易受到外族入侵。两河流域地势平坦,更易遭受四周刚从氏族公社向奴隶社会过渡的游牧部族入侵。早在公元前2230年左右,两河流域的阿卡德帝国,就受到底格里斯河以东一带山区的游牧部族古狄姆人(Gutium)入侵。古狄姆人曾征服和统治两河流域70多年。在反对古狄姆人的战争中,苏美尔人再次强大起来,经过100多年的征战,建立了一个同阿卡德帝国版图差不多的乌尔帝国。但到公元前2000年左右,乌尔帝国在周边游牧部族入侵下又走向崩溃。公元前1894年,从西边入侵的阿摩利人(Amorites),以幼发拉底河畔的巴比伦城为首都,建立了古巴比伦王国。其著名君主汉谟拉比厉行中央集权,组建强大的常备军,东征西讨,一度把疆界拓展到小亚细亚。但他死后,古巴比伦在四周游牧部族入侵下又很快瓦解。公元前1740年,东部善用马和

---

① 高锐:《中国上古军事史》,军事科学出版社1995年版,第1—17页。

② 商王武丁是个勇敢果断的军事统帅,其妻妇好也善用兵,是中国古代第一位女军事家。

战车的喀西特人(Kassites)征服了两河流域。当时巴比伦人仍仅会用步兵。正如公元前1710年喜克索斯人入侵尼罗河盆地,把利用马和战车的方法带到了埃及一样,喀西特人也把骑兵和战车带到了两河流域。在喀西特王朝统治期间,一支来自中亚的游牧部族进入两河流域北部,在那里建立了米坦尼王国。公元前15世纪时,米坦尼王国曾经雄踞一方,屡屡同喀西特人、埃及新王国以及后来在小亚细亚崛起的赫梯人(Khatti)发生战争。

小亚细亚的赫梯人进入文明时代的时间比埃及和两河流域要晚,但他们却是世界上最早铸造和使用铁器的部族。由于使用铁器所带来的优势,公元前14世纪中叶赫梯人迅速崛起,征服了整个小亚细亚并进入叙利亚,建立起一个版图东接两河流域、西至爱琴海的奴隶制帝国。赫梯帝国成了两河流域古文明输入爱琴海地区的桥梁,但同时又不断与周围奴隶制国家发生争霸战争。其中最著名是公元前1285年与埃及新王国争夺叙利亚的卡迭石之战。这是远古时代迄此发生的最大一场战争。赫梯投入2万多军队、2500—3500辆双马战车(每车配备1名驭手和2名战士)。埃及投入以战车为核心的4个军团,连同外族雇佣军共达3万人。赫梯与埃及连年争霸,双方均无法根本打败对方,遂于公元前1269年签订和约。这是世界上留存至今最早的结束战争条约。后来赫梯帝国被弗里基人(Phrgians)所灭。

我们可以说,上述埃及、两河流域、地中海东岸和小亚细亚地区,以及在亚洲另一头的中国,随着众多不同部族相继过渡到奴隶制社会而发生的频繁战争,以及若干奴隶制帝国所进行的对外征战,形成人类战争历史运动最早的高峰。不过,它延伸的时间跨度很长(足有2000年),因而从整个运动轨迹来看,也可视作人类战争的一种明显上扬的历史运动。真正能构成我们称为战争"高峰时期"的,大概应是公元前9—前7世纪的亚述帝国战争。在亚述帝国战争之前的公元前1066年,中国发生了一场有名的大会战——武王伐纣的"牧野之战"。此战,周武王投入兵力约5万人,商纣王投入兵力17万人,规模远远超过赫梯与埃及的卡迭石之战。周武王以小攻大,以寡击众,取得彻底胜利,建立了取代商朝的周朝。西周王朝是中国奴隶制极盛的时代,它有一支用青铜武器装备、以车兵为主、人数达14万的常备军,在其存在的200多年里经常对外征战,以至有学者说"西周从战争中兴,从战争中盛,又从战争中衰亡”。[①] 但是，西周王朝的各种征战，无论在战争的总体规模、范围、连续时间和激烈程度，都比不上亚述帝国战争。

亚述人原是一支迁徙到底格里斯河上游的塞姆人游牧部族，处在两河流域北部靠近小亚细亚的边陲高地，经常受到两河流域先发展部族的侵扰，但也从中吸收到两河流域的文明。长期的战争环境养成亚述人的尚武精神，他们从喀西特人那里学会使用马和战车，从赫梯人那里学会铸造铁器。公元前13—前12世纪，亚述人崛起，灭米坦尼而据两河流域，并在赫梯帝国崩溃后，寇掠小亚细亚，侵入叙利亚和腓尼基。不过，随后因内讧和奴隶起义一度衰落。进入公元前9世纪，亚述人重新崛起。这时铁制兵器已在亚述普及，英国军事史学家J. F. C. 富勒在《西洋世界军事史》中，把亚述军队称为“有史以来使用铁制兵器的第一支大军”。[②] 同时由于农业生产率提高和奴隶主财富的积累，也为亚述组建庞大的常备军提供了可能。夺取大量奴隶和土地的需要，则成为亚述统治者扩大对外征战的动力。亚述国王提格拉特·帕拉沙尔三世进行军事改革，推行募兵制，建立完全由王室供应的常备军，有战车兵、骑兵、重装和轻装步兵、攻城队（拥有铁甲撞城机）、辎重队，甚至还有工兵。虽然奴隶社会多数国家的军队都很凶残，但亚述军队尤为突出。他们攻占一座敢于抵抗的城池后，往往把男女老少斩尽杀绝，这种凶残的恐怖战术可算是人类历史上最早的心理战实例。[③] 这支以铁制兵器装备起来的亚述大军（达20万人），成为古代强大而残酷的战争力量，而亚述奴隶主阶级则成为世界上最早的军国主义典型。从公元前745—前627年，亚述穷兵黩武，东侵西讨，南征北伐，把两河流域、小亚细亚、叙利亚、巴勒斯坦、埃及等古文明中心都抟聚在它的军国主义残暴统治之下。不过，依靠不断的侵略战争发展起来的亚述帝国，崛起得快也崩溃得快。其最后一位有军事才能的君主亚舒巴尼拔死后不久，就在公元前612年被两河流域南端的迦勒底人和伊朗高原的米底人联合攻灭。

如果我们把公元前9—前7世纪的亚述帝国战争（它的规模、范围、激烈

---

① 高锐：《中国上古军事史》，第55页。

② J. F. C. 富勒：《西洋世界军事史》第1卷，战士出版社1981年版，第13页。

③ T. N. 杜普伊：《武器和战争的演变》，军事科学出版社1985年版，第11—12页。

和残酷程度大大超过了此前的所有战争)，作为古代战争历史运动的第一个高峰时期的话，那么第二个高峰时期则分别出现在中国的春秋时代，以及西方随着波斯帝国的兴起而发生的希腊波斯战争。

春秋时代是中国社会奴隶制衰亡、封建制产生的时代。春秋前期的头50年算是和平年代(仅有七八次战争)，但从公元前720年起就进入中原诸侯争战的年代，40年间发生70多次战争。春秋中期(前679—前546)达到高峰，134年里发生500多次战争，平均每年发生3.7次战争。春秋后期(前546—前453)有所下降，93年里发生250多次战争。[①] 长期频繁的战争，产生了如孙武这样的古代战略家及其传世之作《孙子兵法》。不过总的来说，春秋时代的战争频而不烈。大小140多个原属周王朝的邦国相互敌对，长期处于战争状态，但军事威慑多于主力会战。每次直接交兵的时间很短，战争规模一般不大，多以双方妥协或一方屈服而结束，较少彻底歼灭对方军队和摧毁对方政权，可以说是一种古代的"有限战争"。虽然也有些达到10万人规模的大会战，如公元前632年的城濮会战、公元前575年的鄢陵会战和公元前484年的艾陵会战等[②]，但整个春秋时代的战争规模、范围和激烈程度，仍逊于西方随着波斯帝国兴起而发生的战争。

波斯人与米底人同属从里海南迁定居伊朗高原的印欧语系雅利安人(后称为伊朗人)。米底人最先建立国家，并在灭亡亚述帝国后统治了伊朗高原大部分地区。公元前550年，波斯首领居鲁士二世，率众推翻米底王国。建国后，波斯人仿照亚述人的军制组织，建立起一支由弓弩手和骑兵为核心的强大常备军，开始连续对外征战，先后征服小亚细亚的吕底亚王国，灭亡新巴比伦帝国，占领腓尼基王国(并利用腓尼基人的力量建立起海军)，侵入中亚细亚和攻灭埃及，经20多年的战争，把波斯帝国的版图，扩张到东至印度河、西抵小亚细亚沿岸、北达兴都库什山脉、南迄埃及，囊括了相当于今天整个中近东的地区。公元前514年，波斯王大流士一世调集7万大军、300艘战船，渡过博斯普鲁斯海峡侵入欧洲，直逼希腊的大门口。希腊人居于巴尔干半岛南

---

① 高锐:《中国上古军事史》，第124—125页。

② 高锐:《中国上古军事史》，第187、224、280页。因古籍未有明确数字，各书推算不一，李英主编的《中国战争通鉴》(国际文化出版公司1995年版)，则推算共约20万人的规模。

端,公元前8—前7世纪从氏族公社向奴隶社会过渡的过程中,几乎没有受到外来部族的暴力干扰。他们以城市为中心组成独立的奴隶制城邦国家(最强的是斯巴达和雅典)。随着奴隶社会商业的发展,希腊本土城邦国家纷纷向爱琴海地区移民。这些希腊移民也组成独立的奴隶制城邦国家,与本土一起构成了古希腊文明世界。波斯帝国西侵,首先同希腊人在色雷斯、小亚细亚沿岸的移民城邦发生战争,并最终导致公元前492—前449年的希波战争,其中规模最大的是波斯第三次远征希腊。波斯派出号称百万的大军(据史学家推算,波斯军实际兵力约25万人、战船约1000艘)。希腊城邦国家联军约有重装步兵4万、轻装步兵7万、战船400余艘。这样大规模陆、海紧密结合的战争方式,显示出此时的战争历史运动已有很大发展。持续32年的希波战争,最终以波斯远征失败而结束。

古代战争历史运动的第三个高峰期,可以说也是分别出现在中国和西方。在中国就是战国时代(前475—前221)。古代中国社会的奴隶制度不如地中海区域国家发达,但进入封建社会的时间和发展水平则早于和高于世界其他地区。战国时代是春秋时代的延续和发展,也是中国社会封建制度取代奴隶制度的时代。这在很大程度上决定了中国成为这次战争历史运动新高峰的主干。

战国时代主要是经过春秋频繁战争保存下来的几个大国(所谓战国七雄)为争夺领土相互吞并。前期战争规模较小,中期(前383—前257)战争最频繁、最激烈,后期则是秦统一中国的战争。秦实施“远交近攻”方针,逐次消灭六国。整个战国时代共发生大小战争近300次,平均次数少于春秋时代,但战争持续时间延长(一场大战持续3—5年)。战争范围从黄河中下游平原,扩大到长江上游山区和华北山岳地带。战争方式发展为步兵为主的步、车、骑多兵种联合作战,出现大规模的野战和运动战。一场战争动辄投入兵力十几万、几十万,战斗往往异常激烈和残酷(动辄斩首数万至十数万)。公元前262年的长平会战,秦、赵双方投入兵力共达100万,秦将白起一举围歼斩杀赵军45万(其中40万人是投降后被坑杀的),成为古代战争史上最大最惨烈的歼灭战。长期激烈的战争,使战国时代涌现出一批名将(如吴起、孙膑、白起、赵奢、廉颇、王翦等),产生了一批古典军事名著(如《吴子兵法》《孙膑兵法》《尉缭子》等)。战国时代的军事思想反映了新兴封建地主阶级争夺和扩大统治权的需要,强调以法治军和主动进攻的精神,实为古代战争史上的最高水平。

正当中国进入战国时代,西方也发生了几场大的战争——伯罗奔尼撒战争(前431—前404)、科林斯战争(前395—前387)和马其顿亚历山大帝国的东征战争(前334—前323)。

伯罗奔尼撒战争和科林斯战争,都是希腊奴隶制城邦国家之间的争霸战争。斯巴达和雅典早就存在争霸矛盾,在抗击波斯帝国侵略时虽然联合起来并取得辉煌胜利,但同时又各自扩张自己的势力。拥有强大陆军的斯巴达,胁逼一批城邦组成伯罗奔尼撒同盟以图称雄。拥有强大海军的雅典,也拉拢一批城邦结成提洛同盟与之抗衡。伯罗奔尼撒战争和科林斯战争,导致灿烂的古希腊文明走向衰落,在世界史上是很有名的(尤其是伯罗奔尼撒战争)。但就战争历史运动的角度来看,其规模(投入兵力均在10万人以下)和范围(仅在爱琴海地区),都逊于以前的亚述战争和希波战争,更不能与同时期的中国战国时代的战争相比。

古代战争历史运动第三个高峰在西方的主要标志,实则是马其顿亚历山大帝国的东征战争。马其顿人居于希腊半岛北部山区,虽与希腊人同族,但被视为野蛮人。伯罗奔尼撒战争和科林斯战争之后,希腊城邦国家走向衰落,马其顿乘机崛起。其卓越军事领袖腓力二世,把传统方阵发展成著名的"马其顿方阵"。它既是战斗队形,也是军队编制,由256名执矛持盾的重装步兵按纵深16列组成密集的基本方阵"辛塔格马",4个"辛塔格马"组成1个"希利阿赫",4个"希利阿赫"组成1个"法朗克"(共重装步兵4096人),另外加上轻装步兵2048人、骑兵1024人、辅助兵1024人,共8192人构成一个自成体系的多兵种作战部队。这种马其顿方阵犹如一堵遍布长矛密不透风的墙,既可实施强力正面攻击,又能有效抗击敌人冲锋。公元前337年,腓力二世征服希腊半岛后,曾组织"希腊联军"(步兵20万、骑兵1.5万),准备东征波斯帝国,但未成行便死于宫廷事变。其子亚历山大[①]继位时年仅20岁。这位雄才大略的年轻君主,巩固了马其顿对希腊半岛的统治后,于公元前334—前323年进行了震惊古代世界的东征战争。亚历山大一生都在战争中度过。

---

① 亚历山大,亦称"亚历山大大帝"(Alexander the Great,前356—前323)。

他指挥了数以百计的渡水、攻坚、山地、平原、沙漠和海洋多种作战。马其顿军队横扫小亚细亚、腓尼基、叙利亚、埃及、两河流域、伊朗高原以及印度西部，血战万里，所向披靡。作为古代军事天才的亚历山大，强调精兵（其远征军只有 4 万—5 万人）和全局的战略意识，以快速、突袭和集中兵力击敌要害，以少胜多。其中著名的一次是公元前 331 年在两河流域的高加米拉会战，亚历山大以数万之旅，大败波斯王号称百万的大军，歼敌 30 万，灭亡了波斯帝国，成为西方推崇的战争典范。亚历山大东征战争是马其顿奴隶主军事贵族的扩张掠夺，具有极其残暴的野蛮性。他建立了一个横跨欧亚非三洲的庞大帝国，客观上推动了古代东、西方经济和文化交流。不过这个大帝国完全是靠亚历山大的武功建立起来的，他死后其大将各自拥兵争权，帝国很快在军阀混战中瓦解。

古代战争历史运动的第四个高峰期，在西方是同意大利半岛一个新的奴隶制帝国——罗马的崛起紧密相连的。总体上看，这个高峰期也是分别表现在西方和中国，但其时代背景完全不同，情况比较复杂，时间前后有很大的交错。前面我们把中国的战国时代列入古代战争历史运动的第三个高峰期。但战国时代的战争延续到公元前 221 年秦统一中国，这时西方已从亚历山大东征战争（即第三个高峰期），进入到我们作为第四个高峰期的罗马布匿战争（前 264—前 201）。而当西方仍然处在罗马奴隶制帝国连绵不断的大规模内外战争之中时（也就是我们列入古代战争历史运动第四个高峰期），中国则在公元前 209—前 195 年出现了秦亡汉兴的战争新高峰期。由于中国已进入了封建社会，我们把秦亡汉兴的一系列大规模战争，列为封建时代战争历史运动的第一个高峰期，放在下一节去阐述。因此这里仅就罗马崛起所形成的西方战争高峰进行考察。

意大利人是大约在公元前 8 世纪，受到从小亚细亚和爱琴海地区传来的东地中海文明的影响，才逐渐从氏族公社向奴隶社会过渡。公元前 6 世纪末，台伯河流域的罗马城建立了奴隶制城邦国家。经过长期战争，罗马在公元前 275 年统一了意大利半岛。当时的罗马经济以农业为主，寓兵于农，军队绝大部分从自由农民中征召（罗马法律规定17—45岁男性公民有服兵役义务）[①]，兵员比较充足，士气比较高昂。强大起来的罗马首先同迦太基[②]展开争夺地中海西部霸权的战争。由于罗马人称腓尼基人为“布匿”（Poeni），故称“布匿战争”。第一次布匿战争（前264—前241）主要是争夺西西里岛。罗马在陆战中占优势，但缺乏海军无法赢得决定性胜利。于是罗马人利用希腊工匠大量建造战船，并根据自己善于陆战的特点，创造一种带钩的接舷吊桥，靠近敌舰时放下吊桥，让善于陆战的士兵格斗，结果在多次海战中取胜。迦太基被迫退出西西里等岛屿，罗马开始在西地中海取得优势（罗马在战争中也损失20万人和500艘战船）。此后，迦太基向西班牙发展，在那里开疆辟土练兵筹饷，准备同罗马人再战。罗马则从意大利半岛向北扩展，越过阿尔卑斯山侵入法国南部并征服高卢人[③]。双方在公元前218年爆发第二次布匿战争。迦太基名将汉尼拔[④]统率一支精兵（步兵9万、骑兵1.2万、战象37头），从西班牙出发，跨越比利牛斯山和阿尔卑斯山，打入意大利北部。经过长途跋山涉水的征战，汉尼拔虽然只剩2万步兵和6000骑兵，仍连连打败前来抵挡的罗马军队。面对入侵的迦太基军队，罗马执政官费边[⑤]采取避其锐气的拖延消耗战略，但遭到罗马民众和元老院反对。公元前216年，罗马元老院以鲍鲁斯和瓦罗两人取代费边，率8万步兵和6000骑兵在意大利东南的坎内（Cannae）原野同迦太基军决战。这正合汉尼拔迅速寻求决战的战略意图。兵力比对手少一半的汉尼拔，采取两翼机动的围歼战术，居中的步兵接战后佯退，待敌跟进呈凹形态势时，即以两翼的骑兵和精锐步兵突击敌军侧后。此战罗马军死亡5.4万、被俘1.8万，仅1万多人逃脱，迦太基只付出6000人阵亡的代价。“坎内”后来就成了两翼机动歼灭战的代名词。此后罗马人重新采用费边战略。汉尼拔虽在意大利屡战皆捷，但孤军久战于敌方腹地，远离本土，得不到

① 这种古代奴隶社会的义务兵役制，同罗马经过平民（即非奴隶的自由民）与贵族长期斗争，形成较完善的共和政体有密切关系。

② 迦太基是腓尼基人在北非突尼斯海角建立的地中海的强国，占领着西西里岛西部。

③ 高卢人是凯尔特人一支，散居古称高卢的莱茵河以南（今之法国、比利时等地），故名。

④ 汉尼拔（Hannibal，前247—前183），以实施两翼突击的歼灭战称著，是与马其顿亚历山大大帝齐名的古代天才军事统帅。

⑤ 费边（Fabius Maximus，？—前203），他的这一战略后来得名“费边主义”，被认为是面对强敌时的一种经典性战略。

及时支援,无力攻取城防坚固的罗马城。随后罗马人派兵登陆非洲攻击迦太基本土。汉尼拔回师救护,兵败北非的扎马。公元前 201 年迦太基被迫签订城下之盟。至于后来罗马攻灭和摧毁迦太基城的第三次布匿战争,按恩格斯的说法:“未必算作战争,这只不过是一次最强的一方以十倍优势的力量对最弱的一方的征服。”①

经过布匿战争,罗马囊括了整个地中海西部,于是把扩张矛头指向地中海东部。此时,原亚历山大帝国控制的广大地区,已分裂为安提柯王朝统治的马其顿和希腊,塞琉古王朝统治的叙利亚和小亚细亚东部地区,托勒密王朝统治的埃及,还有小亚细亚其他地区的若干“希腊化”小王国。罗马经过多次对马其顿、希腊、小亚细亚和叙利亚的征战,到公元前 2 世纪中叶完全控制了东地中海地区。此后,罗马又发动征讨北非努米低亚人的战争(前 111—前 107),征讨高卢之地的条顿人和森布里人的战争(前 105—前 101),征讨黑海南岸本都王国的战争(前 88—前 63)②,征服高卢的战争(前 58—前 51)③,征讨帕提亚(安息)的战争(前 54—前 53)④等,成为超过亚历山大帝国的又一横跨欧、亚、非三洲的庞大帝国。

罗马帝国与亚历山大帝国,虽然都同样是通过连绵的战争建立起来的,但彼此有很大的不同。亚历山大帝国的崛起,很大程度上是依靠亚历山大大帝的个人军事天才和战争武功。它崛起得快,瓦解得也快,几乎就仅仅存在于亚历山大的十年东征战争之中,犹如一颗耀眼的流星瞬间划过人类历史的长空。罗马帝国则不同,它在战争中虽然也出现了诸如费边、西庇阿⑤、马略⑥、恺撒⑦等军事天才,但其战争的胜利主要立足于自由农经济、共和政体和义务兵役制。不过,随着不断地对外征战,罗马把大量战俘和征服地区居民发卖为奴,日益盛行的奴隶劳动取代了自由农经济,贵族暴富,平民破产,阶

① 《马克思恩格斯全集》第 8 卷,第 232 页。

② 本都王国兵 30 万,战船 400 艘,同罗马先后进行 3 次大规模战争(史称“米特拉达梯战争”)。

③ 恺撒统兵 10 万,经 7 年战争,征服 300 万高卢人,其中杀死 100 万,俘虏发卖为奴隶 100 万。

④ 罗马“前三雄”之一的克拉苏统兵 10 个军团,征讨伊朗高原的帕提亚。克拉苏战死。

⑤ 西庇阿(Publius Gomelius Seipio,前 236—前 184),在第二次布匿战争中率军征服西班牙,后来又渡海进军迦太基本土,在扎马一战打败汉尼拔。

⑥ 马略(Gaius Marius,前 157—前 86),军事改革家,开创罗马募兵制的时代。

⑦ 恺撒(Gaius Julius Caesar,前 100—前 44),与亚历山大、汉尼拔齐名的古代军事统帅。

级矛盾急遽尖锐。原来的共和政体逐渐走向军事独裁的帝制，征兵制也逐渐为募兵制所取代。靠招募雇佣军而拥有重兵的奴隶主军阀贵族，动辄以武力争权夺利。因此，罗马从共和政体走向独裁帝制的过程中，除了不断对外征战，还不断发生大规模的内战（包括奴隶起义和内部争权战争），如公元前135—前132年和公元前103—前99年两次西西里岛奴隶起义，公元前133—前131年小亚细亚西部帕加马起义，公元前91—前88年镇压意大利各部族和城邦的战争，公元前88—前83年苏拉与马略的争权内战，公元前83—前71年塞多留反苏拉的内战，公元前73—前71年斯巴达克奴隶起义，公元前49—前36年恺撒与庞培的内战以及恺撒死后的混战，公元前32—前30年屋大维与安东尼的内战等。总之，从公元前3世纪中叶到公元前1世纪末叶的300多年，罗马帝国连绵不断的对外征战和大规模内战，构成了西方古代战争历史运动的第四个高峰期。

公元前27年，屋大维被尊为“奥古斯都”①。他改组帝国的行政和军事制度，加强中央集权，把军队整编为直属自己的25个军团（每军团1.2万人，共30万人），戍守帝国边陲，另有9000精锐御林军拱卫罗马。此时罗马帝国的疆土，东起幼发拉底河，南至撒哈拉大沙漠，西滨大西洋，北抵莱茵河与多瑙河，成为以地中海为核心、横跨欧亚非三洲、人口达5000万的古代大帝国。它四境都有天然屏障，在公元1—2世纪时，政治统一，战乱减少，商业发展，出现了奴隶制基础上的经济和文化繁荣，形成古代历史上的所谓“太平盛世”。虽然在边境地区发生过不少战争，帝国境内也常有起义和反叛战争。但在武力控制下，罗马帝国的地中海世界，有两百年时间维持了相对的和平。这种和平被称为“罗马式的和平”（Pax Romana）。不过在表面的和平与繁荣下，罗马帝国的奴隶制度已走到了其发展的尽头。奴隶制成为社会生产基本方式的地方，劳动便成了奴隶的专门工作，而为自由人所鄙视。受着极残酷剥削的奴隶没有任何生产积极性，奴隶劳动又排斥了自由民的劳动。因此，一旦大规模开拓新疆土和俘获新奴隶的来源减少，生产便日益萎缩，这种生产方式的出路就被堵塞了。到3世纪时，罗马奴隶社会各种矛盾日趋激化，经济凋

---

① “奥古斯都”（Augustus）即“庄严、伟大、神圣”之意。屋大维生于8月，因此该月被命名为“Augustus”，而且日数不能少于7月，应同为31天。此项历法西方沿用至今。

敝，群雄争权，政局动荡，各地贫民和奴隶纷纷起义，周边“蛮族”不断入侵，西方世界重又进入一个战争高峰期。这个导致西罗马帝国覆亡的战争高峰期，同时也是西方从奴隶社会向封建社会的过渡期，我们将在下一节阐述。

## 三、中世纪战争的起伏搏动

在本书里，我们一般把“古代”理解为主要是奴隶制的时代，而把“中世纪”理解为主要是封建社会的时代。人类社会进入封建时代最早是中国。当西方的奴隶制国家罗马同迦太基，正在展开争夺地中海霸权的第二次布匿战争时，中国的秦始皇已经建立了世界上第一个封建大帝国（人口 2000 万、军队 100 万，均为当时世界之最）。秦朝开创的封建主义中央集权制度，对中国以后 2000 多年的封建社会有深远影响。它的辽阔疆域和发达的文明，对古代世界也有巨大影响。[①] 但秦王朝存在时间很短，其残酷的剥削压迫很快激起人民反抗。公元前 209 年陈胜、吴广农民大起义，揭开了秦亡汉兴的战争高峰时期。陈胜吴广起义军一度发展到兵车千乘、士卒十万，虽只有半年时间就失败了，但项羽、刘邦继承他们的反秦战争，推翻了秦王朝的统治。又经过十多年战争，刘邦（汉）打败项羽（西楚霸王），并征服其他诸侯，在全国确立了西汉王朝的中央集权封建统治。整个秦亡汉兴的战争，从公元前 209—前 195 年，历时 14 年，经过秦楚巨鹿会战、楚汉彭城会战，楚汉成皋战役、潍上战役和垓下战役（都是投入兵力 30 万—60 万之间的大战），以及刘邦平定其他诸侯的晋阳战役、东垣战役和蕲西战役（也是兵力 30 万—70 万之间的大战）。其中项羽在公元前 205 年的彭城会战中，以 3 万精兵大败刘邦与诸侯联军 56 万，创造以绝对少数战胜强敌的奇迹，堪与公元前 331 年亚历山大以 4 万之旅，歼灭波斯 30 万大军的高加米拉会战媲美，均为古代战争史上以少胜多的典型。总之，秦亡汉兴战争是封建时代战争历史运动的第一个高峰期，而且其战争规模堪称当时世界之最。

---

① “秦人”同后来的“汉人”“唐人”一样，成为世界各国对中国人的称呼。今日欧洲人仍称中国为“Chin”，就是由“秦”演变而来。

西汉王朝建立后，加强中央集权，打击地方割据势力，稳定封建秩序，促进了社会经济和文化发展。在中原地区，有近200年相对和平时期（更准确地说是“战争历史运动低潮时期”），比罗马帝国的200年“罗马式和平”早得多。虽然这期间，西汉王朝周边地区仍经常发生战争，或者是汉朝拓展疆域，或者是抵御其他处于奴隶社会的游牧部族的入侵。其中汉武帝时期比较频繁，主要是北伐匈奴①。匈奴人是中国北方的游牧部族，战国时已进入奴隶社会，屡屡南侵，寇掠农业地区，秦、赵、燕都曾在北方修筑长城抵御。秦始皇统一中国后连接成为有名的万里长城。汉武帝于公元前133—前97年，同匈奴进行了十几次大的战争（多在10万—20万人的规模）。这种文明比较发达的农业地区国家，同周边刚过渡到奴隶制的游牧部族之间频繁战争，在古代都是普遍存在的。

西汉立国后的相对和平时期，使中国社会有很大发展，人口增长到5900万，比秦统一中国时增加近两倍。但封建政权和豪强地主的苛征暴敛，西汉末年统治集团的荒淫腐败，重又导致社会矛盾尖锐化。部分统治阶级企图以改制来挽救危机。公元8年王莽②篡汉改制，改国号为“新”，但未能挽救危机，终于在公元17—18年爆发了绿林、赤眉农民大起义。

从绿林、赤眉起义到公元40年东汉王朝统一全国，中原大地经历了一系列大规模的战争，主要有昆阳战役（绿林起义军以不到2万人的绝对劣势之兵，粉碎新莽42万大军的围攻，再创古代战争史上以少数胜多的奇迹），成昌战役（赤眉起义军3万人全歼新莽军10万人），绿林军进占长安之战（王莽政权垮台），赤眉军与更始军③的长安之战，刘秀④与更始的洛阳之战，刘秀与赤眉的崤底之战（刘秀军30万彻底击败赤眉军24万，奠定了东汉政权立国的基础），刘秀平定各地割据势力的多次战争（均为20万—40万人的规模）。这20多年频繁的大规模战争（给中国社会带来巨大破坏，史载东汉初年的户口仅西汉末年的20%—30%），构成封建时代战争历史运动的第二个高峰期（此

---

① 汉武帝的拓疆战争，除北伐匈奴外，还有前109—前108年征伐朝鲜，前108—前102年远征西域，前112—前110年征伐南越（两广）、闽越（福建）和东瓯（浙江）等。

② 王莽是西汉元帝皇后王政君的侄子。当时王氏家族多人在朝廷任大官，势力显赫。

③ 公元23年绿林军推汉室贵族刘玄为帝，国号“新汉”，年号“更始”，是为更始政权。

④ 刘秀亦汉室贵族，起兵反王莽政权，加入绿林义军。公元25年在河北称帝，是为东汉政权。

时西方恰是战争低潮的“罗马式和平”时代)。

东汉王朝建立后,中原地区又有约一个半世纪的相对和平时期,虽然同西汉时一样,周边地区也有众多规模较小的战争①。到了东汉末年,封建统治的苛征暴敛和政治腐败,又在公元 184 年导致了全国性的黄巾农民大起义。与绿林、赤眉起义不同,黄巾起义散于各地,缺少联合,此起彼伏的斗争虽然延续了 20 年,却未能推翻东汉政权。不过黄巾起义打击了东汉王朝的中央集权,各州牧郡守(地方官吏)与地主豪强在镇压黄巾过程中拥兵自为,形成军阀割据的长期混战。可以说,封建时代战争历史运动的第三个高峰期,正是从这场军阀混战开始的。

公元 190 年,袁绍联军征伐董卓之战揭开了这场军阀混战的序幕。在连年混战中,以兖州为基地的军阀曹操,相继败陶谦、灭吕布、除袁术、收张绣,在公元 200 年的官渡之战大败袁绍。官渡之战是曹操跻身中国古代著名军事家之列的成名之战。他以 3 万之兵,大败袁绍 12 万大军,歼敌 7 万,奠定了统一北方的基础。另一军阀势力孙权,则兼并了江东各州郡,独据东吴。公元 208 年,曹操率 23 万(号称 80 万)水陆大军进逼东吴。孙权与刘备联合以 5 万兵力抗击,在赤壁(今湖北蒲圻西北)一战大败曹操(曹军损失 2/3)。由此形成魏(曹)、蜀(刘)、吴(孙)三国鼎立之势。此后,三国及其他小封建割据势力,相互不断混战,尤其魏、蜀之间争夺汉中(诸葛亮六出岐山)以及吴、蜀之间争夺荆州,都是投入 10 万—20 万人的大规模战争。后来蜀、吴相继衰落,魏国政权则落到司马氏手中。公元 263 年,司马昭出兵 18 万灭蜀。两年后司马昭死,其子废魏自立为帝,是为西晋。公元 280 年,西晋出动 30 万水陆大军,分六路进攻长江下游,连克东吴 4 州、43 郡,降服吴军 23 万,灭了东吴。至此,经过 90 年的分裂混战,中国才重新统一。

西晋王朝是司马氏在一批豪门士族官僚的支持下,通过政变而建立的。它大肆分封宗室,强化门阀制度,致使世家大族贪暴恣肆。因而,西晋统一后并未带来多少年的和平。公元 290 年(即重新统一后 10 年),就爆发了“八王之乱”。为争夺中央统治权,西晋宗室诸王和外戚不断兵戎相见。随着民族

---

① 如公元 47—53 年平定五陵蛮的战争,公元 71 年和公元 89—91 年两次征伐匈奴,公元 73—102 年对西域的战争,公元 107—118 年镇压羌族起义的战争等。

矛盾和阶级矛盾的激化，又发生连绵不断的新战争。中国西北边疆的少数游牧民族（主要有匈奴、羯、氐、羌、鲜卑等五族），早在东汉以来就陆续向内地迁徙。在汉族文明的影响下，他们逐步过渡到定居的农业生活。但封建的残酷剥削压迫和频繁战乱，造成各族人民大量流亡和爆发起义。少数民族上层分子也纷纷起兵反晋。公元 304 年，匈奴贵族刘渊在山西起兵。刘渊汉化程度很高，一心要做中原帝王，为了争取汉人支持，打起“尊汉”旗帜，建国号曰汉。汉国 4 次大规模进攻长安，终于在公元 316 年灭了西晋。司马氏王朝逃到江南重建政权，史称东晋。这时北方的少数民族上层分子和汉族官僚地主，纷纷在混战中建立割据政权，形成了史称十六国的又一分裂与战争的时代。

十六国时代的前期，经过汉、前赵、后赵、前燕、冉魏、前秦等各个割据政权之间长达 70 多年的混战①，到公元 376 年前秦统一了北方。此时，前秦王苻坚（氐族人），欲一举消灭江南的东晋统一全中国，下令每十男出一人从军，组织了 60 万步兵、27 万骑兵和 3 万御林军，号称百万之众进攻东晋（东晋兵力仅 18 万）。公元 383 年，两军在淮南淝水决战，前秦军大败，损失十之六七。此战促使前秦政权走向末日，结果中国北方重又冒出了 13 个割据政权，它们相互之间（以及同江南的东晋之间）形成了十六国后期的 50 多年混战②，直到公元 439 年北魏统一北方。

北魏统治集团是鲜卑族拓跋部，原居大兴安岭北端，刚进入奴隶制社会不久，文明程度较低，曾被前秦苻坚征服。淝水之战后他们乘机在盛乐（内蒙古和林格尔）建立国家（北魏）。鲜卑族在统一中国北方的征战中，受汉族影响迅速向封建制过渡。公元 490 年魏孝文帝迁都洛阳，实行汉化改革政策，促进了北方各民族的融合和经济文化的发展，人口比西晋时增加一倍（达 500 多万户，3000 多万口）。但总体上北魏的阶级压迫与民族压迫交织，比较沉重残酷，尤其魏孝文帝之后政治日趋腐败，终于在公元 534 年分裂为东魏（后为北齐）与西魏（后为北周）。

---

① 其中大的战争有石勒攻灭前赵的洛阳、长安之战（约 30 万人），前燕攻后赵、灭冉魏之战（约 40 万人），东晋北征前燕之战（约 15 万人），前秦灭前燕之战（约 60 万人），前秦灭前凉之战（约 20 万人），前秦灭代之战（约 40 万人），前秦东晋襄阳之战（约 35 万人）。

② 其中大规模的战争有后燕与北魏的合陂之战（约 33 万人）、中山会战（约 60 万人），后凉征西秦之战（约 15 万人），东晋灭南燕之战（约 25 万人），东晋灭后秦之战（约 20 万人）。

在这期间,江南的东晋政权也在大规模农民起义[1]中覆亡。中国的南方进入南朝时代。在南朝(相继为宋、齐、梁、陈 4 个封建政权)与北朝对峙的一个半世纪里,仍然是战争不断,而且规模都很大。如北魏与宋之间公元 450—451 年的淮南会战(约 35 万人),北魏与南齐之间公元 494 年的第二次战争(约 50 万人)和公元 497—498 年的第三次战争(约 60 万人),北魏与南梁之间公元 505—509 年的第二次战争(约 80 万人)。其中南梁军在钟离(今安徽凤阳东北的临淮关)歼灭北魏军 30 万之战,也是古代战争史上令人惊叹的歼灭战之一。此外,东魏与西魏之间,北周与北齐之间,也发生过 20 万—30 万人规模的大战争。

公元 581 年,北周望族重臣杨坚废周建立隋王朝,经过几年的战争[2],终于在公元 590 年统一中国,结束了自东晋十六国以来 270 多年的长期分裂混战。隋朝重建统一的中央集权国家,有利于中国各民族的融合和经济文化的发展。隋初全国人口恢复到 890 万户、4601 万口(仍远低于西汉时的 5900 万口)。但隋朝也同样未带来多少年的和平与繁荣。公元 604 年,隋文帝(杨坚)之子杨广,弑父杀兄,即位为隋炀帝。他穷奢极侈,是历史上有名的暴君。公元 612 年,隋炀帝调集 113 万陆军和 8 万水军(号称 200 万),对高丽(朝鲜)发动了世界历史迄此最大规模的远征。表面看来隋朝大军有如泰山压顶,然而由于政治腐败,兵无斗志,军事上又分兵 24 路,缺乏协同,结果被高丽军击败。隋王朝的不义征战,更促使阶级矛盾激化,导致农民大起义。到公元 617 年,农民起义军形成三支主要力量:瓦岗军、河北义军和江淮义军。一些地主贵族也起兵反隋。公元 618 年,关陇贵族李渊在长安建立唐王朝,经过 10 年战争,镇压了各地的农民起义军和割据势力,重新统一全中国。

总括起来,从公元 190 年东汉末年黄巾起义开始,到公元 628 年唐朝重新统一,中国一直是处于战乱高潮。其间虽然西晋和隋朝统一中国后,曾有过十分短暂的相对和平,但都很快就出现新的战争高潮。而且从总体上来看,无论在规模、范围和频繁度上,都是有史以来少有的高峰状态。因此,我们把这 4 个多世纪综合视为封建时代战争历史运动的第三个高峰期。值得指出的

---

① 公元 399—411 年东晋的孙恩、卢循起义,人数有几十万,转战长江中、下游广大地区。

② 其中最大的一战是公元 588—589 年,隋文帝(杨坚)派杨广率领 50 万大军攻灭南陈。

是，恰恰在这段时间里，欧洲和西亚地区也出现了战争的新高峰期。

罗马帝国经过200年相对和平时期之后，到3世纪时，奴隶社会各种矛盾日趋激化，群雄争权，政局动荡，贫民和奴隶纷纷起义，战争已经日益频繁。其军队也从原来25个军团30万人，扩展到72个军团60万人（大量从日耳曼人中招募雇佣军）。不过，这期间西罗马帝国的战争，无论规模、范围和频繁程度，都远比不上同时期中国东汉末年和三国时代的战争①。但进入公元4世纪后半叶，日耳曼诸部族大举向罗马帝国境内迁徙②，给欧洲带来了新的战争冲击。这种情况的出现，同原居于中国北方的游牧部族匈奴人的西迁有密切关系。中国西汉和东汉的多次北伐匈奴，促使这个仍处于奴隶社会的游牧部族，迁徙到中亚的巴尔喀什湖一带。他们在那里经过生聚繁息之后，又以游牧部族所特有的凶悍之势大举西迁。374年，匈奴人越过伏尔加河侵入欧洲。为了躲避匈奴人的兵锋，日耳曼诸部族掀起向西大迁徙的浪潮，衰落的罗马帝国无法抵御。公元378年，西哥特人在巴尔干半岛北部的阿德里亚堡一战，大败罗马皇帝瓦伦斯亲率的6万大军（瓦伦斯本人阵亡）。随后，西哥特人寇掠希腊半岛，并转向意大利半岛。深受压迫的罗马奴隶和贫民纷纷乘机起义。西哥特人于410年攻陷并洗劫了罗马城，然后越过阿尔卑斯山，在高卢南部的土鲁斯建立了第一个“蛮族”国家。公元420年法兰克人侵入高卢，受到压力的西哥特人又迁入西班牙。一浪推一浪。稍前进入西班牙的另一支日耳曼部族汪达尔人，在西哥特人压力下又渡海进入北非。公元429年汪达尔人在迦太基故址建立王国，并在公元455年渡过地中海再次攻陷和洗劫罗马城。昔日光辉灿烂的罗马帝国首都，经此两次洗劫，从拥有百万人口破落到只剩7000人。

与此同时，侵入欧洲的匈奴人，征服了当地的日耳曼人和斯拉夫人，建立了一个比较松散但版图辽阔的匈奴帝国（东起里海、西至莱茵河、北抵波罗的海、南达阿尔卑斯山）。匈奴帝国最高统治者阿提拉（Attila），率领几十万凶悍

---

① 这期间西罗马较大的战争有公元208—211年征讨不列颠岛的战争，3世纪中叶所谓“三十僭主”的军阀混战、对新波斯帝国的争战以及三次对西哥特人的战争，公元278—284年镇压高卢起义的战争等，大都是双方投入兵力10万人以内的规模。

② 包括东哥特人、西哥特人、汪达尔人、法兰克人、勃艮第人、盎格鲁人、萨克森人、朱特人、伦巴德人等，罗马人统称之为“日耳曼蛮族”。

的匈奴军队，如狂烈的飓风横扫欧洲，烧杀抢掠破坏甚巨，被罗马人称为“上帝之鞭”。公元 450 年，阿提拉率 50 万大军越过莱茵河侵入高卢。罗马人与西哥特人、法兰克人联合起来进行抵御。公元 451 年，双方百万军队激战于高卢北部的沙隆城原野。这是古代欧洲战争史上最大的战役。匈奴帝国同历史上其他立足于征战的纯军事性帝国一样旋兴旋灭，随着沙隆之战受挫和两年后阿提拉的死去很快就瓦解了。

西罗马帝国在日耳曼诸部族的入侵和奴隶起义的烽火中，也走向土崩瓦解。公元 476 年，罗马日耳曼雇佣军首领奥多塞（Odoacer），废黜罗马最后一个皇帝，标志西罗马帝国灭亡。日耳曼诸部族纷纷在原西罗马废墟上建立国家。法兰克人于公元 486 年击败驻高卢的罗马军队，在那里建立了法兰克国家的第一个王朝（墨洛温王朝）。东哥特人于公元 489 年从多瑙河中游侵入意大利半岛，打败奥多塞的军队（奥多塞战死），在那里建立了东哥特王国。渡过海峡侵入不列颠的盎格鲁人、撒克逊人（即萨克森人）和朱特人，在那里建立了几个小王国。进入西班牙的西哥特人，也于公元 507 年在那里建立了王国。

西罗马帝国覆亡和日耳曼诸部族国家建立的过程，不仅战争频繁，而且是欧洲从奴隶制过渡到封建制的时期。因此，它既可以作为古代奴隶制时代欧洲最后一个战争高峰期，也可以看作欧洲进入封建时代的第一个战争高峰期。人类历史的发展证明，过去凡是处于社会制度更迭的时代，总是出现战争运动的高峰。中国的战国时代（前 453—前 221）是封建制取代奴隶制的时代，出现了战争运动的高峰。同样，欧洲从奴隶制过渡到封建制的时代，也出现了战争运动的高峰。

西罗马灭亡后，以君士坦丁堡为首都的东罗马（亦称拜占庭帝国），继承罗马政治体制，以基督教作为精神支柱，仍然保持着横跨欧亚非三洲的庞大帝国地位。拜占庭的统治者企图重建昔日地中海罗马帝国的霸业，不断与原西罗马废墟上建立起来的日耳曼部族国家进行战争①，同时又与东边新崛起

---

① 主要包括公元 533—534 年对北非汪达尔王国的战争，公元 535—554 年对意大利的东哥特王国的两次战争，公元 554 年对西班牙的西哥特王国的战争。均为数万人的战争规模。

的萨珊波斯帝国[1]进行争霸。拜占庭与波斯这场争夺领土和霸权的战争,断断续续进行了一百多年,主要的5次都是15万人左右规模的战争。

总的来说,在欧洲和西亚地区,从公元4世纪后半叶到7世纪初,也出现了战争运动的高峰,虽然其规模和频繁程度逊于同时期中国的战争运动,但从全球的角度来看,这段时间从中国到欧洲的广大地区都出现了战争的高潮,因而它们共同构成了人类有史以来,战争历史运动时间最长、水平最高、范围最广的高峰期——中世纪战争历史运动的第三个高峰期。

这个高峰期之后,中国的盛唐时代有近一个半世纪的相对和平与繁荣。虽然在周边地区也有多次征战[2],但中原地区没有大的战乱。唐王朝加强了中央集权,制订比较完备的封建法律,推行均田与租庸调制度,使中国社会有很大发展,人口增加到7000万[3],超过汉朝的最高水平。不过,此时欧亚非接合的地中海地区,战争仍然比较激烈频繁。这主要同当时的阿拉伯穆斯林国家的崛起和扩张有关。

居于阿拉伯半岛的游牧部族阿拉伯人,6世纪末处于氏族公社解体阶段。适应这种变化的需要,阿拉伯社会产生了伊斯兰教,并在伊斯兰教的促进下迅速形成统一的国家。阿拉伯穆斯林国家建立后,就开始对外扩张。崛起于沙漠地区的阿拉伯骑兵,骁勇强悍,在伊斯兰教“圣战”号召下视死如归,在分享战利品激励下奋不顾身,因而战斗力很强,但战术主要是靠反复的硬冲进攻,不善防御。阿拉伯人虽然也向东侵入中亚和印度河流域,但主要是向西同信奉基督教的东罗马拜占庭帝国争战。公元634—678年,阿拉伯人经过近半个世纪的战争,灭了萨珊波斯,夺取拜占庭控制的亚洲和非洲2/3的领土(包括叙利亚、巴勒斯坦、小亚细亚大部和北非的埃及、利比亚),攻占塞浦路斯等岛屿,取得了东地中海的霸权。此后阿拉伯人进攻君士坦丁堡受挫,内部又发生教派争权,一度中断大的战争行动。但公元717—718年,阿拉伯人

---

① 公元226年波斯军事贵族重新统一伊朗,建立萨珊王朝,被称为萨珊波斯帝国。

② 如公元629年灭东突厥汗国的战争,公元635—657年灭西突厥汗国和统一西域的战争,公元645年灭薛延陀汗国的战争,公元644—668年5次征伐高丽的战争,公元679—680年镇压后突厥汗国的战争,公元750年间同阿拉伯帝国(唐朝称为“大食”)的战争等。

③ 据《通典》卷七《食货·丁中》,唐初有户300万,到天宝十四年(755)增至891万户、人口5292万,因当时“簿籍不挂”的逃户很多,据估计有1300万—1400万户,约7000万人口。

又出动20万大军、1800艘战船，对君士坦丁堡发动新的进攻。不过其海军被拜占庭人以“希腊火”①击破。公元731—732年，阿拉伯人改从陆路经西班牙到法兰克前去进攻君士坦丁堡，但在普瓦提埃之战中为法兰克军队所败。经此两战的挫折，阿拉伯人被迫放弃进攻欧洲的梦想，退守小亚细亚东部。此后，阿拉伯与拜占庭虽仍断断续续地进行战争，但规模已比较小。而这时，中国经过唐朝的一个半世纪相对和平后，又开始出现了战争历史运动的新高潮。

本来唐朝初年，在均田制基础上实行兵农结合的府兵制，其基本单位是各地的折冲府（又称兵府、军府，有兵800—1200人），全国共634个府，约68万人。府兵不脱离乡土和农业生产，冬训夏耕，戎具军粮大多自备，21—60岁服役，服役期间免本身租调。这种制度只有农民拥有一定土地时才能实行。唐初的军权高度集中，发生战争时由中央从各地调集军队、混合编成并委派将帅，防止了专兵跋扈。但随着均田制的衰变，府兵制日趋解体，唐朝后期过渡到募兵制。结果掌握重兵的边镇将帅（节度使），很快又发展成为割据势力。加上唐玄宗沉迷声色，政治腐败，终于爆发了安史之乱（755—763）。这是一场席卷中原大地、历时8年的大规模战争，双方先后投入兵力近百万，给中国社会造成极大破坏。唐朝从此衰落，虽仍存在100多年，但藩镇割据，宦官擅权，朋党争斗，农民起义，烽火不断，最终爆发了人数上百万的王仙芝、黄巢农民起义（874—883）。经此农民战争风暴的冲击，唐朝已名存实亡。公元907年，在藩镇混战中发展起来的唐宣武节度使朱全忠，废唐自立，定都开封，国号梁（史称后梁）。从此中国进入被称为“五代十国”的又一个分立割据混战的时代。半个多世纪里，中原相继出现后梁、后唐、后晋、后汉、后周五个朝代。在南方和河东地区则先后存在十大割据政权（即所谓十国）。这些割据势力，有些是封建军阀，有些是农民起义军蜕变的将领。他们相互攻伐仇杀，战争不断，“千里之内，焚剽殆尽”。

公元960年，后周禁军首领赵匡胤发动兵变，夺取政权，改国号宋（史称北宋）。以后又经15年的统一战争，才结束了五代十国的割据局面。但北宋与汉、唐不同，其阶级矛盾和民族矛盾一开始就十分尖锐，立国不久便连连爆

① “希腊火”是用石油、硫黄、硝石和树脂混成的液体，注入管筒，遇水即燃，并漂浮水面。

发农民起义[①]。至于民族矛盾，北疆契丹族的辽和西北党项族（羌族一支）的夏（西夏），屡屡侵扰寇掠中原。北宋虽豢养了一支116万人的庞大常备军，但主要用于对付"内患"。在对辽、夏的战争中大都失败，常以奉献金银绢帛屈辱求和。公元12世纪初，中国东北的女真族崛起。这个刚进入奴隶社会的半渔猎半农牧部族，在反辽战争中建立国家（国号金）。北宋采取联金攻辽战略。南下的金兵迅速击溃辽兵，直捣燕京（今北京），但宋军屡被辽兵所败。金人看透北宋孱弱，灭辽之后于1125—1127年大举南侵，破北宋首都开封。宋王朝亡命江南（史称南宋）。在南宋王朝与北方的金国对峙的100多年里（1127—1234），中国仍然处在战争频繁的时期。金统治者一心灭亡南宋，屡屡兴兵南侵[②]。北方遭金兵掳掠的各地人民，则纷纷组织义兵抗金。此外还有各地的农民起义。

总的来说，自公元8世纪中叶唐朝安史之乱起，中国又一直处于战争的高潮时期（包括五代十国和宋、辽、夏、金之间的频繁战争）。欧洲与东地中海地区，从公元11世纪起，也有规模相对较小的频繁战争[③]。不过，构成中世纪战争历史运动第四个高峰期的，主要还是这期间的十字军东征与蒙古人的大征战。

十字军东征（1096—1291）是罗马教廷和西欧一些封建国家（主要是德、法、英），以"解放"基督教圣地耶路撒冷[④]为名，对地中海东部进行的侵略战争。当时西欧封建制度已普遍确立，农奴深受封建剥削，阶级矛盾尖锐。同时城市兴起，商业发展，封建主的贪欲和野心日增。由于封建割据，政治不统一，各封建主之间争战不已。在长子继承制度下，又形成了一个没有地产继承权、专肆战争劫掠的骑士阶层。加上公元11世纪欧洲连续发生灾荒，普遍

---

① 主要有公元993—996年四川王小波、李顺起义，1041—1048年京东王伦起义、京西张海起义、河北王则起义和湖南瑶族起义，1120—1122年江南方腊起义、山东宋江起义。

② 1127—1164年金兵三次南侵，第一、二次出兵10多万，第三次出兵60万。南宋签订屈辱和约。1206年，南宋趁北方蒙古势力兴起出兵伐金。以后宋金又发生襄阳、枣阳之战。

③ 主要有1066年欧陆的诺曼底公爵争夺英国王位战争，11—12世纪拜占庭与塞尔柱穆斯林国家的战争，11—15世纪神圣罗马帝国教廷战争，1081—1185年拜占庭与意大利诺曼人王国的战争，1109—1303年英法之间时断时续的王朝战争等，大都是兵力5万—6万人以下的规模。

④ 耶路撒冷是耶稣基督受难和"升天"的地方，被基督教视为圣地。穆斯林则以该城为先知穆罕默德神秘夜行之地，也视为伊斯兰教圣地。公元636年阿拉伯从拜占庭帝国手中夺取巴勒斯坦后，穆斯林国家一直据有该城。但在4个多世纪时间内两教信徒一直和平相处。

面临经济和社会危机。西欧封建统治阶级力图通过对外征战来转移矛盾，并满足其贪欲和扩张野心。罗马天主教会是当时西欧最大的封建主，占有全部封建土地的1/3，而且具有超国家的政治权势，遂成为十字军东征的主要组织者和领导者。罗马教廷不仅追逐世俗利益，还企图征服伊斯兰教的穆斯林国家，建立一个基督教神权世界帝国。他们煽动宗教狂热，使十字军东征蒙上"圣战"色彩，具有强烈的意识形态因素。十字军东征先后进行了8次，延续两个世纪（实际战争时间25年），每次动员兵力10万—30万，波及欧亚非三洲的许多国家和地区，却没有明确的战略方针和计划，军队编成、将帅权限以及征战行动都不统一。严格地说，由西欧各大小封建主为核心组成的十字军，实际上是一群具有宗教狂热和致富欲望的武装匪徒。一些学者把十字军东征称为"中世纪的世界战争"①，这只能从其波及的范围广、卷入的国家多以及战争的野蛮性和残酷性（由于强烈的意识形态因素所致）来说。而且即使就这些方面，同时期发生的蒙古大征战仍比它更堪称为中世纪的"世界战争"。

原居漠北草原的蒙古人，自13世纪初成吉思汗建立统一的蒙古汗国后，就开始对外大征战。从游牧部族发展起来的蒙古军队，主要是机动性很强的骑兵，骁勇强悍，加上从汉族那里学会使用火炮和飞火枪，战斗力十分强大。他们的扩张战争，常常在远隔千里的几个不同方面，大规模地同时交叉进行。蒙古征灭西夏的战争（1204—1227）与攻灭金的战争（1211—1234）是交叉进行的，都是投入数十万之众的大规模战争。而同时，成吉思汗又率40万蒙古大军，进行了第一次西征战争（1218—1224）。在成吉思汗的西征战争中，攻灭了拥有40万军队的中亚大国花剌子模，越过高加索进入东欧，在今乌克兰境内歼灭南俄联军。成吉思汗把侵占的地方分封给三个儿子。长子占有咸海以西、里海以北之地（后由拔都继承）；次子占有东起阿尔泰山、西至阿姆河，包括天山南北之地（后称察合台汗国）；三子占有鄂毕河上游以西、巴尔喀什湖以东之地（后称窝阔台汗国）。灭金之后，蒙古紧接着由拔都率领进行第二次西征战争（1234—1242），侵入欧洲的俄罗斯、保加利亚、波兰和匈牙利，建立了钦察汗国。10年后又由旭烈兀进行第三次西征战争（1252—1259），侵

① 吴春秋主编：《世界战争通鉴》上册，国际文化出版公司1995年版，第218—233页。

入伊朗、伊拉克和叙利亚等地，建立了伊儿汗国。在旭烈兀西征的同时，另一支30万人的蒙古大军，由忽必烈率领进攻南宋。1271年忽必烈在燕京建立元朝，但元（蒙古）灭南宋的战争进行到1279年才结束。总的来说，蒙古大征战（包括西征和南征）的范围是空前的（东起朝鲜半岛，西至奥得河畔，北自西伯利亚，南达中国的南海与西亚的叙利亚和波斯湾），其战争规模和集中程度都大大超过十字军东征。虽然它没有如十字军东征那样延续两个世纪，但实际战争时间达60年，超过十字军东征的25年。

元朝攻灭南宋之后，中国有近一个世纪的战争低潮时期。蒙古人入主中原和江南，采用“汉法”（即封建的生产方式和上层建筑）统治，不仅促使蒙古族迅速封建化，而且成为中国统一多民族国家形成的重要阶段。元朝，中国社会的经济和文化都有所恢复和发展，但以蒙古贵族为首的封建统治，对广大人民的剥削压迫是十分沉重的（带有浓厚的民族压迫和奴隶制残余的色彩），而且蒙古贵族内部以及蒙、汉族地主之间的矛盾也相当激烈。因此，元朝并不太平，各地经常发生起义和反叛战争，终于爆发了埋葬元朝统治的红巾军大起义。

红巾大起义（1351—1362）以农民武装为主力，多次打败元朝派来镇压的数十万、乃至上百万军队。其中北方刘福通等三路红巾军，曾横扫中国北部广大地区，虽然功败垂成，但沉重打击了元朝政权，为最后推翻元朝统治奠定了军事基础。南方红巾军，演变为陈友谅（湖北武昌）、朱元璋（南京）和张士诚（江苏苏州）三大势力。朱元璋经几年战争（其中南昌一战大败陈友谅60万大军），统一长江中、下游地区。1367—1368年，朱元璋北伐，灭元称帝，国号大明。

14世纪中叶中国的元灭明兴战争，可以说是中世纪战争历史运动第五个高峰期的开始。但构成此次战争高峰期主干的，则是在中亚、西亚和巴尔干一带，随着帖木儿帝国和奥斯曼土耳其帝国的兴起所出现的众多战争。

帖木儿是个雄才大略的军事家，出身于突厥化的蒙古贵族家庭，1369年推翻察合台汗国①，自立为苏丹。此后，帖木儿每年夏季出征，冬季返回首都撒马尔罕。他先后灭亡伊儿汗国（把伊朗和阿富汗并入版图），北攻钦察汗国

---

① 察合台汗国、窝阔台汗国、伊儿汗国、钦察汗国，是蒙古西征战争中建立的四大汗国。

(占领莫斯科),东侵印度(攻陷德里,斩杀10多万人),西征小亚细亚。1402年与奥斯曼土耳其帝国在安卡拉进行大会战(双方共投入100万人),土耳其全军覆没。帖木儿帝国的版图扩张到几乎囊括整个中亚和小亚细亚的广阔地区。但同一切靠征战建立起来的军事帝国一样,帖木儿帝国也旋兴旋灭,15世纪中期便已四分五裂。

奥斯曼土耳其人是西突厥人的一支,原居于中亚,受蒙古西征的压力迁至小亚细亚,建立了奥斯曼土耳其人国家。14世纪中叶,奥斯曼土耳其将拜占庭势力逐出小亚细亚,占领黑海西岸的巴尔干地区并侵入保加利亚一带。1396年在多瑙河的尼科堡一战,奥斯曼土耳其大败由德、法、捷克、匈牙利和波兰组成的欧洲联军。但1402年安卡拉会战败于帖木儿帝国,一度衰落。后帖木儿帝国瓦解,奥斯曼土耳其重新崛起。1453年,奥斯曼土耳其苏丹集结17万大军和400艘战船,攻陷君士坦丁堡,灭亡了拜占庭帝国。以后奥斯曼土耳其继续扩张战争,其版图包括昔日拜占庭和阿拉伯两个帝国的绝大部分地区,成为又一个横跨亚、欧、非三洲的大帝国。

总之,中世纪战争历史运动的第五个高峰期,主要由中国元末红巾起义和朱元璋立国统一战争、帖木儿帝国和奥斯曼土耳其帝国兴起的扩张战争等构成。此时欧洲也有众多战争,如波兰条顿骑士团战争(1309—1466)、英法百年战争(1337—1453)、捷克胡斯战争(1419—1434)、英国玫瑰战争(1455—1485)等。但欧洲这些战争多数是几万人以下的规模,激烈程度相对较低,而且断断续续,虽然拖延时间很长,实际战争时间很短(英法百年战争实际战争时间约25年,英国玫瑰战争拖延30年,实际作战累计只有3个月)。这种状况同这一时期欧洲处于封建割据有关。当时欧洲实际上没有全国统一的军队,各封建领主都拥有自己的私人武装(骑士军),发生战争时国王才召集他们组成军队。这种骑士军的基本战术单位,是由一名贵族重装骑士和若干他们的农奴或农民扈从(步兵)组成。基本的作战方式是重装骑士个人之间的乘马格斗,谈不上什么战略战术。因此中世纪时期是欧洲军事学术停滞的时期。

16世纪以后,人类社会从欧洲开始,进入向资本主义过渡的时代。同时,也是人类从冷兵器向火器(黑火药兵器)过渡的时代。这种过渡,给战争历史运动带来了巨大影响,我们将在下一节进行概述。

## 四、从冷兵器过渡到火器

人类最早进入资本主义时代的是欧洲。马克思在《资本论》中写道，“资本主义时代是从16世纪才开始的”，但是，“在14和15世纪，在地中海沿岸的某些城市已经稀疏地出现了资本主义生产的最初萌芽”。[①] 正如我们前面所揭示的，人类历史过去的社会制度更迭时期，总是出现战争运动的高峰。从封建制度向资本主义过渡也同样如此。而且，还有一个重大的因素影响到这次社会制度更迭时期战争运动的演变，那就是人类出现从冷兵器向火器过渡的第一次军事革命。

“军事革命”（military revolution），在西方也有人称为“战争革命”（revolution in warfare）。前苏联一般称“军事上的革命”（революция в военном деле）。我国军事学术界通用“军事革命”的概念。它是指随着科学技术和社会生产力的发展，以及与之相联系的社会经济和政治变革，引起军事领域各个方面（包括武器装备、军事制度、作战方法和军事理论等）发生根本性变革。在人类漫长的战争发展史上，究竟发生过多少次军事革命？说法不一。西方军事学术界有人认为仅发生过两次：即火药用于军事后的革命和热核武器出现后的革命（我国也有持此种观点的）。持多次论者，也各有不同说法。次数最多的说法是著名战略学家约翰·柯林斯在美国《军事评论》杂志1983年8月号发表的论文中提出的。他认为有9次，即火器革命、民主革命、征兵制和民族主义革命、工业革命、管理革命（出现总参谋部）、机械革命（第一次世界大战）、科学革命（第二次世界大战）、大规模毁灭武器（核生化武器）革命以及“可能正在出现”的电子革命。[②] 此外还有主张7次和5次说法的。我认为，比较恰当的应该说有4次，即从冷兵器向火器过渡的革命（16—17世纪）；第一次产业革命基础上的革命（拿破仑战争）；第二次产业革命基础上的革命（第一、二次世界大战）；大规模毁灭武器出现后的革命（二次大战之后）。不

---

① 马克思：《资本论》第1卷下册，人民出版社1975年版，第784页。

② 吴春秋：《战略研究与现代国防》，上海社会科学出版社1988年版，第135—136页。

管持何种说法，学术界普遍公认，从冷兵器向火器过渡是人类历史上第一次军事革命。

火药和火器从出现到成为战争中的主要兵器，经历了漫长而复杂的过程。火药早在公元7世纪时就由中国人发明，并逐渐用于战争之中。唐朝时的中国军队已有“发机飞火”（用机械抛射火药等燃烧物）的兵器。以后随着冶金炼铁技术的发展，北宋时制造出用火药发射铁弹丸的金属管形火器（叫“火铳”[①]），这是世界上最早的火枪和火炮。大约14世纪时，火药和火器通过阿拉伯人传入欧洲，在那里获得更加迅速的发展。但是，早期的火枪和火炮十分粗笨，射程短近，发射速率慢，精确度差，使用不灵便。据美国军事史学家T. N. 杜普伊的研究，当时的火枪杀伤力仍然大大低于弓箭。见下列“兵器杀伤力的理论指数（TLI）[②]表”：

| 兵器 | TLI |
|---|---|
| 白刃战兵器（剑、长矛等） | 23 |
| 标枪 | 19 |
| 普通弓 | 21 |
| 十字弓 | 33 |
| 长弓 | 36 |
| 火绳枪 | 10 |
| 17世纪的滑膛枪 | 19 |
| 18世纪的燧发枪 | 43 |

因此，火器在很长的时间内，只是战争中的一种辅助力量。直到15世纪下半叶，火炮才取代攻城的抛石机；直到16世纪末叶，火枪才逐渐取代长矛、十字弓和长弓，开始成为主要的兵器。[③]

恩格斯最早提出有关这次军事革命的问题，并指出了其长期性。他在

---

① 火铳发射时从点火孔装入引线，从铳口装入火药和弹丸，用火点燃引线引爆射出弹丸。大的火铳用车或桩支架，后来发展为火炮。小的火铳则发展为火枪。

② 兵器杀伤力的理论指数，是根据兵器的射程、发射速率、精确度、可靠性及杀伤半径等性能，计算所得的相对杀伤效能。见T. N. 杜普伊：《武器和战争的演变》，军事科学出版社1985年版，第116—117页。

③ T. N. 杜普伊：《武器和战争的演变》，军事科学出版社1985年版，第115、124页。

1877年写的一篇文章中说："在14世纪，火药和火器传到了西欧和中欧。现在，每个小学生都知道，这种纯技术的进步，使整个作战方法发生了革命。……这个革命进展得非常缓慢。最初的火器，特别是马枪，是十分粗笨的。……经过300多年，直到17世纪末，才出现了适合装备全体步兵的枪。"①但恩格斯没有说明这次军事革命的起始时间。对这个问题各国学者的说法至今不一。前苏联学者认为："16至17世纪期间武装力量建设和作战方法上所发生的根本改变，乃是军事史上的第一次革命。"②西方一些学者则把这次军事革命的时间，定为1560—1660年之间的100年，也有学者把它扩大到1530—1710年的近两个世纪。③ 总的来说，大家公认这次军事革命进展非常缓慢，拖延的时间比较长，主要是在16—17世纪之间出现。

与火药和火器普遍应用的同时，这期间欧洲出现封建制度的解体、资本主义的萌芽和发展以及中央集权的民族主义国家的建立等社会政治大变革，也促使军事领域各个方面发生根本性的变革。在军事体制上，欧洲出现了由中央集权国家统一指挥和统一供给的常备雇佣军。它逐渐取代了前此各自为政的封建主亲兵，成为主要的军事制度。本来在古代奴隶制的中央集权帝国，就曾经出现过相当发达的常备雇佣军制度（本章第二节有过叙述）。后来随着奴隶制度的崩溃，欧洲封建自然经济和政治上的分散割据，使得国家没有能力建立常备雇佣军，因此这种军事制度暂时退出了历史舞台。不过，中国的封建社会自秦朝统一以来，长期存在强大的中央集权制度，国家一直拥有统一指挥的庞大常备军（但中国封建社会的军队来源于封建奴役关系基础上的农民，而不是西方那种雇佣军制度）。这种状况很大程度上决定了中世纪欧洲的战争规模和激烈程度远低于中国，因而那个时期的战争历史运动主导力量在东方。现在，欧洲由于社会生产力和商品货币关系的发展，中央集权国家的建立，封建君主已有可能、同时也需要建立常备的雇佣军。这种需要，一方面是为了巩固王权的中央集权统治，另一方面也是因为火枪和火炮的应用，使得中世纪欧洲穿甲胄的骑士军和封建城堡都失去了意义。恩格斯

---

① 《马克思恩格斯军事文集》，军事科学院选编，战士出版社1981年版，第1卷第40页。
② C. C. 洛托茨基等著：《战争史和军事学术史》上册，战士出版社1990年版，第40页。
③ 吴春秋：《战略研究与现代国防》，上海社会科学出版社1988年版，第136—137页。

在《反杜林论》里指出："火器的采用不仅对作战方法本身，而且对统治和奴役的政治关系起了变革的作用。"[①]于是从14世纪开始，欧洲国家逐渐建立常备的雇佣军[②]，到16世纪已成为主要的军事力量。同时，人数较多的步兵也取代了少数贵族的重装骑士军，重新成为欧洲军队的主要兵种。

步兵在奴隶社会的古代，曾经是主要的兵种。到了中世纪时，欧洲的主要兵种则是封建贵族的重装骑兵。恩格斯说："到10世纪末，骑兵成了在欧洲各地真正决定会战结局的唯一兵种；而步兵，虽然人数在各国军队中都比骑兵多得多，但只不过是装备低劣、几乎谁也不想好好加以组织的一群乌合之众而已。步兵甚至不算作兵了……"[③]不过在中国，整个封建社会步兵一直是主要的兵种。至于那些相对落后的游牧民族（如阿拉伯人、土耳其人、蒙古人等），则一般是以没有甲胄的轻骑兵为主要兵种。进入14世纪之后，欧洲国家的骑兵虽然作为一个兵种仍然存在，但已经演变为机动的轻骑兵，同时还产生了一个新的独立兵种——装备滑膛炮的炮兵。它的作用已不仅仅是在攻城时作为辅助力量，而是成为独立的野战炮兵。作战方法也从古代传统的密集方阵，演变为线式战斗队形和战术（即军队列成沿正面疏开的横队，以便更有效地和尽可能多地发挥火器的作用）。

在战略的指导上，此时形成了分兵把口的封锁线战略（亦称警戒线战略），以及威胁敌方交通线为主要目标的"机动战略"。这种立足于雇佣兵制度基础上的中世纪"机动战略"，同后来由拿破仑开创的以歼灭敌人有生力量为主要目标的机动战略不同，它主要采取迂回敌军翼侧，前出至交通线，威胁敌人的物质供应基地，以期不经过决战而把敌人逐出预定地域的战略。为了对抗敌方的这种"机动战略"，防御一方则在沿国境线的交通枢纽修建要塞屯兵储粮，构成一道掩护己方的屏障（即所谓封锁线）。

从冷兵器向火器过渡的第一次军事革命的漫长历史过程，主要是在16—17世纪欧洲的一系列战争中体现出来。早在16世纪前半叶，法国与西班牙争夺意大利半岛的战争中，经过改进的火枪和火炮就开始得到广泛的应用，

---

① 恩格斯：《反杜林论》，载《马克思恩格斯选集》第3卷，第206—207页。
② 欧洲中世纪的雇佣兵，最早是在11世纪时出现在地中海沿岸一些商业城市中。
③ 《马克思恩格斯全集》第14卷（中文版），第364页。

轮式炮架的青铜火炮首次参加了野战。16 世纪中后期，沙皇俄国同波兰、立陶宛、瑞典及丹麦之间争夺波罗的海地区出海口的立窝尼亚战争，装备新式火枪的常备步兵，已成为军队的主干。与此相关，陆军的战斗队形开始从方阵向线式过渡，即减小纵深、加大正面，以便充分发扬火力。炮兵在城堡或要塞的攻防战中，发挥了巨大威力。在 16—17 世纪奥斯曼土耳其帝国侵略中欧诸国的多次战争中，奥斯曼帝国初期屡屡获胜，显示了其封建军事帝国的战争优势。但到 16 世纪中叶以后，欧洲资本主义生产关系迅速发展，中央集权的民族国家日渐形成，随着经济的发展和技术的创新，欧洲人有了丰厚的财富和较先进的武器，组建了强大的常备军，从而一改战场上常败不胜的局面。所有这些，都表现了人类从冷兵器向火器过渡时期战争历史运动的轨迹，但体现这次军事革命最为突出的是欧洲三十年战争（1618—1648）。

这场战争是欧洲的两大强国集团——信奉旧教的“神圣罗马帝国”哈布斯堡王朝集团，同信奉新教的反哈布斯堡王朝集团，在欧洲中心地带进行的一场全欧国际性争霸战争。当时以德意志为中心的欧洲封建大帝国——“神圣罗马帝国”①，经过宗教改革和农民战争已四分五裂。奥地利哈布斯堡王朝的君主依靠罗马天主教廷的支持，长期担任着神圣罗马帝国皇帝，但实际上只能管辖自己的领地。德意志土地上大小数百个诸侯国，相互不断争夺和攻伐。它们在宗教上分成天主教与新教两大敌对势力。法、英、荷、丹麦、瑞典、俄国和奥斯曼土耳其，抱着各自的扩张和争霸目的，支持反哈布斯堡王朝的新教集团。罗马教皇、西班牙和波兰则站在天主教的哈布斯堡王朝集团一边。战争先从捷克境内开始，扩展到德国，进而蔓延到波罗的海沿岸，最后波及法、西、荷、意等国领土。整个战争是一场全欧洲的混战。既有各大国正规军的会战，也有诸侯之间的攻伐，还有人民群众的起义和游击战，没有明显的战线。战争的规模、范围，作战的激烈、密集、消耗和破坏程度，都超过了中世纪欧洲以往的战争。投入兵力 4 万—5 万人以上的会战近 20 次，每次伤亡多在万人以上（整个三十年战争作战死亡 35 万人，其他被屠杀或饿死的达 800

---

① 962 年德意志国王在罗马由教皇加冕称帝，是为“神圣罗马帝国”之始。依托天主教的权威，其统治势力除德意志本土外，曾包括意大利中北部、奥地利、捷克、勃艮第、尼德兰和瑞士等。13 世纪皇权衰微，帝国的皇帝要由 7 大选侯国推选，对境内各诸侯已无约束力，实际上只是徒具虚名的政治组合体，1806 年以神圣罗马帝国皇帝被拿破仑强迫退位而终结。

万人)。在这场战争中,滑膛枪开始大量使用,火炮从机动性很差的攻城炮改进成能与步兵、骑兵协同作战的野战炮。尤其是当时卓越的军事家瑞典国王古斯塔夫二世,进行了重大的军事改革。他以瑞典自由农民为主体组建常备军(按 15—44 岁男子每十抽一);组建世界上第一支独立的野战炮兵兵种;实行武器标准化,大量采用新技术生产的滑膛枪和火炮装备军队(瑞典军队三分之二装备滑膛枪,每千人配备火炮 5—12 门,而当时其他国家每千人只配备 4—5 门火炮);他以横列的线式战斗队形取代传统的方阵,充分发挥火枪和火炮的威力;还建立了统一供给和运输的军事化后勤制度,使军队的机动性得到加强。所有这些都充分表明,欧洲三十年战争无论在其规模、范围和激烈程度上,以及在其武器装备、军事制度、作战方法和军事理论等方面的发展上,均构成人类从冷兵器向火器过渡时期战争历史运动高峰的最重要里程碑。

16—17 世纪的海军和海战的发展变化,也是人类从冷兵器向火器过渡时期战争历史运动高峰的重要方面。它同资本主义的萌芽和发展有密切关系,突出地体现在英国同西班牙以及荷兰争夺海上霸权的两次战争中。古代奴隶社会时地中海是主要的海战战场,那个地区的国家(如埃及、腓尼基、波斯、雅典、迦太基和罗马帝国等)都曾经有强大的海军,也上演过众多辉煌的海战。但是,中世纪时代封建割据和自然经济占统治地位的欧洲,海军和海战衰落下去了。相对于古代奴隶社会地中海国家的海军,中世纪初期欧洲国家的海军几乎等于零。只有拜占庭帝国保有一支舰队,后来阿拉伯帝国崛起和扩张,曾建立海军与拜占庭争霸地中海。除此之外,这时期欧洲国家的所谓海军,实际上只不过是以海盗形式在北海出现和活动。[①] 中世纪晚期,随着资本主义经济关系和商业的发展,意大利和西欧沿海城市都建立了海军,保护自己的贸易利益和争夺海上霸权。西班牙和葡萄牙一度成为当时的海上强国。15 世纪末哥伦布的地理大发现,揭开了海军和海战发展新时代的序幕。恩格斯曾经指出:“这是展现在一切海洋国家面前的殖民事业的时代,也就是建立庞大的海军来保护刚刚开辟的殖民地以及与殖民地贸易的时代。从此便开始了一个海战比以往任何时候更加频繁、海军武器的发展比以往任何时

---

① 恩格斯曾说:“我们现在海军的真正诞生地是在北海。”见《马克思恩格斯全集》第 14 卷,第 383 页。

候更有成效的时期。”①

16 世纪末在争夺海上霸权和殖民地的海战中，资本主义生产方式有更多发展的英国，带头对海军进行革故创新。英国人推崇火炮的应用，废除传统的冲撞和接舷肉搏战术；以装备罗盘和舷侧火炮的全风帆舰船，取代划桨与风帆并用的老式舰船；并创立了能较好发挥火力和进行机动的舰船纵列阵式。西班牙海军却仍然停留在冷兵器时代的战术，墨守传统的舰船横列接敌阵式，沿用冲撞和接舷战斗，其舰船又多为笨重的帆桨并用船。结果在 1588 年英吉利海峡的大海战中，英国击溃了西班牙的“无敌舰队”。1652—1678 年的英荷战争，英国人首倡的这种纵列编队、首尾相接、抢占上风、以炮战为主要手段的海军战术，得到了进一步的发展与完善。这两场战争遂成为人类从冷兵器向火器过渡时期海战发展的里程碑。

除上述欧洲的这些战争之外，16—17 世纪世界的其他地方，也是战争比较频繁众多的时期。这种状况同人类社会开始向资本主义过渡，以及第一次军事革命所带来的变化是有联系的，应当看作这个过渡时期战争历史运动高峰的组成部分。

中国在 14 世纪中叶进入明朝以后，社会经济、政治和文化有较大发展。明朝废除秦汉以来的丞相制度，分相权于吏、户、礼、兵、刑、工六部，建立五军都督和卫所军制②，军队的调遣和最高指挥权集中于皇帝，大大加强了君主集权的专制统治。经济上推行屯田制，松弛农民和手工业者对封建主的人身依附关系。随着手工业和商业的发展，明朝中、后期在江南丝棉纺织业中产生了资本主义的萌芽。从出现资本主义萌芽的时间来说，中国并不比欧洲晚，但中国封建社会的强大上层建筑，阻碍了资本主义关系的进一步发展。所以当欧洲社会开始向资本主义时代过渡时，中国仍处于封建社会相当鼎盛的时期。一方面，中国由于封建社会比较发达，所以成为中世纪战争历史运动的主导力量；但另一方面，在与向资本主义过渡同时发生的第一次军事革命中，中国虽然是火药和火器的发明者，在军事上却仍然主要停滞在中世纪。这一

---

① 恩格斯：《海军》，载《马克思恩格斯全集》第 14 卷，第 383—384 页。

② 明朝设立五军都督府，管理兵籍和军政，但不能直接统率军队。兵部负责军官的选授，发生战争时奉旨调兵，并秉承皇帝意旨，发给统兵将领印信。战争结束，统兵将领交还印信。

点到了19世纪就更加明显地表现出来。

明朝不算是中国战争历史运动的高峰期，但其战争的频繁度和规模仍处于比较高的水平。一是作为一个多民族的封建大帝国，明朝各族被剥削压迫的人民群众的起义战争比较多；二是随着人类社会经济的发展和活动地域范围的扩大，明朝同周边民族和国家之间的联系增加，其中虽有友好的往来，但也发生众多战争①；三是明朝虽然加强了中央君主集权的制度，但仍然爆发了若干大规模的封建割据战争②，这可以说是封建制度无法根本解决的痼疾。尤其是到了明朝末年，中国封建社会的矛盾终于又导致了新一轮的农民大起义(1627—1646年的明末农民起义，无论其规模、范围、政治和军事上所达到的水平，都可谓是中世纪之最)。与此同时，中国北方女真族也乘机入关，发生了清朝统一中国的战争(1644—1664)。从时间上来说，中国大地上的这些战争同欧洲三十年战争是同一时期出现的。

资本主义的原始积累和发展是在血与火中进行的。随着新航路的开辟，葡、西、荷、英、法等西欧国家，纷纷在亚洲、非洲和美洲进行殖民掠夺。因而这个时期在亚洲、非洲和美洲，发生了频繁而众多的战争。由于这些被西欧殖民主义国家侵略的地区，当时仍处于文明程度很低的水平(大多是在原始社会末期或刚进入奴隶社会)，因而对于已进入火器时代的西欧国家来说，常常不把这些战争看作一场认真的战争。诚然，由于这种历史条件，这些战争的规模是比较小的，拥有军事上绝对优势的西欧人的伤亡也不大，但他们在战争中对被视为"野蛮人"的亚、非、美洲人民，却采取了最野蛮的手段。就战争的残酷性而言，这些战争是历史上少有的。当我们考察16—17世纪的人类战争历史运动时，不能无视这些。

西方不少军事史学家认为，欧洲三十年战争之后到18世纪末法国资产阶级大革命之前，有近一个半世纪的战争规模较小的时代(J. F. C. 富勒曾称之为"专制国王的有限战争"时代)。但是，这只能在相对的意义上来理解。事实上在这期间多次发生大规模和有影响的战争，如18世纪初叶的北方战争和

---

① 其中较大的有1410—1424年明成祖5次远征漠北蒙古鞑靼部(出兵50万)，1448—1450年对蒙古瓦剌部的战争(土木堡之战明英宗被俘)，16世纪出兵援助朝鲜抗击日本侵略以及东南沿海抗击倭寇侵扰的战争，还有1661—1662年郑成功驱逐荷兰殖民者收复台湾的战争。

② 如1399—1402年"靖难之战"(80万人)，1519年宁王朱宸濠叛乱(20万人)。

西班牙王位继承战争、18 世纪中叶的七年战争、18 世纪下半叶的两次俄土战争和美国独立战争等。

北方战争(1700—1721)虽然主要是彼得一世统治的俄国同查理十二统治的瑞典,争夺波罗的海霸权的战争,但先后卷入战争的有丹麦、萨克森、波兰、普鲁士和土耳其,战场遍及波罗的海地区、乌克兰以至多瑙河下游的巴尔干地区,投入兵力最多时达 36 万人,实际上是一场欧洲的大规模多国战争。作为这场战争主角的沙皇彼得一世和瑞典国王查理十二,都是近代有名的军事统帅和战略家。尤其是彼得一世,实行一系列带有资本主义性质的军事、政治和经济改革,引进西欧先进的科技,创建俄国的正规陆军和海军。他的军事思想和实践,对俄国产生深远的影响。而俄国也从此踏上了争夺欧洲和世界霸权的道路(这场战争之后,彼得一世称为“大帝”,沙皇俄国正式称为“俄罗斯帝国”)。

西班牙王位继承战争(1701—1714),名义上是为了争夺西班牙王位继承权,实际是英法争夺殖民地和欧洲霸权的战争。卷入战争的除了英法之外,还包括当时欧洲的强国神圣罗马帝国和荷兰(与英国结盟),以及巴伐利亚和西班牙(与法国结盟)。战场遍及法国周边的尼德兰、德意志西部和南部、意大利北部和西班牙本土,在海上和美洲殖民地也有战事。所进行的 5 次大会战,双方投入兵力都在 10 万左右。其中 1709 年 9 月在比利时和法国边境的马尔普拉凯会战,11 万英荷联军强攻 8 万法国守军,伤亡高达 3.5 万人,成为欧洲 18 世纪流血最多的一次会战。

七年战争(1756—1763)更是一场几乎所有欧洲国家都卷入的大规模战争。主要是英、普(鲁士)同盟为一方,与法、奥、俄同盟为另一方。虽然各方战争目标都比较有限——英、法主要是为争夺海外殖民地和削弱对方;普鲁士企图吞并萨克森及变波兰为自己的属国;奥地利志在削弱普鲁士和夺取西里西亚;俄国则力图遏制普鲁士向东扩张并兼并东普鲁士。正是由于这种战争目标的有限性,以及当时各主要交战国除英国外都还是封建专制国家,军事上仍是以雇佣军为基础的封锁线战略和威胁敌交通线的“机动战略”,所以这场战争仍是富勒所称的“专制国王的有限战争”。但是,七年战争毕竟是一次欧洲主要国家都卷入的大规模战争(共发生 30 余次会战)。而且战场遍及欧洲大陆、地中海,以及北美、古巴、印度和菲律宾等欧洲国家在海外的殖民地。由于范围广泛，有人甚至称之为“世界战争”[①]。

随着欧洲各国资本主义因素的发展，经济承受力的提高，军队人数的增大，武器火力的加强，后勤补给制度也不单靠供应线，在上述这些18世纪的有限战争中，已经显示出旧的封锁线战略和“机动战略”失去了意义，而呆板的线式战斗队形和战术也越来越不合时宜。从战争历史运动来看，我们可以说，正是通过从北方战争、西班牙王位继承战争到七年战争，预示了以法国大革命和拿破仑战争为代表的、新的一次军事革命和战争高潮的到来。

## 五、法国大革命与拿破仑——无限战争的再生

人类战争虽然存在无限化和有限化两种趋势，它们相反相成的作用使战争历史运动有起有伏，但在过去，总的轨迹是向着越来越大、越来越烈的方向发展，也就是向着无限化方向发展。19世纪普鲁士军事理论家克劳塞维茨，最早提出和论述了战争这种自然的无限化暴烈性。他说：“战争是迫使敌人服从我们意志的一种暴力行为。”暴力（物质暴力[②]）是手段，把自己的意志强加于敌人是目的。由于每一方都力图迫使对方服从自己的意志，因此也就迫使对方不得不像自己那样使用暴力，这是第一种相互作用和第一种极端[③]。其次，要迫使敌人服从自己意志，就必须使敌人无力抵抗（解除敌人武装或打垮敌人）。在“没有打垮敌人以前，不能不担心会被敌人打垮，所以我们就不再是自己的主宰，而不得不像敌人那样行动，就像敌人不得不像我们这样行动一样。这是第二种相互作用，它导致第二种极端”。第三，要想打垮敌人，必须根据敌人的抵抗力来决定使用多大的力量。“敌人的抵抗力是两个不可分割的因素的乘积，这两个因素就是现有手段的多少和意志力的强弱”。现有手段多少可以进行数量计算（虽然不完全如此），但意志力强弱很难确定。因此就促使双方尽可能地增强自己的力量，以及最大限度地使用力量。“这

① 吴春秋主编：《世界战争通鉴》上册，国际文化出版公司1995年版，第218—233页。

② 在克劳塞维茨看来，“除了国家和法的概念以外就没有精神暴力了”。

③ “极端”一词，也可译为“无限性”，是指“战争要求达到最大限度的趋向”。

又是一个相互间的竞争,从纯概念上讲,它又必然会趋向极端。这就是我们遇到的第三种相互作用和第三种极端”。克劳塞维茨由此得出结论:“战争是一种暴力行为,而暴力的使用是没有限度的。”虽然克劳塞维茨说这是一种“纯概念的抽象领域里”的趋势,并在其《战争论》中作了所谓“在现实中的修正”,提出著名的战争三位一体论,即战争要素原有的暴烈性(或曰“战争要素的自然趋向”),概然性和偶然性的活动,作为政治工具的从属性。他强调,战争的无限化暴烈性“可看作盲目的自然冲动”,“主要同人民有关”;战争作为政治工具的从属性,则“属于纯粹的理智行为”,“是政府的事情”。虽然克劳塞维茨指望通过政府的“理智行为”,控制战争自然的无限化暴烈性。但他最后还是强调,要达到自己的政治目标,“战斗是唯一的手段,因此一切要服从用武器解决问题这个最高法则。……用流血方式解决危机,即消灭敌人军队,这一企图是战争的长子”。①

事实上,从历史上来看,任何人类群体之间的冲突,当一方对另一方使用暴力时,另一方常常必然要报之以相应的暴力。这种相互的作用就把战争的暴力行动推向极端,这是一种无限化的趋势。一旦战争走上以“打垮敌人”为目标(同时也就产生“不被敌人打垮”的需要),就必然要走向使用一切力量和手段,运用一切新发明的武器之路。这样,随着科学技术的进步和武器的发展,战争的暴烈性就不断增加。正是这种“战争要素的自然趋向”,推动战争历史运动向越来越大、越来越烈的无限化方向发展。人类在古代就出现过原始野蛮的“无限化总体战争”(当时的战争往往是整个部落的力量都投进去,具有一种自然的总体性)。中世纪虽然出现过富勒所称的“专制国王的有限战争”时代,但总的战争运动轨迹仍然是向上升方向发展的,只不过由于当时的自然经济社会条件,生产力水平不高,科学技术发展缓慢,武器破坏力和杀伤力有限,雇佣军的费用高昂和人数有限,以及由此形成的消耗战略和迂回战略,等等,战争的暴烈性在客观上受到制约罢了。可是随着资产阶级革命和工业(科技)革命的发展,战争这种自然的无限化暴烈性充分释放出来了。于是从法国大革命和拿破仑战争开始,出现了战争历史运动向无限化总体战争方向迅猛发展的高潮。这恰恰是克劳塞维茨所处的时代,他亲身经历和体

---

① 克劳塞维茨:《战争论》上卷,解放军出版社1964年版,第12—16、32、46页。

验了人类战争这种无限化暴烈性的冲击,在理论上作出了上述的哲理性推论。

由法国大革命开始而以拿破仑战争为顶点的这个战争历史运动高潮,是20世纪以前的最高峰。富勒在其1961年出版的理论代表作《战争指导》一书中,使用“无限战争的再生”这样的标题来论述这个高潮。这个战争历史运动高潮的出现,是立足于第一次产业革命和法国资产阶级革命基础之上的。18世纪中叶,以蒸汽机的发明和广泛使用为标志的人类第一次(科技)产业革命,从英国开始逐步扩展到欧洲,促使工场手工业发展为机器工业,把社会生产力从铁器时代推进到机器时代。由于资本主义商品经济的发展,社会活动的范围扩大了,越出一个地区、一个民族的狭隘范围。同时,资本追求利润和竞争的需要,推动向外寻求新的市场和原料产地,给欧洲大国的对外征战和争夺霸权增添了新的动力,并且使得斗争越来越带有你死我活的激烈性质。18世纪末叶爆发的法国资产阶级大革命,在政治上猛烈冲击了欧洲封建制度,为资本主义的发展开辟了广阔道路。资产阶级民主制度的形成,使国家的对外战争表现出并非是为了某个王朝统治者的需要,而具有整个民族“全体意志”的性质。用历史学家阿诺德·汤因比的话来说,就是从法国大革命中产生出来的民主思想,不仅不能阻止战争,相反把整个民族的“活力”投入到战争之中。① “法国革命凭着它的原则的力量和能力,凭着它所鼓舞起来的人民的热情,已把整个民族的全部重量和一切力量,都投放到(战争)天平上了。而在过去,天平上的重量只是有限的军队和国家的有限(正常)税收”。“一个新的时代已经开始了。这是一个民族战争的时代。这种战争具有令人疯狂的步调,因为它注定着要把国家的一切资源都投入到战斗之中”。②

18世纪的产业革命和政治革命,促使继冷兵器向火器过渡的第一次军事革命之后新的军事革命的到来。这个人类第二次军事革命所出现的一系列新发展,最突出的就是普遍义务兵役制,以及由拿破仑战争所体现出来的新的战争原则。

普遍义务兵役制是法国革命和民主制度的直接产物。当推翻了封建王朝的革命法国,面临保守的欧洲各君主国家联合进攻时,它是毫无战争准备

---

① 阿诺德·汤因比:《历史研究》(1939年版),第4卷,第156—157页。

② 这是克劳塞维茨和法国元帅福煦的话。转引自J.F.C.富勒《战争指导》一书,第23页。

的。国库空虚,军队混乱,贵族复辟叛乱。法兰西拥有的只是广大人民(主要是从封建压迫下解放出来的农民)的革命热情和参与政治的意识。早在1792年春,法国原有的旧军队,在普鲁士联军的攻击下迅即溃败。7月法国立法议会宣布"祖国在危急中!"号召凡能够拿起武器的公民都动员起来,领取武器,保家卫国。9月在法国北部的瓦尔米一战,新征集来的法国军队取得了第一次胜利。尽管在军事上这是一个微不足道的胜利(双方伤亡仅500人),但其影响却如J. F. C. 富勒在《战争指导》一书中引用福煦后来的评价所说:"国王的战争已经结束了,人民的战争从此开始了。"[①]随着法国革命的深入,路易十六被送上断头台,欧洲各君主国组织了反法联盟围攻革命的法国,共和国四面都受到外敌威胁。此时在雅各宾派的主持下,1793年8月法国国民议会通过了由救国委员会委员巴雷尔起草的法令。它宣告:"所有法国人都要响应祖国号召,保卫自由。一切物质力量和精神力量,一切政治手段或精神手段,都要为自由服务。……年轻人要去效命疆场;男人要去制造武器、运送军需、筹备军粮;妇女要缝制军服帐篷、看护伤员;儿童要用旧布改制绷带;老人要到公共场所激励战士的勇气、鼓动对国王的仇恨、宣传共和国的团结。公共房屋要改为军营,公共场地要变作军工厂;所有乘骑都应征调供骑兵使用,挽马用于拖运大炮和军需……整个法国应当是一个巨大的军营。"

这是一个动员全民战争的宣言,也是人类历史上第一个普遍义务兵役制法令。它不仅使当时的法兰西共和国一下子拥有了120万兵员的庞大军队,而且使战争的基础发生了巨大变化。过去,投到战争天平上的,仅仅是国王的常备(雇佣)军和国王所征收的赋税,而现在则是整个民族的全部力量。过去雇佣兵制度下组织一支军队成本高昂;现在的义务兵役制度下则廉价得多。过去投入战争的军队数量有限,损失了很难补充和重新组织;现在则可以通过义务兵役制度征集庞大的军队,遭到损失后也能够比较快地得到补充和重新组织起来。过去的统帅尽量避免战斗(因为雇佣军成本高昂,损失了难以补充);现在则寻求战斗,而不管损失有多重。拿破仑曾在1805年对梅特涅夸口说,他可以担负得起每月3万人的消耗。事实上,如果没有在法国大革命基础上的普遍征兵制,就没有拿破仑战争。

---

① J. F. C. 富勒:《战争指导》,第20页。

拿破仑战争通常是指1796—1815年拿破仑统率法国军队,同欧洲各国反法联盟军队之间的一系列战争。这20年是近代历史的最大战争高潮,它包含7次反法联盟战争,以及拿破仑的征俄战争和征葡西战争,内容十分复杂。就法国(先是法兰西第一共和国、后为法兰西第一帝国)方面来说,初为抵抗欧洲封建势力的入侵,后则兼有对外扩张和争霸的成分。就反法联盟(主要包括英、奥、俄和普鲁士)方面来说,主要是扼杀法国资产阶级革命,复辟波旁王朝,维护欧洲封建统治,后期则有反抗民族压迫的因素。拿破仑作为新兴资产阶级的代表,为巩固法国革命的成果和适应资本主义发展的需要,率领由普遍征兵制建立起来的、充满民族主义精神的法国军队,南征北战,进行了60多场会战和战斗,取得了一连串的辉煌胜利,虽然最后走向了失败,但开创了战争历史运动的一个新时代。

拿破仑战争的原则,首先就是以歼灭敌人的军队为主要战略目标。拿破仑曾经说过:"欧洲有很多优秀的将军,但他们一下子期望的东西太多,而我只看一个东西:敌人的兵力,并且力图消灭他们……只要把军队一消灭,其他的一切就都会随之土崩瓦解。"[①]其次是集中优势兵力于主要战场上。拿破仑强调,"必须把最大可能的兵力集中在战场之上。"当同时面对两个不同的战场时,他就立即把自己的最大部分兵力集中在有决定意义的战线。拿破仑认为,军事指挥的艺术,就在于当自己的兵力数量居于劣势时,反而能在战场上化劣势为优势。[②] 这两条原则结合起来,可以叫作"集中兵力打歼灭战"。第三是积极的进攻。拿破仑曾经说过:"如果允许别人进攻自己,那是一个极大的错误。要使战争变成为进攻的……这是使你成为名将和了解战争艺术秘密的唯一方法。"拿破仑的一生几乎没有进行过纯粹防御性的战斗。虽然到了1814年,由于连年战争和征俄失败而处于劣势,他在整个战局中不得不采取战略性防御,但仍然实施了一系列快速机动的猛烈进攻。不过拿破仑尽管绝对避免打纯粹的防御战,但其所有的进攻都是以保护原则为基础的。他曾明确指出:"整个战争的艺术,就是先作合理周密的防御,然后再进行快速、大

---

① 塔尔列:《拿破仑传》,莫斯科1957年版,第435—436页。

② J. F. C. 富勒:《战争指导》,第38—42页。

胆的进攻。”“防御战争不能排斥进攻，就像进攻战争不能没有防御一样。”①第四是迅速的机动。拿破仑经常说，“行军就是战争”，“战争的才能就是运动的才能”，“善于运动的军队必能获得胜利”。由于他屡屡以迅速的机动赢得战争的胜利，因此不少西方军事家强调：“运动是拿破仑战争的灵魂。”②第五是战略性的奇袭。拿破仑强调：“要战胜敌人，就必须出其不意地行动。”“有一条最显而易见的战争原则，就是不要做敌人希望你做的事。理由很简单，因为敌人希望你这样做。”③此外，拿破仑完全打破了呆板的线式战术，采用了从法国革命军队中发展起来的散兵线与纵队相结合的新战术，组成由步兵、骑兵、炮兵诸兵种合成的集团军，作为进行大规模会战的基本战略单位。正如恩格斯所说：“拿破仑的不朽功绩就在于，他发现了在战术和战略上唯一正确使用广大的武装群众的方法。”“革命的战争创造了像拿破仑这样的人物”，而拿破仑则在其所进行的战争中，把“战略和战术发展到那样完善的程度，以至现代的将军们一般地不仅不能胜过他，而且只能试图在自己最光辉和最成功的作战中抄袭他罢了”。④

所有这一切，都促使人类战争历史运动，从法国大革命和拿破仑战争起，转入无限战争的旋涡，向着更大更激烈的总体战争方向发展。尽管拿破仑战争之后，直到第一次世界大战，欧洲没有发生几个大国都全面卷入的联盟战争，因而有人把 1815 年到 1914 年称为“战争寂静”的时代。但实际上这一百年里战争一直不断。只不过在某些西方人眼里，欧洲列强向亚、非、拉侵略扩张的频繁殖民战争，以及众多弱小民族的独立战争，都是不足挂齿的“小战争”，如西班牙美洲殖民地的独立战争（1810—1826），俄国兼并高加索战争（1817—1864），希腊独立战争（1821—1829），英国三次侵略缅甸战争（1824—1826、1852、1885），法国侵略阿尔及利亚战争（1830—1847），英国两次侵略阿富汗战争（1839—1842、1879—1880），南非祖鲁人同布尔白人殖民者战争（1839—1840），英国侵略中国两次鸦片战争（1840—1842、1856—1860），美国对墨西哥战争（1846—1848），匈牙利民族解放战争（1848—1849），意大利三

---

① J. F. C. 富勒：《战争指导》，第 38—42 页。
② J. F. C. 富勒：《战争指导》，第 38—42 页。
③ 米里施坦因等：《论资产阶级军事科学》，上海人民出版社 1959 年版，第 29 页。
④ 《马克思恩格斯全集》第 7 卷，第 554、565 页。

次独立战争(1848—1849、1859—1860、1866—1870),中国太平天国革命战争(1851—1866),印度反英民族大起义(1857—1859),法国三次侵略越南战争(1858—1862、1873—1874、1883—1884),古巴两次独立战争(1868—1878、1895—1898),南非祖鲁人反英国殖民者战争(1879—1887),中法战争(1883—1885),埃塞俄比亚两次抗意战争(1887、1895—1896),中日甲午战争(1894—1895),菲律宾独立战争(1896—1902),八国联军侵华战争(1900—1901)等。除了这些西方人不放在眼里的"小战争"之外,在这所谓百年"战争寂静"的时代,还发生过若干在战争历史运动中很有影响的大战争。

克里米亚战争(1853—1856),是拿破仑战争之后欧洲的第一场大规模战争。英、法、土(耳其)同沙皇俄国对垒,战场主要在巴尔干、黑海(克里米亚半岛的战斗最激烈)和高加索,并扩大到波罗的海、白海和远东地区。双方动员兵力共计在百万以上①。这时铁路、汽船、电报特别是新式膛线枪炮,已开始在欧洲发达国家的军队中应用。正是在这方面,资本主义发达的英法,对仍处于农奴制的俄国拥有巨大优势。俄国虽有百万军队,但主要兵器是旧式的滑膛枪炮,海军则仍是木制帆船。相反,英法军队装备了新式的膛线枪炮,海军已有三分之一是汽船。这是导致俄国失败的重要因素之一。

美国南北战争(1861—1865)虽然是一场国内战争,但就其目标的坚决性、斗争的激烈性和总体性,以及在武器和战术上的革命性变革,被许多历史学家评价为"蒸汽时代以来所爆发的第一次大战"②,或"第一个现代战争"(虽然由于它仍留有不少旧时代战争的痕迹,同时被称为"最后一个老式战争")③。这场战争不是两个敌对政党和政治派别之间的斗争,而是"两种社会制度即奴隶制度与自由劳动制度之间的斗争"④。战争的目标不仅是要打败对方,而且要彻底征服对方,摧毁对方的政治结构、经济基础和社会组织。这就带来了战争的坚决性、激烈性和总体性。美国军事史学家小戴维·佐克、罗宾·海厄姆说:"精神的因素和社会的因素影响了这次亦即第一次现代思

---

① 俄国陆军100多万(但能投入作战的不到一半),海军380艘军舰,近10万人。法国陆军57万,海军170多艘军舰。英国陆军16万,海军200多艘军舰。土耳其陆军40万,海军70多艘军舰。

② J.F.C.富勒:《战争指导》,第84页。

③ T.N.杜普伊:《武器和战争的演变》,第243页。

④ 《马克思恩格斯全集》第15卷,第365页。

想意识战争的结果。交战双方的目的都是不获全胜决不收兵，妥协是不可能的。”[1]应当说，对于战争的这种性质，开始时南方比北方认识得更清楚，因此南方的战争准备比较充分，行动更加积极，包括 1862 年 4 月在美国历史上率先实行普遍义务兵役制。这是人力物力处于很大劣势的南方，能同北方对战 4 年之久的重要原因。但随着战争发展，北方也很快认识到这点，因而从 1862 年夏天起，林肯政府采取了一系列全面的革命战争政策，包括颁布《宅地法》、发表解放黑奴的宣言、武装黑人、实行征兵制（1863 年 3 月）、严厉镇压反革命等。在军事上，林肯采用了格兰特和谢尔曼制订的“总体战”战略。1864 年升任北军总司令的格兰特强调：“正在进行一场人民的战争，除非南方的军队以及人民都被征服，否则战争不会结束。”他下令：除了歼灭敌军之外，还要对其战争资源进行尽可能的破坏，使敌人陷于“除了被剿灭或投降外别无他择的境地”。[2] 这是把战争目标从歼灭敌军，发展到摧毁对方战争资源和战争潜力这种“总体战”思想的首次明确表述。由于战争的这种性质，美国南北战争，不仅规模巨大（北方征兵 289 万、南方征兵 140 万，创当时历史最高纪录，到第一次世界大战才被打破），战斗激烈（北军死亡 36 万人、南军死亡 26 万人，双方伤者都在百万以上），而且在把当时最新科技成果迅速广泛用于战争中也是前所未有的。步兵除普遍使用前装式来复枪（即膛线枪），后期还使用了新发明的后膛弹仓式步枪、卡宾枪和连发枪（即机枪）。炮兵广泛使用前装线膛炮和榴霰弹，还有爆破弹、迫击炮、有翼的榴弹，甚至火箭。枪炮射程、火力和命中率的提高，促使采取疏开的散兵线战术和发展堑壕、铁丝网等野战工事，还使用了地雷和装甲车。在海战中出现了设有旋转式炮塔和后装线膛炮的蒸汽动力装甲舰[3]，发明和第一次使用了潜水艇[4]，还有水雷和鱼雷。铁路和无线电报的广泛应用，则大大提高了战争的机动性和在广阔战场上的指挥能力。所有这一切，都使美国的南北战争，成为人类战争历史运动进入“总体

---

① 小戴维·佐克，罗宾·海厄姆：《简明战争史》，商务印书馆 1982 年版，第 161 页。

② 拉·F·韦格利：《美国军事战略与政策史》，解放军出版社 1986 年版，第 184 页。

③ 1862 年 3 月 9 日，南方的装甲舰“弗吉尼亚”号同北方的装甲舰“巨蜥”号，进行了历史上第一次装甲舰海战。J. F. C. 富勒在《战争指导》一书中（第 95 页）说，它“使海上战争在一天之内发生了彻底的革命。此后，全世界的所有木质战舰都成了废物”。

④ 南方人霍勒斯·L·亨特利建造了第一艘潜艇（长 20 英尺、高 5 英尺、宽 3.5 英尺），由 8 人手摇螺旋桨推进。1864 年 2 月 17 日，在查尔斯顿近海，它击沉了北军“霍沙托尼克”号战舰。

战”时代的明显前兆。

普奥战争(1866)和普法战争(1870),是发生在欧洲中心地带的两场大规模战争。普奥战争双方参战的总兵力达120万人,其中萨多瓦会战(今捷克境内),普军投入29.1万人,奥军与萨克森军投入23.8万人,成为近代最大的会战之一。普法战争双方投入兵力也达70万人。但这两场战争与美国南北战争不同,它们的目标都是有限的。普奥战争主要是普鲁士王国与奥地利帝国为争夺对德意志的领导权而进行的王朝战争。当普军取得了萨多瓦会战胜利之后,普鲁士(在有政治远见的“铁血宰相”俾斯麦的坚持下)就接受法国的调停,同奥地利签订了和约。在普法战争中,普鲁士所追求的目标,主要是扫除法国对德国统一的阻碍,获取矿产丰富的亚尔萨斯和洛林,增强德国称霸欧陆的实力地位,并非要彻底征服对方。因此,这两场战争的时间都很短促。普奥战争打了7个星期。普法战争虽然持续5个月,但战争的结局在开战不到7个星期的色当会战中就已确定(此战拿破仑三世率8.3万法军向普军投降)。这两场战争在军事上的主要影响,是使被称为战争“管理革命”的总参谋部制度获得普遍发展。自从法国大革命和拿破仑战争以来,由于军队数量庞大、战争范围日广和运动加速,越来越需要有一个专职研究战略战术、收集情报、制订作战方案、对军队实施统一战略控制和指挥的组织——总参谋部。拿破仑战争的最后失败,同缺少总参谋部有很大关系。作为一个精力过人的军事天才,拿破仑始终认为他个人的超凡能力,可以兼任总司令与参谋长双重职务。他包揽一切,不仅没有建立现代参谋制度,而且使原有参谋人员也不能发挥作用。拿破仑的参谋长贝尔蒂埃元帅说:“我在军中的地位等于零。”历史上首先建立现代战争所需的总参谋部的是普鲁士。1857年,力图通过王朝战争统一德国的普鲁士国王威廉一世,任命老毛奇①为总参谋长。这位著名的普鲁士军事家,确定了参谋部的职权范围,制定了其运作模式,培养了一批卓越的总参谋部军官。这成为普鲁士获得这两场战争胜利的一个重要因素,而普军的胜利则使其总参谋部成了仿效的榜样。

---

① 赫·卡·冯·毛奇(Helmuth Karl Bernhard von Molthe,1800—1891),德国元帅。1857—1888年任普鲁士(1871年起为德意志帝国)总参谋长。其侄赫·约·冯·毛奇(1848—1916)后来也任总参谋长(1906—1914)。故史称前者为“老毛奇”,后者为“小毛奇”。

此外,1877—1878 年的俄土战争,1898 年的美西战争,1899—1902 年的英布南非战争,1904—1905 年的日俄战争,都有很多在第一次世界大战中使用的武器和战术,通过这些战争的试验而得到发展。更加值得注意的是,在这段时间里,出现了近代军事理论和战略思想的大发展。在 19 世纪前期,最著名的是克劳塞维茨和 A. H. 若米尼①。关于克劳塞维茨本节前面已经提到。若米尼是与克劳塞维茨齐名的同时代军事理论家,著述很多,影响最大的是《战争艺术概论》。若米尼深入研究了拿破仑战争,强调进攻是最积极的战斗类型,克敌制胜的唯一途径是交战;必须坚决把主力投到决定点上,力求对敌翼侧迂回包围,同时从正面实施闪电突击;当不能从敌翼侧迂回包围时,则应从正面坚决突破,将敌分割后予以各个击破;初战获胜后应适时转入坚决连续追击,以求全歼或彻底打垮敌军。19 世纪后期最著名的是前述的老毛奇和 A. T. 马汉②。毛奇不仅创建了普鲁士的总参谋部,而且发展了一套先敌动员、突然袭击、利用铁路进行机动、对敌重兵集团实施分进合击的战略,对以后的战争产生了深远的影响。至于马汉,他所倡导的“海权论”(海上实力论),对后来的美、英、德、日列强的海军建设和海洋战略具有重大影响。

总之,从宏观的角度来观察,拿破仑战争后的百年,实际上仍是战争历史运动处于上升的时代。这不仅表现在这段时期里大小战争不断,而且更主要表现在西方列强总结拿破仑以来的战争经验,利用新的科技成果不断改善武器和战争手段,准备、酝酿和运筹着未来更大的战争。正是在这种所谓“寂静”中的历史运动,发展到 20 世纪初叶,最终导致人类进入以世界大战为标志的“总体战争”时代。

---

① A. H. 若米尼(Antoine Henri Jomini,1779—1869),军事理论和军事历史学家。生于瑞士,19 岁入法国军队,曾任拿破仑的参谋。1913 年去俄国,历任沙皇的军事顾问和侍从武官,授上将衔。1837 年发表《战争艺术概论》。另有《法国革命战争批判史》《拿破仑传》等。

② A. T. 马汉(Alfred Thayer Mahan,1840—1914),美国海军军官、军事理论和海战史学家。1890 年发表《海权对历史的影响》,1892 年发表《海权对法国大革命和帝国的影响》,确立了其“海权论”思想。

# 第三章　世界大战——20世纪的历史现象

## 一、世界大战的物质基础

迄今以来的人类“文明”史，充满着各种各样的战争。虽然随着社会经济的发展和科学技术的进步，战争的规模越来越大，参战的军队和卷入战争的人数越来越多，破坏性越来越烈，对人类社会生活的影响也越来越广和越来越深，但只是到了20世纪才出现世界大战。

什么是世界大战？

世界大战并不是单纯以战争的规模、范围和卷入国家的多少作为标准的。过去历史上的有些战争，其规模和范围也很大，卷入的国家也很多。例如，13世纪蒙古汗国的大征战（包括西征和南征），东起朝鲜半岛，西至奥得河畔，北自西伯利亚，南达中国的南海、西亚的叙利亚和波斯湾。18世纪末—19世纪初的拿破仑战争，遍及整个欧洲（包括地中海和北非）。就它们的战争规模、范围和卷入的国家来说，都不比第一次世界大战小多少（有些方面还超过一次大战，如蒙古汗国征战的地域范围就超过一次大战）。但它们都不能称为世界大战。我认为，只有那种产生于世界经济政治整体性发展，涉及世界全局，解决世界性的矛盾，牵动整个人类社会生活的全面战争，才能称为世界大战。而这些都是只有到20世纪才具备的。当然，一场战争，也只有打到一定的规模和范围，把当时国际社会中处于主导地位的大国都卷了进去，才能成为世界大战。世界大战可以按不同的地理大区域，划分为若干个战场；可以按其历史演变的进程，划分为若干个发展阶段；但又不是各个战场和各个发展阶段的简单总和，而是有内在联系的。当然，这些不同的战场和不同的发展阶段，我们也要正确地加以划分，而不能把它们混为一谈。

究竟是什么使得20世纪头半个世纪，出现两次世界大战呢？

我认为应该从三个方面去探讨：19世纪下半叶到20世纪初叶的第二次工业革命（第二次科学技术革命）的发展，为世界大战的出现提供了物质基础；自由资本主义向垄断资本主义发展所出现的世界性矛盾，形成了发生世界大战的社会根源；帝国主义大国对世界霸权的追求，成为导致世界大战爆发的直接导因。

本节首先进行第一方面的探讨。

经济力量是暴力的物质基础。有什么样的经济水平才有什么样的战争。恩格斯在《反杜林论》中曾精辟地论述过这一点："没有什么东西比陆军和海军更依赖于经济前提。装备、编成、编制、战术和战略，首先依赖于当时的生产水平和交通状况。这里起变革作用的，不是天才统帅的'悟性的自由创造'，而是更好的武器的发明和士兵成分的改变；天才统帅的影响最多只限于使战斗的方式适合于新的武器和新的战士。"①

19世纪下半叶，西欧和北美资本主义经济的发展，世界市场的形成和激烈的竞争，刺激了发达国家科学技术的迅猛发展，出现了以电力为主要标志的第二次工业革命，世界由"蒸汽机时代"进入了"电气时代"。

首先是一系列电气的发明。1866年德国工程师西门子制成发电机。1870年比利时人格拉姆发明环状电枢。1876年美国人贝尔发明电话。1879年美国发明家爱迪生发明电灯。1882年法国学者德普勒发现了远距离输电技术；同年爱迪生在美国创建第一个火力发电厂，把输电线结成网络。1896年意大利工程师马可尼发明无线电等。电能和电气的应用和普及，促使一个新兴工业部门——电气工业部门兴起。

电气工业的兴起又推动了蒸汽机的改进和内燃机的发展。由于当时的发电机需要蒸汽机来推动，要增加发电量就必须提高蒸汽发动机的功率。1862年法国人德罗夏，提出把蒸汽机在气缸外燃烧的方式（即外燃）改为内燃方式的理论。1876年德国人奥托制成第一台汽油点火的四冲程内燃机。汽

① 《马克思恩格斯选集》第3卷，第206页。

油内燃机的制成，为汽车和飞机的发明解决了发动机的问题。1886 年德国工程师卡·本茨制成了第一辆汽车。1895 年爱尔兰发明家约·邓禄普把汽车的铁轮改为橡胶充气轮胎。1897 年德国工程师狄塞尔又对内燃机作了改进，大大改善了汽车的性能，使汽车广泛流行起来。从 19 世纪 90 年代起，欧美发达国家纷纷建立汽车工业。到 20 世纪初叶，全世界已拥有汽车 200 万辆。与此同时，1896 年德国人捷尔费尔特解决了以内燃机推动充气飞艇的问题，1903 年美国人莱特兄弟又制成了飞机，人类开始了航空事业的纪元。

内燃机和汽车工业的兴起，又推动了石油工业的发展。人类发现石油虽然比较早，但最初只是用于照明。随着内燃机和汽车的广泛应用，作为动力燃料的石油工业迅猛发展起来。全世界的石油产量从 1870 年的 80 万吨，猛增至 1900 年的 2000 万吨。新兴的化学工业也在 20 世纪 80 年代迅速建立起来。人们开始从煤炭中提取氨、苯、人造染料等化学产品；塑料、人造纤维、无烟火药也相继发明和投入生产。

科学技术的发展和电气、化学、汽车、石油等新兴工业的兴起，也推动了原有的工业部门，如钢铁、冶金、造船、机械等部门的发展和技术革新。例如钢铁冶金业，由于 19 世纪 70 年代起托马斯炼钢法、电弧炼钢炉、电解炼钢法等的出现，大大提高了钢的质量和产量。钢的质量和产量的提高，又推动了造船、机械等工业的发展。全世界的钢产量，从 1870 年前的 52 万吨，猛增至 1900 年的 2830 万吨。

在交通运输和通讯业，由于内燃机的应用和汽车、飞机、电话、无线电的出现，发生了革命性的变化；而原有的铁路和航海技术也有巨大的发展。铁路的路轨在 19 世纪末全部改为钢轨，机车的功率和牵引力显著增加，列车的行车速度和运输量不断提高。全世界的铁路网络，从 1870 年的 21 万公里增加到 1900 年 79 万公里。轮船的制造技术大大提高了，从 19 世纪 70 年代起普遍采用了活塞式蒸汽发动机，90 年代后又发展为功率和速度更大的蒸汽涡轮机。远洋轮船横渡大西洋的时间，从过去需要近一个月，缩短到只要 5—6 天。发达国家的工业生产、经济活动和社会生活，以及与此有关的人们的视野，彻底摆脱了狭隘的地方条件界限，整个世界越来越成为一个整体。这是一个大科学、大工业、大生产的时代。

在这种科学技术革命和工业革命发展的基础上，迅速导致军事领域发生一场新的革命——“军事工业化”①。由于战争在人类社会发展的长时期中，一直是解决各个阶级、民族和国家之间矛盾的最高斗争手段，当人们使用一般的经济、政治和外交手段不能达到目的时，就往往使用战争的暴力手段。因此在历史上，军事一直是社会生活领域中对科学技术的最新成就利用得最多、最快的领域。这一点在 19 世纪下半叶明显地表现出来。1893 年恩格斯在其《欧洲能否裁军?》一文中，就感叹地说：“现在未必能再找到另一个像军事这样革命的领域。”②

首先是直接杀人和破坏的武器迅速发展。无烟火药代替了黑色火药，不仅爆炸力大大提高了，而且消除了暴露己方阵地和影响视界的烟云。圆锥形弹头的后装膛线枪炮，代替了前装滑膛枪炮。1884 年德国军队率先把其 1871 型毛瑟枪改装为弹仓式步枪(可装 8 颗子弹)。到 1900 年各个发达国家的军队，都装备了用枪栓操纵的现代弹仓式步枪。1885 年 H. S. 马克沁制成全自动的单管水冷式机枪。虽然美国南北战争时，北军曾使用过手摇柄操纵的多管加特林式机枪，但它只能算是“半自动”的。马克沁式机枪利用射击后坐力来装退子弹，可以说是第一支真正全自动的机关枪。这种由弹带送弹、3 分钟可射出 2000 发子弹的机枪，使步兵战术发生了革命性变化。与此同时，射击精确、射程远、射速快的现代火炮和观测仪器，大大提高了炮兵的威力。随后，军队又增添了全新的武器装备，如坦克、潜艇、飞机、航空母舰和化学武器，相应出现了空军、防空军、装甲兵、空降兵、化学兵等新的军兵种；出现了步、炮、坦(克)协同，陆海空协同的崭新作战方式。帝国主义列强各国的军队，以现代科技和大工业生产为基础，都装备了大量火力极猛、杀伤力极强、破坏力极大的现代化武器，这就使得战争能够达到历史上空前激烈的程度。

其次是铁路运输网络和航海技术的发展，以及后来汽车和飞机的出现，极大地扩大了战争的范围，提高了军队的战略机动能力。可以说在这个时代，科学技术发展对战争带来最深远影响的，一个是内燃机，另一个是无线电报。③ 内燃机的出现和发展，使军队的战场机动方式，从徒步、乘马和畜力牵

---

① 安东尼·吉登斯:《民族—国家与暴力》，三联书店 1998 年版，第 269—279 页。

② 《马克思恩格斯全集》第 22 卷，第 444 页。

③ J. F. C. 富勒:《战争指导》，第 127 页。

引，向机械化、摩托化过渡，产生了对敌实施大纵深快速突击的崭新作战样式（闪击战）。战场从平面发展为立体，战线的长度和纵深发展到几百、上千公里。战争的规模和范围极大地扩大了。在世界日益成为一个整体的形势下，那些发生利害冲突的帝国主义列强，能够突破地域条件的限制，跨洋越洲地打一场世界性的全面战争。而无线电报、电话的应用，大大改善了军队的通讯联络，加上由普鲁士人率先设立的总参谋部的出现，对战争全局的领导和作战的战略指挥发生了真正的飞跃，人们也就得以真正领导和指挥一场世界性的全面战争了。

大量的人口和整个社会生活的卷入，是世界大战的一个特点，也是打一场世界性战争的条件。在大工业、大生产的时代，社会生产力的提高，以及随之而来的人口增加，使征集更加庞大的军队成为可能。到 20 世纪，大国的陆军编制，最大单位已从集团军发展到集团军群（方面军），甚至方面军群。参战国家的军队总兵力，可以达到占总人口的 10%—20%，比 19 世纪战争的兵员人数增加 2—4 倍，出现一个国家拥有数百万、上千万军队的现象。而且，战争对经济的依赖性，前方对后方的依赖性也越来越大。战时的前后方界线被打破，整个国民经济转上了战争的轨道，出现了史无前例的全国总动员。在战略上，以破坏敌方经济命脉的海上交通线为目标的潜艇战，实施打击敌人深远后方的战略轰炸等新的作战样式应运而生。战争成了整个国家、整个民族全部经济力量、政治力量、组织力量和精神力量的综合较量，对整个社会生活产生了极广、极深的影响。

所有这一切都说明，只有经过 19 世纪下半叶到 20 世纪初叶资本主义第二次工业革命的发展，人类才具备了打世界大战的物质基础。但是，我们不能由此而得出结论，以为 20 世纪头半个世纪打了两次世界大战，是由于社会经济的发展、科学技术的进步、人类进行战争的手段强大所致。事实上，任何高度发达的经济力和科技水平，都只有在特定的社会体制和政策指导之下，才会成为战争的手段，甚或实际运用于战争之中。因此，对于我们来说，探讨 20 世纪头半个世纪打了两次世界大战的原因，更加重要的是对下面两个方面的研究。

## 二、世界大战的社会根源

人类社会进入20世纪的时候，正是资本主义发达国家发展到了垄断资本主义阶段，也就是列宁所说的帝国主义阶段。他说："垄断代替自由竞争，是帝国主义的根本经济特征，是帝国主义的实质。""帝国主义作为资本主义的最高阶段，到1898—1914年间先在欧美然后在亚洲（指日本——引者注）最终形成了。"[①]对于这个帝国主义时代，列宁在1918年俄共（布）七大的报告中作了这样的揭示："暴力将是一个世界性的历史时期，是充满着各式各样战争（帝国主义战争、国内战争、二者相互交织着的战争……民族的解放战争）的整个时代。"列宁说："这个遭受巨大破坏、实行大规模军事强力和充满危机的时代已经开始了，我们清楚地看到这个时代，然而这仅仅是开始。"[②]

把"帝国主义"同战争联系起来，这几乎是各国学者所普遍公认的。但是在西方，"帝国主义"这一概念，常常仅被理解为一种古已有之的大国侵略扩张的霸权政策。其最基本的内涵是以强权控制或统治别的国家、别的民族。这种强权的传统核心是暴力（军事力量），其最古老的方法就是通过战争，对战败者实行占领或吞并，使之处于战胜者的直接控制与统治之下。古罗马称之为imperium（最高权力、绝对统治），后来英语和法语的impire（帝国）即由此衍生而来。古代欧洲的罗马帝国，中世纪横跨亚、欧的蒙古帝国，都是它的典型。

从16世纪起，随着资本主义的兴起，出现了新的殖民帝国。一些资本主义首先发达起来的欧洲国家，利用其比较先进的舰队和枪炮，向海外"殖民"。它们依托自己对西欧之外的国家和民族的军事优势，征服了亚、非、拉的大片土地，把这些地方变成其殖民地。这种追求夺取、维持和扩大殖民地的政策和行为，当时也被人们称为"帝国主义"。18—19世纪是欧洲殖民帝国蓬勃兴盛的时期，到20世纪初整个世界都被瓜分完毕了。不过，当时大多数西方学

① 《列宁选集》第2卷，人民出版社1972年版，第883—884页。

② 《列宁选集》第3卷，人民出版社1972年版，第479页。

者都不把这种“帝国主义”扩张政策同资本主义的发展联系起来，有些人甚至宣称资本主义是天生和平的。但是，也有一些学者把这种“帝国主义”政策同资本主义的发展联系起来。英国经济学家约翰·A·霍布森和德国经济学家鲁道夫·希法亭，就是最早的代表者。霍布森论证说，资本主义社会面临生产过剩与消费不足的严重矛盾，资本家力图把他们的过剩资本投放海外，以赚取利润，其结果就是帝国主义。希法亭则认为，自发进行的资本主义竞争，必将造成公司的数目越来越少，而规模则越来越大，与纯粹生产相比，被牵连进去的金融活动也越来越多，这种竞争也更倾向于运用民族国家的政权，以武力去巩固和扩展其经济帝国的地盘和垄断特权（即推行帝国主义的政策）。

列宁在对垄断资本主义进行理论剖析中，利用了霍布森和希法亭的研究成果，得出现代战争产生于帝国主义的结论。[①] 但列宁在使用“帝国主义”的概念时，强调其不仅仅是一种政策，而是资本主义发展的一个特定历史阶段。列宁在其一系列著作中，论证了作为资本主义发展特定阶段的帝国主义的根本特征是垄断统治。列宁揭示了垄断基础上的竞争，垄断基础上经济政治发展的不平衡，以及垄断的发展使全球融合为一个经济机体，整个世界已经被几个资本主义列强瓜分完毕。正是这些垄断资本主义的根本特性，成为 20 世纪发生世界大战的社会根源。

**首先是垄断基础上的竞争。**

在帝国主义时代，垄断代替了自由竞争，但没有也不可能排除竞争。相反，垄断资本主义的发展使竞争更加激烈，更加带有你死我活的性质。垄断基础上的竞争不同于自由竞争的一个显著特点，就是它不再以争夺开放性市场上有利的销售条件和原料来源为满足，而是要争夺尽可能多的领土，以便独占那里的市场和原料；要争夺足以保证占有和利用那些领土的交通线和战略要冲，以便拥有置对手于死地的战略优势；甚至要争夺欧洲本身的工业发达地区，攻击竞争对手的本土，以便一劳永逸地将对手排除出历史舞台。

什么叫作垄断？垄断就是“霸”，霸占一切。垄断基础上的竞争规律，促使帝国主义大国走向尽可能霸占一切的道路，其目的不完全是为了自己的直接需要，更加主要的是为了扼杀竞争对手。因此，这种竞争，是在比自由资本

---

① 《列宁全集》第 26 卷，人民出版社 1985 年版，第 294、378 页。

主义时代更高的基础上更加激烈地进行的。所谓“更高”，就是它已经不再仅仅是由一般的资本家和资本家组织来进行，而是特别要通过资产阶级的国家和国家的联盟来进行。所谓“更加激烈”，也就是这样的竞争，不再仅仅是使用一般的经济手段，而更主要的是使用政治手段；不仅仅是使用一般的政治手段，而且往往在一般的政治手段不能解决时，就使用武力威胁直至发动战争。列宁说得好：“资本家瓜分世界，并不是因为他们的心肠特别毒辣，而是因为集中已经达到这样的阶段，使他们不得不走上这条获取利润的道路。”①世界瓜分完毕了，他们就要重新瓜分。垄断基础上竞争规律的作用，使得帝国主义大国之间争霸的矛盾，常常比世界其他矛盾更加尖锐和激烈，最终导致大国之间走向战争。

英国史学家 A. J. P. 泰勒在其名著《第二次世界大战的起源》中写道：“如果有谁直截了当地质问：‘打仗为了什么？’对于第一次战争，其答案是‘决定欧洲该怎样改建’；对于第二次战争，其答案却仅仅是‘决定这个改建了的欧洲该不该延续’。”②这里，姑且不论泰勒在此缩小了第二次世界大战的严重意义，我们首先必须把他所说的“改建欧洲”，换成“重新瓜分世界”才更确切。因为，两次世界大战的决定性战斗，尽管主要是在欧洲爆发和展开的（第一次世界大战尤其如此），但战争的目标和内容却都是世界性的（第二次世界大战则是在更完全意义上的全球战争），都是垄断基础上的竞争促使争霸的列强走向战争。

**其次是垄断基础上的发展不平衡。**

为什么在 20 世纪上半叶短短的三十几年时间里，就两次发生重新瓜分世界的战争呢？这是不能单纯从具有军国主义传统的德国一再崛起争霸来解释的，更不能从卷入战争的大国执政者们主观指导上的贻误或个人心理来加以解释。尽管德国的崛起和重新崛起争霸是这两次世界大战的重要直接导因。尽管德、奥匈帝国、英、法、沙俄、日本、意大利和美国等，这些大国当时的执政者们确实曾经给他们各自国家的政策行动，乃至半个世纪里国际局势的发展，打上了深浅不一的个人印记，并使之带有许多独特的色彩和戏剧性的

① 《列宁选集》第 2 卷，第 795 页。

② A. J. P 泰勒：《第二次世界大战的起源》，华东师范大学出版社 1991 年版，第 14 页。

场面。问题的答案只能从这半个世纪里列强之间的实力消长和地位兴衰的迅速变动之中去获得。也就是说,这是帝国主义时代经济政治发展不平衡的结果。

经济政治发展不平衡是人类历史发展的一般规律,在自由资本主义时期就是如此。但是,在垄断基础上的经济政治发展不平衡,具有自由资本主义时期所没有的许多鲜明的特点,主要就是发展速度上激烈的跳跃性,实力对比上的突变性,以及各个帝国主义大国发展水平或实力水平的趋向均衡。发展速度上的跳跃性,使原来落后的或在上一轮争霸战争中被打下去的帝国主义国家能够迅速赶上来。实力对比上的突变性,使得各个大国按照旧的实力对比瓜分世界所形成的国际格局,很快就不适应已经发生突变的形势,于是按照新的实力对比重新瓜分世界的问题就立刻尖锐起来。各个争霸大国的实力水平趋向于均衡,使得某一个大国再也不能长久地拥有全面优势,再也不能垄断一切、决定一切,这就使它们各有所持,非得经过一番恶斗才能见分晓。19 世纪末到 20 世纪上半叶,困扰了欧洲政治家们半个多世纪的所谓“德国问题”,归根到底也就是在发展不平衡规律的作用下,迅速崛起和迅速重新崛起的德国帝国主义,一再要打破既定的欧洲秩序和世界秩序(即按旧的实力对比所作的瓜分)。导致两次世界大战爆发的历史进程,与其说是威廉二世的轻率决策和希特勒的狂妄行径,不如说是发展不平衡作用下重新瓜分世界的规律,使得那个轻率的德国皇帝和狂妄的纳粹元首,成了德国和欧洲历史上的风云人物。

如果说,垄断基础上的竞争,有使帝国主义大国之间发生争霸战争的必然性趋势的话,那么,在垄断基础上的经济政治发展不平衡,就有使这种帝国主义大国之间的争霸战争具有周期发生的趋势。前一个是使大国之间发生战争带有必然性的趋势;第二个是使这样的战争带有周期性发生的趋势。但这种大国的争霸战争,又是怎样演变成世界大战的呢? 这是同 20 世纪世界的整体性发展和国际垄断同盟的出现分不开的。这是我们下面所要讲的资本主义发展到垄断阶段的第三个特性。

在垄断资本主义阶段,社会生产力和资本的规模,越出了各个民族国家的狭隘范围,整个世界逐渐融合为一个经济机体,在此基础上出现了垄断同盟。列宁非常重视这一点。他曾经把“资本家的垄断同盟”和“整个地球已被瓜分”,看成是“具有世界历史意义”的两大因素。正是在这样一个联成一气而又变得十分狭小的世界上,相互争霸的大国在对外扩张过程中,既互相争夺,又互相渗透,构成一个覆盖全球的利害关系密网。这种利害关系密网,常常通过它们之间签订的种种双边的或多边的、公开的或秘密的条约得到加强,以至形成某种世界性的集团或国际垄断同盟体系。这些最富强的帝国主义大国,不仅本身拥有亿万资本和强大的军事实力,而且统治着广大的地区,控制着一系列的殖民地、半殖民地和中小国家。因此,它们之间的争夺,就必然要影响到一系列国家和民族,可谓牵一发而动全身。它们之间的争霸战争,就往往要发展成为波及全球多数国家的世界大战。正是这种历史现象使西方一些历史学家,把大国形成同盟体系看作发生世界大战的基本因素,而把国际关系中出现两个互相对立、实力相对平衡的军事集团看作大战临近的标志。悉·布·费在其名著《第一次世界大战的起源》中写道:“大战唯一的主要原因,是在普法战争之后发展的缔结同盟体系。这种体系逐渐把欧洲列强分为两个敌对的集团,以致彼此日趋于互相猜忌,日益扩张本国的海陆军。……一旦战争爆发,这种体系就不可避免地使欧洲所有的列强都卷入战争。”①

总之,在自由资本主义发展到垄断阶段的20世纪,由于垄断基础上的竞争,由于垄断基础上各国经济政治发展剧烈的不平衡,以及由于全球融合为一个经济机体和世界被瓜分完毕,这三个方面的因素,产生了帝国主义列强之间的争霸具有周期性地发生世界大战的必然性趋势。第一次世界大战是这样打起来的,第二次世界大战也是这样打起来的。不过,我们不能由此就简单地引申认为,在垄断资本主义制度仍然占据主导地位的今天,世界大战就不可避免。要知道,历史的发展是各种因素和趋势构成的合力运动。在具体的历史发展过程中,单方面的因素和趋势,从来不会简单地按照自己原来的逻辑发展。因此,我们必须把20世纪存在发生世界大战的必然性趋势,与各个不同历史时期所存在的各种制约战争的因素联系起来进行考察。关于这个问题,我们下面还要进行论述,这里就不展开了。

---

① 悉·布·费:《第一次世界大战的起源》,商务印书馆1959年版,第27页。

## 三、世界大战的直接导因

回顾历史,某些国家或民族,实行民族利己主义,追求和争夺霸权,常常是国际之间发生战争的原因。霸权主义或帝国主义(指以强权统治或控制别国、别民族的侵略扩张政策,而不是列宁所下的作为垄断资本主义定义的帝国主义),并不是 20 世纪才有的现象,而是古已有之。从探讨世界大战的根源来看,问题不在于某些国家或民族对于霸权主义的一般性追求,而在于这种霸权主义的追求发生在什么历史条件下,立足于什么经济基础之上,以及具有什么样的社会内容。在各个不同的时代,这种以强权统治或控制别国、别民族的霸权主义,其社会内容是不同的,其产生的基础也是不同的。

在奴隶社会的时代,某些国家或民族对外发动战争,是为了抢夺财富和异国、异族的人口来作为奴隶。它虽然带有某种经济上的需要(补充奴隶来源是奴隶制经济发展的一个条件),但是,那时的世界是分散性的,不具备总体性的矛盾运动的基础;这种奴隶主国家的对外征战,其目标、时间和范围都带有很大的偶然性;奴隶社会的生产力水平很低,人类的活动范围受到很大的限制,基本上局限于某一地区的范围。因此,在奴隶社会的时代,不可能有世界性的战争。

在封建社会的时代,自然经济占统治地位,某些封建王国的追求和争夺霸权,常常是出自这些王朝统治者的私欲和野心,也带有很大的偶然性,并不具备世界性的经济上的必然性趋势。而且,同奴隶社会的时代一样,封建社会时代的生产力水平虽然有所发展,但仍然基本上是地区性的。也就是说,在奴隶社会和封建社会的时代,都不具备发生世界性战争的社会基础和物质手段。

到了自由资本主义时代,随着社会经济的发展,世界已经逐渐形成为一个有机的整体。人类历史开始有了真正意义上的“世界史”。这时,追求和争夺霸权已开始带有产生于经济基础上的必然性因素。也就是说,当时的资本主义,从追求利润和竞争的需要出发,必然要对外扩张,寻求新的市场和原料产地,也就是寻求殖民统治。17 世纪以来,这种追求曾经导致西欧国家向海外发动众多的战争。而且,随着社会生产力的发展,资本主义大国的活动能力及其经济生活,也日益向全球范围扩展。欧洲列强以它们的舰队和枪炮,向海外进行“殖民”的战争,遍布整个世界。不过,这时垄断还没有出现,世界也没有被瓜分完毕。因此,欧洲列强这种对统治异国异族的霸权主义追求,虽然导致众多各种各样的“小型的”局部战争和军事冲突,也出现过若干欧洲列强之间的大规模战争,但尚未带有导致大国之间发生全面战争的必然性趋势。

到了19世纪末20世纪初,随着自由资本主义向垄断阶段的过渡,正如我们在上一节所述,垄断基础上的竞争,使得霸权主义成了帝国主义大国政治的一个根本特征。列宁说得好:“‘世界霸权’是帝国主义政治的内容,而帝国主义政治的继续便是帝国主义战争。”[①]于是,列强在历史上早就存在的王朝野心、军国主义传统、沙文主义恶习等国家关系中的冲突因素,在帝国主义时代获得了新的内容和新的动力。原来在国际关系中起着润滑作用的、存在于各国王室贵族、军政要人、工商巨子和学界翘楚之间的共同信念、行为规范、姻亲情谊、协调机构、文化志趣等(据说这些东西自1815年“神圣同盟”建立以来,一直维系着欧洲的和平),在你死我活的垄断竞争面前,完全失去了它们昔日的魅力。随着列强经济政治发展不平衡而出现的实力消长和地位兴衰,由拿破仑战争之后的“神圣同盟”所建立起来的第一个国际体系(其实它仅仅是一种欧洲的格局和体系),在普法战争之后就开始走向解体。世界的被瓜分完毕,德意志帝国在欧洲大陆的迅速崛起,以及美、日两个非欧洲的帝国主义大国的加入争夺,使列强之间的争霸斗争日益尖锐化。德法之间的武装对峙,英法俄德奥(匈)在巴尔干和中近东的冲突,英俄日美在亚洲的争夺,英法德在非洲的角逐,英美西(班牙)在拉丁美洲的争斗,等等,在19世纪末和20世纪初越演越烈。尤其是在英德之间,争夺殖民地、争夺欧洲和海上霸权的矛盾最为激烈,这是当时帝国主义列强争霸斗争中的主要矛盾。这一切使得战争危机不断出现,而且导致了三场具有重新瓜分世界性质的局部战争——美西战争、英布战争和日俄战争,以及具有大战前奏性质的巴尔干战争(1912—1913)。

---

① 《列宁全集》第28卷,第125页。

古今中外一切战争，不论其性质和规模如何，总是矛盾双方对立斗争的结果。就发动战争而言，一般有两种情况：一种是交战一方积极主动发动战争，另一方完全处于被动和防御地位（如第二次世界大战时，日本进攻中国，德国进攻波兰、法国和苏联等）；另一种是交战双方都积极主动地发动战争（如第一次世界大战时的同盟国和协约国）。对于后一种情况，如果再作深入分析，那么仍然可以看到其中一方发动战争的积极性和主动性更高（例如第一次世界大战时，同盟国一方的德国发动战争的积极性和主动性就更高一些）。一场战争是否打得起来，什么时候打起来，最后都必然落实到积极主动或比较积极主动地发动战争的一方的开战决策上。从这个意义上说，正是 19 世纪末 20 世纪初在瓜分世界的宴席中来迟而又迅速崛起的德意志帝国，强烈推行夺取“日光下的地盘”的争霸政策，成了第一次世界大战最主要的直接导因。不过这里需要指出，有些英法美的学者，把一次大战的罪责全部推给了德国，认为德皇威廉二世和德军总参谋部是发动大战的罪魁祸首，这种看法是片面的。大量历史档案表明，第一次世界大战是由当时争霸的帝国主义列强，通过多年的经济竞争、外交冲突、缔约结盟、军备竞赛和国际危机，共同准备和挑起的。它们都带着各自的侵略计划积极投入战争，不存在某国或某方是战争祸首的问题，双方（德奥同盟国与英法俄协约国）都应受到历史的谴责。

任何一场世界性的战争，都必然是国家联盟之间的战争，虽然联盟战争在古代就有，而且即使在当代，也不是任何联盟战争都一定是或一定会成为世界大战。但是，各帝国主义列强在争霸斗争中形成两个对立的国家联盟和军事集团，却在导致第一次世界大战爆发的历史进程中起了重要作用。从 1873 年的“三皇同盟”①，到 1882 年的“三国同盟”②，从 1894 年的法俄同盟，到 1904 年的英法协约与 1907 年的英俄协约，各个帝国主义列强在争霸斗争中，沿着“敌人的敌人就是朋友”的原则积极行动，终于在 20 世纪初形成了两

---

① 普法战争后刚统一的德意志帝国，为集中力量对付英法，1872 年促成德、俄、奥三国皇帝在柏林会晤。翌年 10 月正式形成“三皇同盟”。后因沙俄与奥、德之间存在尖锐矛盾，1878 年俄土战争后，“三皇同盟”宣告瓦解。

② “三皇同盟”瓦解后，德国为摆脱相对孤立的处境，1882 年促成签订《德奥意三国同盟条约》，但貌合神离的意大利于 1902 年同法国签订中立密约，并在一次大战中投向协约国阵营。

个敌对的同盟体系和军事集团(同盟国与协约国)。它们组成同盟与军事集团的本来目的(或曰自然趋势),就是力图改变均势,以有利于自己。“挟集团以自重”,谁也不能容忍对方占先或取得优势。在均势没有完全打破时,这种两大军事集团对峙的格局,仍能维持勉强的和平(即武装的和平)。这是一种应力积聚。正是在这种均势和僵持中,酝酿着全面打破均势和突破僵局的冲动力量。因为既然“挟集团以自重”,集团内部也就具有某种一损俱损、一荣俱荣的性质。对于本集团某一成员根本利益的威胁,也就成为对自己的威胁。悉·布·费写道:“每一个集团的成员都感到,即使对于那些与自己直接利益无关的事,也必须互相支持,不如此就会削弱本集团的团结。”①这就为从局部冲突演化成全面战争埋下了祸根。第一次世界大战正是这样,从萨拉热窝事件→奥匈帝国对塞尔维亚宣战→俄国动员→德国动员和对俄宣战→法国动员→德国对法国宣战→英国动员和对德国宣战。一个小小的国际冲突事件,在不到 40 天的时间内就演变成了一场全面大厮杀。

第一次世界大战经过四年的血腥厮杀,终于以协约国的胜利而告终。战后建立起来的凡尔赛体系,似乎反映了当时新的力量对比。战胜的协约国统治者们,也确实想通过这个新的国际体系,把有利于自己的世界格局固定下来,维持所谓“永久的和平”。但是,凡尔赛体系存在着巨大的缺陷,以致几乎所有西方学者都认为它是不合理的和十分脆弱的。不少人还把它视作导致第二次世界大战的重要因素。凡尔赛体系作为一种国际体制,其结构模式基本上是 19 世纪那种以欧洲列强为中心、以欧洲大国均势为特点、对世界加以控制的伞状结构的延续。但是,旧的(曾经维持过 19 世纪国际体系稳定的)基础已经消失。欧洲开始衰落了。英国失去了过去的仲裁能力。俄国十月革命使欧洲和世界出现了两种社会制度的对立。由于奥匈帝国的瓦解,德国的战败,以及俄国(苏联)的被排除,传统的欧洲大国均势已无法重建。东方民族解放运动的高涨,首先冲击了传统殖民主义的欧洲老牌帝国主义。美国和日本这两个非欧洲强国的崛起,使帝国主义列强的争霸斗争更形尖锐和复杂。后来虽然以华盛顿体系来作为补充,也难以有持久的稳定。

战败的德国被作为战争罪犯来处理,但它既不是唯一的罪犯,也不是真

---

① 悉·布·费:《第一次世界大战的起源》,第 27 页。

正的失败者。几乎是单独地同其他大国进行了四年战争的德国，其本土未遭占领，其整个社会结构未受任何损伤，甚至连其军队也是完整地从别国领土上撤回的。它能心甘情愿地接受凡尔赛体系的制裁吗？它真的被剥夺了重新崛起的可能吗？强加给德国的种种限制和剥夺，有些是难以长久起作用的（如军备限制），有些是双刃剑（如赔款），有些则未必就是德国的不幸（如殖民地的被剥夺）。凡尔赛条约这些看来严酷的条款，既没有消除德国重新崛起进行争霸的可能，又没有以平等地位把它网罗进新的国际体制，反而准备了一个复仇主义的温床，一个身强力壮而又咬牙切齿的德国。正是在这种基础上，希特勒利用 1929—1933 年经济危机引起的动乱，在德国夺取政权，建立法西斯专政，引导德国扩军备战，打破凡尔赛体系，重新走向发动争夺霸权的世界大战之路。

日本是在远东崛起的另一后起帝国主义国家，自明治维新以后就逐渐走上穷兵黩武向外扩张的军国主义道路。第一次世界大战时，日本站在协约国集团一边趁火打劫。它攫取了德国在远东的殖民权益，利用西方列强忙于在欧洲打仗之机，扩大其在亚太地区的势力范围。但是，日本在凡尔赛和会中遭到西方列强的冷落，其独霸中国和在亚洲扩张的企图在华盛顿会议上又受到了制约。随着 20 年代末经济政治矛盾的加剧，日本的法西斯势力迅速崛起，力图打破华盛顿体系重新争霸亚太地区。他们继承明治以来老军国主义的衣钵，而且更加富于侵略性和冒险性。1931 年日本法西斯发动“九一八”事变，在亚洲首先点燃起重新争夺霸权的侵略战火。

与此同时，对于凡尔赛体系分赃不满的意大利，对内首先建立起法西斯统治，对外追求地中海霸权，以重温“大罗马帝国”的迷梦。在 30 年代的危机中，意大利法西斯相继在地中海的东西两侧，点燃起争夺霸权的新战火（侵吞埃塞俄比亚和武装干涉西班牙）。

帝国王义大国对世界霸权的追求，再一次将人类导向世界大战。从这一点上来说，两次世界大战的起源是相同的，都是由帝国主义的争霸引起的。正因为如此，西方不少学者把 20 世纪头半个世纪的这两场世界大战联系起来，看作一场 1914—1945 年的统一的大悲剧。然而，尽管如此，两次世界大战在起源上又表现出各自的独特性。正如我们前面所说，第一次世界大战是由战争双方共同准备和挑起的，不存在某一国或某一方是战争祸首的问题（虽然其中最急于夺取“日光下的地盘”的德帝国主义表现得更加积极一些)。但是,第二次世界大战则不同。它虽然也是起源于帝国主义大国的争霸,但却是由一部分帝国主义国家,即德、日、意法西斯发动的。另一部分西方大国(英、法、美)采取绥靖主义政策,力图通过局部让步来避免战争。正是由于这个原因,第二次世界大战的爆发经历了一个较长的、从局部战争演变为全面战争的过程。

一次大战从萨拉热窝一声枪响,不到40天时间就演变成全面大战。而二次大战则不同,它的第一个战火是1931年日本侵略我国东北点燃的。1935年意大利发动侵略埃塞俄比亚的战争,在北非点燃了战火。1936年德、意武装干涉西班牙,欧洲也燃起了战火。尽管这些法西斯国家的扩张侵略,也损害了西方大国的利益,但它们仍然采取纵容侵略的绥靖政策,结果推动了法西斯国家进一步扩大侵略行动。1937年日本发动全面侵华战争。1938年德国吞并奥地利和捷克的苏台德区。1939年德国进攻波兰,欧战全面爆发。1941年6月德国大举入侵苏联。同年12月,日本偷袭珍珠港,太平洋战争爆发,美国也卷入了战争。这样,二次大战整整经历了10年的时间,从一个较小的局部战争演变为席卷全球的空前大战。正因为有这样长的从局部战争演变为全面大战的过程,所以学术界存在着关于第二次世界大战起点时间的多种不同说法。①

总之,法西斯主义是20世纪垄断资本主义产生出来的一种癌变(毒瘤),是帝国主义追求霸权的最疯狂表现。德、日、意法西斯是第二次世界大战起源的主要冲动力和战争祸首,它们首先点燃了侵略的战火,把民族奴役、恐怖统治和屠杀,以及种族灭绝的威胁,强加到亚洲、欧洲以及世界广大地区的众多国家和人民头上,最终把世界拖进一场人类历史空前的战争浩劫。

---

① 关于第二次世界大战起点的时间,学术界一直存在不同看法。比较普遍的是以1939年9月希特勒进攻波兰和英法对德宣战作为大战全面爆发的起点。但也有以日本发动全面侵华的卢沟桥事变为开端的1937年说,有以珍珠港事变太平洋战争爆发为起点的1941年说。此外还有以1936年德日签订和1937年意大利加入《反共产国际协定》为标志的“过程说”,以及“二次大战在东方(1937年)和西方(1939年)分别先后爆发”的两个起点说。

## 四、第一次世界大战——无限化总体战争时代的开始

第一次世界大战在人类战争历史运动中，是首场真正总体性的战争。这场战争从 1914 年 8 月 4 日英德宣战作为全面爆发算起，至 1918 年 11 月 11 日德国向协约国签署停战协定止，历时四年又三个月。全球有 35 个国家和地区共 15 亿人口（约占当时世界人口三分之二）卷入了战争。战争行动的中心在欧洲大陆，波及亚洲、非洲和大西洋、北海、地中海以至太平洋等广大海域。战线长达 4000 公里。双方动员参战的军队共 6540 多万人，军人死亡 871 万人、负伤 2122 万人，平民因战争而死亡 1261 万人。直接用于战争的费用共达 1863 亿美元，相当于自拿破仑战争起到 1914 年止，全世界所有战争开支总和的 10 倍。[①] 战争的规模、力度、烈度和影响的深度，都是历史迄此所没有的。它标志着人类战争历史运动进入到一个无限化总体战争的时代。

“总体战争”同“世界大战”是紧密联系在一起的，都是到了 20 世纪才出现的历史现象。“总体战争”具有很多同历史上过去的战争不同的新特点：

1. 战争的广度和深度大大增加，战争的残酷性和破坏性大大加强。

2. 战争已不仅仅是军队的事情，也不仅仅是在前方打仗，已经没有严格的前方和后方之分。

3. 战争中的经济因素的作用大大提高，大量使用各种基于现代技术的斗争手段，动员整个国家的经济力量，整个国民经济都转上了战争的轨道。

4. 战争把整个国家、整个民族的千百万人民群众都卷了进去，不仅建立数以百万计的军队，而且有更多的人投入到后勤供应和战争经济的运转之中，极大地影响到整个社会生活的各个方面。

5. 战争中的精神因素、人的因素的作用大大提高。战争成为整个国家和民族的军事、政治、经济、科技、思想、文化和人的素质的全面较量。

“总体战争”的这些新的特点，在第一次世界大战以前，并未为人们所认识。那时各个争霸的帝国主义大国，对于战争的认识和战略的指导，仍然停

---

① 吴春秋主编：《世界战争通鉴》下册，国际文化出版公司 1995 年版，第 1045 页。

留在19世纪的水平上，即停留在总结拿破仑战争基础上形成的战争理论和战略思想。它们都是设想通过战争开始时所动员的军队，实行速决的进攻作战，通过几次大的主力会战歼灭敌军的主力，就能胜利地结束战争。它们都只做了短期战争的准备，并没有把整个国民经济和社会生活转上战争轨道。

德意志帝国作为更加积极主动发动战争的一方，其战争计划是由1891年出任德军总参谋长的A·施利芬①制订的。地处中欧的德国，军事上的一大弱点是可能两面甚至多面受敌。从俾斯麦时代起，避免两线作战就成为德国对外发动战争的首要战略问题。当时德国面临的两线强敌，一个是法国，一个是沙俄。施利芬这位以推崇机动速决歼灭战称著的德国军事家，在担任德军总参谋长期间，经过多年酝酿，于1905年制订了德国的战争计划。他力图依靠德国处于内线作战和铁路网发达，能够迅速机动的优点，利用沙俄的落后和战争动员迟缓，在东线先取守势（仅以驻东普鲁士的20万守军协同奥匈军对付俄国），集中德军的180万兵力在西线实施先发制人的突击，迅速击败法国，然后回师东线打败沙俄。对于西线作战，施利芬设想以梅斯（在德、法、卢森堡三国交界处）为枢轴分成左右两翼：左翼以20万人在德法边境筑垒据守作为底座，另20万人在梅斯一带作为“转板枢轴”；集中140万重兵于右翼，构成一块强大机动的“转板”，沿海边穿越中立的荷兰和比利时，迅速突破法国北部边境，强渡塞纳河，包围巴黎，然后迂回东北，夹击歼灭法军主力于法德边境。法军越是集中兵力在法德边境向德国腹地采取攻势作战，这块德军右翼实施机动突击的“转板”从背后对法军的打击就越重。施利芬相信，按照他制订的机动速决歼灭战计划，可以在几个月的时间内赢得战争，所以断言：战争将从春天开始，不迟于“秋日落叶”时就该结束。②

法国自普法战争以后就一直视德国为主要敌人。它曾经制订多个对德作战计划，在战略上经历了一个从单纯防御向绝对进攻的转变过程。霞飞③和福煦④信奉的“拼命攻势”和会战至上论，到20世纪初已经成为法国陆军的

---

① A·施利芬（Alfred Schlieften，1833—1913），又译史里芬，任德军总参谋长至1905年。

② 叶廖夫：《从施利芬到兴登堡》，莫斯科1956年版，第49—52页。

③ 霞飞（Joseph－jacques－Cesaire Joffre，1852—1931），1911—1916年任法军总参谋长。

④ 福煦（Ferdinand Foch，1851—1929），1917年继霞飞任法军总参谋长。1918年兼任协约国总司令。著有《战争原理》（1903）和《论战争指导》（1904）。

宗旨。1913 年霞飞主持制订的“第 17 号计划”规定，一旦战争爆发，将把法军基本兵力集结在法德边境的孚日山脉和摩泽尔河之间，向德国腹地发起强大攻势，企图经过两三个大规模会战就打败德军，赢得战争胜利。从某种意义上说，德国的“施利芬计划”，继承了法国人拿破仑的机动歼灭战略思想；而法国的“第 17 号计划”，则更多地体现了德国（普鲁士）人克劳塞维茨的会战论思想。至于俄国，其战争计划是 1912 年修订的“第 19 号计划”。根据法俄协约的规定，一旦德国进攻法国，俄国应在 15 天内调集 80 万军队攻击德军东线。但是俄国的战争目标，主要是击败奥匈帝国，进入巴尔干和土耳其，夺取通向地中海的出海口，实现其传统南下战略的夙愿。从这种战略目标出发，沙俄的“第 19 号计划”制订了两个方案：其一当德军以主力在东线进攻俄国时，俄军即实施以主力对付德军的“Γ”案；第二当德军以主力在西线进攻法国时，俄军即实施以主力突击奥匈军的“A”案（后来主要实施了“A”案作战）。作为殖民地遍布全球的大英帝国，主要关心的是其海上霸权。英国的海上作战计划以马汉的海权论为思想基础，力图在北海和大西洋通过主力舰队的决战摧毁德国海军。至于陆上作战，英国仅派一支远征军到法国靠海的西北部配合法军行动。总之，协约国一方也没有打“总体战争”的认识，也是设想通过战争开始时所动员的军队，实行速决的进攻作战就赢得胜利。福煦在其《战争原理》一书中强调，法德战争将是一场“打起来激烈而迅速”的战争。俄国的军事领导人同样认为，“战争将持续数月，不超过一年”。①

第一次世界大战的实践，却使各个交战大国那种短期决战的计划全部破产了。

1914 年 8 月，当德军右翼重兵集团刚进入比利时，霞飞就按“第 17 号计划”下令法军向法德边境的德军发动攻势。但法军攻势很快遭到失败。两周后霞飞不得不命令法军撤退到马恩河一带。接着，对战局影响更大的德国速决歼灭战战略也遭到失败。开战时的德军总参谋长是德皇威廉二世年轻时的好友、老毛奇的侄儿小毛奇。这个缺乏胆识的庸才，1906 年接过“施利芬计划”后，就逐步对之作了致命性的修改。他削弱西线去增加东线防御的兵力，在西线又削弱右翼去增强左翼的防御，使担负突击的右翼重兵从 140 万减少

---

① 罗斯图诺夫：《第一次世界大战史》上册，上海译文出版社 1982 年版，第 196 页。

到70万人。施利芬的"转板"失去了重量。此外,当时德军虽能利用发达的铁路网调运军队,但战场机动仍然主要是依靠徒步和马拉,难以对法军主力实施高速突击的深远战略包围。结果,西线德军虽在初战中攻占了比利时和法国北部,却在1914年9月的马恩河会战中受挫。这场会战是一场"大规模的总决战",双方投入兵力达200万人,在180公里宽的地带进行了8天激战。虽然德军一度从地平线上看到了巴黎埃菲尔铁塔的塔尖,虽然法国政府已迁到波尔多,但进攻的德军终因力量耗尽而败退。惊慌失措的小毛奇向威廉二世报告:"陛下,我们输掉了这场战争!"①随后他就被解除了职务。而企图追击退却之敌的协约国联军,也无力突破德军的防御。尽管以后双方曾经轮番试图突破对方的侧翼(德军突击联军的左翼,联军突击德军的右翼),在一连串的血战中使战线不断向西北伸延,直到北海沿岸(史称"奔向大海"作战)。到1914年11月,经过佛兰德交战,西线便陷入了堑壕战僵局。至于东线,俄军进攻东普鲁士之战②惨败,但在加里西亚之战③取得对奥匈军的胜利。为挽救奥匈的败局,德军被迫从西线抽调兵力加强东线,结果东线在1915年夏也陷入阵地战僵局。在以后3年多激战中,双方多次用拿破仑以来的传统方法(即所谓"炮兵摧毁、步兵占领"),企图集中大量炮兵进行长时间猛烈炮火准备(炮轰时间长达1—2个星期,发射炮弹3百万—4百万发),在敌方正面狭窄地段的堑壕上轰出一个缺口,然后实施大规模的步兵进攻以打破僵局。但这种传统战略,即便付出重大伤亡代价,也仅能攻下第一道防线,就被对方从防御纵深调来的预备队堵住。其中最大的是1916年德军实施的凡尔登战役④,以及同年英法联军实施的索姆河战役⑤。双方都在战线的狭窄地段上投

① 汉森·W·鲍德温:《第一次世界大战史纲》,军事科学出版社1991年版,第35页。

② 东普鲁士之战(1914年8—9月)德军以2万人伤亡的代价,歼灭俄军25万。其中最主要是8月下旬,由兴登堡和鲁登道夫指挥进行的坦能堡战役,被称为"现代的坎内之战"。

③ 加里西亚战役(1914年8—9月)俄军与奥匈军共投入200万人,在维斯瓦河与德涅斯特河之间的近400公里正面展开,俄军损失23万,奥匈军损失40万。

④ 凡尔登战役(1916年2—12月),德军投入50个师在15公里正面实施突击,火炮密度每公里正面100门,第一天就消耗炮弹200万发,几月血战仍未突破,而于9月停止。而后法军实施两次进攻,也无突破。双方投入军队共150万,鏖战十个月,伤亡近百万,被称为"绞肉机"。

⑤ 索姆河战役(1916年7—11月),英法联军在40—50公里正面投入86个师、近2000门重炮、数百架飞机,还使用了新发明的坦克。鏖战140天,英法联军伤亡80万(德军伤亡54万),仅推进5—12公里,未取得战略突破。

入重兵，不惜代价地企图达成战略突破，结果都基本原地踏步，整个战局始终陷于堑壕防线的阵地战僵局。

从实施拿破仑时代短促机动歼灭战开始的第一次世界大战，变成了长期消耗的总体性阵地战，旧时代的战争理论和战略战术破产了。由于战争的广度、深度、残酷性和破坏性大大增加，双方战前建立起来的基干军队和物资储备很快就消耗殆尽。法国到 1914 年底已损失 98 万正规军，被迫征召所有适于服兵役的男子入伍。法军的火炮弹药储备，战前计算仅为每天 1.3 万发，而马恩河会战每天消耗高达 24 万发，75 毫米火炮炮弹储备开战两个月就消耗光，原有的军工生产规模仅够供应战争需要的十五分之一。英国派到法国去的 10 万远征军，其基干力量头三个月就差不多损失殆尽（损失 8.5 万人），只好实施新的征兵动员。由于战前的储备迅速耗尽，英国远征军 1915 年初每门火炮每天只能得到 4—10 发炮弹的供应。英、法两国都不得不征召殖民地人民参战。俄国仅在 8 月、9 月的作战中就损失 50 万人。为了满足战争的需要，俄国在 1914 年就征召了 140 万人，但它的步枪储备在三个月内便已告罄，以致有半数新兵只能赤手空拳在战场上等着从阵亡者手中接过武器。至于德国，不仅付出了沉重的伤亡代价（头三个月损失 67.7 万人），而且陷入了西线面对英法和东线面对俄军的两线作战局面。总之，双方都不得不反复进行动员，一次次地把大量的人力和物力投入战争之中。

“战争动员”这个概念虽然近代以来就存在，但那时的战争动员只是一种军事行动，仅涉及武装力量范围。拿破仑战争十多年，其动员基本集中于为补充兵员消耗而进行的动员。其所需的战争物资和经费，也是依靠征用和从占领区抢掠。除了处在战斗区域之内，一般对整个国家的经济活动和社会生活影响不大。第一次世界大战刚爆发时，各交战国虽然也宣布了战争动员，但都仍然停留在实行单纯的军事动员上。当时英国向整个社会提出的口号是“照常工作，各安本业”。可是战争的实践，很快就促使各主要交战国从单纯的军事动员扩展到经济和社会生活的各个领域，实行把整个国民经济和全部社会生活转上战争轨道的全面动员。德国最早（1914 年 8 月）开始全面动员，随后英、法、俄也相继实施全面动员。这种全面动员，包括建立高度集中的战时政治经济体制。在经济上是统制战略原料和劳动力，对有关的私营企业实施国家统制管理。首先是与军火武器生产直接有关的重工业部门，接着扩展到纺织、服装、食品加工以至农业部门，并对居民实行食品和日用品的定量配给制度。受到协约国海上封锁的德国，1915 年底开始率先实行居民定量配给（发面包供应卡，供给用土豆淀粉等混合制成的“K 面包”）。封锁虽然在拿破仑战争时代就出现，但作为总体战的一种重要手段，在一次大战中起了巨大作用。封锁直接威胁到敌国的每一个家庭、每一个人，无论男女老幼。据估计，在协约国实行封锁的最后两年，德国有 80 万平民死于饥饿或因营养不良而引起的疾病。至于在政治上，各交战国都加强集中专制的统治，取缔正常的民主权利，实施政治思想的管制，实行强制劳动和禁止罢工，并且积极煽动民族沙文主义，展开宣传心理战。

把宣传作为战争手段，也是第一次世界大战才出现的总体战争特点。在过去的时代，进行战争的目的，一般只是为了改变敌方政府推行的政策，而不是推翻敌方的政府。在拿破仑战争和普法战争时期，各交战国不仅不到敌国去策动叛乱，反而防范这种事件发生。[1] 在一次大战刚开始时，各交战国也都没有设想把宣传作为战争手段。可是随着全面动员和战争总体性的扩展，从 1915 年夏起各交战国的政府和军队，都相继建立专门组织和实施宣传的机构，展开了系统的大规模宣传活动。这种宣传战一般包含三个方面的目标：一是激发和煽动本国人民群众支持和投入战争（这属于现代战争动员的一个重要内容）；二是搅乱和瓦解敌国军民的战斗意志（例如 1915 年法军总司令部设立专事“心理战”的宣传勤务部，用飞机、气球、炮弹等工具，向德军的前线和后方共散发传单和小册子 2900 万份）；三是争取国际舆论和中立国家人民群众的同情和支持（例如英国在美国尚未参战前，每月向美国播送 100 多万字的亲英反德宣传材料）。正是经过这次战争，西方普遍强调“宣传是一种新型的、强大的战争武器”，出版了众多有关实施宣传心理战的著作。[2]

第一次世界大战期间各个主要交战国实施战争动员的广度和深度，我们从下列数字（按战时最高比例的年份统计）可见一斑。

---

① J. F. C. 富勒：《战争指导》，第 167 页。

② И. А. 谢列兹涅夫：《心理战：战争与意识形态斗争》，吉林人民出版社 1981 年版，第 45 页。

| 国别 | 应征服兵役的人数占人口总数百分比 | 为军工生产的工人数占工人总数百分比 |
| --- | --- | --- |
| 德国 | 19.7 | 58.3 |
| 法国 | 17.2 | 57 |
| 英国 | 10.8 | 46 |
| 俄国 | 8.7 | 76 |

* 资料来自吴春秋主编的《世界战争通鉴》(下册),第1049页。

由于战争规模和范围的扩大,各主要交战国的军队都走向组织大型化、编制合成化、机动摩托化。作为陆军主要编成的步兵师,发展成包括步、骑、炮、工程兵和通信兵诸兵种合成的基本战术兵团①。诸兵种合成的集团军,则成为基本的战役军团②。而为了组织和指挥庞大军队实施大规模战略性战役的需要,出现了由数个集团军组成的方面军(集团军群)③。步兵虽然仍是陆军中占主导地位的兵种,但所占的比例已从70%降到56%,不过其火力却由于装备大量机枪、迫击炮和枪榴弹等而提高了1—2倍。炮兵成为陆军主要的火力突击力量,其比重增加了约1倍(为陆军总人数的三分之一左右)。各主要交战国的火炮数量,从战前共有2.49万门增加到1918年的8.48万门,炮兵火力造成的伤亡占全部战场人员伤亡总数的四分之三。由于战场火力的增加,曾经作为陆军主要机动作战兵力的骑兵,逐渐失去了原有的地位,其数量减少三分之一至三分之二,而开始出现了一种新的陆军机动作战兵力——坦克和摩托化步兵的萌芽。为了保障对大规模和大范围作战的指挥,无线电通信普遍装备到师一级单位,并使用密码通信,因而通信兵的作用与地位大大提高。随着大量野战工事的构筑,以及铁路与机械化机动的发展,工程兵的作用与地位也大大提高。它们都成为陆军任何合成兵团必不可少的重要组成部分。

战争激烈性和残酷性的增加,促使各主要交战国把一切最新科学技术发明广泛而迅速地用于作战。正如列宁说:"最大的技术成就被用于屠杀千百万人的生命,其规模如此广泛,破坏如此严重,能量如此巨大,这在历史上还

① 步兵师采取固定编制,一般辖2个步兵旅、1个炮兵旅(或团)及工程、通信和骑兵等分队。德国的步兵师1.66万人,法国1.59万人,俄国2.1万人,美国2.8万人。

② 集团军也是固定编制,由3—6个军及各种战斗、勤务保障部队编成。军则由2—3个师组成。

③ 方面军最先由俄国建立,德法英则建立了相当的集团军群。它们不是固定的编制。

是第一次。”[①]因而出现许多前所未有的战争手段和样式。由于战争陷入阵地战僵局，双方都构筑了包括铁丝网、障碍物、地下交通壕和混凝土工事的筑垒地域防御体系，传统的火炮和其他杀伤武器都难以摧毁。为了突破对方的堑壕阵地，双方都极力利用现代科技和工业，研制和使用新的武器。其中立足现代化学工业基础上的毒气化学武器，以及立足现代内燃机工业基础上的坦克装甲车，最为突出。

早在一次大战以前，西方发达国家已开始利用现代化学技术，研究有毒化合物作为武器。由于这种战争手段的非人道残酷性，1899 年和 1907 年两次海牙会议签订的国际公约，都明确禁止使用。尽管如此，大战爆发不久，德军就在 1914 年 10 月底的佛兰德交战中，对法军使用了引起喷嚏的非致死性刺激剂炮弹。以后在翌年 1 月和 3 月，德军又对俄军和英军使用过类似的刺激剂炮弹。同时，法军也对德军使用原为警察用的催泪手榴弹和枪榴弹。由于仅是非致死性的刺激剂，而且规模不大，故可以视为化学战的序幕。1915 年 4 月 22 日，德军在西线比利时西南部的伊珀尔战线前沿 6 公里正面，使用 5700 具氯气钢瓶，对英法联军施放 180 吨致死性氯气毒剂，造成 1.5 万人中毒(其中 5000 人死亡)，成为大规模化学战的开端。[②] 此后，英、法、俄、奥和美国，都相继大量使用毒气化学武器。在整个一次大战中，各交战国共施放毒剂 11.3 万吨，造成近 130 万人中毒伤亡。化学武器的发展和应用，形成了化学兵这一新兵种，而化学战的实施与防护也成了现代合同作战的一项重要任务。

如果说在实施毒气化学战上是德国人率先的话，那么英法则在发明和使用坦克上走在前面。1916 年初英国制成世界上第一辆坦克[③]。同年 9 月 15 日，英军第一批 49 辆坦克投入索姆河战役，不过由于数量少、性能欠佳，未得到广泛承认。1917 年 11 月的康布雷战役，英军投入 470 多辆坦克协同步兵作战，获得成功。此后，坦克兵(装甲兵)迅速发展，仅英、法即生产了近万辆坦克。不过英、法坦克兵基本建制是连和营，配属于步兵师，未能充分发挥其

---

① 《列宁全集》第 34 卷，第 369 页。

② 纪学仁:《化学战史》，军事译文出版社 1991 年版，第 5—6、13—19 页。

③ 有意思的是，坦克这种陆军的重要武器，却是由英国海军研制出来的。第一辆坦克，车身长 8.1 米、宽 4.1 米、高 2.1 米，重 28 吨，时速 6 公里，乘员 8 人，装备 2 门 57 毫米火炮、4 挺机枪。

机动突击的潜力。虽然当时的战争实践,已表明大规模使用坦克攻击,能够打破阵地战僵局,恢复机动歼灭战的威力。但在第一次世界大战时,无论坦克的性能和数量,或者是使用坦克的战略战术思想,以及协同坦克作战的步兵机动能力,都未完全具备这种客观条件。只是到了第二次世界大战才实现了这种突破。

飞机虽然早在 1909 年开始应用于军事领域[①],但基本上是作战场侦察、校正炮兵射击目标和通讯。第一次世界大战开始时,战争指导者们并未重视飞机的作用。各交战国虽共有飞机 1300 架,但用于战争的现役飞机不到 400 架,而且都是没有武装的。当时双方执行侦察任务的飞行员,在天空相遇时常常各干各的事情,甚至相互轻快地招招手。直到 1914 年 9 月的一天,有个飞行员拔出随身佩戴的手枪向一架从身旁飞过的敌机射击。于是敌对飞机之间展开了空中战斗行动。1915 年春解决了机枪子弹同步穿过旋转的螺旋桨这一问题之后,单机的空中格斗,迅速发展为装备机枪的飞机编队争夺制空权的空战。同时,开始利用飞机对地面目标实施轰炸和攻击[②]。飞机越出了单纯战场侦察的范围,成为包括侦察、战斗、轰炸、攻击地面目标等多种作战任务的航空兵。其中的轰炸变成了一种新的战争方式,从轰炸对方军事目标发展到轰炸对方民间目标,从战术轰炸发展到战略轰炸。[③] 虽然当时的战略轰炸规模不大,次数很少,物质上的损失轻微,但给交战国民众和政府在精神上很大震动。在这次战争中,空军的发展最为迅速,每隔几个星期就有新型飞机问世,仅法、德两国在战时就生产了飞机近 10 万架。到大战结束时,各交战国已拥有多种现役作战飞机 1 万多架、预备役飞机近 5 万架。1918 年 4 月英国率先成立与陆、海军平行的空军(拥有官兵 30 万、飞机 3 万架),成为一个独立的新军种。[④]

---

① 飞机第一次投入实战是 1911 年的意土战争。意军在北非的利比亚用飞机侦察土耳其军阵地。

② 1914 年 8 月 13 日,德军一架飞机在巴黎上空投掷炸弹,成为历史上首次飞机轰炸行动。

③ 德军 1915 年 9 月 8 日首次以“齐柏林”飞艇空袭伦敦,翌年 11 月 28 日又开始以飞机空袭伦敦。英国则对德国城镇进行报复性轰炸。不过当时最积极进行战略轰炸的是意大利。它于 1918 年 10 月出动 200 架飞机和飞艇,轰炸奥匈帝国的波拉,成为此次战争中最大规模的轰炸行动。

④ 见小戴维·佐克:《简明战争史》,商务印书馆 1982 年版,第 271 页;B. B. 帕诺夫:《战争艺术史》,军事科学出版社 1990 年版,第 50 页。

海军的发展早在日俄战争的对马海战之后,已进入"大舰巨炮主义"统治的时代。1906年英国建造了第一艘"无畏"级战列舰(1.8万吨、装甲厚度11英寸、装备10门12英寸火炮),各海军强国都争相建造这种巨炮大舰。到1914年战争爆发时,双方都以这种战列舰为海军主力①,而以海上主力舰队的决战为海上战争基本样式。但这种主力舰队的决战,在一次大战中只出现了一次,即1916年5月的日德兰海战,而且未决出胜负。相反,被视为十分次要的辅助舰种的潜艇,却发挥了重大作用。也许由于德国的主力舰队弱于英国,所以首先使用了潜艇攻击协约国的军舰和商船。1914年9月22日,德国U-9号潜艇一举击毁英国3艘装甲巡洋舰,潜艇的威力引起了重视。随着战争进入长期的消耗战,德国于1915年春开始以潜艇大规模袭击商船的行动。从此潜艇发展成为海军的一个新兵种,潜艇战发展成为一种新的作战样式。1917年德国投入127艘潜艇实施无限制的潜艇战。这一年共击沉协约国2566艘船只、排水量575万吨,一度把英国战争经济逼向失败的边缘,只是后来英国采取护航体制和发明了深水炸弹等反潜武器,才扭转了局面。② 此外,随着海军航空兵的发展,大战的末期英国还率先建成可搭载6—20架飞机的航空母舰,不过这一新的兵种和作战样式,只是到了第二次世界大战才发展起来。

总之,第一次世界大战已使人类战争从平面发展为立体战争,在我们面前清楚地展示了无限化总体战争时代的主要特点。这是一个人类战争历史运动前所没有的高峰,然而这仅仅是开始。在它结束后的20年,一场比它更大、更激烈的无限化总体战争——第二次世界大战就到来了。

## 五、第二次世界大战——战争历史运动上升坐标的顶峰

人们之所以把二次大战同一次大战联系起来,看作一场1914—1945年统

① 大战爆发时,英国有"无畏"级战列舰21艘、准"无畏"级战列舰40艘、战斗巡洋舰9艘,德国有"无畏"级战列舰15艘、准"无畏"级战列舰22艘、战斗巡洋舰5艘。见H.帕姆塞尔:《世界海战简史》,海洋出版社1986年版,第172—174页。

② H.帕姆塞尔:《世界海战简史》,第187—189页。

一的世界大悲剧,除了因为两次世界大战的起源有着因果联系,还因为它们在战争历史运动上,有着同一个方向和层次的发展共性。利德尔·哈特在《战争革命》一书中说:“第二次世界大战的进程同第一次世界大战相比,其区别在于空间和速度,而不在于武器。”①也就是说,二次大战虽然比一次大战有更大的作战空间和速度,但在军事战略和作战样式上(武器的发展常常是军事战略和作战样式变化的决定性因素),却是处于同一方向和层次的继续。这当然不是说二次大战仅仅是一次大战的简单重复,相反,后者比前者有很大的发展。如果说,第一次世界大战是人类进入到无限化总体战争时代的开始的话,那么第二次世界大战则把这种无限化总体战争推到了极限。

第一次世界大战的实践使战争问题空前复杂化,政治、经济、科技和精神(心理)的因素与军事因素紧密交织在一起,打破了战争问题上的许多老看法,在此基础上出现了“总体战”和“大战略”的理论,促使人类战争历史运动迅速达到上升坐标的顶峰。

总体战理论的突出代表者是德国的鲁登道夫②。他在 1935 年发表《总体战》一书,总结第一次世界大战的经验,认为过去那种国家首脑不顾人民的意愿而发动的所谓“内阁战争”,即政府单单以其军队进行的战争,已经不复存在。今天的战争是“总体战”,必须动员全体人民的力量(包括体力的、经济的和精神的力量)。而且战争的对象“不仅是针对军队的,也是直接针对人民的”。他强调:“总体战的本质需要民族的总体力量,因为总体战的目标是针对整个民族的。”“这是无情的和确凿的现实,而且必将使用各种作战手段为这一现实服务。”③鲁登道夫在政治上是个狂热的民族主义和战争至上论者,这种立场鲜明地反映在他的总体战理论中,因而他的理论被德国法西斯所接受和推行。1939 年纳粹德国《国防政策和国防科学年鉴》,以简明的语言把总体战概括为:“各阶层居民参加战争的总体性,包罗人民一切生活领域的总体性,以及利用一切斗争手段的总体性。”尽管如此,鲁登道夫所揭示的“总体战

---

① 吴春秋:《战略研究与现代国防》,第 142 页。

② 鲁登道夫(Erich Ludendorff,1865—1937),一次大战时以指挥坦能堡和马祖里湖会战出名。1916 年 8 月任总军需长,成为德军第二号人物。他负责实施总动员的“兴登堡计划”,可以说是其“总体战”思想的一次实践。战后曾在 1923 年参加希特勒的“啤酒店暴动”。

③ 鲁登道夫:《总体战》,解放军出版社 1998 年版,第 3—11 页。

争”的特点,却是符合这个时代的战争规律的。

大战略的最早倡导者是英国军事理论家利德尔·哈特。他1929年出版《历史上的决定性战争》一书,对“大战略”的概念作了解释。他强调当代对战争的指导,必须从一般的军事战略上升到大战略的层次。“大战略的任务是协调和指导国家的全部力量以便达到战争的政治目的”。他还说:“更有甚者,(军事)战略只看见战争本身,而大战略则越过战争看到未来的和平。”[①]英国官方在30年代正式采用大战略的概念。1935年英军野战条令对此作了说明:大战略“是最积极地运用国家全部力量的艺术。它包括运用外交、经济压力,与盟国缔结有利的条约,动员国家工业和分配现有的人力资源以及使用陆海空三军使之协调行动”[②],也就是强调要动员和运用国家的全部工业,所有人力、物力资源去进行战争。不过当时西方国家尚未有论述大战略的专著。只是随着二次大战的爆发,从40年代起,美英关于大战略的研究才迅速发展,而在二次大战后形成了系统的大战略理论。

如果说第一次世界大战爆发时,各交战国对于战争的认识和战略指导,仍然停留在19世纪拿破仑战争时代的水平上,因而大大落后于战争实践的话,那么,经过这场战争,人们对于20世纪新时代的战争特点和规律,已经有了比较清楚的认识。因而,虽然二次大战的爆发,经历了一个长达10年的从局部战争演变为全面战争的过程,但它从一开始就是按照“总体战争”的理论和方针去准备和进行的,尤其是积极主动发动这场战争的法西斯国家,其中最为典型和突出的是纳粹德国。

法西斯主义是帝国主义扩张侵略和追求霸权的最疯狂表现,是人类进入总体战争时代的特定历史条件下出现的。法西斯主义就是战争。它在20世纪30年代的德国和日本兴起,完全是适应对外侵略和进行总体战的需要。1933年希特勒上台后,以“领袖原则”为基石,以纳粹党独裁为核心,实行强制舆论和警察特务统治,在德国建立起法西斯一体化的政治体制,成为准备和进行总体战争的主要政治条件。希特勒在德国建立的纳粹经济体制,是在资本主义私有制基础上,沿着有利于大资产阶级和服务于战争的方向,加强国

---

① 吴春秋:《战略研究与现代国防》,第23—25页。

② 吴春秋:《战略研究与现代国防》,第23—25页。

家对经济生活的统制，把自由市场经济为主的体制改变为国家干预为主的体制，是一种带有很浓战争色彩的国家垄断资本主义。[①] 尤其是在 1936 年实施“四年计划”之后，德国经济的战争色彩就更浓了。希特勒在《四年计划备忘录》中强调，德国的“财政和经济、经济领导和理论，必须完完全全服务于我们人民所进行的维护自身的斗争”（即为纳粹德国夺取“生存空间”的战争服务）。他规定这个“四年计划”的目标是：“1. 德国军队四年内必须具备作战能力；2. 德国经济四年内必须为战争做好准备。”[②]在意识形态领域，希特勒通过大规模的煽动性宣传和思想统制，把种族主义、领袖原则、国家至上以及推崇暴力和战争的纳粹主义思想，灌输到德国民众（尤其青少年）的头脑中，使他们甘心为实施扩张侵略和总体战争卖命。至于军事上，希特勒更是一上台就按照其夺取世界霸权的总体战争需要，进行了史无前例的大规模高速扩军。他声称，德国究竟要有多少军队，取决于是否拥有能转为正规军的 600 万后备兵员，“我们在军事上使用力量的规模和速度必须是最大限度的。……如果我们不能在最短时间内，从战斗训练、兵团数量、武器装备以及首先是精神素养方面，把德国军队变成世界上最强大的军队的话，那末德国就将毁灭”。[③] 希特勒把建立一支高度机动、富于攻击精神、顺从他指挥的侵略大军，作为纳粹德国的主要建军原则。

从军事发展史来看，拿破仑崇尚的是快速机动的进攻战。第一次世界大战也是从机动战开始的，但很快就陷入长期消耗的阵地战。在一次大战中，防御得到了发展，一般的防御发展为依托筑垒工事的多层纵深防御。用传统的进攻手段，即以密集炮轰作为突破对方防线的“开听刀”，已经不能打破这种防御。虽然在战争中汽车、飞机和坦克的应用，开始出现了实施大纵深突破新手段的萌芽，但这种突破当时尚未出现。战争表现出防御强于进攻。一次大战的这种结果，对 20 世纪二三十年代世界军事思想的发展和各国军事战略的制定，产生了很大的影响。不过这种影响是沿着两个相反方向发展的：一种是以协约国掌权的军事领导人为代表（也可以说是以一次大战的胜利者

---

① 朱庭光主编：《法西斯体制研究》，上海人民出版社 1995 年版，第 168—223 页。

② 《德国外交文件集》C 辑第 4 卷，华盛顿版，第 860—862 页。

③ 布·缪勒－吉列勃兰特：《1933—1945 年的德国陆军》第 1 卷，莫斯科 1956 年版，第 26 页。

为代表），他们强调防御的作用，认为未来的战争仍然要由防御主宰，主张实行消耗战略。另一种是以某些思想较敏锐和较年轻的军事家为代表，他们注意到一次大战出现的新武器和新军事技术所带来的变化，沿着拿破仑所强调的快速机动的突击这个方向发展，提出了坦克制胜论和空军制胜论等新的军事理论。纳粹德国的“闪击战”战略，就是沿着这个方向发展的军事思想产物。①

“闪击战”战略，既是施利芬所推崇的机动速决歼灭战军事思想发展的逻辑结果，也是纳粹德国狂妄扩张野心的产物。希特勒要夺取“生存空间”，军事上自然需要强调进攻。称霸欧洲和世界的野心，必然在战略上多所树敌。地处中欧的地理特点，又带来可能两线作战的弱点。因此发动侵略战争时需要速决战。一次大战中的失败，使德国没有协约国那种胜利者的包袱，易于另辟蹊径。因此希特勒上台后不久，就对其准备未来发动的战争作了如下设想：“下一次战争与上次世界大战完全不同……将是规模巨大的空袭，内部的突袭、恐怖、破坏和暗杀，谋杀领袖人物，在敌人防御的所有薄弱点上发动压倒优势的进攻，在同一时刻不惜代价地实行突然袭击……只一次打击就能置敌于死地。”②在这些逻辑不很严密的表述中，已体现了闪击战的精神。30 年代中期以后，纳粹德国在拟订一系列扩张计划和军事指令时，其闪击战略逐步完善，到 1938 年基本形成。其主要原则是所谓三“S”要素：第一个“S”（Surprise），强调以全面而猛烈的战略性突然袭击开始军事行动；第二个“S”（Superiority），强调集中优势兵力和兵器于主要的打击方向；第三个“S”（Speed），强调以空军支援下的坦克摩托化部队，实施高速度大纵深的突击，速战速决。二次大战开始的时候，纳粹德国依靠它先手动员的优势（这是积极主动发动战争一方所常常具有的），实施其闪击战战略。1939 年 9 月以两个半星期摧毁波兰。1940 年 4 月以 3 个星期侵占挪威。又在同年的 5—6 月，以 5 天攻占荷兰，18 天攻占比利时，5 个星期打败法国，并把英军赶出欧洲

---

① 当时苏联的“大纵深战役”理论也是沿着这个方向发展的。它在 30 年代中期基本形成。但后来苏联肃反扩大化损害了其国防力量。此外苏联片面强调战略进攻，忽视战略防御。这是苏德战争初期苏军遭受严重挫败的重要原因之一。苏联“大纵深战役”理论后来获得很大发展，形成被西方称为苏联式的“闪击战”。60 年代苏联改用“战略性进攻战役”的概念。

② 比·A·卡罗尔：《谋划总体战》，海牙 1968 年版，第 100 页。

大陆。1941 年 4 月又以 3 个星期侵占了巴尔干。这种有如闪电式的战争，被当时西方国家的新闻媒体惊呼为“Blitzkrieg”（原词为德文，英文对应词是“Lightning War”）。1941 年 6 月，德军实施大举进攻苏联的“巴巴罗萨”行动，这是其闪击战发展的顶峰（但同时也是它破产的开始）。

第二次世界大战另一主要祸首日本法西斯，具有不同于纳粹德国的特点。它是从发动局部侵略战争开始的。1931 年九一八事变，首先是日本军部法西斯策划和挑起的。日本内阁支持了军部法西斯，表明他们在推行战争政策方面是一致的。但当时军部法西斯尚未取得对全国的统治权，日本也未完全按照总体战的要求行事。随着这种局部侵略战争的扩大，日本统治集团内部通过激烈的争斗和倾轧，迅速走向法西斯化。1936 年“二二六事件”之后，日本天皇制法西斯政权形成，全国迅速走向总体战争体制，终于在 1937 年 7 月发动全面的侵华战争，并在 1941 年 12 月发动珍珠港事变和入侵西南太平洋，进一步扩大了战争。

第二次世界大战是反法西斯民主力量同法西斯侵略势力之间一场全球的殊死搏斗。无论其规模、范围、战争的激烈程度和残酷性，以及对人类社会影响的广度和深度，都远非历史上任何一次战争所能比拟。占当时全世界人口 4/5 以上的近 20 亿人卷入了这场大战。先后参战的国家 61 个，其中属轴心国阵营的有 9 个国家（德国、日本、意大利、匈牙利、罗马尼亚、保加利亚、芬兰①、奥地利②和泰国）。参加反法西斯同盟的包括：1942 年 1 月 1 日在华盛顿签署《联合国家宣言》的 26 国（美国、英国、苏联、中国、澳大利亚、比利时、加拿大、哥斯达黎加、古巴、捷克斯洛伐克、多米尼加、萨尔瓦多、希腊、危地马拉、海地、洪都拉斯、印度、卢森堡、荷兰、新西兰、尼加拉瓜、挪威、巴拿马、波兰、南非联邦、南斯拉夫）；随后③参加签署宣言的 21 国（墨西哥、菲律宾、埃塞俄比亚、伊拉克、巴西、玻利维亚、伊朗、哥伦比亚、利比里亚、法国、厄瓜多尔、埃及、土耳其、沙特阿拉伯、巴拉圭、秘鲁、乌拉圭、智利、委内瑞拉、叙利亚、黎巴嫩）；再加上被同意作为联合国创始会员国的丹麦、阿根廷和苏联的乌克

---

① 芬兰于 1941 年 6 月 25 日对苏宣战，但未对英、美宣战。

② 奥地利 1938 年被德国吞并后成为德国一部分。盟国一直把它作为敌国对待。1955 年签订对奥和约之后正式恢复独立。

③ 至 1945 年 4 月 25 日旧金山联合国制宪会议开幕时为止。

兰、白俄罗斯两个加盟共和国，以及被公认属于反法西斯同盟国一员的阿尔巴尼亚，总共52个国家。此外，还有21个国家和地区虽未正式参战，但因遭受法西斯国家的侵略或者作为盟军据点，实际上成为双方的战场（它们是冰岛、圣马力诺、越南、老挝、柬埔寨、文莱、朝鲜、缅甸、马来亚、新加坡、印度尼西亚、利比亚、突尼斯、阿尔及利亚、摩洛哥、英属索马里、意属索马里、荷属圭亚那以及太平洋上的巴布亚、新几内亚、所罗门群岛）。还有西班牙和爱尔兰，按国际法观点，虽名为“中立”，而实际上参加了作战。因此，实际先后参战或卷入战争的国家和地区，总共达到84个。战火遍及欧洲、亚洲、非洲和大洋洲，以及大西洋、太平洋、印度洋、地中海、北冰洋。作战地区面积总计2200余万平方公里。动员参战的武装力量高达1.1亿人。在战争中死亡的人数有7000多万人（其中参战军队死亡2700多万）。死亡人数最多的6个国家是苏联2700万、中国2000万、德国730万、波兰600万、日本250万、南斯拉夫170万。① 战争造成的经济损失高达4万亿美元（为第一次世界大战的12倍多）。

在20世纪以前的战争中，主要交战国家动员军队的总数，不超过其适龄男性人口总数的10%。第一次世界大战首次突破这一比例，主要交战国平均动员1/3的男性适龄公民入伍。第二次世界大战则更达到平均动员1/2的男性适龄公民入伍的程度。除此之外，还有大量人力被动员投入从事军工生产。各主要交战国从事军工生产的工人数，占整个在业工人总数的60%—70%。整个国民经济更广、更深地转上了战争的轨道。各国都建立战时体制，改组工业结构，增加税收，强制劳动，限制日常消费，实行更加严厉的国家干预和统制措施，最大限度地动员全部生产能力、物质资源和科技力量为战争服务。仅美、英、苏、德四国，战时就生产了作战飞机61万多架、坦克27.2万辆、火炮近68万门、炮弹18.2亿发和枪弹763亿发，分别为一次大战时的5.4倍、29倍、6.4倍、3倍和2.3倍。绝大部分的钢材和化工产品，几乎全部的有色金属，大量的石油和其他原料，都用于军火装备和供应战争需要。战争中的直接军费支出高达13520亿美元，占各交战国家的国民收入总和的60%—

① 另外还有很多难以估算的死亡数字，如据日本《读卖新闻》1995年8月27日报道，越南历史研究所同日本学者（东京大学教授古田等）从1992年开始进行一项联合调查，表明日军占领越南时强征粮食，引起1944—1945年越南大饥荒，饿死197万人。

70%。个别国家在战争最紧张的年份,直接军费支出甚至超过其同年国民收入的总和。如日本1944年军费支出735亿日元,为同年国民收入569亿日元的129%。

动员一切科学技术力量,把最新的科技发明成果广泛而迅速地用于战争,这是无限化总体战争时代的特点。科学技术的发展本来是源于社会生产和生活的需要,其目的本不应在于战争,而在于发展生产力和造福人类。科学进步的本身,最终也要求社会的进步。但在人类进入文明时代以后,科学技术的应用和发展,常常取决于一定的社会阶级和集团的利益与政策。某些掌权的阶级和集团,某些经济、政治和军事上的强国,为了其统治和称霸的目的,常把最先进的科学技术应用于战争。一次大战已经表现了这一特点,二次大战则更加充分地展现出来。战争是人和武器两者结合的较量。恩格斯在《反杜林论》中就曾经指出:“……军队的全部组织和作战方式以及与之有关的胜利,取决于物质即经济条件,取决于人和武器这两种材料,也就是取决于居民的质与量和取决于技术。”①第二次世界大战的突出特点,就是战争的物质保障程度越来越依赖于现代科学技术。新式的飞机、坦克、火炮、军舰、爆炸物以及雷达等仪器的不断研制和改进,原有技术兵器的被淘汰和新式技术兵器的大批投产,使武装斗争的方法和手段迅速变化。新技术、新工艺、新材料的发展和应用,出现了新的电化学、有机合成化学、无线电电子技术、火箭和喷气发动机技术以及原子能,使战争具有了空前巨大的威力和破坏力。

千百万军队参战,大量新型武器装备的使用,作战空间的广阔,战争时间的延长和日益激烈,所有这一切都使得物资消耗空前巨大(一次大战时平均每个士兵装备为0.4马力,日耗物资6公斤。二次大战时猛增到平均每个士兵装备10马力,日耗物资20公斤)。战争对经济的依赖程度越来越大。战争的进程和结局,在很大程度上取决于能否为战争提供必要的物质保障。因此,各个交战国不仅最大限度地动员本国的人力、物力和科技力量进行战争,而且更加广泛地使用种种手段,加强打击对方的经济,破坏对方的工业潜力和交通线。例如,纳粹德国在大西洋等海域开展广泛的海上袭击和潜艇战,对英国实施战略轰炸(主要是在战争前期)。德、日法西斯国家(它的经济潜

① 《马克思恩格斯选集》第3卷,第210页。

力相对弱于反法西斯阵营)，还在被其侵占的国家和地区进行大肆掠夺，以图实现以战养战。美英则对德国(包括被德国占领的地区)和日本实施了史无前例的大规模战略轰炸(主要是在战争的中、后期)。

潜艇战在一次大战时被威廉德国广泛使用过，当时曾一度使依赖海上运输生存的英国①处于危急境地。二次大战一开始，纳粹德国就立即展开了破坏对方海上交通线的作战。当时的德国潜艇司令邓尼茨，总结一次大战的经验，把单艇攻击发展为使用多艘潜艇结群合同攻击的“狼群战术”，对英国的航运造成更大的威胁。除了潜艇战之外，德国海军初期还曾经以大型水面军舰组成小编队分散出击，在广阔的大西洋海域对商船实施“打了就跑”的破袭战。由于德国海军水面军舰实力处于很大劣势，在其最新型的“俾斯麦”号战列舰被击沉后，被迫停止了这种破袭战，而专注于潜艇战。1941 年 12 月美国参战后，纳粹德国实施无限制的潜艇战。邓尼茨集中德国的远洋潜艇，在占全球航运 2/3 的北大西洋航线开展大规模的潜艇结群攻击，力图使击沉商船的吨位超过对方造船的吨位(被称为“吨位战”)。1942 年邓尼茨的“吨位战”取得了一定的成功。这一年德国击沉盟国船只 769.9 万吨，超过美英所造新船的总吨位 718.2 万吨。受到巨大威胁的盟国，成立了以丘吉尔为首的反潜艇战委员会，调集和投入 3000 多艘舰船和 2000 多架飞机，研制和使用了最新科技的反潜作战手段(包括新式雷达、反潜航空母舰和组建实施主动攻击的快速反潜舰队等)，终于在 1943 年 5 月扭转了局势。

战略轰炸是在二次大战中迅速发展起来的新作战样式，虽然它在一次大战时已经出现并进行过某种尝试。所谓战略轰炸是一种独立的空中战略攻势。它是一次大战后发展起来的军事理论。意大利的 G・杜黑②，英国的 H・M・特伦查德③，美国的 W・米切尔④，被认为是这种理论的创立者。他们三

---

① 英国经济所需的资源，75% 的石油、88% 的铁矿、80%—99% 的有色金属、91% 的橡胶、89% 的粮食、84% 的肉类、93% 的食用油，都是依靠海运输入的。

② G・杜黑(Giulio Douhet，1869—1930)，意大利少将，军事理论家，空军制胜论的倡导者。一次大战时力主建立独立的轰炸机部队。战后曾任航空部长。著有《制空权》等。

③ H・M・特伦查德(Hugh Montague Trenchard，1873—1956)，英国空军创建人。一次大战时曾指挥英法空军进行过战略轰炸。战后当了 10 年(1919—1929)英国皇家空军参谋长。

④ W・米切尔(William Mitchell，1879—1936)，美国陆军军官出身，一次大战时派赴欧洲，任空军指挥官，与特伦查德共事，实施过战略轰炸。战后曾任美国陆军航空兵副司令。

人都主张独立的空军和独立的空中战略攻势，强调空军的本质是进攻性的，认为空军能够在传统陆、海军到达的范围之外实施系统的大规模轰炸，破坏对方的战争经济和摧毁对方人民的抵抗意志，从而赢得战争的胜利。尽管这种理论有不少支持者，但在二次大战开始时尚未获得普遍接受，也未具备足够的实施条件。纳粹德国空军虽然是一个独立的军种，但在战略思想和实际运用上，主要是强调对实施闪击战的坦克摩托化部队的支持。因而空军的建设重点是发展中程轰炸机和俯冲轰炸机。英国虽然一直相当重视轰炸机，但战备不足。而且英法当局害怕德国报复，仍心存"绥靖"幻想，不愿对德国实施战略轰炸。1940 年希特勒在西线大举进攻英法后，5 月 15 日英国空军出动 99 架轰炸机袭击鲁尔。这一天被视为对德国发动战略轰炸的开始。此后，在不列颠之战中，英德双方都展开了空中战略攻势。虽然不列颠之战（1940 年 7—11 月）作为人类历史上第一场大规模的空中战争是很有名的，但二次大战真正大规模的战略轰炸，实际上是在 1943 年 1 月卡萨布兰卡美英首脑会议决定对德国发动联合轰炸攻势之后，才开展起来的。这一年美英空军轰炸德国的投弹量，从 1942 年的 4.7 万吨猛增到 20.1 万吨，1944 年再猛增到 91.4 万吨。对日本的大规模战略轰炸开始较晚，直到 1944 年底美军攻占太平洋的马里亚纳群岛，在其中的塞班岛建立了空军基地，其远程轰炸机足以到达日本本土之后才开始。从此至日本投降不到 9 个月时间，美国空军对日本投弹 15.3 万吨，炸死 33 万人。日本投降前夕，美国还将刚刚制成的两颗原子弹（爆炸当量为 2 万吨 TNT），于 8 月 6 日和 8 日投在广岛和长崎，造成 15 万人死亡（不包括因核辐射病而陆续死亡者）。总的来说，战略轰炸作为二次大战迅速发展起来的一种新的战争样式，美英都把大量的人力、物力投入进去。英国战时的 40%—50% 人力物力用于空军。美国空军 1944 年 6 月达到 240 万人，占美军总数的 31%。虽然战略轰炸的作用，在二次大战中远未达到"空军制胜论"者所鼓吹的那种决定性程度，但它对人类战争历史运动的巨大影响却是确凿无疑的。

游击战的发展，也是二次大战的无限化总体战争性质的突出表现。它从另一角度展示了战争把整个国家、整个民族千百万人民群众都卷进去的特点。从历史上看，游击战是一种古老而特殊的战争样式，它的出现和发展，首先是同奴隶起义、农民起义和民族起义等相联系，是军事上处于劣势的被压迫人民反抗统治者和侵略者的斗争手段。统治者们则往往视之为无政府状态的暴乱，在军事上视之为非正规的行动。虽然历史上不乏有识的军事家采用过游击战，但大多仅为一种特殊情况下的个别战术行动。在资本主义时代，美国独立战争、法国大革命、拿破仑战争以及欧洲 1848 年革命，都出现过相当规模的游击战争，并发展为人民战争。马克思和恩格斯在总结这些革命战争经验后，曾把游击战看作工人阶级武装起义的重要斗争形式。克劳塞维茨是从军事上论述游击战的第一人。他在其《战争论》中列出以“民众武装”为题的专章，强调“人民战争……是战争要素在我们时代突破过去的人为限制……是战争的整个发酵过程的扩大和加强”，并且论述了游击战的原则和条件。[①] 一次大战时，英国军官 T·E·劳伦斯曾率阿拉伯部落军队在土耳其从事游击战，被西方一些史学家推崇为第一位游击战专家。但当时并未出现大规模的游击战。二次大战是从法西斯国家对弱小国家的侵略逐步发展起来的，因而一开始就出现了被侵略国家人民以游击战方式反抗军事上占优势的敌人的斗争。随着德日意法西斯侵略的扩大，在遭受法西斯铁蹄蹂躏的亚、非和欧洲 20 多个国家中，都展开了游击战争，游击队人数上千万。二次大战中的游击战，不仅范围空前广阔、规模空前宏大，而且具有历史上前所未有的战略性地位和作用。尤其是中国的抗日游击战，从一开始就不仅只是对正规战起配合作用的战术范畴。在中国抗日战争的战略防御阶段，游击战争担负着开辟敌后战场、创建根据地、牵制与打击敌人、配合正面战场作战的战略任务。在战略相持阶段，游击战争担负着坚持敌后抗战、发展与巩固根据地、消耗与削弱敌人、支援正面战场作战、积蓄力量逐步从游击战向正规战转变和准备反攻的战略任务。在战略反攻阶段，游击战争则转变为正规战，展开大规模反攻，收复失地。正是在中国抗日战争中，毛泽东在历史上第一个提出游击战的战略问题并进行了系统的论述，成为当代世界军事科学的重要内容。一些西方军事理论家认为，世界上有四大主要战略：即大陆战略、海洋战略、航空和宇宙空间战略、毛泽东的游击战战略。他们认为，在当今核武器的时代，在常规战争的范围中，现有的唯一威慑力量就是游击战。因为“正规武装同游击队对抗的经验是令人泄气的，面对遍及全国的游击战的前景足以使

---

① 克劳塞维茨：《战争论》下卷，第 571—577 页。

入侵者气馁"①。

在第二次世界大战中,无限化总体战争时代的战争原则,获得了充分的发展。这一战争原则(或曰信条)就是,固守绝对的目标,使用绝对的手段,谋求绝对的胜利。发动第二次世界大战的德、日、意法西斯,不仅仅是一般地要夺取市场和原料产地,不仅仅是一般地要重新瓜分世界。它们的目标是要完全征服其他国家和民族,征服整个欧洲、亚洲以至全世界,把所谓"新秩序"的法西斯制度推广到所有地方。为了实现这种史无前例的霸权目标,它们采取了最残酷野蛮的暴力手段,无所不用其极。日本法西斯的南京大屠杀、对中国实施毒气战和细菌战,纳粹德国的奥斯威辛集中营、对犹太人的种族灭绝等,都是最臭名昭著的表现。法西斯侵略者所实施的这种侵略性的无限化总体战争,促使被它们侵略和威胁的国家起而动员全民的力量,进行彻底打败法西斯侵略国家的总体战争。1940 年 5 月 13 日,丘吉尔接替张伯伦出任英国战时内阁首相时所说的一段话,很能反映这一点。当时丘吉尔在下院发表就职演说,他说:"诸位问,我们的政策是什么?我们的政策就是用上帝所能给予的全部能力和全部力量,在海上、陆地和空中进行战争……诸位问,我们的目的是什么?我可以用一个词来回答:胜利——不惜一切代价去争取胜利;不畏艰险去争取胜利,不管道路多么漫长和艰难,也要去争取胜利,因为没有胜利就不能生存。"②1941 年 7 月 3 日,斯大林在纳粹德国大举入侵苏联后发表的广播演说,同样反映了这一点。斯大林说:"这次与法西斯德国进行的战争,不能认为是通常的战争。这个战争,不仅是两国军队之间的战争。它……是反法西斯压迫者的全民卫国战争。"斯大林号召"把人民的一切力量都用去歼灭敌人"③。当二次大战的战局出现转折时,在 1943 年 1 月卡萨布兰卡的美英首脑会议上,罗斯福提出:"这次战争的目标可以列成这样一条简单的公式:要德国、意大利和日本的无条件投降。"④斯大林在 1944 年"五一"

---

① 参见汉森·W·鲍德温:《明天的战略》,上海人民出版社 1977 年版,第 373 页。

② 丘吉尔:《第二次世界大战回忆录》第 2 卷,商务印书馆 1975 年版,第 37—38 页。

③ 斯大林:《论苏联伟大卫国战争》,莫斯科外文出版局 1950 年版,第 16—17、124 页。

④ 这一著名的"无条件投降"原则,是罗斯福在卡萨布兰卡记者招待会上说的。丘吉尔后来予以支持。但对这一原则的提出,后来在西方的政界和学术界引起众多的抨击和争论。参见舍伍德:《罗斯福与霍普金斯》下册,商务印书馆 1980 年版,第 320—323 页。

国际劳动节的特别命令中也宣告："我们的任务不能以把敌军逐出我祖国境外为限。现在德军正如一只受了伤的野兽，不得不爬往自己的洞穴——德国——边境去医治创伤……必须跟踪追击这只受了伤的德国野兽，一直追到它的洞穴里，把它完全打死为止。"①这都同样反映了上述无限化总体战争时代的战争原则。

正是在这样的背景下，第二次世界大战迅速向着无限化方向发展。人类以空前的规模和速度，把最先进的科学技术和所有的创造发明全都用于进行战争；把整个民族、整个国家以至几乎整个世界的全部人力和物力，全都投入到战争之中；从而使战争达到空前规模、空前暴烈、空前破坏的程度，直到大战结束前夕还出现了原子弹。

核武器（原子弹）的出现，是二次大战成为人类战争历史运动达到顶峰的重要标志。早在30年代一些物理学家已经认识到，通过像铀和钚这种重元素裂变会释放出巨大的能量，由此有可能造出破坏力比化学炸药大得多的炸弹。原子物理学的理论成果是公开的，但把它应用到军事上则是绝密的。二次大战期间，德、英、法、美、苏以至日本，都先后着手研制原子弹。纳粹德国1939年就成立了代号"U工程"的机构进行研制。由于希特勒推行反动的种族政策，强调自然科学也有"种族性"，划分所谓"德意志科学"和"非德意志科学"（如爱因斯坦是犹太人，他的相对论就被划为"犹太物理学"而受到攻击），结果造成大批"非德意志"的原子物理学家被驱逐而受挫。法国则因1940年在纳粹德国闪击下迅速败降而中断。很多德国和法国的原子物理学家逃亡到美国。英国的研究开始时处于领先地位，曾成功地试验了分离铀$^{235}$的方法，但它处于战争的紧张关头，缺乏足够的人力物力进一步研制。随着美英的结盟，英国后来转到了同美国进行合作研究。爱因斯坦等从德国流亡美国的科学家，1939年联名致函罗斯福总统，建议研制原子弹。1941年12月珍珠港事变后，美国展开了代号为"曼哈顿计划"的庞大的研制原子弹的工程，投入22亿美元、数千名科学家和50万工人。日本则是在1941年春开始有关制造原子弹的研究。由当时的陆军航空技术研究所所长安田武雄中将主持，具体研究工作由东京物理化学研究所的原子物理学博士仁科芳雄负责。东条英机

① 斯大林：《论苏联伟大卫国战争》，莫斯科外文出版局1950年版，第16—17、124页。

还曾在 1943 年春,向已升任航空本部部长的安田武雄下达过“促进研制”的命令。随后海军也加入研究(委托京都大学荒胜文策的研究所负责)。虽然日本没有来得及研制出原子弹,但正如参加这一秘密研制工作的铃木辰三郎(当时的日本陆军中佐,后为岩木明星大学校长)后来所供认的:“如果我们能研制出原子弹,我们当时就会对美国……投放这种武器。”①

我们可以说,二次大战已经把战争推到了能够毁灭整个人类文明的极端界限。战争向着无限化方向的发展,已经达到了一个“临界点”。物极必反,从此人类已不能再把自己的全部能力和手段都投入战争了。人类战争发展史上,一直没有占据主导地位的那种制约和控制战争的隐性趋势,在二次大战之后,开始上升到了主导地位。这是人类战争历史运动的重大转折。从此,人类就从 20 世纪前半叶的无限化总体战争时代进入到一个新的有限战争时代。

① 参见日本《宝石》月刊 1995 年 1 月号;合众国际社东京 1995 年 7 月 19 日电;时事社东京 1995 年 7 月 20 日电。

# 第四章　二次大战后的战争风云

## 一、50 多年来的局部战争

二次大战后的 50 多年,世界究竟发生过多少场局部战争和武装冲突?这是探讨当代战争与和平的时候,人们常常首先会提出来的问题。对此,国外和国内都有学者作过若干统计,但由于各人所依据的标准不同、看法不同,统计的数字有相当大的出入。例如:对于 1994 年全世界共有多少场局部战争和武装冲突,斯德哥尔摩国际和平研究所的统计是 31 场,美联社的统计是 70 场,德国《明星》周刊的统计则为 50 场。又如:以任正德和吴建新为首的 17 位中国学者,编写了一部《国际战争风云录》(新华出版社 1993 年版),列出 1945—1992 年(9 月止)的 46 年,全球总计发生 170 次(场)战争;而英国路透社 1994 年 9 月发表的统计,则是 1945—1992 年全球总计发生 149 场战争。这种统计数字的差异,还可以列举很多。事实上,当今世界的局部战争和武装冲突,表现形态非常复杂,很多是可以按不同的标准、从不同的角度作出不同的区分和统计的。

何谓武装冲突?何谓局部战争?何谓全面战争?其界线本来就不易划分。世界大战必然是全面战争,但全面战争并不就是世界大战。一场战争,对于某个国家来说虽然是全面性的战争,但对于整个世界而言则可以仍然是局部战争。例如中国人民解放战争,对于中国来说是全面性的战争,对于世界来说则是局部战争。甚至一场战争,对于某个交战方面来说是全面性的,对于其他交战方面也可以仍然是局部性的。例如朝鲜战争,对于朝鲜、韩国来说都是全面战争，对于中国来说则仍然是局部战争，更不用说对于美国了。因此必须指出，本书所说的“局部战争”是就整个世界面言，即一切非世界性的全面战争（世界大战）都是局部战争。如果说，全面战争与局部战争的界线还算比较容易划分的话，那么局部战争和武装冲突（亦称军事冲突）的界线就更不易划分了。一般来说，局部战争比武装冲突的规模要大，投入交战的武装部队人数比较多，涉及（波及）整个国家关系的状况（如断绝外交关系以致宣战或动员），就国内战争来说则涉及整个国家的政治和社会生活的状况。武装冲突则比局部战争低一个层次，它在大多数情况下仅仅涉及（波及）武装部队，甚至是武装部队的某一部分。这种区分在理论上是说得通的，但在进行实际分析和统计时则常常很难区分。

武装冲突的范围很宽，小可小到两国（或一国内的两派武装）仅有十数人的交火，大可大到有10多万人投入的冲突。对于进行具体的统计来说，数字的差异最易产生在如何对待和处理数量众多的小武装冲突上。到底把哪些统计进去、哪些不统计进去？这里面往往要受到作者的立场和观点的影响。例如：我站在一个中国学者的立场，比较重视同本国直接有关的武装冲突，因而把1969年中苏之间发生的珍宝岛武装冲突①和（新疆）铁列克提地区武装冲突②统计进去，也把1965年中国人民解放军海军同台湾国民党海军之间发生的“八六”海战③和崇武海战④统计进去。但从全球范围来看，有不少与此同等规模的武装冲突，我并未全部统计进去。事实上有些西方学者，出于各自的立场和观点，也略去一些他们认为不重要的小冲突。如我上述的中苏之间和中国的国共之间的这几次武装冲突，西方常常不计入他们所作的统计之中。又如发生在亚、非、拉国家的众多军事政变（仅非洲在20世纪60—80年代就先后发生240多次军事政变），哪些应统计进去、哪些不应统计进去呢？

---

① 1963年3月2、15—16日，在黑龙江省乌苏里江的珍宝岛上，中国边防军与苏联边防军发生武装冲突，苏军伤亡约200人。

② 1969年8月13日，在中国新疆维吾尔自治区裕民县的铁列克提地区，苏联边防军与中国边防军发生武装冲突，双方伤亡约200人。

③ 1965年8月6日，中国人民解放军海军在东山岛海域，以6艘鱼雷艇、4艘护卫艇，击沉前来袭扰的国民党海军“剑门”号和“章江”号军舰。毙敌170人，俘33人。

④ 1965年11月14日，中国人民海军在福建崇武以东海域，以鱼雷艇和护卫艇各6艘，击沉前来袭扰的国民党海军“永昌”号军舰，击伤“永泰”号军舰。

我一般是从严掌握,只把影响较大和政变过程中流血冲突较激烈的少数统计进去。还有,即使是局部战争,如何进行统计,也各有不同的划分和计算标准。例如:我把 1945—1954 年的印度支那抗法战争,作为战后 1 场局部战争进行统计。但也有人作为 3 场局部战争进行统计——即划分为越南、老挝、柬埔寨 3 场人民抗法战争。苏联在 И·Е·沙夫罗夫大将主持下,集中 13 位军事学和历史学专家,编写出版了一本很有影响的书《局部战争今昔》(莫斯科 1981 年版)。该书甚至把印度支那抗法战争,划分为 5 场局部战争来进行统计——(1)法、英和中国国民党武装干涉越南(1945. 9—1946. 3);(2)老挝人民反法起义(1945. 9—10);(3)柬埔寨人民反法民族解放战争(1945. 10—1953. 11);(4)老挝人民反法民族解放战争(1946. 3—1954. 7);(5)越南抗法战争(1946. 12—1954. 7)①。虽然我没有采用他们的划分和计算方法,但应当承认,该书作如此的划分也是有其一定道理和根据的。同样,1945—1949 年的印尼民族独立战争,也可以划分为 3 场——即印尼人民抗英武装干涉(1945. 10—1946. 11),第一次荷印(尼)战争(1947. 7—1948. 1),第二次荷印(尼)战争(1948. 12—1949. 11)②。诸如此类,就造成统计数字有相当大的出入。

根据我进行的统计,从 1945 年 9 月—1999 年 6 月(即共 53 年又 9 个月),全球共发生 274 场局部战争和武装冲突。为了使大家不是只简单地知道一个总的数字,而能够了解到这个数字后面代表了些什么,我把所统计的每场局部战争和武装冲突,表列于本书后面(附录一)。

---

① 印度支那抗法战争确有复杂的发展过程。1945 年日本投降后,印度支那共产党发动八月革命,在河内成立越南民主共和国。按《波茨坦协定》规定,印度支那以北纬 16 度为界,北由中国(蒋)军进驻受降。南由英军进驻受降。9 月英军进驻后支持法军重返印度支那南部(包括老挝南部和整个柬埔寨)恢复殖民统治。印度支那南部人民开始反法斗争。1946 年 3 月中国军队撤出,法军开始进入印度支那北部(包括老挝北部)。越南民主共和国两次与法国谈判,签订有关协议。同年 12 月法国撕毁协议大举进攻,战争全面展开。由于当时老、柬均未独立建国,三国人民共同进行抗法斗争,难以分割成 3 场战争。1954 年日内瓦会议达成印度支那和平后,三国分别独立。

② 印尼民族独立战争也有复杂的发展过程。1945 年 8 月日本投降,印尼宣告独立。9 月英军登陆支持荷兰重建殖民统治,与印尼军民发生冲突。1946 年 11 月英被迫撤军,荷与印尼签订《林芽椰蒂协定》,承认印尼"事实上的权力"。1947 年 7 月荷兰撕毁协定发动殖民战争。1948 年 1 月双方签订《伦维尔协定》后停战。同年 9—11 月印尼发生茉莉芬事件,荷兰趁机于 12 月再次撕毁协定,对印尼发动第二次殖民战争。1949 年 11 月双方在海牙签订《圆桌会议协定》后停战。前后三次战争虽然有密切联系,但界限分明,故可划分为 3 场战争。

对于这274场局部战争和武装冲突，我们可以按其规模（以投入冲突的武装人数多少为指标）划分为5类。

双方投入冲突的武装人数合计100万以上的为“A”类大局部战争，共有6场：

| 战争 | 地域 | 卷入的国家 | 投入武装人数 |
|---|---|---|---|
| 中国人民解放战争（1946—1950） | 东亚 | 中国内战① | 每年共有500万—600万人 |
| 朝鲜战争（1950—1953） | 东亚 | 韩国和美国等②<br>朝鲜和中国 | 高峰时双方共有320多万人 |
| 越南战争（1961—1975） | 东南亚 | 美国和南越伪军<br>越南人民③ | 高峰时双方共有220多万人 |
| 第四次中东战争（1973） | 中东 | 埃及、叙利亚等④<br>以色列 | 双方共有100多万人 |
| 两伊战争（1980—1988） | 中东 | 伊拉克<br>伊朗 | 高峰时双方共达200万人 |
| 海湾战争（1991） | 中东 | 伊拉克<br>美国等32国 | 双方共有200多万人 |

注：①美国给予国民党蒋介石政府大量军事援助，包括派遣军事顾问。

②美国纠集英、法等16国，打着“联合国军”的旗号进行。

③主要是南越人民武装，越南北方参与，中国和苏联予以援助。

④除埃及和叙利亚外，还有伊拉克、约旦、摩洛哥等9个阿拉伯国家出兵参与。

双方投入冲突的武装人数在50万—100万之间的为“B”类大局部战争，共有6场：

| 战争 | 地域 | 卷入的国家 | 投入武装人数 |
|---|---|---|---|
| 印度支那抗法战争（1945—1954） | 东南亚 | 法国<br>越、老、柬人民 | 高峰时双方共有80多万人 |
| 阿尔及利亚民族独立战争（1954—1962） | 北非 | 法国<br>阿尔及利亚人民 | 高峰时双方共有90多万人 |
| 苏联入侵捷克斯洛伐克（1968） | 欧洲 | 苏联等①<br>捷克斯洛伐克 | 苏联出兵65万人<br>捷未予抵抗 |

（续表）

| 战争 | 地域 | 卷入的国家 | 投入武装人数 |
| --- | --- | --- | --- |
| 第三次印巴战争<br>（1971） | 南亚 | 印度<br>巴基斯坦 | 双方共有 80 多万人 |
| 中、越边境战争<br>（1979） | 东亚 | 中国<br>越南 | 双方共约 50 万人 |
| 波黑战争<br>（1992—1994） | 巴尔干 | 波黑内战 | 共约 60 万人 |

注：苏联纠集华沙条约组织国家波兰、东德、匈牙利、保加利亚等 5 国。

双方投入冲突的武装人数在 10 万—50 万之间的为“C”类局部战争或武装冲突（时间长的一般称武装斗争），有 39 场，占 14.23%。

1. 希腊国内战争（1946.3—1949.10）
2. 英军镇压巴勒斯坦犹太人复国运动（1946.6—1947.9）
3. 马达加斯加反法起义（1947.3—1948）
4. 印、巴分治中的暴力冲突（1947.4—10）
5. 第一次荷兰、印尼战争（1947.7—1948.1）
6. 印、巴第一次克什米尔战争（1947.10—1948.12）
7. 哥伦比亚反独裁起义（1948.4—11）
8. 第一次中东战争（1948.5—1949.3）
9. 马来亚人民反英战争（1948.6—1957.8）
10. 第二次荷兰、印尼战争（1948.12—1949.11）
11. 塞浦路斯反英独立战争（1955.4—1960）
12. 喀麦隆反法武装斗争（1956.7—1960）
13. 第二次中东战争（1956.10—1957.3）
14. 匈牙利事件（1956.10—11）
15. 美国武装干涉黎巴嫩（1958.7—10）
16. 埃塞俄比亚内战（1961.9—1991.7）
17. 北也门内战（1962.9—1970.3）
18. 老挝抗美救国战争（1964.5—1973.2）
19. 印巴第二次克什米尔战争（1965.8—9）

20. 第三次中东战争(1967.6)

21. 尼日利亚内战(1967.7—1970.1)

22. 柬埔寨抗美救国战争(1970.3—1975.4)

23. 伊拉克库尔德人再次武装斗争(1974.3—1975.3)

24. 安哥拉战争(1975.7—1991.5)

25. 埃塞俄比亚与索马里再次武装冲突(1977.7—1978.3)

26. 越南入侵柬埔寨(1978—1989)

27. 苏联入侵阿富汗的战争(1979.12—1989.2)

28. 萨尔瓦多内战(1980.1—1991.12)

29. 英国、阿根廷的马岛战争(1982.3—6)

30. 以色列入侵黎巴嫩的战争(亦称第五次中东战争)(1982.6—1985.6)

31. 索马里内战(1988.12—1994)

32. 阿富汗再次内战(1989.2—　　)

33. 伊拉克入侵科威特(1990.8)

34. 克罗地亚的武装冲突(1991.7—1993.9)

35. 塔吉克斯坦内战(1992.5—12)

36. 安哥拉再次内战(1992.11—1994.11)

37. 布隆迪部族武装冲突(1993.10—　　)

38. 卢旺达种族屠杀冲突(1994.4—7)

39. 美国为首的北约空袭南斯拉夫的战争(1999.3—6)

双方投入冲突的武装人数在1万—10万之间的为“D”类,共有102场,占37.23%。

双方投入冲突的武装人数1万以下为“E”类,共有121场,占44.16%。

也就是说,在二次大战后的半个多世纪,全球发生的274场局部战争和武装冲突中,80%以上是“D”类和“E”类的规模较小的战争冲突。从追求和平、反对战争的立场来说,我们当然应该揭示这些连绵不断的局部战争或武装冲突仍然在给人类带来很大的灾难,不能因为没有发生世界大战而满足,但从探讨战争历史运动的角度来说,则应当承认二次大战后的这种变化,看到人类制约和控制战争的发展趋势。我们将在下面一节继续探讨这个问题。

## 二、战争运动轨迹的变化

人们常常用二次大战后发生过多少场局部战争和武装冲突的数字，作为观察当代战争与和平发展的重要指标。同时，又以每年或每个年代发生多少场局部战争和武装冲突的数目变化，作为探讨战争运动起伏轨迹的主要根据。这是很普遍的，也是很自然的，但并非是准确的。

我们先看看如下的两种统计数字。

第一种，把 1945—1999 年所发生的 274 场局部战争和武装冲突，按年代划分统计其场数，可得出如下数字（见图表 1）。

**图表 1**

| 年代 | 发生场数① | 其中 A、B 类 | 其中 C 类 | 平均每年② |
|---|---|---|---|---|
| 40 年代③ | 24 | 2 | 10 | 12 |
| 50 年代 | 58 | 4 | 6 | 15 |
| 60 年代 | 73 | 3 | 8 | 26 |
| 70 年代 | 76 | 4 | 10 | 29 |
| 80 年代 | 55 | 1 | 9 | 31 |
| 90 年代④ | 81 | 2 | 10 | 27 |

注：①如一场战争或武装冲突延续时间跨年代则复算（即每个年代都计算入内），因此各年代相加的总和大于 274 场。

②为平均每年正在进行的战争场数，跨年份的战争实行复算。

③40 年代为 1945 年 9 月至 1949 年 12 月底，共计为 4 年又 4 个月的时间。

④90 年代为 1990 年 1 月至 1999 年 6 月底，共计为 9 年又 6 个月的时间。

按图表 1 的数字，战后 50 多年的战争历史运动轨迹，如从各年代所发生的局部战争和武装冲突总场数来看，其高峰期是 20 世纪 60—70 年代，而 90 年代则是一个新的更高的高峰期（90 年代发生 81 场战争和武装冲突，高于其他各年代）。似乎反映出战后 50 多年的战争运动轨迹呈低→高→低→更高……的波浪形发展曲线。但从各年代 A、B 类（即投入冲突 50 万人以上）的大局部战争场数来看，其高峰期则是 50 年代（4 场）和 70 年代（4 场）。起伏的曲线不一样了。而如果再从各个年代平均每年所发生的场数这项数字来看，其运动轨迹又变成了两头低中间高的曲线，其高峰期则是在70—80年代。

第二种，把1945—1999年的274场局部战争和武装冲突，按每十年（即1945—1955年为第一个十年，1956—1965年为第二个十年，类推）划分，统计每十年所发生的场数，可得出如下数字（见图表2）：

**图表2**

| | 发生场数 | 其中：A、B类 | C类 | 平均每年 |
|---|---|---|---|---|
| 第一个十年 | 50 | 3 | 12 | 12 |
| 第二个十年 | 77 | 2 | 10 | 23 |
| 第三个十年 | 67 | 4 | 7 | 30 |
| 第四个十年 | 62 | 2 | 8 | 30 |
| 第五个十年 | 67 | 3 | 12 | 29 |

按图表2的数字，战后50年的战争运动轨迹，从每十年所发生的战争和武装冲突场数来看，也是呈现低→高→低→高的波浪形发展曲线，但其高峰期同第一种统计（图表1）所反映的却不同。第一种统计（图表1）所反映的高峰期是在20世纪60—70年代，到90年代则开始进入更高的新高峰期。第二种统计（图表2）所反映的高峰期则是第二个十年（1956—1965年），到第三个十年（1966—1975年）已经下跌，而第五个十年（1986—1995年）仅略有重新上扬之势。如果从各个十年期中A、B类大局部战争的场数来看，其高峰期则又不在第二个十年，而在第一、第三、第五这三个十年期（从A、B、C三类综合起来看也大体如此），呈现的是高→低→高→低→高的发展曲线。两条曲线的轨迹完全不吻合。如果从各个十年期平均每年所发生的场数来看，则其运动轨迹又变成是大体上从低向高的发展。

通过对上述两种统计数字（图表1和2）的分析，我们可以看到，按照通常的以发生多少场局部战争和武装冲突的数字，作为探讨当代战争运动起伏轨迹的主要根据，实际上是很不准确的。各项数字之间存在相当大的差异和矛盾。不论哪一项数字，都难以反映出战争历史运动的真实概貌，人们无法从中分析出二次大战后战争运动起伏变化的发展曲线。即使是考虑到各场战争的规模存在差异，将它们按投入冲突的武装人员数量加以划分，把其中的

A、B 类或 A、B、C 三类综合起来，这种按所发生的战争场（次）数的统计，也仍然难以正确地显示二次大战后战争运动起伏变化的轨迹。

这里面最主要的问题在于，战后的 274 场局部战争和武装冲突，其规模大小、延续时间、激烈程度差异极大，很难简单地相提并论。例如：1946—1950 年的中国人民解放战争，在广阔的中国大地上全面进行，双方的武装力量总数有五六百万。而 1965 年 11 月，中国人民解放军海军在福建崇武以东海域同前来袭扰的台湾国民党当局两艘军舰的海战，双方投入作战的只有几百人。又如：1950—1953 年的朝鲜战争，双方投入兵力最高峰时有 300 多万。而 1981 年 8 月美国与利比亚在地中海锡尔特湾的空战，双方交战的仅数架飞机（即使连同正在地中海演习的美国第六舰队，以及宣布进行戒备的利比亚海空军，合计也不过 3 万人左右）。可是，它们都同样作为一场战争或冲突，列入战后 274 场主要局部战争和武装冲突的总数之中。当我们单纯以发生多少场战争和武装冲突的数字作为指标时，就掩盖了它们之间的巨大差异。事实上，发生战争和武装冲突场数多的年份，并非就一定是战争运动水平高的年份。例如：1978 年和 1989 年分别有 30 和 34 场，人们很容易错误地以为，这两年的战争和武装冲突水平大大高于 1947 年（12 场）和 1951 年（9 场）。然而恰恰相反。1947 年虽然只有 12 场战争与武装冲突，但其中有中国人民解放战争（A 类）和印度支那抗法战争（B 类），因此该年投入战争与冲突的武装人数高达 810 万。同样，1951 年虽然只有 9 场战争与武装冲突，但因有朝鲜战争（A 类）和仍在激烈进行的印度支那抗法战争，所以该年投入冲突的武装人数高达 440 万。相反，1978 年发生和进行的战争和武装冲突，虽然为数多达 30 场，但只有 4 场属于 C 类，其余都是卷入人数低于 10 万的小型冲突。因此 1978 年总共投入冲突的武装人数只有 160 万。1989 年有 34 场战争和武装冲突（为战后最高纪录），但其中也只有 5 场属于 C 类，其余都是小型的冲突。因此 1989 年总共投入冲突的武装人数也只有 220 万。

那么，我们到底应以何种数字为主要指标，据以探讨战后 50 多年的战争历史运动轨迹呢？我认为，只有按投入冲突的武装人数和伤亡人数为主要指标，能够比较简便地综合反映出战争的规模和激烈程度。对战后所发生的每场战争和武装冲突，按投入冲突的武装人员数量划分出 A、B、C、D、E 类，就是基于这种考虑。但是，对于一场拖延时间较长的局部战争，各个不同年份投入冲突的武装人员数量也会有相当大的变化。例如:1961—1975 年的越南战争,作为战后一场 A 类的大规模局部战争,双方投入冲突的武装人员数量,高峰时共达 220 万,但其前后 14 年有很大的变化。开始时,美国只派遣特种部队数千人到南越进行“特种战争”,南越伪军也只有 30 万。1964 年 8 月“北部湾事件”后,美国将战争升级为“局部战争”,到 1966 年底美军已增加到 40 多万、南越伪军已有 70 多万。而南越人民武装则从开始时的 10 万人,发展到 1968 年的 100 多万人。1969 年美国宣布开始撤军,战争进入“越南化”阶段。到 1973 年春,在南越的美军只剩几万人,但美国扶植南越伪军扩充到 110 万人。如果我们在进行统计时,笼统地从 1961—1975 年都按每年投入冲突的武装人员 220 万来计算,就很难正确地反映战争历史运动轨迹起伏的变化。因此,我采用分别统计每年、每场局部战争和武装冲突投入的武装人数(因资料缺乏未能对伤亡人数也一并按此方法进行统计)的方法,以此为指标制定 1945—1999 年战争运动轨迹的起伏变化曲线表(见图表 3)。这种统计相当复杂和困难,我所掌握的资料又很有限,进行统计时自然有诸多遗漏和不准确的地方。虽然如此,这种统计方法,毕竟仍能给人们提供一个有关本世纪下半叶战争运动轨迹相对准确的图像。

**图表 3:每年投入冲突的武装人数变化曲线表**

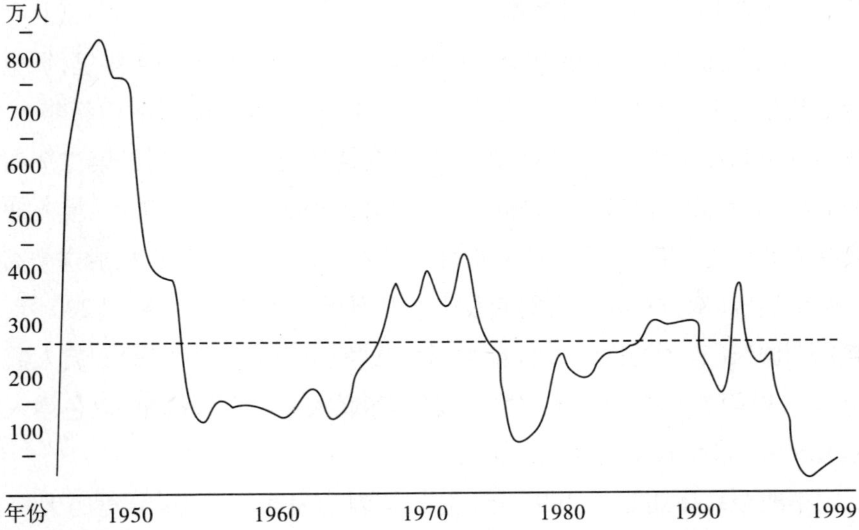


注:图中的横虚线,为战后 53 年平均每年投入冲突的武装人数(270 万)的平均线。

按此图表的曲线，我们可以比较清楚地看到，战后50多年的战争运动轨迹，呈现出4次超过平均线（平均每年投入冲突武装人数为270万）的高峰期。第一次出现在1946—1953年。其最高峰的1948年，投入冲突的武装人数达850万。整个高峰期平均每年投入冲突的武装人数为622万。在这个高峰期的8年里，发生和进行的战争与武装冲突共37场，其中A类2场、B类1场、C类10场。平均每年为11.6场。构成此次高峰的主要是：中国人民解放战争（A类）；朝鲜战争（A类）；印度支那抗法战争（它从1946年12月法军大举进攻北越全面展开，投入的武装人数从开始时20万到后来80多万，属B类）。

第二个高峰期出现在1967—1974年。在这个高峰期的8年里，发生和进行的战争与武装冲突共62场，其中A类2场、B类2场、C类7场。平均每年为31.1场。虽然就其所发生的战争与武装冲突次数，大大高于前一个高峰期，但其战争运动曲线的高峰值却降低了（在其最高峰的1973年投入冲突的武装人数为460万；整个高峰期平均每年为368万）。构成这第二个高峰的，主要是两场A类和两场B类的局部战争：即越南战争（A类）；第四次中东战争（双方投入冲突的武装人数共100多万，属A类）；苏联入侵捷克斯洛伐克（苏联出兵65万入侵，捷未予抵抗，属B类）；第三次印巴战争（双方投入冲突的武装人数共80多万，属B类）。

第三个高峰期出现在1985—1988年。在这个高峰期的4年里，发生和进行的战争与武装冲突共37场，其中A类1场、C类7场。平均每年为30.7场。这个高峰期所发生和进行的战争与武装冲突次数，略高于第二个高峰期的水平；但其高峰值进一步降低了（最高峰的1985年和1987年，投入冲突的武装人数均为320万，高峰期平均每年投入人数为315万）。构成这个高峰的是两伊战争（双方投入冲突的武装人数从开始时的50万发展到200万，属A类）。此外还有3场比较大的C类局部战争（每场投入冲突的武装人数都在30万—40万），即越南入侵柬埔寨战争、苏联入侵阿富汗战争、以色列入侵黎巴嫩战争（亦称第五次中东战争）。

第四个高峰期是在1991年，主要是因为发生了一场A类的大局部战争——海湾战争。这场战争时间虽短，但双方投入的武装人数高达200万。这一年共发生28场战争与武装冲突，投入冲突的武装人员总数上升到400

万,形成了第四个高峰期。不过,它的时间很短。此后,虽然 1992—1999 年 6 月仍然平均每年有 26.3 场局部战争与武装冲突,其中还有 8 场属于 C 类和 1 场属于 B 类(波黑战争)。但全球投入冲突的武装人数降到平均线以下。而且随着波黑战争实现停火,中东地区的阿以之争开始走向和平,一些持续数十年的武装冲突(如南非和北爱尔兰)宣布结束,1996—1997 年投入冲突的武装人数降到战后的最低水平(约 20 万人)。虽然 1999 年 3—6 月发生了美国为首的北约空袭南斯拉夫的战争(C 类),战争运动曲线有所上扬,但总的来说,世界的和平旋律再次压倒了战争的狂热。

我们纵观整个 20 世纪下半叶 50 多年的战争历史运动轨迹,其曲线虽时有起伏,但总体上是朝着下降趋势走的。正如我在前一章的第五节所说过的那样,第二次世界大战把战争推到了能够毁灭整个人类文明的极端界线,战争向无限化方向发展已到了物极必反的"临界点"。人类战争发展史上那种制约和控制战争的趋势,开始占据了主导地位。虽然当今世界依然是战争和武装冲突频仍,依然是存在战争运动向上发展的冲动,时不时还会出现较激烈的大规模局部战争,但是,它们已越来越受到种种制约和控制,总体上是向下运动,人类已进入到一个新的有限战争时代。对于这种"新的有限战争",我们将在第五章进行探讨。

## 三、热点——发生战争的地区分布

上一节我们主要根据各年投入战争的武装人数,探讨 1945—1999 年战争历史运动轨迹的起伏变化。本节将主要是对战争和武装冲突的地域(也就是"热"点)的变化进行考察。这是观察战争历史运动所不可缺少的重要方面。

首先从总体上看看战后 274 场局部战争和武装冲突的地区分布情况。

| 地区 | 发生场数 | 占总数的% | 其中:A类 B类 C类(场) |
|---|---|---|---|
| 亚洲 | 132 | 48.17 | 6 3 21 |
| 非洲 | 75 | 27.37 | 0 1 10 |
| 拉丁美洲[1] | 42 | 15.33 | 0 0 3 |
| 欧洲 | 21 | 7.66 | 0 2 5 |

注:①如按美洲计算,另有4场美国的大规模种族暴力冲突,共计46场。

二次大战后战争历史运动的一个特点,就是战争与武装冲突的"热"点,向欠发达的第三世界国家和地区转移。我们从上表所列的数字可以看到,战后274场局部战争和武装冲突的90.8%发生在亚、非、拉地区,其中包括全部A类的大局部战争(都发生在亚洲)。发生在欧洲的战争与武装冲突只有21场,而且除1961年的柏林危机外,其他都是发生在欧洲的边缘地区。柏林危机严格地说并不是一场武装冲突,而只是一场苏美军事对峙的国际危机。战后欧洲最早一场战争是1946—1949年的希腊内战。它是二次大战期间发展起来的希腊共产党领导的人民武装,同英美支持的希腊政府军之间一场C类局部战争(双方投入冲突的武装人数共约28万人)。战后欧洲延续时间最长的武装冲突是北爱尔兰共和军的反英武装斗争。它是受英国直接统治的爱尔兰北部6郡中一些主张通过暴力争取独立者所开展的暴力恐怖活动。他们不断同英国军警发生冲突。虽然从1968年起延续到90年代末,但规模并不大。此外,欧洲发生的其他18场战争与武装冲突,都是在东欧国家和原苏联境内。其中包括两场B类——即1968年苏联出兵65万入侵捷克斯洛伐克(捷未予抵抗)和1992—1994年原南斯拉夫境内的波黑战争,三场C类——1956年的匈牙利事件、1991—1993年原南斯拉夫境内的克罗地亚武装冲突和1999年美国为首的北约空袭南斯拉夫的战争。因此,在欧洲中心地区,事实上50多年没有发生过战争和大的武装冲突。这种情况同20世纪前半叶,第一次和第二次世界大战的主要战场都是在欧洲中心地区形成了鲜明对照。

对于战后十分之九的局部战争和武装冲突发生在亚、非、拉地区,我们也要作进一步的分析。战后亚、非、拉地区发生的战争与武装冲突,近一半(132场)是在亚洲,其中包括全部A类和一半B类的大局部战争。但是,我们应该考虑到亚洲人口占世界总人口几乎五分之三。相比之下,占世界总人口约10%的非洲,却发生了占全球总数27.37%(75场)的战争与武装冲突。这表明相对于亚洲来说，更加落后的非洲大陆发生战争和武装冲突更加频繁。至于拉丁美洲，人口约占世界人口的7%，发生的战争和武装冲突占整个世界的15.33%，比例也是高的。即使是在亚洲，也是那些取得民族独立和走上现代化进程比较晚、因而相对比较落后的地区，发生战争和武装冲突的比例较高。例如西亚地区[①]，其人口虽然只占世界总人口约4%，却发生了68场战争和武装冲突（占整个亚洲的一半多或全球的四分之一）。这些都同样表明，越是落后的欠发达地区，战争和武装冲突就越加频繁。

当然，二次大战后战争与武装冲突频繁而密集地发生在亚、非、拉地区，其原因是多方面的。首先，同西欧发达国家对亚、非、拉地区长期进行殖民主义掠夺和统治有密切关系。其次，同战后美国的对外扩张和美苏的争夺主要集中在亚、非、拉国家和地区有密切关系。第三，同亚、非、拉这些原殖民地、半殖民地落后国家争取民族独立和走上现代化的进程中所必然出现的多种矛盾和社会震动有密切关系。对此我们将在下面进一步分析考察，这里仅从战后"热"点地区总体分布的角度，揭示当今战争与武装冲突向欠发达国家和地区转移的趋势。

为了较全面地认识战后"热"点地区的变化，需要按不同时段考察其变动。

在1946—1953年的战后第一个战争运动高峰期，8年里总共发生局部战争与武装冲突37场。其中11场（占29.7%）在亚洲东部地区[②]。如果考虑到它们的规模、延续时间和激烈程度，那么亚洲东部地区就显得更加突出了。在这期间，全球所发生2场A类大局部战争（中国人民解放战争、朝鲜战争），1场B类大局部战争（印度支那抗法战争），全都集中在东亚和东南亚地区。还有，这期间全球30%的C类局部战争——即两次印尼荷兰战争（1947—1949年）和马来亚反英战争（1948—1957年），也都是在东亚和东南亚地区。这种情况，同如下因素有密切关系。中国和亚洲东部原殖民地半殖民地国家的人民，在第二次世界大战中经历了反法西斯侵略的战斗洗礼，民族独立意

---

① 西亚包括阿富汗、伊朗、土耳其、塞浦路斯、叙利亚、黎巴嫩、巴勒斯坦、以色列、约旦、伊拉克、科威特、沙特阿拉伯、也门、阿曼、阿拉伯联合酋长国、卡塔尔、巴林等。

② 包括东亚（中、日、朝、蒙）和东南亚（越、老、柬、缅、泰、马、新、印尼、菲、文莱、东帝汶等）。

识和民族解放力量迅速增长,因此战后首先兴起了蓬勃的民族解放运动。然而西方的老殖民主义国家,却企图重返亚洲、重建殖民统治。同时,在二次大战中实力膨胀起来的美国,战后推行称霸世界的扩张政策,也首先以东亚作为重要战略目标。因此东亚和东南亚地区的民族解放力量,同欧美发达国家之间,或者同欧美所扶植的亲西方势力之间,就发生了一连串的战争与武装冲突,成为二次大战后世界最早出现的“热”点地区。

在1967—1974年的战后第二个战争运动高峰期,8年里共有战争与武装冲突62场(包括A类2场、B类2场、C类7场)。这时东亚已经不是“热”点地区了,但东南亚则仍然是一个主要的“热”点地区。在东南亚这个仅占全球陆地面积3%、占全球人口7.7%的地区,发生了12场战争与武装冲突(占这期间全球战争与武装冲突总数的近20%,其中包括1场A类(越南战争)、2场C类(老挝抗美救国战争和柬埔寨抗美救国战争)。除此之外,值得注意的是,这期间出现了另外两个新的“热”点地区——中东和非洲。

中东地区本来在第一个高峰时期就已经相当“热”,那时在中东发生了9场战争与武装冲突(占24.3%),仅次于亚洲东部地区。不过相对来说,这期间中东发生的多是C类以下的小冲突。而在第二个高峰期的8年里,中东地区发生17场战争与武装冲突(占27.4%),其中包括1场A类和3场C类的大局部战争。本来在二次大战后,中东发生的众多战争和武装冲突,首先也是由于那里的民族解放运动兴起而同西方殖民主义者(主要是英国)发生冲突。在1945—1963年间中东发生的22场战争,有16场(占73%)属于这种性质。但在第二个高峰期的1967—1974年里,却没有一场属于这种性质。此时导致中东地区成为新“热”点的,主要是以色列同阿拉伯国家之间的冲突。在这期间中东的17场战争与武装冲突中,有6场(占35.3%)是以色列同阿拉伯国家之间的冲突。其中包括:1967年的第三次中东战争(双方投入兵力近40万),1973年的第四次中东战争(双方投入兵力100多万)。

至于非洲,同样首先也是随着民族解放运动兴起,而同西方老殖民主义者不断发生武装冲突。由于北非在二次大战期间是世界反法西斯战争的重要战场之一,促进了那里的民族觉醒。因而战后初期非洲发生的战争与武装冲突,主要是在北非的埃及、突尼斯、摩洛哥、阿尔及利亚。但从20世纪50年代末和60年代初开始,非洲民族解放运动逐渐扩展到撒哈拉沙漠以南的黑非洲。因而肯尼亚、喀麦隆、刚果(金)、安哥拉、南非、几内亚比绍和佛得角、桑给巴尔、坦噶尼喀、莫桑比克、乍得、津巴布韦、纳米比亚、几内亚、西撒哈拉等,都相继发生反殖民主义者和争取民族独立的武装斗争。同时,由于种种历史的原因,非洲在争取民族独立过程中,又不断发生错综复杂的种族、部族、疆界冲突。这一切就使得非洲逐渐成了一个新的"热"点地区。在第二个高峰期的 8 年里,非洲发生 16 场战争与武装冲突(占 25.8%),其中包括 2 场 C 类的战争。

我们再来看看 1979—1988 年(包括战后的第三个战争运动高峰期在内)[①]。在这 10 年里,共有 58 场局部战争与武装冲突,包括 A 类 1 场、B 类 1 场和 C 类 8 场。中东(西亚)地区成为这期间全球最主要的"热"点。在那里共发生 17 场战争与武装冲突(占总数的 29.3%),其中包括这时期唯一的 1 场A 类局部战争——两伊战争(1980—1988 年),还有两场比较大的 C 类局部战争——即苏联入侵阿富汗(1979—1989 年)和以色列入侵黎巴嫩(1982—1985 年,亦称第五次中东战争)。除了中东(西亚)地区以外,拉丁美洲在这一时期也升温了。那里发生了 13 场战争(包括 1982 年英国与阿根廷的马岛战争),使其所占的比重从第二个高峰期的 16% 上升到 22.4%。非洲所占的比重虽然有所下降,但仍然继续是"热"点地区之一,那里也发生了 13 场战争与武装冲突,其中有 3 场属于 C 类。东南亚这一时期有 10 场(占 17.2%),其中主要是越南出兵 20 万入侵柬埔寨(1978—1989 年)。在侵柬过程中,越南不断侵犯泰国领土,导致柬泰边境武装冲突。越南又不断对中国边境进行武装挑衅,导致 1979 年爆发一场 B 类的局部战争——中国对越自卫反击战。还有 1988 年的中越南沙群岛海战。这一切就使得东南亚在越南战争之后仍然是一个"热"点地区。

从全球范围来看,1988 年以后世界局势又趋向缓和,战争历史运动的曲线到了战后的第三个低谷。然而 1991 年爆发了一场 A 类大局部战争——海湾战争,形成第四个高峰期。而且,随着苏联的解体和东欧国家的剧变,1991—1994 年这一时期每年投入冲突的武装人数,维持在 220 万—260 万的

---

① 由于 1979 年投入冲突的武装人数突升到 270 万,此后几年都在 210 万—280 万的水平,所以连同 1985—1988 年的第三个高峰期,构成一个阶段来观察。

较高水平。尤其值得在意的是,这期间的"热"点地区发生了新的变动。在这4年时间里,除了中东地区和非洲继续是"热"点以外,在巴尔干的原南斯拉夫境内,以及原苏联的高加索和中亚境内,接连不断发生了12场战争与武装冲突(占这期间全球局部战争与武装冲突的24%),其中包括1场B类的波黑战争(1992—1994年)和2场C类的较大局部战争,成为新的"热"点地区。

除上述在各个时期有所变动的比较大的主要"热"点地区以外,还有一些长期存在的、规模和影响较小的冲突"热"点。如土耳其、伊拉克、伊朗交接地的库尔德人聚居区(那里的库尔德人武装斗争从1945年延续到现在);缅甸、泰国边境被称为"金三角"的山区(那里盘踞着生产毒品的军阀和少数民族武装);地中海的塞浦路斯岛(那里的希腊族和土耳其族经常发生冲突);菲律宾的棉兰老岛(那里的穆斯林"摩洛人"一直进行着反政府武装斗争);南亚的斯里兰卡(那里的泰米尔人也一直进行着反政府武装斗争);印度和巴基斯坦之间的克什米尔地区(对其归属的争议多次引发两国武装冲突);以及在中亚、西亚、巴尔干、非洲和拉丁美洲的若干存在民族、宗教等比较尖锐矛盾的地区。这些虽然规模和影响较小,然而数量众多的"热"点,却造成了二次大战后全球几乎每年都有20—30场武装冲突。即使是在战争历史运动的低谷时期,如1955—1964年的低谷时期,平均每年有21场战争与武装冲突;1976—1977年的低谷时期,每年有26—27场战争与武装冲突;1995—1998年是战后的战争历史运动曲线降到最低点的年份(投入冲突的武装人数只有20万—60万),但平均每年仍有24场战争与武装冲突。

还有一个值得我们重视的现象,那就是随着冷战的结束,原来同美苏争夺有密切关系的一些传统"热"点地区(如中东)逐渐走向降温,而过去不大为人们注意的、散布于广大欠发达国家和地区的小"热"点却更加突显出来。综观全球,我们可以看到,从巴尔干经中东(含西亚和中亚)到南亚地区,正形成一个战争"热点"地带,其中包括拥有核武器的印巴之间的冲突,这是值得我们注意的。

## 四、热国——进行和参与战争的国家统计

二次大战后，谁进行战争最多？谁插手参与战争和武装冲突最多？这是我们观察20世纪后半叶的战争历史运动时，很自然地会提出来的问题。

我们还是首先看看最基本的事实。

1945—1999年越出本国国境，进行或参与战争和武装冲突较多的国家如下：

**图表1**

| 国家 | 直接出兵进行战争① | 派遣军事人员参与冲突② | 提供直接的军事援助③ | 总计(场数) |
|---|---|---|---|---|
| 美国 | 26 | 13 | 29 | 68 |
| 英国 | 23 | 6 | 7 | 36 |
| 苏联 | 7 | 4 | 10 | 21 |
| 法国 | 11 | 3 | 4 | 18 |
| 以色列 | 14 | 0 | 0 | 14 |
| 印度 | 9 | 0 | 0 | 9 |
| 葡萄牙 | 5 | 1 | 2 | 8 |
| 中国 | 4 | 2 | 0 | 6 |
| 荷兰 | 3 | 2 | 1 | 6 |
| 比利时 | 3 | 2 | 1 | 6 |
| 西班牙 | 4 | 0 | 1 | 5 |

注：①指直接出兵发动和进行战争与武装冲突。

②指派遣特种部队或军事顾问等，参与或支持某方进行战争和武装冲突。

③指提供某方进行战争和武装冲突的直接军事援助(不含一般性的军事援助)。

我们从上述表格所列数字可以看到，在二次大战后所发生的274场局部战争和武装冲突中，美国越出本国的国境，直接出兵进行和参与的有26场，以派遣军事人员等方式参与或支持某方进行的有13场，以提供战争一方以直接军事援助(即通常所说的“出钱出枪”)参与的有29场。三者合计共68场，占

战后局部战争和武装冲突总数的24.8%。其中C类以上(即双方投入武装10万人以上)18场,占C类以上总数的35.3%。这些战争在地域上,遍布全球各大洲近40个国家。尤其必须指出,全部6场A类(双方投入武装100万人以上)战争中,有3场(朝鲜战争、越南战争和海湾战争)是美国亲自出马直接派兵进行的。另外2场(中国人民解放战争和第四次中东战争),美国也以派遣军事顾问和提供军事援助的方式直接插手。

我们还可以从美国军火出口和海外驻军这两个侧面,看到美国插手当代战争与武装冲突的“热”劲。美国长期以来一直是世界最大的军火出口国。战后头20年,美国占了世界军火出口总额的四分之三。[①] 后来苏联的军火出口逐渐赶了上来。1963年苏联出口军火12亿美元,一度超过美国(11.9亿美元)。但在整个60年代和70年代,美国军火出口总额仍然超过苏联。1963—1973年苏联出口军火总值156亿美元,而同期美国出口军火总值297亿美元[②],以后苏联军火出口迅速发展超过了美国。80年代末苏联的军火出口约占世界总额的40%,美国则约占25%。但从1991年起,美国又重新成为头号军火出口国。在这一年的世界军火市场中,美国占38%,原苏联和欧共体各占26%;第二年(1992年)美国所占份额提高到46%。[③] 虽然随着“冷战”结束,世界军火交易1989年以后一度大幅度下降,但从1994年起又重新呈上升趋势,美国起着很大作用,连华盛顿的军备专家纳塔利·戈德林也说:“美国到处给国际武器市场加温。”[④]据伦敦国际战略研究所1996年10月发表的报告,美国1995年出口军火133亿美元,占该年度世界军火总销售额302亿美元的44%(其次是英国48亿美元、法国38亿美元、俄罗斯30亿美元)。美国不仅向它认为是盟友的国家(或一方)出口军火,而且常常向交战的双方都提供军火武器。其供应面遍及全球146个国家,以致美军参与海外战争行动时,其士兵常常被美国自己出口的军火武器所杀伤。

关于美国的海外驻军,我们可从下列图表2的数字看出其情况。

---

① 1970年5月23日美国《商业周刊》,第114页。

② 美国军备控制和裁军署1974年发表的《1963—1973年世界军事开支和武器贸易》研究报告。

③ 1993年6月26日英国《简氏防务周刊》。

④ 德国《明星》周刊1995年第11期,题为《自取灭亡》的文章。

**图表2:美国在世界各地驻军情况**

| 国家和地区 | 1962年6月 | 1993年6月 |
|---|---|---|
| 欧洲地区 | 共37.3(万人) | 共16.7(万人) |
| 其中:德国 | 26.6 | 10.9 |
| 英国 | 3.5 | 1.5 |
| 法国 | 5 | / |
| 意大利 | 1 | 1.2 |
| 西班牙 | 1 | 0.4 |
| 中东、北非地区 | 共6.5(万人) | 共2.3(万人) |
| 其中:土耳其 | 0.9 | 0.45 |
| 摩洛哥 | 0.5 | / |
| 利比亚 | 1.4 | / |
| 索马里 | / | 0.73 |
| 沙特阿拉伯 | / | 0.1 |
| 地中海地区海上 | 3.5 | 1.1 |
| 东亚、太平洋地区 | 共20.6(万人) | 共11(万人) |
| 其中:日本 | 9 | 4.68 |
| 韩国 | 4 | 3.48 |
| 南越 | 0.7 | / |
| 泰国 | 0.4 | 0.01 |
| 菲律宾 | 1 | 0.02 |
| 太平洋地区海上 | 5.5 | 2.7 |
| 拉丁美洲地区 | 共2.1(万人) | 共1.6(万人) |

注:1962年资料来自[美]西·德切曼:《有限战争和美国防务政策》1964年马萨诸塞州版。

1993年资料来自1993年10月25日美国《时代》周刊。

美国经过第二次世界大战后,其经济、政治和军事实力都极大地膨胀起来。从军事上来说,它拥有世界最庞大的海、空军和仅次于苏联的陆军,并在全球战略要冲建立了军事基地,并派驻了军队,本来作为一个世界性的大国,20世纪前半叶美国资本主义的利益和影响已经渗透到全球。二次大战后美国的实力进一步膨胀,更加把它推上了资本主义世界的中心地位。随着成为世界头号超级大国,美国统治集团追逐世界霸权的野心也随之极大地膨胀起来。早在1947年4月5日,当时的美国总统杜鲁门就露骨地表明了这一点。他说:“全世界都注视着我们,要我们肩负起领导的责任。形势的发展使我们必须肩负起这个责任。”这就是美国二次大战后成为从事战争最“热”的国家的基础和原因。

英国越出本国国境,参与和进行战争与武装冲突的次数占第二位,共达36场,占总数的13.1%。这主要是因为英国作为一个老牌的殖民大帝国,其殖民地和附属国遍布全球。当二次大战后亚、非、拉地区民族解放运动高涨,各殖民地、附属国人民纷纷起来争取独立的时候,英国常常使用武力进行镇压。因而它参与和进行的战争与武装冲突场数很多,地域上也几乎遍及全球。不过其规模一般比较小,大多属C类以下(只有8场属C类)。虽然英国也派兵参与了朝鲜战争和海湾战争,但人数有限,主要是作为支持美国的行动。在时间上,英国直接参与和进行的局部战争与武装冲突,主要是在战后初期的40—50年代。近三分之二(即23场)是在1960年以前进行的。至于法国,情况大体上同英国差不多,也主要是因为它是个老牌的殖民主义国家,在战后初期企图以武力镇压亚非民族解放运动。除了英法之外,葡萄牙、西班牙、荷兰、比利时等欧洲的老殖民主义国家,也都大体如此。总计起来,欧洲资本主义发达国家,战后在亚、非、拉地区,直接参与和进行的战争与武装冲突共达79场,占了总数的28.8%。当谈到战后十分之九的局部战争和武装冲突发生在亚、非、拉地区时,人们是不能忽略这一基本历史事实的。我们完全有理由说,英法这些欧洲的老牌殖民主义国家,在战后初期相当一段时期里也是“热”的国家。

苏联是二次大战后与美国对峙的另一个超级大国。它越出本国国境,派兵或军事人员进行的局部战争与武装冲突有11场,以直接提供军事援助方式参与战争的有10场,合计21场。其中C类以上的10场,占总数(51场)近20%。值得注意的是,在斯大林时期的苏联,二次大战后虽然在其周边的东欧国家驻扎了军队,但并没有直接参与过一场战争。对当时发生的希腊内战、中国人民解放战争和朝鲜战争等,虽然被某些西方势力宣传为“共产主义扩张”,但实际上斯大林都没有予以真正大力的援助。1956年10月匈牙利发生动乱,驻匈苏军12个师采取军事行动,这可以说是二次大战后苏联直接参与国境外的第一场武装冲突。进入60年代以后,苏联在国境外参与和进行的战争与武装冲突就多了起来,其中包括:1968年出兵65万入侵捷克斯洛伐克(捷未予抵抗),1979年出兵10万入侵阿富汗(至1989年才撤兵),还有先后派遣军事人员到埃及、安哥拉、扎伊尔、埃塞俄比亚等国,插手中东和非洲的多场战争与武装冲突,并且制造了同美国进行直接军事对峙的柏林危机和古巴导弹危机。事实表明,60—80年代的苏联,随着其掌权集团追逐世界霸权野心的膨胀,也成了"热"的国家。

以色列是二次大战后出现的中东地区小国家,但几十年来几乎是战争不断。它对阿拉伯国家所进行的5次中东战争,都是属于C类以上的大局部战争,其中1973年的第四次中东战争更属于A类,此外还有多次出兵突袭埃、叙、黎等阿拉伯国家的军事行动。一个人口只有世界总人口0.08%(约400万人)的小国,却进行了占全球总数5.1%(14场)的战争与武装冲突。如果按C类以上的大局部战争计算,以色列进行了5场,则更高达占总数(51场)近10%。我们完全可以说,以色列是中东地区"热"的国家。

我们还可以从另一个侧面,即从各国武装部队占该国人口总数的百分比,以及各国军费占该国的国民生产总值的百分比,观察二次大战后哪些国家在军事上比较"热"。虽然并不是军队数量占人口比例多和军费占国民生产总值比例高,就一定是参与战争和武装冲突"热"的国家,但也是可以作为我们上述分析的一种佐证。

**图表3:1966—1967年武装部队和军费所占比例最高的5国**

| 武装部队人数<br>占人口总数的百分比 | 军事费用<br>占国民生产总值的百分比 | 用于军事的各种资源<br>占总量的百分比 |
|---|---|---|
| 以色列　2.7 | 以色列　10.5 | 以色列　28.4 |
| 韩国　2 | 苏联　9 | 美国　13.6 |
| 美国　1.6 | 美国　8.5 | 苏联　12.6 |
| 苏联　1.4 | 英国　5.8 | 韩国　7.8 |
| 土耳其　1.4 | 法国　5.2 | 土耳其　6.6 |

注:资料来源于(美)汉森·W·鲍德温:《明天的战略》附录2,1970年纽约版。

最后,我们还要分析一下印度和中国的情况。

印度是二次大战后才获得独立的南亚大国。它同其邻国进行了9场战争,其中6场是同巴基斯坦的战争,即第一、第二次克什米尔战争(均属C类),1971年导致东巴成立孟加拉国的第三次印巴战争(属B类)以及90年代3次印巴克什米尔地区武装冲突;另外3场是1962年出兵进攻西藏一段中印未定边界地区的中国边防军(中印边界战争),1973年出兵兼并喜马拉雅山南坡的锡金,1987—1990年出兵斯里兰卡参与对泰米尔"猛虎"组织的作战。南亚次大陆在战后虽未构成为全球最主要的"热"点地区,但仍然是人们关注的潜在"热"点。尤其是印度和巴基斯坦作为南亚地区的大国,都发展成为拥有核武器的国家。它们之间已经发生过6次战争和武装冲突,而且两国的历史积怨和当前矛盾都远未解决。这一切就使得一些西方舆论惊呼:"南亚曾经是、将来也仍然是世界的火药桶。"①

至于中国,历史上曾经长期受西方殖民主义国家的侵略,在共产党的领导下通过长期的革命战争,终于在二次大战后较早争得了民族独立,并发展成为世界性的政治大国。中华人民共和国成立以后派兵越出国境进行的战争,都具有反侵略的自卫性质。1950—1953年的朝鲜战争,是在侵朝美军把战火烧到中国东北鸭绿江边的情况下,派遣中国人民志愿军"抗美援朝,保家卫国"。1962年的中印边界战争,是在印度军队大规模侵犯西藏边境的情况下实施的有限度的自卫反击战。1979年的中越边境战争,也是在越南军队对广西和云南边境不断武装挑衅的情况下实施有限度的自卫反击战。还有1961—1962年的中缅军队联合扫荡"金三角"②,则是根据两国政府协定,出兵2万协同缅甸政府军扫荡在那里的毒贩、土匪。另外,中国还在印度支那抗法战争和越南战争中,应越南政府之请派遣军事人员进入越南国境参与反侵略战争,也是具有"抗法(抗美)援越,保家卫国"的性质。

## 五、热源——引发战争的因素分析

二次大战后虽然没有发生新的世界大战,但局部战争和武装冲突连绵不

① 1993年5月23日美国《纽约时报》,爱德华·加根的文章。

② "金三角"是缅甸与泰国、中国交界的边境山区。1949年国民党军残部逃亡该地,勾结当地土匪军阀从事生产鸦片和贩毒、进行反对缅甸政府和袭击中国边境的活动。

断。造成这种状况的因素是多方面的,我们将在本节中加以阐述。为了便于进行观察和分析,先对 1945—1999 年所发生的 274 场局部战争和武装冲突作一分类。

第一类是国际性战争。主要指属于两个以上的主权国家之间,投入正规武装部队进行的战争和冲突,共有 99 场,占总数的 36.13%。

第二类是民族解放战争(或曰殖民主义和反殖民主义战争)。主要指原西方国家的殖民地半殖民地人民,为争取民族独立和民族解放而进行的战争和武装斗争;也包括西方国家以武力镇压其殖民地附属国民族解放运动的殖民主义战争,共有 43 场,占总数的 15.69%。

第三类是国内战争。包括在一个主权国家内,不同阶级或集团矛盾所引发的战争和冲突(如人民革命、武装政变等),不同民族、种族或部族矛盾(含少数民族要求分离自治)所引发的战争和冲突,共有 132 场,占总数的 48.18%。

这里需要指出,在 20 世纪的世界,全球经济政治日益紧密地相互联系和渗透,多种矛盾多重性质交错在一起的战争是普遍现象。例如中国人民解放战争,我们把它划入国内战争的范畴,但旧中国是个受西方帝国主义侵略和控制的半殖民地国家,因此它同时具有反对帝国主义的民族解放性质。事实上美国也一直出钱出枪和派遣军事顾问,援助蒋介石政府进行这场战争。又如朝鲜战争,既具有国内战争的性质,又具有反对帝国主义侵略的民族解放性质。由于美国和中国等多国出兵直接卷入,我们把它划入国际性战争的范畴。再如 1977、1978 年的两次扎伊尔沙巴战争,我们把它划入国内战争范畴,但它们也是具有民族解放性和国际性的战争。扎伊尔原为比属刚果(金),1960 年独立后冲伯集团在加丹加省(后改名沙巴省)叛乱。美、比以联合国军名义入侵干涉,扶植蒙博托军事政变,杀害刚果(金)总理卢蒙巴。1971 年改称扎伊尔。随后,同美国争霸的苏联渗透到扎伊尔。1977 年苏联、古巴支持反蒙博托的加丹加叛乱分子,从安哥拉入侵沙巴省。西方国家援助蒙博托政府打败加丹加叛军。1978 年受苏、古支持的加丹加叛乱分子,再次从赞比亚侵入沙巴省,爆发第二次沙巴战争。美、法、比支持扎伊尔当局,再次击败加丹加叛军。从这个十分复杂的过程来看,两次扎伊尔的沙巴战争,都有众多国家插手参与,但并未直接投入正规军作战,所以我们仍把它们划入国内战争范畴。从上述所举例子可以看到,把二次大战后的274场局部战争和武装冲突,划分为国际战争、民族解放战争和国内战争,只具有相对的意义。很多我们划入国内战争范畴的冲突,事实上都有外国势力(包括非正规的武装力量)参与,并非纯粹的国内战争;而不少的国际战争,也常常是由国内战争演变而成的。

下面我们分别对不同类型的战争因素,作一些最基本的综合分析。

战后发生的43场民族解放战争,主要是由于西方老牌殖民主义国家,以武力镇压亚、非、拉民族解放运动而引发的。二次大战后,经过伟大的世界反法西斯战争的战斗洗礼,亚、非地区各殖民地附属国人民的民族意识迅速发展,纷纷起来争取民族独立。但英、法、葡、西、荷、比等欧洲老牌殖民主义国家,不甘心退出历史舞台,常常企图使用武力来维持其原来的殖民主义统治。这一因素是战后初期发生局部战争和武装冲突的主要“热”源之一。事实上在1945—1964年的20年间,全球所发生的104场战争和武装冲突,有35.6%(即37场)是属于这一类型。不过,从20世纪后半叶的总体上来说,这种类型的战争只是一个旧时代的尾声。随着60年代大量的殖民地附属国相继获得独立,延续了几百年的西方殖民主义体系最后崩溃,70年代中期以后就再没有这种类型的战争了。

国际性的战争一向是人们研究战争历史运动时所最重视的。二次大战后所发生的99场国际性战争,情况比较复杂。属于西方发达国家同第三世界国家之间的国际性战争与武装冲突有28场。其中绝大部分(22场)是美国进行的,包括3场属于A类的朝鲜战争、越南战争和海湾战争。美国成为世界头号超级大国,其统治集团追逐世界霸权的野心,促使美国不断越出本国的国境,直接发动、进行和参与了遍布全球各大洲近40个国家的战争(在前一节里已经说到了这方面的情况)。虽然美国总是把它的海外战争和军事行动,说成是为了维护“安全、和平与人权”,但事实上却主要是美国对外扩张和追逐世界霸权的行为。这是二次大战后最值得人们重视的主要战争“热”源。英国和法国同第三世界国家之间的国际性战争(共有6场),往往是英法对那些已成为独立主权国家的原殖民地附属国进行的。实际上仍然具有维护其原殖民主义利益的性质,可以说是前述民族解放战争类型的一种延续。其中比较大和比较著名的有:1956年英、法和以色列对埃及进行的苏伊士运河战争(即第二次中东战争),1982 年英国与阿根廷的马岛战争。

战后的国际性战争中占多数的是在第三世界国家之间发生的,共有 65 场(占全部国际性战争的 65.7%)。从时间上看它们是随着 50—60 年代大量亚、非、拉国家相继独立而日益增多起来。在 1945—1964 年的 20 年里,第三世界国家之间的战争和武装冲突只有 8 场,而 1965—1984 年的 20 年里却有 41 场。这些大多在二次大战后才获得独立的第三世界国家,长期受到西方国家的殖民主义统治,其经济政治的发展和进入现代化的进程,受到阻碍和扭曲。它们不仅比较贫困落后,而且遗留下来的疆界、民族和宗教等历史性的矛盾特别多,也特别复杂。强烈而偏激的民族主义情绪,往往比较容易在这些国家中占据上风。面对独立后巨大的经济和政治困难,有些第三世界国家的领导人,指望通过武力手段来解决。而缺乏民主传统的政治体制,又使他们决策动武时缺少约束机制。再加上正在争霸的美苏两个超级大国,以及影响犹在的西方原殖民国家势力,往往从它们的帝国主义利益出发插手干预。这一切就造成了第三世界国家独立后,彼此之间的战争和武装冲突比较多。

这里需要特别指出,若干第三世界国家由于民族主义恶性发展,走上追求和争夺地区霸权的道路,已经在最近 20 年引发出若干激烈的大规模国际性战争。这是值得人们注意的一种新的战争因素。例如,两个同属阿拉伯国家的伊朗和伊拉克在 1980—1988 年所进行的战争。其原因虽然同两国之间存在的教派、民族和领土矛盾有关,但更主要的是源于双方争雄海湾的地区霸权野心。这场战争开始时伊拉克攻入伊朗,后来伊朗反攻进入伊拉克境内。双方都进行了全民总动员,在陆、海、空反复鏖战,互相大规模袭击对方的城市和石油生产设施,甚至使用了化学武器。两伊八年战争,双方伤亡 200 多万人,耗费 2000 亿美元(约占两国的国民生产总值 60%),其他经济损失无法估计,而且影响整个中东并波及全世界。又如,伊拉克 1990 年入侵科威特(由此引发海湾战争),也是同它的民族主义恶性发展和地区霸权野心有密切关系。再如,越南刚刚经过长期抗法、反美民族解放战争才获得独立,却在 1978 年出兵 20 万侵占曾经共同抗法、反美的近邻小国柬埔寨,经多次国际干预,直至 1989 年才撤军。还有南亚的印度和巴基斯坦的多次战争,也具有这种因素。

中东地区的以色列同阿拉伯国家之间的战争冲突,则是战后国际性战争中比较特殊的类型。其因素既源于巴勒斯坦的犹太人与阿拉伯人之间的民族和宗教矛盾,也同美英为首的西方国家把巴勒斯坦划分为犹太国与阿拉伯国的处置有关,更加同美苏两个超级大国在中东的明争暗斗有密切关系。这些错综复杂的因素,使以阿矛盾长期成为中东地区的主要“热”源(不过近年已有走向缓和的发展趋势)。

国内战争是二次大战后发生场次最多的一种战争类型(共 132 场),而且它们绝大部分发生在亚、非、拉国家。这些情况复杂、数量众多的国内战争,大致可以分为如下几种类型:

一种是由各国共产党领导和发动的武装斗争,旨在夺取该国政权而走向社会主义道路。主要发生在东南亚地区。这些国家的共产党,在二次大战期间积极领导人民进行反对日本法西斯的斗争,其影响和力量迅速壮大,不少还建立了自己的武装力量和革命根据地。战后随着东欧和亚洲一系列国家(尤其是中国)共产党取得政权,出现了世界性的社会主义运动高潮。在此背景下,这些国家的共产党决心走中国式的农村包围城市的武装革命道路。例如,菲律宾共产党 1946 年开始武装斗争,其武装力量在 80 年代曾达 2.6 万人,虽然 1992 年减至 1.3 万人,但至今仍是菲律宾最大的反政府武装之一。缅甸共产党在缅甸政府宣布缅共为非法之后,1948 年转入农村和山区开始武装斗争,其武装力量曾发展到 1.5 万人。虽然缅甸政府同缅共举行过几次谈判,但均未有结果。马来亚共产党在英国殖民当局宣布取缔马共之后,也于 1948 年开始在农村进行武装斗争。1957 年马来亚在英联邦范围内获得独立后,拉赫曼政府曾同马共进行谈判,但未有结果。马共坚持在马泰边境进行游击战争,在 60—70 年代每年都打死政府军警三四百人。泰国共产党曾经在 1946 年取得合法地位,但翌年被泰国军政府取缔,遂于 1961 年在农村开始进行武装斗争,1969 年成立“泰国人民解放军”最高司令部,在 70 年代时每年都进行战斗数百次,打死泰国政府军警千余人。印尼共产党在战后初年曾积极参与反荷兰殖民者的民族独立战争,并且加入了苏加诺政府,但印尼右翼势力多次策动反共。1965 年苏哈托建立军人政权后镇压共产党。转入地下的印尼共产党于 1967 年在农村和山区重新开展武装斗争。除上述东南亚国家外,这种类型的国内战争也包括 1946—1949 年的希腊内战、1946—1951 年的印度特仑甘纳武装斗争等,共有 9 场。

第二种类型的国内战争，主要是一些试图改变现存社会秩序的左派激进组织，发动和进行的反政府游击战争，大多发生在60—80年代的拉丁美洲国家。这些拉美国家，往往受到美国垄断资本的掠夺和干涉，贫富悬殊，实行独裁统治，政局动荡，农村山区贫困落后，广大民众中存在着要求社会改革和政治民主化的强烈愿望。二次大战后中国和亚洲一些国家武装斗争的胜利，使拉美的左派力量相信通过武装斗争是实现社会改革和政治民主化的可行道路。早在战后初年就有若干拉美国家的共产党（如哥伦比亚、巴拉圭、玻利维亚等）领导了武装斗争。但进入50年代中期，随着赫鲁晓夫提出“和平过渡”论，拉美共产党大多转而实行议会政治斗争路线。正在此时，古巴革命①在1959年获得胜利，给予拉美左派组织的武装斗争增添了新的推动力。一时间，传奇式的古巴游击战英雄切·格瓦拉的“游击中心”论风靡整个南美，而卡斯特罗的古巴也成了拉美左派武装斗争的后方基地。1962年，危地马拉左派组织“全国革命联盟”开展反政府的游击战争。同年，委内瑞拉的激进组织“左派革命运动”与委共一起，分别在东部和西部开展反政府武装斗争。两支游击队曾在1969年联合成立“革命统一委员会”。虽然委共在70年代放弃武装斗争，但“左派革命运动”仍继续坚持。在尼加拉瓜，一批原共产党成员成立“桑地诺民族解放阵线”，于1963年在山区开展反索摩查独裁政权的游击战，揭开了后来闻名一时的桑地诺革命序幕。1966年格瓦拉率一批追随者进入玻利维亚，按其“游击中心”论开展游击活动。但格瓦拉领导的玻利维亚游击战出师不利，遭玻政府军和美国“特种部队”围攻，1967年10月格瓦拉牺牲。其余部由奥·佩雷多率领，坚持武装斗争至70年代。哥伦比亚60年代末出现3支反政府左派武装（包括重新确定武装斗争方针的哥共马列派）。萨尔瓦多70年代初出现4支反政府左派武装——法·马蒂民族解放阵线、全国抵抗部队、人民革命军以及共产党领导的武装。在秘鲁，当秘共放弃暴力革命方针后，从秘共分裂出来的激进左派组织，又重新开始武装斗争，其中影响最大的是极“左”的“光辉道路”派。此外，还有巴西的民族解放联盟游击

---

① 1953年7月26日，古巴的卡斯特罗发动反巴蒂斯塔独裁政权的武装起义。失败后被判刑。翌年大赦获释后流亡墨西哥。1955年建立“七二六运动”。1956年11月，卡斯特罗再次率81人在奥连特省登陆，进入马埃斯特腊山区进行武装斗争。1959年1月推翻巴蒂斯塔政权。

队、阿根廷的蒙托内罗斯游击队、智利的左派革命运动武装、洪都拉斯的人民解放运动、乌拉圭的图帕马罗斯游击队等。整个拉美左派游击队,从50年代的5个,猛增到60年代末的60多个(但到80年代减少至11个)。

上述这两种类型的国内战争,虽然出现过以共产党领导的亚洲东部地区革命武装斗争为主的高潮和以拉丁美洲地区左派游击战争为主的高潮,但从80年代末起都逐渐转入低潮。其原因是多方面的。作为社会主义国家的苏联和东欧发生剧变,社会主义思潮和运动出现挫折和分化,这是国际性的大背景。一些国家的共产党和左派组织,坚持过左的主张和方针,不问客观条件片面强调武装斗争,以及它们本身所出现的腐败,则是重要的主观原因。一些拉美报刊尖锐地说:拉丁美洲左派武装斗争的墓碑,也许是尼加拉瓜桑地诺民族解放阵线竖起的。[①] 1979年桑地诺革命取得胜利,掌握了政权和国家财产,但由于内部的争夺权利和腐败,经过10年之后,该阵线却在1990年尼加拉瓜的首次民主大选中失败。此外,近年来不少第三世界国家在现代化进程上取得相当大的进步。随着经济发展和政治走向民主化,武装斗争的理论在这些国家失去了以前的吸引力,追随古巴革命道路的游击队也失去70年代那种广泛的群众基础。不过,由于上述两种类型的国内战争,都主要是反映了当代世界所存在的贫富矛盾,从根本上来说,当这种矛盾没得到基本解决以前,就仍然存在导致国内战争冲突的因素。正因为如此,上述两种类型的国内战争仍然是今后世界战争运动中一种不可忽视的“热”源。

第三种类型的国内战争,主要是在同一主权国家内,不同民族、种族或部族矛盾所引发的大规模暴力冲突。这种类型的国内战争和冲突,不仅大量存在于亚、非、拉等第三世界国家,也出现在若干发达国家。例如,长达30年的北爱尔兰共和军反英武装斗争[②],美国多次发生的大规模种族暴力冲突。不过就其数量和激烈程度来说,主要还是在亚、非落后地区的国家。这种不同民族、种族或部族(常常同时包含着不同宗教或教派)的矛盾,在若干国家和地区,几十年来几乎一直成为引发战争和冲突的重要“热”源。

---

① 1995年1月23日墨西哥《至上报》文章:《拉美游击队——暴动的尾声》。

② 1800年英国把爱尔兰并入版图,爱尔兰多次举行武装起义。1921年签订条约,南部26郡成为“自由邦”。1937年成立爱尔兰共和国。但英仍对爱北部6郡直接统治。北爱要求独立和南北统一。主张用暴力斗争者建立了北爱尔兰共和军,1968年开始反英武装斗争。

西亚的伊朗、伊拉克和土耳其，都长期存在着库尔德人的武装斗争。这个约有 1500 万—2000 万人的西亚古老民族，散居在伊朗、伊拉克、土耳其、叙利亚和前苏联交界的贫困山区，由于受到所在国家的统治民族及其政府的歧视，一直进行着分离自治斗争。这几国政府（尤其是伊拉克和伊朗），常常在镇压本国境内库尔德人运动的同时，又支持别国境内的库尔德人运动。从 1945 年至今，这三国政府军同库尔德人共发生过 10 场比较大的武装冲突。地中海的岛国塞浦路斯，信奉东正教的希腊族和信奉伊斯兰教的土耳其族之间的矛盾，也是经常发生武装冲突的“热”源。由于希腊和土耳其两国都插手支持塞岛各自的同族人，更使矛盾复杂化。中东的黎巴嫩是个因民族和宗教冲突而内战不断的典型国家。一般的阿拉伯国家均以伊斯兰教为唯一的国教，但黎巴嫩却是伊斯兰教与基督教并存，两大宗教内又派别林立。而且在黎巴嫩，各教派都拥有自己的武装和势力范围，有如国中之国。因此，国际社会常常把一个国家，由于民族宗教冲突而四分五裂、内战不断的现象，称为“黎巴嫩化”。中亚的阿富汗，民族、宗教和政治矛盾交错在一起，70 年代苏联插手和随后的出兵入侵更使其激化。阿富汗在抗苏战争中出现各派游击队 20 多支，1989 年苏军撤出后各派游击队不断混战。南亚的斯里兰卡，由于泰米尔族与僧伽罗族的斗争，尤其是 70 年代初以青少年为主的“泰米尔猛虎”恐怖组织的出现，也使该国长期内战不断。此外，印度教徒、穆斯林教徒以及锡克教徒之间的矛盾，也是南亚次大陆不断发生暴力冲突的重要因素。东南亚的缅甸有众多的少数民族，其中的克伦族、掸族和孟族都有自己的武装，在缅泰边境长期进行反政府的武装斗争。而且，还混杂了被称为“金三角”的生产贩卖毒品的土匪军阀势力，形成一个缅甸的内战“热”源。菲律宾约有 300 万穆斯林，被称为“摩洛人”，主要居住在棉兰老岛。那里十分贫困落后。战后几十年，“摩洛民族解放阵线”一直进行着反政府武装斗争，与菲共领导的新人民军，同为最大的两个反政府武装（近 2 万人）。其他还有一些亚洲国家，也都有因民族矛盾而不断发生暴力冲突的情况。

非洲发生这类种族、部族矛盾引发的国内战争和暴力冲突最多。非洲大陆虽然是人类文明最早的发源地之一，但其社会发展的速度和水平低于欧洲和亚洲。当欧洲和亚洲走向形成统一的民族国家时，非洲只有地中海沿岸少数国家进入封建社会，其他大多仍是原始末期或奴隶社会初期的民族部落国家。非洲也是最早遭受欧洲殖民者入侵的大陆，从15世纪开始先后几百年的奴隶贸易、殖民掠夺和统治，严重阻碍和扭曲了非洲现代民族的形成过程。西方列强在入侵和瓜分非洲时，常常根据各自的实力和利益，随意划分其殖民地和势力范围的疆界，完全不顾各民族、种族和部族的人文分布以及自然地理条件。再加上西方殖民当局为了巩固其统治，采取分而治之、挑拨种族和部族关系的政策。这一切就形成了非洲十分错综复杂的种族和部族矛盾以及根深蒂固的部族主义①。二次大战后大量非洲国家纷纷独立，其部族矛盾和部族主义不仅没有解决，而且由于民族国家发展的不成熟，很多国家的政权机构和军队都带有部族色彩，因而更加经常触发武装冲突。事实上，战后非洲所发生的32场国内战争和武装冲突，绝大多数都是由此爆发的，即使是非洲国家之间的国际性战争也大多与此有关。

非洲由于种族和部族矛盾引发的战争与武装冲突，不仅数量多，而且其复杂性、野蛮性和激烈程度常令世人感到震惊。例如，西非的尼日利亚（原为英国的殖民地）有大小250多个部族，其中三个最大的部族是北方的豪萨－富拉尼族、东方的伊博族和南方的约鲁巴族。1960年尼日利亚独立时，北方的部族在政府中占据主导地位（豪萨族人巴勒瓦任总理）。1966年初伊博族军人发动政变，杀死巴勒瓦和大批豪萨族人，由伊博族将领伊龙西执政，约鲁巴族军人也受到清洗。同年夏，进行复仇的豪萨族军人发动新政变，杀死伊龙西。豪萨族军人虽然推出“中间地带”小部族出身的陆军参谋长戈翁为政府首脑，但在各地展开了对伊博族人的清洗与屠杀。大批伊博族人逃到由本族人掌握军权的称为“比夫拉”的东部地区。1967年东部地区的伊博族军人集团宣布建立“比夫拉共和国”，展开反对中央政府的内战。1970年“比夫拉共和国”战败。两年多的内战死亡人数达200万。以后，戈翁为首的“中间地带”小部族势力扩大。豪萨族军人默塔拉·穆罕默德，又同约鲁巴族军人奥巴桑乔联合，于1975年发动政变推翻戈翁，自任政府首脑。翌年，戈翁所属部族军人又发动新政变，虽未成功，但杀死了穆罕默德。随后约鲁巴军人奥巴

---

① 西方文化人类学者一般认为部族（亦称部落）是人类社会形成民族之前，人们具有共同血统、语言和文化的共同体，是个不成熟的发展阶段。部族主义就是建立在这种比较落后的社会基础上，一种视部落利益高于一切的社会意识和行为，具有很强的内聚力和排他性。

桑乔出任政府首脑,基本保持了与豪萨族的联盟,各部的争权和仇杀仍在继续。

中非毗邻的卢旺达(原名卢安达)和布隆迪(原名乌隆迪),都居住着胡图族和图西族。1890 年德国殖民者入侵前,两大部族虽然也时有冲突,但基本上仍能和平共处。西方殖民主义者入侵后,为维持统治,玩弄挑动部族斗争的伎俩。尤其是在一次大战后两地交由比利时托管。比利时殖民者扶植社会发展水平比较高的图西族,把胡图族划为智力低下和野蛮的低等种族。二次大战后非洲人民日益觉醒,图西族领导人要求独立,比利时殖民者又反过来把胡图族人扶上领导岗位。两族矛盾因而日益尖锐。1959 年在卢安达境内爆发了胡图族与图西族的大规模武装冲突。1962 年联合国通过结束卢、乌托管和分别建立两个独立国家的决议,正式定名为卢旺达和布隆迪。卢旺达(人口 82% 为胡图族、16% 为图西族),主要由胡图族人掌权,受到排斥和压迫的图西族人大量逃亡到邻国乌干达,建立了反政府的“爱国阵线”组织和武装。布隆迪(人口 86% 为胡图族、12% 为图西族),主要由图西族人掌权,受到排斥和压迫的胡图族人也建立了反政府的“人民解放党”和武装。两国的两部族之间不断发生流血冲突和内战。1990 年爱国阵线武装从乌干达越过边界,向卢旺达政府军大举进攻。1993 年双方签订允许图西族参政的阿鲁沙条约,内战暂告停止。但 1994 年 4 月 6 日,卢旺达总统比亚利马纳(胡图族人),在同爱国阵线领导人达成落实图西族参政的协议后,从乌干达返国时座机遭到火箭袭击而遇难。胡图族极端分子和政府军立刻掀起对图西族的大屠杀。爱国阵线武装遂与胡图族政府军重开内战。一时间不分男女老幼的部族大屠杀蔓延全国。联合国紧急授权法国派遣 2500 人的维和部队,赴卢旺达建立平民和难民保护区,仍然无法遏制。经过三个多月的激烈内战,7 月 19 日图西族的爱国阵线武装获胜,建立了卢旺达新政府。这时图西族又进行了报复性的屠杀。大量的尸体沿着卢旺达的主要河流卡格腊河,漂浮到下游的乌干达境内,进入维多利亚湖,致使乌干达当局不得不通告渔民,以 2 美元一具的代价截捞掩埋腐烂的浮尸。短短的几个月,人口只有 750 万的卢旺达,竟有 100 万人被屠杀,200 多万人逃亡。卢旺达的邻国布隆迪,也在这段时间发生大规模的内战。本来从 1962—1992 年,布隆迪已发生过 4 次大的部族流血冲突。1993 年布隆迪的图西族军人政府被迫实行全国“民主选举”,占人口多数的胡图族人当选为总统,图西族控制的军队就发动政变杀害总统,两部族之间遂爆发新的内战。到1999年,内战在这个只有500万人口的国家,已造成20多万人的死亡和近百万的难民。

近年来尤其引人深思的是,随着雅尔塔体系的解体和“冷战”的结束,民族主义在世界范围重新兴起,日益成为当今世界的主要“热”源。1989年以来全球爆发的65场战争和武装冲突中,有33场是由民族和种族矛盾所引发的国内战争。民族主义的抬头不仅引发了众多的国内战争,而且也成为国际性战争的主要“热”源之一。1989年以来新发生的24场国际性战争和武装冲突中,有14场主要是这种因素引发的(另有9场美国直接出兵进行)。在这股世界范围的民族主义新浪潮中,有两个方面最突出和最令人关注:

一个是随着作为社会主义国家的苏联和东欧国家的剧变,在原苏联和南斯拉夫境内(即原来战乱较少的欧洲),接连发生了12场因民族主义因素而爆发的国内战争,形成了新的“热”点地区。其中原南斯拉夫联邦中部的波黑共和国,穆斯林族、塞尔维亚族和克罗地亚族之间1992—1995年的内战,其激烈程度和野蛮性也是令世人震惊的。在这个总人口仅440万的国家中,各方投入内战的武装人员达50多万,直接死于战争的有27万人,因战祸而逃离家园的难民近400万人。事实上,原苏联和南斯拉夫境内的民族问题,有着很深的历史渊源和多年积存的现实矛盾。过去由于受到社会主义和资本主义不同制度和意识形态强烈对抗的压制,受到在此背景下强化中央集权统治的控制,还受到苏美尖锐对峙的“冷战”国际格局的束缚,一直没有爆发出来。现在一旦失去了原来的控制和束缚,其民族主义就泛滥得比西方资本主义国家更为厉害和更为野蛮。

另一个是伊斯兰原教旨主义的兴起。从阿尔及利亚到巴基斯坦和印度,从哈萨克斯坦和阿富汗到埃及和苏丹,在这个被称为“大中东”的广大地区,居住着全球10亿穆斯林人口的70%。这个地区是世界主要的石油产地,是联结欧、亚、非三大陆和大西洋、印度洋、太平洋三大洋的枢纽,但也是世界最落后贫困的地区之一。那里许多阿拉伯国家的民族主义世俗政府,早在几十年前争取独立时,就向人民许诺,使国家获得经济发展、社会正义和尊严,然而多数未能实现。苏联的解体和东欧的剧变,又使世界性的社会主义思潮和运动遭受挫折。于是伊斯兰原教旨主义就填补了这里的意识形态真空。他们宣称“不要西方,也不要东方,只要伊斯兰”。他们指责阿拉伯国家的世俗政权背离伊斯兰传统,主张用伊斯兰教义来治理国家和管理社会。他们呼吁开展反对西方文化和西方影响的“圣战”,并且常常以狂热和暴力的方式表达出来。他们支持海湾战争中的萨达姆,投身这一地区从阿富汗、原苏联的中亚到波黑的所有战争(支持那里的穆斯林兄弟进行“圣战”)。他们反对和平解决阿拉伯与以色列的冲突,并从事矛头对着西方的各种国际性恐怖活动。这股具有强烈宗教色彩的泛民族主义浪潮,在一些阿拉伯国家已成为掌握政权的主要力量,如伊朗和苏丹。在另一些阿拉伯国家,伊斯兰原教旨主义则成为反叛现存世俗政府的强大政治力量,甚至是主要威胁(如阿尔及利亚的“伊斯兰拯救阵线”,从 1991 年起就同政府军警不断发生冲突,到 1994 年演变成全面内战)。这种阿拉伯国家内部新出现的冲突威胁,随着 1991、1993 和 1995 年接连三次举行伊斯兰原教旨主义全球大会①,已弥漫在从阿尔及利亚到孟加拉的整个所谓“伊斯兰新月形地带”。为了对付这种日益严重的威胁,埃及 1994 年发起召开 18 个阿拉伯国家参加的会议,酝酿建立统一战线。

总之,综观整个二次大战后的 50 多年,人们完全有理由说,20 世纪下半叶发生众多战争与武装冲突的最重要、最普遍的因素,一个是美国的对外扩张和追逐世界霸权(包括美苏争霸)的行为;另一个就是民族(包括种族、部族)矛盾和民族主义的发展。

## 六、未再发生新世界大战的原因

20 世纪上半叶,人类接连经历了两次世界大战,二次大战后的 50 多年虽然局部战争和武装冲突连绵不断,却没有发生新的世界大战,这是什么原因呢?

我在本书的第三章,论述过世界大战是 20 世纪的历史现象,强调了 19 世纪下半叶到 20 世纪初叶第二次工业革命的发展,为世界大战的出现提供了物

---

① 三次会议均由执政的苏丹伊斯兰民族阵线作东道主,在喀土穆举行。参加的有黎巴嫩真主党、巴勒斯坦哈马斯运动、阿尔及利亚伊斯兰拯救阵线等 55—80 个伊斯兰原教旨主义组织。

质基础;自由资本主义过渡到垄断资本主义,形成了发生世界大战的社会根源,帝国主义大国对世界霸权的追求,则是导致世界大战爆发的直接导因。在分析垄断资本主义的发展形成发生世界大战的社会根源时,我又强调了三点:垄断基础上的竞争,有使帝国主义大国之间发生争霸战争的必然性趋势;垄断基础上的经济政治发展不平衡,有使大国之间的争霸战争具有周期性趋势;垄断资本主义的发展使全球形成一个整体以及世界的被瓜分完毕,大国之间的争霸牵一发而动全身,有使列强之间战争发展成为世界大战的趋势。

事实上第一次世界大战是这样打起来的。第二次世界大战也是这样打起来的。而且,即使在二次大战之后,上述导致发生世界大战的因素也是仍然存在的。但是,历史发展是多种因素和趋势构成的合力运动。单方面的因素和趋势,从来不会简单地按照自己原来的逻辑发展。因此,我们必须把发生世界大战的因素和趋势,与各个不同历史时期所存在的制约战争的因素和趋势联系起来进行综合性的历史考察。如果说,我们探讨第一次和第二次世界大战的起源,是这方面的一种正向的综合性历史考察的话,那么探讨世界大战能否避免则是一种逆向的考察。它包括如下几个相关的问题——第一次世界大战能不能避免?为什么没有避免?第二次世界大战能不能避免?为什么没有避免?二次大战后至今50多年未发生新的世界大战的原因是什么?人类还有可能发生第三次世界大战吗?

在20世纪的历史条件下,帝国主义大国的争霸,具有导致一再发生世界大战的趋势,但这并不意味着世界大战是注定不可避免或不可制止的。即使是对于那些热衷于争霸的帝国主义列强来说,战争终究还是手段,而不是目的本身。要不要打、什么时候打、能不能打这样一场破坏性极大而后果又难以预料的世界性战争?这是一个十分严重的问题。其最后的发展结果,还是要取决于各国统治集团内部和外部的、国内和国际的各种力量的相互制约和斗争。对于世界大战能否避免的问题,必须进行具体的历史考察和分析,不可笼统地说能够避免或不能够避免。

第一次世界大战之前的世界,是帝国主义大国强权政治的一统天下。各国人民的觉悟和斗争水平处于相对较低的阶段。在国际上,广大的亚、非、拉地区还处于殖民地、半殖民地的地位,几个军事上最强大、经济上最富有的大国,主宰着国际政治舞台。在国内,即使是最先进的发达国家,政治上的民主程度仍然比较低，少数掌握大权的统治者，在开战决策过程中能够比较随心所欲地作出决断。还有，当时人们对于世界大战的浩劫缺乏认识，几个正在进行争霸的大国都处于民族沙文主义和军国主义的狂热之中，即使有少数人对于战争后果感到某种忧虑和惶恐，但并不能对根本的决策起重大影响。因此，在第一次世界大战之前，无论在国际上或各国的内部，都不存在制止战争的强大社会力量，帝国主义列强争霸的自发趋势完全支配着事态的发展。正是在这样的历史条件下，不仅列宁多次讲过，1914 年爆发的这场帝国主义世界大战是不可避免的，而且西方学者也同样普遍认为，这场大战是不可避免的。

第二次世界大战之前的情况已有很大的不同。经过 1914—1918 年的大厮杀，人们受到了总体战争所造成灾难的极大冲击和震荡，和平主义思潮浸润到西方国家的各个阶层。从 30 年代初起，日、德两个法西斯国家的崛起和扩张，在亚洲和欧洲相继形成两个主要战争策源地之后，一批倾向于维持国内议会民主和国际和平的西方大国（英、法、美），都曾经为防止世界大战的爆发进行过努力。当时影响日益增强的社会主义国家苏联，也曾经积极推动制止战争的国际努力。各种各样的国际社会团体（从国际工会组织到宗教团体），也开展了争取和平的活动。尤其是首先受到法西斯国家侵略的中国、埃塞俄比亚和西班牙等弱小国家，奋起进行了反侵略的斗争，实际上起到了制约和延缓世界大战爆发和扩大的作用。这些都是第一次世界大战之前根本没有的全新因素，表明了世界的进步。这就使得 20 世纪 30 年代的当时，确实存在制止发生世界大战的可能。虽然这种可能性没有变为现实，但在国际上（包括马克思主义者和西方的学术界），都很少有人认为第二次世界大战是无法避免的。他们进行争论和研究的仅仅是：为什么这场人类空前的世界大战，没有能够制止或推迟？相反却在一次大战结束刚过 20 年就又全面爆发了呢？而且这场战争甚至还比发动战争的元凶希特勒原定的时间提前到来？

战后几十年间，西方同苏联进行“冷战”，长期给这个问题的研究蒙上一层政治斗争和宣传的色彩，干扰了真正科学的探讨。而这个问题本身也确实十分复杂，带有至今未泯的政治敏锐性。东西方之间长期打笔墨官司的核心问题，主要是如何评价 30 年代西方国家的绥靖主义，以及如何评价以苏德互不侵犯条约为标志的苏联对外政策的演变？原苏联为首的“东方”学界和政界,大多指责30年代西方国家推行绥靖政策,“祸水东引”,纵容法西斯国家侵略,加速了世界大战的到来。而西方主流的学界和政界,则常常指责1939年苏德互不侵犯条约是斯大林同希特勒勾结,帮助了纳粹德国发动战争。在“冷战”高潮的年代,苏联和美英双方,不仅发表了大量相互抨击的文章和书籍,而且利用各自缴获和控制的战败国外交档案,出版揭露对方“同纳粹德国勾结”的历史文献。在这场笔墨官司中,我们国家曾经“一边倒”向苏联。70年代末以来,我国学者在恢复“实事求是”精神的科学春天之中,利用我们比较超脱的地位,以历史唯物主义的立场观点,对这个问题进行了重新探讨和评价,取得了有益的进展。

30年代的绥靖主义,作为当时以英国为中心的西方国家处理国际危机的指导方针,是帝国主义列强争霸矛盾的一种特殊表现;是处于守势的帝国主义国家,力图通过局部让步来维护其根本的霸权利益的外交战略。同时,它还具有多方面的政治内容和社会含义,例如企图推动或至少不妨碍法西斯国家进攻苏联,借此来消弭西方国家所担心的“共产主义”革命威胁,等等。总之,从对外政策与国内政治的联系上来看,绥靖主义是20世纪30年代资本主义世界陷入危机的情况下,在所谓“有”(the Haves)的国家(即在第一次世界大战中获胜而霸占了更多殖民地和势力范围的国家)中的产物。它同所谓“无”(the Havenots)的国家里的法西斯主义是相对应的孪生兄弟。把绥靖主义简单地概括为“祸水东引”或“避战求和”,都不能反映真实的图景。局限在对外政策的范围里,就外交论外交,也难以深入触及问题的本质。全面评述30年代绥靖主义政策不是本书的任务,但是从其后果来看,历史确已证明,绥靖主义绝不是维护和平之举,而是促进战争之策。

不过,我们绝不能由此而得出过于简单的结论,一般地反对国际关系上的任何绥靖妥协。其实,在国际危机的处理上,绥靖妥协并非任何历史条件下都是不可取的。一切都必须具体分析。第一次世界大战前,大国的决策者们,由于各自奉行僵硬的争霸政策和行动,缺少必要的妥协和绥靖,结果萨拉热窝一声枪响迅速导致了全面的战争。从某种意义上说,人们吸取这个教训,在一次大战后的30年代处理国际危机时,西方民主国家的当权者,对于德日意法西斯国家采取了绥靖主义政策。可是,这种绥靖妥协却又加速了局部战争演变为全面战争的进程。如果今天人们又由此得出结论,认为在处理战后的国际危机中,必须排斥任何的绥靖妥协而一味实行强硬的对抗,甚至不惜走到战争的边缘(如杜勒斯之流),历史的发展很可能又会走向一场新的世界大战。

斯大林领导的社会主义苏联,在30年代末实施对外战略的大转变,将其外交政策从争取集体安全转向中立自保,并通过共产国际把这一方针贯彻到各国共产党,对于第二次世界大战的爆发产生了不良影响。70年代末以来,我国学者从总结历史教训的角度,对苏联1939—1941年的对外政策演变及其相关举措,重新进行了评价。虽然对于斯大林作出这种决策的客观环境,对于当时苏联党政最高层的真实考虑和决策过程,我们的研究尚嫌粗略(缺乏足够的原始材料多少影响了分析上的精确性)。不过,就目前对已有材料和事变发展的研究,可以说不管当时苏联的动机如何,不管当时苏联是如何迫不得已,1939年苏德互不侵犯条约的缔结,确实是起了有利于希特勒发动战争的实际作用。

在1937年11月的纳粹德国最高军政秘密会议上,希特勒原来是打算要到1943—1945年时,才以武力解决德国"生存空间"问题的,后来却提前了。[①]西方史学界曾经围绕1939年德国是否做好战争准备的问题进行争论。有些人欲借此来否定希特勒打算发动世界大战,这显然是十分片面的。如果我们撇开客观存在的各方面的联系和制约,单纯从德国在军事上和经济上的准备程度来考察,那么纳粹德国确实并未准备好在1939年发动一场大战。但是战争并不是完全准备好了再打的。纳粹德国的经济潜力和军事潜力,同它的侵略野心之间有很大的矛盾。希特勒十分清楚,德国要取得胜利,唯有依靠它在战争准备上比英法等国先走一步,利用反侵略国家的分裂状态,发动闪击战去各个击破。西方国家30年代推行绥靖主义政策的恶果,不仅表现在一般地纵容希特勒毁约(《凡尔赛和约》)扩军与扩张侵略,而且表现在瓦解反侵略阵线,让纳粹德国顺利地以"不流血的征服"夺取了中欧战略要地,增加了它的战争潜力,造成了有利于纳粹德国发动战争的战略态势和时机。而1939年苏德互不侵犯条约的缔结,又使希特勒获得了德国一直梦寐以求的避免两线

① 希特勒1937年11月5日在德国最高军政会议上的秘密讲话,反应在著名的《霍斯巴赫备忘录》中,战后被盟军查获。见李鉅廉主编:《二次大战起源历史文件集》,第50—59页。

作战的机会,进一步加强了其发动战争的有利战略态势。希特勒正是在这种情况下,提前于1939年9月发动了战争。[①]

第二次世界大战的空前浩劫,促使全世界人民更加普遍地关注战争与和平的问题。由于核武器的出现所带来的战争巨大破坏力,以及战后不久美苏两个超级大国从战时的同盟关系走向对抗,一时间关于会不会再发生新的世界大战的问题,就变得十分敏感。对此,人们有过各种各样不同的估计和看法,而且在各个不同时期有很大变化。虽然很少有哪一个大国的政治家或知名学者,公开说新的世界大战不可避免。但在50年代初美苏"冷战"高潮时,苏联和美国实际上都曾经认为第三次世界大战的爆发是不可避免的,只是个时间迟早问题而已。正当美苏必战之声甚嚣尘上之时,倒是毛泽东冷静地指出:"帝国主义阵营的战争威胁依然存在,第三次世界大战的可能性依然存在。但是,制止战争危险,使第三次世界大战避免爆发的斗争力量发展得很快,全世界大多数人民的觉悟程度正在提高。只要全世界共产党能够继续团结一切可能的和平民主力量,并使之获得更大的发展,新的世界战争是能够制止的。"[②]当时中国共产党认为,能够防止新世界大战爆发的原因主要有三条:一是社会主义阵营的存在和全世界共产党的团结一致,成为制止战争的中坚力量;二是存在一个包括社会主义阵营、国际工人运动、民族解放运动以及和平运动等四种力量,联合成为反对新战争的统一战线;三是作为战争力量的帝国主义阵营内部矛盾重重,正处于逐步走向四分五裂的过程中。根据这种认识,1956年刘少奇曾在中共八大的政治报告中说:"世界的持久和平已经开始有了实现的可能。"[③]

在国际共产主义运动中,1956年赫鲁晓夫在苏共20大的政治报告中,提出"和平共处、和平竞赛、和平过渡"的总路线,强调防止新的世界大战的可能性和必要性。但随后不久,中苏两党发生了一场关于国际共产主义运动总路线的大论战。中共中央在1963—1964年间发表了有名的"九评",其中经毛泽东逐字逐句修改的《五评》(即《在战争与和平问题上的两条路线——五评

① 关于希特勒提前发动战争的问题,我在《世界历史》杂志1987年第1期,发表论文《1939年希特勒开战决策研究》,作了专门的分析论述。

② 1950年6月6日在中共中央七届三中全会上的报告,《毛泽东选集》第5卷,第15—16页。

③ 《刘少奇选集》下卷,第256页。

苏共中央的公开信》)，虽然仍说世界大战是否爆发存在两种可能性，但重点是批判赫鲁晓夫的观点，实际上转向了强调战争的不可避免性和世界大战的危险性。

"文化大革命"期间，中国共产党内"左"的倾向日益严重。虽然这时毛泽东在理论上仍然说："关于世界大战问题无非是两种可能：一种是战争引起革命，一种是革命制止战争"[①]，但总的倾向是强调战争(包括世界大战)是不可避免的。而且，在当时中苏关系恶化和面对美苏两个超级大国威胁的国际形势下，我国领导层对于新战争危险的估计越来越严重，实际上是陷入了战争不可避免的一点论。提出要做好"早打、大打、打核战争"的充分准备，甚至说迟打不如早打，要趁我们老一辈无产阶级革命家健在，打完了再建设。结果一时间，我们整个国家战略和国防工作，处于"盘马弯弓"的临战状态，大搞"三线"建设布局和"山、散、洞"方针。[②] 这种理论上和战略上的错误，严重影响了我国的国民经济发展。

粉碎"四人帮"以后，我们国家对于战争问题的认识和估计，开始降温转变。1977 年 11 月 1 日《人民日报》发表编辑部文章说："世界战争是不可避免的，但是可以推迟。"1980 年 5 月 5 日邓小平接见外宾时说："中国有两个观点：第一，世界战争总有一天要打起来；第二，大家联合起来，千方百计延缓战争爆发，延缓得越久越好，至少二十年不打仗。"[③]从原来对爆发新战争的估计越来越严重的倾向，降温转变到认为世界大战虽然不能避免但是可以推迟。

1985 年中国领导当局，对于战争与和平问题的认识有了重大转变。在这期间，邓小平多次讲话都谈到这一点。尤其是年 6 月 4 日邓小平在中央军委扩大会议上的讲话，全面说明了中国领导当局的观点："过去我们的观点一直是战争不可避免，而且迫在眉睫。……这几年我们仔细地观察了形势，认为就打世界大战来说，只有两个超级大国有资格，一个苏联，一个美国，而这两家都还不敢打。"邓小平具体分析了如下几点原因：首先，苏美两家都拥有能

① 1969 年 4 月 28 日《人民日报》。

② 60 年代初中共中央从战备需要出发，将全国划分为一、二、三线地区。一线为战略前方(沿海和面对苏联的边境省区)，三线为战略大后方(深远的内陆省区)。到 60 年代中期又从战备需要出发，决定尖端建设项目实行"靠山、分散、进洞"的方针。

③ 《邓小平文选》第 2 卷，第 241 页。

毁灭对方的核武器,谁也不敢先动手。其次,苏美两家都在努力进行全球战略部署,但都受到了挫折,都没有完成,因此都不敢动。第三,苏美两家还在进行军备竞赛,世界战争的危险还是存在的,但世界和平力量的增长超过战争力量的增长。邓小平强调这个和平力量“首先是第三世界”。第四,“世界新科技革命蓬勃发展,经济、科技在世界竞争中的地位日益突出”。邓小平说:“由此得出结论,在较长时间内不发生大规模的世界战争是有可能的,维护世界和平是有希望的。”①立足点移到了世界战争可以避免上面。

在这种实事求是精神指导下,我国近十多年来发表了不少的文章,分析二次大战后没有发生新的世界大战的原因,所列举的基本上是邓小平所说的这几个方面,而且其中尤为强调,“第三世界”作为主要“和平力量”的崛起,以及国际多极化格局的发展。我认为,所有这些论述,对认识二次大战后没有发生新世界大战的原因都是有启发意义的。不过,对于其中的很多问题,需要作具体的历史分析,难以一概而论。例如,笼统地把“第三世界”看做维护和平的力量,笼统地强调国际多极化格局的发展有利于和平,就很值得商榷。

在我个人看来,二次大战后没有发生新世界大战的诸多因素中,最具根本性作用的主要是如下两个方面的因素:

**第一,核武器发展所产生的制约作用。**

人类的战争是通过武器来进行的,武器发展水平的不同,就决定了战争方式和发展水平的不同。推动和制约战争历史运动的因素虽然是多方面的,但其中武器的发展变化具有特别重要的作用。恩格斯在《反杜林论》中说过:“暴力不是单纯的意志行为,它要求促使意志行为实现的非常现实的前提,特别是工具……较完善的暴力工具即一般所说的武器的生产者,战胜较不完善的暴力工具的生产者;一句话,暴力的胜利是以武器的生产为基础的,而武器的生产又是以整个生产为基础,因而是以‘经济力量’,以‘经济情况’,以暴力所拥有的物质资料为基础的。”②因此,武器的发展变化成为战争历史运动中的里程碑。

在过去,战争历史运动与武器发展的关系,一直是相互推动促进的作用。

---

① 《邓小平文选》第3卷,第126—127页。

② 《马克思恩格斯选集》第3卷,人民出版社1972年版,第205—206页。

战争的需要，推动了武器的发展；而武器的发展，又反过来促进了战争的向上运动。这正是我们前而说过的、战争存在自然的无限化暴烈性的一个重要方面。武器与战争的这种相互促进的作用，一直发展到第二次世界大战，达到了无限化总体战争的顶点。人类将历史所积累起来的一切智慧、科学技术和全部文明成果，都充分运用到发明和制造武器来与自己的同类进行战争，终于出现了原子弹。

1945年8月，投掷到广岛和长崎的原子弹，爆炸力约相当于2万吨TNT炸药（即2万吨当量），使20万人伤亡。这是人类战争史上一次攻击所造成的最大伤亡。现在，热核武器的发展，其爆炸当量已经增大了何止千倍。全世界热核武器的总爆炸当量已共达120亿吨。过去一般认为核武器有五大杀伤破坏效应，即冲击波、光辐射、贯穿性辐射、放射性沾染、核电磁脉冲。近年科学研究表明还有第六个更加大的杀伤破坏效应——核冬天效应，即对全球生态系统所造成的破坏。① 这种关于热核武器对人类毁灭性的后果，引起了西方社会的巨大震惊。事实上1945年美国对广岛和长崎进行原子轰炸时，日本的其他城市未受到攻击，因此还可以调集力量进行救援。现在如果爆发一场使用热核武器的全面战争，双方各主要城市将同时遭到核武器攻击，根本就无法组织对受到袭击的城市进行救援。核爆炸不仅当场摧毁房屋和各种设施，造成人员巨大伤亡，而且核爆炸过后，遍地大火和放射性污染，城市和森林的焚烧产生大量一氧化碳等有毒气体。森林的焚毁和高山积雪的融化，使大火灾之后紧接着洪水泛滥，人畜和动物尸体的腐烂造成瘟疫蔓延。交通、水电、粮食供应和医药救援，都将长时间断绝，没有当场死亡的人将继续大量地死亡。问题还不仅如此。如果爆炸50亿当量的热核武器，将掀起2.2亿吨的放射性灰尘和烟雾，在高空长时间的漂浮，遮隔了90%的阳光，使地球表面温度下降30℃—50℃，降温时间持续半年以上（这就是所谓“核冬天”）。农作物和植物死亡，整个地球的生物圈遭受破坏。大量的放射性灰尘和烟雾随风飘扬，污染地球并通过食物链进入动物体和人体。核爆炸又破坏高空的臭氧层，“核冬天”过后，地面的紫外线辐射猛增，导致眼睛失明，破坏哺乳动

---

① 1982年首次披露美国和西德的科学家关于“核冬天效应”的研究报告。翌年10月在华盛顿举行关于“核战争后的世界”问题的国家大会上正式宣布。

物的免疫系统,增加疾病和死亡。所有这些,都将造成全球生态系统无可挽回的毁灭性破坏。

武器的发展到了如此的地步,人类已经不可能再把一切手段用于进行战争了,除非是自取灭亡。武器发展达到了一个历史性的转折点,开始脱离其原来的运行轨迹,从对战争的促进因素转向了遏制。这样,战争的工具(武器),就异化为制约战争的因素。在“冷战”开始的时候,具有打世界大战资格的美苏两个超级大国,拼命发展热核武器,其本意是既用于威慑对方,也用于在实践中打击对方。但客观现实改变了他们的主观意志。热核武器的发展,已经日益使它失去了在实践中使用的作用,虽然它仍然具有战略上的威慑作用。对于一个拥有热核武器的大国来说,已经不能放手无限地使用战争手段,去解决国际政治和经济矛盾。这种抑制作用,在二次大战后的美苏对峙中,造成了一种核威胁下的相对和平局面。

**第二,世界整体性发展所产生的制约作用。**

资本主义是超出国家和民族界限的商品生产和流通。垄断基础上的竞争极大地推动了这一进程。在历史上,特别是在资本主义的发展还处于主要依靠面上扩张的时代(即要求更多的劳动人手、更多的原料来源和更大的市场保证,向生产的广度进军,而不是向技术密集和知识密集的生产深度进军),这一进程伴随着资本主义发达国家疯狂的对外扩张侵略,伴随着列强瓜分世界和重新瓜分的斗争,伴随着几个帝国主义大国对整个世界的控制和统治。这些都是20世纪发生世界大战的因素。但与此同时,资本主义破坏了旧时代经济体系的孤立和闭关状态,因而也破坏了精神生活和政治生活的狭隘性,使整个人类社会以前所未有的速度向前发展。正是这种把世界所有国家和民族联成统一经济机体的进程,产生了日趋加强的相互依存关系。列宁论述资本主义国家将同苏维埃国家和平共处时说过一段话,对我们很有启发:“有一种力量胜过任何一个同跟我们敌对的政府或阶级的愿望、意志和决定,这种力量就是世界共同的经济关系。正是这种关系迫使它们走上这条同我们往来的道路。”①抑制战争的因素正是从这里产生出来的。

首先是世界经济活动的一体化。这一进程实际上在19世纪末已经开始,

---

① 《列宁全集》第42卷,第332页。

它是从市场的国际化开始的。到本世纪初,资本的大量输出,导致了资本的国际化。开始时资本的输出大多是单向的,即主要是少数西方资本主义发达国家,向落后国家和殖民地、半殖民地输出资本。但到二次大战后,资本输出已发展为各个国家之间的双向对流,不仅在西方发达国家之间出现资本双向对流,而且在发达国家与发展中国家之间也出现资本双向对流。早在70年代时,拥有大量石油收入的阿拉伯国家,就大量在美国进行投资。据国际货币基金组织统计,近几年来流入美国的(政府)新投资,大部分来自马来西亚、印度、台湾、墨西哥、智利等国家和地区。商品流通的高度国际化,资本流动的高度国际化,必然带来了生产经营的高度国际化。跨国公司的出现和迅猛发展就是突出的表现。跨国公司从50年代起发展,到70年代高速发展,今天已经成了普遍现象。跨国公司的贸易量已占整个世界总贸易量的四分之三。全球的商品、资金、技术、劳务、人才和思想文化等,跨越国界自由流动,已经达到了难以阻挡的程度。世界经济紧密融合为一个整体的趋势,已经使得各个资本主义发达国家的经济生活和社会生活相互依存的因素达到了"你中有我、我中有你"和"一损俱损,一荣俱荣"的程度。当代的发达国家,已越来越不能把战争作为解决它们相互矛盾冲突的适宜手段,而更多地寻求经济协调和政治协商的手段来解决。

其次是在新科技革命和世界经济一体化进程的基础上,现代发达国家的发展,已开始从过去的"外延"为主,演变为今天的"内涵"为主。传统型资本主义的发展以"外延"为主,需要不断地开拓新的市场和原料产地,因而必然导致对外扩张争夺殖民地。其结果是产生各种各样的战争,尤其是进入垄断阶段后更产生了世界大战。正如我们前面所分析过的那样,垄断基础上的竞争,促使帝国主义大国要争夺尽可能多的领土(以便独占那里的市场和原料);促使它们争夺足以保证占有和利用那些领土的交通线和战略要冲(以便拥有置对手于死地的战略优势);甚至促使它们要夺取欧洲的工业发达地区,攻击竞争对手的本土(如第二次世界大战时那样),以便一劳永逸地将对手排除出竞争舞台。这种以"外延"发展为主的竞争,常常在一般的经济、政治手段不能达到目的时,就使用武力和发动战争。因此,过去帝国主义列强所发动和进行的战争(包括两次世界大战),大都是以开拓疆域和霸占领土为主要内容,以占有和掠夺对方的领土资源为基本目的,可是,今天的情况发生了变化。当代发达国家的经济发展,已经进到了以发展高科技和提高劳动生产率这种“内涵”为主的时代。今天世界经济和科技的迅猛发展,已使得发达国家完全可以利用科学技术的优势,夺取世界经济发展的新领域,控制世界经济命脉的新高地,而不必(也不宜)使用传统的战争手段。这当然不是说,今天的发达资本主义国家都成了爱好和平的国家,它们已经不会再发动战争了;也不是说它们之间和它们的内部没有尖锐的矛盾、斗争和震荡。而是说今天资本主义竞争的内容和手段已经发生变化,已经越来越主要依靠发展科技和智力资源的手段,而不必使用传统的战争手段去夺取领土资源。

还有,在新科技革命和世界经济一体化进程的基础上,原来落后的殖民地半殖民地国家和地区,争得民族独立后迅速卷入世界性的现代化进程,整个世界的经济结构和布局都发生了变化。各国在经济、政治、军事和文化等方面的联系空前密切。它们之间虽然存在着利益矛盾,但已经越来越相互渗透,形成一种“复合相互依存”(complex interdependence)关系,构成一个错综复杂的国际社会。世界上发生的任何一场战争(即使是局部的、国内的战争),都必然在不同程度上同其他国家有利害关系,都必然要牵涉世界范围内的不同势力和集团,因而都要受到国际政治和国际社会(包括世界舆论和联合国这样的国际组织)的明显制约。无论是发动战争、使用的作战手段以及战争的进程和结局,都已经不是完全由进行战争的国家所自由决定,而要受到其他国家和国际社会的左右。作为二次大战结果表现之一的雅尔塔体制所形成的世界格局,具有美苏相互对抗和相互威慑的鲜明特点,这既是世界动荡不安的因素之一,也是制约战争的因素之一。它对战后近50年所发生的众多局部战争,都打下了深刻的烙印。然而今天的世界由于苏联的解体,已经进入一个新的格局,但仍然存在着不同层次的多种力量之间构成的相互制约和相互威慑的关系。在这种相互制约和威慑的关系中,既有大国之间的制约和威慑关系,也有中小国家之间的制约和威慑关系;既有大国对中小国家的制约和威慑关系,也有中小国家对大国的制约和威慑关系;还有国际社会中多种势力(包括争取和平的反战力量、不同的文化传统以至不同的宗教势力等)的制约和威慑作用。当今世界上所发生的战争和暴力冲突,受到国际性的干预是必然的,这是一种世界性进步的表现。我们应该反对的不是这种国际性干预的本身,而是这种国际性干预中所仍然存在的大国强权政治。我们相信，随着世界人民觉悟的提高，这种使战争越来越受到国际性制约的因素，将为人类控制战争提供更加广阔的前景。

总之，回顾二次大战后战争与和平问题的曲折变化，我们今天无论是在理论上还是在对国际局势发展的实际判断上，都既不能因为帝国主义大国争霸仍有导致发生世界大战的因素存在，就说世界大战不可避免，也不能因为当代世界制约战争的因素与和平力量的发展，就否定大国霸权主义仍有导致世界大战的可能性的存在。一切都必须放到特定的历史条件中，通过对同时存在而又相互制约的各种因素和关系的分析，才能比较准确地认识这个复杂的世界，才能比较准确地估计人类进入 21 世纪时的战争与和平的发展。

# 第五章　新的有限战争时代

## 一、当代有限战争的概念

20世纪是人类战争历史运动大趋势出现转折的世纪。其总趋势是从向上发展达到无限化总体战争的顶点(第二次世界大战),开始下降而进入到一个新的有限战争时代(二次大战后)。战争,这个人类社会的“怪物”、“恶魔”,开始日益受到制约和控制而走向下降运动。这是一个划时代的转折,很值得我们深入研究。

应该如何认识当今正在进入的这个“有限战争”时代呢?当代的有限战争同历史上早已存在的局部战争有何区别呢?在一般人看来,有限战争=局部战争。但两者是不同的。虽然研究有限战争已形成世界性热潮,但对于何谓“有限战争”仍众说纷纭,没有统一的定义,本节将首先探讨一下有关当代有限战争的概念。

人类历史各个时代的战争,各有不同的特点及特有的限制条件和范畴。如果我们把有限战争主要理解为一种在当时历史条件下所能达到的规模、范围和激烈程度较小的战争,那么可以说有限战争古已有之,只不过它一直没有被人们作为一个特殊的专门问题加以研究罢了。随着人类社会的发展,战争的规模、范围和激烈程度不断扩大。到了资本主义的近代,西方开始有人把这种规模、范围和激烈程度有限的战争形态,区分出来加以专门的研究。克劳塞维茨曾经根据作战紧张程度和所要达到目标的差异,把战争区分为“大战”与“小战”。他把那种投入全部力量,以歼灭敌军、占领对方领土和推翻对方政权为目标的战争，称之为“大战”；而把以制造边境事端、显示威力和不经过主力决战就迫使对方接受某种条件的战争，称之为“小战”。克劳塞维茨把人民武装起义和游击战争也划入“小战”的范畴。除了克劳塞维茨，19世纪还有一些西方军事理论家论述过这种战争，并出版了若干专著。如，1811年圣彼得堡出版的瓦伦丁著《小型战争与战斗理论》，1822年柏林出版的德克尔著《从未来战争看小型战争》，1864年苏黎世出版的鲁斯特著《论小型战争》等。与此同时，在西方的军事著作中，越来越多地出现了“局部战争”这一术语（英文 Local War 一词，可译为“局部战争”，也可译为“区域战争”或“地区战争”，原义主要是指那些地域范围限于局部的小型战争）。

马克思和恩格斯也使用过“局部战争”这一概念。马克思在1859年写的《普鲁士对战争的看法》一文和1878年给李卜克内西的信，恩格斯在1886年写的《欧洲政局》一文和1887年给倍倍尔的信，都曾用“局部战争”这一术语，论述相对于欧洲全面战争的那种局限于一定范围和规模的战争。[①] 不过，在马克思主义的范畴里，更加注重的是战争的社会政治性质。在人类社会的漫长历史中，战争的形态和特点错综复杂多种多样。人们按照不同的标准和方法，常常会使用不同的分类和概括来论述不同类型的战争。例如：人类可以按照战争动员和投入力量的规模把战争划分为全面战争、局部战争和武装冲突；可以按照战争的作战空间把战争划分为陆战、海战和空战；可以按照战争的激烈程度把战争划分为高强度、中强度、低强度战争；可以按照战争的范围把战争划分为世界战争、区域性国际战争、双边国际战争和国内战争；也可以按照战争的社会政治性质把战争划分为奴隶起义、农民起义、殖民战争、民族解放战争、帝国主义战争等。马克思主义主要是以社会政治性质为标准来区分战争的类型，因此一般把战争划分为正义性战争与非正义性战争两大类型。在20世纪初世界进入帝国主义时代的历史条件下，列宁曾经把国际范围的战争划分为三种主要类型：被压迫民族同压迫民族之间的战争，两个压迫民族之间的战争，各个平等民族之间的战争。[②] 不过总的来说，“局部战争”作

① 见《马克思恩格斯全集》第13卷，第392页；第21卷，第361页；第34卷，第297页；第36卷，第614、619页。

② 《列宁全集》第47卷，第522页。

为一个反映战争类型层次的专门术语,已逐渐被各个国家的学者所普遍使用,虽然对于它的基本涵义仍然众说纷纭。

第二次世界大战后,随着热核武器的发展和美苏两个超级大国的紧张对峙,西方国家从美国开始,逐渐用"有限战争"(Limited War)的概念取代了"局部战争"。1950 年 4 月美国杜鲁门政府的《国家安全委员会第 68 号文件》,首次使用这个术语。接着在朝鲜战争爆发后,美国国务卿马歇尔 1951 年在参议院作证时,正式把朝鲜战争称为"有限战争"。[①] 此后,美国纷纷出版了关于"有限战争"的著作。其中影响最大的是罗伯特·奥斯古德 1957 年出版的《有限战争:对美国战略的挑战》一书,它首次系统论述了这一问题。60 年代美国参谋长联席会议曾给"有限战争"作过如下的定义:"除全面战争以外的、不包括偶然事件在内的、由两个或两个以上国家的军队公开进行的交战。"[②]它把游击战和非正规战从有限战争的范畴划了出去,称之为"特种战争"。[③]当时美国军方把战争划分为:全面战争、有限战争、特种战争和冷战。但这个分类模式并未得到美国学者的一致公认。国防分析研究所的西摩尔·德切曼在其 1964 年出版的《有限战争和美国防务政策》一书中,强调有限战争应该包括被视为特种战争的"覆颠性内战"。他说:"有限战争种类繁多,可以大致加以分类。基本上有三种:西欧的与北大西洋公约组织有关的战争;在世界上比较偏僻的或比较不发达地区的有组织军事力量之间的'正式'战争;在目前事件中愈来愈使人感到威胁的颠覆性内战。"[④]美国国防大学战略研究所的约翰·柯林斯在其 1973 年出版的《大战略》一书中也说:"在全面战争与冷战这两个极端之间存在着一系列常规战争,笼统地称为有限战争。"[⑤]不过,柯林斯在该书专门论述有限战争的第六章中,并没有把他称为"偶然事件"的武装冲突包括在内;而在紧接着以"革命战争"为标题的第七章,则专门论述了"群众性武装起义"或"叛乱"这一类非正规战争。随着美国的有限战争理论的发展,1983 年美国陆军军事学院编的《军事战略》一书,提出了一个更为详

① 美国陆军军事学院编:《军事战略》,军事科学出版社 1986 年版,第 547—565 页。

② 美国陆军军事学院编:《军事战略》,军事科学出版社 1986 年版,第 547—565 页。

③ 当时美国还曾经流行过"灌木林火式战争"和"边缘战争"(Fringe War)的术语。

④ 西摩尔·德切曼:《有限战争和美国防务政策》,世界知识出版社 1965 年版,第 7 页。

⑤ 约翰·柯林斯:《大战略》,战士出版社 1978 年版,第 91 页。

尽的定义（该院教官小阿瑟·布朗撰写的论文）："有限战争就是至少有一方对其目标和实现此目标的手段持克制态度的武装冲突，这种克制可能是自发的，也可能是对方或别的国家所强加的。"他强调，有限战争的这种"克制"，包括"战争目的（目标）的有限性，激烈程度（武器）的有限性，持久性（时间）的有限性以及范围（地理）的有限性"。[①] 80 年代后期，美国军方又提出按战争的激烈程度来划分低强度、中强度、高强度战争。美国参谋长联席会议给"中强度战争"下的定义是："两个或两个以上的国家或国家集团之间所发生的目的有限而又不使用大规模杀伤破坏性武器的战争。"关于"低强度战争"，美国参谋长联席会议下的定义是："一种有限的政治—军事斗争，其目的在于实现政治、社会、经济或心理目标。"主要包括地区性冲突、游击战与反游击战、叛乱与反叛乱、中小规模的武装入侵与反入侵以及恐怖活动与反恐怖活动等。实际上美国军方主要是把中强度战争（即政府之间的武装冲突）理解为有限战争，而把低强度战争划入低一个层次的范畴（称之为"暴乱战争"，美国《陆军词典》给"暴乱战争"下的定义是"合法政府与有组织的暴乱者之间的斗争"[②]）。总的来说，西方虽然没有统一公认的"有限战争"定义，但广义上一般用来指除战略核战争以外、在主客观上受到限制的当代各种战争。

前苏联正式使用的是"局部战争"（Локальная война）这一术语，而把"有限战争"（Ограниченная война）视为西方资产阶级军事理论的术语。1976—1980 年出版的《苏联军事百科全书》，给"局部战争"下的定义是："波及较少数国家和有限地理区域的战争。"[③]1981 年苏联出版了 И·Е·沙夫罗夫大将主编的《局部战争今昔》一书，把战争规模层次划分为：世界大战、局部战争、军事冲突。该书可以说是 80 年代苏联关于局部战争理论的代表作。它比较详细地阐述了苏联对"局部战争"概念的解释："局部战争与世界大战的不同点在于：它的政治目的相对来说是有限的，因而也就决定了它的军事行动范围也是有限的，同时也决定了要采用特殊的战略和战术，而且要限制使用武装斗争的手段。……军事冲突，即武装冲突，它与局部战争的不同点是：规模

① 美国陆军军事学院编：《军事战略》，第 548、637—639 页。
② 美国陆军军事学院编：《军事战略》，第 548、637—639 页。
③ 《苏联军事百科全书》第 1 卷，战士出版社 1982 年版，第 245 页。

要小得多,参战的兵力也少得多。战争的历史经验证明,有时也难以划清局部战争和军事冲突的界限。”不过,И·E·沙夫罗夫还是对这两者作了区别:“局部战争一般说明一个国家的某种状况,而军事冲突在多数情况下却只说明武装力量、甚至是其某一部队的状况。”①

我国自80年代中期以来,开展了对于局部战争的理论研究,提出了若干有关战争规模层次划分的观点。当时的军事科学院副院长糜振玉认为,从一个国家的角度还是从世界的角度来划分战争规模层次,可以得出完全不同的结论。他主张两者结合:从世界的角度来划分世界全面战争与世界局部战争;从一个国家的角度来划分国家全面战争与国家局部战争。世界局部战争,既可以是国家局部战争,也可以是国家全面战争;而国家局部战争,既可以是国家之间的局部战争,也可以是国内的局部战争。② 80年代末出版的《中国大百科全书》军事卷,对局部战争的概念作了如下的定义:“在一定的地区内,使用一定的武装力量进行的战争。局部战争,在作战目的、武器和兵力使用等方面都有所限制,只在一定范围内对国际形势产生影响,因而有的国家亦称它是‘有限战争’。局部战争,对大国来说是在某些方面加以限制的战争,而对中小国家来说也可能是全力以赴的战争。如果处理不当,局部战争也可能发展为大规模的战争。”这是中国军事理论界的权威观点。由于吸收了美苏等国家的研究成果,又努力摆脱超级大国常有的那种单纯以我为主的偏向,所以这是一个比较客观和全面地说明当代局部战争概念的定义。我们从这个定义可以看到,中国军事理论界也是倾向使用“局部战争”这一术语的。这也许是因为很多局部战争,对大国来说虽然是有限的战争,而对中小国家来说则是“全力以赴”的战争。因而使用“有限战争”这一术语,会使人自然地产生是从“大国”角度看问题的感觉。不过,就我个人来说,在对人类战争运动作总体的历史性考察时,仍然使用“有限战争”这一术语,并把二次大战后人类战争历史运动进入的新时代,称之为“有限战争时代”,而不称为“局部战争时代”。

我认为,在考察今天的战争历史运动时,应该把当代有限战争从传统的

---

① И·E·沙夫罗夫:《局部战争今昔》,解放军出版社1984年版,第8页。

② 胡光正,肖显社:《影响到21世纪的争鸣》,解放军出版社1989年版,第76—77页。

局部战争概念中分离出来。传统局部战争概念,一般是就战争的外在规模和范围而言,主要是从客观历史存在上来讲的。有限战争则更大程度上是指人类必须在主观上对战争的控制。我在这里使用"人类……对战争的控制",意在强调从人类战争历史运动的总体上考察,而不是特指某一部分的"人们"。也就是说,在当今战争能力达到能够毁灭整个人类文明的背景下,人类已经不能像过去那样,放开手脚把全部能力投入战争。它虽然具体表现在战争双方(或处在主导地位的一方),对于某场战争的目的、手段和规模等进行一定的控制,但这种对战争的控制具有时代的特点(也就是具有总体上的客观必然性)。所以,从人们指导和进行战争的角度来看,这种控制是主观上对战争的控制;而从当今时代的角度来看,这种控制又是人类战争历史运动的客观必然规律。

由于拥有"能够毁灭整个人类文明"的战争能力的,主要是那些科技和工业发达的大国,因此这种"控制"首先、也主要是从它们那里被提出来。正是在这种历史背景下,"有限战争"的思想理论和战略,在二次大战后首先从美国发展起来。虽然有些西方学者在论述"有限战争"时,因追寻其历史渊源和发展轨迹,也使用这个术语去分析 20 世纪以前的战争历史运动。例如:富勒把 1648 年威斯特伐利亚和约到 1792 年法国革命战争时期,称为"专制国王的有限战争"时代;奥斯古德把 1815 年维也纳会议到 1914 年一次大战这一百年,也称为"有限战争"时代。但这两个时期的"有限战争",很大程度上都是客观历史发展水平和具体条件所造成的限制。当代的有限战争则不同,它是在人类的战争能力达到几乎无限化的背景下,人们在战争指导上对战争实行控制的产物,是当今时代的一种新战争形态。虽然二次大战后连绵不断的局部战争,相当大一部分仍然是以往传统意义上的局部战争,如众多的边界冲突、领土争端、民族矛盾和国内社会矛盾等所引发的战争。但那些反映现代新战争形态的有限战争已经占有越来越重要的地位,它显示了今后人类战争历史运动发展的趋势。正是从这个意义上,我使用"有限战争"这一术语,而不用主要反映传统战争形态的"局部战争"这一概念。为了同有些西方学者所说的、近代历史上的"有限战争"加以区别,再加上"现代"或"当代"的定语,称之为"现代有限战争"或"当代有限战争"。

## 二、当代有限战争的萌发

对于当代有限战争的研究,其范围是很广的,其角度也是多方面的。有人主要从国际政治的角度进行分析,另一些人则着重从军事上进行考察。有人把二次大战以来发生过的各种局部战争加以分类研究,而另一些人则着重从战争指导上,站在某个大国的立场论证他们所需要的新战略。还有人主要着眼于未来,抓住当代战争形态的某些新特征,论证未来战争形态的发展趋势。正是由于各个研究者从不同的角度去考察,导致了对当代有限战争的不同认识和概括表述。本书主要是从历史的宏观上,即从人类战争历史运动的总体上去考察。

我在上节已经提到,二次大战后连绵不断的局部战争,大部分仍然是传统意义上的局部战争,真正反映当代战争新形态的有限战争并不占多数。对于现代化发展水平低的国家来说,谈不上进行当代战争新形态的有限战争,这不仅仅是武器发展和军事技术上的问题。大多数欠发达国家,由于经济、政治和社会发展上还处于旧的时代,克劳塞维茨所说的"一切要服从用武器解决问题这个最高法则"仍然统治着它们。对于旧时代思维的人们来说,最大限度地使用战争手段,以流血方式彻底打败和消灭敌对一方,这种方针和原则就仍然是"战争的长子"。[①] 所以,他们一般是谈不上在主观上对战争进行控制的,即使在实际的战争中有所控制,也是由于客观的具体战争条件所造成的限制。我们在探讨当代有限战争的发展史时,基本上不涉及这些二次大战后占多数的传统局部战争,虽然它们有些在历史发展上具有重大的意义。例如中国人民解放战争虽然对于世界来说是一场局部战争,但对于中国来说则是一场无限化总体性的全面战争,交战双方全力以赴,并不存在对战争目的、手段、规模和范围的控制。又如在80年代进行了8年之久的两伊战争,也是一场第二次世界大战式的旧时代战争。虽然在战争的过程中,伊朗和伊拉克双方的作战目的、手段、规模和范围等方面都受到了种种限制。虽

① 克劳塞维茨:《战争论》上卷,第46页。

然从当今世界日益融合为一个有机整体，任何一场局部战争（即使是国内战争）客观上都必然要受到国际政治和国际社会的明显制约这一点来说，两伊战争也表现出世界进入到有限战争的时代。但它仍然不是我们所要剖析的、作为当代战争新形态的有限战争。

我们在剖析当代有限战争的历史发展时，主要的分析对象是美国为主的发达国家所进行的有限战争。由于拥有“能够毁灭整个人类文明”的战争能力，主要是美国和苏联两个超级大国，它们所进行的战争对于人类战争历史运动的走向有重大影响。尤其是美国，二次大战后处于对外扩张的势头上，是进行和参与战争最多的国家。在战后所发生的274场局部战争和武装冲突中，美国直接出兵进行和参与的有26场，而且多为比较大的、具有可能进一步走向扩大化的战争。事实上，二次大战后具有发动和进行世界大战（也就是无限化的总体战争）资格的，也主要是美苏两个超级大国。因此，在探讨当代有限战争的时候，我们主要是分析论述它们所进行和参与的战争。而且就对这些战争所进行的探讨来说，也主要是对处于战争主导地位①的美国一方如何在主观的战争指导上对战争实行控制。事实上，作为当代战争新形态的有限战争历史运动，正是沿着朝鲜战争—越南战争—第三、第四次中东战争—马岛战争—美国入侵格林纳达和突袭利比亚—海湾战争这样的轨迹走的。发生在50—60年代的朝鲜战争和越南战争，是当代有限战争的萌发。中东的六五战争和斋月战争，是当代有限战争的演化。英阿马岛战争，美国入侵格林纳达和突袭利比亚，是当代有限战争的新样式。海湾战争则是当代有限战争的顶峰。本节主要是从剖析朝鲜战争和越南战争，去阐述当代有限战争萌发的过程。

朝鲜战争是开创当代有限战争的第一个重要里程碑。

朝鲜在20世纪初沦为日本帝国主义的殖民地。1943年12月中美英三国发表开罗宣言，声明打败日本之后，在恰当的时候使朝鲜获得自由和独立。1945年8月苏联参加对日作战和日本宣布投降后，美苏约定以北纬38度线为界，分别进驻朝鲜半岛南北接受日军投降。以后，美国在南部扶植成立大

---

① 这里所说的“处于战争主导地位”，并非指某场具体战争中掌握作战主动权，主要是指具有更强战争能力、能把战争扩大为无限化全面战争的一方在战争运动中的主导地位。

韩民国,苏联在北部支持成立朝鲜民主主义人民共和国。1949 年苏美军队分别撤走,韩国、朝鲜之间矛盾激化,终于在 1950 年 6 月 25 日爆发全面内战。

朝鲜战争的直接导因,虽然是韩国、朝鲜政权之间的矛盾激化,但其深层的背景是二次大战后美苏两个超级大国的冷战,以及东西方两大阵营之间的对抗。当时美苏双方原来并未准备在那里打一场战争。但是,这种既带有强烈意识形态因素、又具有严重军事对峙性质的两极冷战格局,却使得在这个本来并不是双方战略利益所在的朝鲜半岛,发生了直接涉及两大阵营对抗的最大一场国际性战争。不过,也许正因为如此,朝鲜战争才成为双方都各有所控制的有限战争。

朝鲜战争爆发后,围绕战争指导问题,美国决策层发生了严重分歧。美国的传统军事战略,也是克劳塞维茨那种全力以赴夺取完全胜利的战略。这种战略在刚刚结束的二次大战中,曾使美国人获得辉煌胜利。因此朝鲜战争一爆发,以二战时的美国英雄、远东美军总司令麦克阿瑟将军为代表的军方,就提出应不惜一切代价、全力以赴打一场全面战争,夺取对“共产主义”的全面胜利。但杜鲁门总统从世界全局和美国全球利益出发,认为必须保留主要力量在欧洲。当时美国全球战略重点在西欧,1949 年夏从韩国撤走了美军(只留下 500 人的军事顾问团)。1950 年初国务卿艾奇逊又在华盛顿宣布,朝鲜半岛不在其“防御圈”之内。因此,美国出兵朝鲜半岛的决策,经历了三个月的过程,跨越了三个台阶。第一个台阶是 6 月 27 日作出以美国海军和空军,在三八线以南支援韩国军队作战的决策。这时美国参战的目标,主要是支持韩国政权,以免其垮台。第二个台阶是 7 月 1 日决定投入美军地面部队在三八线以南作战,同时把海、空军作战范围扩展到三八线以北。这时美国内部对战争目标发生分歧,一些人主张美军的任务应该只是把朝鲜军赶回三八线;另一些人则主张美国的目标应是“统一朝鲜”。第三个台阶是 9 月 27 日决定美军地面部队越过三八线侵入朝鲜(10 月 1 日韩国军队首先越过三八线,7 日美军也越过三八线)。这时美国的战争目标,已经扩大到消灭北方政权“统一朝鲜”。

尽管当时在政治宣传上,我国强调美帝国主义不甘心被赶出中国,策动朝鲜战争,趁机出兵侵占整个朝鲜半岛和派第七舰队进驻台湾海峡,南北夹攻中国。美国也大肆宣传中苏进行“共产主义扩张”。但事实上主要双方在朝鲜战争中的目标都是有限的。美国的主要决策层并未打算在军事上进攻中国。在作出美军地面部队越过三八线的决策会议上，美国参谋长联席会议主席布雷德利强调："重要的是我们不希望朝鲜战争扩大为同共产党中国和远东苏军的一场大战，特别要避免同中国开战。"①至于经过长期战乱刚刚取得全国政权的新中国，迫切需要一个和平环境自不待言。中国出兵参加朝鲜战争，主要是受到美军越过三八线扩大战争的威胁而迫不得已的。中国不仅出兵决策十分慎重，采取"后发制人"的方针，而且在整个战争中的目标，基本控制在保障中国东北安全和朝鲜政权的生存。

从战争的范围、规模和手段来看，美国决策层在朝鲜战争中，也是经历了扩大与控制的严重争执，最终还是在战争的指导上实行了控制。在这场涉及东西方两大阵营对抗、实际上是中美之间特殊较量的战争中，美国动员了其1/3的陆军、1/2的海军、1/5的空军，纠集美、法等15个国家，以"联合国军"名义参战；中国则发动全国性的"抗美援朝"，以志愿军名义参战。双方投入作战的兵力，高峰时共达320万人，使用了除原子弹以外当时所有最现代化的常规武器（包括美国曾使用过细菌武器）。在某些战役中，其炮火密度、空军轰炸密度和战场兵力密度，都超过第二次世界大战的水平。但是，战争的地理空间范围，一直被控制在东西宽360公里（蜂腰部仅宽170公里）、南北长840公里的小小朝鲜半岛上。在战争的规模和手段上，拥有更大能力的美国，也没有进一步把这场战争扩大为使用核武器的全面战争，尽管这是当时担任侵朝美军司令的麦克阿瑟所一再要求的。

1951年4月接替麦克阿瑟任侵朝美军司令的李奇微，在其回忆录《朝鲜战争》中说，麦克阿瑟将军同杜鲁门总统争执的突出问题，就是"打全面战争还是打有限战争"。② 这两种战略思想和方针之争，在整个朝鲜战争期间一直是美国军政决策层的突出问题。最后以杜鲁门解除麦克阿瑟职务而告终。杜鲁门说："我只能得出一个结论，麦克阿瑟将军准备冒全面战争的危险，而我并不准备这样做。""毫无疑问，我们不能让朝鲜的行动扩大成为一次大

---

① 克莱·布莱尔整理：《布雷德利自传》，军事译文出版社1985年版，第723页。

② 马修·邦克·李奇微：《朝鲜战争》，军事科学出版社1983年版，第3、20页。

战。”[1]也就是在这一年6月，当朝鲜战争的战线稳定在三八线附近时，美国把其战争目标重新调整到原先的起点上——“恢复三八线为界的南韩政权”。随后双方开始外交谈判，打打谈谈，到1953年7月签订停战协定。于是从三八线开始的朝鲜战争，打了3年，最后还是在三八线以谈判停战而结束。

朝鲜战争作为第一场当代有限战争，是在战争历史运动新旧时代交替的时期发生的。当时美苏正从反法西斯的战时合作，走向战后的冷战对抗。1948—1949年美苏之间在欧洲发生了对抗的第一个高潮——柏林危机。1949年9月苏联又爆炸了第一颗原子弹，打破了美国的核垄断。一时间整个世界都笼罩着东西方两大阵营不可避免要发生大战的氛围。双方都推测对方以战争手段实行“扩张”，都在不断地按照二次大战的战略思想和模式，规划如何打一场包括使用原子弹在内的全面战争。李奇微在回忆录中说：“朝鲜战争之前，我们的全部军事计划都是设想打一场席卷世界的战争……有限战争对于我们说还是一个比较生疏的概念。”[2]整个朝鲜战争，一直是笼罩在可能扩大为世界大战的阴影之中。但反过来，世界大战的威胁，也成为某种制约美苏双方行动的因素。也可以说，当时的战争历史运动，客观上已经发展到了人类不能再把全部能力投入进行战争，但人们在主观上对战争的认识和指导，则仍然停留在无限化战争的旧时代。人们还没有关于有限战争的思想理论和战略，只是“意外”地打了这样一场当代的有限战争。所以有些西方学者说，朝鲜战争是“一种奇怪的战争现象，它名为局部战争，实为局部化的世界大战”。[3]

朝鲜战争对美国的战争理论和战略思想带来巨大的冲击，“有限战争”作为一种新的军事概念和战略理论迅速兴起。不仅是军界，而且众多的民间战略学家和国际政治学家，都投入这一研究。一大批有关的成果问世，如：罗伯特·奥斯古德的《有限战争：对美国战略的挑战》，罗伯特·麦克林托克的《有限战争的意义》，林肯·布卢姆菲尔德的《控制小型战争》，亨利·基辛格的《核武器与对外政策》和《选择的必要》，莫顿·霍尔珀林的《核时代的有限战

---

① 《杜鲁门回忆录》，三联书店1974年版，第450—451页。

② 马修·邦克·李奇微：《朝鲜战争》，军事科学出版社1983年版，第3、20页。

③ 彼得·卡尔沃科雷：《国际事务概览(1952)》，上海译文出版社1989年版，第2页。

争》，马克斯威尔·泰勒的《音调不定的号角》，以及稍晚发表的西摩尔·德切曼的《有限战争和美国防务政策》等。但美国传统的军事战略思想仍占统治地位。1953年出任总统的艾森豪威尔，推出"大规模报复战略"，其核心是倚仗美国的核优势威慑苏联，使之不敢发动任何形式的战争；如果威慑失灵，就以核力量为"剑"，以常规力量为"盾"，对苏联进行大规模报复的攻击，一举摧毁对方。"大规模报复战略"，虽然改变了杜鲁门的侧重打第二次世界大战样式的常规大战的"遏制战略"，但强调的是——要么不打，要打就是全面的核大战。仍然是过去那种全力以赴夺取绝对胜利的战略，并不符合有限战争时代的需要。面对民族解放运动高涨和东西方对抗所出现的众多冲突，它常常使美国陷入两难局面——既不能打全面的核大战，又无法应付局部的冲突和战争。因此，当时美国不少的论著，从批评和反对"大规模报复战略"出发，提出和阐述有限战争的理论和战略。

早在1954年，乔治·凯南发表《美国外交政策的现实》，就明确指出："总体战的时代已经过去了……从今以后，有限军事行动是唯一可以达成任何真正目标的战争。"1955年，从陆军参谋长之职退下来的李奇微，出版了《朝鲜战争》一书，陈述了自己对大规模报复战略的不同看法。他说："朝鲜战争使我们懂得，自此以后的一切战争必定是有限战争。……由于许多国家都拥有热核武器或者已经掌握了制造这种武器的技术，打无限规模的战争已经成为不可想象的事情。……一场有限战争并非只是一场尚未全面展开的小规模战争。它是一种根据我国的利益和现实的实力，对各种目标作出具体规定（控制）的战争。"曾在朝鲜战争期间任杜鲁门政府国务卿的艾奇逊，在《实力与外交》一书中也总结经验说，"达到无限目标和获得绝对胜利的可能性已经没有了"，强调美国除了全面核战争外还需要有限战争的能力。[①] 还有不少非官方的"独立分析家"发表文章，抨击"大规模报复战略是一种不得要领的战略"，论证今后"可能发生的是有限战争"。

最重要的是1957年出版了两本奠定有限战争理论的书。一本是罗伯特·奥斯古德的《有限战争：对美国战略的挑战》，另一本是亨利·基辛格的《核武器与对外政策》。奥斯古德认为美国历史存在"一种以全胜的必要性为

---

① 参阅艾奇逊：《实力与外交》，世界知识出版社1959年版。

基础的战争理论”,但朝鲜战争的教训说明,“美国对苏联直接报复的能力未能威慑住共产主义在中间地带的侵略,而美国又未做好充分准备以其他方式遏制共产主义的侵略”。他强调美国需要“制定一种可以对战争实行限制并能胜利地进行有限战争的战略”。奥斯古德对18世纪以来的有限战争进行了历史性的研究,提出从战争目标、手段和国家政策的联系入手控制战争,强调“限制战争目标是限制战争的关键。”[①]基辛格批评大规模报复战略,是顽固坚持那种以全面战争获取全胜为基础的过时战争理论。他说,现在美国人民须明白,随着美国核武器垄断的结束及其威力的增强,全面战争除了作为最后的手段以外,已经不再是执行政策的有意义工具。[②] 基辛格论证了有限战争的必要性、可能性和实施条件,强调有限战争基本上是一个政治行为,力求达到特定的目的而不是摧毁敌人;其战略价值在于把有限的军事行动作为政策的一部分来执行,而这种政策又能给对方一条无条件投降以外的出路,使之能够打开政治解决的途径。

随着苏联多级火箭将世界第一颗人造卫星送入太空(1957年10月),美国军政界惊呼出现“导弹差距危机”,围绕大规模报复战略的争论日趋激烈。对这一战略持批评态度的马克斯威尔·泰勒(他继李奇微之后担任陆军参谋长),也因此而在1959年离职退役。泰勒离职后所做的第一件事,就是发表《音调不定的号角》一书,公开对大规模报复战略进行全面批评。泰勒认为:原子报复有一定的局限性,“只能在危及国家生存时”(即美国大陆或欧洲将受到原子攻击时)使用。他提出修改传统的“大战”和“有限战争”定义:“大战”是指美苏之间互相进行全面核攻击,“有限战争”则是指主要依靠常规武器的其他一切形式的军事行动。泰勒强调美国应在准备原子大战同时,着重准备打各种类型的有限战争。[③]

1961年美国民主党总统肯尼迪上台后,全盘采纳泰勒的建议,以所谓“灵活反应战略”取代“大规模报复战略”,并且随后破例让泰勒重挂现役上将衔担任参谋长联席会议主席。于是,有限战争的理论正式成为美国的军事战

① 转引自王国强:《美国有限战争理论与实践》,国防大学出版社1995年版,第60—62页。
② 参阅亨利·基辛格:《核武器与对外政策》,世界知识出版社1959年版。
③ 参阅马克斯威尔·泰勒:《音调不定的号角》,世界知识出版社1963年版。

略，而越南战争就成为这一理论和战略的全面实战检验。

越南战争与朝鲜战争不同，它完全是由美国人主导发动和进行的。印度支那（包括越南、老挝、柬埔寨）在19世纪沦为法国殖民地，二次大战期间为日本法西斯所占领。大战结束时越南人民发动八月革命，胡志明在河内宣告成立越南民主共和国。但法国殖民主义者在英美支持下重返该地区南部，随后大举向北进攻河内，发动了对越南的全面侵略。美国一方面援助法国进行战争，另一方面插手扶植亲美势力。1954年奠边府战役之后，法国被迫在日内瓦签订停止印度支那战争和政治解决的国际协定。但美国拒绝签字，并扶植成立反共的南越（西贡）吴庭艳政权，破坏了日内瓦协定。于是南越人民在1959年重新开始武装斗争，1961年5月美国总统肯尼迪以“反共产主义扩张”为名，下令派100名“特种部队”到南越（代号“绿色贝雷帽”），开始了这场长达14年的侵越战争。

越南战争前后经历了3个阶段——“特种战争”阶段（1961.5—1964.7）；美军大量投入实施“南打”“北炸”的局部战争阶段（1964.8—1968.12）；美军逐步撤出的战争“越南化”阶段（1969.1—1975.4）。它是以美国和南越西贡政权为一方①，同南越人民武装和越南民主共和国（得到中、苏在武器物资和人员上的支援）为另一方②，又一场具有东西方对抗性质的大规模国际战争。

从战争历史运动上来看，越南战争是当代有限战争的第二个重要里程碑。它的战争目标的有限性，比起朝鲜战争是更加明确了。处于战争主导一方的美国，其发动和进行这场有限战争的目标，实际一直是控制在“防止南越反共政权垮台”上。并没有像朝鲜战争那样，一度扩大化为“消灭北方政权统一朝鲜”。就战争范围、规模和手段的有限性来说，越南战争的控制也是十分明确和严格的。在越南战争的局部战争阶段，双方投入作战的兵力高峰时共达220多万人（其中美国投入兵力最多时达54万，另后勤人员26万），但主要的作战范围控制在越南的南方，美军地面部队始终没有越过北纬17度线进入北越。拥有制空权的美国空军，在局部战争阶段对北越的轰炸，也主要集中

---

① 另外，韩国出兵约5万人参战，泰国、菲律宾、澳大利亚和新西兰也派出少量部队。

② 越南民主共和国未正式参战，但全力支援南越人民武装，从1964年起每年都派遣10多万武装人员到南越作战。中国则先后派出防空、工程、铁道、海军扫雷部队共约32万人，提供物资约200亿美元。苏联也派出军事顾问、防空导弹军事人员等。

在北纬20度线以南的所谓“胡志明小道”（即北越人员和物资渗透进入南方的通道）。只有约两年时间(1966.3—1968.3)，才突破美军自己划定的“禁区”，轰炸了河内、海防等机场、交通和部分工业系统，但始终没有轰炸中越边境地区。在军事历史上，出现了被美国空军人员称为“不去关闭楼上的水龙头，却要擦干楼底下的水”这种奇怪局面。① 当然，美国采取这种控制措施，很大程度上是要避免引起中国和苏联的直接军事介入。

越南战争与朝鲜战争另一个很大的不同，就是它有一个在战争指导上十分明显的战争“逐步升级”和“逐步降级”的过程。在以往的历史中，战争发展过程出现强度和范围不断增长的现象，一般都称为“战争扩大”。现在则逐渐为“战争升级”的概念所代替。这一新概念是同康恩为代表的“逐步升级”战略理论联系在一起的。美国赫德逊研究所所长赫尔曼·康恩，1965年发表《论逐步升级》一书，强调当今世界要维护美国的利益，政治谈判和各种非军事计划所起的作用，将比实际使用武力的作用大得多；即使是使用武力，也将是讨价还价过程的一部分。他提出“逐步升级”理论，以图解决如何根据政治斗争要求灵活调整战争强度。康恩把从冷战状态到全面核大战之间，按照冲突和战争强度增长的可能性，列出一个由低到高的比喻性战争强度阶梯。共划分为六道门槛、七个阶段的37个梯级（后增列至44个梯级）——从冷战开始的第一个阶段3个梯级，越过一道门槛就进入“传统性危机阶段”（4—9级）；其中从“使用暴力扰乱行动”的第8梯级起，开始属于有限战争的领域。下面越过“核战争是不可设想的门槛”，进入“紧张的危机阶段”（第三阶段），共有使用常规武器的8个梯级（10—17级）。越过“不使用核武器的门槛”，进入“奇妙的危机阶段”（第四阶段），共有“针对军事目标的局部核战争”等五个梯级（18—22级）。再越过一个门槛进入“核‘炮舰外交’阶段”（第五阶段），共有“告诫性对居民攻击”等6个梯级（23—28级）。越过“中央战争的门槛”进入第六阶段，共有5个梯级（29—33级），有限战争领域到这个阶段的第33个梯级为止。下面越过“毁灭城市的门槛”，进入“攻击民用目标的中央战争阶级”（第七阶段），就属于核大战的领域了。康恩认为，由低级危机到全面核大战之间这些连续的阶梯，并非任何特定的事件和特定地点的战争冲突

---

① 约翰·柯林斯：《大战略》，第97—98页。

都必然要经过，但却有可能要通过。这种逐级上升的战争强度阶梯理论模式，有助于正确掌握形势和“有意识地”控制战争，为自己、也为对手留下必要的回旋余地。虽然很难说美国在侵越战争中所实行的战争“升级”和“降级”，是根据康恩的战争强度阶梯理论模式，但这种有限战争的理论和战略，完全是在越南战争中出现和发展起来，却是不争的事实。

越南战争对于美国和肯尼迪—约翰逊的“灵活反应战略”来说，都是一场失败的战争。这场战争前后打了14年（一般来说，当代有限战争的特点之一是战争时间较短，从这点来说越南战争是不典型的）。即使从1964年8月美国制造“北部湾事件”，投入大量美军，将战争升级为局部战争算起，到1973年3月美军地面部队全部撤离为止，美国直接进行的战争也打了近9年。美国伤亡34万多人，损失飞机4000多架，耗资2000多亿美元，结果却不得不在一个军事和经济弱小得多的对手面前撤退，其战争目标完全没有实现（1975年4月越南人民军解放西贡，南越反共政权彻底垮台）。但是，从战争历史运动上来看，越南战争却是第一场具有相应战略理论指导的有限战争，对于我们认识当代有限战争这种战争新形态是十分重要的。

总括从朝鲜战争到越南战争的发展，当代有限战争在萌发时期，就表现出了几个主要特点：

**（一）具有战争目标的有限性**

20世纪上半叶的无限化总体战争时代，人们进行战争的原则是：固守绝对的目标，使用绝对的手段，谋求绝对的胜利。这一原则在第二次世界大战中获得了充分的发展。但现在它已经失去了意义。当代有限战争奉行的是另一种原则，它一般不以军事上征服敌国、迫使对方完全服从自己的意志（举国投降）为目标，而是通过有限的军事行动，达到有节制的政治、经济目的。在军事战略上不是强调彻底摧毁对方和占领对方的领土，而是强调威慑的作用，注重包括军事、政治、外交、经济、心理等多方面的综合效益。战争常常是在交战一方（一般是强者一方）达到某种有限目标之后，就停止军事行动，或者是双方妥协以外交谈判来解决，出现“打”与“谈”结合、打打谈谈、边打边谈的局面。战争的结局大多以政治解决而告终，很少出现过去战争中那种全胜全负的局面，即既没有绝对的胜利者，也没有绝对的失败者，按照传统的军事观点来看甚至是胜负难分。当然，从某一场战争具有有限目标这一点来说，历史上的局部战争也是存在的。但那时的目标有限性，主要是由于引发战争的客观矛盾本身是局部性的。当代有限战争却不同，它主要是在战争指导上对战争目标进行有意识的控制，不去追求和固守绝对的目标。不仅如此，当代有限战争还强调，在实施战争指导时，不仅要给自己划定有限的目标，而且要尽量把自己目标的有限性告知敌方，以促使敌方的战争目标也转向有限性，从而限制战争向无限化方向发展。

**（二）具有战争范围、规模和手段的有限性**

战争范围主要指战争的地理空间，规模主要指投入的兵力和兵种，手段主要指使用的武器。一般来说，有限战争的有限性，表现在战争范围、规模和手段上是有形的，能够比较易于看见和控制；而战争目标的有限性则是无形的，常常不易看见和把握。虽然战争目标的有限性，对于战争范围、规模和手段的有限性具有决定作用，即后者的有限性是由前者所规定的，但就实施对战争的控制来说，通常都注重控制战争的范围、规模和手段。我们在分析当代有限战争时，也只有通过表现在战争范围、规模和手段上有形的有限性，才能看到它们背后的战争目标的有限性。

把战争行动控制在一定区域的范围内，可以将战争升级的危险减少到最低的水平，因而被认为是最可靠也最容易实施的控制措施。对战争规模和手段的控制，一般是指不使用核武器和生物化学武器，控制投入军队的数量和兵种（只动用部分现役部队）。对于美国这样的超级大国来说，使用常规空军和海军进行有限战争，通常比使用地面部队所冒的战争升级风险要少；支持比较落后的中、小国家出面进行有限战争（所谓“代理人”战争），通常比自己直接出兵所冒的风险要少；即使投入少量支援部队或顾问人员介入战争，也比投入自己的正规部队所冒的风险要少。正因为如此，美国在朝鲜战争和越南战争之后，尽量避免大规模直接派兵，多以提供军事援助和派遣军事顾问等方式参与进行战争。

**（三）具有战争进程的可控性**

由于当代有限战争在目标上的有限性，以及受到国际政治和国际社会诸种因素的制约，因而表现了战争进程的可控性。这种战争进程的可控性，一般是同对战争范围、规模和手段的控制连在一起的，目的是留下进行谈判和通过政治解决停止战争的回旋余地。它具有如下几种不同情况：一种是双方采取相同类型的控制措施。另一种是双方采取不同类型、但相互对等的控制措施。第二种是一方采取某种控制措施，导致对方也采取若干不同程度的控制行动。或者仅是强者单方面采取控制措施，弱方虽未采取相应控制措施，但客观上的作战能力已是有限的。大多数美国所进行的有限战争，都是属于这种类型。

值得指出的是，无论上述哪种类型的控制措施，都很少是由正式协议规定的，通常都是交战双方的一种“默契”。因此，通过什么方式和途径，把这种对战争的控制明确地传达给对方，不使战争行动看起来好像直接威胁到对方生命攸关的利益，导致战争进程失控而升级，就成为当代有限战争的重大战略问题。于是，在当代有限战争中就出现了政府首脑“扮演排长的角色”。在过去的战争中，政府首脑一般只是作出政治决定，即给军事指挥官下达要达成的战略目标，至于如何进行战争就放手让将军们去干。而现在为了防止有限战争失控发展为全面战争，政府首脑常常要亲自掌握那些过去战争中本来可由排长去处理的事情。[①] 总之，当代有限战争这种对于战争进程的控制，一方面包含着给自己、也给对方，留下进行谈判和实现政治解决的回旋余地；另一方面也包含着防止战争进程失控而升级为全面战争。

这些就是当代有限战争最基本的特点。至于它的其他特点——如具有战争背景的世界性、国家整体实力较量性、高科技和高消耗性以及具有全新的战争观和战略观等，我们将在下面的各节中再进行论述。

## 三、国际性制约的因素

战争具有世界性的背景，这是当代有限战争时代的特点。它不仅表现在作为当代战争新形态的有限战争上，而且也表现在二次大战后绝大多数的局部战争上。

20 世纪的世界是一个已经融合为有机整体的世界。这曾经是发生世界大战的重要条件。我在本书第三章的第二节“世界大战的社会根源”中对此

---

① 约翰·柯林斯：《大战略》，第 93 页。

作了阐述。接着,我在本书第四章第六节论述二次大战后“未再发生新世界大战的原因”时,又强调了世界日益融合为有机整体的发展蕴含着制约战争的因素。这两者之间(或者说战争历史运动中的这两种发展趋势),完全是辩证的矛盾统一体。一切的分析都要放到具体的历史条件当中。

二次大战后国际政治和国际社会的格局是所谓的雅尔塔体制。其核心和特点,就是美苏两个超级大国相互对抗争霸与相互威慑制约。从一方面来说,这是二次大战后世界动荡不安的主要原因之一。而且由于只有美苏两个超级大国才具有发动和进行世界大战的能力与条件——只有它们才具有“能够毁灭整个人类文明”的战争能力,也只有它们能影响或控制一系列国家,形成世界性的集团(北约和华约)——因此,美苏的对抗争霸就成为二次大战后有可能发生新世界大战(无限化总体战争)的唯一现实因素。但是,从另一方面来说,美苏两个超级大国的相互威慑制约,也是制约世界战争的重要因素。这两方面的趋势,在上一节所述的朝鲜战争和越南战争中都有鲜明的表现。

作为开创当代有限战争第一个里程碑的朝鲜战争,究竟是怎样打起来的?这是20世纪后半叶疑团和争议最多的国际问题之一。由于有关问题具有十分强烈的政治敏锐性,长期以来我国传统说法同西方的主流说法完全对立。也由于有关档案的保密,缺少足够的关键性原始史料,很多问题也确实一时无法说得很清楚。不过有一点可以肯定,朝鲜战争的深层背景是美苏两个超级大国的对抗。当时韩国、朝鲜双方,虽然都想以武力来按自己的制度统一朝鲜,但要发动这样的战争,朝鲜必须得到苏联的同意和支持,韩国则必须得到美国的同意和支持。1949年3—4月、1950年2月和4月间,金日成经过三次访苏,终于取得斯大林的同意和支持。不过苏联当时并未打算在朝鲜半岛同美国直接进行军事对抗,只是在金日成保证将迅速获胜、美国不会有足够时间插手的情况下,斯大林才答应予以有限度的支持。

至于美国,当时朝鲜半岛并不在其远东“防御圈”之内,从军事上看那里也不适宜大规模作战。但为什么朝鲜战争爆发后,美国就迅速出兵卷入呢?问题还在于以苏美为首的东西两大阵营对抗的世界格局。当时“冷战”刚进入高潮,推行“遏制共产主义”政策的美国,把一切都看成是以美国为首的“自由世界”同苏联为首的“共产主义世界”之间的决斗。杜鲁门政府认为,朝鲜越过三八线进攻韩国,是苏联集团在亚洲以至全球扩张的先声,所以很快就作出出兵决策并逐步扩大。

有些研究朝鲜战争的学者说："如果北朝鲜不大举越过三八线，战争就不会在这个时候爆发；如果美国不卷入战争，朝鲜半岛发生的充其量是一场短暂的区域性军事冲突；如果美军不向三八线以北进攻，战争早在三个月时就以三年后的结果停止了；如果中国不出兵，这场战争也就不是现在意义上的朝鲜战争了。"①这是有道理的。本书不是具体探讨朝鲜战争的专著，所以不作展开阐述。但从已披露的史实就足以充分证明：朝鲜战争正是因为具有美苏对抗争霸的深层背景，才很快从一场小规模的内战，演变成一场大规模的国际性战争，而且是二次大战后第一场具有发展成为新世界大战因素的战争。但同样，朝鲜战争正是因为具有美苏相互威慑制约的因素，才最终被控制在有限战争的范围内。杜鲁门之所以拒绝麦克阿瑟扩大战争的要求，并最终解除了后者的职务，主要原因之一就在于此。以美苏对抗争霸和相互威慑制约为核心的雅尔塔体制格局，对二次大战后的战争历史运动所起的促进与控制两方面的作用，都在这场战争中首次充分表现了出来。

作为当代有限战争第二个重要里程碑的越南战争同样如此。与朝鲜战争不同，这场战争完全是由美国政府从其全球扩张战略出发，主导发动和进行的。早在70年代初，美国报刊就披露了五角大楼关于越南问题的秘密研究报告。这份长达3000页并附有4000页原始官方档案的文件，回顾了二次大战后美国逐步卷入印度支那战争的决策和行动过程。1971年7月4日《华盛顿邮报》一篇总结性的评论文章说："这些文件证实，美国参加印度支那的战争，既不是出于轻率，也不是由于漫不经心，而是有意识的。美国参战是由四届政府——杜鲁门政府、艾森豪威尔政府、肯尼迪政府和约翰逊政府——逐步扩大的决定，划一条对付'共产党扩张'的线，并最后从事'一场意志的考验'来守住这条线。"②美国拒绝在1954年日内瓦会议《关于恢复印度支那和平的协定》上签字，在南越扶植反共的西贡政权，就是从同苏联对抗争霸的全球战略出发。当南越的西贡反共政权（虽然这个政权按西方标准也是一个腐败和反民主的政权），遭到南越人民反对而陷于危机时，美国政府从所谓"多

① 沈志华：《朝鲜战争揭秘》，香港天地图书有限公司1995年版，第18页。

② 《关于美国国防部侵越秘密报告材料汇编》下册，三联书店1973年版，第880页。

米诺理论”[①]出发，发动了这场战争。但从另一方面看，作为战争主导一方的美国，在发动和进行越南战争时，又一直受到苏联和中国等国际因素的制约。肯尼迪政府是在派马克斯威尔·泰勒到越南调查，得出美国出兵南越，不大可能引起中国和苏联大规模军事卷入，不至于“在亚洲重新引发一场大规模战争”的结论之后，才决定增派美军到南越的。约翰逊政府在作出轰炸北越的战争升级决策过程中，反复考虑的也是“莫斯科和北京”将会作出何种反应。[②] 当时的中苏矛盾公开化，曾经是促使美国决心战争升级的重要背景。尽管如此，由于有朝鲜战争的教训，约翰逊在 1964 年 8 月 4 日，以“北部湾事件”为借口宣布美国空军对北越实施“报复性轰炸”时，也特意声明这一行动目标有限，并不针对中国。[③] 1965 年 2 月，约翰逊批准扩大轰炸北越的“雷鸣行动”，对军方制定的原计划作了大幅度削减，对轰炸强度和目标范围进行了限制，也同样是出于担心引起中国和苏联的军事卷入。[④]

在雅尔塔体制存在的 40 多年里，除美苏从争夺势力范围和调节各自的全球战略部署需要出发，直接挑起和进行的有限战争以外，还有很多局部战争，虽然不是两个超级大国直接出兵进行，但也具有明显的美苏对抗争霸与相互威慑制约的因素。这些局部战争，虽然发端于地区的民族、宗教、边界纠纷，或者发端于本国内部的社会矛盾和政治斗争，但由于交战双方的军事和经济力量有限，往往力求借助于国际上的支持与援助；而美苏两个超级大国也乘机插手，因而也在不同程度上打上美苏对抗争霸的烙印。例如：刚果战争[⑤]、

---

① 多米诺理论(The Domino Theory)在西方国际关系学中本来就有。强调国际体系中某一事件的发生，会导致一种连锁反应。对强国来说，一场发生在边缘地带的战争，虽不会对其安全构成威胁，但一旦产生连锁反应，会如同多米诺骨牌游戏，头一块牌倒下会推动其余的牌接连倒下。美国政府以此为喻，强调西贡政权垮台会导致整个东南亚“赤化”。

② 参见《关于美国国防部侵越秘密报告材料汇编》上册，第 116—132、326—337 页。

③ Lyndon B. Johonson: *The Vantage Point*, New York, 1971, p. 117。

④ 麦克纳马拉:《回顾——越战的悲剧与教训》，作家出版社 1996 年版，第 160—186 页。

⑤ 比属刚果(金)1960 年独立后，加丹加省叛乱，美、苏插手干涉，内战不断。1965 年在美国支持下，蒙博托发动军事政变上台，改国名扎伊尔。70 年代苏联加紧渗入非洲。1977 年和 1978 年苏联、古巴策动和支持加丹加雇佣军，两次从安哥拉和赞比亚入侵，被西方国家援助蒙博托击败。

埃塞俄比亚内战[①]、安哥拉战争[②]、黎巴嫩内战[③]，以至 80 年代的两伊（伊朗和伊拉克）战争等。除了这些局部战争以外，更加值得注意的是那些虽非美苏直接出兵进行，但是受到美苏双方支持怂恿，提供现代化武器，甚或幕后操纵指挥而挑起和进行的现代有限战争。它们常被人们称为“代理人战争”。其中典型的是第三、第四次中东战争。

地处欧亚非三洲交通要冲和盛产石油的中东，历来是英法老牌殖民主义者的禁脔之地。二次大战后中东民族解放运动高涨，埃及收回苏伊士运河。1956 年英法勾结以色列发动侵埃战争（又称苏伊士运河战争或第二次中东战争），美苏乘机插手。1956 年 11 月，联合国通过限定英法以停止这场侵埃战争的决议，并决定派遣监督停火的“联合国紧急部队”。当时赫鲁晓夫领导的苏联曾经提出苏美“合作”共同出兵，被艾森豪威尔拒绝。此后，美国抛出填补中东“真空的”艾森豪威尔主义。苏联也打着支持阿拉伯民族解放运动的旗号加紧向中东渗透。60 年代初，苏联利用美国卷入越南战争之机，通过向埃及、叙利亚等国提供大量经济援助和军事援助（包括提供武器、派遣军事顾问以及签订埃苏军事协定）等方式，取得了优势。面对苏联在中东地区的扩张攻势，美国利用以色列同阿拉伯国家的矛盾，积极支持以色列进行对抗。美国许诺在未来的中东战争中向以色列提供安全保证，向它提供大量新型进攻性武器。1965 年巴勒斯坦解放组织开始武装斗争后，中东局势更趋紧张，以色列同埃、叙不断发生边境武装冲突。

1967 年春，美苏双方都推动以、埃和叙采取走向战争的行动。美国在 3—5 月给以色列 400 辆新型坦克和 250 架新型飞机，派出 1000 多名“志愿人员”加强以色列空军。苏联则在 5 月中旬指使纳赛尔要求“联合国紧急部队”撤

---

① 埃塞俄比亚内战开始于 1961 年。后苏联插手干涉，从 70 年代起，苏联、古巴援助门格斯图政府连年大举进剿。但反政府武装发展至 15 万人。并于 1991 年推翻门格斯图政权。

② 1975 年安哥拉独立后，进行争取独立斗争的人运、解阵、安盟三派即发生争权内战。苏联、古巴援助人运武装掌握了政权。解阵、安盟在扎伊尔和南非出兵援助下反叛。连年内战使 50 万人丧生。至 1991 年经谈判达成和议。

③ 黎巴嫩是伊斯兰教与基督教并存的国家，内部各教派都拥有武装和势力范围。1975 年爆发内战。1976 年阿拉伯国家组织维和部队进驻后停火。1981 年内战再起，基督教长枪党民兵同支援穆斯林的叙利亚驻黎部队发生冲突。以色列支持黎长枪党，用空军袭击叙的贝卡谷地导弹基地。苏支持叙，美支持以，双方海军在地中海对峙。7 月达成协议后内战暂时平息。

走，推动埃及派兵进入加沙地带，封锁亚喀巴湾(蒂朗海峡)。埃、叙和以色列双方都采取了军事动员措施。美国总统约翰逊也亲自出马，于5月15—22日一周之内3次发表声明攻击埃及，并威胁“将不惜使用武力”。苏联政府则在5月23日发表声明，指责以色列是中东不稳定因素。但在美国采取强硬态度的情况下，5月26日苏联总理柯西金又向约翰逊建议“两国采取行动缓和中东局势”。翌日，苏联驻埃及大使匆忙求见纳赛尔，要求埃及“不要首先开火”。[①] 5月31日美国中央情报局长理查德·赫尔姆斯向约翰逊总统汇报情况，分析说“苏联的做法只是想牵制美国向越南大规模介入，并不打算冒同美国冲突的风险向中东扩张。”[②]于是美国采取了“放狗出洞”的方针。6月1日，美国防部长麦克纳马拉接见以色列谍报机关(“摩萨德”)头子，表示支持以色列刚上任的主战派国防部长达扬，“希望他完成自己的使命”。[③] 随后约翰逊亲笔密信，推动以色列6月4日的内阁紧急会议作出开战决策。6月5日晨，以色列发动了第三次中东战争(又称“六五战争”)。

第三次中东战争，不仅在其爆发上具有明显的美苏争霸的世界性背景，而且在其进行和结束上，也充分表现了美苏对抗的国际制约因素。具体发动和进行这场战争的以色列，受到这种制约因素，采取了明显的有限战争战略——不宣而战，先发制人，突然袭击，重点打击埃及，各个击破，速战速决，力争在联合国和大国介入之前，达成有限的战略目标而结束战争。6月5日早晨7时许，以色列首先对埃及14个空军基地实施密集突击，不到三个小时就摧毁埃及一半的飞机和大部分防空导弹，夺得了制空权。同日9时许，以军坦克摩托化部队在西奈半岛发起地面攻势，埃军防线被迅速突破。同日中午，苏联连忙首次动用莫斯科—华盛顿之间的“热线”[④]同美国联系。柯西金向约翰逊表示：苏联不希望同美国发生冲突，愿意促成中东停火。6日傍晚，埃军开始撤向苏伊士运河西岸，以军实施追击的同时，向叙利亚和约旦发动攻势。在以色列已取得战场优势的情况下，约翰逊通过“热线”同意与苏联一

---

① 朱庭光主编：《外国历史大事集》现代部分第4分册，重庆出版社1989年版，第221—226页。

② 田上四郎：《中东战争全史》，解放军出版社1991年版，第155页。

③ 田上四郎：《中东战争全史》，解放军出版社1991年版，第101—102页。

④ 这是在1962年古巴导弹危机后，美苏为了避免因通讯时间延误而发生战争冲突，于1963年8月开通的两国政府首脑从白宫到克里姆林宫的直接通讯线路。

起促成“中东停火”。当晚在美苏代表建议下，联合国安理会召开紧急会议，通过关于实现“停火”的决议。7 日，以军继续扩张战果，苏联连忙再次要求联合国安理会召开紧急会议，在美国支持下再次通过“限期停火”决议。当晚，以军占领约旦河西岸并夺取了耶路撒冷东区，约旦和以色列首先接受联合国决议停火。但以军在埃及战线和叙利亚战线继续推进。8 日傍晚，以军全部占领西奈半岛，纳赛尔接受停火。9 日，以军集中兵力进攻叙利亚戈兰高地。苏联担心叙利亚崩溃而损害其中东的势力，遂于 10 日再次动用“热线”同美国联系，柯西金向约翰逊说，如果以色列不停止军事行动，苏联将采取“包括军事的必要措施”。[①] 同日，苏联和东欧 6 国宣布与以色列断交。密切注视着华盛顿与莫斯科的以色列内阁，连续 4 次讨论“进入戈兰高地的限度”。以色列国防部长达扬最初下令“向整个高地进军”，后来改为“以库奈特腊为前进的最终界线”。[②] 联合国安理会在这天（中东时间 12 时 30 分）通过“立即停火”决议，并在傍晚 6 时 30 分生效，这时以军已占领库奈特腊，在戈兰高地完成了防御态势。打了 6 天的第三次中东战争就这样结束了（故又称为“六天战争”）。随后，联合国大会就“政治解决”中东问题举行了会议，通过了有关的《242 号决议》（规定以军必须从这次战争中占领的土地上撤走，但未解决巴勒斯坦问题和满足阿拉伯国家的要求）。此后，阿拉伯国家和以色列之间不断发生被称为“消耗战争”的冲突，在美苏两个超级大国争霸与勾结的制约下，中东一直处于“不战不和”的僵局。

第四次中东战争的爆发与六五战争有所不同。它是埃及、叙利亚等阿拉伯国家，在某种程度上摆脱苏联的控制，突破苏美造成的中东“不战不和”僵局而发动的。六五战争使苏联在中东的扩张势头遭受挫折。为了恢复自己的影响和势力，苏联一方面加紧援助阿拉伯国家对抗以色列（包括提供大量军援、1970 年与埃及签订友好合作条约）；另一方面又力图加以控制（如不提供进攻性武器、通过军事顾问控制等），避免再度发生可能导致苏美迎头相撞的大规模战争。但在六五战争中蒙受巨大创伤和耻辱、失去大片土地的阿拉伯国家，强烈要求复仇以重振国威与民族信心，而且美苏控制下的“不战不

---

① 朱庭光主编：《外国历史大事集》现代部分第 4 分册，第 229—230 页。

② 田上四郎：《中东战争全史》，第 151—152 页。

和”僵局也给它们带来严重的经济和政治困难。埃、叙等国的要求与苏联控制之间的矛盾，导致纳赛尔逝世后接任埃及总统的萨达特，于1972年7月17日限令苏联9.1万名军事顾问和专家10天内撤离埃及。萨达特调整了纳赛尔的战略，加强阿拉伯国家的团结合作，在开罗召开阿拉伯国家军事首脑会议，成立埃叙武装部队联合委员会，秘密策划和精心准备了这场反击以色列的战争。为了达成突然袭击，开战时间定在伊斯兰教斋月和犹太教赎罪日的1973年10月6日(故又称“斋月战争”“赎罪日战争”或“十月战争”)。虽然如此，第四次中东战争从酝酿、爆发、进展到停火，仍然始终受到美苏两个超级大国的掣肘。特别表现在如下两个方面：

第一是表现在战争的武器装备和补给供应上。第四次中东战争是一场大规模的现代化有限战争，双方投入的兵力共达100多万。虽然前后时间仅18天，但武器和战争物资损耗空前巨大，双方合计共达50亿美元(平均每天3亿美元)。其中阿拉伯国家损失坦克2554辆、装甲运兵车850辆、飞机549架和导弹连47个；以色列损失坦克840辆、装甲运兵车400辆、飞机110架。如果没有美苏两个超级大国的供应支持，作为欠发达国家的埃及和叙利亚，以及资源小国以色列，都是无法负担的。美苏两个超级大国的制约因素，不仅一般地表现在这场战争爆发之前，它们就分别给予双方大量军事援助(六五战争后的几年，苏联向埃、叙提供军援54亿美元，美国向以色列提供军援13亿美元)，而且特别表现在战争过程中，紧急给予大量武器装备和战争物资的补充。苏联于10月9日起出动安-12型和安-22型运输机，从国内和东欧华约的武器库向埃叙紧急空运，至24日停火时的15天内，共飞行925架次，空运战争物资1.6万吨(另从海上运输了6.3万吨)，其中包括2000辆坦克和装甲车、420架飞机。美国从10月13日起，出动C-5A型和C-141型运输机向以色列紧急空运，至停火时的12天内共飞行565架次，空运战争物资2.3万吨(另外以色列航空公司空运了5500吨)，其中包括占美军储备半数的先进“陶”式反坦克导弹。[1] 这种大量的武器装备补给供应，既为以、阿双方提供了继续作战的能力，也是美苏控制战争的一种手段，其基本着眼点是保持中东双方的战略平衡。当时的美国国防部长施莱辛格就这样说过：“我们是根据

① 田上四郎：《中东战争全史》，第297—302页。

苏联人给了阿拉伯人什么来规定我们应提供(以色列)什么武器的。我们希望力量平衡。"[①]而一旦美苏之间达成某种妥协时,它们就以减少甚至中止武器装备的补给来促成停火。10月17日,美国时任国务卿、犹太人出身的基辛格,在进行促成停火的外交活动时,就曾经向阿拉伯国家的代表明确说过:"以色列单独作战无法超过9天以上……如果它破坏停火,美国可以停止对它提供援助。"[②]

第二,表现在美苏两个超级大国对战争进程和结局的制约上。由于这场战争是埃、叙等阿拉伯国家在某种程度上摆脱苏联的控制而发动的,所以苏联政府一开始就不愿意战争扩大。他们不信任阿拉伯国家的作战能力,担心会把苏联拖进去。10月6日战争爆发当天晚上,苏联驻开罗大使维诺格拉多夫就紧急求见萨达特,一面表示祝贺埃军渡河成功(指突破苏伊士运河东岸以军防线),同时宣称"既然渡河已经成功,叙利亚人并不反对(苏联)提出停火的主意"[③];试探和劝诱埃及停火,被萨达特拒绝。至于美国,由于遭到突袭的以色列处于被动态势,因此它当晚就要求联合国安理会召开紧急会议,策划"立即就地停火",但遭到阿拉伯国家抵制。随后的几天,埃叙军队在战场上占据优势,苏联暂时打消停火念头,转而采取支持战争的态度,率先向埃叙空运武器。而担心以色列失败的美国,则接连通过外交途径要求埃及停火,并继苏联之后紧急空运军火补充以色列的损失。以军依靠美国军火的补给,在稳住叙利亚战线之后,于10月14日向埃及战线转移兵力并发起反攻。这时美国通过间谍卫星的高空侦察,发现埃及第2、3集团军接合部有一个防御薄弱的30公里间隙。以军从美方获此情报后,即用5个旅兵力由此间隙突入苏伊士运河西岸,向埃军腹背实施大纵深穿插。战场形势迅速逆转。担心埃及战败而招致自己在中东失势的苏联,重又加紧策划停火。柯西金连忙在16日晚秘密赶到开罗,同萨达特磋商停火问题。19日柯西金返回莫斯科后,勃列日涅夫就急电美国总统尼克松,要求他立即派基辛格到莫斯科商谈。基辛格抛出一个停火方案,苏联在作若干措辞上的改动后接受了美国的方案。在

---

① 格·康策尔曼:《第四次中东战争》,商务印书馆1975年版,第107—108页。
② 穆·海卡尔:《通向斋月战争之路》,上海人民出版社1976年版,第267页。
③ 穆·海卡尔:《通向斋月战争之路》,上海人民出版社1976年版,第238页。

苏美两国提议下，联合国安理会于22日凌晨通过了关于阿以立即就地停火的338号决议。埃、叙分别宣布接受停火，但以军继续乘势扩大战果。23日联合国安理会再次通过就地停火决议，但迂回到苏伊士城南部的以军，已形成了对埃及精锐主力第3集团军的包围。24日，埃及向联合国安理会紧急要求由苏美派兵前往监督停火。苏联支持，美国拒绝。于是勃列日涅夫向尼克松发出一封措辞强硬的信件，声称如美国拒绝联合出兵，苏联将考虑“单方面采取适当步骤”。当晚苏军7个空降师处于戒备状态，随时准备开赴埃及，苏联驻地中海的军舰也激增到85艘。美国立即作出强烈反应，于24日深夜下令全球美军（包括核打击力量）进入三级戒备。一时剑拔弩张，形成了古巴导弹危机以后美苏最严重的对抗。在此形势下，苏联作了妥协，放弃单方面出兵的威胁。埃及也向联合国提议改派“国际部队”（后由芬兰、印尼、巴拿马、秘鲁、奥地利、瑞典等派兵组成联合国维和部队）。美国也作了某种妥协，并向以色列施加压力，迫使以军允许埃及向被围的第3集团军运送粮食给养。随后，经过基辛格的斡旋，以埃双方在11月11日签订了6点停火协议。

此外，第四次中东战争的国际制约因素，还表现在中小国家联合力量对大国的制约上。这是以前所不存在或者不明显的。中东战争主要是阿拉伯国家与以色列之间的战争。最初产生于巴勒斯坦的阿拉伯人与犹太人之间的冲突，包括民族、宗教、领土和政权的矛盾。阿拉伯国家支持巴勒斯坦人，反对以色列建国，但他们各有自己的利益和目的。阿方阵线成员复杂，在战争中的地位、作用和目的不全相同。它们以民族战争面目出现，但想法并不一样。1948—1949年的第一次中东战争（亦称“巴勒斯坦战争”），主要是反对以色列建国，除巴勒斯坦以外，还有埃、叙、约旦、黎巴嫩和伊拉克5国参加。1956年的第二次中东战争，主要是围绕埃及把苏伊士运河收归国有，英法勾结以色列发动对埃及的侵略，除苏丹出兵外，其他阿拉伯国家未采取军事行动。1967年的第三次中东战争（六五战争），以色列向埃、叙、约发动突然袭击，三国失去大片土地（包括约旦河西岸、耶路撒冷东区、加沙的巴勒斯坦、埃及西奈半岛和叙利亚戈兰高地等，面积相当于以色列本土4倍），阿拉伯民族蒙受耻辱。而且随后以色列不断打击支持巴勒斯坦解放斗争的阿拉伯各国。因此，在埃及大力加强阿拉伯国家团结的情况下，1973年的第四次中东战争除埃、叙之外，还有伊拉克、约旦、摩洛哥、科威特、沙特阿拉伯、阿尔及利亚、突尼斯、利比亚、苏丹等国派出军队、飞机和医疗队参战。① 尤其是阿拉伯出产石油的国家,联合采取减产、提价和对支持以色列的国家实行禁运等措施,极大地牵制了欧美发达国家。当美国国会通过给以色列 22 亿美元军援之后,阿拉伯产油国在 10 月 18 日纷纷宣布对美国实行石油禁运,使美国石油进口量每天减少 200 万桶,加剧了西方 70 年代初开始的严重能源危机。为了确保石油供应,欧美国家不得不调整它们对中东问题的立场,法国、联邦德国、英国、意大利和西班牙等国停止了同以色列的军火贸易,拒绝美国利用他们的机场港口向以色列运送军火。11 月 6 日欧共体 9 国外长发表联合声明,正式要求以色列把六五战争中所占土地归还阿拉伯国家,恢复巴勒斯坦人的合法权利等。这些都对促使美国改变一味支持以色列的态度起了重要作用。当然,这同进入 70 年代以来,世界格局逐渐从两极向多元化方向发展有密切关系。不过,直到苏联解体以前(亦即雅尔塔体制解体以前),美苏两极对抗仍然是贯穿整个国际关系的一种主要的国际威慑制约因素。

总的来说,随着全球融合为有机整体的程度更加发展,它所蕴含的制约战争因素也更加发展了。社会经济活动日益走向一体化(世界一体化),商品、资金、技术、劳务、人才等,跨越国界的全球流动,已经达到了难以分离的程度。各国之间在经济上,同时也在社会文化、政治生活以至军事上,空前紧密地联系在一起。它们的利益既有矛盾,但又相互渗透和依存,形成一个错综复杂的国际社会。整个人类经济生活和社会生活相互依存的因素,已具有"你中有我、我中有你"和"一损俱损,一荣俱荣"的性质。在这种历史条件下,任何一场局部战争(即使是国内战争),客观上都必然不同程度地与其他国家有利害关系,都必然要牵涉到世界范围的各种力量,必然要受到国际政治和国际社会(包括世界舆论和联合国这样的国际组织)的明显制约。

进入 90 年代以后,随着苏联的解体,世界从雅尔塔体制向新的国际格局过渡,多元化的发展已是大势所趋。美国虽然成为唯一的超级大国,但已经不可能独霸天下。今日之世界,存在着不同层次的多种力量(多元),它们之

---

① 出兵较多的是伊拉克 2 个坦克师、约旦 2 个装甲旅、摩洛哥 1 个步兵旅。另外,富有的阿拉伯产油国慷慨出钱,沙特阿拉伯给埃、叙 10 亿美元,科威特出 2.5 亿美元,卡塔尔和阿拉伯酋长国出 5 亿美元。

间也就构成相互制约、相互依存和相互威慑的关系。在这种多元的制约关系中,既有大国之间的相互制约,也有中、小国家之间的相互制约;既有大国对中、小国家的制约,也有中、小国家对大国的制约;还有国际社会中多种势力(包括国际性的反战和平力量)的制约关系。不论新的世界格局将会如何发展,我们都可以断言,今后的局部战争必然越来越带有世界性的背景。无论是战争的发动、使用的作战手段以及战争的进程和结局等,都必将受到国际政治和国际社会更多的制约,而不可能完全由参战国家所自由决定。即使是1990—1991年的海湾战争,作为发动和进行这场战争的主角的美国,也要千方百计得到联合国通过相应的决议,要争取到大多数西欧国家、日本以及阿拉伯国家的支持。1999年3月,以美国为首的北约,越过联合国发动空袭南斯拉夫塞尔维亚政府的战争,受到国际社会的强烈谴责,最后也不得不回到联合国政治解决的道路。

## 四、国家整体实力的较量

当代有限战争虽然具有战争目标、手段、范围和规模等多方面的有限性,但却是国家整体实力的一种较量。这里所说的国家整体实力,也就是人们所常说的综合国力。它不仅仅是(甚至主要不是)军事力量,而是包括政治、外交、经济、科技、自然资源、地理条件、人口和国民构成等多方面的因素和力量。它既包括现存的力量(实力),也包括潜在的力量(潜力);既包括有形的物质力量,也包括无形的精神力量;既包括静态的因素,也包括动态的因素;既包括一个国家本身的力量,也包括其外部的国际关系因素和力量。对于这些众多的因素和力量的认识与评估,西方国家的理论是五花八门的。美国的尼科拉斯·斯巴克曼(Nicholas Spykman)列出十个方面,即:领土状况、边界特征、人口规模、原料多寡、经济与技术的发展、财力、民族同素性、社会结合程度、政治稳定性、国民士气等。20世纪70年代的美国国务院情报与研究局局长克莱茵则归纳为五个要素,即:人口和领土、经济能力、军事能力、战略意图、国家意志。但也有人划分得更细(列出13个要素)。不过,在西方最具权威性的,应该是美国著名国际政治学家汉斯·摩根索的有关论述。

摩根索在其传世之作《国际纵横策论——争强权，求和平》[①]中进行了详细的论述。他认为："所谓强权，是指控制他人心灵和行动的能力。"如果我们谈论的不是一般的个人强权，而是"国家强权"时，指的就是"国力"，即一个国家在国际舞台上控制他国人、影响国际事件的综合能力。在以前的国际关系领域，人们往往侧重于强调军事力量的决定性作用，摩根索则强调了综合国力。他在该书中论述了构成"国家强权"（即"国力"）的九大方面要素：

1. 地理。这是国家强权所依据的最为稳定的因素。

2. 自然资源。这是国家强权的另一个相对稳定的因素，包括粮食、原料和石油。在19世纪以前，原料对于决定国家强权只起次要作用。工业革命以后，国家强权就变得越来越依赖于平时与战时对原料的控制。至于作为能源的石油，自一次大战以来，对于工业和战争已变得越来越重要。有意思的是摩根索在晚年对该书再版的修改中，特别加进了第四次中东战争时阿拉伯产油国石油禁运的历史经验。他说：当石油成为现代工业命脉的今天，它"不再是许多衡量国家强权方面重要的原料之一。现在它是这样一个物质因素：仅仅拥有它就威胁着推翻存在了几个世纪的国际政治形式。……当拥有大量石油储藏的国家能合作和协调政策时，就像1973年秋季石油输出国那样，它们就能卡住消费国的脖子"。

3. 工业能力。现代战争的胜利很大程度上取决于工业能力。工业设备的质量和生产能力、工人的技能、工程师的技术、科学家的发明天才、经营管理的组织——所有这些都是一国的工业能力所依赖的因素，因而是它的国家强权所依赖的因素。摩根索强调：工业能力对于国家强权的重要性剧增，扩大了大国与小国之间的传统区别。"超级大国"一词表明，力量史无前例地积聚在几个国家手里，它不但使这些国家有别于小国，而且有别于传统的大国。超级大国有能力发动全面核大战，在工业方面真正自给自足。三四流国家的军事力量有时决定性地依赖于超级大国是否愿意把现代化武器和现代化通讯运输手段供应给它们。没有这种供应，它们在同得到这种供应的敌人对抗

---

① 汉斯·摩根索是西方现实主义学派（又称"经典现实主义"学派）的理论权威。他的《国际纵横策论——争强权，求和平》一书，初版于1948年，在他生前就出过4版。1980年他死后又出了2版。中译本是根据其第6版翻译，由上海译文出版社1996年出版。下面有关论述，参见中译本第151—203页。

时,就常常会一筹莫展。

4. 战备。使地理、自然资源和工业能力的因素,成为对国家强权具有实际重要性的是战备。战备要求有一部能支持现行对外政策的军事机器。这一能力主要来自三个因素:战争技术、军事领导质量、武装部队的数量和质量。

5. 人口。摩根索强调:当我们从前述物质的、或物质与人复合的因素,转向决定一个国家强权的纯粹人的因素时,就必须区别“量”的成分与“质”的成分。按人口多寡等的论述主要属于“量”的成分;有关国民性、国民士气、外交和政府的素质,主要属于“质”的成分。人口因素包括人口分布和人口趋势。以为一个国家的人口越多,它的强权就越大,这是不正确的。但没有众多的人口,就不可能建立和维持进行现代战争所必需的工业能力,就不可能把大量战斗部队投入陆、海、空战斗,也不可能向战斗部队提供粮食、运输通讯、弹药武器。一个国家没有足够多的人口来创造和运用国家强权的物质工具,就不可能是一等强国。可是另一方面,人口众多也会对国家强权产生极为消极的影响。不仅人口多寡,而且一定人口中的年龄分布,也是决定国家强权的一个重要因素。

6. 国民性。在影响综合国力的诸种有关“人”的因素中,也许国民性(民族性)是最无形的、最难说清楚的,也是最有争议的。但它又确实存在,而且影响力持久深远,有时甚至是决定性的。这种体现一个民族不同于另一个民族的“人”的素质,是各个国家和民族经过长期历史发展而形成的。摩根索强调:“要想估计不同国家的相对实力,就必须考虑到国民性,不管要正确估价这个如此难以捉摸和无形的因素是多么困难。不这么做,就会导致判断上和政策上的错误。”摩根索举例说:1941—1942 年苏德战争初期,军事专家们实际上一致认为俄国只能再抵抗几个月。根据纯粹的军事条件,如军事战略、机动性、工业资源等,这也许是正确的。但是,专家们的这个看法显然错了,因为忽视了俄国的国民性。

7. 国民士气。用我们习惯的语言来说,也许可以称为“人心的向背”。摩根索是这样论述的:“国民士气是一国在平时或战时支持政府对外政策的决心大小的程度。它充满于一国的所有活动中,从农业和工业生产到军事建制与外交工作,无所不在。它以舆论的形式,提供了一个无形的因素,没有这个因素的支持,任何政府,不管是民主的还是专制的,即使能够实行自己的政策,也无法充分有效地实行它。”摩根索强调:“国民士气是国家强权的灵魂。”但在他看来,国民士气比所有其他因素都更难捉摸和更不稳定。

8. 外交的素质。摩根索所指的是一国的全部对外政策目标和手段。他认为:国家强权的所有因素中最重要的是外交素质。高质量的外交,会使对外政策的目标和手段同其国力诸因素协调,取长补短,并吸引国家实力的潜在源泉使之充分转变为政治现实,从而大大加强一国的强权。反之,如无高素质的外交,一国在地理位置上、粮食、原料和工业生产的自给程度上、战备状态上以及人口的数量与质量上的一切优势,就对该国裨益甚少。所以“外交是国家强权的头脑”。

9. 政府的素质。在论述综合国力的诸种因素时,摩根索十分重视社会和政府的素质,认为这是决定性的因素。他强调:政府的素质,作为国家强权一个独立的必备条件,主要包含三个方面的因素——资源同政策之间的平衡问题、资源相互间的平衡问题、人民支持问题。摩根索还认为:“国际舞台上的强权斗争,在今天不仅是争夺军事霸权和政治优势的斗争,而且在一种特殊意义上是争夺人心的斗争。……一国的强权不仅取决于外交艺术和武装部队的实力,也取决于它的政治思想、政治体制和政治政策对于别国的吸引力。”

摩根索观察国际政治问题的立场和世界观,同我们并不完全一样,但他在《国际纵横策论》一书中的有关论述,内涵深广,对我们认识当今时代国家整体实力(综合国力)的概念,很有启发意义。

后来我国学者也开始了这方面的研究。陈崇北等 3 位中国学者所著《威慑战略》一书(军事科学出版社 1989 年出版),按照我们国家的认识和所惯用的概念,提出把综合国力划分为八大要素。我以为也许更易于为我国读者所理解和接受。因此,我基本上采取他们的划分,把国家整体实力概括为如下八个方面:基本自然条件(包括领土面积、地理位置、地形构造、自然资源、天候气象等);人口构成(包括人口数量、人口质量、人口的自然构成和社会构成等);经济力量(包括经济制度、经济结构、经济发展水平、经济的运行机制和活力、国家的总财富等);科技力量(包括科技发展的水平、科技装备、科技结构、国家的科技政策以及科技队伍的数量、质量和构成等);政治力量(包括政治制度、政治体制和运行机制、国家的领导、组织和决策能力等);精神力量

（包括民族精神、民族意志、人民的信仰和信念等）；军事力量（包括军队的征集和编组、武器装备和训练水平、动员体制、管理和指挥体制、军事思想、战略理论和战略方针等）；国际关系力量（包括对外的政治、经济和军事关系等）。

所有这些力量和因素，并非平行和割裂的，而是相互交错和相互转化的。所谓综合国力，不是把这些各个方面的力量和因素简单的相加，而是谋求整体力量的优化组合。对综合国力的认识和评估，是现代国家制定国家战略的基础。这里既包括认识和评估自己国家的国力，也包括认识和评估"敌性"国家的国力和"友好"国家的国力，是一个复杂的系统工程。

摩根索在《国际纵横策论》一书中，列出了专章论述"国家强权的估计"。他说："国家强权好像一座金字塔，从地理这一相对稳定的基础开始，通过不同的不稳定等级，直到它的瞬息万变的国民士气这个顶点。我们论述过的所有因素，除了地理，都处于不断变化中，相互影响，又都受到自然和人的不可逆料的干预影响。它们合起来构成了国家强权的河流……绘测这条河流和其中各个支流的进程，预期其方向与速度的变化，是国际政治观察家的理想任务。这是个理想的任务，因而是无法完成的。"虽然如此，这种观察与评估仍然是需要的。对此摩根索特别指出了人们在评估本国的与别国的强权时，最易犯的三类典型错误：第一类错误是把某个国家的强权绝对化，忽视了其相对性；第二类错误是把某个过去起过决定性作用的因素永久化，忽视了绝大多数国家强权因素都会发生能动的变化；第三类错误是片面扩大某个因素的决定性意义，而忽视了其他的因素。摩根索的论述，对于我们正确认识和评估综合国力是有启发意义的。

总的来说，围绕着如何认识和评估综合国力，西方已经形成一门新的学科，出现了种种理论和方法。其中比较典型的是1977年，美国中央情报局副局长、国务院情报与研究局局长克莱茵，在其《世界力量评价》一书中所提出的方程式。他把构成国家力量的众多因素，简化为五个方面，对每个方面的因素以酌情打分的方法使之定量化，然后根据它们之间的关系，列出一个数学的方程式，以求证出"确认的国家力量"积分。下面就是克莱茵的方程式①：

$$Pp = (C + E + M) \times (S + W)$$

---

① 转引自吴春秋：《战略研究与现代国防》，第41—42页。

其中:*Pp* 代表“确认的国力”;*C* 代表“人口和领土”;*E* 代表“经济能力”;*M* 代表“军事能力”;*S* 代表“战略意图”;*W* 代表“国家意志”。

克莱茵的方程式当然很难说是准确的,因为它主要是对综合国力的一般性静态评估。然而正如上述,当代任何一场有限战争中的综合国力较量,都是动态性的,都是因时、因事而易的。克莱茵的方程式中的 *C*(人口和领土)、*E*(经济能力)和 *M*(军事能力),更多的是反映国力中的客观因素(或者说是国力中的客观物质性基础);而 *S*(战略意图)和 *W*(国家意志),则更多的是反映国力中的主观因素(或者说是国力运用中的主观能动性)。在现实的战争较量中,这些错综复杂的多种因素,不仅很难用简单的量化计算来确定,而且它们之间的关系也很难用一般的数学方程式来反映。虽然如此,克莱茵的方程式仍然有助于我们理解和认识当代有限战争所具有的国家整体实力较量的性质。我们通过对二次大战后的若干有限战争的分析,可以清楚地看到这一点。

朝鲜战争实质上是中国和美国之间一场特殊的整体国力较量。虽然从静态的整体国力上来看,当时中国远不如美国。尤其是在经济力量、科技力量、军队武器装备等方面有形的力量对比,双方差距悬殊。但在朝鲜战争这一特定的历史条件和时、空范围内,中国又占有很多优势。这就是我们中国人平常喜欢说的,具有“天时、地利、人和”的优势。如果用上述克莱茵的方程式来衡量的话,总体上可以说,在 C(人口和领土)方面是中美均强,在 E(经济能力)和 M(军事能力)方面是美强中弱,而在 S(战略意图)和 W(国家意志)方面是美弱中强。事实上,美国有关朝鲜战争的战略意图和决策存在很多弱点。首先,当时美国对朝鲜战争的爆发颇感突然,并没有弄清楚对方的战争意图。虽然美国的最高决策层比较一致的看法是朝鲜的行动得到了苏联的认可和支持。但到底是朝鲜的单独行动,还是苏联甚至加上中国蓄谋已久的总战略的前哨战?其目标到底只是占领韩国,还是以此为跳板向日本和东南亚扩张?到底是仅限于远东的行动,还是苏联一种全球性的声东击西战略?是企图吸引美国兵力集中于远东,以便苏联得以趁机进攻西欧?美国军、政高层都感到迷惘。其次,美国当时并未把朝鲜半岛划在其远东“防御圈”之内,它原来的方策是依靠韩国军队进行防御,并不打算在这个范围有限的狭长半岛投入美军;一旦决定出兵朝鲜,仓促从事,而且对于战争的指导内部存在分歧和动摇。第三,美国对于刚成立的中华人民共和国大规模出兵的可能性估计不足,过于轻敌。第四,美国远隔重洋跑到别人的家门口进行侵略战争,虽然打着“联合国军”的旗号,仍然是名不正言不顺。相比之下,中国作出出兵朝鲜的战略决策十分慎重;对朝鲜局势的发展作了缜密的分析,战略上作了比较充分的应变准备(包括准备美国对我国公开宣战和大打、打长期战争);采取“后发制人”的正确方针(包括事先向美国发出警告,用志愿军的名义参战,而且在美军向鸭绿江边推进时才出兵);提出“抗美援朝,保家卫国”的口号,充分有效地进行了政治动员,“国民士气”高涨,并获得了世界人民广泛的同情与支持。

又如以色列同阿拉伯国家之间的第三、四次中东战争。虽然战争范围主要集中在西奈半岛和以色列同叙利亚、约旦的边境地区,战争时间也很短(第三次中东战争打了6天,第四次中东战争打了18天),但每次战争都是双方整体国力的特殊较量。在领土面积、地理位置、人力资源、自然资源等方面,以色列都处于很大的劣势。在经济力量、政治力量和军事力量方面,双方各有优劣,很难说以色列占有整体优势。但战争都是以以色列获得相对胜利而结束。这主要是因为每次具体的战争较量中,以色列都能比较好地发挥它的整体国力。其中尤为引人注目的,是以色列的超动员体制(它实质是摩根索所讲国家强权的“战备”因素)。虽然当代有限战争具有国家整体实力较量的性质,但在每场具体的战争中,直接发挥作用的首先是现存的国防实力(或曰军事力量)。要把国家整体实力中那些具有潜在性质的力量因素,变成现存的国家实力;要把国家实力中那些非军事性的力量,转化成军事力量;需要有一个“加工”和“转化”的过程。在这个过程中,国家的体制、战略领导、组织和运行机制,以及民族精神和民族意志等,往往起着重大的作用。以色列国土只有1.4万平方公里,人口不到400万,从这方面来说是国力非常有限。它花了最大的力量,平时也只能维持常备军11.5万人。但是,以色列建立了一套完善的预备役制度和快速动员体制(国土面积小也为其快速动员提供了方便),可以在24小时内动员10万人投入作战,48小时内动员30万人投入作战,也就是一下子把军队扩充到40多万人。1973年10月第四次中东战争时,遭到阿拉伯国家大规模突然袭击的以色列,还曾经创造了在72小时内动员52万人的记录(即一下子把军队扩充到63万人,达到总人口的16%)。在世界战争史上，第二次世界大战末期，日本法西斯曾搞过"竭泽而渔"式的战争动员，使其动员投入战争的人数达到全国总人口的11%。以色列在第四次中东战争所创造的动员记录，远远超过了这个百分比，令世界各国战略家和军事家惊叹。不过，从另一方面来看，也正因为以色列在综合的国家整体力量上有很多弱点，加上当代有限战争所必然受到"东""西"矛盾和美苏对抗的世界性因素的制约，它在每次战争中都只能取得暂时性的相对胜利。

下面再以1982年英国与阿根廷的马岛战争为例。这是一场引人注目的当代有限战争。战争主要是关于马尔维纳斯等3个靠近南美大陆的大西洋小群岛的主权问题。双方没有宣战。作战区域范围仅限于有争议的马岛及其附近海域，不涉及对方的领海和本土。在兵力投入上，英国为3.5万人（约占其总兵力的8%，登陆马岛作战兵力仅9000人），阿根廷为6.5万人（约占其总兵力的1/3，在马岛作战兵力仅1.3万人）。战争前后历时74天（实际作战时间46天）。战争的激烈性和紧张程度都很有限（英国死255人、伤777人、被俘91人；阿根廷死746人、伤1053人、被俘1.1万人）。虽然如此，马岛战争仍然是阿根廷与英国之间、一场国家整体实力的特殊较量。

阿根廷是拉丁美洲仅次于巴西的大国，领土278万平方公里（英国24万平方公里），人口3100万（英国5600万），资源（包括石油）丰富，经济上是个中等发展水平的国家（其国民生产总值人均2300美元，英国为8700美元），军事力量在拉丁美洲居第二位（次于古巴）。[①] 虽然在经济和军事实力上，英国占有优势，但在特定的时空条件下，英国的这种优势并非是决定马岛战争胜负的主要因素。当时英国劳师远征，跨越整个大西洋，航程1.3万公里，从北半球穿过赤道到南半球，走到阿根廷家门口的马岛作战（阿根廷到马岛仅500公里），军事上有很大的弱点。这场战争是阿根廷发动的。有关这3个小群岛的主权之争已有一个多世纪，英阿之间虽时有矛盾摩擦，但一直在进行谈判。1982年初，阿根廷军政府总统莱·福·加尔铁里将军，策划武力收复这3个小群岛，想借以提高民族主义情绪来摆脱其政治和经济困难。因此对于英国来说，完全是在一个未予设想的地区、同一个未予考虑的对象、打一场

---

① 军事科学院外军部编：《外国对英阿马岛战争经验教训的评论》，中国对外翻译出版公司1983年版，第52—56页。

未予准备的战争。英国在这场有限战争中获胜,主要并不在于前述一般的国力物质因素上的优势,而在于国力运用中的主观能动素质高于对手。

首先,英国虽然对阿根廷发动战争估计不足,军事上没有任何准备,但在4月2日阿军进攻马岛之后,英国立即成立以首相撒切尔夫人为首的战时内阁,客观估计形势,作出果断决策,采取了有效措施。军事上迅速动员,成立统一的联合作战司令部,组建和派出远征的特混舰队。政治上采取"受害者"姿态,广造舆论,使阿根廷在道义上处于不利地位。外交上向联合国安理会提出控告,要求阿根廷立即撤军。安理会通过有利英国的决议后,又请美国国务卿和联合国秘书长出面调停。当阿根廷拒绝调停后,英国争取到美国和北约各国的支持(美、法、联邦德国等国都宣布停止对阿根廷的军事物资出口,使阿军一些购自西方国家的先进武器因缺少零备件而无法使用)。在战略上,英国把战争行动限制在有争议的马岛及其附近海域,不进入对方领海,不攻击对方本土,主要在马岛为圆心的200海里范围实施海空封锁,配合规模有限的岛屿登陆作战,尽量减少双方的伤亡,充分体现了目标有限、范围有限、规模有限、手段有限的现代有限战争原则。这样既减少了国际社会的更大反应,为自己争得支持,增强了力量;又限制了对手的行动(例如由于英军不攻击阿根廷本土,阿军也不攻击英军在公海上的漫长补给线),动摇了对方坚持战争的意志和决心,为有利于自己的政治解决留下充分余地。相反,阿根廷对形势的估计和对战争的指导,都有较大失误。它开始时估计,英国是个衰落的老殖民主义国家,又远隔重洋,鞭长莫及,不会为马岛而进行战争。在国际上,阿根廷又认为自己有拉美等第三世界国家的同情,美国和北约国家不会公开支持英国。① 英国派出远征特混舰队之后,它仍然抱有侥幸心理,认为可能仅是一种示威行动,没有切实做好迎战准备,也没有采取有效的政治、经济和外交手段配合军事斗争。在军事上,阿根廷也没有充分发挥其有利因素。例如它的空军拥有200多架作战飞机,依托陆上基地,对于仅依托2艘航空母舰上42架作战飞机的英国空军,本来占有一定的优势。但阿军采取在马岛消极防御的方针,而且错误估计英国会攻击其本土,把一批作战飞机转移到内陆,削弱了在马岛战区的空中力量。

---

① 军事科学院外军部编:《外国对英阿马岛战争经验教训的评论》,第64—67页。

其次，在马岛战争中，英国虽然仅派出占其总兵力8%的3.5万人的部队，但实际上是反映了英国整体国防实力的一支“代表队”。虽然对于英国来说，这是一场未予准备的战争，但它的动员和反应能力很高。4月2日阿军进攻马岛。4月3日英国作出派兵决策。翌日就编成由44艘作战舰艇组成的远征特混舰队。4月5日，这支特混舰队的第一梯队37艘舰船（占特混舰队舰船总数的62%），就分别由英国本土朴次茅斯和直布罗陀起航。整个远征军的作战编队、临战训练、作战方案的制订，甚至部分舰船的改装，都是在20天的远航途中完成。同时，支援远洋作战的后勤供应也都迅速完成。征用的58艘民用船只（包括2艘5万吨级的远洋豪华客轮），也在不到一个星期的时间内，完成了从动员征集到军用改装的全部工作。[①] 相比之下，阿根廷在这方面的素质就差得多。一位阿根廷军事学博士在总结马岛战争的文章中说：“我国军队……军兵种间门户之见甚深、互不往来、戒心十足，只顾维护自己的利益。所谓‘联合参谋部’，理论上负责制订计划，协调各军兵种的作战行动，实际上形同虚设。……部队本身的战备极差……更严重的是出于政治考虑，要从全国各地抽调部队来马岛……平时驻扎在亚热带省份的士兵，不习惯在（马岛）严寒气候下作战。”[②]这些都表现了英国在整体的国防实力上远优于阿根廷。

总之，当代有限战争是交战双方的国家整体实力一种特殊的综合较量，而不单纯是一种军事较量，更加不是彼此投入作战的军队之间的较量。

## 五、威慑战略的轨迹

当代有限战争的一个重要特点，就是具有完整的战略理论和战略方针的指导。

正如我在本章的第一节所讲过的，历史上曾经出现过被某些史学家称为“有限战争”的时代，但那时的“有限战争”并没有什么相关理论和战略的指

---

① 军事科学院外军部编：《外国对英阿马岛战争经验教训的评论》，第269—272页。

② 军事科学院外军部编：《外国对英阿马岛战争经验教训的评论》，第66—82页。

导,仅仅是在当时特定历史条件下客观上形成的一种有限性。虽然 17—18 世纪的一些先进的思想家,也曾经提出过限制战争的主张,但那仅仅是人类震惊于战争的残暴和破坏而提出的一种理性设想,同现代意义上的有限战争理论和战略不可同日而语。现代有限战争的理论和战略,是在二次大战后随着核武器的出现而逐渐形成的。其核心是威慑战略思想理论。

威慑战略思想,可说是古已有之。我国的春秋战国时期,就有这种思想最灿烂的论述。《孙子兵法》中关于"不战而屈人之兵"的主张。齐国著名政治家管仲,提出"至善不战,其次一之"(即最好的战略是不战而胜,其次是打一仗就解决问题)。《六韬》[①]强调:"全胜不斗,大兵无创。"又说:"善战者,不待张军;善除患者,理于未坐;胜敌者,胜于无形;上战无与战。故争胜于白刃之前者,非良将也。"意思是说:应该追求不经战斗而获全胜,军队出师而没有损失;善于指导战争的人,不等敌人出兵就迫其降服;善于消弭祸患的人,应该谋胜于发动战争之前;高明的战略家在于不经战斗就取胜;靠进行白刃战而取胜的并非良将。这都是最古老的威慑战略思想。不过在人类漫长的战争历史运动中,威慑战略思想没有形成由古至今的一条清晰而系统的发展轨迹。崇尚武力征服,强调军事力量及其实际较量(即实战),始终是处于主导地位的传统战争观和战略观。尤其在西方,虽然历史上也有过依靠武力不战而胜的范例,但就战略理论来说并无清晰的威慑战略思想。被推崇为近代西方军事理论鼻祖的克劳塞维茨和约米尼,强调的都是战而胜之的实战战略。本世纪初利德尔·哈特提倡的"间接战略"(indirect approach),被认为同威慑战略思想有历史血缘关系。他本人也声称,其"间接战略"乃是脱胎于《孙子兵法》的"不战而屈人之兵"。不过,利德尔·哈特考虑的主要是在战争中如何以较小代价赢得胜利,本质上仍然是一种实战战略。二次大战后,随着核武器的出现和综合国力因素的发展,古代的威慑战略思想重新跃上历史舞台,并被提到空前的高度和广度,形成一种具有全新意义和内容的战略理论和战略方针。

早在二次大战刚结束时,就有两个美国人提出了新的威慑战略思想。一

① 《六韬》是中国古代兵书。传说是周代姜太公所作。后人研究,认为是战国时期的作品。现存 6 卷,即文韬、武韬、龙韬、虎韬、豹韬、犬韬。

个是乔治·凯南。他在1945—1946年间连续向美国政府提交了三份研究报告，提出所谓"遏制"理论。凯南强调：应该"持续地依靠美国军事力量作为制止苏联扩张主义的一种工具，但不是在战斗中使用这支军事力量，而是希望不求助于战斗就能支持美国的政策目标。"①另一个是耶鲁大学教授伯纳德·布罗迪。他在1946年主编出版了名为《绝对武器》的书，从更广泛的理论意义上提出核时代的威慑战略思想。布罗迪认为，由于原子弹这种"绝对武器"的出现，发动全面核战争已不再是一种符合理智的政策选择。他强调今天的威慑概念，已经不同于过去的威慑概念。这是"核威慑"，"敌对双方能够互相遏制"的威慑，"充分摧毁对方"的威慑。②

杜鲁门的"遏制战略"，就是以乔治·凯南的主张为理论基础的。不过当时美国的战略并没有摆脱旧时代的模式，主要"威慑"手段是以二次大战的武器、打二次大战样式的全面战争。原子弹仅被看作一个威力巨大的炸弹，在美国垄断着原子弹的情况下，成为从属于美国传统战略的一种讹诈手段。尽管在一般人的理解下，"讹诈"与"威慑"意思相似，但在现代战略意义上却是完全不同的概念。讹诈是为了达到某种目的而向对方进行威胁恫吓，带有更多虚张声势的性质。威慑则是"使对方受到确实存在的难以承受的报复行动威胁所产生的一种心理状态"，"因惧怕不堪设想的后果而不敢采取行动"。③威慑具有自己特定的机制、要素、价值标准和逻辑过程。它要求具有真实可信的威慑力量（实力）、使用力量的决心和准确及时的信息传递。它着重的不是"实战"那种带给对方人员和物质的重大损失，而是要求给对方心理以打击和震撼。事实上，在杜鲁门时代，美国还没有形成独立的核威慑力量和核威慑理论。

苏联成功爆炸第一颗原子弹以及朝鲜战争的实践，使杜鲁门的"遏制战略"遭到破产。1953年艾森豪威尔推出"大规模报复战略"，把"威慑"的主要手段移到核武器上。强调以核力量为"剑"，以常规量为"盾"，实施"第一次打击"。所谓"第一次打击"，就是依靠美国所拥有的核优势，首先突击对方的城

① 拉塞尔·F·韦格利：《美国军事战略与政策史》，第439页。
② 陈崇北等：《威慑战略》，军事科学出版社1989年版，第7—11、23、40页。
③ 陈崇北等：《威慑战略》，第49—50页。

市和工业目标,使对手既遭到难以承受的损失,同时又丧失还击能力。这种以优势核武器毁灭性攻击作为威慑之“剑”的战略,可以说是第一代的核威慑战略。不仅在50年代被美国首先奉行,而且苏联也曾经奉行,尽管他一贯严厉批判“第一次打击”核威慑战略。苏联在斯大林时期,既保持和发展强大的常规军事力量,同时加紧发展核武器,准备同美国打一场二次大战样式的全面战争。赫鲁晓夫时期,虽然提出“三和”路线,裁减了常规军事力量,但却集中发展火箭导弹的进攻性核战略力量,强调“以先发制人的核打击粉碎对方的核突击”,抢在对方动手之前将其核进攻力量摧毁于地面。“先发制人打击”与“第一次打击”针锋相对,从核威慑的本质来说都是一样的。这种战略的最大弱点在于:风险性大、可信度低、灵活性差。

总的来说,艾森豪威尔的“大规模报复战略”,威慑层次过于简单(要么不打,要打就是全面的核大战),而且立足点仍然是过去那种全力以赴夺取绝对胜利的战略思想,并不符合有限战争时代的需要。面对民族解放运动的高涨和东西方对抗所出现的众多冲突,尤其是苏联人造卫星上天后美国核力量优势开始丧失,这种“大规模报复战略”常使美国陷入两难局面:既不能打全面核大战,又无法应付局部的战争和冲突。因此从50年代末起,美国出现了有关战略问题的论战和有限战争理论研究的高潮。在这种背景下,1961年肯尼迪上台后抛出“灵活反应战略”。

“灵活反应战略”使美国的威慑战略向多层次方向发展。它第一次把有限战争提到战略高度,强调以核力量为“盾”,以常规力量为“剑”,准备打多种类型的战争。它第一次使威慑战略具有多层次的性质,既有高强度的核威慑层次,又有中强度的常规威慑层次,还有低强度的有限战争威慑层次。这种不同层次的威慑作用相互补充,低层次的威慑失效,可能导致战争升级,需要启动更高层次的威慑机制。不同层次的威慑作用综合起来,就形成国家威慑战略的整体功能。赫尔曼·康恩提出的“逐步升级”理论,就是企图处理不同层次威慑机能之间的关系,解决如何根据全球战略斗争的需要灵活调整战争强度。他列出从冷战到全面核大战44个梯级的战争强度模式,虽然过于繁琐,但向人们展现了当代威慑战略多层次的立体图像。在“灵活反应战略”中,核威慑力量由原来的“利剑”变成了“盾牌”,因而美国的核威慑战略就从“第一次打击”,过渡到“确保摧毁”的“第二次打击”。

所谓“确保摧毁”的“第二次打击”，美国官方的解释是：“如果美国战略力量的首要任务是威慑敌人不敢对美国发动第一次核打击，那么美国必须具备第二次打击能力。也就是说，要具有这样一支战略力量，它能在精心策划的大规模核突袭中生存下来，其所剩的力量足以突破进攻者的防御体系，摧毁对方。即使在遭到突然袭击后，这种第二次打击能力也必须完全可靠，而且还必须使敌人看得清清楚楚。这就是美国威慑战略的基石。”①根据这一威慑原则，美国宣称其第二次打击将着重打击苏联的城市人口和工业目标，确保摧毁苏联20%—25%以上的人口和50%的工业，以此威慑苏联不敢对美国发动“先发制人打击”。

对于核战略打击的重点，究竟是城市还是军事目标，美国一直存在争论。1962年国防部长麦克纳马拉曾经提出，美国核战略打击重点是军事目标而不是平民。但重点打击军事目标需要较高精确度，耗资巨大，而且美国当时尚未能很好解决。所以很快又调整回重点打击城市目标。这实际上是把对方人口密集的城市作为“人质”，以威慑对方不敢轻举妄动向己方发动核攻击。在美国抛出这一新的核威慑战略后，苏联也随之步其后尘作了转变，只不过使用的是另外的名称——“确保报复能力”和“尔后打击”。事实上，这是一种美苏之间的相互威慑，是相互都具有一再摧毁对方的能力之后的一种“核恐怖平衡”。美国国防部长麦克纳马拉曾这样作了说明：“我们正在接近这样的时代，任何一方越来越不可能以突然袭击或其他方式摧毁对方相当大一部分战略核力量，而自己则不遭到毁灭性报复，这样做可能导致相互慑服。”②所以人们又称之为“相互威慑”战略。

美国在60年代把这一多层次威慑的“灵活反应战略”付诸实践，其中尤其是应用于越南战争。然而，美国在越南进行有限战争“逐步升级”的行动遭到了挫败，不仅未能慑服“共产主义在印度支那的扩张”，而且政治上陷入内外交困的被动局面。美国的全球霸权地位衰落，不得不重新调整其战略思想和方针。1969年尼克松上台后，一方面宣布从越南撤军，实行所谓战争“越南化”；另一方面展开有关战略问题的一场新讨论。经过一番争论研究，认为美

① 罗杰·斯皮德：《80年代的战略威慑》，战士出版社1983年版，第25页。
② 陈崇北等：《威慑战略》，第83—87页。

国战略失误最根本在于,过高估计了军事力量(尤其是核武器)的万能作用。因此,尼克松推出以“伙伴关系、实力和谈判”为三大支柱的新战略,强调以美国同西欧、日本的“伙伴关系”为核心,使用“实力与谈判”作为不可分割的两手对付“共产主义的扩张和威胁”。政治上实行所谓“缓和”与“谈判”;经济上由封锁政策转向加强往来;军事上实行“现实威慑战略”,强调在对付各种不同类型的危机中,要确保使用军事力量的现实性。为了集中力量对付苏联,利用中苏关系恶化的机会,调整对华政策,恢复美中关系。把准备打“两个半战争”的方针(即美国军事上应准备同时在欧、亚打两场大战,而在其他地方打一场小战斗),调整为“一个半战争”。推行由其“伙伴”分担军事义务的方针,重新划定四个档次的战争分类:战略核战争(依靠美国的战略核力量进行遏制);地区核战争(依靠美国与盟国的战术核力量共同进行遏制);地区常规战争(苏联或中国卷入的非核大规模战争,由美国与盟国分担);次地区性局部战争(苏、中未卷入的小规模战争,主要由当事国与盟国负担,美国在其本身利益和条约义务范围内提供一定援助)。尼克松政府认为,发生可能性大的是后两种档次的战争,强调美国必须发展一支“现实可靠的常规威慑力量”。在保持核威慑“盾牌”下,进一步加强常规威慑力量的“利剑”。

70年代初美国的核威慑战略也进行了调整。由于美苏双方的战略核力量都具有“超杀”能力,而越演越烈的核军备竞赛又不堪负担,在双方核力量大体均衡的情况下,尼克松政府提出“核充足论”来代替“核优势论”。所谓“核充足”,美国官方的解释是:保持美国战略核力量进行“还击”的有效能力;降低美国战略核力量易受打击的程度,确保美国在核战争中的损失不会大大超过苏联,确保美国免遭小规模的核突击。[①] 随着战略核导弹命中精确度的提高,1974年美国从全面打击对方城市的“相互确保摧毁”战略,过渡到有选择、有限制地重点打击军事目标的“有限核选择”战争(又称“有限核反应”)。传统的“确保摧毁”战略一个主要弱点是大而无当(动不动就是全面摧毁的威胁),缺乏实战威慑的作用。有限核选择战略强调,在较低层次的威慑失败时,通过核武器的有限实战运用,警告和威慑对方,达到遏制全面核大战的目的。它力图使威慑同实战挂钩,把“纯威慑”变成“实战威慑”。而这样一来就

---

① 赵宗九等:《战后美国战略演变述论》,载《军事历史研究》1989年第3期。

降低了核门槛，面临较大的风险，因而招致美国国内众多的批评，指责这一战略增加了常规战争升级为核战争的可能性，为全面核大战开了“绿灯”。苏联也作出强烈反应，声称绝不承认美国制定的“小型”核战争“游戏规则”，不管美国采取何种“有限核选择”，苏联都以“相互摧毁”反击。

虽然1977年卡特上台后，美国政府一度否定有选择、有限制地重点打击军事目标的战略，回到以打击对方城市为主的“确保摧毁”战略方针。但两年后又重新走上这条多层次的核威慑道路。1980年卡特签署总统第59号指令，推出所谓“抵消战略”。宣称“要使威慑充分有效，美国必须能够按照苏联发起进攻的类型和规模作出反应。……必须能够遏止苏联发动的低于全面核攻击以外的各种突击。”强调美国要既能对大规模攻击实施全面报复，又能对小规模攻击有选择地使用核力量。也就是说，既能打全面核战争，也能打有限核战争。“抵消战略”进一步发展了“有限核选择”战略。两者虽然都同样主张灵活地有限使用核武器并控制升级，但“抵消战略”更加强调要在整个冲突范围内，按对方的攻击类型与水平作出适当反应。两者虽然都同样侧重打击苏联的核力量，但“抵消战略”打击的范围更广，包括打击常规军事力量和苏联军事政治领导层。[①] 不过这种降低核门槛和准备打有限核战争的战略，风险很大，确实开启了通向全面核大战的“绿灯”，招致美国和世界舆论的强烈反对。因而1981年里根上台后，美国又推出“新灵活反应战略”，重新提高核门槛，强调实战准备要注重威慑的可靠性，尽量控制战争的规模，再次肯定常规有限战争的地位。

这里除了美苏的核威慑战略之外，还需要提及中等核国家的有限核威慑战略。英法两国是继美苏之后成为拥有核武器的国家。[②] 它们在二次大战后的东西方冷战对抗中，站在西方阵营，接受美国的“核保护伞”，但又同美国有矛盾。随着美苏两个超级大国的激烈争霸与制约，它们深感不能单纯依靠美国的核保护伞，日益强调保持独立使用本国核力量的主权（尤其是法国），发展自己的核威慑战略。它们从各自的国情、国力和地理条件出发，着眼于保持虽然有限但有效的核力量。一般以针对敌方（苏联）城市的防御性报复打

---

① 王仲春等：《美国核力量与核战略》，国防大学出版社1995年版，第116—119页。

② 英国1952年研制成功原子弹。法国1960年成功爆炸了自己的第一颗核弹。

击为基本方针，目的是以弱制强、威慑侵略、避免冲突。它们强调核力量与常规力量结合、核威慑与实战结合，甚至保留首先使用核武器的权利，以增加威慑的力度。它们的有限核威慑力量，虽然不能同两个超级大国的核“超杀”能力相比，但在美苏形成核“恐怖均衡”的情况下，也具有“四两拨千斤”的威慑作用。

进入80年代以后，一直作为现代威慑战略核心的核威慑，路子已经越走越窄。人们越来越认识到核武器有很大的局限性。它虽然具有毁灭性的杀伤破坏力，但难以在实战中使用，其威慑的可信度和有效性不断降低。因而威慑战略思想，就越来越向着多层次、多种类、多方面的综合性整体威慑发展。其中特别要说说如下两个方面：一个是向常规威慑的发展——集中体现在北约的CDI计划；另一个是向太空威慑的发展——集中体现在美国的SDI计划（“星球大战计划”）。

自从核武器出现后，美国和苏联都曾经一度过分依赖核力量而轻视常规力量。60年代初肯尼迪抛出“灵活反应战略”之后，美国开始注重发展常规力量。60年代中勃列日涅夫取代赫鲁晓夫之后，苏联也重新大力发展常规力量。然而从整体上，常规力量仍然是核威慑的一种补充的辅助威慑力量。只是到了70年代末—80年代初，常规威慑才冲破核威慑的“囚笼”脱颖而出，成为一种独立的主要威慑力量。这除了热核武器缺乏实战的可信度和有效性，又受到国际政治和世界舆论的巨大制约（反对核武器一直是二次大战后世界和平运动的主要内容，尤其是80年代初出现以欧美为中心的反对热核导弹运动高潮）等因素之外，还由于如下的原因：一是现代科学技术的飞速发展，常规武器的威力和精确度极大的提高，使它的某些战略作用不亚于核武器。例如：以前要用1亿吨当量的核武器，才有把握摧毁对方深埋于地下发射井的导弹；现在只需用高精度的一千磅爆炸力非核弹头巡航导弹就能摧毁。[①] 二是常规威慑风险较小，舆论压力不大，在实战中付出的代价相对较低，一般不至于导致双方毁灭的全面核大战。因而在核威慑可信度和有效性降低，而太空威慑又尚未达到能够实际使用的情况下，常规威慑便成了唯一可用于实战的威慑力量，成为一把将威慑与实战结合起来的双刃剑。

---

① 陈崇北等：《威慑战略》，第105页。

正是在这种背景下,美国和苏联都加紧发展常规威慑力量。里根上台后对有限战争的多样性和复杂性进行了重新分类研究,成立低强度战争研究中心和特种作战司令部,组建适应常规有限战争的高机动性步兵师,形成一整套关于常规有限战争的军事理论、战略和体制。苏联则一方面力图通过同美国的限制战略核武器谈判,打破美国对欧洲的"核保护伞";另一方面扩大其在欧洲对北约常规力量的优势,以夺取战略威慑的主动权。为了对付苏联的威慑,1983 年美国一个专门研究小组提出了一份《加强欧洲常规威慑》的研究报告。在此基础上经过两年酝酿,北约集团于 1985 年召开国防部长会议,批准了一系列改进"常规防御建议"(Conventional Defense Initiative,简称 CDI)。该计划的立足点是:确立不依靠核武器的防御态势;制定立足于新技术的军事战略;北约盟国共同利用新技术研制新的武器系统。此后,北约的西欧国家军费以每年 3% 的速度递增,所增军费 90% 用于 CDI 计划。美国则通过一个同北约国家合作发展常规高技术武器的计划,从 1987—1992 年拨款 29 亿美元。美国国防部长温伯格还宣称:"常规威慑所发挥的作用越大,对核报复威慑的依赖就越小。""我们把整个国防预算的大约 85% 用于发展常规力量,这准确地反映了我们的重点。"[①]

太空威慑是随着航天技术迅速发展而出现的威慑战略新高地。80 年代初美国总统"思想库"的一批专家,提出了一份《高边疆理论研究报告》。它强调:"今天……哪个国家(或国家集团)在宇宙空间获得领先地位,哪个国家就势必会在这个'战略高地'取得决定性的重大收益……将能统治世界。"英国人 18 世纪开辟"老边疆",本世纪美国人曾开辟"新边疆",现在要开辟美国新的战略边疆——"高边疆"。[②] 根据这一理论,里根政府 1983 年抛出"战略防御倡议"(Strategic Defense Initiative,简称 SDI,借用当时一部流行科幻电影"Stars War",通俗称为"星球大战计划")。该计划成为美国发展高边疆战略的核心,开创了当代威慑战略的新纪元,也开始了列强争夺太空这块战略新高地的激烈竞争。西欧国家纷纷效尤美国。1985 年夏欧洲共同体首脑会议,决定成立"欧洲研究协调机构"(European Research Coordination Agency,英文

---

① 陈崇北等:《威慑战略》,第 101—103、107、115—116 页。

② 陈崇北等:《威慑战略》,第 101—103、107、115—116 页。

缩写 EURECA,音译“尤里卡”),加紧西欧的太空高技术合作。当时的苏联,表面上对美国“星球大战计划”大加谴责,但暗地里则加紧其早就开始的太空战略防御计划,并在 1985 年底通过东欧国家的经互会,抛出《到 2000 年的科技发展综合纲领》(被称为“东方尤里卡”)。至于早在 1980 年就提出“科技立国”为基本国策的日本,也于 1984 年抛出所谓《适应新形势、立足长期展望、振兴科技综合基本对策》。[①]

从军事威慑战略来说,“星球大战计划”另一具有震动意义的地方,在于对核导弹的高技术防御能力。进攻与防御,在任何对抗性斗争中,都是一种相克相成的辩证统一关系。虽然一般情况下进攻处于矛盾斗争胜负的主导地位,但在特定条件下防御也会成为胜负的关键。核武器是具有极大杀伤破坏力的进攻性武器,它问世之后,一直被美苏两个超级大国作为克敌制胜的主要威慑手段。当双方均拥有多次毁灭对方的能力,然而又都无法有效地防御对方对自己的毁灭性攻击时,事物发展的逻辑,重又回到古代东方兵圣孙子所阐述过的攻防辩证思想——“先为不胜,以待敌之可胜”。随着美苏越演越烈的核军备竞赛,美国人首先发现,进攻性的战略核威慑,不但无法克敌制胜,也无法增加自己的安全系数。再去发展进攻性的战略核武器,不仅起不到威慑对方的作用,相反由于本国亿万生灵成为对方的人质,核“恐怖均衡”的堆积也威慑了自己。经过反复权衡,里根终于在 1983 年 3 月宣布:“有必要摆脱我们的安全依靠进攻性报复来保障的局面”,抛出了由重点发展进攻性战略核武器,转向发展战略防御系统的“星球大战计划”。它的基本构想,是利用美国的空间技术优势,建立一个高效能的非核多层防御盾牌。包括在对方导弹飞行的各个阶段(助推阶段、后助推阶段、中途阶段、再入大气层阶段),运用高能激光武器、微波束武器、粒子束武器、电磁轨道炮、非核拦截导弹等各种武器系统,实施层层拦截,将来袭导弹摧毁于到达美国和盟国本土之前。这一计划公布之后,产生了巨大的威慑效应。里根说“星球大战计划”完全是防御性的。当时的苏共总书记契尔年科,指责它是“进攻性的,更准确地说是侵略性的”。苏军领导人索科洛夫元帅,说它实际上“是要研制一种新型武器——打击性宇宙武器”。戈尔巴乔夫则直截了当地称之为美国的“宇

---

① 杨立忠等:《高技术战略》,军事科学出版社 1991 年版,第 57—224 页。

宙之剑”。事实上,“星球大战计划”是一个更高层次上的攻防矛盾结合体。这不仅表现在其太空高技术的拦截导弹武器系统,很容易变成打击苏联的进攻性武器;更主要的是表现在它创造一个,先立于不败之地而后求胜的威慑战略态势。① 尽管随着苏联的解体和国际格局发生重大变化,“星球大战计划”在1993年被宣布搁置,但当代的威慑战略,向着多层次、多种类、多方面的综合性整体威慑发展,已成必然趋势。

总之,我们在追寻威慑战略思想的历史轨迹时,虽然应该重视发掘我国古代关于“不战而屈人之兵”的思想,但必须看到它同当代威慑战略思想的区别。传统的“战略”,主要是探讨如何进行战争,能够用小的代价换取大的胜利,当然是人们追求的理想目标。在古代,“威慑”作为一种战略思想,追求的也是这一理想目标,即“不战”(或以较低的代价)“而屈人之兵”,赢得战争胜利。然而,随着核武器的出现和综合国力因素的发展,当今的威慑战略思想,具有了全新的意义和内容。历史上传统的战争观和战略观,强调的是军事力量及其实际较量(即实战);而当代有限战争条件下的战争观和战略观,强调的是综合力量和威慑的综合效益。实战需要突出军事实力,而威慑则强调综合国力;实战需要集结兵力,而威慑则需要分散部署;实战往往越打实力越弱,而威慑则越搞实力越强;实战增加社会的物质压力,而威慑则增加社会的心理压力;实战往往力求隐蔽自己的计划和意图,以求作战上的突然性,而威慑则常常公开自己的计划和意图,以求威慑的心理效应;实战要打到最后才能确定是否具有世界性,而威慑则一经形成就具有世界性;实战是有形的,可以用多少次来计算,而威慑则往往是无形的,不能用次数来计算,等等。这些都是需要以新的观点来加以研究的。

## 六、高技术战争

战争在人类历史发展的长河中,往往是国家和民族关乎生死存亡的头等大事。因此,人们总是把当时最先进的科学技术,应用于准备和进行战争。

① 陈崇北等:《威慑战略》,第122—123页。

军事领域一直是人类社会生活中，对科学技术的最新成就利用得最多、最快的领域。现代有限战争虽然仅仅使用常规武器（就目前来说），但随着人类科学技术的飞速进步，常规武器越来越向着高技术的方向发展。

一般来说，只有科学技术和工业发达的国家，才能研制和生产高技术武器。二次大战后，发达国家（包括美国和前苏联）之间，没有发生过直接面对面的战争，但他们（尤其是美国）对欠发达的第三世界国家，发动过多次战争。在这些发达国家亲自出马进行的有限战争中，都使用了当时最先进的常规武器。除此之外，它们（尤其是在冷战时代的美苏两个超级大国）常常把第三世界欠发达国家所进行的局部战争，作为新式武器的实战试验场，作为它们争夺高技术新武器优势的较量场所。而许多中小国家（例如靠开采石油富裕起来的中东国家），也通过各种渠道购买高技术新武器，运用于它们所进行的局部战争。因此，在二次大战后众多的局部战争中，都出现了使用高技术新武器的场面。

从总体上来看，二次大战后的最初 20 年，美苏等发达国家把主要的科学技术精华，首先集中在发展核武器及其运载工具（远程战略轰炸机和洲际导弹），忽视了常规军事力量的建设。尽管常规武器也在不断地改进，但并未出现飞跃性的发展。那个时期的现代有限战争，也使用了当时最先进的常规武器以及若干高技术武器，但基本上仍然是二次大战样式的战争。例如朝鲜战争、越南战争、第三次和第四次中东战争。当然，在这些战争中，若干高技术武器也表现了其前所未有的威力与作用。越南战争期间，美国空军为摧毁北越的杜梅和清河两座大桥，多次出动重型轰炸机进行轰炸，投下数千枚普通炸弹，都未能达到目的。后来在 1972 年仅用两枚激光制导炸弹，便一举摧毁。1973 年的第四次中东战争，美苏各为双方所支持的以色列和埃及、叙利亚提供了大量现代化武器。其中的制导导弹和电子技术起了引人注目的效果。埃、叙被击落的 340 架飞机，94% 是被以色列用美国提供的制导导弹打下来的；而以色列被击落的 92 架飞机，66% 是被埃叙用苏联提供的制导导弹打下来的。在 18 天的战争中，双方投入坦克共达 5500 辆，交战规模和密度超过二次大战。其中以色列损失的 840 辆坦克，70% 是被埃叙用苏联提供的制导导弹击毁的；埃叙损失的 2500 辆坦克，50% 是被以色列用美国提供的制导导弹击毁的。二次大战传统的空战和坦克会战形式已基本不存在。第四次中东战争的战局出现逆转的一个重要因素,就是美国利用高技术间谍卫星,侦察到埃军防线的薄弱间隙,使以军由此突入埃军腹背纵深形成包围态势。尽管如此,这些战争都仍然不能称为高技术战争。

何谓高技术战争?目前尚无权威性的定论。但显然它并非是个别地、部分地使用某些高新技术武器。当某场战争使用了一系列高技术武器,已经形成系统,并且在这场战争中起着主导的决定性作用,才能称之为高技术战争。60年代以后,随着美苏开始注重发展常规力量,同时现代科学技术发展的广度和深度,也为常规武器的革命性变革提供了可能。大量体现高新技术的常规武器涌现(也许更准确地应该用"非核武器"一词,因为"常规武器"带有传统性的含义,而这些新技术武器很多已经突破传统的框框),为高技术战争的出现准备了客观的物质条件。战争是通过武器来进行的,武器发展水平的不同,就决定了战争的方式和发展水平的不同。由于广泛应用高新技术,也促使整个战争手段、军队编成、战略战术等发生一系列变化。从这些方面综合起来看,可以说,高技术战争是到了80年代才作为一种新的战争样式而出现的。有人把以色列突袭伊拉克核反应堆,美国空军突袭利比亚,称为"外科手术"式的高技术战争;把美国入侵格林纳达和巴拿马,称为"以石击卵"式的高技术战争;把英阿马岛战争、以色列入侵黎巴嫩和海湾战争,称为"联合攻击"式的高技术战争。[①] 这几个战例是否都属于高技术战争,选择它们作此种分类来剖析高技术战争是否恰当,当然尚可讨论。但通过剖析这些战例,确能使我们对高技术战争获得比较具体的认识。本书无法用很多篇幅来叙述,仅以美国进行的两场战争为例略作分析。

第一场是1986年美国突袭利比亚的战争。

利比亚是盛产石油的北非国家,濒临地中海,战略地位重要,人口近400万,以信奉伊斯兰教的阿拉伯人为主。1951年独立后,初期同美国关系密切(为美国的第三大石油供应国,并设有美军基地),后苏联势力渗入。1969年卡扎菲上台后,推行国有化政策,关闭美军基地,废除利美军事和经济协定,接受苏联大量经济和军事援助。苏联向利比亚提供了150亿美元的武器装备,包括新型坦克、飞机和萨姆导弹。70年代末到80年代初,利美关系恶化,

---

① 关节福等:《军苑大火爆——当代高技术战争精汇》,国防大学出版社1993年版。

互相驱逐外交官，多次在锡德拉湾（又称锡尔特湾）发生军事冲突。卡扎菲1973年宣布利比亚领海宽度为200海里，把该湾划入其领海，美国以国际法规定各国领海不超过12海里为由不予承认。

1985年12月，罗马和维也纳国际机场同时遭恐怖分子袭击，死伤百余人（内有多名美国人）。美国指责利比亚支持恐怖分子制造流血事件，于1986年1月派军舰驶往利比亚附近海域进行威胁，卡扎菲以军事动员对抗（利比亚是非洲军事强国，拥有苏制坦克2300辆，作战飞机500余架，地空导弹350部，地地导弹120部）。卡扎菲宣布锡德拉湾北纬32°30′（离利海岸160多海里）为“死亡线”，如美舰越过此线即向美国宣战。美总统里根决定向卡扎菲的“死亡线”挑战，制定代号“草原烈火”的行动计划，引诱利军开火，然后借此实施“惩罚性”打击。3月中旬美在地中海集结三个航空母舰编队（共34艘军舰、240架飞机），宣布在锡德拉湾附近海域进行军事演习。3月24日凌晨，美航母编队开动“宙斯盾”对空防御系统，舰载预警飞机和电子干扰飞机升空，闯入锡德拉湾“死亡线”。当日下午，利出动米格-23战斗机和导弹舰艇，并从陆基发射6枚萨姆导弹攻击美军飞机，均在美高技术电子干扰下偏离目标坠海。24日晚—25日晨，美军实行回击，先后发射4枚制导导弹、3枚激光制导集束炸弹和4枚高速反辐射导弹，击毁利比亚导弹舰艇5艘、萨姆导弹基地2个。整个行动美方无一伤亡和损失。

利比亚采取策划国际恐怖行动进行报复，4月2日爆炸美国从罗马飞往波恩的国际航班，5日爆炸西柏林一个美驻军常光顾的迪斯科舞厅（造成155人死伤，内45名美国军人）。里根召开紧急会议，作出再次“惩罚”利比亚的决策。美参谋长联席会议制定代号“黄金峡谷”作战计划，精选出五个空袭目标——利比亚首都的黎波里卡扎菲指挥部（也是他的住处）、军用机场和突击队训练基地；班加西的卡扎菲备用指挥部和军用机场。14日晚7时许，作为此次行动主力的美国24架F-111型战斗轰炸机，从美军驻英国的空军基地起飞，在5架EF-111电子战机和28架空中加油机支援下，经直布罗陀海峡（因法国和西班牙不同意美机飞越其领空），穿地中海，以2马赫高速直扑利比亚。单程距离近5200公里，途中4次空中加油（返航时2次空中加油）。15日零时许，美16架F-111战机（其他2架发生机械故障和6架后备机中途返航）飞抵离利比亚海岸500公里的美航母编队上空。此时从航母起飞的26架舰载攻击机加入，另多架电子干扰机、预警机等升空支援。担任突袭的美机分成5个编队，16架F–111战斗轰炸机担负突袭的黎波里三个目标，14架舰载A–6攻击机担负突袭班加西两个目标。美机凌晨接近利比亚海岸后，于1时54分首先由电子战机在距目标100—120公里的6000—8000米高空，发动强大功率的电子干扰，使利军的防空雷达和导弹制导雷达迷盲，指挥控制中心和无线电通讯系统陷于瘫痪。同时，美军舰载攻击机发射追踪雷达电波的高速反辐射导弹，击毁利军五个雷达站，迫使其他未毁雷达关机。凌晨2时正，担任突袭的美机，以离地60—150米的超低空，高速（时速近900公里）掠过海岸，同时进入预定目标上空并发动攻击。2时12分美军结束空袭并安全退出战区。整个攻击行动，从发动电子干扰算起，前后不过18分钟，就按预定计划摧毁了五个目标（共炸毁利比亚5个雷达站、14架飞机、死伤700多人，卡扎菲的养女被炸死，两个儿子受伤，卡扎菲本人恰好在地下指挥所而幸免）。美军仅1架F–111战斗轰炸机被利军高射炮击中而坠海（两名飞行员受伤）。

美国突袭利比亚（尤其"黄金峡谷"行动），是典型的"外科手术"式高技术战争。首先，它是人类战争史上第一次成体系地大量使用高技术群武器。进入70年代以后，虽然在若干有限战争中已经使用了高技术武器，但基本属于个别地或部分地使用（包括1981年以色列突袭伊拉克核反应堆和1982年英阿马岛战争）。这次美国突袭利比亚，集中和互相配合地使用了包括太空侦察卫星、预警飞机、电子战飞机、高性能作战飞机①、各种制导导弹②等高技术武器，形成了海、陆、空、天、电密切协同，远、中、近程联成一体，全方位多层次的立体攻防体系。因此它虽然规模不大，时间极短，但却以其空前的远程攻击力、精确打击力、自动控制力和超常摧毁力，鲜明地展示了高技术战争的面貌。

其次，它在战争史上第一次显示了高度自动化的指挥、控制、通讯和情报

---

① 例如，F–111型为全天候可变翼高速战斗轰炸机，装有地形匹配雷达，可于夜间在离地60米超低空高速飞行，使对方雷达难以发现而又不会触地爆炸。

② 例如，此次袭击卡扎菲指挥部所使用的GBU–10型制导炸弹，重2000磅，装有电视制导和红外制导设备，能对激光照射的目标实施精确轰炸，理论误差仅1米。又如"哈姆"高速反辐射导弹，射程48公里，速度3马赫，自动进行探测、识别、定位，循电波摧毁对方雷达。

系统的威力。此次行动,美国由舰载“宙斯盾”电子系统、E-2C 预警飞机、EA-6B电子战飞机、太空侦察卫星等,组合成全方位多层次的 $C^3I$ 系统,即指挥(Command)、控制(Control)、通讯(Communications)和情报(Intelligence)合一的网络系统。该系统可以探测判明 480 公里内的敌机和导弹,同时发现 200 个地面和水面的电磁发射源,同时跟踪 250 个目标,指挥 100 多架飞机协同行动,被称为“军事力量的倍增器”。没有这一作为现代高技术战争神经中枢的 $C^3I$ 系统,美国是根本无法组织实施此次突袭行动并获得成功的。

第三,它在战争史上第一次显示了“制电磁权”所具有的战略意义。在这场战争行动中,美军掌握压倒的电子优势,完全控制了战区的“制电磁权”,具有极大的战略主动权和行动自由度。利比亚虽然拥有苏制米格-23、米格-25 等先进战斗机和萨姆-5 等先进防空导弹,但在美军电子优势的压制下,完全成了“瞎子”和“聋子”,无法起飞和发射,只能用高射炮对空盲目射击。

第四,它显示了高技术战争的一种具有战略意义的特殊作战样式——“外科手术”的点状打击,也被称为“高技术火力闪击战”。对于拥有高技术战争手段的一方,这种作战样式能够对所选定的有限战略目标,从远距离实施规模范围有限、但精确而强有力的打击,用较小的风险和代价获得较大的威慑效益。由于实施的是远距离作战,时间极短,打了就跑,不会陷入战争“泥潭”。而高技术落后的一方,常常连还手的机会都没有,过去弱者用以对付入侵强敌的传统“人民战争”威力,也无从发挥。

另一场我们要进行分析的高技术战争,是 1990—1991 年的海湾战争。

这场战争是由伊拉克侵占科威特而引发的。伊拉克是中东地区阿拉伯军事大国(面积 43.8 万平方公里,人口 1700 多万)。科威特则是个最富有的阿拉伯产油小国(面积不到 1.8 万平方公里,人口 200 万,但属科威特国籍的仅 70 万人,其他是外国劳工)。在历史上,伊、科曾同属阿拉伯帝国的属地,但科建国比伊早。18 世纪中叶,萨巴赫家族建立了科威特酋长国,不过后来在 1871 年又被奥斯曼帝国吞并,成为其巴士拉省的一个县。一次大战之前英国势力入侵,科威特成为英国的保护国。一次大战后英法瓜分奥斯曼帝国的“遗产”,英国在原来土耳其人的巴格达、巴士拉和摩苏尔三个省建立伊拉克“委任统治区”,并把库尔德人、逊尼派穆斯林和什叶派穆斯林弄到一起。有人说:“伊拉克是丘吉尔(当时任英国殖民大臣)发神经病时造出来的。”1921

年英国宣布建立“独立”的伊拉克王国（费萨尔王朝）。翌年英国人主持划定伊、科和沙特阿拉伯三国的边界，但伊、科都不满意。1932 年伊、科之间曾达成划界协议（就是目前实际边界的依据）。

二次大战后，伊拉克 1958 年发生推翻费萨尔王朝的革命，建立共和国（卡塞姆为总统）。科威特则于 1961 年宣布脱离英国“保护”而完全独立。但是，伊拉克拒不承认科威特独立，强调科威特在历史上是巴士拉省的一个县，理应属于伊拉克。1962 年伊拉克发生军事政变，阿拉伯社会复兴党上台。当时年轻的萨达姆·侯赛因是其中的激进派，他很快成为伊拉克的实权人物，并在 1979 年取代温和派的巴克尔出任总统。1980—1988 年，伊拉克同伊朗发生争夺海湾霸权的战争，其军力从 10 个师扩大到 55 个师（共约 100 万人，坦克 5500 辆，作战飞机 530 多架，武装直升机 103 架，战术导弹发射架 86 个，地空导弹 330 部）。但长期战争使伊拉克经济损失很大，从战争开始时有 300 亿美元外汇储备，到结束时欠外债 750 亿美元，其中欠科威特 150 亿美元，欠沙特阿拉伯 150 亿美元。科威特石油年收入 100 亿美元，国家储备 800 亿美元，国外资产 1000 亿美元，可谓肥得流油。尽管科威特在两伊战争中积极支持伊拉克，但萨达姆为了解决巨额外债，达成吞并科威特的夙愿并实现称霸海湾的美梦，于 1990 年出兵侵占科威特（伊军 8 月 2 日当地时间凌晨 1 时入侵，上午 9 时占领科威特首都科威特市，下午 4 时占领全境）。

伊拉克侵占科威特引起全世界的极大震惊。在伊军入侵科几个小时后，联合国安理会连夜（因中东与联合国所在地纽约的时差为 8 小时，所以是纽约时间 8 月 1 日深夜）开会，于纽约时间 2 日清晨以 14 票对 0 票（也门弃权）通过安理会第 660 号决议（谴责伊入侵科，要求伊立即无条件撤兵）。美国和西方国家当即冻结科、伊的资产，开始酝酿派兵。苏联也谴责伊入侵科，宣布停止向伊供应武器。苏联外长与正在莫斯科访问的美国务卿，联合发表了谴责伊入侵科的声明。至于阿拉伯国家，态度存在分歧，一些国家倾向在阿拉伯国家联盟内部寻求解决。但 8 月 3 日的阿拉伯国家联盟部长理事会上，终于通过谴责伊拉克并要求其无条件撤兵的决议（14 国投票赞成，约旦、巴勒斯坦、利比亚等 6 国态度不明确）。萨达姆却宣布把科威特作为一个省并入伊，并向沙特阿拉伯边境集结军队，对沙构成巨大威胁。

美国国家安全委员会于 8 月 2—3 日连续两次在白宫举行全体会议，认为:单用经济制裁不足以迫使伊拉克撤兵;采取有限军事行动(如轰炸伊拉克的输油管),也不会有效;伊拉克军力很大,小量的美国军事力量不仅作用不大,而且还有很大危险。因此必须采取大规模的军事部署,对伊造成强大的军事压力,并为必要时进行军事打击做好准备。于是作出了出兵海湾地区的决定。5 日,美国国防部长专访沙特阿拉伯,美军获准进入其领土。同天,布什宣布美国对海湾采取军事行动的国家政策目标:(1)迫使伊拉克迅速从科威特无条件全部撤兵;(2)恢复科威特合法政府;(3)维护沙特阿拉伯和海湾的安全与稳定;(4)保护海外美国公民的生命安全。6 日,美国开始代号"沙漠盾牌"的行动(下达出兵海湾的第一道命令)。10 日,阿拉伯首脑会议通过派兵去沙特阿拉伯的决定(利比亚和巴勒斯坦反对,约旦、也门、阿尔及利亚等6 国持保留态度)。11—13 日,埃及军 3000 人、摩洛哥军 1200 人、叙利亚军 2000 人,先后开进沙特阿拉伯。萨达姆采取强硬的对抗行动,增兵科威特(达到 20 万人,坦克 2000 辆),并把伊入侵时在科威特拘留的 1.4 万名西方人(其中有 3000 美国人)充当"人质",于 8 月下旬安置在各军事设施目标附近,以制约美国和西方国家对伊采取军事行动。

美国原来并无大规模出兵海湾地区的战略计划,因此实施"沙漠盾牌"行动,首先需要解决一系列动员、集结和输送部队与装备的复杂问题。从美国东海岸到沙特阿拉伯,空运航程 1.2 万多公里,需飞行 15 个小时;海运航程 1.5 万多公里,需穿越大西洋、地中海和通过苏伊士运河,航行 10—12 天。美国动用三个计算机系统来保证迅速调集军队。至 11 月 7 日,美军 12 万人、英军 3 万多人、法军 1 万多人已调集沙特阿拉伯,同时埃及、叙利亚等阿拉伯军队也增到数万人。至年底,美军达 43 万人(坦克 1200 辆、装甲车 2000 辆、作战飞机 1300 架、直升机 1500 架、军舰 100 多艘),其他英、法、土、印尼、阿根廷、埃及等 31 个国家的军队达 50 万人。虽然联合国安理会于 11 月 29 日通过第 678 号决议,强硬规定伊拉克必须在 1991 年 1 月 15 日之前撤兵。但萨达姆以加强战争准备作答,将伊军总兵力扩充到 120 万人,动员民兵 500 万人,部署在伊拉克南部和科威特的精锐部队 43 个师(共 54 万人、坦克 4280 辆、装甲车 2800 辆、火炮 2800 门),呈纵深梯次构筑了三道防线。

联合国安理会规定伊拉克撤兵最后期限过去两天之后,1991 年 1 月 17 日,以美国为首的多国部队开始了"沙漠风暴"行动——空中作战阶段。在持续38天的空袭行动中，多国部队总共出动飞机近10万架次（平均每天出动近2500架次），投弹8万多吨，发射"战斧"巡航导弹1288枚和空地巡航导弹35枚。伊拉克的防空体系遭到严重破坏，95%的雷达已无法运转，48个固定的防空导弹连受重创，44个机场和184架作战飞机被摧毁（另有109架被迫转移到伊朗和其他邻国，剩下的飞机也无法升空作战）。伊拉克部署在本国南部和科威特境内的43个师地面部队（包括精锐的共和国卫队），在空袭中伤亡人员25%以上，重装备损失30%—45%（其中包括坦克1600辆、装甲车840辆、火炮1400门），如果加上因空袭造成供应不足和士气受挫等因素，估计伊拉克前线部队战斗力下降50%、后方部队战斗力下降25%。

美国为首的多国部队，于2月24日凌晨4时开始地面进攻的"沙漠军刀"行动，到28日晨8时按美国总统布什的命令停火止，整个地面作战行动共100小时。伊拉克参战的43个师中有38个师重创或被歼，伤亡近10万人①，被俘17.5万人，3847辆坦克、1450辆装甲车、2917门火炮被击毁或被缴。多国部队仅126人阵亡、300多人受伤、35人被俘、12人失踪。伊拉克被迫接受布什提出的停火全部条件：(1)伊必须立即释放所有多国部队战俘和第三国公民；(2)伊必须释放所有拘押的科威特人；(3)伊必须把所有地雷、水雷的分布地点、种类告知科威特当局；(4)伊必须完全遵守联合国安理会有关决议，承担战争赔偿的责任。4月3日，联合国安理会以12票对1票反对（古巴）、2票弃权（也门和厄瓜多尔），通过海湾战争正式停火的第687号决议（向伊拉克提出了严厉的条件）。6日，伊拉克接受联合国第687号决议。

海湾战争整个作战时间共42天。这是一场多军兵种实施大规模联合攻击的战争。有人把它称为"第2.5次世界大战"。但从战争的目的、范围、规模和进程来看，仍然是一场有限战争。它充分体现了现代高技术战争的优势攻击，这种优势不是传统的那种一般兵力和兵器的优势。如果按照传统观点来看，美国为首的多国部队一方，并无对伊拉克拥有绝对优势。从地面部队的一般兵力和兵器对比来看，甚至可以说是半斤八两。萨达姆也正是打这个算盘，企图让美国人陷入另一场越南战争。然而，在这场大规模战争中，拥有高技术绝对优势的一方，与虽有可观的兵力和兵器而缺乏高技术的一方，较

---

① 据国际绿色和平组织1992年1月公布的调查，海湾战争中伊拉克军民死亡共17.7万人。

量起来就如同巨人与侏儒对阵。

如果说在此次战争以前的80年代，高技术战争的特征已经开始在各个不同侧面有所显示，那么在海湾战争则是全面表现出来。美军在作战中广泛地使用太空卫星、全球定位系统、$C^3I$ 系统、电子战武器、夜视器材、高性能坦克和作战飞机、精确制导武器、巡航导弹、反导弹系统等陆、海、空各种高技术武器。虽然多国部队（包括美军）的多数武器，并非全都属于高技术武器的范畴，但在战争的关键方面起到决定作用的都是高技术武器。例如：多国部队在海湾战争中投掷的炸弹，93%是普通非制导炸弹（命中率仅25%），但在对最重要目标实施空袭中，都依靠精确制导炸弹（仅占总投弹量7%、命中率却高达90%）。1月17日开始“沙漠风暴”空中攻击的第一天，美军出动1架最先进的F-117隐形战斗轰炸机，以激光制导炸弹，首发就准确命中伊拉克防空最严密的巴格达国家通讯中心大楼。在头5天的空袭中，美军都是以“战斧”巡航导弹、高性能战机投掷制导炸弹等高技术武器，摧毁伊拉克的总统府、国防部、防空和指挥系统等重要战略目标。

海湾战争表明，电子压制是一种比传统战争火力压制更加重要的“软压制”，成为现代战争的先导，并贯穿战争全过程的各个领域和各个方面。战争之前，美国就发射红外照相侦察卫星（对地面照相的分辨率达0.1米）、合成孔雷达卫星（能探测地下数米深的物体）、电子通信侦察卫星（能截听无线和有线电话联络），准确掌握了伊军的部署、工事分布、指挥机关的位置和活动等情况。在开始发动攻击时，美军使用多种电子干扰机，对伊拉克的通信和雷达体系实施“地毯式”的电子压制，不仅瘫痪了伊拉克的防空体系，而且瘫痪了其指挥通信体系，给对方形成巨大的心理压力。在整个“沙漠风暴”的空中攻击阶段，伊拉克根本无法还击（偶尔发射几枚机动的“飞毛腿”地地导弹，并无实际的军事意义，而且大多被多国部队用“爱国者”导弹击落）。美军的巡航导弹和战斗轰炸机，沿着强大电子压制所开辟的“通道”，顺利直抵伊拉克首都，精确地摧毁预定目标。在以后的地面战争阶段，美军始终依靠电子战迅速准确地掌握战场情况，破坏对方的指挥和控制系统，对于削弱和摧毁伊军起了巨大作用。事实说明，无形的电子战已成为同陆、海、空、天四维并列的第五维战场。

海湾战争表明，新型的空地一体作战已成为高技术战争的主要样式。在传统战争中,地面作战一向是决定胜负的主要手段。空中攻击常常只是一种火力准备,为地面作战开辟道路。虽然作为独立空中攻势的战略轰炸,一次大战后就被提了出来,二次大战时迅速发展,但战略轰炸从未在一场战争中独立起过决定性的作用。海湾战争与传统战争样式不同,空中攻击是一个独立的主要作战阶段,甚至是这场战争的决定性阶段。海湾战争整个作战时间42天,独立的空中攻击占38天。而且如前所述,美国为首的多国部队在"沙漠风暴"行动中,对伊拉克持续实施大规模、高强度、高速度和高准确度的空中攻击,不仅为尔后的地面作战扫除了障碍,而且摧毁了伊军前线部队战斗力的50%、后方部队战斗力的25%,很大程度上瘫痪了其指挥体系,形成了巨大的心理压力和威慑效益,可以说基本上已经达成了这场有限战争的战略目的。(当然,如果用传统的战争观来看,追求那种占领对方领土、推翻对方政权的绝对胜利,那还是要靠地面部队;而这恰恰是现代有限战争所不追求的。)

海湾战争表明,远程火力战已成为高技术战争一种主要手段。在传统战争中,虽然双方也极力争夺火力射程的优势,俾能实施先敌开火。但仍然是主要通过近距离开火、短兵相接甚至白刃格斗来决定战争胜负。这种"刺刀见红"式的作战场面,在海湾战争中已经极为少见。美国为首的多国部队,充分发挥高技术武器远距离精确打击的性能,主要实施远距离火力战。这种远程火力战之所以能发挥威力,之所以能成为一种主要作战手段,不仅在于火力射程的距离优势,而且特别在于其精确度。如果单是射程远而命中率低,就不可能具有很大威力。这点不仅体现在使用导弹、飞机等进行空中攻击上,而且也体现在地面战斗中。如美军的M-1K坦克,依靠它所装备的高技术电子和激光系统,能根据风力、湿度等情况迅速自动调整射击诸元,保证在任何情况下有90%的命中率。因而常在伊军有效火力范围之外先敌开火摧毁对方。美军的"阿帕奇"武装直升机,通常也是在伊军地面防空火力有效射程之外,开火击毁伊军坦克。

海湾战争表明,夜间作战有了新的内涵。在传统战争中,夜间作战常常是武器落后的一方,依靠士兵的勇敢精神,利用夜幕掩护,接敌近战取胜的法宝。现在由于美军拥有一整套高技术的夜视装备,从飞机、坦克、步兵战斗车辆,以至单兵武器,都有红外夜视仪、激光夜视仪、红外热成像等设备,因而能够不分昼夜作战。缺乏夜视装备的伊军,不仅无法利用夜幕掩护接敌近战,而且因夜间敌方能够看见、自己却难看见,一动就等于自我暴露,处处被动挨打。结果夜间作战反成了拥有高技术一方的战争优势。无怪经过海湾战争之后,美国军方得意地说:"我们赢得了夜晚。"而一些欠发达国家的人士则惊呼:"夜间战场还是我们的天下吗?"

海湾战争还表明,高技术战争具有高消耗性和持续时间的有限性。这场战争,仅美国和多国部队一方的战费就高达500亿美元以上(这是最低的估算,还有人估算为800亿美元),在42天的作战时间中,"沙漠风暴"行动阶段平均每天消耗5亿美元,"沙漠军刀"行动阶段平均每天消耗10亿美元。如此高的消耗性,即使是富裕的国家,要进行一场规模较大的高技术战争,也是难于独力支撑。现代战争这种高消耗性,又促使其在持续时间上日益趋向于速决性。当然,速决战与持久战本身是相对的,而且常常是两种战略的较量。一般来说,拥有高技术军事优势的较强一方,总是力图速决;而较弱的一方,则力图用持久战的办法来对付强方。这是两种战略的较量。在强方追求直接侵占对方领土的传统战争目标时,弱方使用持久战战略常常会是很有效的;但在强方实施的是战争目标有限的当代有限战争战略时,弱方的传统持久战战略就不一定有效了。

高技术有限战争作为80年代以来,逐步形成的一种当代战争新形态,在目前全球众多的战争与冲突中,仍然是居于少数,但它却显示了未来战争发展的趋势。人类科学技术的发展,已经到了这样一个历史转折的关头,武器装备的高技术优势,越来越难以用其他物质和意识方面的力量来抵消。本世纪以来,包括二次大战和战后最初二三十年,积累起来的武器装备劣势一方,如何打败军事装备优势一方的战争经验和理论(如实行"人民战争"、把敌人放进来"关门打狗"、采取持久战战略、通过"积小胜为大胜"来完成战争力量的转变、强调依靠"刺刀见红"的勇敢精神等),今天都面临高技术有限战争的冲击而必须重新认识。

## 七、人类战争运动的变异

当我们探讨二次大战后，人类战争走向下降运动这一历史性转折时，必须揭示它所出现的种种变异。这些变异是人们很难用传统的战争观去看待的，但如果不考虑到它们，我们就不可能对当代的战争与和平问题有全面的认识。

**变异之一：悬在头上的核“达摩克利斯剑”。**

二次大战后没有发生新的世界大战，和平与发展成为当代世界的主流。根据世界局势的发展趋势，有人甚至估计新的世界大战再也打不起来了。虽然如此，大量堆积起来的、具有毁灭性破坏力的热核武器，仍然像一把悬在人类头上的“达摩克利斯剑”。这是当今时刻威胁着人类的战争运动变异。据统计，到80年代全球已积累起5万多颗核弹头，爆炸当量共约150亿吨(平均全球每人头上悬着2.5吨TNT)。这些核弹足以毁灭地球多次。据联合国新闻部和日本创价学会1987年发表的《核战争威胁与核能源和平利用》报告计算，如果把1颗100万吨当量的核弹(仅为全球核弹爆炸当量的1.5万分之一)，在世界某个大城市上空爆炸，其毁灭情况如下：

| 城市 | 该城市面积(平方公里) | 当场死亡人数(占该市人口%) | 重伤人数(占该市人口%) |
|---|---|---|---|
| 莫斯科 | 886 | 100万(13%) | 全体 |
| 纽约 | 786 | 105万(14%) | 全体 |
| 巴黎 | 105 | 全体 | / |
| 大伦敦 | 1580 | 50万(7%) | 398.8万(56%) |
| 东京(23区) | 592 | 162.1万(19%) | 全体 |
| 开罗 | 214 | 267.9万(53%) | 全体 |

冷战时代全球的核弹头95%掌握在美苏两个超级大国手里。尽管60年代以来，美苏两国首脑多次表示：“核战争打不赢，也决不能打。”尽管它们不断进行核军备控制和裁军的谈判，还先后签订过：部分核禁试条约(1963年)、不扩散核武器条约(1968年)、限制进攻性战略武器协定和条约(1972年和

1979 年)、消除两国中程导弹条约(1987 年)、削减战略武器条约(1991 年)等。但在整个冷战时代,美苏两个超级大国都依靠核武器作为争霸全球、制胜对方的军事王牌。它们从来没有停止过研究和制造核武器,没有放弃过研究和策划如何在实战中使用核武器。根据瑞典斯德哥尔摩国际和平研究所以及其他战略研究机构的统计,1945 年 7 月—1996 年 9 月,全球核爆炸试验次数如下表:

| 国别 | 大气层 | 地下 | 共计 | 首次试验时间 | 平均每年次数 |
|---|---|---|---|---|---|
| 美国 | 215 | 817 | 1032 | 1945 年 | 21.5 |
| 苏联 | 219 | 496 | 715 | 1949 年 | 17.02 |
| 英国 | 21 | 24 | 45 | 1952 年 | 1.09 |
| 法国 | 50 | 160 | 210 | 1960 年 | 5.83 |
| 中国 | 23 | 21 | 45 | 1964 年 | 1.4 |
| 印度 | / | 1 | 1 | 1974 年 | / |

(材料主要转引自林国炯著《全面禁核试条约谈判内幕》,载《国际展望》1996 年第 14 期)

美国实际爆炸 1149 个核装置,但按关于核试验条约的规定,在相间 2.5 公里范围于 0.1 秒内连续爆炸的多个核装置,也作为一次爆炸试验。同样,苏联实际爆炸 969 个核装置。苏联解体后,俄罗斯 1991 年率先宣布停止核试验,原苏联前后进行核爆炸试验共 42 年。美国 1993 年宣布停止核试验,前后共 48 年。英国也在 1993 年宣布停止核试验,前后共 41 年。法国最后的 6 次核试验,在 1995 年 9 月—1996 年 1 月进行。中国最后 1 次核试验,在 1996 年 7 月 29 日进行。法、中两国都在 1996 年 9 月联合国大会通过的《全面禁止核试验条约》上签字。印度声称它在 1974 年进行的是"和平核装置"试爆,不宣布自己为有核武器的国家,并拒绝在联合国的《全面禁止核试验条约》上签字。1998 年 5 月,印度连续进行了 5 次地下核爆炸试验。

根据美国布鲁金斯研究所公布的材料,二次大战后美国当局至少有 30 多次实际提出过使用核武器(包括在朝鲜战争和越南战争)。冷战结束后所披露的材料,证明美国制订过多个核战争的计划。下面仅表列美国几个主要核作战行动计划:

| 计划代号 | 制订时间 | 主要内容 | 当时美国核弹数 | 备注 |
|---|---|---|---|---|
| “烤肉机”行动 | 1948 年 | 拟用 34 颗核弹轰炸苏 24 城市 | 35 | 拟在柏林危机时实施首次突击 |
| “扣球”行动 | 1949 年 | 拟用 300 颗核弹轰炸苏 200 城市 | 250 | 设想 1955 年实施，在 2—3 星期内取胜 |
| 战略空军司令部基本作战计划 | 1950 年 | 拟攻击苏 300 个目标 | 450 | 预计可能成功，美将受一些损失 |
| 战略空军司令部基本作战计划 | 1954 年 | 拟用 735 颗核弹攻击 | 1750 | 预计可毁灭苏联，美将受重大损失 |
| 战略空军司令部基本作战计划 | 1957 年 | 拟攻击苏 3261 个目标 | 5450 | 预计毁灭苏联，但美将受毁灭性破坏 |
| SIOP-62 计划 | 1960 年 | 拟攻击苏 3423 个目标<br>消灭 2.8 亿人口 | 18500 | 预计毁灭苏联，但美将受毁灭性破坏 |
| SIOP-5 计划 | 1974 年 | 拟攻击苏联 2.5 万个<br>包括城市和军事目标 | 29000 | 根据美 242 号国家安全决策备忘录的战略 |
| SIOP-6 计划 | 1982 年 | 拟攻击苏联 4 万个目标 | 25000 | 应用核实战理论 |
| SIOP-7 计划 | 1989 年 | | 25000 | 应用核实战理论 |

材料引自王仲春著《美国核力量与核战略》，国防大学出版社 1995 年版，第 281—282 页。

至于苏联，60 年代出版的官方权威著作《军事战略》就强调：“现代战争中，核武器可用来完成不同规模的任务，即战略、战役和战术任务……使用核武器能取得比常规武器大得多的效果。”它明确指出：“苏联军队必须首先作好在交战双方大量使用核武器条件下进行战争的准备，”“解决同核战争的准备和实施有关的一切理论问题和实践问题，应当是苏联军事战略学和战略领导的基本任务。”①

大量热核武器存在对人类的严重威胁，不仅表现在超级大国没有放弃使用核武器的打算，而且还表现在可能因偶然事故而引发核战争。在冷战时代，由于美苏都在策划以核武器对付对方，又都戒备着对方先发制人实施核攻击。因此它们经常让自己的战略飞机和导弹潜艇，携带核弹头到处巡航，许多装有核弹头的陆基战略导弹也处于戒备状态。世界各国很多科学家和有识之士都指出存在着偶发核战争的可能性。R·克拉克的《战争与和平的科学》一书，记述了60年代携带核弹头的美国战略轰炸机发生的事故，其中1966年在西班牙海岸坠毁的一架，打捞起来的一颗氢弹6个起爆装置中已有4个松开。R·法马兹耶的《军国主义：事实与数字》一书，统计了1950—1975年间美国核运载工具所发生的95次事故。最严重的是1964年在美国北卡罗来纳坠毁的一架B-52战略轰炸机，其所携的当量2400万吨级氢弹，7个起爆装置中6个已打开。60年代以后，美国逐渐以导弹取代战略轰炸机作为核弹运载工具，这又增加了另一种偶发事故的风险。携带核弹的轰炸机起飞后还可以召回，装有核弹头的导弹一旦发射就无法收回。1980年美国军事力量委员会一份报告称，仅在短短一年半时间内，北美空军防御指挥司令部由于技术故障，就发出美国即将遭到核导弹攻击的错误信号151次之多。美国学者乔·谢尔在《地球的命运》一书中，记述了80年代初，美国曾因错误信号3次使其核力量处于临战边缘。两次是由于电脑的集成电路块出了故障；一次是由于粗心的工作人员无意中把指示发射导弹的试验磁带插入控制系统。虽然对这种偶然事故引发核战争可能性的大小，各人的估计不一，但它的确实存在则是普遍公认的。

80年代中期以后，随着世界局势的趋向缓和，各国人民反核和平运动的发展，核裁军谈判取得了一定的进展，美苏储存的核弹头都有所减少。尤其是苏联解体以后。据西方的统计，美国的核弹头从1990年9月的12718枚（发射装置1952架），减少至1996年10月的8402枚（发射装置1162架）；原苏联1990年9月有核弹头10779枚（发射装置2500架），减少至1996年10

① 索科洛夫斯基主编：《军事战略》上册，战士出版社1980年版，第418—419页。

月俄罗斯的6669枚(发射装置1257架)。[1] 原苏联的核弹头还有部分在乌克兰、哈萨克斯坦和白俄罗斯。除此以外,据西方统计,拥有核弹头的国家尚有:法国402枚,英国192枚,中国324枚。虽然全球的核弹头储存量有所减少,但整个核武器能多次毁灭地球的巨大破坏力,并没有根本的触动。

**变异之二:前途难卜的核武器扩散。**

虽然1968年联合国大会通过了《不扩散核武器条约》(1970年苏、美、英等国签署后生效,1992年法国和中国加入,现已有186个国家签署)。虽然先后有《非洲非核化宣言》(1965年)、《拉丁美洲禁止核武器条约》(1969年)、《在中东建立无核武器区决议》(1974年)、《宣布南亚为无核武器区决议》(1977年)和《南太平洋无核武器区条约》(1985年)等。但这些往往只是表现了世界人民反对核武器的强烈愿望。事实上,不仅已拥有核武器的国家仍不断加强其核武器,而且60年代以来出现了一批潜在核武器国家(即未公开宣布拥有而实际已有核武器的国家,或已有制造核武器能力的国家)。

首先是三个被称为“迈进了核门槛”的国家——以色列、印度和巴基斯坦。以色列从1956年起研制核武器,第三次中东战争时已拥有核装置,1973年美国报刊报道它已制造了13颗原子弹。据90年代初的估计,以色列已拥有150枚核弹和射程数千公里的导弹。印度早在1948年设立原子能研究机构,60年代已具有制造原子弹的能力,1974年爆炸了所谓“和平核装置”,1980年发射第一颗人造卫星。据90年代中期的估计,印度拥有装配20－80枚核弹的材料和射程2500公里的导弹。巴基斯坦1971年开始研制核武器,1986年生产出能装配核弹的材料。据90年代中期的估计,巴基斯坦已拥有装配10—40枚核弹的材料和射程1500公里导弹。据西方媒体披露,印巴1990年5月发生尖锐军事对抗时,双方都已走到核战争的边缘,以至当时的美国总统布什,连忙派其核事务首席顾问罗伯特·盖茨赶到伊斯兰堡和新德里,阻止印巴“因估计错误而导致一场核冲突”。[2]

尤为严重的是,虽然联合国1996年9月通过《全面禁止核试验条约》(已有美、英、俄、中、法等149个国家签署),但印度拒绝签署,而巴基斯坦则强调

---

① 美国《今日军备控制》月刊,1997年10月号。

② 参见杜幼康的连载文:《在核战争边缘上徘徊》,载《国际展望》1994年第2—4期。

只有在印度签署的情况下它才会签署。1998 年 5 月 11 日和 13 日，印度公然连续进行 5 次地下核爆炸试验。同印度长期存在尖锐矛盾的巴基斯坦，作为对抗也在同月 28 日和 30 日连续进行 6 次地下核爆炸试验。印巴两国的核爆炸试验竞赛，不仅导致南亚地区局势紧张，而且产生促使一系列逼近“核门槛”的国家也效法进行核爆炸试验的“多米诺”效应。经过这一连串的核爆炸试验，印度和巴基斯坦实际上已经成为“核俱乐部”（拥有核武器国家）的第六、第七个成员。

日本是曾有发动二次大战侵略历史的国家，它今天是拥有高科技的经济大国，其核能力更加令世人关注。1995 年 3 月日本《宝石》杂志曾经刊登一篇“深层报道”，题为《核大国的证明：日本能用 183 天造出原子弹》。同时，日本的一个核研究人员高木仁三郎更是公然宣称：“一旦日本决定制造核武器，只要一个月或者两三周时间就能把它造出来。”①

除上述之外，人们还可以列出一长串正在（或曾经）研制核武器（或拥有制造核武器能力）的国家名单，如伊拉克、利比亚、南非、埃及、伊朗、德国、意大利、韩国、朝鲜、阿根廷、巴西……苏联解体之后，分立出来的白俄罗斯、乌克兰和哈萨克斯坦，都部署有原苏联的热核武器（尽管这三国已加入非核条约，并原则上已把它们境内的核武器交给俄罗斯）。令人担忧的还有，原苏联解体后，其核材料的走私和核科技人员的流散相当严重，这大大加重了核武器扩散的危险。

二次大战后的核武器发展经历了三个时代。第一个是美国垄断核武器的时代。他在 1949 年苏联成功爆炸原子弹后，就开始过渡到第二个时代，即以美苏为主的所谓“核俱乐部”时代（加上后来的英、法、中）。他们（主要是美苏）之间，依据某种威慑与危机处理的原则，维持着冷战的核平衡（即按照冷战时代形成的“游戏规则”，玩一种虽然危险但仍算“和平”的游戏）。现在随着核武器的扩散，一些新的难以预料的后来者也开始加入“核俱乐部”。这是一个核武器扩散的时代，新的“游戏规则”未形成（也更难形成），引发核战争的危险性将要增加。《美国新闻与世界报道》周刊 1995 年 4 月 17 日题为《临界质量》一文甚至说：“这只是个时间问题，而不是会不会发生的问题。下次

---

① 马平：《日本：183 天预备期的核国家》，载《国际展望》1995 年第 13 期。

核爆炸注定会发生，可能是印度对巴基斯坦（使用核武器），或者是一个伊斯兰国家对以色列，或者是乌克兰对俄罗斯。"更令人毛骨悚然的是，随着核武器制造技术趋向简单化，不仅很多主权国家可以制造原子弹，就是一些恐怖主义组织，只要窃取到7公斤钚，也能制造出杀死数万人的原子弹。人们不禁要问：已被放出来的核妖怪，还能够重新收回瓶子里吗？

**变异之三：没有尽头的军备竞赛。**

二次大战后的半个世纪，虽因没有发生新的世界大战而被称为"和平"时代，但不断发展的军备竞赛，却是人们经常感受到的另一种战争变异。其最一般的特征是各国军费支出的增长。按不变价格计算的军费支出（单位：亿美元）如下表：

| 年份 | 1950 | 1955 | 1960 | 1965 | 1970 | 1975 | 1980 |
|---|---|---|---|---|---|---|---|
| 美国 | 395 | 982 | 1000 | 1072 | 1309 | 1012 | 1112 |
| 北约其他国家 | 278 | 444 | 503 | 609 | 631 | 837 | 827 |
| 苏联 | 377 | 512 | 480 | 659 | 925 | 998 | 1073 |
| 华约其他国家 | 30 | 30 | 33 | 54 | 83 | 105 | 122 |
| 不结盟国家 | 257 | 296 | 346 | 579 | 857 | 1237 | 1419 |
| 世界总计 | 1337 | 2264 | 2362 | 2973 | 3805 | 4189 | 4553 |

引自威廉·麦尼尔：《竞逐富强——西方军事现代化历程》，学林出版社1996年版，第406页。

由于各国军费开支大多有种种隐瞒，再加上换算成1978年美元价格进行计算，必然带来很多的不准确性，因此上表所列数字只能表示大概的情况。但我们从中也可以看见，全世界的军费开支，从1950—1980年增加了3.4倍；其中不结盟的第三世界国家军费开支增长率最高，达5.5倍。值得指出的是，第三世界国家的军费开支，很大一部分是用来向发达国家（尤其是美苏两个超级大国）购买武器。第三世界国家的军费开支的高增长率，同中东地区频繁的战争有很大关系。中东国家盛产石油，也使它们能用大量外汇购买武器。大量的人力和物力用于研制和生产武器，军事性的消耗排挤着生产消费和生活消费，这本身就是一种战争变异。

另一个反映军备竞赛情况的统计数字，就是军费开支占国民生产总值的比例。1982 年全世界 147 个国家和地区,军费开支占国民生产总值的比例,超过 10% 以上的有以色列、利比亚、苏联、越南、朝鲜等 19 国,在 5%—10% 的有美、英等 35 国,在 2%—5% 的有法国、联邦德国等 54 国,在 1%—2% 的有日本、芬兰等 23 国,在 1% 以下的有墨西哥、巴西等 16 国。[①] 冷战时期激烈的世界军备竞赛,最主要的特点是美苏在全球争夺军事优势。两个超级大国的军费开支,一般要占全世界军费总开支的半数以上。在军费的绝对值上,美苏各不相让,相对均衡(美国虽然比较多,但其人员维持费用比苏联要高),而在占国民生产总值的比例上苏联比美国高许多。1985 年美国军费 2644 亿美元,约占国民生产总值 6.8%;同年苏联军费 1600 亿美元,约占国民生产总值 14.5%。这种冷战时期的长期超常高军费开支,从某种意义上说,正是导致苏联解体的一个重要因素。

冷战结束后,全球军费连年下降,从 1987 年高达 1.36 万亿美元,降到 1995 年的 8640 亿美元(下降 34%),1998 年再降到 7450 亿美元(比 1987 年下降 45.3%)。[②] 但这种下降很不平衡,世界军备竞赛远未停止。原苏联和东欧军费下降最多。东欧的军费从 1988 年 4720 亿美元,下降到 1995 年 1000 亿美元(下降 78%)。但作为剩下唯一超级军事大国的美国,军费仍然高居不下。美国 1995—1999 年的军费总开支共 1.23 万亿美元(即平均每年近 2500 亿美元)。冷战后的世界军备竞赛出现多元化、区域化和范围扩大化。亚非拉国家的军费总额增加了。中东地区在海湾战争后掀起新的军备竞赛,仅短短 3 年里,中东国家采购新武器的费用就高达 650 亿美元。其中伊朗和沙特阿拉伯的军费开支分别增加 42.5% 和 12.9%,阿拉伯联盟 22 个成员国军费开支共达 1629 亿美元。地区冲突和战争频仍的巴尔干更成了“武器堆集的角落”。冷战结束后相对比较平静的东南亚地区也出现新的军备竞赛。其原因:一是由于冷战结束,原来的“保护伞”消失,地区性矛盾日显突出,各国纷纷加强本国的军备建设;二是海湾战争的冲击,各国深感没有高技术武器就无法确保自己的安全;三是随着该地区的经济增长,投入国防的费用也相应

① 金朱德等:《国防经济论》,解放军出版社 1987 年版,第 30 页。

② 见 1997 年 10 月 15 日英国《简氏防务周刊》,《1996 年世界军费和武器转让》一文。又见斯德哥尔摩国际和平研究所 1999 年 6 月发表的 1998 年度报告。

增加。东南亚国家所出现的这种新军备热，具有“由内转向外”（即从以前对付国内造反的游击队为主转向对外为主），由陆军为主体转向着重海空军建设等新特点。如泰国向西班牙订购航空母舰（成为第一个拥有航空母舰的东南亚国家），印尼购买原东德海军的39艘舰艇并将其空军扩大一倍。南亚的印度和巴基斯坦之间，也出现了新的军备竞赛。这两个国家从1992—1995年，采购武器的开支分别增加12%和19.5%。尤其印度近年进行导弹核武器竞赛，其国防预算从1995—1996财政年度的72亿美元，猛增至1997—1998财政年度的100亿美元。至于已成经济大国的日本和重新统一的德国，为使自己成为世界政治大国，也加速扩充军备。日本1995年的军费实际已超过500亿美元，居世界第二位。德国在90年代的军费开支也达到年均450亿美元，居世界第三位。按此趋势发展下去，日本和德国重新成为世界军事大国，也仅仅是时间问题。

**变异之四：扭曲人性的童子军。**

近年来在一些战火纷飞的发展中国家，经常可以看到身材瘦小眼神冷酷的十来岁少年儿童，背着自动步枪之类的武器，伴着浓浓的火药味到处游荡。这就是长期战乱中产生的一批扭曲人性的童子军。下面是西方媒体披露的片断：进行了多年的利比里亚内战终于在1994年达成停火，12岁的塞缪尔·布尔也向联合国维和部队交出了武器。这个身高才1米、脚蹬旧军用胶鞋、穿着短袖衬衫和短裤的娃娃兵，从8岁开始参加游击队，一直战斗在利比里亚山区。他的全部家当就是一支AK-47自动步枪，还有就是他那冷酷无情的杀人勇气。被游击队领袖以打仗勇敢授予名誉军衔“布尔上尉”的他，向人夸口说：“我亲自杀过三个人，头儿说我非常勇敢。”他若无其事地承认，有次当一名妇女拒绝把手中食物给他时，他端起枪就干掉了这名手无寸铁的妇女。[①] 莫桑比克全国抵抗运动（人称“雷纳莫”）招募的童子军，平均年龄11.5岁。据联合国调查人员说，为了让这些孩子变得冷酷凶残，“雷纳莫”采取极为残忍的训练方法，常令孩子们干些丧尽天良的残杀行为（甚至去杀死自己的父母）。在塞拉利昂也是如此，“革命联合阵线”游击队，经常强迫招募来的童子军去杀死一个亲人，使他们有一种犯罪感而无路可走，只能忠于他们的上司。

---

① 参见《国际展望》1995年第16期的外刊摘编：《世界“童子军”》。

这些童子军通常不列入军人名册，他们往往被指派执行最危险的战斗任务，而且为了使之精神亢奋，甚至在开始战斗前给他们服用大麻或安非他明等兴奋剂。[①] 在斯里兰卡，“泰米尔猛虎”组织也有很多童子军，人们常常在该组织同政府军猛烈战斗之后，清点战场时发现很多未成年男女的尸体。在缅甸的克伦族“民族解放阵线”根据地，14 岁的耶图特带着与他同龄的 9 个小伙伴，据守在缅泰边境湄公河上一座摇摇晃晃的竹桥边。他父亲早已去世，母亲也离家出走了。到处流浪的耶图特，12 岁起就成了克伦族民族解放军的一员。在安哥拉、卢旺达、索马里、柬埔寨、萨尔瓦多等国家，都有这种童子军的身影。这是一种“全民战争”的异化。

早在法国大革命时，雅各宾派 1793 年通过动员全民抗击欧洲封建势力进攻的著名法令，宣告“年轻人要去效命疆场，妇女要缝制军服帐篷、看护伤员，儿童要用旧布改制绷带，老人要到公共场所去激励战士的勇气……整个法国应当是一个巨大的军营”。从此之后，“全民的战争”就在历史上出现了。但那时，儿童在战争中能够做的，主要还是“用旧布改制绷带”之类的事情。在枪炮发明以前，要孩子拿着沉重的刀剑上战场是不可思议的事，因为他们不消一个回合就必然死在对方的刀剑下。早期的火器很笨重，威力也有限，战斗中还要依靠肉搏，因此用孩子去冲锋陷阵仍然很难思议。到了 20 世纪，现代火器和总体性战争的发展，已经出现了动员未成年青少年当兵打仗的现象，例如二次大战晚期的德国和日本。这是对人性的一种严重扭曲。因此，国际公约禁止招募 17 岁以下的青少年参军。

可是 20 世纪下半叶的今天，娃娃兵在一些长期武装斗争的落后国家中，已是相当普遍的现象。根据联合国儿童基金会的调查，在 25 个亚、非、拉国家中约有 20 万不足 16 岁的童子军，其中有些还不足 10 岁；而在全球，共有年龄 10—17 岁的童子军约 30 万。[②] 据瑞典一个非政府组织的统计，全世界有 27 个国家征召年龄不满 15 岁的童子军，还有 9 个国家征召 15—18 岁的未成年人当兵打仗，其中美、英、法等西方国家也征召年龄 17 岁的未成年人当兵。[③]

---

① 托马斯·索蒂内：《非洲和它失落的几代人》，载 1998 年 2 月 17 日法国《世界报》。

② 1996 年 5 月 17 日法国《费加罗报》文章。

③ 卡特林·胡梅尔：《“童子军”毫无顾忌》，载 1999 年 6 月 5 日德国《法兰克福汇报》。

现代技术能够造出轻巧而威力巨大的杀人武器。一支苏制 AK-47 或美制 M-16自动步枪，重量不到 3 公斤，十来岁的孩子也能轻而易举地挥舞它。而且这些自动步枪，每分钟可射出 600 发子弹，稍经训练的娃娃兵就能十分熟练地使用。更重要的是在贫穷落后的第三世界国家，对于贫穷人家的孩子来说，当兵意味着终于有饭可吃，能得到衣服和有生以来第一双皮鞋，还有象征权力的武器。人们很容易招募到大批未成年的青少年。他们年幼无知，缺乏判断能力，很容易训练成凶残的杀手，也很易于进行控制，只要头儿告诉他们干什么，他们就会不要命地去干，真可以说是“价廉物美”的兵源。可是战争不仅给这些孩子留下身体上的伤痕，而且在心灵上留下更加可怕的“伤痕”，使他们成了既无理想也无法过正常和平生活的“反社会分子”。

**变异之五：难以控制的国际恐怖主义行动。**

以暗杀和破坏等恐怖行动，作为一种打击对方或迫使对方屈服的暴力手段，本来古已有之。当为达到某种政治目的而策划实施的这种暴力恐怖行动，超出其直接对象的范围之外，影响到一个广大的目标群体和局势时，就成为恐怖主义。这是对传统恐怖主义的解释，它可分为国际的和国内的恐怖主义。国际恐怖主义行动一般涉及国际之间的关系，并不局限于某个国家的领域，常用的方式包括：袭击或绑架外交人员与外国公民、劫持国际飞机或轮船航班、占领外交使领馆、扣押外国人质、爆炸外国的公共建筑物等。国际恐怖主义行动，虽然常有某些国家在精神上和物质上予以支持，但因现代国际社会严厉谴责，并且会导致采取这种行动的国家受到国际制裁（甚至是战争制裁），所以一般主权国家政府都不会公开进行。国内恐怖主义一般属于本国内部的矛盾问题，其活动范围仅限本国领域，对象是本国的国民，如果是由国家政府实行的则称为国家恐怖主义（如纳粹德国的排犹运动）。

当人类战争运动日益受到制约和控制时，国际恐怖主义行动近年却发展起来。1968 年全球发生国际恐怖主义事件 86 起，造成 48 人伤亡（其中死亡 12 人）。1972—1975 年出现国际恐怖主义活动高潮，全球发生 1032 起，造成 3006 人伤亡（其中死亡 803 人）；平均每年 258 起、伤亡 751 人（其中死亡 201 人）。尤其劫持飞机和扣押人质频频发生。1968—1980 年全球共发生 600 余起劫持飞机事件,造成1262人死亡、1066人受伤。[1] 为了对付劫机活动,国际社会先后通过了三个有关防止和惩处劫机行动的公约。70年代末国际恐怖主义活动一度有所减少,但80年代中期又出现新的高涨。1985年发生785起,造成2024人伤亡(其中死亡825人)。[2]

进入90年代,虽然随着苏联解体和冷战结束,国际局势走向缓和,全球国际恐怖主义事件发生的次数有所下降,但伤亡人数却继续增加(1996年全球发生国际恐怖主义事件296起、伤亡2963人)。[3] 其中影响重大的有:1993年2月国际恐怖主义分子,在美国纽约世界贸易中心制造的"汽车炸弹"(用一辆汽车装载大量炸药)爆炸,造成死伤1000多人;1994年2月一个犹太人恐怖分子闯入希布伦市一座清真寺,射杀正在祈祷的巴勒斯坦人,造成死伤近500人;同年7月阿拉伯恐怖分子袭击阿根廷首都布宜诺斯艾利斯一个犹太人居住区,造成死伤300多人。1995年更被称为"国际恐怖年"。这一年接连发生暗杀南非首任黑人总统曼德拉(未遂)、巴勒斯坦首脑阿拉法特(未遂)、埃及总统穆巴拉克(未遂)、格鲁吉亚副总理沃罗诺夫(身亡)、以色列总理拉宾(身亡)、马其顿总统格里戈罗夫(未遂)、印度国大党领导人恩・辛格(身亡)、哥伦比亚社会党领袖阿尔瓦罗(身亡)等。这一年全球发生大小恐怖主义事件6000多起,其中在繁华都市发生而影响巨大的有:美国俄克拉荷马州首府的联邦政府大楼"汽车炸弹"爆炸(造成死伤近600人);东京地铁"沙林"毒气袭击(奥姆真理教组织施放);莫斯科连续两起电车爆炸;巴黎连续8起地铁车站等公共场所爆炸;特拉维夫公共汽车内的"人体炸弹"爆炸(恐怖分子引爆捆于自己身上的炸弹);斯里兰卡首都独立广场政府大楼爆炸等。

一般的看法总以为恐怖主义活动主要在第三世界国家,然而并非如此。从发生地点来说,近半数的国际恐怖主义事件发生在西方比较富裕的国家,其次是在拉丁美洲和中东地区。从恐怖主义活动的对象和受害者来说,63%是西方比较富裕国家的国民,其中美国人占36%。当今从事国际恐怖主义活动比较多的,一方面是信奉某种政治教派的极端主义组织(如阿拉伯的伊斯

① 李洪志:《国际政治与军事问题数量化分析方法》,军事科学出版社1995年版,第90—91页。
② 戴维・阿布希尔:《防止第三次世界大战》,军事科学出版社1991年版,第99页。
③ 美国国务院1996年恐怖活动年度报告,美联社华盛顿1997年4月30日电。

兰原教旨主义组织)，另一方面是包括西方国家在内的某些极左派组织(如西欧的“红色旅”)。

国际恐怖主义活动的根源十分复杂，活动规律也比较怪异难测，大多数袭击是针对有象征意义的某个国家的当局或个人，但遭受伤害的多为无辜的普通平民。国际恐怖主义活动可以说是又一种“全民战争”的异化。它严重威胁着人类的和平生活。虽然作为一种暴力行动，其本身直接引起的伤亡与破坏并不很大，但所产生的社会影响却十分巨大。尤其是90年代以来，出现了被称为“新型的恐怖主义”。老式恐怖主义通常都有某种政治要求的宣言，如要推翻某个殖民主义国家的统治或资本主义制度。虽然他们在实施恐怖行动(如爆炸、劫持等)时也是毫不犹豫的，但他们谋求政权的愿望限制了其行动的残酷性(杀害太多无辜平民会使其失去民众的支持)。新型恐怖主义则没有明确的长远目标和执掌政权的现实计划，他们往往认为“世界已无可救药”。老式恐怖主义谋求的是改变世界；新型恐怖主义则往往是由失望与狂热所推动，其长远目标模糊(只是针对他们所憎恨的西方世界的一种反抗)，行动意图(造成最大伤害)却十分残酷。[①] 老式恐怖主义组织通常都在进行某项暴力恐怖行动之后，声称那些事是它们干的(即宣称对某项行动负责)，迫使人们将其政治要求列入世界的议事日程；新型恐怖主义组织则往往秘而不宣，不声称事情是它们干的。[②] 它们往往不受某个主权国家控制，是西方殖民侵略造成的文化冲突与贫富矛盾的历史后果。这种由非国家的组织实行的恐怖主义，目的只在于给所憎恨的西方世界造成恐慌混乱，被西方称为“不由国家进行的战争”(这是美国芝加哥私人情报所所长克拉克·斯泰顿首先提出的概念)。[③] 其突出例子是“伊斯兰圣战阵线”，据称是由沙特阿拉伯亿万富翁乌萨马·本·拉丹资助组建。他住在塔利班统治的阿富汗，拥有资产50多亿美元。1998年8月，美国驻肯尼亚和坦桑尼亚使馆先后发生爆炸事件(224人死亡和5000多人受伤)。美国指责本·拉丹参与策划，随后用巡航导弹袭击阿富汗六处“恐怖分子营地”和苏丹一个化工厂进行报复。伊斯

---

① 1998年8月15日英国《经济学家》周刊文章:《新型恐怖主义将来到……》。

② 彼得·格里尔:《恐怖组织匿名的时代》，载1998年8月12日美国《基督教科学箴言报》。

③ 乌韦·西蒙-内托:《反对西方的不由国家进行的战争》，载1998年8月15日德国《世界报》。

兰圣战阵线则发布宗教法令,要求全世界的穆斯林“杀死美国人和他们的盟友——平民或者军人”。本·拉丹对美国 ABC 电视台记者说:“我们对穿制服的人和平民不加区别,他们都是这个教令中的进攻目标。……美国历史上也不分平民和军人,包括妇女和儿童。广岛的炸弹把儿童和军人加以区分了吗?”

类似上述的人类战争运动的变异,我们还可以继续列举下去,如:非洲野蛮的种族屠杀(其中仅 1994 年的卢旺达种族冲突屠杀就死亡 100 万人);汹涌的国际难民潮(据统计全世界因战祸而离乡背井的难民,从 1974 年的 240 万人增到 1995 年的 5700 万人,其中逃亡到国外的国际性难民 2741 万人);日益扩散而成为“世界公害”的地雷(据统计在 64 个国家的地下埋有 1.1 亿颗地雷,平均每月有 800 平民百姓因踏上地雷而丧生,数以千计的人受伤),等等。事实上,今天给人类带来严重威胁的,不仅有一般意义上所说的战争,而且还有众多变异性的战争暴力。在当今的有限战争时代,战争虽然日益受到制约与控制,但变异性的战争暴力却仍在扩散。看来人类欲达到和平的境界,仍然要走非常漫长的路。

# 第六章　和平运动与和平研究①

## 一、“和平”究竟是什么?

“和平”作为“战争”的对立物,一直是人类追求的最基本理想之一。早在人类的古代文明中,就存在着朴素的和平思想与理念。尤其是古代东方文明,朴素的和平理念有着十分绚烂的表现。② 人类对和平的追求,数千年亘古不衰。千百万黎民百姓,把求安宁、盼友善、谋和谐的希冀,凝聚在“和平”的概念里。几乎所有的国家、民族和集团,都声称自己热爱和平。虽然如此,在整个人类文明发展史中,战争却连绵不断。从全球范围来看,完全没有战争的年代有如凤毛麟角。即使出现了所谓和平年代,常常也只是一种武装下的和平。它不仅处在战争的阴影之下,一再为战争所打断,而且当某场战争终止后出现的和平,也被利用来巩固战争(胜利一方)的成果,因而又包含着新的战争萌芽。由于这个原因,以及由于战争一直作为民族和国家的最重大事件,长期被人们着重加以记述和研究。于是形成了这样一种观念,以为战争是人类社会的常态,是人类进化所必需的因素。德国哲学家黑格尔和尼采,都认为战争对于复兴国家和人类文明起到不可缺少的作用。英国军事史家J. F. C. 富勒,在其三卷本《西洋世界军事史》序言中说:“战争是否为人类进化所必需的因素,固然还有辩论之余地,但下述事实却是毫无疑问的,从人类的

---

① 我国对和平运动的研究非常薄弱。我的硕士研究生韩永强(95 届),在我的指导下以《20 世纪的和平运动与和平研究》为题,写了他的学位论文。本章吸收了他的研究成果。

② 相比之下,古希腊文明中更多的是歌颂战争。在古希腊的宗教神话里,主宰自然和世俗生活的奥林匹斯诸神中,只有战争之神(宙斯之女雅典娜),而无和平之神。

最早记录起到现时代止,战争都一直是他们生活中的支配现象。”

人们长期着重研究战争而忽视研究和平的结果之一,就是直至今天,我们仍然缺乏关于“和平”的明确定义。翻开国内和国外的百科辞书,人们很容易查阅到“战争”定义的比较详细的说明解释(虽然往往各有不尽相同的观点),却很难找到关于“和平”的定义。我国的《辞海》,对于“和平”的解释只有五个字——“与‘战争’相对”。对大多数人来说,“和平”实在是个十分模糊和含混的概念。即使是在学术界,一般也只是把和平理解为“无战争状态”,甚至是“两次战争之间的间歇”。“和平”究竟是什么?是人类历史的一种现实状态,抑或仅仅是人类一种梦想或善良愿望?是人类文明演进的一种良性机制,抑或仅仅是某些民族和国家的统治者一种工具和手段?是当今人类生存和发展所必需的环境,还是未来国际社会的理想结构?

尽管人们对于何谓和平只有一种模糊和含混的概念,和平在每个时代仍然具有绝对价值。在人类社会沧海桑田的历史变迁中,面对连绵不断的战争和其他暴力的冲击,和平始终是人类追求的愿望。各个时代都有学者哲人提出种种建立“永久和平”的设想,都有社会精英致力于探求实现和平的愿望。随着人类文明的演进,到了资本主义的近代,人类对和平的追求,首先在西方国家逐渐形成为一种社会思潮——“和平主义”(Pacifism),以及一种具有实际政治影响的社会运动——“和平运动”(Peace Movement)。至于“和平研究”(Peace Research),则是到了第二次世界大战之后才发展起来的。

和平研究同和平运动、和平主义虽有密切关系,但并非是它们的一部分。和平研究是一门以和平及其对立面为研究对象的新学问。从 1956 年在美国密歇根州的安阿伯(Ann Arbor)成立第一个专门的学术机构起,和平研究发展迅速。据联合国教科文组织的统计,从 1965 年到 1984 年,全世界专门从事和平研究的学术机构与学术组织,从 81 个增加到 313 个,其中 41 个是国际性的,共有学者头衔的研究人员 5000 多人。近年来,一些学者采用“和平学”(Peace Science)的术语,代替“和平研究”这一名称。虽然和平研究能否称为一门独立的科学,人们仍有争议,但无可否认的是,它已经在西方一些主要大学的学科体系中占有一席之地。

和平研究的出现和发展,促使我们重新探求和认识何谓和平。总的来说是赋予和平以多层次和多元价值的丰富内涵。我认为,吸收国际和平研究的成果,今天可以对当代“和平”的观念作如下表述。

首先,它是积极的和平。国际和平研究从70年代起,以美国学者J·盖尔腾格(Johan Galtung)为首,提出排除“结构暴力”,以平等、协调、合作、一体化为基础的“积极的和平”概念。不管人们对于盖尔腾格的“结构暴力论”(我们将在下面的第四节再作介绍)如何评价,今天确实要打破那种以“无战争状态即为和平”的传统观念,摒弃那种以对结构性暴力逆来顺受为前提的“消极和平”,赋予和平以一种体现人类相互协调、支持与合作的积极意义。

第二,它是公正的和平。在漫长的人类历史上,也曾出现过若干歌舞升平的所谓“和平”时代,但那常常是经过战争之后,某些强国称霸、弱国称臣而实现的和平,是少数列强以暴力为基础的强权政治下的和平。今天,随着科学技术的发展和人类的进步,世界日益走向民主化和多元化,少数帝国主义列强任意主宰整个世界的时代已一去不复返,各个民族各个国家的独立自主,以及全球相互依存,已成发展的必然趋势。“和平共处”日益成为建立国际新秩序的思想基础和方法,在这种背景下,我们今天应该赋予和平以公正与民主为基础的内涵。

第三,它是广泛的和平。近年来的国际和平研究,由K·E·鲍庭(Boulding)提出了“广泛的和平”(inclusive peace)的概念,强调一切与战争无关的人类活动都可以称为“广泛的和平”,其中包括产业、商业、艺术、教育等。鲍庭根据这一观点重新研究了人类历史,认为数千年来的人类活动,只有10%—15%是同战争及战争准备有关,其他的活动都是同战争无关的,即是属于“广泛的和平”。鲍庭由此得出结论:“人类的历史是和平史。”正如参加鲍庭这项国际和平史研究计划(它以互寄论文的方式开展研究)的我国学者王德禄所说:“鲍庭的和平史无疑是理论界乐观主义的代表作,在21世纪即将来临之际,乐观主义与理想主义一样,对恢复人类的信心是有其积极意义的。”①

第四,它是民主的和平。国际和平研究近年来还有由美国学者S·维尔特提出了一个“民主国家无战争”的观点。他重新研究了希腊民主制以来,所有民主国家卷入的战争,据说至今仍然没有发现任何一场战争,是在两个民主国家之间展开的。虽然对于何谓“民主国家”,不同的意识形态有不同的理

---

① 参见陈一雄、王路烨主编:《新格局·新思考》,湖南出版社1993年版,第54—55页。

解。但有一点恐怕应当承认,即民主制度是人类理性的产物,存在强权、压迫和剥削的结构暴力乃是战争之源。和平是双方理性的选择,战争则只要有一方采取暴力即可发起。民主制度的发展成熟,不仅为消除国内的结构暴力提供有效的方法,而且为理性地决策对外关系提供了可能。从这一点去理解,我们应当承认,各国国内的民主化与世界政治的民主化,同为人类和平的重要保证。

第五,它是理性的和平。长久以来,战争曾被人们视为求生存、求发展的必由之路。尽管各个民族和国家都声称热爱和平,但大家都竭尽全力准备战争,而且或为财富和权力计,或为独立和自由计,常常实际选择了战争。今天随着热核武器的出现和发展,人们已不得不从根本上改变对战争与和平的选择意向。一方面,现代战争手段和全球一体化的发展,日益使得任何一国发动战争,都将面临"失大于得"的归宿,甚至导致自杀性的悲剧后果。另一方面,现代科学技术的发展,越来越提供了社会经济起飞的多种条件,从而抑制了企图通过战争获得经济利益的动机。因此,理性的和平观念已经具有了现实的社会政治经济条件,通过和平手段谋求各个国家和民族的生存与发展,通过和平谈判解决各个国家与民族的矛盾和争端,已经成为人类的必由之路。

我们国家对于和平运动与和平主义,一直缺乏深入细致的研究。过去主要从意识形态立场出发,对其所作的评价也失于偏颇。至于对和平本身的研究,过去更完全是处于空白。近几年来,随着响应联合国关于1986年"国际和平年"的活动,以及1988年"国际科学与和平周"的活动,我国不仅开展了各种相应的宣传教育和学术交流活动,而且已有一部分学者参加到学术性的国际和平研究中。但总体上仍然基础薄弱、资料不足、水平不高。因此本章更多的是对有关"和平"的问题作一个历史性的粗浅概述。

## 二、渊源与传统——和平主义与和平运动的历史

从严格意义上说,人类历史的古代没有"和平主义"与"和平运动"。《大英百科全书》说:"和平主义是指争取实现各民族之间的持久和平乃至永久和平的一切努力和主张。……古代没有和平主义。"马克思主义学术界的传统

观点，则把和平主义与和平运动评价为资产阶级的思潮和运动。然而，事实上和平主义的思想与理念，在东方和西方都有着深远的历史渊源。

朴素的和平主义理念，在两千多年前的春秋战国时代，就在中国古代文明中有十分绚烂的表现。它的核心是“和”（和谐、调和、温和），强调“天”、“地”、“人”三者的和谐性与秩序性，追求一个“大同”的理想世界。它体现在当时的儒家、墨家和道家的学说之中。①

儒家强调“和”的伦理性与“礼”的秩序性，把“和”与“礼”的规范作为实现人类和平的途径与手段，即达于“仁”的境界。儒家的和平理想是建立在道德与文化基础之上的。孔子（孔丘，前551—前479）把社会的和谐与秩序视为家族伦理的外展，把人类世界的和谐与秩序用文化上的差异性统一起来。他强调人类文化的渐进性与道德教化的至上性，坚信“华夏文明”的精致与发达，足以使“蛮夷之邦”归化入流，所以不需大动干戈。儒家和平社会的理想最高境界是“仁”（或曰“王道”），并且提出了人性本“善”与“天人相通”的观念。这是东方和平主义思想与理念的人性基础。

墨家的反战和平主义思想更加突出。墨子（墨翟，前468—前376）的《非攻》篇，堪称世界最早的反战理论著作。他简明地指出人类对待“攻伐”（即侵略战争）的谬误性：杀一人、十人为“不义”，大家都知道，但一场战争杀人成千上万，却不以为是“大不义”；偷窃是“不义”行为，大家都谴责它，但抢掠他国的战争行径，大家却不知道反对，反而赞美它。墨子还从功利主义出发反对战争。他说：战争上不中“天之利”，中不中“鬼之利”，下不中“人之利”，是劳民伤财得不偿失的事。为了消除人类的战争行径，墨子在《兼爱》篇中倡导把人类自爱、自利的本性在道德上正面扩充，强调“视人之国若视其国，视人之家若视其家，视人之身若视其身”，实现“兼相爱交相利”。墨子在《尚同》篇中主张“一同天下之义，是以天下治也”，把人类和平的希望寄托在建立绝对与统一的政治权威之上，表现了导向集权一统的东方社会政治特征。这种从“兼爱”到“尚同”的和平理念，融入了儒家后学，形成中国文化具有持续影响力的“大同”思想。

---

① 关于中国古代文化中的和平主义思想可参阅刘志光的文章。见陈一雄主编：《新格局·新思考——科学与和平研究在中国》，第206—211、245—252、300—305页。

老子(老聃,生卒年不详)和庄子(庄周,前369—前280)的道家,信奉"天道无为",主张人类社会应该回归纯抽象的"自然"之"道"。他们强调"知足"、"寡欲"、"绝巧弃利",政治上主张"无为而治"。其和平社会的理想是一个"虽有甲兵无所陈之"的原始乌托邦。道家的"无兵"来自于"无争",而"无争"被认为是自然之"道"的本性,即"无为"。这种强调无争、无为的和谐,正是东方和平主义思想与理念的重要特征之一。

总的来说,中国古代的和平思想与理念是相当博大精深的,在世界古代文明史中留下了十分光辉的一页。但是,这种生长在农耕文化基础上的东方和平理念,没有发展成为近代世界的和平主义与和平运动。将古代的和平愿望与理念,率先发展成为近代世界一种具有实际政治影响的社会思潮和社会运动的,是最先进入资本主义时代的西方国家。

西方和平主义的产生与和平运动的发展,基督教占有非常重要的地位。早期的基督教原本就有强烈的和平主义倾向,所谓"荣耀归于上帝,和平属于世人"。这种和平主义的核心内容和道德基础就是"天父之爱"。《福音书》强调,"爱……是律法和先知一切道理的总纲"。这是无条件的、自我牺牲的、普世性的"爱",不仅要爱你的邻舍,而且"要爱你们的仇敌,为那逼迫你们的祷告"。[①] 因此,早期基督教的教义,禁止教徒携带武器和参加战争,主张以逆来顺受对待暴力,"不要与恶人作对","左脸挨打便转过右脸受打"。然而公元4世纪以后,随着基督教成为罗马帝国的国教,出于政治上的需要抛弃了早期基督教的和平主义思想。圣·奥古斯丁作为中世纪基督教的思想宗师,给罗马帝国进行的战争"施了洗礼"。他及其后继的中世纪神学经院哲学家们,把国家统治者发动的战争,阐释为怀着"道德意图"而进行的"正义战争"。中世纪教会的这种"正义战争"论,试图对战争施加伦理的限制,强调国家发动战争之前,必须用尽和平解决的办法,必须怀有正当的道德意图,不使用违反道德的手段,等等。但这些限制并不包括讨伐异教外邦的战争,如十字军东征和宗教改革战争。不过,早期基督教的和平主义思想,被西欧后来的一些新教派别所重申。如17世纪中叶,乔治·福克斯(George Fox)在英国创建的公谊会(Quakerism,又称"教友会" Society of Friends),就以唯爱主义、反对战争

---

① 《马太福音》第5章39—44节、第6章14—15节、第22章37—40节。

和任何暴力为信奉的宗旨。正是这些基督教教派,对19世纪初第一批和平团体的出现起了举足轻重的作用。

人道主义(源出拉丁文 humanus,又译人文主义)是西方和平主义的重要思想来源。这种关怀人、尊重人、以人为本的思想渊源,甚至可以追溯到古希腊时代。但在中世纪时期,欧洲流行的是神道主义。随着文艺复兴及其后的启蒙运动,人道主义思想在欧洲得到弘扬,这对促成近代和平主义的出现有重大影响。16世纪荷兰思想家伊拉斯谟(Desiderius Erasmus,1469—1536),就以抨击战争野蛮性而著名。他说:"战争是瘟疫,它引起性格的全面败坏;战争是罪恶,最坏的人往往打胜。""战争是可怕的,它适于野兽而不适于人类。"与他同时代的英国空想社会主义思想家托马斯·莫尔(Thomas More,1478—1535),随后17世纪的捷克教育家夸美纽斯(J. A. Comenius,捷文 Komensky 又译"考门斯基",1592—1670),法国神学家费奈隆(Fenelon,1651—1715),都是强烈反对战争的人文主义者。18世纪著名的法国启蒙思想家伏尔泰(Voltaire,1694—1778),更是极其辛辣尖锐地谴责了战争的残酷、愚蠢和荒诞。这些伟大的思想家,以追求没有战争和暴虐的人类和平幸福为终生奋斗目标。他们坚信,人类社会将会冲破传统权威和迷信的束缚,驱散无知、疾病和战争的祸害,踏上无限完美的道路。但对于如何达到这一点并没有统一的看法。有人主张运用科学技术的进步,有人鼓吹重返人类古朴的自然,有人寄望于民主共和制度的实现,有人相信人类理性的发展。法国启蒙思想家、资产阶级国家理论奠基人孟德斯鸠(Montesquieu,1689—1755),预言随着君主制向共和制的过渡,人类将从战争与扩张向和平与克制精神转变。法国哲学家孔多塞(Condorcet,1743—1794)则强调"人们受到更多的启蒙,就会逐渐认识到,战争是万恶之首,是最可怕的罪恶"。这些17、18世纪的人文主义者,普遍否定中世纪经院哲学家们阐释的"正义战争"论,认为这只不过是用来掩盖帝王们侵略野心的说教,其中一些人还主张即使是不公正的和平也比正义的战争要好。

世界主义(internationalism)也是西方和平主义思想来源之一。近代以来,随着资本主义的发展,世界性的国际交往和冲突日益频繁。西方越来越多的政治思想家,致力于探讨如何保障最低限度的国际秩序与和平。一些学者从社会学和国际政治学的角度,提出建立民族国家联盟和通过国际法来约束战争的主张。马基雅弗利、格劳秀斯、霍布斯、普芬道夫、卢梭和康德等，都是这种思想的鼓吹者。其中最著名的是圣·皮埃尔[①]他在《永久和平方案》的论著中，提出设立欧洲诸国的国际会议和公断法庭等机构，实行国际调解和国际裁军，企图在乌得勒支和约[②]的基础上确立欧洲和平。这些都成为欧美近代和平主义与和平运动的思想基础。

世界上有组织的和平运动，最早出现在美国和英国。1815 年，道奇（David Low Dodge）和伍斯特（Noah Worcester），先后在纽约和马萨诸塞发起成立了和平协会。翌年，由阿伦（William Allen）和普赖斯（Joseph Price）组织的“争取促成持久与普遍和平协会”，也在伦敦宣告成立。世界上第一批和平团体，在拿破仑战争刚过后出现在美、英并非偶然。从某种意义上说，这是对拿破仑战争的一种回应。正如我们在本书第二章第五节所述，立足于第一次工业革命和法国资产阶级革命基础之上的拿破仑战争，是人类战争历史运动在 20 世纪以前的最大高潮。民族主义的兴起，普遍义务兵役制的实施，把整个国家的一切资源和民族力量，都投入到无限战争的旋涡。战争的总体性、激烈性、残酷性和破坏性的加剧，促使人民群众反战情绪上升。同时，英美两国相对而言置身于欧洲直接冲突之外，民族主义情绪没有那么浓烈，反战思潮受到政府一定程度的鼓励。正是在这种历史背景下，近代世界的和平运动首先在美国和英国发轫。

美、英早期和平团体的大部分成员，主要是基于宗教信仰而加入的。基督教的教友会等派别起了举足轻重的作用。他们关心的主要是人类道德的拯救，并无旨在影响现实政治的自觉意识。他们相信，和平的启蒙舆论和对利益冲突进行理性的讨论，能够使国家之间的矛盾不诉诸战争而得到解决。这些和平团体力图通过编写小册子、进行巡回演说、发行有关期刊等方式，推动有利于走向普遍和平的舆论。英国和平协会从 1819 年就开始出版《和平先驱》杂志。美国第一份和平报纸《和平之友》，也在 1821 年创刊。1828 年，在莱德（William Ladd）的努力下，美国不同地区的 36 个和平团体，在纽约成立了“美国和平协会”。它的章程号召各国之间开展友好的讨论和仲裁，用理智

---

① 圣·皮埃尔（Saint Pierre，1658—1743），法国政论家和改革家。

② 乌得勒支和约是西班牙王位继承战争之后，1713—1714 年欧洲国家签订的一系列和约。

来解决所有的争端，强调保证此种解决的制度基础是国际仲裁大会，其法令则服从于世界的舆论。

欧洲大陆第一个和平团体，是1830年由塞伦（Jean Jacques Sellon）创立的“日内瓦和平协会”。虽然在此之前，巴黎在1821年曾经出现过一个“基督教道德协会”，但它主要是致力于民主改革的政治斗争，直到40年代起才开始对和平问题略加关注。

在这期间，英、美的和平运动虽然逐渐地扩大影响，但大都弥漫着拒绝任何暴力的基督教式和平主义。在英国，著名的教友会信徒乔纳森·戴蒙德（Jonathan Dymond），指责那些大发战争之财的工业家同职业军人狼狈为奸，一起推波助澜促使战争爆发。他坚决反对战争，宣称基督教《圣经》要求每个人在任何情况下都不得使用暴力。在他看来，所有关于正义战争与非正义战争、防御战争与侵略战争的区分，都是毫无意义的。戴蒙德虽然力图对国家政策施加影响，但仅限于向人们的良知提出宗教忠告。美国也出现类似思潮。1838年，美国著名废奴主义者加里森（William Lloyd Garrison，1805—1879），发起成立“新英格兰不抵抗协会”。他所起草的该协会宣言，阐发了基督教的“不抵抗”思想，号召不与任何政府的战争准备合作。后来加里森的同伴巴卢（Adin Ballou），在1846年出版《基督教的不抵抗》一书，进一步鼓吹这种所谓对邪恶进行“不会引起有形暴力的抵抗”。虽然在美国南北战争时，加里森转向支持用暴力来结束奴隶制，但他和巴卢阐发的“不抵抗”思想产生了相当大的影响。后来闻名世界的俄国作家列夫·托尔斯泰，正是通过阅读加里森与巴卢的著作而成为坚定的和平主义者的。托尔斯泰又影响了年轻的甘地。后来成为印度圣雄的甘地，把这种“非暴力抵抗”的思想，变成了一场印度反对英国殖民制度的社会政治运动。

到了19世纪40年代，自由贸易运动的兴起为和平主义注入了新的思想成分。早先主要受基督教教友会影响的和平团体，也在自由贸易运动中找到了新的盟友。这一运动在英国是由科布登（Richard Cobden）领导，在美国是由萨姆纳（Charles Sumner）和钱宁（William Ellery Channing）领导，在法国则是由普鲁东领导。他们大声疾呼：“自由贸易！它是什么？噢，摧毁分隔各国的壁垒；这些壁垒后面隐藏着傲慢、报复、仇恨、嫉妒，使各国沉浸于血泊之中。

……自由贸易是上帝的国际法。”[①]他们相信，自由贸易同和平之间存在着互为因果的内在联系，在和平条件下各国的利益可以通过自由贸易来实现，而自由贸易所创造出来的经济利益，也足以使倾向暴力的政府放弃有浪费性和破坏性的战争。自由贸易主义者同和平团体在一定程度上实现了联合，并且促使一些商人为和平运动提供财政上的支持。

1843 年，第一次国际性的普遍和平大会在伦敦召开。虽然与会代表主要来自英国(294 人)，来自美洲和欧陆的代表只有 37 人和 6 人，仍然标志和平运动发展的一个新阶段。从 1848—1851 年连续四年，世界和平大会分别在布鲁塞尔、巴黎、法兰克福和伦敦举行。这些国际会议大多是由英美的和平团体所组织，参加者不乏像维克多·雨果、R·科布登等这样的社会名流。与会者曾经就定期召集国际会议、设立解决国际争端的仲裁法庭等，达成了若干方案，甚至还将裁军列入了议事日程。然而，随着和平运动的发展，其内部发生了分歧。这种分歧既发生在和平主义者与自由贸易主义者之间，也发生在英美和平团体与欧陆和平团体之间。一方面，在和平团体内部，传统的和平主义者坚持反对任何战争，提倡基督教的不抵抗主义；而自由贸易主义者则强调自由贸易在实现和平过程中的优先作用。另一方面，欧陆大多数的和平活动家都认为，用武力来进行民主改革与民族解放，是实现公正持久和平的基础；这种把有些战争视为“正义与必需”的相对和平主义立场，显然有别于英美大部分和平团体反对任何战争的绝对和平主义立场。

19 世纪下半叶的头 20 年，随着克里米亚战争的爆发，以及紧接着的普奥战争、普法战争和意大利统一运动，欧洲进入了一个战争频繁的时期。战争所激起的民族主义情绪，大大压倒了普遍和平主义的思潮。一些抵制战争的绝对和平主义行动，受到政府当局的镇压。和平团体内部的分歧也因而走向分裂。在美国，此时由于南北战争的爆发，坚定的废奴主义者同绝对和平主义者也发生了分裂。像加里森这样的坚定废奴主义者，转向支持用暴力来结束奴隶制度。这一切就使得和平运动的发展进入相对低落时期。不过，仍然有若干新的力量加入和平运动。

---

① 汉斯·摩根索:《国际纵横策论——争强权，求和平》，第 44 页。

1867 年有两个新和平组织产生。一个是帕西[①]于巴黎创立的“和平国际常设联盟”。它的成立起先主要是为了反对法、德之间因卢森堡问题而酝酿的战争,后来转为“和平之友协会”(1888 年更名“法国国际仲裁协会”),主要致力于在宏观经济和哲学问题上对民众进行和平宣传教育。另一个是法国作家维克多·雨果,同意大利著名民族运动领袖加里波第,在日内瓦创立的“和平与自由国际联盟”。该联盟与传统的绝对和平主义者组织不同,它强调只有在民主制度下,自由民众在民族旗帜下团结起来,能够决定其自身命运的时候,和平才能维持。这是欧洲第一个将和平同民主及民族解放联系起来的和平团体,也是欧洲率先吸收妇女参加的和平团体。在它所属之下,1868 年成立了由玛丽·戈奇(Marie Goegg)领导的“妇女国际联合会”。

进入 19 世纪 70 年代以后,和平运动重新有所发展,和平团体日益增多,而且出现在一些过去未有和平运动的国家。如北欧的丹麦和瑞典。这时期重要的和平组织,有英国的“国际仲裁与和平联合会”、法国的“正义和平”。前者成立于 1877 年,创始人 H·帕拉特(Hodgson Pratt),在比利时和意大利也有同样的团体。“正义和平”成立于 1888 年,它逐渐成为法国最有影响力的和平组织,后来帕西领导的“法国国际仲裁协会”在 1912 年与之合并。这时期另一个值得注意的发展是:社会主义工人运动与和平运动发生联系。第一国际(国际工人协会)成立后,邀请雨果和加里波第的日内瓦“和平与自由国际联盟”成员参加。第一国际解散后,1889 年成立的第二国际继续同和平运动有联系。虽然马克思主义者坚持认为在战争与和平问题上,他们与资产阶级的和平活动家不同。马克思主义者强调,资本帝国主义是战争的根源,只有消灭剥削和私有制、实现共产主义,才有真正的和平。因此,马克思主义者不排除以革命暴力手段消灭资本主义制度,主张支持民族解放和反侵略的正义性战争。但是,他们反对一切帝国主义的战争,常常在争取国际仲裁与裁减军备、反对增加军费和海外探险等方面,同和平主义团体共同行动。

1889 年是和平运动史上值得注意的一年,可将其视为 19 世纪末和平运动进入高潮的标志。这一年,在巴黎召开了第一届国际议员大会与世界和平

---

① 帕西(Frederic Passy,1822—1912),法国经济学家,国际仲裁的倡导者,1901 年首届诺贝尔和平奖获得者。1881 年起为法国下院议员,1889 年参加组织“国际议员大会”。

大会,还出版了贝莎·冯·舒特纳①的《放下武器》一书。世界和平大会以后每年举行一次,至第一次世界大战前仅有 5 次中断。国际议员大会后来改名国际议员联盟,第一次世界大战前也每年举行一次会议,并在伯尔尼设有总部。国际议员联盟把各国议会中支持和平运动的议员吸收进来,因此具有重大的影响,它与两年后成立的国际和平署(其总部也设在伯尔尼),成为这一时期最重要的国际和平组织。这两个组织关系密切,有时它们的领导人是重合的,如巴耶②、帕西、拉封丹③和戈巴特④(他们均系诺贝尔和平奖获得者),都曾同时担任国际议员联盟主席和国际和平署主席。这两个组织受到各国大多数和平团体的拥戴,起了推动和协调世界和平运动的作用。舒特纳《放下武器》一书的出版,具有轰动的社会效应,先后译成 16 种文字,1892—1899 年还由她主编出版了以此为名的国际和平主义杂志。

从 19 世纪末到第一次世界大战爆发之前,是人类历史上世界和平运动发展的第一个高潮。总的来说它有如下几个值得注意的方面:

第一是和平运动越出了过去主要在美国和西欧的范围,已经遍及到整个欧洲。尤其是当欧洲列强的军备竞赛呈螺旋式上升的时候,在军国主义盛行的德意志帝国、奥匈帝国、沙俄帝国以及意大利等范围内,都出现了和平运动。在拉丁美洲、澳大利亚和日本,也有和平主义的活动。可以说,和平运动已经开始具有了世界性。

第二是和平主义的舆论宣传有了很大发展,这突出表现在和平主义报纸杂志的广泛出版和流传。这一时期成功的和平主义著作,除上面已提到的舒特纳《放下武器》一书外,还有伊万·布里奥科夫⑤的《未来之战争》和诺曼·安吉尔⑥的《大错觉》。《未来之战争》是 1898 年出版的一部 6 册巨著,它从列强的疯狂军备竞赛中,推论未来欧洲爆发的大战,最终结果将是自杀性的,这种观点当时曾深入欧洲人心。《大错觉》(*The Great Illusion*,又译《大幻想》)

---

① 舒特纳(Bertha von Suttner,1843—1914),奥地利女作家。据说她同诺贝尔的长期通信,促使后者在其遗嘱规定的奖金中,加上一项和平奖。她本人 1905 年获诺贝尔和平奖。

② 巴耶(Fredrik Bajer,1837—1922),丹麦政治家,左翼议员,致力于和平运动与妇女解放。

③ 拉封丹(Henri Marie Lafontaine,1854—1943),比利时法学家,参院议员和副议长。

④ 戈巴特(Charles Albert Gobat,1834—1914),瑞士律师,政治家,1890 年当选议员。

⑤ 布里奥科夫(Lvan Bliokh),曾任波兰财政大臣。

⑥ 安吉尔(Norman Angell,1873—1967),英国经济学家,1933 年诺贝尔和平奖获得者。

出版于1910年。它宣称工业时代的战争已经成为一种时代错误。把战争视为对工业化文明和经济繁荣的威胁是当时自由派的观点。安吉尔把这一观点推向了顶点。他论证军事力量对经济毫无益处,即使战争的胜利似乎带来了生存空间和市场、原料保障的好处,也不能使任何国家真正改善其经济地位,而且只能是社会本身的解体和人类品德的堕落。他强调现代技术的战争,除意味着集体自杀外别无意义。《大错觉》一书出版后同样引起轰动效应,先后译成20种文字。一时间在英、美等国家"安吉尔主义"几乎成了和平主义的代名词。

第三是形成了一种被和平运动相对普遍接受的理论。这种理论就是所谓"自由主义的世界主义"(Liberal Internationalism)。它强调通过自由贸易实现各民族利益,通过国际仲裁解决各国争端,创造一种新的国际秩序,实现不诉诸武力而达到真正的和平,而不是仅仅满足于维持两次战争之间平静的间歇。面对当时大国争霸和军备竞赛日益加剧的国际局势,和平主义者们虽然也十分关注裁军问题,但按照自由主义的世界主义观点,认为只有形成新的国际体制才可能有真正的裁军,因为只要存在"不安全",那么军备就仍然是需要的。他们更加注重的是国际仲裁。1905年的世界和平大会上,一些和平活动家列举出全球已经有包含仲裁内容的国际条约90个以上,因而对和平的前景持乐观态度。但也有一些人认为,要说服各国政府相信通过仲裁解决争端绝非易事,而且帕西等人预言,即使要形成一部完备的国际法,也至少需要75年以上。[①] 虽然自由主义的世界主义在理论上十分笼统与模糊,但也许正因为如此,它才能被和平运动相对普遍接受,使得众多不同观点的和平团体,在一次大战前的20多年中保持了合作关系,避免了因观点分歧而引发和平运动的内耗与分裂。

第四是和平运动获得了若干社会资助所设立的奖金或基金。首先一个是1895年著名发明家A·诺贝尔,在签署将其920万美元遗产设立诺贝尔奖金时,列上了一项和平奖(由挪威议会5人组成评判委员会评定)。它在诺贝尔逝世后,于1901年起开始颁授。后来又有企业家吉恩(Edwin Ginn),于1910年设立总额为100万美元的"世界和平基金",用以资助直接的和平宣

---

① 《世界和平百科全书》(*World Encyclopedia of Peace*),英文1986年版,第233页。

传。1911 年，著名的美国钢铁企业家卡内基（Andrew Carnigie），设立了总额为 1000 万美元的基金，主要用于资助战争与和平方面的研究，事实上美国的大部分和平组织都从该基金获得了资助。

第五是和平运动开始具有某种现实的政治影响。这种影响，不仅从上面我们所提到的国际议员联盟中可见，而且从 1899 年和 1907 年的两次海牙会议也可以看到。第一次海牙会议是由沙皇尼古拉二世发起召开，有 26 个国家代表参加。第二次海牙会议是由美国总统西奥多·罗斯福发起召开，有 44 个国家代表参加。虽然召开和出席会议的各国列强，都各怀有自己的帝国主义目的，但会议规定的主题是限制军备与保障和平。虽然会议没有就任何实质性的问题达成协议，但所通过的 13 项公约和宣言（被称为《海牙公约》），构成了若干限制战争手段的公认国际法（如禁止使用毒气和达姆弹、保障战时中立国和中立人员的权利、限制敷设触发水雷和海军炮击等）。出席海牙会议的各国代表，一致同意接受强迫仲裁的原则，签署了《和平解决国际争端公约》，成立了“常设仲裁法院”（这是后来国际法院的先声）。但它“只不过是一个由不同缔约国选定的 120 名法官的名单而已……并不作为一个实体而存在……并不履行作为法院应履行的司法职能……从未处理一次案件，只是名单中作为法院成员的个别法官，参与过国际争端的仲裁”。[①] 虽然如此，在国际政治舞台上，通过各国政府代表签署限制战争手段与接受和平解决国际争端的公约，这本身就表现了人类争取和平的努力（其中包括和平运动）取得进步。

## 三、事与愿违的悲剧——两次大战间的和平运动

第一次世界大战的爆发，对于世界和平运动是一个沉重的打击。国际性的和平活动停止了，影响很大的诺贝尔和平奖也停止授予，各参战国都煽起了民族爱国主义和尚武军国主义的狂热精神，反战的和平宣传与活动受到镇压，大多数的和平团体要么解散，要么发生分裂。这一切表明了，尽管 19 世纪

---

① 汉斯·摩根索：《国际间政治》，中国人民公安大学出版社 1990 年版，第 362—363 页。

末—20 世纪初的和平运动有很大发展，但总的来说仍然十分脆弱，对现实政治的影响仍是微不足道的。公众的情绪和舆论也不总是倾向于和平。然而和平运动在大战期间并未停止。一些人顶着当局镇压的压力，发表反战演说和著作，有些人则拒绝服兵役和参战。

拒服兵役是一战期间和平运动的重要表现，虽然它更多的是一种个人行动，并未形成群众性的社会运动。英、美这两个和平运动发展最早和最广泛的国家，拒服兵役者最多。1916 年英国宣布征兵后，有 16500 人拒服兵役，其中 6000 人受到军事法庭的审判，800 多人因坚持不服兵役而被判两年以上的监禁，一些人还受到死刑威胁。[①] 美国 1917 年参战后征兵 300 万，约有 4000 人拒服兵役。抵制征兵最坚强的阵地是基督教和平主义组织。他们战时在英美等国建立了“和解联谊会”“圣公会和平社”等宗教性的和平团体。除了基督教和平主义者之外，一些自由主义者、女权主义者、甚至若干社会主义者，也加入到这个行列。反对征兵最著名的自由主义者，就是数学家和哲学家柏特兰·罗素，他参与在英国建立“拒绝征兵联谊会”，并因发表反战言论而被捕入狱。

女权运动和国际社会主义运动的左派，都是一次大战时为数不多的重要反战力量。虽然大战爆发后，一些女权主义者变成了支持本国政府战争的爱国主义者，但多数的女权主义者加入反战行列。在美国、加拿大和澳大利亚等国，战时还出现了一批新的和平组织。至于国际社会主义运动，在战争与和平问题上发生了分裂。第二国际各国党的多数派支持本国政府进行战争，但其中的左派谴责这次战争的帝国主义性质，坚持无产阶级的国际主义立场。在军国主义盛行的德国，著名的社会民主党左派议员卡·李卜克内西，在 1914 年 12 月国会通过增加军费的投票中，庄严声明“抗议战争、抗议挑起战争的祸首和策划者、抗议政治和社会方面的道德沦丧”，投了 700 多议员中唯一的反对票（成为国际共运中有名的“李卜克内西一票”）。1915 年 3 月，著名的德国左翼妇女运动领袖克·蔡特金，组织了在瑞士伯尔尼举行的国际社会主义妇女代表会议，通过了《反对帝国主义战争宣言》。随后，国际妇女大会于同年在海牙召开，重申了妇女要求以和平途径解决国际冲突的立场。

---

① A·卡特：《和平运动》，Longman Group UK. Limited，1992 版，第 7 页。

国际社会主义运动左翼，在 1915、1916 年举行的齐美尔瓦尔德会议和昆塔尔会议，也都谴责这次帝国主义战争，但他们认为"争取持久和平的斗争只能是争取实现社会主义的斗争"，尤其是列宁提出"变帝国主义战争为国内战争"的口号。因此，国际社会主义运动并非一般意义上的和平运动。

一次大战的爆发虽然沉重打击了世界和平运动，但这场战争的灾难很快就推动广大人民群众走向反对战争、要求和平。对于 1917 年的俄国革命（包括二月革命和十月革命）、1918 年的德国和奥匈帝国境内的革命来说，要求和平是其重要动力，也是其重要的内容。"和平、面包、自由"是这些革命的普遍口号。在当时特定的历史条件下，下层群众对于和平的追求，在战争灾难特别深重的国家，首先就集中反映在推翻那种给他们带来战争灾难的政府和制度的革命行动上。战争引起革命，革命制止战争。俄国十月革命胜利后的第二天，苏维埃政权就发表列宁起草的《和平法令》，向所有交战国家提出停战建议，并宣布俄国退出战争。而从基尔港水兵拒绝继续打仗开始的德国十一月革命，则直接导致了这场帝国主义战争的结束。在法国和英国，也出现了士兵反战哗变行动。

人民反对战争、要求和平的情绪，在更加广泛（包括国家和社会阶层）的范围内，形成了普遍而强烈的厌战、反战和恐战的社会潮流。这方面的突出表现，一个是出现拒绝出国作战和拒绝生产与运输军火的反战运动（它具有"不干涉苏俄"的特色）；另一个就是反战的文艺小说、诗歌、戏剧和电影，在战后的大量涌现。法国作家巴比塞的《炮火》[①]，德国作家埃里希·雷马克的《西线无战事》[②]和路德维希·雷恩的《战争》[③]，美国作家海明威的《永别了，武

---

① 巴比塞（Henri Barbusse，1873—1935），法国作家。参加过一次大战。1916 年出版长篇小说《炮火》（又译《火线下》），描写一个步兵班在战争中备受的苦难和牺牲（获龚古尔奖）。1919 年又出版揭露战争本质的小说《光明》。列宁对这两部小说曾给予高度评价。

② 埃里希·雷马克（Erich Maria Remarque，1898—1970），德国作家。参加过一次大战，受过 5 次伤。1929 年出版长篇反战小说《西线无战事》，被译成 29 种文字（中国在 30 年代已有译本）。

③ 路德维希·雷恩（Ludwig Renn，1889—1979），德国作家。参加过一次大战。1928 年出版长篇反战小说《战争》（有中译本），1930 年出版其续篇《战后》。

器》[1]，英国作家奥尔丁顿的《英雄之死》[2]，以及英国诗人布伦登的《战争的低调》[3]等所谓“战壕诗人”流派的作品，都在欧美广泛流传。在学术界，战争与和平问题也成为众多学者关注和研究的对象，出版了大量的专著，探讨1914—1918年浩劫的根源，以及怎样避免新的世界战争与保障国际和平。

人民反对战争、要求和平的情绪，也反映到国际政治领域。各国的政治家们都打出了“和平”的旗号。在苏维埃俄国发表《和平法令》之后，美国总统伍德罗·威尔逊，于1918年1月提出了十四点的所谓《世界和平纲领》。这位美国历史上第一个拥有博士学位、大学教授和大学校长头衔的民主党总统，使美国在一次大战结束时的外交，打上了和平理想主义的印记。他倡导建立的国际联盟，虽然远非所吹嘘的是“揭开人类和平新篇章”计划，但毕竟是近代以来和平主义者追求国家联盟和国际法约束战争主张的一种实践，得到了社会舆论众多的响应，一些国家还建立了诸如“国际联盟协会”这样的组织予以支持（我们下面还将讲到）。除此之外，从洛迦诺会议[4]到白里安—凯洛格非战公约[5]，以及在国联范围内和国联范围外不断进行的裁军谈判，使得整个20年代的国际政治舞台，似乎都是在和平的旗帜下围绕着“国际仲裁、集体安全、全面裁军”而转动。

一次大战后的和平运动，就是在上述这种背景下复苏和重新走向高潮的。

战争刚结束的1919年，被认为对这场浩劫负有主要罪责的德国，就爆发了不再战运动，在英法等国也出现了“不许干涉苏俄”为特色的反战运动。从世界范围来说，这一年有两个重要的国际和平团体相继成立。一个是“国际妇女争取和平与自由联盟”，它是在前述海牙国际妇女大会基础上成立的，总部设在日内瓦，会员分布48个国家，其中16个国家有分支组织，最大的是美

---

① 海明威（Ernest Hemingway，1899—1961），美国作家。1918年参加志愿救护队，在意大利前线受重伤。1929年出版长篇反战小说《永别了，武器》（旧译《战地春梦》），描写美国志愿兵亨利同英国女护士凯瑟琳在意大利前线的爱情悲剧。被译成多种文字并拍成电影。

② 奥尔丁顿（Richard Aldington，1892—1962），英国作家。1929年出版反战小说《英雄之死》，1933年出版其续篇《人人都是敌人》。

③ 布伦登（Edmund C. Blunden，1896—1974），英国诗人，善用传统的格律吟咏乡村生活，以1928年出版长诗《战争的低调》而驰名。1953—1964年在香港大学任教。晚期诗歌带有东方色彩。

④ 洛迦诺公约是1925年英、法、意、比、波、捷、德等国签订的一个集体保障安全条约体系。

⑤ 正式名为《关于废除战争作为国家政策工具的一般公约》。由法国外长白里安和美国国务卿凯洛格倡议发起，1928年由英、法、美、德、意、日等15个国家在巴黎签署。

国分支组织。另一个是“国际和解联谊会”,这是个基督教和平团体,主要的支持者是新教教徒,在盛行新教的欧美国家都有分支组织,其中最有影响的也是在美国。

如果说上述这两个国际和平团体在某种程度上都是一战前原来就存在的和平组织的复苏的话,那么1921年成立的“PACO”(世界语,意即“和平”),则是一个以一战时反对征兵运动为基础的新的国际反战组织。它在1923年更名为“战争抵制者国际”(WRI)。这个组织的成员,受到和平主义、社会主义与无政府主义的综合影响,起先主要是在德国、奥地利、荷兰和英国,后来扩展到全球20多个国家和地区,包括日本、加拿大、墨西哥、立陶宛、苏联等都有其分支组织。“战争抵制者国际”也是两次大战之间最重要的国际和平团体,从1925—1934年召开过4次国际大会,得到过诸如爱因斯坦这样的社会著名人士的支持。不过,它的活动主要集中于反对军事服役(尤其是声援遭受军事法庭审判惩处的拒服兵役者),而且也反对其他有关军事性的服务,因此获得社会支持的面比较窄(尤其是西方国家存在大量失业的情况下)。

两次大战之间的和平运动,开展得比较高涨的是美国和英国。

在美国,支持和平运动的力量主要来自3个社会群体:基督教会、妇女和大学生。其中以教会最有影响力。这一时期,美国除新教教会一如既往地支持和平运动以外,天主教和犹太教的一些团体与个人,也加入到和平运动的行列。在众多宗教性的和平团体中,最强有力的是上面提到的“国际和解联谊会”美国分支组织。特别值得指出的是:美国和解联谊会强调其追求的目标,除一般的“和平”以外,还包括为争取实现社会公正而进行社会改革。它的成员和领导者当中,包括了若干社会改革家,甚至包括了把资本主义看作不公正和战争根源的社会主义者,如诺曼·托马斯①、珍尼·亚当斯②等人。因此,美国和解联谊会对当时美国的左翼政治运动有相当影响。它的一些比较激进的成员,在经济大危机的30年代,一度对于单靠非暴力方式能否保证

---

① 托马斯(Norman Mattoon Thomas,1884—1968),美国著名社会改革家与和平主义者。早年为纽约最贫穷的教区牧师。1918年加入社会党。1924—1948年多次作为社会党候选人,竞选纽约州长和美国总统(均失败)。著有《社会主义再探讨》等。

② 亚当斯(Jane Addams,1860—1935),美国著名女社会改革家、妇女运动与和平主义者。1915年出席海牙国际妇女大会,任主席。1931年获诺贝尔和平奖。

社会公正表示怀疑,并转向号召以暴力推翻资本主义。如作为美国和解联谊会领导人之一的马斯特(A·J·Muste),一度变成托洛茨基分子。不过他在1936年访问欧洲之后,重新回到基督教的非暴力主义立场上。此后,这位当过牧师、劳工领袖和托洛茨基分子的和平运动著名人物(1967年亡故),成了美国和解联谊会领袖,并在1937年被《时代》杂志评为"美国头号和平主义者"。[①]

20—30年代美国有不少妇女和大学生投身和平运动。这在很大程度上要归功于上面提到的"争取和平与自由妇女国际联盟"。该联盟的美国分支组织,是美国最强大的妇女组织,据1937年统计共有120个地方分支组织和1.3万多名成员。她们最活跃的行动之一是有关裁军的游说活动,不仅在30年代促成美国国会对军火工业的一次著名调查,而且对日内瓦国际裁军会议产生了影响。至于美国的大学生,当时虽然没有形成具有全国性影响力的和平团体,但在1935年4月成功地举行了一次全国性的大学生反战示威活动,全美共有6万多名大学生参加。[②]

两次大战间美国还有一个很具影响力的和平组织——"防止战争全国理事会"。该组织是1921年由基督教教友会和平主义者利比(Frederik J. Libby)创立的。它虽然没有自己的个人成员,但成功地把若干非和平主义的民众团体(如美国教师联合会、基督教青年会、全国教育协会等),同和平主义组织联合起来。这个"防止战争全国理事会",1935年时共有21个成员组织和10个协作组织,设有一个全国办事处和5个地方分支办公室,每年的活动经费超过10万美元。它通过众所周知的国会游说活动,对华盛顿当局施加了一定影响。

英国和平运动的声势,在两次大战之间甚至比美国更大。早在20年代,英国就涌现出不少和平组织与和平活动家。他们从各自不同的立场出发,利用多种途径鼓吹和平主义,对英国的社会和政治生活发生了不少影响。其中最突出的,一个是"国际联盟协会",另一个是"不再战运动"。"国际联盟协

① Lawrence S. Wittner:《反对战争的造反者:1933—1983年的美国和平运动》,Temple University Press,1984年版,第12页。

② L. S. Wittner:《反对战争的造反者:1933—1983年的美国和平运动》,第7—11页。

会”是在大战结束前夕的1918年10月成立的，主要致力于宣传国际仲裁与全面裁军的思想。它是个相当广泛而活跃的和平团体，1922年已有会员20万人，1932年发展到顶点时有近100万会员。[①] “不再战运动”则是由工党议员兰斯伯里[②]和独立工党议员布罗克韦[③]发起，1921年2月在伦敦宾夕法尼亚俱乐部成立。它坚持绝对的和平主义，出版名为《不再战》的刊物(发行量达1.5万份)，宣传“一切战争都是错误的”，号召其成员不以任何方式支持或参与任何性质的战争。该组织在工党和独立工党中吸收了不少会员。[④] 事实上，当时英国工党也把“和平主义”作为自己政治斗争的一张王牌，它在1923年的大选中亮出了“国际和平、国内繁荣”的竞选口号。

30年代初，以日本、德国和意大利法西斯主义为代表的新战争策源地，相继在亚洲和欧洲形成。日趋紧张的国际局势和严重的战争威胁，对于英国具有特别尖锐的冲击力。在这种背景下，英国的和平运动出现高潮。出版了大量和平主义书刊，如：贝弗利·尼科尔斯的《惊呼灾难临头》，布罗克韦的《血迹斑斑》，玛格丽特·詹姆森的《时光不再来临》，G·K·希伯特的《新和平主义》，理查德·格雷格的《非暴力的力量》，埃里克·吉尔的《金钱与道德》，海伦娜·斯旺尼克的《为了过去战争的新战争》，弗朗西斯·布朗的《战争之狗》等。涌现出众多五花八门的和平团体，如：和平军、基督教和平主义团体委员会、和平誓约协会、国民和平联合会、浸礼会和平主义联谊会、卫理公会和平联谊会、圣公会和平主义联谊会等。其中影响较大的几个组织和几次行动如下：

首先是1932年初的和平军行动。以著名的女基督教和平主义者罗依登(Maude Royden)为首，发起组织一支没有武器的和平军，前往世界发生军事冲突的地区，进行隔离调解。当时日本军国主义正在发动入侵上海的“一·二八”事变，他们决定首先奔赴上海，在日本军队和中国军队之间筑起一道人墙以制止战争。和平军倡议在报刊上公布之后，即有800人自告奋勇报名前

---

① 华尔脱斯：《国际联盟史》，商务印书馆1964年版，上卷，第232页。

② 兰斯伯里(George Lansbury，1859—1940)，铁路工人出身。参加过劳工运动。1910年当选下院议员。1929—1931年为工党政府阁员。1931—1935年为工党议会领袖。

③ 布罗克韦(Fenner Brockway)，英国著名和平主义者，独立工党议员。

④ Martin Ceadel：《1914—1945年英国和平主义》，Clarendon Press，1980，第79、95页。

往,被舆论称为:“或许是整个 20 世纪中最自信的和平主义创举。”[①]后来由于英国政府和国联干预而未成行。

同年,在工党及其影响下的英国工会,组织了一次工人团体反战代表大会。在此基础上,翌年 3 月在伦敦召开了英国全国反战大会,参加大会的代表达到 1500 多人。[②] 除了在工会系统,英国的大学校园里也掀起了和平主义的浪潮。1933 年 2 月,牛津大学俱乐部以“本议院决不为它的国王和国家而战”作为论题,举行了有名的模拟辩论。西里尔·乔德[③]领导了这一运动。他在辩论会中宣称:“在对西欧国家宣战 20 分钟后,轰炸机就会飞临伦敦上空,一枚炸弹就可以毒死 3/4 平方英里地区的一切生物,这时高射炮又有什么用?”他呼吁一旦遇到入侵,英国“最多也只能采取消极抵抗的政策”。辩论结束时,牛津大学俱乐部的和平主义者,通过了一个“决不为国王和国家而战”的决议,随后在曼彻斯特大学、莱斯特大学、爱丁堡大学等 20 多所大学,都举行了类似的活动。[④]

当时英国和平运动派别林立,缺少相互协调行动。为此,在 1933 年秋曾成立一个协调机构——“基督教和平主义团体委员会”。它由各和平组织以团体会员资格组成,不设个人会员,主要任务是解决团体会员之间的矛盾,协调彼此的行动。但是,正如当时和平运动知名人士穆丽尔·尼科尔夫人所抱怨:“运动中存在的观点仍然太多,虽然我们正试图使它们和谐一致。”[⑤]事实上,观点分歧、思想矛盾、组织混乱、行动失调,这不仅是英国也是世界和平运动的普遍弱点。

尽管如此,和平主义浪潮还是对英国政治产生了相当大的影响,这特别表现在 1933 年秋的下院议员补缺选举中。英国工党以和平主义作为自己的主要竞选纲领。工党领袖兰斯伯里,以“和平”名义提出英国单方面裁军的主张。工党另一著名活动家阿瑟·庞森比,专门发表了一本论证裁军的书,强

---

① Martin Ceadel:《1914—1945 年英国和平主义》,Clarendon Press,1980,第 79、95 页。

② 弗·格·特鲁汉诺夫斯基:《英国现代史》,三联书店 1979 年版,第 247 页。

③ 西里尔·乔德(Cyril E. M. Joad,1891—1953),英国哲学家,伦敦大学教授,毕业于牛津大学。

④ 特尔福德·泰勒:《慕尼黑——和平的代价》,新华出版社 1984 年版,第 313—316 页。

⑤ Martin Ceadel:《1914—1945 年英国和平主义》,第 170 页。

调“如果英国单方面裁军……其他国家也必然仿效和追随”。[1] 结果工党从保守党手里赢得了几个重要选区的议席。这对当时的英国政坛产生了不小的冲击，致使英国保守党政府首相鲍尔温，不得不出面向英国的和平团体保证：“将来不会有庞大的军备。”[2]

1934—1935 年可以说是两次大战间英国和平运动高潮的顶峰。起先是和平军的积极策划者和领导者谢泼德[3]，于 1934 年 10 月发表公开信，呼吁公众以投票方式支持他拟订的一个和平誓约——“我们拒绝战争，我们决不再直接或间接去支持或鼓励另一场战争”。这一呼吁很快获得响应而传遍英伦诸岛。在短短两天之内就收到支持卡片 2500 多张，不久签名人数达到 5 万多人。[4] 正当谢泼德的和平誓约呼吁还在英伦上空回荡之际，英国的“国际联盟协会”与其他一些和平团体，共同发起了一次英国史无前例的全民和平投票。1935 年 6 月 27 日公布的投票结果如下[5]：

| | |
|---|---|
| 参加投票的总人数(收回总票数) | 1154 万 |
| 其中：赞成英国继续在国联内致力和平的 | 1116 万 |
| 赞成由国际协定保证全面裁军的 | 1054 万 |
| 赞成由国际协定保证废除空军的 | 960 万 |
| 赞成由国际协定禁止生产和出售军火的 | 1048 万 |
| 赞成对侵略国实行经济及其他非军事性制裁的 | 1009 万 |

这次和平投票，“变成了从未有过的最富于群众性的一次舆论调查”，反映了 30 年代和平主义思潮在英国的广泛性。当时的英王乔治五世，在和平投票揭晓后向内阁外交大臣霍尔叮嘱：“如果我继续在位的话，你必须使我们不要卷入战争。”[6]

1935 年继全民和平投票之后，谢泼德发起于 7 月 14 日在伦敦艾伯特纪念堂举行和平集会，出席者多达 7000 人。会后形成了一场被称为“谢泼德和

---

① 阿瑟·庞森比：《裁军：一场辩论》，伦敦 1932 年版，第 31 页。
② 基斯·米德尔马斯：《绥靖战略》，上海译文出版社 1978 年版，上卷，第 26 页。
③ 谢泼德(Canon Sheppard，1880—1937)，英国著名的电台播音牧师和社会活动家。
④ Martin Ceadel：《1914—1945 年英国和平主义》，第 177—178 页。
⑤ 约翰·惠勒 - 贝内特：《慕尼黑——悲剧的序幕》，北京出版社 1978 年版，第 265 页。
⑥ 特尔福德·泰勒：《慕尼黑——和平的代价》，第 362 页。

平运动”的新浪潮。在此基础上,1936 年 5 月成立了以谢泼德为会长的新和平组织——“和平誓约联盟”。当时,凡是同意谢泼德所提出的和平誓约并在印有誓约的卡片上签名者,都算是该联盟的成员(年底已拥有 10 多万人)。到 1937 年,“和平誓约联盟”把自己的地方分支组织从 300 个增加到 1150 个,它所发行的会刊《和平消息》也从 6000 份增加到 3.5 万份,一时间成为英国最有影响的和平组织。

总的来说,两次大战之间以英美为主的和平运动,在 30 年代中期达到高潮,但很快就在 30 年代后期迅速走向衰落。面对德、意、日法西斯侵略战火的步步扩大,和平主义者的幻想一个个地破灭,和平运动无法对现实政治作出令人信服的回应。绝对和平主义认定任何暴力都是与和平的目标相背离,反对以武力来制止法西斯侵略,这种主张越来越失去吸引力。消极的和平主义认为,虽然法西斯统治造成了社会黑暗,但总比爆发战争要好,这种主张也不得人心。和平运动中不少积极的和平主义者,强调真正的和平应该包括社会公正,认为法西斯侵略与统治,同战争一样不可容忍。他们大多从集体安全的立场出发,倾向必要时以武力制止法西斯侵略。本来当时参加和平运动的众多群众,曾经普遍寄望于国际联盟,期望它对法西斯侵略的非军事性制裁能够制止战争。但随着国联在处理日本侵华和意大利侵埃(塞俄比亚)战争中的软弱无力,这一希望破灭了。于是作为最大的和平团体——“国际联盟协会”从 1936 年起走向解体。1937 年 10 月谢泼德猝死,英国的和平运动也失去一个能协调各流派的人物。英美的和平运动都发生分化和走向衰落。虽然在张伯伦签订慕尼黑协定之后,英国的和平运动又活跃了一阵子,但那充其量只能算作回光返照而已。

讲到这里,有个问题是不可回避的。即:英国的和平运动与绥靖政策有何种联系?美国的和平运动与孤立主义又是何种关系?

关于英国和平运动与绥靖政策之间的关系,我国学者在研究二次大战的起源时已经注意到这个问题。我们研究室由华东师大出版社 1986 年出版的《第二次世界大战起源研究论集》,就发表了两篇关于这个问题的文章。应当说,在张伯伦绥靖政策形成和执行的过程中,和平主义思潮与和平运动的泛滥,在一定程度上为它准备了思想基础和社会基础。英国和平运动在 30 年代的发展,同英国的绥靖政策存在千丝万缕的联系,这也是不争的事实。绥靖政策是30年代英国(国内和国际)政治经济的产物。作为一种政府对外方针政策,它更多地源于大英帝国的均势外交传统,与和平主义并非一码事。和平运动作为一种社会群众运动,在西方国家具有鲜明的非官方性质。30年代中前期,英国和平运动的一些刊物,就尖锐斥责过绥靖政策,说它是"一种为了政治家安心其仕途缘故的、讨价还价的纯粹利益交易"。[①] 投身和平运动的人包括社会各个层次,思想不一、观点各异、动机不同。虽然有些人带有强烈的政治目的,如曾在英国和平运动中十分活跃的工党领袖兰斯伯里等。但绝大多数是没有明确思想纲领和政治目标的普通老百姓。著名科学家爱因斯坦当时积极支持和平运动,他就曾经这样说过:"我的和平主义是一种本能的情绪。这种情绪占据着我,因为杀人叫我厌恶。我的和平主义态度不是出自什么理论,而是出自我对于一切残暴和仇恨最深切的反感。"[②]有一个值得注意的现象,就是英国的和平运动在1936年以后,随着其普通群众越来越倾向认为使用武力是制止法西斯侵略的必要手段时,其上层活动分子却越来越投入绥靖主义的怀抱。1936年夏,以几个下院工党议员为首组织了议会和平主义小组,支持张伯伦的绥靖政策。1937年专程访问了希特勒和墨索里尼的兰斯伯里,在继谢泼德出任"和平誓约联盟"会长后,宣称该联盟已经把"防止战争的希望建筑在'经济绥靖与和解'基础上"。[③] 1938年正当张伯伦为实现慕尼黑阴谋奔走时,兰斯伯里竟然打电报给捷克斯洛伐克总统贝内斯,要求捷克接受希特勒的条款为欧洲和平作出牺牲。[④] 英国和平运动的绥靖化最终使它走上了绝路。

美国的和平运动与孤立主义的关系也有类似情况。在美国,和平主义与孤立主义是两种不同的社会思潮。和平主义提倡国际合作,孤立主义则坚持狭隘的民族主义立场。虽然就反对美国参加战争这一点来说,美国的和平运动与孤立主义是共同的,而且在30年代互相存在着一定的合作关系,对罗斯福推行积极的反法西斯政策产生了负面影响。但大多数美国的和平团体,同孤立主义在组织上并无瓜葛,更没有走上孤立主义的道路,这一点同英国是

① Martin Ceadel:《1914—1945年英国和平主义》,第276、274、318页。
② 秦关根:《爱因斯坦》,中国青年出版社1979年版,第168页。
③ Martin Ceadel:《1914—1945年英国和平主义》,第276、274、318页。
④ Martin Ceadel:《1914—1945年英国和平主义》,第276、274、318页。

有所不同的。

不管如何，两次世界大战之间的和平运动，从追求和平的愿望出发，最终却起了与其目标背道而驰的负面作用，这终究是一种历史的悲剧。

## 四、核阴影下的光亮——当代和平运动的发展

从人类战争的历史运动来看，第一次世界大战是人类进入到无限化的总体战争时代的开始，而第二次世界大战则把这种无限化的总体战争推到了极限的顶点。虽然这两次世界大战的社会政治性质不同（一次大战是各帝国主义列强的争霸战争，二次大战则是世界民主力量同法西斯侵略势力之间的一场殊死搏斗），但从战争对人类文明的破坏来说，它们都是世界的大悲剧。而且无论从战争的规模和范围、激烈程度和残酷性以及对人类社会影响的广度和深度，二次大战都远远超过一次大战。发动二次大战的德日意法西斯，不仅是一般地要夺取市场和原料产地，不仅是一般地要重新瓜分世界，它们的目标是要完全征服其他国家和民族，把所谓“新秩序”的法西斯制度推广到全球。为了实现这种史无前例的霸权目标，法西斯侵略者采取了最残酷野蛮的暴力手段，进行无限化的总体战争，迫使被它们侵略和威胁的国家动员全民的力量，进行彻底打败法西斯侵略者的总体战争。正是在这样的背景下，第二次世界大战以人类空前的规模和速度，把最先进的科学技术和所有的创造发明，全都用于进行战争；把整个民族、整个国家以至几乎整个世界的全部人力和物力，全都投入到战争之中；从而造成了战争具有空前的规模、空前的暴烈、空前的破坏。正是这种战争浩劫，从更广的范围和更深的层次上，推动世界人民投入反对战争、谋求和平的运动。

如果说二次大战的浩劫作为前车之鉴，是推动战后世界和平运动发展的历史背景的话，那么热核武器的出现及其对人类文明的毁灭性威胁，则是推动战后世界和平运动发展的现实因素。广岛和长崎上空原子弹蘑菇云的升起，标志着人类迈进了核时代的门槛。诚如曾经为了战胜法西斯侵略者而推动美国研制原子弹的爱因斯坦，于 1946 年 6 月在原子科学家紧急委员会上所言：“假如人类要生存下去，而且达到较高水平，一种新型思想很重要。现今

原子弹已深刻地改变我们所知道的世界的性质。因此人类处于新的时代,我们必须使自己的思想与其相适应。”①由于爱因斯坦等一批原子科学家对自己工作的反省和积极投身和平运动,热核武器对于人类生存构成的毁灭性威胁,越来越为世界各国人民所认识。尤其80年代以来,科学家们关于“核冬天效应”的研究报告,更使人类反对核战争的意识上升到一个新的层次。热核武器的超杀能力和核战争的毁灭性前景,越来越成为当代世界和平运动的现实思想因素。

战后世界的两极对峙格局和以美苏为首的东西方“冷战”形势,是世界和平运动发展的现实国际政治背景。以意识形态对立为前提的东西方冷战,突出地表现在北约和华约两大军事集团的军事对抗。这不仅使熟悉两次世界大战起源的人们,很容易产生会爆发新的世界大战的不祥预感,而且从朝鲜战争、柏林危机、古巴导弹危机等一系列事件,也表明冷战随时有变热的危险。尤其是美苏两个超级大国的核军备竞赛,更使世人生活在核蘑菇云的巨大阴影之下。这一切就促使战后世界人民更加广泛而积极的投身和平运动。

从第二次世界大战结束到20世纪90年代,世界和平运动出现过四次高潮,每次高潮的形成都有其不同的直接导因。但从整体来说,上述三个方面是战后世界和平运动发展的共同大背景。

第一次高潮是在40年代末—50年代初,它形成的直接导因有如下几个方面。首先是原子弹在广岛、长崎造成的灾难的披露。其次是美苏冷战的开始以及第一次柏林危机。接着是1950年朝鲜战争爆发。一时间关于第三次世界大战爆发不可避免之声甚嚣尘上。同时,苏联试爆原子弹成功(1949年)后,失去核垄断地位的美国加紧研制新一代热核武器——氢弹。1952年美国在恩尼威托克珊瑚岛试爆了第一颗氢弹(约300万吨当量,为投于广岛和长崎原子弹的150倍)。所有这些都促成了战后世界和平运动走向高潮。

1947年11月在巴黎举行了首次群众性的保卫和平与自由代表大会。1948年8月在波兰的弗罗茨瓦夫,世界文化界人士举行了保卫和平大会。出席大会的有来自45个国家的500多位科学家、作家和艺术家,其中包括:著名核物理学家约里奥·居里和他的夫人,法国作家阿拉贡,苏联作家法捷耶夫,

---

① L·鲍林:《告别战争》,湖南出版社1992年版,第167页。

西班牙艺术家毕加索,美国黑人歌唱家保罗·罗伯逊,智利诗人聂鲁达,英国科学家贝尔纳等。大会成立了世界文化工作者国际联络委员会。该联络委员会同国际民主妇女联合会①以及17个国家的75位知名人士,联合发出召开世界保卫和平大会的倡议。

第一届世界保卫和平大会,于1949年4月在巴黎和布拉格举行②,共有72个国家和12个国际组织的2287名代表出席。大会宣言说:“我们属于一切文化、一切思想和一切肤色的男女”,由于“人民正被卷入军备竞赛的危险中”,因此呼吁“要求原子能使用只限于为和平目的与人类福利”。大会成立以约里奥·居里为主席的常设执行委员会。该委员会倡议在同年10月2日举行“保卫和平国际斗争日”的群众运动,有60多个国家响应。1950年3月,该委员会又发表了要求无条件禁止原子武器的斯德哥尔摩宣言,形成了有5亿多人在宣言上签名的群众性和平运动。

第二届世界保卫和平大会,于1950年11月在华沙举行,共有81个国家和8个国际组织的2065名代表出席。大会决定成立世界和平理事会(取代以前的执行委员会),417名理事和19名主席团委员,均由各国著名的科学家、文学艺术家、社会活动家、宗教界人士担任,总部设在维也纳。理事会宣布其宗旨是保卫世界和平,所遵奉的原则是:“世界上不同制度可以和平共处;解决各国间的争端应该通过协商和大家都可能接受的协议来实现;遵照民族自决的权利,解决一个国家的内部事务是这个国家公民自己的事。”世界和平理事会所宣布的原则,可以说是当代世界和平观念的一个最好的现实概括,体现了二次大战后和平运动总体水平的提高。

世界和平理事会对于推动50年代的和平运动起了重大作用。它倡议和组织了众多的行动,其中影响较大的有:1951年2月发动的“要求五大国缔结和平公约”的和平签名运动(有6亿人签名);1952年12月在维也纳举行世界人民和平大会(有85个国家1904名代表出席);1955年1月发动的“要求销毁并停止制造核武器”的和平签名运动(有6.5亿人签名);同年6月在赫尔

① 国际民主妇女联合会1945年12月在巴黎成立,宗旨是争取世界和平,保卫妇女儿童权利,支援殖民地与附属国妇女解放斗争。在40—50年代的世界和平运动中发挥了积极作用。

② 大会原定在巴黎举行,由于法国政府拒绝给一些国家的代表入境签证,故在布拉格作为巴黎大会的组成部分同时举行。

辛基举行世界和平大会(有68个国家1851名代表出席)。这两次和平大会，先后通过多项文件，提出了包括禁止细菌战、反对外国军事基地、禁止原子武器和立即开始裁军谈判等要求。

此外，这期间还有众多战后新成立的国际组织(虽然它们不是专事和平运动的组织)，积极参与了争取世界和平的活动。除我们上面提到的国际民主妇女联合会外，还有世界工会联合会(1945年在巴黎成立，总部设在布拉格)、世界民主青年联盟(1945年在伦敦成立，总部设在布达佩斯)、国际学生联合会(1945年在伦敦成立，总部设在布拉格)、世界科学工作者协会(1946年在伦敦成立)、国际新闻工作者协会(1946年在哥本哈根成立)、国际民主法律工作者协会(1946年在巴黎成立，总部设在布鲁塞尔)等。至于各个国家的和平团体，更是如雨后春笋般地涌现。其中影响较大的全国性新和平组织有：1947年成立的法国全国和平理事会，1949年成立的英国和平委员会、加拿大和平大会、意大利全国和平理事会、澳大利亚和平委员会、巴西保卫和平委员会、缅甸保卫世界和平委员会，1950年成立的日本和平委员会以及1951年成立的美国和平十字军等。据不完全统计，到1951年底在全球共约有1.2万个和平团体。由于当时以苏联为首的社会主义阵营各国政府，积极支持开展群众性的和平运动，并极力引导人民把争取世界和平的斗争，同争取民族独立和反对美帝国主义的斗争联系起来。因此，这期间的世界和平运动高潮，主要表现在社会主义阵营国家内。至于在传统和平运动比较发展的西方国家，虽然也出现过一些有较大影响的行动。如美国和平十字军(其成员包括工农、黑人、妇女、青年、学术界和宗教界人士等)，1951年3月组织36个洲的2500多名代表，赴华盛顿的国务院、国防部等处和平请愿，要求美国政府对外执行和平政策、实行裁军和禁止原子武器；同年10月该组织又发动全国规模的“朝鲜战争停火月”运动。但总体上来说，这段期间西方国家的和平运动表现得相对沉静。

战后世界和平运动的第二次高潮，是在50年代中后期到60年代初。它形成的直接导因，主要是美苏大规模的核军备竞赛以及核武器在欧洲和亚洲的扩散与部署。自1952年11月美国在恩尼威托克珊瑚岛试爆第一颗氢弹之后，苏联在翌年8月也成功爆炸了一颗氢弹。接着美国1954年3月在比基尼岛爆炸了可供实战用的三级效应氢弹。美苏双方加紧了生产和贮备热核武器(美国库存核弹头从1952年1000个猛增到1960年1.8万个),同时开展了投掷热核武器的运载工具竞赛。美国开始时着重发展洲际战略轰炸机,1955年6月其第一架B-52型轰炸机开始服役,到50年代末已部署了500架。苏联则更多注重发展洲际火箭导弹。1957年10月苏联的多级火箭将世界第一颗人造卫星送入太空,美国当局惊呼出现“导弹差距”危机,加紧对其洲际弹道导弹研制。1958年4月美国部署第一枚陆基洲际弹道导弹(“宇宙神”级),翌年12月第一艘核导弹潜艇(“北极星”级)交付使用,开始形成“三位一体”的进攻性战略核力量。为了推行强调“第一次打击”的“大规模报复”战略,美国通过区域性联盟和双边条约,建立包围苏联和中国的前沿核军事基地。从1955年起把核弹头和中程导弹,部署于联邦德国、英国、西班牙、意大利和土耳其。在东亚的日本、韩国等,也相继部署了核武器。战略核力量处于劣势的苏联,利用卡斯特罗革命后古巴同美国关系恶化和执行亲苏政策之机,于1962年把装配核弹头的SS-4中程导弹和伊尔-28轰炸机运进古巴。美国作出激烈反应,下令在全球的美国三军进入最高戒备,派出载有核弹头的B-52型轰炸机升空。美苏对抗和核军备竞赛,使全世界陷入了一场空前严重的核战争危机。这一切是战后世界和平运动第二次高潮的背景,并使它具有反对热核武器的鲜明特点。众多世界著名科学家反对核武器的呼吁,不仅对促成这次高潮起了巨大作用,而且其本身构成这次高潮的主要内容。

早在美国研制出原子弹之后,就有一些科学家对是否使用这种武器表示怀疑。当美国对广岛和长崎实施原子弹轰炸和二次大战结束后,有更多的科学家发出必须认识原子弹和战争危险后果的呼吁。最著名的就是1946年6月,以爱因斯坦为主席的原子科学家紧急委员会。这个总部设在美国普林斯顿的紧急委员会,从事这项活动到1950年(其停止活动很大程度是由于年迈的爱因斯坦过度疲劳)。

当美国在比基尼岛进行氢弹爆炸试验,使热核武器毁灭性威力上升到一个新台阶之后,科学家们在1955年7月发出了两个影响重大的反核武器的和平宣言。一个是由52位诺贝尔奖获得者签名发表的《麦瑙宣言》,向全世界庄严宣告:“我们高兴地终身致力于科学事业,因为我们认为科学是使人们走向更加幸福生活的一个途径。但是,我们满怀恐惧看到就是这种科学正在供给人类以自我毁灭的手段。进行全面战争和使用目前可资利用的武器,地球会如此普遍地为放射性物质所污染,以致所有国家将会被毁灭,中立国和交战国同归于尽。"宣言呼吁各国"废弃以武力为对外政策的最后手段"。[①] 另一个是《罗素—爱因斯坦宣言》,它由柏特兰·罗素起草,共有10位世界著名科学家在上面签名,爱因斯坦是在临终(该年4月18日)前数天签署的。这个宣言除了指出热核武器会毁灭人类的危险外,提出召集国际科学家会议,敦促世界各国政府认识和公开承认"决不能通过世界大战来达到它们的目的",以及"寻求和平办法来解决它们之间的一切争端"。[②]

1957年7月,来自东西方10个国家的22位著名科学家(其中包括我国科学家周培源),响应《罗素—爱因斯坦宣言》,在加拿大的大西洋沿岸小城帕格沃什(Pugwash),举行了国际科学家和平反战会议。会议发表了有关核能危险、核武器控制和科学家的社会责任等问题的报告,决定成立一个国际常设委员会(办事处在伦敦)。以后每年开一次年会,继续开展有关和平问题的讨论。先后在苏联、英国、印度、捷克斯洛伐克、罗马尼亚、瑞典、美国、日本等国家举行,主要是各国著名科学家以个人名义出席讨论,被称为"帕格沃什运动"。除此之外,这一年还有两件有影响的科学家反战和平行动。一件是18位西德科学家发表请愿书,要求联邦德国拒绝所有种类的核武器,声明他们决不参加有关核武器的试验、生产和应用研究。另一件是诺贝尔和平奖获得者阿伯特·施维泽(Albert Schweitzer),在奥斯陆发表《良心宣言》,陈述核放射污染的危害,呼吁大国停止大气层核试验。[③]

在此期间,获得诺贝尔化学奖的美国科学家里努斯·鲍林(Linus Pauling)发起的全球科学家请愿书行动影响最大。它源于鲍林等2000名美国科学家签名的、要求停止核试验呼吁书。这份名为《美国科学家向世界各国政府和人民呼吁》的文件,1957年6月在报上发表后(同时递交美国国会和总统艾森豪威尔),引起各国科学家响应。于是发展成全球科学家的签名请愿行动。当1958年1月鲍林向联合国秘书长哈马舍尔德递交这份名为《向联合国请求紧急召开停止核试验国际会议》的请愿书时,在上面签名的有49个国家

---

① L·鲍林:《告别战争》,第176—178,189—193页。
② L·鲍林:《告别战争》,第176—178,189—193页。
③ L·鲍林:《告别战争》,第179—188页。

的9235位科学家（到5月增至11021人），包括37名诺贝尔奖获得者（其中有李政道、杨振宁）。[①]

正是在这些知名科学家的影响促进下，出现了反对核武器的群众性和平运动高潮。在美国，1957年产生了两个反核武器的新和平组织——“争取明智的核政策全国委员会”和“非暴力行动反核武器委员会”。它们发动和组织了一些有影响的行动，如：1958年阻止美国在太平洋进行核试验的“金色规划号”航行（Voyage of the Golden Rule）、1959年在洲际导弹基地示威一星期之久的“奥马哈行动”（Omaha Action）、1960年的麦迪逊广场反核试验和平集会。尤其是60年代初的旧金山——莫斯科和平进军（主旨是反对东西方军备竞赛），吸引了8个国家的代表参加，最后在莫斯科红场举行示威和散发8万份反战传单结束。[②]

在英国，1958年初成立了一个新的和平组织“争取核裁军运动”，它联合了传统和平组织、反核团体以及新左翼等三方面的力量，主要反对英国的核防务政策和向美国提供核基地。它发动和组织了有名的复活节和平进军行动。1958年的复活节和平进军，从伦敦市中心的特拉法加广场出发，走向英国核武器研制基地奥尔德马斯顿。虽然很少人在为期4天的行军中从头到尾走完50英里全程，但约有1万人走过最后的1英里路程，汇集在奥尔德马斯顿的法尔康广场举行集会。此后的几年，连续每年的复活节都举行和平进军示威（行军方向改为从奥尔德马斯顿走向伦敦）。1960年的复活节和平进军有10万人参加。据该年4月的盖洛普民意测验显示，约有33%的英国公众支持放弃核武器。在这种背景下，英国工党也于1960年9月通过了有关“放弃本国核武器和撤除美国核基地”的决议。1962年4月，英国15万民众参加了著名的伦敦海德公园和平集会。

在日本这个遭受过原子弹轰炸的国家，反对核武器具有特别深厚的群众基础。1954年3月美国在比基尼岛进行氢弹爆炸试验时，又恰好使在太平洋公海上作业的一艘日本渔船“福龙丸”号，遭受放射性沾染毒害，造成1人死亡22人受伤。这一事件成了日本全民反对热核武器和平运动高潮的导火线。

---

① L·鲍林：《告别战争》，第179—188，124—138页。

② L. S. Wittner：《反对战争的造反者：1933—1983年的美国和平运动》，第243—277页。

当时成立了“禁止原子弹氢弹全国协议会”，发动声势浩大的禁止核武器签名运动，到当年11月已有1820万人签名。同时，该协议会决定从1955年起，每年的8月在日本举行“禁止核武器世界大会”。正好当时《日美安全条约》和《日美共同防御条约》签订后，美国加紧推行重新武装日本的政策，而鸠山内阁不仅迅速扩充“日本自卫队”，还同意美军扩建基地和运进核武器。因此，日本此时的和平运动高潮，同时具有反对《日美安全条约》和重新武装的民主主义与民族主义性质。从1955年春起，各地掀起反对美军运进核武器和扩建军事基地的群众运动，示威者多次同警察发生冲突。同年6月，拥有35万会员的日本母亲大会，举行有两千多名代表出席的全国大会，要求充实社会保障，撤除军事基地和禁止核武器。接着8月6—15日，来自日本各阶层和党派的5000名本国代表，同来自14个国家的50多名外国代表一起，在广岛和东京举行了第一届“禁止原子弹氢弹世界大会”。1956年的第二届大会是在长崎和东京举行。第三、四届大会均在东京举行，改名为“禁止原子弹氢弹和争取裁军世界大会”。1959年的第五届在广岛举行。1959年3月—1960年10月，连续举行了以反对《日美安全条约》为中心的23次全国统一行动，其内容包括要求撤除美军基地、归还冲绳以及反对美国核潜艇和B-52型轰炸机进驻日本等。参加的面很广，包括了日本社会党和日本工会总评议会系统的组织和团体，也包括日本共产党系统的组织和团体，累计历次参加统一行动的人数达1.1亿人次。

总的来说，这次以反对热核武器为鲜明特点的世界和平运动高潮，在美英等国家内，随着1963年苏美英三国签署《禁止在大气层、外层空间和水下进行核武器试验条约》，逐渐走向低落。至于日本，从1961年起其和平运动内部各党派之间的分歧激化，开始走向分裂。日本工会“总评”和社会党系统的团体，1963年作出了在和平运动中同共产党断绝关系的决定。

60年代中后期到70年代初，围绕着美国侵略越南战争的升级，形成了战后世界和平运动的第三次高潮。1964年8月，美国以“北部湾事件”为借口，把侵越战争从出钱、出枪、出顾问的“特种战争”，升级为直接派兵进行的“局部战争”，促使1965年春爆发了第一批大规模反战示威。成立于1960年的美国“学生争取民主社会协会”，组织1.5万名大学生在华盛顿白宫前示威，反对“战争升级”，要求美军撤出越南。同年夏天，随着联合一百多个反战组织的“结束越南战争全国协调委员会”成立，一场声势浩大的反战运动迅速席卷整个美国。11 月 2 日，一个 32 岁有 3 个孩子的基督教教友会和平主义者诺曼·莫里森，为抗议侵越战争在美国国防部五角大楼前用汽油自焚。[①] 1966 年各地纷纷举行反战示威，3 月在纽约第五街的示威达 2.5 万人，4 名青年当众烧毁他们的征兵证。在各大学校园里，学生们不断举行反战集会和各种反战活动，包括抵制征兵、要求学校取消后备军官训练团、取消一切与军事有关的科研项目、不让中央情报局和生产凝固汽油弹的军火公司来校招募人员等。1967 年 4 月，有 12.5 万名和平示威者冒雨涌向在纽约的联合国总部要求制止越南战争。著名黑人民权运动领袖马丁·路德·金在和平集会上宣称：“我们（美国）主动发动了这场战争，我们应该主动结束这场战争。”[②]10 月，在华盛顿五角大楼前的大规模示威中，示威者同警察发生冲突，多人受伤，250 人被捕（包括组织这次行动的“结束越南战争全国协调委员会”主席）。同时，发动了“停止征兵周”的行动，在全国各地的征兵中心外面举行了示威，约有 1000 名青年当众烧毁征兵证。士兵因反战而开小差也日益增多，1968 年美军开小差者达 4 万人。

美国进入 60 年代后，处于黑人民权运动和青年学生运动高潮，几方面的运动相互结合，构成了美国历史上罕见的社会浪潮。其中，青年学生在反战运动中起着先锋和中坚的作用。当时恰好是二次大战后美国生育高峰（即所谓 Baby Boomers）一代长成青年，由于青年人口激增，加上高等教育的发展，在校大学生数量在 10 年内猛增近一倍。他们中的激进分子，在美国掀起了一场涉及政治、社会和文化生活各领域的反传统浪潮（这一代美国青年也由此被称为“造反的一代”）。

1969—1970 年，以反战为主题的校园造反运动达到了顶点。这两年学生的反战示威多达 1785 次。1969 年 5 月，从纽约到加利福尼亚，反战的学生激进分子占领大学校园。在哥伦比亚大学、康奈尔大学、加州大学（伯克利）等，反战学生同前来镇压的警察发生冲突。在学生运动推动下，美国 79 所大学的校长向新上任的尼克松总统要求加速从越南撤军。1970 年春，俄亥俄州州立

---

① 克利夫顿·丹尼尔：《20 世纪大博览》，吉林人民出版社 1989 年版，第 941 页。

② L. S. Wittner：《反对战争的造反者：1933—1983 年的美国和平运动》，第 283—285 页。

肯特大学和密西西比州杰克逊学院的学生，在校园举行反战集会，遭到国民警卫队镇压，4 名学生被打死。由此激起 750 多所大学和学院的学生，举行美国历史上空前规模的大罢课。但是，在美国学生的这场校园造反运动中，分化出若干极端主义的组织（如黑豹党），采取暴力和恐怖行动，引起一般群众的反感，亦为美国政府进行镇压提供了口实。

在此期间，席卷社会各阶层的反战运动也达到了最高潮。1969 年美国 100 多个劳工、妇女、青年和学生团体，组成“全国和平行动联盟”和“为抗议越战暂停正常活动委员会”。10—11 月间，掀起了美国历史上最大的反战示威浪潮，有数百万人（包括 80 多名国会议员）参加。其中 11 月 15 日华盛顿的 25 万人大示威，从国会大厦出发，经宾夕法尼亚大街，向华盛顿纪念碑行进，一些示威者扛着写有越战死者名单的棺材。1971 年 4—5 月，美国再次掀起有 100 多万人参加的反战示威浪潮。在华盛顿，示威群众连续 12 天在国会、五角大楼、司法部等机构门前抗议，示威者中包括一批越战退伍军人，有 700 多位老兵把作战勋章扔在国会大厦前的台阶。开小差的士兵上升到 7 万人，西方报刊说“美国军队面临有史以来最大的危机”。

美国的这场反战和平运动，也影响和扩展到世界其他国家。在很多国家成立了“为越南争取和平委员会”，举行了声援美国反战运动的集会和游行。加拿大政府 1969 年甚至提出，允许逃避兵役的美国青年在加拿大定居。值得指出的是，在很多国家，这场反战和平运动具有强烈的反对美国帝国主义的性质，并与当时西方国家出现的“新左翼”运动融合在一起。直至 1973 年春，美国在结束越南战争的《巴黎协定》上签字以及从南越撤出美国地面部队之后，这次以反对美国侵越战争为核心的和平运动高潮才结束。

战后世界和平运动的第四次高潮是在 80 年代初，也是以反对热核导弹武器为主要特点。1972 年 5 月尼克松到苏联访问（这是二次大战后美国总统对苏联的首次访问），随后双方首脑几次会谈，就美苏关系原则、召开欧洲安全与合作会议、限制战略核武器及中欧裁军等问题，签订了一些协议，取得某些进展。于是出现了东西方关系的第一次缓和。1975 年的欧安会赫尔辛基会议，35 国元首和政府首脑（包括除阿尔巴尼亚外所有欧洲国家和美国、加拿大），签署“最后文件”（包括尊重主权和国家领土完整、禁止威胁或使用武力、边界不可侵犯、和平解决争端、不干涉内政、尊重人权和基本自由、国与国之间合作等)，东西方缓和达到了高潮。但在限制战略核武器与中欧裁军等关键问题上，未取得实质性进展。到70年代末，随着苏联入侵阿富汗，美国推迟批准《限制进攻性战略武器条约》，美苏之间重新出现僵硬对抗的局面。尤其美国为争夺核威慑优势，加强在欧洲部署中程导弹；西欧国家为了自身安全也强调保持战区核力量平衡。1979年12月，北约通过关于中程核武器的“双重决议”，决定从1983年起在英国、联邦德国、荷兰、比利时和意大利等国部署572枚美国中程导弹。这就促使新一轮的和平运动高潮首先从西欧兴起。

早在围绕着有关发展中子弹[①]的问题上，西欧国家就出现了抗议声浪。1978年英国的和平组织——“争取核裁军运动”，发起了反对中子弹的运动，有25万人在请愿书上签名。1979年各国科学家举行了第一次核战争会议，对有关核战争的毁灭性后果进行了认真的系统研究。以后，反对核武器的浪潮，逐步从西欧扩展到整个欧洲。1981年秋形成第一个高峰。在各国举行的上千次和平集会和示威活动中，共约有200万人参加。1982年首次披露美国和联邦德国科学家关于“核冬天效应”的研究报告，随后在华盛顿举行的关于“核战争后的世界”国际大会上正式宣布，成为促进世界反核运动高潮的强劲动力。

1983年初，美国抛出所谓“战略防御计划”(即“星球大战计划”)。美苏关系跌到新的最低点，关于欧洲中程核武器的谈判趋于破裂，欧洲5国部署美国中程核导弹的日期临近。在这种背景下，反核武器的抗议浪潮达到顶峰。1983年春夏，有5000万人参加“欧洲安全与合作行动周”的活动。10月22日被定为全欧反核武器“行动日”，形成了另一个高潮。上千万人参加集会游行等活动，被称为“1983年的炎热秋天”。其中伦敦40万人的大示威；西欧大陆20万民众在100多公里的跨国公路上，连结成反对部署核导弹的“世界最长人链”；荷兰长达两公里的全民签名“和平呼吁书”；北欧行程数千公里的跨越国界“和平进军”，都是十分瞩目的行动。11月中旬。当第一批16枚美国中程导弹运抵伦敦西南的格林汉康芒军事基地时，在那里安营扎寨反对运进核

① 中子弹是根据中子裂变原理制造的核武器，亦称强辐射弹头。它的冲击波和热效应限于几英里的小范围，但中子波和r辐射能穿透装甲和几英尺厚土地，被认为是对付坦克部队的战术核武器，可用短程导弹和203毫米榴弹炮发射。

导弹的英国妇女，会同各地赶来的群众3万多人冲击了该基地，同军警发生了西欧和平运动史上少有的激烈冲突场面。

值得指出的是在这次高潮中，欧洲的和平组织越来越强调："欧洲应置身于超级大国的核冲突之外。"北欧和巴尔干的和平运动，要求建立本地区的"无核区"。西班牙的和平组织掀起反对加入北约的运动。希腊则出现要求本国政府退出北约的示威。英国有1/4的地方当局宣布他们的地区为"无核区"。荷兰有71个地方城镇议会，宣布禁止在他们的地区部署核武器。联邦德国有不少州议会也声明他们是"无核区"。整个欧洲和平运动喊出的普遍口号是："既不要美国潘兴-Ⅱ导弹，也不要苏联SS-20导弹"。他们共同呼吁建立"不结盟"的全欧无核区。还有一个特点，就是此时的和平运动日益同保护生态环境的运动密切结合。

苏联的和平运动具有另一种特点和条件。从1956年赫鲁晓夫提出和平过渡、和平共处、和平竞赛的"三和路线"起，苏联历届领导人不管其政策路线如何变化，都高举"和平"旗号。苏联领导人直接写信给著名的国际和平运动组织和个人，几乎成了一种惯例。据不完全统计，发出这类信件的，勃列日涅夫10次、安德罗波夫6次、契尔年科夫13次。苏联在国内建立了全国统一的庞大和平机构"全苏保卫和平委员会"，在各地设有120个分会，经常根据国际形势和苏联外交斗争的需要，开展多种多样的群众性和平运动（包括游行、集会、进军、征集签名、投寄和平信件等）。如1984年10月开展的"争取裁军行动周"，就组织了10万多次这类活动，参加者共达5300万人次。"全苏保卫和平委员会"还负责同国外的和平组织进行交流合作，经常采取"联合行动"。当然，苏联当局所打的这种"和平"牌是针对美国的。但有千百万苏联民众积极投身和平运动，不仅反映出人民对和平的普遍追求，而且也反过来予以社会和政治一定的影响。

80年代初这场反核和平运动浪潮不仅遍及欧洲，而且迅速扩展到美国、加拿大、日本和大洋洲。在美国，运动的浪潮侧重于要求美苏同时冻结核武器。1979年底，著名的和平学者R.福斯伯格女士，起草了要求美苏先冻结、后削减核武器的呼吁书。1980年美国10多个州的和平团体，联合发起冻结核武器运动。1981年3月召开第一次全国会议，成立以福斯伯格女士为名誉主席的"冻结核武器运动委员会"。据民意测验，有70%以上的民众支持这一主张。1982 年 6 月 12 日,联合国第二届裁军特别大会开幕的当天,来自美国各地的 80 万人在纽约举行大规模示威游行,标志美国这场反核和平运动进入高潮。在日本,其和平运动一贯着重反对核武器(包括禁止核试验),也要求限制军备和裁军。1982 年,日本各党派和群众团体在广岛、东京和大阪,举行有数十万人参加的反对核武器大会,并向联合国第二届裁军特别大会提交了一份共有 8250 万人签名的请愿书。在大洋洲,80 年代初澳大利亚各大城市举行了有数十万人参加的示威活动,要求禁止美国带核弹头的导弹军舰进港,要求关闭美军基地、停止开采和出口铀矿,呼吁建立澳大利亚和南太平洋无核区。新西兰的反核和平运动,则促使新西兰工党政府禁止美国核军舰停泊新西兰港口。在这种背景下,1985 年澳、新等 16 国在汤加签署了《南太平洋无核区条约》。

在要求世界和平日益成为时代主流的形势下,1985 年联合国第 40 届大会通过了《国际和平年宣言》,宣布 1986 年为“国际和平年”。在这一年,全球 100 多个国家、250 多个非政府组织、13 个联合国专门机构,开展了有关的和平活动,促使世界和平运动推向新高潮。

80 年代中后期,随着戈尔巴乔夫出任苏共领导人,苏联推行全球缓和战略。戈尔巴乔夫 1987 年发表《改革与新思维》,强调核时代“人类生存高于一切”,核战争“不会有胜利者”,和平共处“已成为全人类生存的条件”。在这种思维的指导下,苏联主动提出裁军,同美国签署消除部署在欧洲的中程导弹条约,从东欧、蒙古和阿富汗撤军,积极发展同西方的合作关系等。美国也采取了相应行动,加强了“和平”与“人权”外交攻势。东西方关系由此进入第二次缓和。在这种背景下,战后世界和平运动的第四次高潮便告结束。

总括起来,战后的世界和平运动,无论其地理范围、运动规模和卷入的社会群体,都是前所未有的。它具有十分广泛的群众基础和强大的舆论力量、道义力量,在一定意义上代表了公众的意志,成为战后社会政治生活中一支不可忽视的力量。在某种程度上可以说,和平运动已经成为战后西方国家民主政治和政党政治的组成部分。西方各国的政府,在制定其安全战略和对外政策时,往往要在一定程度上考虑到和平运动的主张与要求。西方国家的政党,在大选中能否得到和平运动的支持,也往往在一定程度上影响它们的成败。这都是前所未有的。

和平运动是人类一种超阶级、超民族、超国界的社会运动。这一方面使它具有广泛性和永恒性，另一方面又使它具有松散性和可变性。诚如前述，偏重于意识形态和阶级分析方法，把和平运动评价为资产阶级的思潮和运动，有失公允。事实上和平运动，历来都有多阶级多社会层次的人群参与，包含多种思潮、理论和主张，具有某种全人类的性质。可以说，正是因为和平运动没有紧密地以某个阶级和社会群体的利益为依托，没有一种比较统一和严整的思想和理论为指导，以及带有超国家、民族和政府的立场，从而使得它在整个19—20世纪的绝大多数时间里，都表现为一种国际政治情势漂浮不定的从属变数。

近两个世纪的和平运动多次起涨与跌落，虽然都有不同的导因，其起落的时间间隔上也没有表现出周期性的规律。但在其个性的表象背后，仍然有某些共性的东西值得我们去思考。一般来说，在大的战争期间以及国际关系处于和平鼎盛时期，和平运动总是比较沉寂。大战期间民族主义、爱国主义以至军国主义盛行，和平主义受到压制，和平组织及其活动常常被当局取缔，所以在大战期间和平运动跌落低谷。至于国际关系的和平时期，战争威胁不大，人类社会的其他矛盾突出出来，概念模糊和要求含混的“和平”，作为一种人类追求的终极愿望也失去其吸引力和紧迫性，因此和平运动趋于沉寂。从历史上来看，和平运动的高潮通常出现在战争与和平的交替时期。也就是说，它通常兴起于大战之后（战争创伤所使然），或者是在大战之前（战争危险所使然）。人们对前者的反思，往往促使他们在大战之后投身和平运动；而当国际局势紧张，战争因素剧增（包括出现可能引发大战的局部战争），人们对未来战争浩劫的忧虑就推动和平运动走向高涨。

对于和平运动的历史作用，人们历来是有不同的看法。这一方面是因为它本来就是一种国际政治情势漂浮不定的从属变数。它的具体影响和作用，总是受到国际政治斗争中多种因素和多方面力量的左右，有时甚至会受到操纵与利用。然而，在我看来，和平运动的历史作用仍然是积极的。从人类进步与社会发展的总体来看，和平运动的真正作用，并不在于它是否阻止、或能否阻止一场具体的战争或军备竞赛，而在于它多大程度上提高了人类的和平意识，在于它能否在人们的头脑中建立起和平的防线。从这一点来说，我们不仅需要发展和平运动（历史证明它在提高民众的和平意识方面，起到了不可替代的积极作用，尤其是二次大战后的当代和平运动），而且需要发展和平研究。

## 五、对和平的理性追问——和平研究

"和平研究"是一门以和平及其对立面（战争与冲突）为研究对象的新学问。它同"和平运动"虽有密切关系，但并非其一个部分。从事和平研究的学者，未必就是和平运动的成员；而和平运动所提出来的要求和主张，也不完全是和平研究的成果。和平研究是学者们从各个不同的角度，探讨和平问题的一种学术活动。它一般包含如下的主要内容：探讨战争与冲突的根源，探讨消灭战争与冲突的途径，研究和平与发展的关系，研究维护与缔造和平的条件。由于"和平"包含着多元的含义与价值，因此对于"什么是和平"的追问贯穿和平研究发展的始终。而且对该问题的回答，也在一定程度上反映着和平研究所达到的水平。

和平研究具有广泛的跨学科性质。它的研究领域和方法，起码直接涉及到国际关系学、政治学和社会学，旁及到国际法、经济学、心理学和社会心理学、统计学等。由于和平与战争在人类社会的发展中，一直处于相互对立的辩证统一关系。如果把"战争与和平"作为一种统一的对象，它早在远古时代起就一直被人们加以研究。不过，人们长久以来主要是研究战争。因此，从学术发展史来看，和平研究（包括其研究的课题和从事研究的学者），常常是从战争研究中产生和发展起来的，但它们两者是有明显差别的。传统的战争研究，以战争为主体和本位，着重于研究什么是战争（包括战争的起源和本质），如何进行战争（包括战争的准备以及指导和进行战争的战略战术），战争的作用、结局和影响等。和平研究虽然也探讨战争的根源，但却是以和平为主体和本位，把战争看作是对人类社会常态（和平）的最大破坏，研究如何消灭战争与冲突。所以，虽然从学术上探讨和平问题，可以追溯到15、16世纪（如马基雅弗利、格劳秀斯等研究如何保障最低限度的国际秩序与和平）。18世纪法国学者路易斯·巴拉（Louis Bara）甚至写过一本《和平论学》，而德国著名哲学家康德则写过一本《永久和平论》。但作为严格意义上的和平研究，则是20世纪(尤其是二次大战以后)才有的。[①]

西方学术界一般把理查森、索罗金和赖特3人,称为20世纪和平研究的先驱。

路易斯·理查森(Lewis Richardson,1881—1953)出生于英国基督教公谊会家庭。本来是个物理气象学家,以应用数学方法计算预报天气而出名。作为一个热情的和平主义者,他试图用数学方法研究战争的起因。第一次世界大战后,他出版了一本书《战争心理学》(1919),通过统计和比较一次大战各参战国历年军费开支,以及它们在大战中的人员伤亡等数字,得出结论:大量军备开支不仅不会使未来战争的损失降低,相反是导致战争的主要原因而非防止战争的一种手段。1940年理查森退休后,完全致力和平研究。他的两本主要著作《军备与不安全》和《势不两立之争的统计》,都是死后于1960年出版的。他坚信,可以通过运用统计学和数学计量方法,探索战争根源和军备竞赛原因。他收集了1820—1949年上千次"势不两立之争"的国际冲突,统计出许多变量,用一个后来被称为"理查森方程式"来进行计算。这个方程式如下:

$$\frac{dx}{dt} = ky - ax + g$$

方程式左边:"$dx$"为$x$国的军备水平,"$dt$"为时间,两者构成$x$国军备的变化率。方程式右边:"$ky$"为$y$国的防卫系数(即表示$x$国所感受到的威胁和敌意),当$y$国的防卫系数增大时,$x$国军备的变化率也相应增大;"$ax$"为$x$国的疲劳程度参数(即表示扩军给$x$国经济带来的负担),当疲劳程度参数增大时,$x$国的扩军速度会放慢,其军备的变化率也相应减低;"$g$"表示$x$国对$y$国的不满和仇恨程度,它同x国军备的变化率处于正数关系。理查森使用这一军备竞赛的作用与反作用关系方程式,强调一旦双方开始军备竞赛就难以停下来,只有不谋求威胁对方及和睦相处才有和平。[②] "理查森方程式"虽然把影响军备竞赛的因素过于简单化了,而且其模式本身也过于粗糙,后来受到颇多学者的指摘,但他使用数学方法探索战争与和平的关系,对后来的和平

---

① 不过有些学者认为,"和平学"在19世纪已形成了一门独立的科学知识分支。参见汉斯·摩根索:《国际纵横策论——争强权,求和平》,第54页。

② Bobin Clarke:《战争与和平的科学》,纽约1971年版,第224页。

研究有很大影响。

P·索罗金和昆西·赖特两人,我们在本书第一章第三节探讨“人类为什么打仗”时,曾经引述过他们的观点。索罗金(Pitirim Sorokin,1889—1968)生于俄国,1917 年二月革命后曾任克伦斯基的秘书,十月革命后移居美国。他在 20 年代出版《革命的社会学》和《当代社会学理论》,从 1931 年起担任哈佛大学社会学系主任。其名著是 30 年代出版的四卷本《社会与文化的动力学》,认为历史是由各种文化的长波运动构成。他统计和分析了自公元前 6 世纪以来的战争与动乱,得出结论说:人类各种文化无论其本身还是彼此之间本来都是协调的,只是由于平衡遭到严重破坏才会引起战争与动乱,而这大多发生在一种类型的文化向另一种类型文化过渡的时期。① 索罗金 1949 年退休后,在哈佛大学创办“利他主义研究中心”,提倡通过非两性的利他之爱达到人类的和平。昆西·赖特(Quincy Wright,1890—1970)是美国著名国际政治学家、西方国际关系理论现实主义流派代表人物之一。他在 1942 年出版的两卷本《战争研究》,对后来的和平研究者有很大影响。他统计分析了自 1500 年以来的 284 次战争和 3000 多次战斗,采用排列组合进行独特的分析,以计量方法研究“战争在时间当中的运动”。昆西·赖特强调战争起因的多元性,告诫人们不要对此采取过分简单的研究方法,他说:“现实中一场战争产生于一种总体情势,它最终几乎涉及人类历史迄今发生的一切,直到战争爆发的那一瞬间。”对于如何维护和平的问题,昆西·赖特同传统的均势理论不同,强调要建立超国家的一体化体系。他说:“和平只有在下列的条件下才能取得,组织一个真正的国家共同体,在维护正义方面有它足够的力量可以依靠。”②

从严格意义上说,理查森、索罗金和昆西·赖特 3 位都还是以研究战争为主。他们之所以被称为和平研究的先驱,主要是因为他们对后来的和平研究学者有很大影响,他们本人晚年又积极主张和推动和平研究。例如,昆西·赖特就积极推动最早的和平研究刊物——《解决冲突杂志》出版,并为该杂志写了其 1957 年创刊号的首篇文章。真正主要从事和平研究的学者与专门从

① Peter Wallensteen:《和平研究——成就与挑战》,Westview Press,1988,第 33 页。

② 昆西·赖特:《战争研究》卷Ⅰ,University of Chicago Press,1942,第 17—37 页。

事和平研究的学术机构，只是到了第二次世界大战后的50—60年代才出现，而真正成为一门独立学科的和平研究时间更晚。

世界上第一个专门从事和平研究的学术机构，是1956年在美国密歇根州的安阿伯（Ann Arbor）成立的“解决冲突研究中心”。它由密执安大学一些主要受理查森影响的美国学者发起。该中心从1957年起出版了和平研究领域的第一份学术期刊——《解决冲突杂志》（*Journal Conflict Resolve*）。一些热心和平事业的学者，如前述的昆西·赖特以及拉破波特（Anatol Rapoport）、博尔丁夫妇（Kenneth and Elise Boulding）等人，就有关暴力性冲突的一般理论及其解决、军备竞赛与核威慑战略的矛盾及其危险、东西方关系走向缓和的途径、和平研究的过程与方法等问题发表文章。他们可以说是北美第一代和平研究的主角。不过由于他们的研究，主要依据数理经济学、博弈论、模拟实验、心理和精神分析等方法，显得过于抽象而仅仅是在若干专门家的圈子里有市场。尽管如此，“解决冲突研究中心”（它存在到1971年）通过邀请访问学者和举行学术讨论等方式，对于推动世界性的和平研究起了很大作用。

第二个专门从事和平研究的学术机构，是在挪威奥斯陆成立的“国际和平研究所”。早在50年代初，奥斯陆社会研究所就着手和平研究。它邀请一批著名美国社会学家为客座教授，1954年举办过“学术与和平问题之间关系”最佳论文评奖[①]，1957年召集过一次冲突问题国际学术座谈会（有一些安阿伯学者参加）。1959年，奥斯陆社会研究所创建“国际和平研究所”，委托年轻的美国社会学家盖尔腾格[②]起草关于和平研究的规划并领导该所。1964年又创刊《和平研究杂志》（*Journal Peace Research*）。该所培养了北欧第一代和平研究者，成为世界主要的和平研究中心。初期，奥斯陆的研究课题和方法，同美国的安阿伯并无明显区别。但后来形成了以盖尔腾格为首的、具有结构主义与甘地非暴力主义特色的北欧学派。

1961年在荷兰格罗宁根成立的“战争与冲突研究所”，是早期第三个最重要的和平研究学术机构。它由国际法学家B·罗林格（Bert Roling）领导，是

---

① 昆西·赖特、W. Cottrell、C. Boasson等人的论文获奖，编成《*Research for Peace*》的专集，于1954年在荷兰出版。

② 盖尔腾格（Johan Galtung，1930—　），早年研究甘地政治哲学，1959—1969年任奥斯陆国际和平研究所所长，1964—1974年主编《和平研究杂志》，提出结构暴力论，开创和平研究新阶段。

荷兰与比利时和平研究者的大本营，并且对后来以法兰克福“赫森和平与冲突研究所”为中心的联邦德国和平研究有重大影响。该所在1965年作为东道主，筹备了“国际和平研究学会”的首届大会。

上述北美的安阿伯、挪威的奥斯陆以及荷兰的格罗宁根3个机构，可以说是当代西方和平研究的发源地。西方国家（包括日本）的大多数和平研究者，都是从这里出来的或者是在其影响下成长起来的。在这以后，和平研究的机构和组织发展十分迅速。1965年全世界20个国家中已有81个（其中国际性的8个），不过除日本和墨西哥各有1个外，都是在欧洲和北美（美国有31个）。1972年和平研究机构和组织增到264个，分布于38个国家。1984年再增加到313个（其中国际性的41个），分布于44个国家（包括印度等6个亚洲国家、墨西哥等12个拉美国家和尼日利亚等3个非洲国家），共有学者头衔的研究人员5000多人。① 在国际性机构组织中，最大和最有影响的是“国际和平研究学会”与“和平学会”。“国际和平研究学会”创建于1964年，翌年在荷兰格罗宁根召开了首届大会（有23个国家的73名代表出席），以后基本每两年开一次大会。其成员大多来自欧洲，也有相当一部分来自亚洲和拉美（1974和1977年先后成立了亚洲和拉美分会）。它既吸收和平研究学者，也吸收从事和平宣传教育的工作者；既吸收个人会员也吸收团体会员。“和平学会”（原名“和平研究协会”）创建于1963年，总部设在美国费城，只吸收专门从事和平研究的学者，成员主要来自北美。另外需要特别提到联合国教科文组织。它一直重视支持世界和平研究，曾在1965、1972和1984年组织过对世界和平研究情况的调查，推动各国和平研究机构组织之间的网络联系，向国际性的和第三世界国家的和平研究机构提供过资金，还创办了《和平研究年鉴》和地区和平研究情报中心等。

世界和平研究自诞生到80年代末，走过30多年的发展路程，其中经历了两次重大的转折。和平研究诞生之初，其研究重点是探索战争与冲突的一般根源，寻找制止军备竞赛、防避战争和解决冲突的途径。从事和平研究的学者，大多是由国际关系、政治学、社会学、国际法、心理学等领域转过来的。他

---

① 国际和平年中国组委会编：《国际和平年学术讨论资料汇编》，社会科学文献出版社1986年版，第309—310页。

们在殚精竭虑地探求有关战争与和平的问题时，使用的主要是实证主义的方法，基本上没有超出上述3位和平研究先驱者的传统理论框架和范围。

60年代末—70年代初，和平研究围绕着对传统和平观念的突破，以及研究领域的拓展，发生了第一次重大的转折。以盖尔腾格为首的北欧学派，对"无战争状态即为和平"的传统和平观念提出了挑战。盖尔腾格认为，暴力是造成人的潜在可能性与业已实现的状态之间差异的原因。暴力可以区分为两种：当暴力的主体是特定的人或集团时，就构成一种很容易觉察的人为直接暴力；当暴力的主体无以确定，而社会体系结构的不平等成为阻碍人类自我实现，并造成精神痛苦、肉体伤害以至死亡等这些同直接暴力效果相同的结果时，那就意味着存在一种无形的间接暴力。盖尔腾格等人把后者称为"结构暴力"。一位北欧学派的学者解释说："由社会结构引起的无声暴力，通过饥饿、疾病和精神上的摧残剥夺人的生命，我们只有在寿命的估计、婴儿的死亡率和流行病结果的统计表中，才能看到这种暴力。"[①]盖尔腾格认为，造成结构暴力的社会不平等，既包括物质资源分配上的不平等，也包括权力分配上的不平等，它的形成表明存在着社会不公正。他指出，无论在国内社会体系或者国际社会体系，都同样存在着结构暴力。就国内社会体系而言，发达国家与发展中国家都同样存在着结构暴力，不过第三世界国家内的结构暴力表现得更加突出和普遍。就国际社会体系而言，发达国家（尤其是大国）在经济、政治、文化诸方面的霸权主义，是通过世界中心与外围的结构来实现的。这一结构形态是造成国际性结构暴力的根源。因此，他认定，第三世界国家经济上的低开发，政治上的极权与动荡，文化科技的落后，以及在国际社会中所处的不平等地位，很大程度上是国际性结构暴力的产物。

以盖尔腾格为首的北欧学派，对两种暴力进行了比较研究，得出结论认为，虽然诸如战争冲突等直接暴力使人类蒙受巨大灾难，但结构暴力对于世界和平的潜在威胁，并不亚于直接暴力，而且结构暴力通常也是直接暴力的诱因。因此，他们强调，和平研究不能仅限于对直接暴力的研究，而且应该包括对结构暴力的研究；无直接暴力仅仅意味着消极的和平，只有在无直接暴力的同时也消除了结构暴力，才意味着积极和平的到来。这就构成了盖尔腾

---

① Bobin Clarke：《战争与和平的科学》，第292页。

格的“和平与暴力”新概念（见图）。

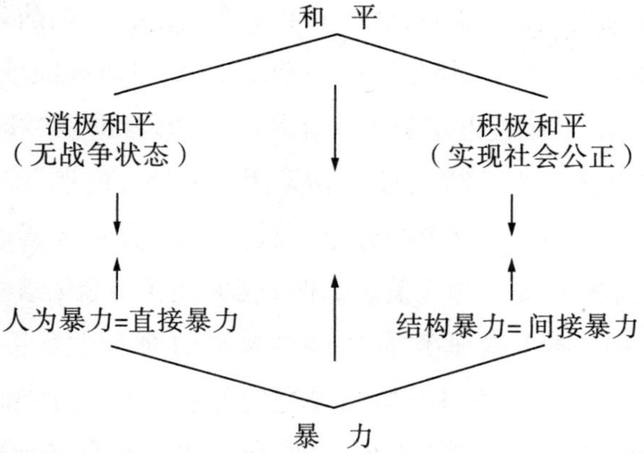


70年代中期以后，盖尔腾格等人致力于研究直接暴力与结构暴力的相互关系，力图发现造成两种暴力的普遍根源，从而为消除暴力实现真正的和平开辟道路。盖尔腾格认为，直接暴力（战争冲突）的本质是要建立、反对或维护某种统治结构；结构暴力的本质是统治者对其社会成员应有之价值存在偏见和社会结构的不合理。他强调“结构”是两种暴力的交叉点，应该成为和平研究的重点和基本内容，而不能仅限于研究防止和控制战争。盖尔腾格还强调，导致暴力（不论是直接暴力或结构暴力）的社会结构，一般总包括下列4个方面——（1）剥削：一种权利或经济分配不对等的形态；（2）渗透：一种统治集团通过控制被统治者的思想或他们的代表来巩固自己地位的形式；（3）分裂：一种迫使被统治者处于不能互相影响的状态；（4）边缘化（marginalization）：统治者建立起排他性阶层组织，形成社会的权贵集团。这种导致暴力的结构，适用于社会经济、政治、军事、文化的各个方面，在国内层次上的表现就是极权主义，在国际层次上的表现就是帝国主义。[①]

盖尔腾格的“结构暴力”论，把和平问题同发展问题、同一般的民主与社会进步问题，联系了起来，这是有积极意义的。他本人就曾这样解释：“和平研究的重点是直接暴力，具体地说就是肉体暴力。发展研究较多地是注重结构暴力。两者各有重点，但密不可分，是一个问题的两个方面。”[②]在盖尔腾格

① 《国际和平年学术讨论资料汇编》，第305—306、308页。

② 《国际和平年学术讨论资料汇编》，第305—306、308页。

的影响下,70 年代西方的和平研究大大拓展了范围。例如“国际和平研究学会”第 6 届大会,提交的 27 篇论文中,只有 7 篇论述传统的战争与裁军问题,其余都是有关发展的问题。但是这样一来,又使和平研究的外延走向无限扩大而陷入困境。正如有些西方学者所批评:结构暴力论使“和平研究像宇宙的黑洞一样,没有法定的界限,几乎囊括了所有的社会问题”。其实当时的和平研究,围绕着对和平概念理解的分歧、分析问题层面的差异、采用研究方法的不同,存在众多的流派。除了盖尔腾格为首的北欧学派(结构主义学派)之外,以安阿伯为中心的北美学派是古典传统学派(他们的和平概念是没有战争,分析层面是国家和政府,研究方法是先验的思考,提出的和平途径是均势外交);以拉破波特和博尔丁夫妇为首的是行为主义学派(他们的和平概念是无直接暴力加上国际协调,分析层面是国家、政府和集团,研究方法是实证主义,提出的和平途径是调解冲突与非暴力主义)。此外还有世界系统学派、新马克思主义学派、拉美的从属学派等。

70 年代末—80 年代初,和平研究发生了第二次转折,主流的研究重点回归传统的战争与裁军问题。这次转变的发生,不仅与上述和平研究自身的发展逻辑有关,而且同这一时期世界局势的变化有密切关系。70 年代末随着苏联入侵阿富汗和美国里根政府推行强硬政策,东西方重新出现紧张对抗。尤其是美苏争夺核威慑优势,加强在欧洲部署中程导弹。在这样的背景下,促使以反对热核导弹武器为主的和平运动新高潮,于 80 年代初首先从西欧兴起。此时,欧美的和平研究与和平运动相结合,重新将制止热核战争与军备竞赛作为一个紧迫的研究课题。

欧美的和平研究者提出了所谓“全球军事化”假说。他们认为,这种军事性影响渗透到政治、经济、文化等社会生活各领域的“军事化”(Militarigation),既表现在军备扩张与军备竞赛,也表现在军事机构作用与机能的扩大,还表现在频繁使用军事暴力。这是当前世界和平的主要威胁。他们强调,处于国际社会中心的发达国家(以美苏为代表),由于相互军备竞赛形成了“全球军事化”的原动力。这种自我轮回的原动力包含 3 个构成要素:(1)在发达国家形成了一个“军工官学复合体(Military - Industrial - Bureaucratic - Scientific - Complexes)”,即由追求武器系统现代化的军方、从事武器生产的大企业、代表军方利益的官僚、从事武器开发研究的科技人员所组成的既得利益集团;(2)现代军备竞赛主要围绕军备的质来展开,它们的研制、开发和生产通常很难受到国际关系缓和的影响;(3)核威慑战略促使上述两个军事化原动力合理化和正当化。他们解释说:核威慑战略要求建立一种能用"威慑"防止战争、并在一旦发生战争时稳操胜券的体系,因此它总是设想一个具有最高军事力量和怀有最大恶意的潜在敌人,以这一最恶事态的设想为基础,去追求军备扩张和军事技术的创新,并极力营造国民支持威慑战略的气氛。他们把这称为:"过剩知觉、过剩反应、过剩计划的自闭症"。除了揭示美苏为首的发达国家军备竞赛是形成"全球军事化"原动力之外,这些和平研究者还指出,处于世界中心的发达国家向外围国家的"武器转移",军需生产的国际化分工,外围国家军事专政的盛行以及对人权的暴力性压制,最终形成了一种在结构上无法实现和平的社会常态。

如果说80年代初欧美和平研究者的"全球军事化"假说,在揭示美苏军备竞赛对世界和平构成威胁上,取得了比较一致的进展的话,那么对于如何实现"非军事化"(demilitarigation)的问题,却出现了五花八门的论证设想。如,夏普和罗伯兹等人的"非暴力抵抗和民众防卫"论,盖尔腾格的"军事转向"论,参加反核裁军运动的欧洲和平学者的"脱同盟"论等。

盖尔腾格的军事转向论,设想把"攻击性武器"转向"防御性武器"。他提出的"防御性武器"标准是:在常规武器所能达到的范围内使用的短射程武器系统。他强调,如果各国转向"防御性武器",对敌人的攻击已不是目标,即使是通过军事手段来实施防卫,其结果也不会导致大规模军备竞赛。他还论证说,为了促使军事转向的实现,就必须在安全保障政策上实行"非同盟",为此应该加强经济独立、文化自立和不受外来干涉的机能,以及维持社会的安定性。与盖尔腾格的军事转向论相近的主张,还有联邦德国的防御性防卫理论和英国的非挑战性防卫理论。

欧洲和平学者的"脱同盟"论,迎合了当时欧洲各国欲置身于超级大国核冲突之外的愿望。但它同第三世界国家的"不结盟"运动不同。它强调的不是从一定的同盟体系中脱离出来,而是要求转变同盟体系的内涵和作用,使之只在欧洲政治结构中起边缘性作用。他们所构想的"脱同盟"包括如下几方面的具体内容:(1)脱核化(声明不首先使用核武器、冻结并从外国撤除核武器、设立非核地带等);(2)脱军事化(缩小北约和华约两大军事集团对抗的主导作用);(3)脱极化(排除美苏两极结构的影响力);(4)民主化(使国家安全决策能受到广大民众的监督与控制);(5)开发(解决西方国家的过剩开发、东方国家的低开发以及第三世界的开发不足等矛盾,实现开发的多元模式和相互取长补短)。

虽然80年代初欧美和平研究者的这些非军事化论证设想,带有很大的乌托邦性质,但已经不是过去那种一般的纯理论设想,而是把反对热核战争、争取裁军等和平问题,同有关全球发展、民主和社会进步的问题联系起来。因此,80年代和平研究主流回归传统课题的转变,并非是同一层次的简单回归,而是在70年代盖尔腾格结构暴力论冲击下,有关积极和平的研究基础上的新发展。纵观30多年的世界和平研究发展历程,可以说正好经历了一个正、反、合的辩证运动过程。进入90年代后,随着苏联的解体和冷战的结束,多极化日益成为现实,和平与发展成了世界的主流。在这种国际局势巨大变动的情势之下,世界和平研究也进入了一个新的发展时代,其具体的变化和特点,有待我们今后收集材料和整理分析。

# 结 语

回顾20世纪的战争与和平的曲折变化,一方面我们看到了战争发展史上,一直没有占据主导地位的制约与控制战争的因素,在二次大战之后已经开始上升到了主导地位。这就是人们常说的:和平与发展已经成为当今时代的主流。这是人类战争历史运动的重大转折。但另一方面,从全球范围来看,局部战争仍然不断,军备竞赛仍然没有停止,核"达摩克利斯剑"仍然悬挂在人类的头上,变异性的战争暴力仍在扩散,作为当代战争重要根源的霸权主义仍在肆虐。人类离开普遍、稳定与持久的和平仍然很远。

我们应该看到,导致战争与维护和平的因素从来都不是单一的。和平与发展,和平与民主,和平与世界的公正与平等,都是不可分割的。而恰恰在这些方面,世界仍然存在很多的问题。当人类从20世纪向21世纪过渡的时候,整个世界仍然处在矛盾、斗争和振荡之中。其中有两个矛盾最为突出:第一个是在世界经济迅猛发展中所出现的、新的贫富两极分化的矛盾。这个贫富两极分化之所以说是"新的",一是它同新科技革命基础上生产结构和社会结构的巨大变革紧密相连,因而与传统的贫富两极分化有不同的内容;二是这个贫富两极分化,同全球经济一体化的发展紧密相连,具有突出的世界性,因而同新的民族矛盾和民族主义浪潮交错在一起。其核心问题可以说,就是人们能不能以及如何才能使经济和科技迅速发展所带来的物质财富和精神财富,不仅在一个民族国家范围内,而且在世界范围内的社会全体成员中,得到比较合理的分配。第二个突出的矛盾,就是民族国家的利益与主权,同全球走向一体化趋势之间的矛盾。全球走向一体化的世界性趋势(虽然它目前首先是、也主要是表现在经济一体化的趋势上),不仅仅是一般意义上的各个国家之间的国际联系和交流日益密切,而且是全球在经济、政治和社会的发展上日益相互依存。何谓内政问题,何谓国际问题,其界限越来越难以区分。今天的国际关系问题,已经越来越发展成为“全球问题”。在这种世界经济政治的发展日益相互依存的情况下,越来越需要有国际性的组织来处理共同的经济、政治和社会问题。然而,由于现实中一直存在着严重的大国强权主义;由于历史造成的严重不合理的国际秩序;还由于大批原殖民地半殖民地落后国家刚刚取得民族独立,它们仍然需要加强自己的国家主权来保护自己的利益,因此,今天全球走向一体化的世界性趋势,同时并存着另一种世界性趋势——民族国家主权利益加强的趋势,两者之间发生着错综复杂的矛盾冲突,这就使国际社会变得更加敏感和脆弱。

按照物质的存在是第一性的历史唯物主义观点,战争作为一种社会现象,其本源是物质性的。人们的一切利益冲突,归根结底都是源于、也最后落脚于物质利益冲突。恩格斯说:“历史上一切冲突的根源是生产力状况及其交往的形式。”[①]当人类社会的生产力不够发达时,社会不可能有足够丰富的物质财富,满足整个人们的普遍需要;而且其发展水平又很不平衡。人与人之间、群体与群体之间,不同民族和国家之间,就必然产生矛盾,形成物质利益冲突。在过去的历史上,战争就是解决人类不同物质利益群体之间利益冲突的最后手段。但战争同时又会引起人类社会的极大破坏。在这种情况下,为了维持一定的社会物质生活秩序,就会在人类各个不同群体(不同的集团、不同的阶级、不同的民族以至不同的国家)之间,形成一定的物质利益界限(即适合于当时的生产力状况的生产方式和分配方式以及在此基础上一定的政治上层建筑),使大家具有某种共同遵守的利益规范,以免在冲突中大家同归于尽,这就具有抑制冲突的作用。今天的世界已经日益密切联系,成为一个统一的有机整体,成为一个“地球村”。维持一定的社会物质生活秩序的需要,也日益越出了民族和国家的范围,而成为全球性的事情。一定的国际社会、国际舆论、国际组织和国际格局的形成,正是这种需要的反映。这种现存的不同物质利益界限,自然是“不合理”的和有种种矛盾的,何况它还在不断地发生变动,由此就必然会产生冲突并引发种种战争。

人类在21世纪能否获得更多的和平与繁荣?

---

① 《马克思恩格斯选集》第1卷,第84页。

这取决于众多复杂的因素。一切都必须放到特定的历史条件中,通过对同时存在而又相互制约的各种因素和关系的分析,才能比较准确地认识这个复杂的世界,才能比较准确地估计人类进入 21 世纪时的战争与和平的发展。但在此世纪之交时,上述的矛盾是尤其值得我们注意的。人类战争的走向消亡,最终不在于意识形态,不在于道德规范,甚至不在于政治制度和国际秩序的改造,而在于物质生产的发展。从根本上说,只有社会生产力发展水平达到极高的程度,产品像"泉水般地涌现出来",物质财富能够充分满足人们的需要,并且在这个基础上(也只有在这个基础上才有可能),整个人类社会(包括人的本身)获得了飞跃提高,战争才会走向消亡,永久和平才会到来。

# 附录一

## 1945—1999 年主要的武装冲突和战争

按双方投入冲突的武装人数合计：

A 类——100 万人以上

B 类——50 万—100 万人之间

C 类——10 万—50 万人之间

D 类——1 万—10 万人之间

E 类——1 万人以下

1. 印度支那抗法战争(1945.9—1954.7)B 类
2. 印尼人民抗英武装干涉(1945.10—1946.11)D 类
3. 伊朗库尔德人自治武装斗争(1945.12—1946.12)E 类
4. 伊拉克库尔德人自治武装斗争(1945)E 类
5. 印度孟买水兵起义(1946.2)E 类
6. 英军镇压埃及反英示威(1946.2)E 类
7. 希腊国内战争(1946.3—1949.10)C 类
8. 中国人民解放战争(1946.6—1950.6)A 类
9. 菲律宾共产党的武装斗争(1946.6—　　)D 类
10. 英军镇压巴勒斯坦犹太人复国运动(1946.6—1947.9)C 类
11. 印度特仑甘纳武装斗争(1946.7—1951.10)D 类
12. 马达加斯加反法起义(1947.3—1948)C 类

13. 巴拉圭人民武装斗争(1947.3—1950)E 类
14. 印、巴分治中的暴力冲突(1947.4—10)C 类
15. 第一次荷兰、印尼战争(1947.7—1948.1)C 类
16. 印、巴第一次克什米尔战争(1947.10—1948.12)C 类
17. 巴勒斯坦的犹太人与阿拉伯人暴力冲突(1947.11—1948.4)D 类
18. 缅甸共产党的武装斗争(1948.3—)D 类
19. 哥斯达黎加战争(1948.3—12)E 类
20. 哥伦比亚反独裁起义(1948.4—11)C 类
21. 第一次中东战争(1948.5—1949.3)——亦称巴勒斯坦战争 C 类
22. 马来亚人民反英战争(1948.6—1957.8)C 类
23. 第二次荷兰、印尼战争(1948.12—1949.11)C 类
24. 英国武装入侵北也门(1949.2—1951.3)E 类
25. 朝鲜战争(1950.6—1953.7)A 类
26. 哥伦比亚反独裁武装斗争(1950.6—1958)D 类
27. 英军镇压埃及民族解放运动(1951.10)D 类
28. “金三角”国民党军残部袭击中国云南边境(1951—1953)D 类
29. 突尼斯反法民族独立战争(1952.1—1956.3)D 类
30. 玻利维亚反独裁起义(1952.4)E 类
31. 埃及七月革命(1952.7)E 类
32. 英国与沙特阿拉伯的武装冲突(1952.8—10)E 类
33. 肯尼亚反英武装斗争(1952.10—1963)D 类
34. 圣多美岛反殖民统治暴动(1953.2)E 类
35. 中国东山岛之战(1953.7)D 类
36. 古巴“七·二六”起义(1953.7)E 类
37. 英军镇压圭亚那独立运动(1953.10)E 类
38. 英军入侵科威特(1953.10)E 类
39. 中国浙东诸岛之战(1954.5—1955.2)D 类
40. 美国雇佣军入侵危地马拉(1954.6)E 类
41. 摩洛哥反法武装斗争(1954.8—1956.3)D 类
42. 阿尔及利亚民族独立战争(1954.11—1962.3)B 类

43. 尼加拉瓜入侵哥斯达黎加(1955.1)E类
44. 巴基斯坦与阿富汗边境武装冲突(1955.4—6)E类
45. 塞浦路斯反英独立战争(1955.4—1960)C类
46. 阿根廷反独裁暴动(1955.6—9)E类
47. 亚丁人民反英武装斗争(1955.6—1963.1)D类
48. 英国与沙特阿拉伯再次武装冲突(1955.10)E类
49. 约旦反英武装斗争(1955.12—1956.3)E类
50. 阿曼反英武装斗争(1955.12—1960)E类
51. 波兰波兹南事件(1956.6)D类
52. 喀麦隆反法武装斗争(1956.7—i960)C类
53. 法国与突尼斯武装冲突(1956.7—1963.10)E类
54. 印尼反政府叛乱(1956.9—1958.6)D类
55. 第二次中东战争(1956.10—1957.3),亦称苏伊士运河战争、英法以侵埃战争　C类
56. 匈牙利事件(1956.10—11)C类
57. 古巴革命(1956.11—1959.1)D类
58. 尼加拉瓜与洪都拉斯武装冲突(1957.5—7)E类
59. 伊夫尼地区反西班牙起义(1957.11—12)E类
60. 马来亚共产党的武装斗争(1957—　　)E类
61. 委内瑞拉反独裁起义(1958.1)E类
62. 西撒哈拉反西班牙起义(1958.1—2)E类
63. 巴拉圭反独裁武装斗争(1958.4—1961)E类
64. 伊拉克七月革命(1958.7)E类
65. 美国武装干涉黎巴嫩(1958.7—10)C类
66. 英国武装干涉约旦(1958.7—11)E类
67. 海地反独裁起义(1958.7)E类
68. 中国金门炮战(1958.8—1959.1)D类
69. 柏林危机(1958.11—1961.10)E类
70. 比属刚果民族独立斗争(1959.1—1960.6)E类
71. 中国西藏平叛作战(1959.3—11)D类

72. 老挝内战(1959.5—1962)D 类

73. 尼加拉瓜反独裁武装斗争(1959.5—1963)E 类

74. 多米尼加反独裁武装斗争(1959.6—1960)E 类

75. 卢旺达的胡图族与图西族流血冲突(1959.11)E 类

76. 喀麦隆反政府武装斗争(1960.1—1970.8)E 类

77. 刚果(金)战争(1960.7—1964.11)D 类

78. 危地马拉反美反独裁武装起义(1960.11)E 类

79. 印尼收复西伊里安(1960.12—1963.5)D 类

80. 安哥拉民族解放战争(1961.2—1975)D 类

81. 伊拉克库尔德人反政府武装斗争(1961.3—1970)D 类

82. 美国雇佣军入侵古巴(1961.4)D 类

83. 越南战争(1961.5—1975.4)A 类

84. 南非人民反种族统治的武装斗争(1961.6—1994)E 类

85. 埃塞俄比亚内战(1961.9—1991.7)C 类

86. 中、缅军队联合扫荡“金三角”(1961.11—1962)D 类

87. 印度出兵收复果阿(1961.12)D 类

88. 危地马拉内战(1962.2—1996.12)D 类

89. 委内瑞拉反政府武装斗争(1962.4—　　)E 类

90. 北也门内战(1962.9—1970.3)C 类

91. 古巴导弹危机(1962.10—11)D 类

92. 中印边界战争(1962.10—11)D 类

93. 文莱反英武装起义(1962.12)D 类

94. 几内亚比绍和佛得角独立战争(1963.1—1974.12)D 类

95. 尼加拉瓜的桑地诺革命(1963.6—1979.7)D 类

96. 南也门民族解放战争(1963.10—1967.11)E 类

97. 摩洛哥与阿尔及利亚边界武装冲突(1963.10—1964.2)E 类

98. 塞浦路斯的希、土两族武装冲突(1963.12—1964)D 类

99. 桑给巴尔人民武装起义(1964.1)E 类

100. 英国出兵镇压坦噶尼喀反政府叛乱(1964.1)E 类

101. 埃塞俄比亚与索马里边境武装冲突(1964.1—3)E 类

102. 肯尼亚与索马里边境武装冲突(1964.2—1967.9)E类
103. 老挝抗美救国战争(1964.5—1973.2)C类
104. 莫桑比克民族独立战争(1964.9—1974.9)D类
105. 美国入侵多米尼加(1965.4—8)D类
106. 玻利维亚人民反军事政权起义(1965.5)E类
107. 乍得人民武装斗争(1965.6—1973)D类
108. 佐法尔地区的武装斗争(1965.6—1975)E类
109. 中国"八·六"海战(1965.8)E类
110. 泰国共产党的武装斗争(1965.8— )D类
111. 美国洛杉矶种族暴力冲突(1965.8)D类
112. 印巴第二次克什米尔战争(1965.8—9)C类
113. 印尼"九·三〇"事变(1965.9—10)D类
114. 中国崇武海战(1965.11)E类
115. 北加里曼丹的武装斗争(1965.12)E类
116. 津巴布韦民族解放战争(1966.4—1979.12)D类
117. 纳米比亚争取独立武装斗争(1966.8—1990.3)E类
118. 玻利维亚反政府武装斗争(1966.11— )E类
119. 第三次中东战争(1967.6)——亦称"六五战争"或"六天战争"C类
120. 尼日利亚内战(1967.7—1970.1)C类
121. 印尼共产党的武装斗争(1967.7— )E类
122. 美国底特律种族暴力冲突(1967.7)D类
123. 哥伦比亚反政府武装斗争(1967.11— )D类
124. 美国芝加哥等地种族暴力冲突(1968.4)D类
125. 苏联入侵捷克斯洛伐克(1968.8)B类
126. 北爱尔兰共和军反英武装斗争(1968.8—1994.8)D类
127. 以色列突袭埃及发电站(1968.10)E类
128. 以色列突袭贝鲁特机场(1968.12)E类
129. 中苏珍宝岛武装冲突(1969.3)E类
130. 萨尔瓦多与洪都拉斯"足球战争"(1969.7—8)D类
131. 中苏铁列克提地区武装冲突(1969.8)E类

132. 象牙海岸的武装冲突(1969.12—1970.12)E类
133. 柬埔寨抗美救国战争(1970.3—1975.4)C类
134. 美、英出兵镇压特立尼达—多巴哥起义(1970.4)E类
135. 缅甸边境部族反政府武装斗争(1970.6—1995.5)E类
136. 约旦与巴勒斯坦解放组织的武装冲突(1970.9—1971.7)D类
137. 几内亚粉碎外国雇佣军入侵(1970.11)E类
138. 菲律宾的摩洛人武装斗争(1970—1996.6)D类
139. 沙特阿拉伯与也门的边境武装冲突(1971.2)E类
140. 斯里兰卡泰米尔人反政府武装叛乱(1971.4—5)D类
141. 苏丹军事政变(1971.7)E类
142. 叙利亚和约旦边境武装冲突(1971.7—1973)E类
143. 第三次印巴战争(1971.11—12)B类
144. 以色列突袭黎巴嫩边境(1972.6)E类
145. 以色列空袭黎、叙的巴解营地(1972.9)E类
146. 坦桑尼亚与乌干达武装冲突(1972.9—10)E类
147. 南、北也门边境武装冲突(1972.9—10)E类
148. 伊拉克与科威特的武装冲突(1973.3)E类
149. 印度武力兼并锡金(1973.4—1975.4)E类
150. 西撒哈拉反西班牙武装斗争(1973.5—1976.2)E类
151. 智利反阿连德政府军事政变(1973.9)E类
152. 第四次中东战争(1973.10)——亦称十月战争、斋月战争或赎罪日战争A类
153. 中、越西沙海战(1974.1)E类
154. 伊拉克与伊朗边境武装冲突(1974.1—3)E类
155. 伊拉克库尔德人再次武装斗争(1974.3—1975.3)C类
156. 塞浦路斯希、土族再次武装冲突(1974.7—8)D类
157. 黎巴嫩内战(1975.4—1976.10)D类
158. 乍得内战(1975.4—1979.11)D类
159. 安哥拉战争(1975.7—1991.5)C类
160. 印尼武装兼并东帝汶(1975.10—1976.7)D类

161. 斯里兰卡泰米尔“猛虎”组织的武装斗争(1975—　　)D类
162. 西撒哈拉战争(1976.3—1991.7)D类
163. 以色列突袭乌干达的恩德培机场(1976.7)E类
164. 罗得西亚白人政权入侵莫桑比克(1976.8)E类
165. 扎伊尔第一次沙巴战争(1977.3—6)D类
166. 埃及与利比亚边界武装冲突(1977.7)E类
167. 埃塞俄比亚与索马里再次武装冲突(1977.7—1978.3)C类
168. 罗得西亚白人政权再次入侵莫桑比克(1977.11)E类
169. 以色列入侵黎巴嫩南部地区(1978.3—6)D类
170. 阿富汗内战(1978.4—1979)D类
171. 扎伊尔第二次沙巴战争(1978.5—6)D类
172. 坦桑尼亚与乌干达的战争(1978.10—1979.6)D类
173. 罗得西亚白人政权入侵赞比亚(1978.10)E类
174. 伊朗的霍梅尼“伊斯兰革命”(1978.11—1979.2)D类
175. 越南入侵柬埔寨(1978.12—1989.9)C类
176. 中、越边境战争(1979.2—3)B类
177. 南、北也门再次边境武装冲突(1979.2—3)E类
178. 伊朗库尔德民主党的武装斗争(1979.3—1980.4)D类
179. 苏联入侵阿富汗的战争(1979.12—1989.2)C类
180. 柬、泰边境武装冲突(1979—1985)E类
181. 萨尔瓦多内战(1980.1—1991.12)C类
182. 秘鲁反政府武装斗争(1980.5—　　)E类
183. 两伊战争(1980.9—1988.8)A类
184. 叙利亚和约旦再次边界武装冲突(1980.11)D类
185. 利比亚与乍得的战争(1980.12—1987.9)D类
186. 秘鲁与厄瓜多尔边界武装冲突(1981.1)E类
187. 南非出兵袭击莫、莱、博、赞等邻国(1981.1—1984)E类
188. 黎巴嫩的武装冲突(1981.4—7)D类
189. 以色列突袭伊拉克的核反应堆(1981.6)E类
190. 美国与利比亚锡尔特湾空战(1981.8)E类

191. 南非入侵安哥拉(1981.8—1989.2)D 类

192. 英国、阿根廷的马岛战争(1982.3—6)C 类

193. 以色列入侵黎巴嫩的战争(1982.6—1985.6)——亦称第五次中东战争　C 类

194. 尼加拉瓜内战(1983.3—1990.4)D 类

195. 美军入侵格林纳达(1983.10—12)D 类

196. 美军空袭叙利亚驻黎巴嫩部队(1983.12)E 类

197. 南苏丹反政府武装斗争(1983—　　)D 类

198. 印度镇压锡克教徒暴动(1984.5—6)E 类

199. 土耳其的库尔德人武装斗争(1984.8—)D 类

200. 美军入侵巴拿马(1984.12)D 类

201. 以色列突袭巴解组织总部(1985.10)E 类

202. 南也门国内武装冲突(1986.1—2)D 类

203. 美国空袭利比亚(1986.3—4)D 类

204. 苏里南内战(1986.7—1991)E 类

205. 美国与伊朗的武装冲突(1987.7—1988.7)E 类

206. 斯里兰卡泰米尔"猛虎"组织与印度军队之战(1987.10—1990.3)D 类

207. 纳一卡地区的武装冲突(1988.2—　　)D 类

208. 中国与越南的南沙群岛海战(1988.3)E 类

209. 索马里内战(1988.12—　　)C 类

210. 阿富汗再次内战(1989.2—　　)C 类

211. 乍得再次内战(1989.4—1990.12)E 类

212. 罗马尼亚十二月事件(1989.12)D 类

213. 美军再次入侵巴拿马(1989.12—1990.2)D 类

214. 利比里亚内战(1989.12—1994.11)D 类

215. 伊拉克入侵科威特(1990.8)C 类

216. 卢旺达内战(1990.9—1993.8)D 类

217. 格鲁吉亚南奥塞梯的武装冲突(1990.12—1992.7)D 类

218. 海湾战争(1991.1—2)A 类

219. 伊拉克镇压库尔德人武装暴动(1991.3—4)D 类

220. 塞拉利昂内战(1991.3—1999.7)E类
221. 斯洛文尼亚的武装冲突(1991.6—7)D类
222. 克罗地亚的武装冲突(1991.7—1993.9)C类
223. 扎伊尔武装暴乱(1991.9)E类
224. 格鲁吉亚内战(1991.9—1992.1)D类
225. 摩尔多瓦的武装冲突(1992.1—7)D类
226. 阿尔及利亚武装冲突(1992.2—　　)D类
227. 波黑战争(1992.3—1994.12)B类
228. 美国洛杉矶种族暴力冲突(1992.4—5)D类
229. 纳希切万的武装冲突(1992.5)E类
230. 塔吉克斯坦内战(1992.5—12)C类
231. 格鲁吉亚的阿布哈兹武装冲突(1992.8—　　)D类
232. 安哥拉再次内战(1992.11—1994.11)C类
233. 美英法空袭伊拉克(1993.1)E类
234. 扎伊尔再次武装暴乱(1993.1)E类
235. 以色列袭击黎巴嫩(1993.4)E类
236. 美国导弹袭击伊拉克(1993.6)E类
237. 塔吉克斯坦—阿富汗边境武装冲突(1993.7)E类
238. 莫斯科流血冲突事件(1993.9—10)E类
239. 布隆迪部族武装冲突(1993.10—　　)C类
240. 缅甸政府军扫荡"金三角"(1993.11—1994)D类
241. 伊拉克库尔德人两派武装冲突(1993.12—1996.12)E类
242. 墨西哥反政府武装斗争(1994.1—　　)E类
243. 柬埔寨再次内战(1994.2—1996.11)D类
244. 卢旺达种族屠杀冲突(1994.4—7)C类
245. 也门内战(1994.5—7)D类
246. 美国出兵干涉海地(1994.7—10)D类
247. 阿塞拜疆的武装政变(1994.10)E类
248. 俄罗斯出兵车臣(1994.12—1997.1)D类
249. 秘鲁与厄瓜多尔再次边界武装冲突(1995.1)E类

250. 土耳其清剿伊拉克北部库尔德人武装(1995.3—5)D 类
251. 厄立特里亚与也门武装冲突(1995.12)E 类
252. 北爱尔兰共和军再次武装斗争(1996.2—1997.7)E 类
253. 印巴在克什米尔地区武装冲突(1996.2—9)D 类
254. 利比里亚再次内战(1996.4— )D 类
255. 以色列再次袭击黎巴嫩(1996.4)E 类
256. 中非武装叛乱(1996.4)E 类
257. 美国导弹再袭伊拉克(1996.9)E 类
258. 扎伊尔内战(1996.10—1997.5)D 类
259. 刚果(布)内战(1997.6— )D 类
260. 科索沃武装冲突(1997.9—1999.6)D 类
261. 印度尼西亚首都暴乱(1998.5)E 类
262. 埃塞俄比亚与厄立特里亚边境武装冲突(1998.5— )E 类
263. 几内里比绍内战(1998.6—11)D 类
264. 印巴在克什米尔地区再次武装冲突(1998.7—8)E 类
265. 刚果(金)战争(1998.8—1999.7)D 类
266. 美国导弹袭击阿富汗和苏丹(1998.8)E 类
267. 塔吉克斯坦武装叛乱(1998.11)E 类
268. 安哥拉重又爆发内战(1998.11— )D 类
269. 美英空袭伊拉克("沙漠之狐"行动)(1998.12)D 类
270. 土耳其再次清剿伊拉克北部库尔德人武装(1999.2)E 类
271. 美国再次空袭伊拉克(1999.2)E 类
272. 美国为首的北约空袭南斯拉夫的战争(1999.3—6)C 类
273. 印巴在克什米尔地区再爆武装冲突(1999.5— )D 类
274. 朝鲜和韩国海军武装冲突(1999.6)E 类

# 附录二

## 和平运动与和平研究大事记

1815 年　美国的纽约和马萨诸塞相继成立和平协会。

1816 年　伦敦成立“争取促成持久与普遍和平协会”（后称“英国和平协会”）。

1819 年　英国和平协会出版《和平先驱》杂志。

1821 年　美国《和平之友》杂志出版。

1828 年　美国和平协会在纽约成立（联合全国各地 36 个和平团体）。

1830 年　日内瓦和平协会成立（欧洲大陆第一个和平团体）。

1838 年　美国成立“新英格兰不抵抗协会”。

1843 年　第一次国际性的“普遍和平大会”在伦敦召开。

1846 年　普遍兄弟联盟成立（英国和美国）。

1848—1851 年　世界和平大会（4 次）相继在布鲁塞尔、巴黎、法兰克福、伦敦召开。

1858 年　公共福利联盟成立（比利时）。

1866 年　普遍和平协会成立（美国，后更名为“普遍和平联合会”）。

1867 年　和平与自由国际联盟（日内瓦）成立。

和平联合会（勒阿弗尔）成立。

和平国际常设联盟（巴黎）成立——1872 年更名为“和平之友协会”。

1868 年 妇女国际联合会成立(日内瓦,为“和平与自由国际联盟”属下组织)。

1869 年 和平与自由联盟成立(都灵)。

1871 年 荷兰和平协会成立。

英国工人和平同盟(后称“国际仲裁联盟”)成立。

1877 年 国际仲裁与和平联合会成立(英国,后在比利时、意大利有分支)。

1878 年 和平之友国际大会(法国)。

自由、博爱与和平联盟成立(米兰)。

1880 年 大不列颠及爱尔兰国际仲裁联合会成立。

1882 年 丹麦和平协会成立。

国家仲裁联盟(美国)成立。

1883 年 瑞典和平与仲裁协会成立。

1885 年 第一次斯堪的纳维亚和平会议。

1886 年 美国基督教仲裁与和平协会成立。

争取普遍裁军妇女国际联盟(巴黎)成立。

1888 年 法国“国际仲裁协会”与“正义和平”相继成立。

争取仲裁与国际和平联合会(罗马)成立。

教友会和平委员会(英国)成立。

1889 年 第一届国际议员大会在巴黎召开(后改名为“国际议员联盟”,在伯尔尼设有总部,每年举行一次会议至一次大战爆发为止)。

世界和平大会在巴黎召开(至一次大战前每年举行大会,仅有 5 次中断)。

瑞士和平协会成立。

日本和平协会成立。

贝莎·冯·舒特纳《放下武器》一书出版。

1891 年 国际和平署成立(总部设在伯尔尼)。

奥地利和平协会成立。

1892 年 德国和平协会成立。

贝莎·冯·舒特纳主编的《放下武器》杂志创刊(至 1899 年)

1895 年 挪威和平协会成立。

匈牙利和平协会成立。

争取和平妇女国际联合会成立(巴黎、伦敦)。

1896 年 法国和平局、争取和平与裁军妇女世界同盟(巴黎)相继成立。

1898 年 法国“妇女和平与裁军”成立。

美国妇女和平联盟成立。

伊万·布里奥科夫著《未来之战争》一书出版。

1899 年 第一次海牙和平会议。

争取和平瑞典妇女联合会成立。

法国和平之友基督教协会成立。

1900 年 和平与人类协会成立(澳大利亚)。

1901 年 首次诺贝尔和平奖颁发。

和平教育协会成立(法国、比利时)。

1902 年 和平联盟成立(罗马尼亚)。

战争与和平国际博物馆成立(瑞士的卢塞恩市)。

1903 年 国际仲裁团成立(法国)。

1904 年 和平团体全国理事会成立(英国,1908 年改名为“全国和平理事会”)

加拿大和平与仲裁协会成立。

国际反军国主义者联盟(荷兰)成立。

1905 年 苏黎世反军国主义联盟成立。

1906 年 澳大利亚的“墨尔本和平协会”、“维多利亚和平协会”相继成立。

美国争取国际调停大会。

1907 年 第二次海牙和平会议。

国家仲裁与和平大会(华盛顿)。

和平联盟成立(芬兰)。

1909 年 法国天主教争取和平联盟成立。

1910 年 世界和平基金设立(美国)。

新西兰全国和平理事会成立。

美国争取正义解决国际冲突协会成立。

诺曼·安吉尔著《大错觉》一书出版。

1911 年 卡内基国际和平基金设立(美国)。

瑞典和平联合会成立。

国际正义与友善委员会(美国)成立。

天主教和平主义者国际联盟成立(法国)。

1913 年 北方教友会和平委员会成立。

1914 年 美国教会和平联合会成立。

英国拒绝征兵联谊会成立。

荷兰反战理事会成立。

教会争取国际友谊世界同盟成立(日内瓦)。

1915 年 美国妇女和平党、美国坚持和平联盟相继成立。

加拿大妇女和平党成立。

国际社会主义妇女代表会议(瑞士伯尔尼)。

国际妇女大会(海牙)。

1916 年 美国反军国主义联合会成立。

1917 年 争取和平与自由美国人民理事会、反征兵联盟(纽约)相继成立。

1918 年 国际联盟协会(英国)成立。

德意志天主教徒和平联盟成立。

1919 年国际联盟成立。

永不再战运动(德国)。

国际妇女争取和平与自由联盟成立(总部在日内瓦,在 16 个国家有分支)。

国际和解联谊会成立(在基督教新教盛行的欧美国家有分支组织)。

1920 年 芬兰和平联合会成立。

瑞士教师和平组织成立。

1921 年 “PACO”(世界语“和平”之意)成立。

英国“不再战运动”成立(出版有《不再战》杂志)。

美国防止战争全国理事会成立(设有全国办事处和5个地方分支办公室)。

美国妇女和平协会成立。

日本妇女和平协会成立。

荷兰国际反军国主义署成立。

1923年 战争抵制者国际成立(1925—1934年召开过4次国际大会)。

国际联盟无党派协会成立(美国,1929年更名为“国际联盟协会”)。

芬兰反军国主义联盟成立。

美国战争抵制者联盟成立。

1925年 瑞士反军国主义教士联合会成立。

北欧教师和平组织(丹麦)成立。

1927年 争取国际和平天主教联合会成立。

1928年 日本全国反战联盟成立。

新西兰“不再战运动”成立。

白里安—凯洛格非战公约。

1931年 非常时刻和平委员会(美国)成立。

和平战士国际联盟(法国)成立。

1932年 美国全国和平会议。

英国女基督教和平主义者罗依登发起组织和平军行动。

英国工人团体反战代表大会。

1933年 反战与反法西斯主义美国联盟成立(后称“争取和平与民主美国联盟”)。

英国全国反战大会。

英国牛津大学等20多所大学举行“决不为国王和国家而战”集会。

英国基督教和平主义团体委员会成立。

1934年谢泼德发动“和平誓约”签名(英国)。

1935年 英国全民和平投票(1千多万人投票)。

美国大学生反战示威活动。

1936 年 世界和平大会(布鲁塞尔)。

英国“和平誓约联盟”成立,发行会刊《和平消息》。

1937 年瑞士基督教和平协会成立。

反战争反军国主义国际联盟(巴黎)成立。

1938 年 置美国于战争之外大会。

1939 年 研究和平组织委员会(美国)成立。

1942 年 昆西·赖特著《战争研究》一书出版。

1943 年 温德尔·威尔基著《一个世界》一书出版。

1945 年 联合国成立。

国际民主妇女联合会成立(巴黎)。

美国乔治·华盛顿大学成立和平研究室。

埃米里·里夫著《和平分析》一书出版。

1946 年 爱因斯坦为首的原子科学家紧急委员会呼吁和平。

瑞士和平理事会成立。

1947 年保卫和平与自由代表大会(巴黎)。

法国全国和平理事会成立。

1948 年世界文化界人士保卫和平大会(波兰弗罗茨瓦夫,45 国 500 多名代表出席)。

加拿大和平大会成立。

1949 年 第一届世界保卫和平大会(巴黎和布拉格,72 国 2287 名代表出席)。

“保卫和平国际斗争日”运动(60 多个国家举行)。

英国和平委员会、意大利和平理事会、芬兰和平委员会、澳大利亚和平委员会、巴西保卫和平委员会、缅甸保卫世界和平委员会等相继成立。

1950 年 斯德哥尔摩宣言签名运动(要求无条件禁止原子武器,5 亿多人签名)。

第二届世界保卫和平大会(华沙,81 国 2065 名代表出席)。

世界和平理事会成立(总部设在维也纳)。

日本和平委员会成立。

1951 年　“要求五大国缔结和平公约”签名运动(6 亿人签名)。
美国和平十字军运动。

1952 年　世界人民和平大会(维也纳,85 国 1904 名代表出席)。

1954 年　挪威奥斯陆社会研究所举办“学术与和平问题之间关系”论文评奖。
日本禁止原子弹氢弹全国协议会成立,发动禁止核武器签名运动。

1955 年　“要求销毁并停止制造核武器”和平签名运动(6.5 亿人签名)。
世界和平大会(赫尔辛基,68 国 1851 名代表出席)。
52 位诺贝尔奖获得者签名发表《麦瑙宣言》。
《罗素—爱因斯坦宣言》。
日本举行首届“禁止原子弹氢弹世界大会”(以后每年 8 月都在日本举行)。

1956 年　美国安阿伯“解决冲突研究中心”成立。

1957 年　国际科学家和平反战会议(加拿大帕格沃什)——以后每 1—2 年开一次会,被称为“帕格沃什运动”。
鲍林等 2 千名美国科学家签名发表要求停止核试验呼吁书。
美国争取明智的核政策全国委员会、非暴力行动反核武器委员会相继成立。
《解决冲突杂志》创刊(安阿伯)。

1958 年　《呼吁联合国紧急召开停止核试验国际会议》请愿书(1.1 万名科学家签名)。
英国“争取核裁军运动”成立,发动复活节和平进军(1958—1962 年)。
阻止美国在太平洋进行核试验的“金色规划号”航行。

1959 年　挪威奥斯陆“国际和平研究所”成立(以盖尔腾格为首)。
美国“奥马哈行动”(反洲际导弹基地示威)。
日本以反对《日美安全条约》为中心的 23 次全国统一行动(1959—1960 年)。

1960 年　美国麦迪逊广场反核试验和平集会。

美国“妇女为和平而战”、加拿大“妇女之声”相继成立。

1961 年　荷兰格罗宁根“战争与冲突研究所”成立。

1962 年　英国 15 万人在伦敦海德公园和平集会。

1963 年　和平学会(原名“和平研究协会”)成立(总部在美国费城)。

1964 年　国际和平研究学会成立(翌年在荷兰举行首届大会,以后每两年开一次)。

《和平研究杂志》创刊(奥斯陆)。

1965 年　美国 1.5 万大学生在华盛顿示威反对“越南战争升级”。

美国“结束越南战争全国协调委员会”成立。

1966 年　美国反对越战运动进入高潮(包括示威游行、集会、抵制征兵等)。

斯德哥尔摩国际和平研究所成立。

1967 年　美国 12 万人冒雨和平进军联合国总部要求制止越南战争。

美国华盛顿大规模反对越战示威(示威者同警察发生冲突)。

1969 年　美国“全国和平行动联盟”和“为抗议越战暂停正常活动委员会”成立。

美国掀起空前的反战示威浪潮(数百万人参加),出现“校园造反”行动。

1970 年　比利时争取和平与发展行动全国委员会成立。

1971 年　美国再掀百万人反战示威浪潮。

1973 年　日本和平研究学会、丹麦争取和平与安全联络委员会相继成立。

1974 年　亚洲和平研究会成立。

1977 年　拉丁美洲和平研究理事会成立。

1978 年　英国“争取核裁军运动”成立,发起反对中子弹运动。

联合国举行第一届裁军特别大会。

1979 年　第一次关于核战争问题的国际会议。

1980 年　美国十多个州的和平团体联合发起冻结核武器运动。

1981 年　欧洲出现反对核武器的示威高潮(共约有 200 万人参加)。

美国成立“冻结核武器运动委员会”,召开第一次全国会议。

1982 年　科学家关于“核冬天效应”研究报告首次披露。

联合国第二届裁军特别大会开幕，美国 80 万民众在纽约举行大示威。

日本各地举行反核武器大会，向联合国提交 8000 多万人签名的请愿书。

澳大利亚、新西兰等群众示威要求禁止美国核导弹军舰进港等。

1983 年　欧洲出现反核武器抗议高潮，约有 5000 万人参加“欧洲安全与合作行动周”、“全欧反核武器行动日”活动（包括伦敦 40 万人大示威、西欧 20 万人 100 多公里的反核“人链”、北欧行程数千公里的跨国“和平进军”等）。

1984 年　苏联开展“争取裁军行动周”。

美国国会批准成立“全国和平研究所”。

1985 年　联合国大会通过《国际和平年宣言》。

澳、新等 16 国签署《南太平洋无核区条约》。

1986 年　联合国举行“国际和平年”活动（全球 100 多国、250 多个群众组织参与开展）。

第一次举行“国际科学家促进和平周”活动。

《世界和平百科全书》（4 卷本）由英国培格曼出版社出版。

1988 年　联合国大会通过《科学与和平》决议——确定每年 11 月 11 日所在的那个星期为“国际科学与和平周”。

# 第二编

# 血碑

——震撼全球的两次世界大战

# 前 言

当人类正处在步入第三个千年的21世纪时，人们不禁要回首20世纪，展望21世纪，祈求这个新的一百年将是和平与发展的新纪元……也就是在一百年前，西方发达国家的人们，也怀着这种心情，聆听那1900年元旦的钟声。生性乐观和充满浪漫主义情调的法国人，在《费加罗报》上发表文章："20世纪带给我们的将是科学进入社会和私人生活，科学将赋予我们行为的准则。它将是一种光辉灿烂的前景……我们希望哺育了我们的19世纪，把那愚蠢的仇恨、无意义的争斗和可笑的诽谤统统带走，抛进世纪的无底深渊。"多么美好的祝愿啊！

然而，20世纪带给了我们些什么呢?！虽然有科技的进步与文化的发展，但同时也有使用最现代化的科学技术手段进行人类有史以来最大规模的血腥杀戮和残暴摧毁。回顾人类战争历史运动的轨迹，自进入近代资本主义工业文明以来，就迅速向着无限化的方向发展，终于在20世纪出现了前所未有的世界大战。

什么是世界大战?

世界大战给人类带来了什么?

人类为何会打世界大战?

究竟是什么使得20世纪头半个世纪，接连出现了两次世界大战?

人类还会打第三次世界大战吗?

人类还经得起再打一次世界大战吗?

俗话说，"温故而知新"。对于我们这些在20世纪成长起来的人们，未必对这个正在过去的世纪有足够的认识。这也许是必然的，"不识庐山真面目，只缘身在此山中"。现在当新世纪钟声敲响的时候，无论从总结和认识过去的世纪,还是从探索和迎接将到来的新世纪,回顾一下 20 世纪的历史都是很有必要的。

本书力求对作为 20 世纪人类不应忘怀的两次世界大战,从世纪高度的宏观上重新观察和认识;虽然注意可读性,但不追求猎奇和“故事”性情趣,仍然是严谨的历史性著作。由于综合面很广,个人学识有限,不当之处,敬请指正。

李钜廉

1999 年 4 月于丽娃河畔

# 第一章　血与泪的世界纪录

## 一、两场战争浩劫伤亡损失知多少

20 世纪的两场世界大战浩劫，究竟给人类带来了多少伤亡损失，各国学者有过不少研究和统计，数字往往有相当大的出入。虽然同任何社会科学研究一样，因各人的立场不同、看法不同、使用的方法和依据的标准不同，这类数字的出入是很自然的。但是，对于这两场世界大战来说，问题还不仅如此。它们给人类带来的浩劫灾难实在是太广、太深、太大了，几乎无法进行统计，事实上也无法用任何数字去完全反映。因此，我们下面所列的数字，只有相对的意义。

第一次世界大战，从 1914 年 8 月 4 日英德宣战作为全面爆发算起，到 1918 年 11 月 11 日，德国在法国贡比涅的福煦元帅卧车上向协约国签署停战协定止，历时 4 年又 3 个月。全球有 35 个国家和地区共 15 亿人口(约占当时世界人口的 2/3)卷入战争。战争行动的中心在欧洲大陆，波及亚洲、非洲和大西洋、北海、地中海以至太平洋等广大海域。战线长达 4000 公里。

双方动员参战的军队共 6540 多万人，军人死亡 871 万人①、负伤 2122 万

---

① 按前苏联《历史问题》杂志 1975 年第 5 期，一次大战中交战双方官兵死亡为 944.2 万人，其中协约国一方死亡 541.3 万人，同盟国一方死亡 402.9 万人。按美国斯塔夫里阿诺斯的《全球通史》(原文 1982 年版，中译本上海社科院出版社)，这一数字为约 850 万人。按吴春秋主编的《世界战争通鉴》(国际文化出版公司 1995 年版)，这一数字为 853 万人。

人[①];平民因战争死亡1261万人[②]。合计死亡人数约2100多万人。战争死亡数字的统计,平民的数字一般包括战争期间死于饥饿和瘟疫者,因而更难准确。军队由于是有严密组织的集团,所以其伤亡数字一般是比较准确的。

**主要交战国军事人员伤亡情况(单位:万人)**

| | 死亡 | 负伤 | 被俘和失踪 | 共计 |
|---|---|---|---|---|
| 德国 | 177.3 | 421.6 | 115.2 | 714.2 |
| 奥匈帝国 | 120 | 362 | 220 | 702 |
| 土耳其 | 32.5 | 40 | 25 | 97.5 |
| 沙俄 | 170 | 496 | 250 | 916 |
| 法国 | 153.7 | 426.6 | 53.7 | 634 |
| 英国 | 90.8 | 209 | 19.6 | 319.4 |
| 意大利 | 65 | 94.7 | 60 | 219.7 |
| 美国 | 12.6 | 23.4 | 0.4 | 36.4 |

第一次世界大战物质财产的损失,共计高达3300多亿美元[③]。其中各交战国家直接用于战争的费用,共达1863亿美元(一说2080亿美元),相当于自拿破仑战争起到1914年止,全世界所有战争开支总和的10倍。

第二次世界大战,从1939年9月1日,德国进攻波兰及随后英法对德宣战作为全面爆发算起,到1945年9月2日,日本在东京湾美国战列舰密苏里号上正式签署投降书止,历时6年。如果从1937年"七七"事变日本发动全面侵华战争算起,则历时8年。如果从1931年"九一八"事变日本侵占我国东北,燃起这场战争的第一把战火算起,则历时14年。[④]

第二次世界大战是反法西斯民主力量同法西斯侵略势力之间,在全球的一场殊死搏斗。无论其规模和范围,战争激烈程度和残酷性,以及对人类社会影响的广度和深度,都远非历史上任何一次战争所能比拟。占当时全世界

① 按吴春秋主编的《世界战争通鉴》,这一数字为2897万人。

② 此数字按吴春秋主编《世界战争通鉴》。按斯塔夫里阿诺斯《全球通史》为约1000万人。

③ 此数字按斯塔夫里阿诺斯所著《全球通史》。其中直接经济损失1805亿美元,间接经济损失1516亿美元。我国樊亢主编《资本主义兴衰史》(修订本)说总经济损失约2700亿美元。

④ 对于二次大战的伤亡损失数字的统计,在国际上一般均按1939—1945年进行统计,但其中的中日战争则多从1937年算起。也就是不包括1931—1937年中日战争、1935—1936年意大利侵略埃塞俄比亚战争和1936—1939年德意武装干涉西班牙战争的伤亡损失在内。

人口4/5以上的近20亿人卷入这场大战。先后参战的国家61个。其中属轴心国阵营的9个国家（德国、日本、意大利、匈牙利、罗马尼亚、保加利亚、芬兰[①]、奥地利[②]和泰国）。参加反法西斯同盟的包括：1942年1月1日在华盛顿签署《联合国家宣言》的26国（美国、英国、苏联、中国、澳大利亚、比利时、加拿大、哥斯达黎加、古巴、捷克斯洛伐克、多米尼加、萨尔瓦多、希腊、危地马拉、海地、洪都拉斯、印度、卢森堡、荷兰、新西兰、尼加拉瓜、挪威、巴拿马、波兰、南非联邦、南斯拉夫）；随后至1945年4月25日旧金山联合国制宪会议开幕时为止，参加签署宣言的21国（墨西哥、菲律宾、埃塞俄比亚、伊拉克、巴西、玻利维亚、伊朗、哥伦比亚、利比里亚、法国、厄瓜多尔、埃及、土耳其、沙特阿拉伯、巴拉圭、秘鲁、乌拉圭、智利、委内瑞拉、叙利亚、黎巴嫩）；再加上被同意作为联合国创始会员国的丹麦、阿根廷和苏联的乌克兰、白俄罗斯两个加盟共和国，以及被公认属于反法西斯同盟国一员的阿尔巴尼亚，总共52个国家。此外，还有21个国家和地区虽未正式参战，但因遭受法西斯国家的侵略或者作为盟军据点，实际上成为双方的战场（它们是：冰岛、圣马力诺、越南、老挝、柬埔寨、文莱、朝鲜、缅甸、马来亚、新加坡、印度尼西亚、利比亚，突尼斯、阿尔及利亚、摩洛哥、英属索马里、意属索马里、荷属圭亚那以及太平洋上的巴布亚新几内亚、所罗门群岛）。还有西班牙和爱尔兰，按国际法观点虽名为"中立"，实际上参加了作战。因此，先后参战或卷入战争的国家和地区，总共达到84个。战火遍及欧洲、亚洲、非洲和大洋洲，以及大西洋、太平洋、印度洋、地中海和北冰洋。作战地区面积总计达到2200余万平方公里。

第二次世界大战动员参战的武装力量1.1亿人。在战争中军队死亡2700多万人，加上平民的死亡，共计高达7000万人。下面仅列出其主要国家的大概情况：

苏联——死亡　2700万人，其中军队死亡（含被俘后死亡）1360万人；

中国——死亡　2000万人，受伤1500万人，共计伤亡3500万人；

---

① 芬兰于1941年6月25日对苏宣战，但未对英、美宣战。

② 奥地利1938年被德国吞并后成为德国的一部分，盟国一直把它作为敌国对待。1955年签订对奥和约之后正式恢复独立。

德国——死亡 719.9 万人，其中军队死亡 442.2 万人①；

波兰——死亡 600 万人，其中平民死亡 540 万人（犹太人占 300 万人）。

日本——死亡 240 万人，其中军队死亡 180 万人②；

南斯拉夫——死亡 170 万人，其中平民死亡 128 万人；

法国——死亡 58 万人；

意大利——死亡 57 万人，其中军队死亡 38.9 万人；

英国——死亡 50 万人（含失踪 9 万人），其中平民 6 万人③；

美国——死亡 40.73 万人，受伤 67.38 万人。

其他欧洲国家（荷、比、捷、匈、保、罗、希、阿、芬、挪、丹等）共约死亡 180 万人④。这里需要特别提到的是欧洲犹太人被杀害的数字（它很能反映平民在二次大战中死亡的情况，而常有些未被列入该国的死亡数字内）——德国犹太居民 56.6 万，被杀害 14.1 万人；奥地利犹太居民 18.5 万，被杀害 5 万人；波兰犹太居民 330 万；被杀害 300 万人；立陶宛犹太居民 16.8 万，被杀害 14.3 万人；捷克一摩拉维亚犹太居民 11.8 万，被杀害 7.8 万人；斯洛伐克犹太居民 8.9 万，被杀害 7.1 万人；匈牙利犹太居民 82.5 万，被杀害 57 万人；罗马尼亚犹太居民 60.9 万，被杀害 28.7 万人；南斯拉夫犹太居民 7.8 万，被杀害 6.4 万人；希腊犹太居民 7.7 万，被杀害 6.7 万人；荷兰犹太居民 14 万，被杀害 10 万人；比利时犹太居民 6.5 万，被杀害 2.9 万人；法国犹太居民 35 万，被杀害 7.7 万人；苏联犹太居民 302 万，被杀害 110 万人……另外在欧洲还有 50 万吉卜赛人被杀害。至于在亚洲和北非的其他国家在战争中的伤亡，常常被人忽略。据 1946 年美国《世界年鉴》的统计，菲律宾在二次大战中死亡 2.1 万人；而据 1995 年 8 月 27 日日本《读卖新闻》报道，日军占领越南时强征粮食，仅在 1944—1945 年引起的大饥荒，就饿死了 197 万人。因此，二次大战全

---

① 按（联邦德国）卡·迪·埃尔德曼《德意志史》第 4 卷下册，中译本 367 页（含德籍侨民和奥地利人）。按埃菲社 1985 年 5 月 8 日波恩电，德国二次大战中死亡 730 万人，其中军队死亡 370 万人。

② 此数字据联邦德国《布罗克豪斯大百科辞典》1981 年版第 344 页。按日本桑田悦、前原透《日本的战争，图解和数字》第 21 页（日本厚生省 1964 年制成），军队死亡 212 万人，但无平民数字。而服部卓四郎著《大东亚战争全史》第 4 卷中译本第 1799 页，军队死亡和失踪 185 万人。

③ 据美国《世界年鉴》（1949 年），英国二次大战中军队死亡 35.3 万人，失踪 9.1 万人，负伤 47.5 万人，平民死亡 6.06 万人（主要死于德国轰炸）。

④ 按前苏联《历史问题》杂志 1965 年第 5 期和埃菲社 1985 年 5 月 8 日波恩电的数字计算。

球的死亡人数，应该共计高达 7000 万人，而不止是过去一般所说的 5000—5500 万人。

第二次世界大战的物质财产损失，也是难以用数字表明的。据一般的统计，高达 4 万多亿美元（约等于第一次世界大战的 12 倍多），其中各交战国的军费开支即共达 13520 亿美元。除了战争所造成的直接经济损失之外，其间接经济损失则更加难以估算。仅我国在日本法西斯的侵略下，直接经济损失就达 1000 亿美元，间接经济损失 5000 亿美元。

读到上述如此巨大的战争伤亡和经济损失时，人们不禁要问：

人类为什么打仗？

人类怎么会打世界大战？

20 世纪上半叶为什么接连发生两次世界大战？

## 二、人类为什么打仗？

战争——这种人类群体相互斗殴屠杀的行为，是如此之残酷野蛮。那人类为什么要打仗？为什么会打仗？这是旷古以来人们一直在探索的问题。人们曾经从不同的方面和不同的学科领域（如哲学、历史、政治、军事、地理、经济、社会学、人类学、社会心理学、伦理学和神学等），探讨过人类社会发生战争的根源。存在着多种多样的、甚至根本对立的解释。

我国 2500 多年以前的古代，就有一些伟大的思想家，提出过关于战争起源的很有哲理的观点。战国时代的思想家吴起（吴子），曾经论述引起战争的五种原因："一曰争名，二曰争利，三曰积恶，四曰内乱，五曰因饥。"被誉为"东方兵学鼻祖"的孙子，则把战争根源高度概括为一个"利"字。他抓住这个"利"字来论述有关战争的诸多问题。其言简意赅的名著《孙子兵法》，全书（共 5913 字）多处讲到"利"，但没有一处提到"义"。由于中国文字的特点，这"名"、"利"……几个简单的字，可以包容很广泛的含义和作多种多样的解释。这就为我们今人的探索，留下了极大的伸缩性、不确定性和某种神秘性。这也许正是东方文化所特有的一种魅力。

西方文化在历史上对战争问题的观点，最早见于古希腊的历史哲学和古罗马法学。古希腊历史学家修昔底德[①],在其8卷本巨著《伯罗奔尼撒战争史》中,不仅从军事上和政治上,而且从心理上论述了公元前400多年所发生的雅典与斯巴达之间的战争。他说:人由于荣誉、惧怕或利益的原因而进行战争。到了中世纪,基督教思想家则教诲说:战争出自人类本性中一种根深蒂固的邪恶——"原罪"。他们强调,人类始祖亚当和夏娃违反上帝禁令偷吃禁果,于是道德的败坏便侵入他们体内,并遗传给后裔,因此人人皆有"原罪"。

随着资本主义的萌芽和封建主义的崩溃,西方开始进入到近代,人们扩大了视野。一些学者从社会学和国际政治学的角度,提出战争是人类社会"自然状态"的产物。16世纪意大利政治思想家尼·马基雅弗利,首创这种理论。他认为国际社会与国内社会是完全不同的,国际社会处于无政府无秩序的"自然状态",这是国家之间发生战争的主要原因。17世纪英国政治思想家托马斯·霍布斯,把这一理论系统化。他在其名著《利维坦》中,强调战争是"自然状态"的必然产物,论述了人类达到"和平与安全"所必需的条件,并根据其社会契约说,提出了一个能够达到此种条件的"理想国"方案。[②] 18世纪法国启蒙思想家卢梭和德国哲学家康德,都认为人在自然状态中是受"本能""人体冲动"和"权利欲望"支配的,所以在自然状态下冲突和暴力占支配地位。他们认为,文明状态是一种必要的约束,但在国际范围,各个国家的目标和利益总带有特殊性,如果没有一个超越各国的权威机构,调节和制止各种特殊意志和利益的冲突,战争就成为不可避免的了。[③] 此后很大一部分西方国际关系学者,都以此为立论根据。

随着人类对自然和社会发展科学研究的进步,以及资本主义社会矛盾和国际冲突的展现,促使19世纪以来西方出现了众多对战争根源的不同解释。黑格尔推动了国家的拟人化以及民族精神和民族冲突的哲学研究。达尔文的生物进化论,促使人们把人类社会发展以及国际政治斗争的观点,建立在

① 修昔底德(Thucydides,约前460—前404)。参加过伯罗奔尼撒战争。

② 托马斯·霍布斯(Thomas Hobbes,1588—1679),1651年出版名著《利维坦》。

③ 卢梭(Jean—Jacques Rousseau,1712—1778),其名著《论人类不平等的起源和基础》,虽认为人类的自然状态是发生战争的根源,但强调人类只是到了产生私有财产阶段才陷入可怕的战争状态。

生物竞争适者生存的观念之上。麦金德[1]把空间的和地理中心的观点，带进了人类历史发展与国际冲突演进的研究之中。而弗洛伊德[2]则扩展了这样一种心理学概念，即“人类灵魂深处的黑暗心理力量投射于外界”，造成了社会的冲突。也就是在这一历史时期，诞生了马克思主义的历史观和战争观。一些西方学者评价说：“世界上没有任何人像马克思那样加强了这样的思想，即各个社会经济阶级的生死斗争必然导致冲突”。[3]

在对战争根源五花八门的说法中，西方曾相当流行“生物进化说”和“地缘政治说”。生物进化说是把达尔文的进化论运用于社会学，形成社会达尔文主义。[4] 他们强调“战争是自然的需要，是种族之间生存竞争的法则，有历史进步的意义，是社会进化的最高法则”。生物进化说鼓吹种族之间“优胜劣败”的生存竞争，后来发展成划分“优等”人种与“劣等”人种的反动种族主义理论。地缘政治说则以地理环境来解释人类战争的根源。德国地理政治学家弗·拉采尔[5]是这种思想的倡导者。不过“地缘政治”（Geopolitik）一词，则是瑞典地理政治学家鲁道夫·契伦[6]创造的。他们强调国家是一个“空间有机体”，通过领土扩张而增加自身力量是自然而合理的，否则它将会由衰落而消亡。因此争夺“生存空间”是人类永无止境的斗争过程。在第一次世界大战后的特定历史条件下，生物进化说与地缘政治说都成为纳粹主义的思想来源，并被引向了极端。希特勒夺取政权后，纳粹德国以此作为理论根据，对犹太人实行灭绝人性的种族大屠杀，发动夺取“生存空间”的侵略战争，导致人类有史以来最大最烈最广的战争——第二次世界大战。经过这场空前的战争浩劫，今天世人已经很少持这类观点了。不过必须指出，“地理政治学”（Geopolitics）并不等同于纳粹德国的“地缘政治学”（Geopoltik）。我国有些人过去常把这两者混淆起来。地理政治学是从国家的地理空间去研究国家的实力和行为，并扩展到国际关系的地理政治格局，它在二次大战后的 60 年代

---

① 麦金德（Haiford Mackinder，1861—1947），英国地理学家，地理政治学奠基人。

② 弗洛伊德（Sigmund Freud，1856—1939），奥地利心理学家，精神分析学派创始人。

③ 詹姆斯·多尔蒂等：《争论中的国际关系理论》，世界知识出版社 1987，第 235 页。

④ 英国哲学家斯宾塞（Herbert Spencer，1820—1903），第一个把进化论引入社会学。

⑤ 弗·拉采尔（Friedrich Ratzel，1844—1904），最早提出“生存空间”的概念。

⑥ 鲁道夫·契伦（Rudolf Kjellen，1864—1922），发展了拉采尔的思想，除创造了“地缘政治”一词外，还创造了“生态政治”“人口政治”等术语。

仍有很大发展。

在西方关于战争根源的众多说法中,从人类的本性出发分析战争根源是最古老、也最普遍的观点。很多学者都在不同程度上,强调战争同人的本性有关;但又各有不尽相同的理解和解释。大致可以分为两大类:一类是理性主义者和乐观主义者,强调“人性本善”,他们认为人虽有邪恶行为(如战争),但通过教育和引导,邪恶可以转变为善良,可以减少以至消灭战争;另一类是悲观主义者和现实主义者,强调“人性本恶”,他们认为人的邪恶本性永远是战争的因素,人类自我改正的可能性即使存在也是微乎其微,需要寻觅抑制这种邪恶的方法。

中世纪基督教思想家圣·奥古斯丁[①]是“人性恶”论的早期代表之一。他认为人类的求生欲中有一种“自维因素”(Self—preservation),每个人都在追求其个人利益,而这种追求并未能按照理性的指引去做。他阐发了基督教的“原罪”与“神恩”之说,强调人的堕落出于本性,这种邪恶本性就是战争的根源;人无法自觉扭转这种堕落的后果;必须依靠上帝赐“爱”于人的心灵。直到本世纪,著名的基督教现实主义代表人物莱·尼布尔,仍强调自私、自大和伪善是人的“原罪”,战争就是起源于这种“人类心灵中黑暗和无意识的因素”。他说:知识的每一个进步,技术的每一次创新,都包含邪恶的潜在可能性。邪恶的基础就是“自我”。人类总是力图使自我绝对化,“这一直是人类生活中最后的一个罪孽,这一罪孽又总是导致人类最残酷的流血冲突”。[②]

当代美国现实主义的主要代表汉斯·摩根索,也是“人性恶”论者。他认为,争夺强权是人和国家的永恒法则,战争正是渊源于人的这种权欲。不过摩根索强调:“政治现实主义以人性的多元概念为基础。现实的人是‘经济人’‘政治人’‘道德人’‘宗教人’的综合。一个仅仅是‘政治人’的人恐怕是头野兽,因为他根本没有道德制约。一个仅仅是‘道德人’的人恐怕是个傻瓜,因为他毫无深谋远虑。一个仅仅是‘宗教人’的人恐怕是位圣徒,因为他

---

① 圣·奥古斯丁(Saint Augustine of Hippo,354—430),阐发“圣父、圣子、圣灵三位一体”论,奠定西方神学的基础,被尊为基督教思想宗师。

② 尼布尔(Reinhold Niebuhr,1892—1971),美国神学家,著有《道德的人和不道德的社会》。引文见肯·N·华尔兹《人、国家与战争》,上海译文出版社1991年版,第18—23页。

根本没有七情六欲。”[①]西方著名历史学家汤因比也主张“人性恶”。他说：“战争是人类暴力和残酷性的一种特殊表现形式”，“这些坏的冲动是人的本性生来具有的，是生命本身的一种本质表现”。[②] 另一西方著名心理学家弗洛伊德，强调人生来具有两种本能：“生存本能”（eros）与“死亡本能”（thanatos）；前者是性欲、恋爱、建设的动力，后者是杀伤、虐待、破坏的动力。他认为人类战争的原因，就在于这种最古老的永恒人性，即人的“侵犯性、存坏性和冲动等”。西方现代行为学创始人康·洛伦茨[③]，从研究动物到人类的行为，强调人类的好战行为具有先天性基因。他写了名为《论侵犯性》（On Aggression）[④]的书，论述“人类的好斗性是一种真正的无意识的本能。这种好斗性，即侵犯性，有其自身的释放机制，同性欲及其他人类本能一样，会引起特殊的、极其强烈的快感”。所有这些都是着重从“人性本恶”的角度去论述战争根源的。

理性主义者和乐观主义者则不同。17 世纪的唯理性主义哲学家斯宾诺莎，用人的理性和行动的狂热（感情）相对立的二元观点，去分析战争的根源，认为现实生活中人的行为不是由理性而是由感情所驱使，因而经常卷入冲突；但人的理性可以导致合作与和谐。实用主义创始人之一的威廉·詹姆斯[⑤]，认为虽然战争根植于人类的好战本性，但这种坏的“冲动欲”是可以被引导和转移的。他建议大批地安排最具“冲动欲”的青年人，到煤矿和商船上做工，去建造大楼和修筑马路，以转移其“冲动欲”。20 世纪英国思想家柏特兰·罗素，更明确地强调：人类本性中的“冲动”，既是战争的根源，也是科学、艺术和爱的来源。他说：“一个社会如果没有想象力，不爱冒险，不久就会变成一个停滞不前的社会”。但是，“就是那个产生一切最好东西的活动力（冲动），也产生战争与战争爱好”。“问题是要控制这些冲动，不让其把战争作为出路”。从这种观点出发，罗素呼吁理性，提倡引导人们的“冲动”向好的方面

---

① 汉斯·摩根索：《国际纵横策论——争强权，求和平》，上海译文出版社 1995 年版，第 18 页。

② 阿·汤因比：《展望 21 世纪》，国际文化出版公司 1985 年版，第 248 页。

③ 康·洛伦茨（Konrad Lorenz，1903—　　），奥地利学者，著有《动物与人类行为研究》等。

④ 英文 Aggression 也译“攻击”，引文见康·洛伦茨《论侵犯性》，1963 年纽约版，第 271 页。

⑤ 威廉·詹姆斯（William James，1842—1910），美国哲学家，著有《真理的意义》等。

而不是向战争发展。[①]

还有一种“文化冲突说”。他们与大量的“人类本性说”相反，认为人类的各种“侵犯性”，如破坏财物、残害同类、武器屠杀等，都是属于一种后天的“文化习得”（即属于一定的文化模式所形成的行为）。玛格丽特·米德[②]说，战争是文化发明，而不是生物需要。波罗尼斯拉夫·马林诺夫斯基[③]宣称：战争并非人类生来俱有的产物，“人类永远不会在侵犯性冲动直接驱使下进行大规模的战斗……一切形式的战斗都是复杂的文化反应”。他们强调：民族之间和国家之间的战争，表面看起来是种族对抗、生物对抗，实际上都是文化的冲突和对抗。P·索罗金[④]在其《社会与文化的动力学》中，提出了“元社会”（grand society）的概念，认为历史是由富有激情和幻想的各种文化的长波运动构成。他统计和分析了自公元前6世纪以来的战争与动乱，得出结论：人类各种文化无论其本身还是彼此之间，本来都是协调的；只是由于内部或彼此间的平衡遭到严重破坏时，才会引起战争与动乱。因此，索罗金强调，战争与动乱的高峰通常发生在一种类型的文化向另一种类型文化过渡的时期。

总的来说，今天的西方学者，已经很少单纯从“人性”一个角度来论述战争的根源，而是越来越趋向于多角度、多层次的解释。美国著名国际政治学家昆西·赖特[⑤]，就强调战争起因的多元性。他告诫人们不要采取过分简单的研究方法。美国另一国际政治学家肯·N·华尔兹[⑥]，在《人、国家与战争：一种理论分析》一书中，对战争的根源从3个层次上进行了很有意义的解释。第一个层次是人的本性和行为。他说：“战争的最重要根源在于人性和人类行为：自私导致战争，误向的进取冲动导致战争，愚昧也导致战争。”第二个层

① 罗素（Bertrand Russell，1872—1970），晚年积极投身和平运动，发表“罗素—爱因斯坦声明”，要求禁止核武器。引文见其《社会改造原理》一书，上海人民出版社1959年版。

② 玛格丽特·米德（Margaret Mead，1901—1978），美国人类学家，著有《文化发展的连续性》等。

③ 波罗尼斯拉夫·马林诺夫斯基（Bronislaw Malinowski，1884—1942），波兰社会人类学家，英国伦敦大学教授，后受聘于美国耶鲁大学，著有《科学的文化论》等。

④ P·索罗金（Pitirim Sorokin，1889—1968），生于俄国，曾任克伦斯基的秘书。十月革命后移居美国，从1931年起长期担任哈佛大学社会学系主任。1949年退休后致力于和平研究。

⑤ 昆西·赖特（Quincy Wright，1890—1970），著有《战争研究》《国际关系研究》《国际法在防止战争中的作用》等。他后来被认为是当代和平研究的先驱。

⑥ 肯·N·华尔兹（Kenneth N. Waltz，1924—　　）：《人、国家与战争》，上海译文出版社1991年版。

次是国家内部体制的缺陷。他说:“和平与战争分别为好的和坏的国家的产物。”华尔兹紧接着提出了这样的问题:“好的国家难道就意味着和平吗?”他说:“坏的国家导致战争……但这一论断的对应的一面,即好的国家意味着世界和平,则是一个非常令人怀疑的命题。”由此就导入到第三个层次——国际体系。他说:“如果我们要着力研究战争是如何发生的,那么除了考察国家的作用、它的社会、经济性质和政治体制之外,还应集中观察称之为国家社会的世界体系。”华尔兹强调,战争的发生并不仅仅是由于人或国家邪恶,而是由于迄今为止国际关系缺乏一个真正有权威的管辖机构。华尔兹作为一个国际政治学家,特别强调了国际体系对制止战争的作用。

人们对于一种动态事物的认识,也许必须经过一个从“简单”到“复杂”再到“简单”的演变过程。这第二个“简单”是在高一个层次上,对事物的本质有更加深刻而准确的认识。关于人类战争的根源,人们最初以比较直观的视角作出比较简单的解释。修昔底德曾经说过:假如你想知道人们为什么打仗,只要询问他们,他们就会告诉你。后来人们进一步深入到探索人类引发暴力冲突(战争)的多方面因素,从人类的本性到地理的和社会的环境;从生物冲动、心理状态到社会的文化习得;从意识形态到政治、经济矛盾;从个人心理和行为到社会制度和社会条件;从国家体制到国际体系,进行了多方面、多领域的广泛探索,出现了五花八门的假说和解释。这些假说和解释,促使人们对战争根源的认识深入一步。但是,在这种多方面的广泛探索之中,即使获得了某种真理性,也都会因为陷于某个领域而带有片面性。现在人们对战争根源的认识,已进入到高一层次的多方面、多领域的科学综合阶段,但同时也要求人们从众多复杂的因素中,获得更加深刻的本质性认识。

战争与和平是由人类的生存与发展这两大本能演化出来的。历史上引发战争的具体原因多种多样,有阶级的、民族的、经济的、政治的、意识形态(包括宗教)等原因;而且在不同的历史时期会有不同的变化。但作为对人类社会发生战争的总根源(即最根本的动因),归根结底都是源于、也最后落脚于物质性的社会利益。这里所说的物质性的社会利益,是指作为社会的人所赖以生存和发展的全部客观实在,即既包括人类赖以生存和发展的自然条件(如人口、土地、资源等),也包括人类社会历史实践过程中所创造的物质财富,还包括在此基础上发展起来的人类社会成员的心理需要(如归属感、自尊心和荣誉感、自我实现的需要等)，以及相应的社会需要(如人身安全、繁殖、养育和训练后代等)。纵观历史，当人类不同群体的生存和发展受到各种因素的限制时，就会发生矛盾争端，争执不下的结果往往就发生武装冲突(战争)。

## 三、世界大战是20世纪的历史现象

迄今以来的人类“文明”史，充满着各种各样的战争。虽然随着社会经济的发展和科学技术的进步，战争的规模越来越大，参战的军队和卷入战争的人数越来越多，破坏性越来越烈，对人类社会生活的影响也越来越广和越来越深，但只是到了20世纪才出现世界大战。

什么是世界大战?

世界大战并不是单纯以战争的规模、范围和卷入国家的多少为标准。过去历史上的有些战争，其规模和范围也很大，卷入的国家也很多。例如，13世纪蒙古汗国的大征战(包括西征和南征)，东起朝鲜半岛、西至奥得河畔，北抵西伯利亚、南达中国南海、西亚的叙利亚和波斯湾。18世纪末—19世纪初的拿破仑战争，也遍及欧洲、地中海和北非。就战争规模、范围和卷入国家的众多来说，都不比第一次世界大战小(有些方面、如蒙古汗国征战的地域范围要超过一次大战)。但都不能称为世界大战。只有那种产生于世界经济政治整体性发展、涉及世界全局、解决世界性的矛盾、牵动整个人类社会生活的全面战争，才称之为世界大战。而这些都是只有到20世纪才具备的。当然，一场战争，也只有打到一定的规模和范围，把当时国际社会中处于主导地位的大国都卷了进去，才成为世界大战。

究竟是什么使得20世纪头半个世纪，出现两次世界大战呢?

经济力量是暴力的物质基础。有什么样的经济水平才有什么样的战争。

欧美资本主义经济的发展，世界市场的形成和激烈的竞争，刺激了发达国家科学技术、交通运输和通讯业的迅猛发展，出现了以电力为主要标志的第二次科技革命和工业革命，世界由“蒸汽机时代”进入了“电气时代”。发达国家的工业生产、经济活动和社会生活，以及与此有关的人们的视野，彻底摆脱了狭隘地区条件的界限，整个世界越来越成为一个整体。这是一个大科学、大工业、大生产的时代。在这场科技革命和工业革命发展的基础之上，迅速导致了军事领域发生一场新的革命。1893 年恩格斯在其《欧洲能否裁军?》一文中，就感慨地说："现在未必能再找到另一个像军事这样革命的领域。"①

首先是直接杀人和破坏的武器迅速发展。无烟火药代替黑色火药，不仅爆炸力大大提高，而且消除了暴露己方阵地和影响视界的烟云。圆锥形弹头的后装膛线枪炮，代替了前装滑膛枪炮。1884 年德国军队率先把其 1871 型毛瑟枪改装为弹仓式步枪(可装 8 颗子弹)。到 1900 年各个发达国家的军队，都装备了用枪栓操纵的现代弹仓式步枪。1885 年 H·S·马克沁制成全自动的单管水冷式机枪。它以弹带送弹，利用射击后坐力，3 分钟可射出 2000 发子弹。这种现代型步枪和自动机关枪，使步兵战术发生了革命性变化。与此同时，射程远、射速快、命中精确的现代火炮，大大提高了炮兵的威力。随后，军队又增添了全新的武器装备，如坦克、潜艇、飞机、航空母舰和化学武器，相应出现了空军、防空军、装甲兵、空降兵、化学兵等新的军兵种；出现了步、炮、坦(克)协同，陆海空协同的崭新作战方式。帝国主义列强各国的军队，以现代科技和大工业生产为基础，装备了大量火力极猛、杀伤力极强、破坏力极大的现代化武器，这就使得战争能够达到历史上空前激烈的程度。

其次是铁路运输网络和航海技术的发展，以及后来汽车和飞机的出现，极大地扩大了战争的范围，提高了军队的战略机动能力。可以说，上个世纪之交的科技发展，对战争带来最深远影响的，一个是内燃机，另一个是无线电报。内燃机的出现和发展，使军队的战场机动方式，从徒步、乘马和畜力牵引，向机械化、摩托化过渡，产生了对敌实施大纵深快速突击的崭新作战样式(闪击战)。战场从平面发展为立体，战线的长度和纵深发展到几百、上千公里。极大地扩展了战争规模和范围。无线电报电话的应用，大大改善了军队的通讯联络，加上由普鲁士率先设立的总参谋部的出现，使战争全局的领导和作战指挥发生了飞跃。在世界日益成为一个整体的形势下，那些发生利害冲突的列强，能够突破地域条件的限制，跨洋越洲地打一场世界性的全面战争了。

---

① 《马克思恩格斯全集》第 22 卷，第 444 页。

第三是大量人口和整个社会生活的卷入。这是世界大战的一个特点，也是打一场世界性战争的条件。在大工业、大生产的时代，社会生产力的提高，以及随之而来的人口增加，使得征集更加庞大的军队成为可能。到 20 世纪，大国的陆军编制，最大单位已从集团军发展到集团军群（方面军），甚至方面军群。参战国家的军队总兵力，达到占总人口的 10%—20%。比 19 世纪时的战争兵员人数增加 2—4 倍，出现了一个国家拥有数百万、上千万军队的现象。而且，战争对经济的依赖、前方对后方的依赖越来越大，战时前后方界线被打破，整个国民经济转上战争的轨道，出现了史无前例的全国总动员局面。在战略上，以破坏敌方经济命脉的海上交通线为目标的潜艇战，实施打击敌人深远后方的战略轰炸等新的作战样式应运而生。战争成了整个国家、整个民族及全部经济力量、政治力量、组织力量和精神力量的综合较量，对整个社会生活产生了极广、极深的影响。

所有这一切都说明，经过 19 世纪下半叶到 20 世纪初叶的第二次工业革命（第二次科技革命），人类具备了打世界大战的物质基础。但是，我们不能由此而得出结论，以为 20 世纪上半叶打了两次世界大战，是由于社会经济发展、科学技术进步、人类进行战争的手段强大所致。事实上，任何高度发达的科技和经济力，都只有在特定社会体制和政策指导之下，才会成为战争的手段，甚或实际运用于战争之中。因此，对于探讨世界大战的根源，更为重要的是如下两个因素：一是自由资本主义向垄断资本主义发展所出现的世界性矛盾，形成了发生世界大战的社会根源；二是帝国主义大国对世界霸权的追求，成为导致大战爆发的直接导因。

在历史上，某些国家或民族实行民族利己主义，追求和争夺霸权，常常是国际间发生战争的原因。霸权主义并不是 20 世纪才有的现象，而是古已有之。从探讨世界大战的根源来看，问题不在于某些国家或民族对于霸权主义的一般性追求，而在于这种霸权主义的追求发生在什么历史条件下，立足于什么社会经济基础之上，以及具有什么样的社会内容。

人类社会进入 20 世纪的时候，正是西方国家发展到垄断资本主义阶段，也就是列宁所概括的帝国主义时代。“帝国主义”这一概念，在西方一般理解为大国扩张的霸权政策，其基本内涵是以强权统治或控制别国别民族。这种强权的传统核心是军事力量，传统方法就是通过战争实行占领或吞并。这种对别国别民族的强权统治，古罗马称为 imperium（最高权力、绝对统治），后来英语和法语的 impire（帝国）即由此衍生而来。古代欧洲的罗马帝国，中世纪横跨亚欧的蒙古帝国，都是它的典型。从 16 世纪起，随着资本主义兴起，出现了新的殖民帝国。一些资本主义首先发达起来的欧洲国家，利用其先进的舰队和枪炮，向海外“殖民”，夺占亚非拉大片土地。这种追求夺取殖民地的政策和行为，当时也被称为“帝国主义”。18—19 世纪是欧洲殖民帝国猖獗的时期，到 20 世纪初整个世界都被瓜分完毕了。虽然西方学者常常不把西方国家这种扩张同资本主义发展联系起来，有些人甚至宣称资本主义是天生和平的；但也有一些西方学者，把这种扩张政策同资本主义的发展联系起来。英国经济学家约翰·A·霍布森和德国经济学家鲁道夫·希法亭，就是最早的代表者。霍布森论证说，资本主义社会面临生产过剩与消费不足的严重矛盾，资本家力图把他们的过剩资本投放海外以赚取利润，其结果就是帝国主义。希法亭则认为，自发进行的资本主义竞争，必将造成公司数目越来越少而规模越来越大，被牵连进去的金融活动也越来越多，这种竞争就更倾向于运用民族国家的政权，以武力去巩固和扩展其经济帝国的地盘和垄断特权，即推行帝国主义的扩张政策。

列宁对垄断资本主义的理论剖析，利用了霍布森和希法亭的研究成果，得出“现代战争产生于帝国主义”的结论。不过，列宁在使用“帝国主义”的概念时，强调其不仅仅是一种政策，而是资本主义发展的一个特定阶段。列宁在其一系列著作中，论证了帝国主义的根本特征是垄断统治。

什么叫做垄断？垄断就是“霸”，霸占一切。垄断基础上的竞争规律，促使帝国主义大国走向尽可能霸占一切的道路，其目的不完全是为了自己的直接需要，更加主要的是为了扼杀竞争对手。这种竞争，是在比自由资本主义时代更高的基础上、更加激烈地进行的。所谓“更高”，就是它已经不再仅仅是由一般的资本家和资本家组织来进行，而特别要通过国家和国家的联盟来进行。所谓“更加激烈”，也就是这样的竞争，不再仅仅使用一般的经济手段，而更主要的是使用政治手段；不仅仅使用一般政治手段，而且往往在一般政治手段不能解决时，就使用武力威胁直至发动战争。列宁说得好：“资本家瓜分世界，并不是因为他们的心肠特别毒辣，而是因为集中已经达到这样的阶段,使他们不得不走上这条获利的道路。[①]"世界瓜分完毕了,他们就要重新瓜分。垄断基础上竞争规律的作用,使得帝国主义大国之间争霸的矛盾,常常比世界其他矛盾更加尖锐和激烈,最终导致走向战争。

英国史学家 A · J · P · 泰勒在其名著《第二次世界大战的起源》中写道:"如果有谁直截了当地质问:'打仗为了什么?'对于第一次战争,其答案是:'决定欧洲该怎样改建';对于第二次战争,其答案却仅仅是:'决定这个改建了的欧洲该不该延续'。"[②]这里,姑且不论泰勒缩小了第二次世界大战的严重意义,我们首先必须把他所说的"改建欧洲",换成"重新瓜分世界"才更确切。因为,两次世界大战的决定性战斗,尽管主要是在欧洲爆发和展开(一次大战尤其如此),但战争的目标和内容却都是世界性的(二次大战是在更完全意义上的全球战争),都是垄断基础上的竞争促使争霸的列强走向战争。

为什么在 20 世纪上半叶短短的三十几年时间里,就两次发生重新瓜分世界的战争呢? 这是不能单纯从富于军国主义传统的德国一再崛起争霸来解释的。更不能从卷入战争的大国执政者们主观指导上的贻误或个人心理来加以解释。尽管德国的崛起和重新崛起争霸,是这两次世界大战的重要直接导因;尽管德、奥匈帝国、英、法、沙俄以及日本、意大利和美国等,这些大国当时的执政者们,确实曾经给他们各自国家的政策行动,乃至半个世纪里国际局势的发展,打上了深浅不一的个人印记,并使之带有许多独特的色彩和戏剧性的场面。但问题的答案,只能从这半个世纪里,列强之间的实力消长和地位兴衰的迅速变动之中去获得。也就是说,这是帝国主义时代经济政治发展不平衡的结果。

经济政治发展不平衡是人类历史发展的一般规律,在自由资本主义时期就是如此。但是,在垄断基础上的经济政治发展不平衡,具有自由资本主义时期所没有的许多鲜明特点,主要就是发展速度上激烈的跳跃性、实力对比上的突变性,以及各个帝国主义大国发展水平或实力水平的趋向于均衡。发展速度上的跳跃性,使原来落后的或在上一轮争霸战争中被打下去的帝国主义国家,能够迅速赶上来。实力对比上的突变性,使得各个大国按照旧的实

---

① 《列宁选集》第 2 卷,第 795 页。

② A · J · P · 泰勒:《第二次世界大战的起源》,华东师范大学出版社 1991 年版,第 14 页。

力对比瓜分世界所形成的国际格局，很快不适应已经发生了变化的形势，于是按照新的实力对比重新瓜分世界的问题就立刻尖锐起来。各个争霸大国的实力水平趋向于均衡，使得某一个大国再也不能长久地拥有全面优势，再也不能垄断一切、决定一切。它们各有所持，非得经过一番恶斗才能见分晓。19 世纪末到 20 世纪上半叶，困扰了欧洲政治家们半个多世纪的所谓“德国问题”，归根到底也就是在发展不平衡规律的作用下，迅速崛起和迅速重新崛起的德国帝国主义，一再要打破既定的欧洲秩序和世界秩序（即按旧的实力对比所作的瓜分）。导致两次世界大战爆发的历史进程，与其说是威廉二世的轻率决策和希特勒的狂妄行径，不如说是发展不平衡作用下重新瓜分世界的规律，使得那个轻率的德国皇帝和狂妄的纳粹元首，成了德国和欧洲历史上的风云人物。

如果说，垄断基础上的竞争，有使列强之间发生争霸战争的必然性趋势的话，则在垄断基础上的经济政治发展不平衡，就有使帝国主义大国之间的争霸战争具有周期性的趋势。那么，这种列强的争霸战争，又是怎样打成世界大战的呢？这就同 20 世纪的世界整体性发展和国际垄断同盟的出现分不开。

在垄断资本主义阶段，社会生产力和资本的规模，越出了各个民族国家的狭隘范围，整个世界走向融合为一个经济机体，在此基础上出现垄断同盟。列宁非常重视这一点。他曾经把“资本家的垄断同盟”和“整个地球已被瓜分”，看成是“具有世界历史意义”的两大因素。正是在这样一个“联成一气”的世界里，相互争霸的大国在对外扩张过程中，既互相争夺又互相渗透，构成一个覆盖全球的利害关系密网。它常常通过国际间种种双边或多边的、公开或秘密的条约加强起来，以至形成某种世界性的集团或同盟体系。这些最富强的大国，不仅本身拥有亿万资本和强大军事实力，而且统治着广大的地区，控制着一系列殖民地半殖民地和中小国家。因此，它们之间的争斗，就必然影响到一系列国家和民族，可谓牵一发而动全身。它们之间的争霸战争，就往往要发展成为波及全球多数国家的世界大战。

事实上，第一次世界大战就是这样打起来的，第二次世界大战也是这样打起来的。从这个意义上说，两次世界大战的起源是相同的，都是帝国主义大国争霸斗争所引起。当然，两次世界大战在起源上的共性当中，又表现出各自独特的个性。第一次世界大战，是由争霸的列强带着各自的侵略目的，通过多年的经济竞争、外交冲突、缔约结盟、军备竞赛和国际危机，共同准备和挑起的。不存在某一国或某一方是战争祸首的问题，参战双方都应该受到历史的谴责。虽然其中最急于夺取“日光下的地盘”的德帝国主义，表现得更加积极一些。第二次世界大战则不同。它虽然也是起源于大国的争霸，但它是由一部分帝国主义国家——即德、日、意法西斯国家发动的。德、日、意法西斯是战争祸首，它们点燃了侵略的战火，把民族奴役、恐怖统治和种族灭绝的威胁，强加到亚洲、欧洲以及世界广大地区的众多国家和人民头上，最终把世界拖进了一场空前的浩劫。法西斯主义是第二次世界大战起源的主要冲动力；而法西斯主义就是20世纪在垄断资本主义基础上产生出来的一种癌变，是帝国主义大国追求霸权的一种最疯狂的表现。

# 第二章　浩劫的源起

## 一、对市场、资源和领土的追逐

20 世纪的世界大战浩劫,是从 19 世纪下半叶欧洲资本主义列强瓜分世界、争霸海外市场、资源和领土的斗争中酝酿起来的。

商品经济的发展首先是同市场紧密联系在一起。国内市场必然同国外市场相联系,资本主义早已造成了对市场的世界性追逐。进入 19 世纪以后,随着大工业的发展,保障充足而低廉的资源(包括原料、燃料来源和劳动力资源)越来越重要。资本主义的竞争,也就从对市场的追逐,发展到了包括控制市场和资源的争夺。资本主义愈发达,资源愈紧缺,竞争和追逐全世界的市场和资源的斗争就愈尖锐。建立和夺取殖民地,霸占海外领土和交通要冲,对于保障自己的市场和资源优势,当然是最可靠的了。于是夺占殖民地的斗争也就愈来愈激烈。

资本主义从自由竞争向垄断阶段的发展,进一步推动了欧洲列强夺占殖民地的斗争。垄断资本主义不仅仅追逐已开发的市场和已发现的原料产地,而且追逐一切可能的市场和原料来源。因为现代技术的发展异常迅速,今天无用的土地,要是明天发明了新方法或投入了大量资本,就会变成有用的土地。垄断资本主义也不仅仅以夺取自己所需的市场和原料来源为满足,而且要霸占所有的市场和原料来源,以便扼制对手进行竞争的能力。在争夺世界上尚未分割的最后几块土地的疯狂斗争中,它们唯恐落后于他人,总想尽量夺取更多的土地。不管这是一些什么样的土地,不管这些土地在什么地方,也不管采取什么样的手段。

“到异教徒那里去传播文明!”——欧洲资本主义列强打着这样的旗号,纷纷扑向海外,利用它们靠现代科技制造出来的先进枪炮和舰队,频频发动“殖民”征战(后来的日本和美国也加入到这个行列)。据西方有关权威人士计算,仅仅是英国,在1803—1901年这近100年间,就进行了50次大的殖民战争①。这种通过暴力征战,夺占非洲、亚洲和拉丁美洲大片土地,建立殖民地和势力范围的行径,随着资本主义向垄断阶段的过渡,在19世纪下半叶达到了高潮。

英国作为最早发展起来的资本主义发达国家,在夺占海外领土上占有优势。它从19世纪中叶起,就特别加紧了夺取殖民地的行动。英国在1860年已拥有海外殖民地250万平方英里(1.45亿人口)。到1880年,英国的殖民地扩展到770万平方英里(2.67亿人口)。而在此时,法国仍仅有殖民地70万平方英里(750万人口);至于刚刚通过王朝战争道路统一起来的德意志帝国,则尚无殖民地。② 但正是从此时起,欧洲列强开始了特别疯狂的夺取殖民地的高潮,分割世界领土的斗争达到了白热化的程度。

资源丰富而又比较落后的非洲大陆,首先成为疯狂争夺的对象。

在北非,随着苏伊士运河1869年通航后,英、法即展开了争夺埃及与尼罗河流域的激烈斗争。80年代英国派兵占领埃及,然后沿尼罗河而上,侵入东苏丹。法国则从法属西非出兵东进,占据苏丹南部重镇法绍达。双方剑拔弩张,后来法国被迫让步,英国占领了全部尼罗河流域。但法国在地中海沿岸的阿尔及利亚和突尼斯,同意大利的争夺中占了上风。法国征服阿尔及利亚之后,以支持英国侵占塞浦路斯岛为代价,换取了英国对其夺取突尼斯权益的谅解,于80年代中期侵占了突尼斯。至于北非另一端的摩洛哥,由于英、法、德和西班牙的争夺一时难决高下,暂时维持了其“独立”。

在西非,英国经多次征战,夺占了黄金海岸(今加纳)和尼日利亚,并向大陆腹地扩张。法国侵入毛里塔尼亚,霸占塞内加尔,并向东推进征服马里,以后又夺取几内亚等地,到19世纪末建立了一个比法国本土大10倍的法属西

① 安东尼·吉登斯:《民族—国家与暴力》,三联书店1998年版,第269—279页。

② H·C·莫利斯:《殖民史》,转引自《列宁选集》第2卷,第797页。

非殖民帝国。德国虽然来晚了，但也迅速打入这里，把多哥和喀麦隆划入其势力范围。

在东非，英国早已宣布桑给巴尔等东非海岸为其势力范围，但德国在80年代夺取了鲁伍马河到温巴河之间的大片土地。到90年代。英国征服了肯尼亚和乌干达，德国霸占了坦噶尼克、卢旺达和布隆迪，法国则夺取了马达加斯加岛。

在南部非洲，英国经过对祖鲁人和布尔人的多年征战，占领了南非，并以此为据点向北扩张，夺占贝专纳（今博茨瓦纳）和莫桑比克以西大片土地（即所谓"罗得西亚"）。法国从西边插入，夺取刚果和加蓬。比利时侵占扎伊尔。葡萄牙据有安哥拉。德国则夺占奥兰治河口地区，然后向大陆腹地推进。英、法、德、比、葡在刚果河流域，展开了激烈的争夺。伦敦当局在其殖民扩张蓝图上，标下三个点：开普敦（Cape Town）—开罗（Cairo）—加尔各答（Calcutta）。这个企图纵贯非洲大陆并同印度联结起来的英国殖民构想，被称为三"C"计划。

在亚洲大陆的西部，土耳其、波斯（今伊朗）和阿富汗，一直是英、法、俄争夺的重点对象。当英国通过对阿富汗的侵略战争，迫使阿富汗接受英国的"保护"时，沙俄曾在80年代初出兵阿富汗边境，双方几乎兵戎相见。后因德国势力侵入土耳其，并取得修建巴格达铁路的特权，英德争夺更趋尖锐，英俄法关系有所调整。由于土耳其、波斯、阿富汗人民的反侵略斗争，以及欧洲列强在这一地区的矛盾复杂，这几个国家才维持了"独立"地位（实为半殖民地）。

在亚洲大陆的东部，当时由腐败的满清王朝统治的中国，则是英、法、沙俄以及后起的德、日、美等帝国主义列强侵略和瓜分的主要对象。同样由于中国人民的反侵略斗争以及列强之间的矛盾，中国保持了"独立"地位（沦为半殖民地）。但东南亚地区在19世纪末叶迅速被列强所瓜分。英国夺占了马来亚，征服了缅甸。法国侵吞了印度支那（今越南、柬埔寨和老挝）。暹罗（今泰国）则在英法瓜分下被划为它们的势力范围。此外，日本于1894—1895年出兵侵略朝鲜，同中国清政府发生甲午战争，攫取了对朝鲜的宗主权（并割占中国的台湾、澎湖列岛等）。美国则在1898年经过美西战争，从西班牙手中夺得对菲律宾的宗主权。

广布于太平洋地区的众多岛屿，也在 19 世纪末叶被列强迅速瓜分。英国除以前早已据有的澳大利亚和新西兰外，夺占了斐济、汤加、科克群岛、所罗门群岛、吉尔伯特群岛。法国夺占了波利尼西亚、新喀里多尼亚群岛，并同英国共同瓜分了新赫布里底群岛。德国夺占了马利亚纳群岛、加罗林群岛、马绍尔群岛、西萨摩亚和瑙鲁岛，并同英国共同瓜分了伊里安东半部（即巴布亚新几内亚）。美国也夺取了中途岛、关岛、威克岛和东萨摩亚。

至于拉丁美洲，大部分地区早在 15—16 世纪时，已沦为开辟新航路的西班牙与葡萄牙人的殖民地。它们很多后来都成为独立国家。19 世纪末叶列强（主要是美国和英国）对拉美的争夺，除了征服少数尚未完全“欧化”的地区外，主要是争夺对这些“独立”国家的控制权，较少表现为直接占领其领土的殖民统治。

总之，随着资本主义向垄断阶段的过渡，从 19 世纪末叶开始，正是列强争夺殖民地和瓜分世界特别疯狂的时期。根据英国经济学家约翰·A·霍布森的统计，在 1884—1900 年的这段时间里，英国夺取了 370 万平方英里（人口 5700 万）的领土；法国夺取了 360 万平方英里（人口 3650 万）领土；晚来的德国也夺得 100 万平方英里（人口 1470 万）领土。作为老牌殖民主义小国的比利时和葡萄牙，则分别夺得 90 万和 80 万平方英里的殖民地。① 当然，我们还应该加上霍布森没有统计进去的日本（约 11 万平方英里、人口 1900 万）和美国（约 11 万平方英里、人口 900 万）。

结果到人类进入 20 世纪的时候，欧美列强所夺取的殖民地，已经占非洲全部面积的 90.4%（仅剩摩洛哥、利比里亚、埃塞俄比亚等几个名义上保持独立、实为半殖民地的国家）；亚洲全部面积的 56.6%（加上日本的殖民地则为 57.1%，还有如伊朗、土耳其、中国等半殖民地国家未计入）；美洲全部面积的 27.2%（除美国以外，美洲其余独立国家也多为半殖民地）；澳洲全部面积的 100%（整个澳洲均属大英帝国的版图）。②

世界已经瓜分完毕了。

列强瓜分世界是按资本、按实力来分割的，在商品生产和资本主义制度

---

① 列宁：《帝国主义是资本主义的最高阶段》，《列宁选集》第 2 卷，第 798 页。

② 亚·苏潘：《欧洲殖民地领土的扩张》，转引自《列宁选集》第 2 卷，第 796 页。

下，也不可能有其他的瓜分方法。“实力”，即一般的经济、金融、军事等的实力，是随着经济和政治的发展而变动的。而在一定历史时期所形成的对殖民地领土的扩张，同“实力”对比的变化则是非常不平衡的。早发的老牌资本帝国主义国家（英、法），夺取了大部分的殖民地领土。经济虽然比较落后，但占据欧洲东部有利位置的沙俄帝国，也通过向其周边地区的扩张夺得了很多领土。沙俄在1876年时，就占有殖民地600多万平方英里（仅次于英国，但其后沙俄的殖民地面积基本没有扩大）。可是，在19世纪末叶经济发展迅速的后起资本帝国主义国家（德国和美、日），所占有的殖民地却少得多。因为当它们挤进列强瓜分世界的筵席时，尚未被分割的殖民地领土已所剩无几。我们从下表可以清楚看到，1913—1914年列强的经济实力同它们所占有的殖民地极不平衡的情况。

| | 占世界工业总产量% | 殖民地面积（万平方公里） | 人口（万人） |
|---|---|---|---|
| 英国 | 14 | 3350 | 39350 |
| 沙俄 | 2.6 | 1740 | 3320 |
| 法国 | 6 | 1060 | 5550 |
| 德国 | 16 | 290 | 1230 |
| 日本 | 1 | 30 | 1920 |
| 美国 | 38 | 30 | 970 |

注：殖民地面积和人口的数字，根据列宁的《帝国主义是资本主义的最高阶段》一书，见《列宁选集》第2卷，第800页。

新兴的帝国主义国家（德、美、日），当然不满意这种状况。尤其是“实力”急剧膨胀起来的德意志帝国，地处欧洲心脏地区而难以“就近”扩张，更加不能容忍这种状况，于是强烈要求重新瓜分世界。德皇威廉二世的外长（后任首相）伯恩哈特·冯·皮洛夫，在1897年就公开宣称：“让别的民族去分割陆地和海洋，而我们德国人只满足于蓝色天空的时代，已经过去了。我们也要为自己要求日光下的地盘。”既然列强已经把“最后一块土地都瓜分完了；再要瓜分，再要增加这种财富，就只能损害别人，为了一个国家的利益去损害另一个国家。这个问题只有用武力才能解决，因此，世界掠夺者之间的战争就不可避免了”。[①]

第一场重新分割殖民地的战争,就是1898年的美西战争。美国从老牌殖民主义国家西班牙手中,夺取了对菲律宾、古巴、波多黎各以及关岛的宗主权。第二场重新分割殖民地的战争,是1899—1902年的英布战争。英国同荷兰殖民者后裔布尔人,争夺盛产钻石和黄金的南非(德国积极支持了布尔人)。第三场重新分割殖民地的战争,是1904—1905年的日俄战争。日本向沙俄帝国争夺在中国东北和朝鲜的殖民权益。这三场战争揭开了列强重新瓜分世界的战争的序幕,但它们都发生在欧洲的外围,没有也不可能改变原有世界分割的旧格局。当时的美国,虽然已是经济实力最强的国家,但远离欧洲,无论在政治上或军事上,都还不具备条件去打破以欧洲为中心的传统国际格局。况且,美国拥有丰富的资源、广阔的国内市场和优越的地理位置,它显然能够首先在美洲与太平洋地区扩大势力范围,并不太急于去全盘重新瓜分世界。至于刚刚挤进世界强国行列的日本,总体实力有限,其对外扩张仍只能限于侵略中国。因此,就重新瓜分世界斗争的全局来看,当时的主要矛盾,是在新兴的德帝国主义与老牌帝国主义(尤其英国)之间。

## 二、强权集团对强权集团

不少研究国际关系的学者,都把出现两个相互对抗、具有世界影响的军事强权集团,视为世界大战爆发的重要根源,这是有道理的。

拿破仑战争之后,欧洲有近百年没有发生几个大国全面卷入的联盟战争,有些学者把这归因于1815年维也纳会议建立了一种强国势力均衡的国际体系。这种以欧洲为中心、几个大国保持均势为特点的体系,维持了将近一个世纪。它的稳定性在于:1. 它是以欧洲发达国家向世界扩张、对非欧洲落后国家的统治和奴役为基础的(当时的非欧洲国家尚处于沉睡状态,远远没有卷入现代化的进程,而且世界尚未瓜分完毕);2. 它是以欧洲大陆几个强国在英国的某种仲裁下,实行强权政治的“欧洲协调”,从而形成国际均势体系为

---

① 《列宁全集》,人民出版社1985—1986年版。第35卷,第67页;第28卷,第62页。

基础的。19 世纪中叶发生的几个欧洲强国直接卷入的克里米亚战争①,虽然宣告了“欧洲协调”的失灵,但并没有打破这种均势体系。甚至随后的 1866 年普奥战争和 1870 年普法战争,也未对传统的欧洲均势体系构成威胁,因为这两场战争主要是普鲁士为扫除德国统一障碍而进行的。普鲁士的胜利,虽然挫折了法国与奥匈帝国,却加强了欧洲大陆的均势。起码在英国人看来是如此。因为被认为最有可能夺取欧陆霸权的法、俄两强,受到了新统一的德国的牵制。1871 年德国统一之后,实际主持帝国事务的“铁血宰相”俾斯麦,从根本上仍然是欧洲均势体系的维护者,虽然他采取的不是传统的“欧洲协调”,而是建立错综复杂的联盟关系,以防止其潜在敌人联合起来反对德国。

19 世纪 80 年代以后,维也纳会议所建立的这种国际均势体系大大动摇了。

由于资本主义的发展进入垄断阶段,原来就已存在的欧洲大国争霸活动,被注入了新的动力和更具威胁的内容。疯狂夺取殖民地的高潮,很快就把世界瓜分完毕了,重新瓜分的问题迅速尖锐起来。尤其是在垄断基础上的发展不平衡,新的科技革命和工业革命,促使德意志帝国的“实力”急剧膨胀起来,造成了欧洲力量对比的根本变化。旧的欧洲均势体系已经容纳不下膨胀起来的德国。1888 年,野心勃勃、刚愎自用的德皇威廉二世登位,不合时宜的俾斯麦被迫在 1890 年辞职。威廉二世推行“世界政策”,宣布德国“要在古老欧洲狭窄的边界以外去完成重大的使命”。他大力扩张殖民地,积极发展海军,筹划修建柏林(Berlin)—君士坦丁堡(古称拜占庭 Byzantium)—巴格达(Baghdad)铁路。这个被称为三“B”的计划。将使德国控制小亚细亚、侵入波斯湾和两河流域,并直逼埃及和印度,成了指向英国三“C”计划的利剑。

德意志帝国开始冲击传统的国际均势体系了。

在大国力量对比的天平上,有三个因素使德国对旧的国际均势体系的冲击,具有比其他国家更直接和更大的力度。第一,德国在经济上和军事上的

① 克里米亚战争(1853—1856)是英、法、土同沙俄对垒,主要战场在巴尔干、黑海和高加索。

发展速度与深度，以及所达到的总体实力水平，居于欧洲之冠。[①] 相对来说，当时美国的经济发展速度、深度和水平虽高于德国，但其军事力量远落后于欧洲列强[②]；另一新崛起国家——日本，经济和军事力量的发展速度虽然很高，但总体实力水平远逊于欧洲列强。第二，德国处在当时地缘政治中心的欧洲心脏地区，而日本和美国则处于当时地缘政治的外围。第三，德国具有浓厚的军国主义和专制主义的传统。用美国学者保罗·肯尼迪的话来说：德国"是一个将西方民主国家现代工业力量，同东方帝国专制独裁的决策特点结合在一起的大国……是一个爆炸性的混合体"。[③] 它更容易、也更倾向于以战争手段去争夺霸权。德国人认为，尽管他们在经济和军事实力上超过其他欧洲大国，但在瓜分世界时却被甩在后面。英国的领土遍布全球，法国在非洲和印度支那获得大片领地，沙俄向巴尔干、中亚和远东进行了扩张……而德国却没有得到自己应有的"权力"果实。德国所想要的东西很多，其他欧洲大国却不肯放弃。德国声称，它是在争取自己应有的"日光下的地盘"；其他国家却认为，德国是步拿破仑的后尘企图主宰欧洲，必须予以挫败。于是一场重新瓜分世界和争夺霸权的大战就酝酿起来了。

"挟集团以自重"，这往往是列强在国际争霸舞台上所惯用的方针。尤其是想改变旧世界格局的新兴帝国主义国家，更加需要通过纵横捭阖的手段，组织以自己为核心的同盟和军事集团，借以打破原有的均势体系。

处于欧洲中心的德国，在地缘政治上受到大陆三个强国——法国、奥匈帝国和俄国的包围。同时反对这三个强国，当然是十分愚蠢的，也是不可能的。18 世纪中叶以来，普鲁士（德国）同这三国都曾兵戎相见。但相比较而言，德法矛盾最深。19 世纪末叶德国的统一和崛起，曾得益于普法战争中打

---

① 钢产量在这一时期，常作为工业化与军事潜力的标志，仅表列德英法产量的对比变化如下：

| | 1870 年 | 1900 年 | 1910 年 |
|---|---|---|---|
| 德国 | 17 | 665 | 1360 |
| 英国 | 22 | 498 | 650 |
| 法国 | 8 | 157 | 340 |

（单位：万吨）

② 1910 年陆海军总数：俄国 128 万人，法国 77 万人，德国 70 万人，英国 57 万人，美国 13 万人。

③ 保罗·肯尼迪：《大国的兴衰》，世界知识出版社 1990 年版，第 249—250 页。

败法国,从法国割取矿产丰富的阿尔萨斯和洛林,并获得 50 亿法郎的赔款。因此,德国统一后,俾斯麦最大的心病就是防止法国“复仇”。他特别害怕出现东西两线同时作战的局面,用尽一切计谋去孤立法国,阻止法俄接近。俄国与普鲁士之间,从反拿破仑战争以来一直存在着某种共同利益,双方皇室还有姻亲关系(沙皇亚历山大二世是德皇威廉一世的外甥),普法战争期间沙俄持对普友好的“中立”态度。俄国最大的麻烦是在西亚地区同英国的争夺,同时在巴尔干地区同奥匈帝国有深刻矛盾,希望借助德国来牵制英、奥。但俄国并不希望德国过于强大,而且在 19 世纪末叶法国资本大量流入俄国,俄法关系有所改善。至于奥匈帝国,过去曾企图兼并众多的德意志小邦(普奥战争后不得不放弃这种企图),当然更不愿看到一个十分强大的德国。不过,奥匈帝国实力较弱,在同俄国争夺巴尔干时希望得到德国的支持。正是在这种相互利用的基础上,通过德、俄、奥三国皇帝的相互访问会晤,终于在 1873 年形成了主要针对法、英两国的“三皇同盟”。

“三皇同盟”的寿命不长。从“三皇同盟”到德、奥、意“三国同盟”,德国才终于组成以自己为首的军事同盟集团。19 世纪 70 年代自由资本主义刚开始向垄断过渡,欧洲列强之间的力量对比和矛盾关系急剧变动,“三皇同盟”未能反映这种矛盾重重的利益关系变动。1875 年,法国从普法战争的失败中恢复过来,主张对德“复仇”的势力抬头。俾斯麦策划对法国进行一场“预防性战争”。但沙俄不愿法国进一步削弱而坐大德国,同英国一起出面反对,俾斯麦被迫作罢。1877 年俄国向土耳其开战,夺取了巴尔干地区的大片土地,奥匈帝国又同英国一起予以干涉。在翌年由德国出面召开的柏林会议上,俄国被迫吐出了部分侵占的领土。德、俄、奥三皇相互掣肘,他们的同盟遂告瓦解。俾斯麦日益被法俄可能结盟的噩梦困扰,连忙于 1879 年同奥匈帝国签订主要针对沙俄的秘密防御协定。此后不久,德国又利用意大利同法国争夺北非殖民地(突尼斯)的矛盾,拉拢意大利。1882 年,德、奥、意终于缔结了针对法、俄的《三国同盟条约》。这标志着以德国为首的第一个欧洲大陆军事同盟集团的形成。

“三国同盟”引起法国与俄国的巨大不安,推动了两国关系走向亲善。80 年代末,法国连续向俄国提供三笔总数达 24 亿法郎的贷款。大量法国资本的流入俄国,以及面对德国实力急剧膨胀威胁的共同战略利益,为两国结盟奠定了基础。加上作为沙皇亚历山大二世之舅舅的德皇威廉一世驾崩，其孙子威廉二世即位后俄德矛盾进一步恶化。于是法、俄双方通过军舰互访与总参谋长会谈，在1894年正式签订了《法俄军事条约》。这标志着欧洲大陆的另一军事同盟集团初步形成。

英国作为当时最强大的帝国主义国家，开始时并未参与任何一个欧陆的军事同盟集团。长期以来，英国一直奉行“光荣孤立”政策。这一政策有两根主要支柱：一是保持英国的海上霸主地位；二是谋求欧洲大陆的均势。

英国是个工业发达的岛国，又是一个海外领地遍布全球的殖民大帝国。只要英国拥有世界最强大的海军，掌握了制海权，它的安全与繁荣就有了基本的保障。对于欧洲大陆，踞有天险英吉利海峡作为屏障，英国不在乎哪个国家是否强大，只要没有一个国家夺得欧陆霸权就行。它极力维持的是欧洲列强势力均衡，打击任何有可能夺取霸权的国家。英国首相帕默斯顿对此讲过一句名言：“我们没有永恒的朋友，也没有永久的敌人，只有永恒而永久的利益。”[①]在争夺殖民地和瓜分世界时，英国同法、俄、德、日、美等国都有尖锐的矛盾和冲突。对欧陆列强之间的纷争，它常常加以利用，使自己处于“仲裁者”地位。它惯于以财政援助方式对欧洲政治施加影响，尽量避免军事结盟和直接武装干预。这就是所谓“光荣孤立”。

表面看来，19世纪末的英国是个顶级的世界强国。但是，它长期享有的工业优势已在逐渐消失；它所极力维持的欧洲均势，也正在受到飞速发展的德国日益严重的威胁；它作为版图覆盖全球的殖民帝国，其海外权益还受到另外两个飞速发展的国家——日本和美国的威胁。正如当时的英国殖民大臣老张伯伦所叹息：“在过分巨大的命运之星的照耀下，（大英帝国）已成了蹒跚行步、疲惫不堪的巨人。”[②]面对来自各方的重新瓜分世界的压力，英国曾尝试采取“绥靖”[③]的态度，甚至准备在殖民地问题上对德国作出某些让步。但威廉二世推行咄咄逼人的“世界政策”，开始大力扩建海军（德国海军在蒂尔皮茨1897年出任海军大臣后迅速扩充，其舰队的吨位从原来的世界第六位，

---

① 迈克尔·曼德尔鲍姆：《国家的命运》，军事科学出版社1990年版，第33页。

② 迈克尔·曼德尔鲍姆：《国家的命运》，军事科学出版社1990年版，第33页。

③ 一些西方学者认为，英国绥靖政策的传统，始于19世纪中叶。保罗·肯尼迪在其论文《英国外交政策中的绥靖传统》中，特别论述了19世纪末到一次大战前英国外交中的绥靖倾向。

发展到1910年仅次于英国的第二位)。这是大英帝国难以容忍的。如果说,当时的德国是竭力越出欧洲的局限而争夺世界霸权的话,那么英国则是拼命保住自己的顶级世界强国地位。两者之间的矛盾无法调和。于是进入20世纪之后,英国开始调整战略部署,逐步抛弃传统的"光荣孤立"政策,走向同法、俄结盟。1904年和1907年,英国先后同法国及沙俄签订双边协定。这两个协定的条款,虽然都只是划定英法在非洲和英俄在西亚的殖民势力范围,并未公开指向德国,但英国同法、俄之改善关系,本意正是联合共同对付德国(而且事实上英法两国的军方已开始了频繁的接触与合作)。① 因此,这两个协定的签订,加上前面的1894年《法俄军事条约》,就标志"三国协约"——与"三国同盟"相对抗的另一欧洲强权集团正式形成。

组成强权集团的本来目的(或自然趋势),就是力图在国际争霸舞台上"挟集团以自重"。谁也不能容忍对方取得优势或者占先。在均势还没有完全打破之时,它们仍能维持勉强的和平(武装的和平),这是一种应力积聚。在这种表面的均势和僵持之中,就酝酿着打破均势和僵局的冲动力量。既然"挟集团以自重",同盟集团内部也就具有某种"一损俱损、一荣俱荣"的性质。对于本集团某个成员根本利益的威胁,也就成为对己方整个集团的威胁。这就为从局部冲突演化成全面战争埋下了祸根。

## 三、白热化的军备竞赛

武器本身是否构成一种战争根源?这在国际关系理论中,曾反复被人们提出来讨论。和平主义者一直强调:武器酿成战争,裁军导致和平。可是现实主义的国际关系学者却认为:"人打仗并不因为掌握了武器,人们掌握武器是因为他们认为有必要打仗。"②他们强调,只有看起来有可能实现和平时,军备才会削减;而预料战争将至(更不用说是打算发动战争了),则会出现军备

① 这种接触与合作是从1905年双方军事代表团会谈开始的,大都由两国总参谋长直接控制。参见J. F. C. 富勒《战争指导》,解放军出版社1985年版,第134页。

② 詹姆斯·多尔蒂等:《争论中的国际关系理论》,世界知识出版社1987年版,第362—363页。

竞赛。武器军备的发展出自于战争,出自于对战争的预料和需要。然而世界上的很多问题,并不像纯理论上的推理那么简单。事实上,军备竞赛与战争之间的关系,往往是相互促进的。

19 世纪的国际政治舞台,决定性的因素和动力,是各国实力的强弱和利益的多寡。对于欧洲和日、美等列强来说,争夺强权就是它们的主要"国家利益"(即按强权论定的利益)。军事力量是一国强权的明显尺度,是一国政治强权最重要的物质因素。有人形象地描绘了那个时代的国际政治舞台:"当(在会议桌上)发生争论时,德国总是在开口前把一支左轮手枪摆在桌面上……"[①]因此,当西方发达国家开始大肆争夺殖民地和瓜分世界时,它们也就同时开始了军备竞赛。而当重新瓜分世界的矛盾日趋尖锐,出现了两个相互对抗的军事同盟集团,战争成为预料难以避免之时,它们的军备竞赛也就达到了白热化的程度。列强各国都把巨大的人力和物力,投入扩军备战,强化战争机器,力图在军事上压倒对方。从 1890—1914 年,德国的军费开支猛增 3.8 倍,俄国猛增 3 倍,英、法猛增 2.4 倍和 1.5 倍。我们从列强陆海军总人数的变化,可以看到这种军备竞赛最一般的轮廓。

**1880—1914 年陆海军总人数(以 1914 年的数量排序)单位:万人**

| 年份 | 1880 | 1890 | 1900 | 1910 | 1914 |
|---|---|---|---|---|---|
| 沙俄 | 79.1 | 67.7 | 116.2 | 128.5 | 135.2 |
| 法国 | 54.3 | 54.2 | 71.5 | 76.9 | 91 |
| 德国 | 42.6 | 50.4 | 52.4 | 69.4 | 89.1 |
| 英国 | 36.7 | 42 | 62.4 | 57.1 | 53.2 |
| 奥匈 | 24.6 | 34.6 | 38.5 | 42.5 | 44.4 |
| 意大利 | 21.6 | 28.4 | 25.5 | 32.2 | 34.5 |
| 日本 | 7.1 | 8.4 | 23.4 | 27.1 | 30.6 |
| 美国 | 3.4 | 3.9 | 9.6 | 12.7 | 16.4 |

注:根据保罗·肯尼迪:《大国的兴衰》,第 237 页。

从上表可见,在第一次世界大战前的 24 年里,欧洲列强的陆海军总人数,德国增加了一倍多。沙俄由于进行俄土战争(1877—1878),在 1880 年时的

① 汉森·W·鲍德温:《第一次世界大战史纲》,军事科学出版社 1991 年版,第 6 页。

数字较高；如果俄国与1890年相比，也是增加了一倍。奥匈帝国增加80.4%。法国增加67.6%。英国因为着重于扩建海军，所以陆海军总人数增加幅度较少。英国同样由于进行英布战争，其1900年时的陆海军总人数达到最高水平。两个非欧洲强国美国和日本，原来的军备水平比较低，所以增加的倍数最大。其中，日本由于侵略朝鲜并同中国发生甲午战争，在1890—1900年这10年间增加了近两倍。美国同样由于美西战争，在1890—1900年这10年间增加了一倍半。

从军队总人数的对比来看，沙俄与法国似乎比德国占有很大优势。然而情况并非如此，德国军队在装备和技术上，在官兵素质、训练以及后备力量上，都占有优势。德国陆军拥有的机枪和主要的步兵火炮(77毫米口径)，比法国多60%—80%；其中型或重型野战炮所占的优势更大。人口较少的法国，为了扩军备战已将89%的适龄青年征兵入伍，而德国达到同样数量则只征召了适龄青年的53%。现代化军队士兵的素质高低，也反映在文盲率上。德国军队的文盲率只有1‰，而法国却高达68‰。① 富有军国主义传统的德国，拥有近千万受过训练的后备役人员和11.5万名军士(这是战时迅速扩军的关键)。此外，德国还拥有良好发达的铁路交通线、比较迅速的动员能力和较好的参谋人员。相对来说，法国则只有4.8万名军士，而且其后备官兵训练水平较差，只能用于守备后方。至于数量庞大的俄国军队，武器装备则更落后(一个德国师的火力约等于一个半到两个俄国师)。② 俄国士兵大部分是文盲，军官3/4缺乏足够的技术培训，质和量都不敷所需，而且沙俄军队很大一部分是用于镇压国内各民族人民反沙皇专制斗争的。

海军是那个时代最具工业化特色的现代化军种，也是列强争夺殖民地和瓜分世界的最重要军事手段。可以说，在当时的国际政治舞台上，海军是强权政治最显眼的"左轮手枪"(每当出现国际政治危机，或者需要显示实力的时候，列强往往首先派遣其现代化军舰出场)。因此，海军的军备竞赛，成为当时整个军备竞赛中最为重要的指标。从下表列出的欧洲列强和美、日的海军舰艇总吨位的变化，我们可以窥测第一次世界大战前列强军备竞赛和军事

---

① 保罗·肯尼迪：《大国的兴衰》，世界知识出版社1990年版，第244、247、259页。

② 汉森·W·鲍德温：《第一次世界大战史纲》，军事科学出版社1991年版，第12页。

力量对比的情况。

**1880—1914 年列强舰艇总吨位(以 1914 年的数量排序)(单位:万吨)**

| 年份 | 1880 | 1890 | 1900 | 1910 | 1914 |
|---|---|---|---|---|---|
| 英国 | 65 | 67.9 | 106.5 | 217.4 | 271.4 |
| 德国 | 8.8 | 19 | 28.5 | 96.4 | 130.5 |
| 美国 | 16.9 | 24 | 33.3 | 82.4 | 98.5 |
| 法国 | 27.1 | 31.9 | 49.9 | 72.5 | 90 |
| 日本 | 1.5 | 4.1 | 18.7 | 49.6 | 70 |
| 沙俄 | 20 | 18 | 38.3 | 40.1 | 67.9 |
| 意大利 | 10 | 24.2 | 24.5 | 32.7 | 49.8 |
| 奥匈 | 6 | 6.6 | 8.7 | 21 | 37.2 |

注:根据保罗·肯尼迪《大国的兴衰》,第 237 页。

从表中可见,第一次世界大战前的 24 年里,列强海军舰艇吨位合计总共增加了 4.2 倍。其中日、德增长最快(分别增长 45 倍和 14 倍)。就军备竞赛的白热化程度来说,德、英海军之间的竞争最激烈;而就军备竞赛对促使大战爆发的影响来说,德国海军的迅猛扩展,则是打破原有军事力量均衡的主要冲击力。推行"世界政策"的德皇威廉二世,任命"马汉主义"①者蒂尔皮茨为海军大臣后,就接连在 1898、1900 年推出两个扩建远洋舰队的军备计划。一向把掌握海上霸权视为自己安全与繁荣保障的英国,自然深感不安,于是一面走向同法、俄结盟,一面拨出巨款建造更大的新型战列舰。1906 年英国第一艘这种新型战舰"无畏号"②下水。英国原以为德国的财力负担不了这种巨大新型战舰的建造。可是威廉二世却用暂时压缩陆军经费的办法③,让蒂尔皮茨在 1908 年抛出第三个海军扩建计划,大力建造德国的无畏舰。到大战爆发前夕,欧洲列强海军主力战舰的对比如下:

① 马汉(A. T. Mahan,1840—1914)是美国海军理论家,"海权论"的创立者,主张建立巨型远洋舰队和夺取海外战略据点,宣扬谁控制了海洋,谁就掌握了世界霸权。

② 这是当时装甲最厚、续航力最强、火炮口径最大、且能全向射击的巨型战列舰。

③ 建造一艘无畏舰的费用等于 5 个陆军师。德国直到 1911 年后才又把军备重点转移到陆军。

| | 英国 | 德国 | 法国 | 意大利 | 奥匈 | 沙俄 |
|---|---|---|---|---|---|---|
| 无畏型战列舰(艘) | 21 | 15 | 4 | 4 | 4 | — |
| 战列巡洋舰①(艘) | 9 | 5 | — | — | — | — |
| 老式战列舰(艘) | 40 | 22 | 18 | 8 | 12 | 8 |

注:根据H·帕姆塞尔《世界海战简史》,海洋出版社1986年版,第172页。

从上表可见,德国远洋舰队虽然没有达到蒂尔皮茨海军上将所追求的目标——“像英国那样强大”,但已构成巨大威胁。尤其是德国的新军舰,在结构、光学仪器、炮塔控制、弹药和夜战能力等方面都优于英国。这是近两个多世纪以来,英国海上霸权所面临的最严重挑战。为了对付这支近在英伦咫尺的世界二号海军舰队,大英帝国不得不从其海外领地把全部主力战舰调回北海。

原来分散落后的德意志诸邦,19世纪下半叶通过普鲁士王朝战争道路,统一成为德意志帝国。随着资本主义垄断基础上的经济政治发展不平衡,新兴的德国以跳跃性的速度崛起,造成了欧洲力量对比的根本变化。发展速度上的跳跃性,实力对比上的突变性,形成了争霸舞台上列强关系的重新分化组合。各个争霸大国的实力(首先突出表现在军事实力上)水平趋向均衡,使得原来拥有相对实力优势和霸权地位的帝国主义大国,再也不能垄断一切、决定一切。形成强权集团的争霸双方各有所持,它们之间的矛盾就非得经过一番恶斗才能见分晓。

## 四、引爆的发火点

“欧洲火药桶”——人们在议论第一次世界大战前的国际局势时,常常会用这样一句形象性的话来形容巴尔干。确实,巴尔干及其周围的地中海地区,是当时欧洲大陆矛盾最集中、两大强权集团争夺最激烈的热点。第一次世界大战便是从这里点燃起来的。

这一地区原来隶属于土耳其奥斯曼帝国。它在16世纪鼎盛时期,版图横

① 战列巡洋舰也是主力战舰,其火炮口径与无畏舰差不多,但以减轻装甲厚度来获得较快速度。

跨欧、亚、非三洲。此后,这个军事封建大帝国走向衰落。17—18 世纪,奥斯曼帝国所属的东欧民族主义运动兴起,哈布斯堡王朝的历代皇帝带头反对土耳其的统治,后来在 1867 年成立了多民族的奥匈二元帝国。18 世纪末,沙俄夺取了黑海北岸地区。进入 19 世纪后,欧洲资本主义列强纷纷争夺奥斯曼帝国的领土,英国夺取了北非的埃及和地中海的塞浦路斯岛;法国占领了北非的阿尔及利亚和突尼斯;沙俄侵吞了西亚的格鲁吉亚、阿塞拜疆和亚美尼亚。此时,巴尔干地区的民族主义运动,先后诞生了一系列独立国家。其中较强的塞尔维亚,民族主义势力最盛,形成所谓"大塞尔维亚主义"运动①。由于巴尔干地区存在众多民族成分,又长期受到土耳其奥斯曼统治者的奴役,矛盾争端迭起,给欧洲列强的介入造成了可乘之机。

20 世纪初欧洲两个对抗的军事集团形成后,列强为争夺巴尔干和地中海地区,爆发了一系列国际危机与局部战争。其中主要是:两次摩洛哥危机、波斯尼亚危机、意土战争以及两次巴尔干战争。这些危机与局部战争,就成为一次大战的前奏。

1904 年《英法协定》签订后,法国随即同西班牙划分在摩洛哥的势力范围。摩洛哥濒临直布罗陀海峡,战略地位重要,于是德皇威廉二世连忙在 1905 年出访该地,声称"要维护摩洛哥的主权和独立",并以军事要挟把"问题"提交国际讨论。德国原指望离间英法关系,然而在此次危机中,英法不仅保持了合作,而且开始走向军事联盟,威廉二世被迫让步。遭受挫折的德国加深了同英法的矛盾。

地中海西端的摩洛哥危机刚落幕,巴尔干的波斯尼亚危机旋即爆发。早就想在该地区扩大权益的奥匈帝国,利用沙皇在日俄战争中的失败,于 1908 年吞并了土耳其奥斯曼帝国在巴尔干的两个省——波斯尼亚和黑塞哥维那。此举立刻遭到塞尔维亚的强烈反对,因为这两省大部分居民为塞族。塞尔维亚宣布动员,请求沙俄支持,准备不惜对奥匈一战。沙皇开始时有所犹豫,因为前不久奥匈帝国曾经许诺,同意沙俄军舰通过博斯普鲁斯海峡和达达尼尔

---

① "大塞尔维亚主义"是企图把散居该地区各国的塞族血统,统一为"大塞尔维亚"。由于塞族属南方斯拉夫人,所以获得了企图向巴尔干扩张的沙俄"泛斯拉夫主义"运动支持。

海峡。[1] 可是奥匈帝国的这个许诺,多半是空头支票。因为在地中海有重大权益的英法,是不会同意俄国黑海舰队通过两个海峡进入地中海的。感到受骗的沙皇就转而支持塞尔维亚,以图同奥匈帝国争夺巴尔干。获得德皇威廉二世支持的奥匈帝国政府,态度强硬蛮横,向塞尔维亚发出最后通牒。国力空虚的沙皇俄国,没有得到英法的充分支持,只好让步。塞尔维亚在沙俄的“劝告”之下,被迫承认了奥匈帝国吞并波、黑两省。这场危机虽未导致战争,但却埋下了今后更加激烈的冲突因素。

巴尔干的风暴稍许平息,第二次摩洛哥危机接踵而来。1911 年 5 月,法国借口摩洛哥首都非斯发生动乱,以护侨为名出兵占领非斯。德国立即派遣炮舰“豹号”开往摩洛哥港口阿加迪尔,随后德国轻巡洋舰“柏林号”又进入摩洛哥领海。德法冲突迫在眉睫。英国不能容忍德国染指面对直布罗陀海峡的摩洛哥,遂以履行《英法协定》义务为名,下令皇家海军进入战备状态。德国再次被迫让步,于是年 11 月承认摩洛哥受法国保护,而法国则把一部分法属刚果领土划归德国作为补偿。

正当列强的注意力集中在摩洛哥的时候,意大利乘机夺取土耳其奥斯曼帝国在北非的属地的黎波里。1911 年 9 月意大利向土耳其开战,很快击败了土耳其在北非人数不多的守军,于是年 11 月宣布兼并的黎波里和昔兰尼加,并恢复了这个地区的旧称——利比亚。

土耳其在意土战争中迅速失败,推动了仍在奥斯曼帝国统治下的巴尔干各民族独立运动。塞尔维亚、保加利亚、门的内哥罗和希腊,结成巴尔干同盟,于 1912 年 10 月发动反对土耳其的战争。巴尔干同盟各国的军队,迅速攻占了奥斯曼帝国在欧洲剩下的大部分领土,保加利亚军队甚至威胁到土耳其的首都君士坦丁堡(伊斯坦布尔)。土耳其请求欧洲列强调解。是年 12 月在伦敦召开了巴尔干同盟与土耳其的和谈会议,英、法、德、俄、奥、意等六国大使参加。1913 年 5 月签订和约,土耳其基本放弃了在欧洲的全部领土,仅保留伊斯坦布尔及海峡北面的狭小地区。

虽然第一次巴尔干战争使巴尔干半岛各民族最终摆脱了奥斯曼帝国的

---

① 根据 1841 年欧洲列强在伦敦签订的黑海海峡公约,规定和平时期各国(除土耳其)军舰不许通过这两个海峡。

统治,但巴尔干同盟各国在分配战争胜利果实时,发生了尖锐矛盾。保加利亚夺得马其顿的大部分地区。塞尔维亚曾在俄国支持下,要求得到亚得里亚海的出海口,但因奥匈和意大利反对而未能实现。现在,塞尔维亚要求从保加利亚所占马其顿领土中,分得一部分作为补偿。希腊支持塞尔维亚,两国结成反对保加利亚的联盟,接着罗马尼亚也加入了。奥匈帝国怂恿保加利亚于1913年6月进攻塞、希两国,挑起第二次巴尔干战争。罗马尼亚宣布总动员,侵入保加利亚所属的南多布罗加地区。土耳其也乘机参加反保战争。奥匈帝国原想进攻塞尔维亚以援助保加利亚,但德国鉴于自己尚未完全做好发动大战的准备,拒绝支持奥匈的军事行动。孤立无援的保加利亚只得求和。同年8月,交战双方在罗马尼亚首都布加勒斯特签订和约,保加利亚被迫同意马其顿由塞、希两国参与瓜分,南多布罗加地区则割让给罗马尼亚。

第二次巴尔干战争造成了严重后果。原来巴尔干各民族的反土耳其联盟瓦解了,巴尔干诸国分成两个阵营:一方是塞尔维亚、希腊和罗马尼亚,站在这个阵营后面的是沙俄,而沙俄的后面又有与之结成“三国协约”的法、英;另一方是保加利亚(后来土耳其站到保加利亚一边),在它的后面是奥匈帝国,而奥匈的后面则是与之结成“三国同盟”的德国。巴尔干地区错综复杂的民族矛盾,同已经形成两大强权集团的欧洲列强争霸矛盾,深深地纠缠在一起。巴尔干的矛盾冲突,也就成了引爆大战的“欧洲火药桶”。

巴尔干战争的另一后果是塞尔维亚的实力和民族主义情绪大增。它的领土增加近一倍,人口从300万增至450万,在巴尔干的威望和影响也大大上升。很多有大量塞族人居住的地区——如奥匈管辖的波斯尼亚和黑塞哥维那,都纷纷要求并入塞尔维亚,掀起了“大塞尔维亚”民族主义运动的高潮。1914年6月,一心扼杀“大塞尔维亚主义”的奥匈帝国,在靠近塞尔维亚的边境地区举行军事演习,由帝国皇储弗兰茨·斐迪南前往检阅。这一挑衅行动使塞尔维亚人感到愤慨。塞尔维亚民族主义组织“黑手党”,立即制定袭击计划。6月28日,斐迪南夫妇检阅军事演习之后,乘车进入波斯尼亚首府萨拉热窝,被19岁的塞族青年普林西普枪杀。

奥匈帝国决心利用这一事件,发动对塞尔维亚的战争。但奥匈的战争行动,很大程度上要受德国的制约。早在一年前的第二次巴尔干战争期间,奥匈就曾想发动对塞战争,当时尚未做好大战准备的德国拒绝支持。但此次情况不同了,德国考虑到拥有巨大人力和丰富自然资源的俄国,正在加紧备战。如果现在不采取先发制人的行动,自己在战争准备上所占有的优势就会丧失。因此,德皇威廉二世在7月6日给奥匈帝国皇帝的信中表示:德国"将根据盟约和古老的友谊,忠实地站在奥匈帝国一边"。[①] 于是奥匈便在7月23日向塞尔维亚发出了一份条件苛刻而难以接受的最后通牒,限令48小时答复。受到战争威胁的塞尔维亚,一方面动员军队和向沙俄求助;另一方面由前塞首相亲赴奥匈使馆面交复照(几乎全部接受奥匈的条件),以求和平解决。但奥匈帝国拒绝了一切和解的外交调停。

巨大的战争车轮,沿着连锁反应的斜坡,滚向浩劫的深渊。7月28日奥匈向塞尔维亚宣战→7月30日支持塞尔维亚的俄国宣布动员→德国要求俄国停止动员遭拒绝后也宣布动员,并于8月1日向俄国宣战→接着同一天法国宣布动员→于是8月3日德国向法国宣战→8月4日英国向德国宣战。萨拉热窝的刺杀枪弹,就成了点燃"欧洲火药桶"的火星。一件小小的国际冲突事件,在不到40天的时间内,演变成了一场4年多的世界性大厮杀。

① 卡尔·迪·埃尔德曼:《德意志史》第4卷上册,商务印书馆1986年版,第42页。

# 第三章　不可思议的战争

## 一、旧时代的战略和战争观的破产

1914—1918 年的第一次世界大战，标志着人类战争历史运动进入一个无限化总体战争的时代。战争的规模、力度、烈度和深度，都是历史迄今为止所没有的。对于这个进入 20 世纪之后才出现的总体战争时代，当时人们是缺乏认识的。各个争霸的大国，对战争的认识和战略的指导，仍然停留在 19 世纪旧时代的水平，即停留在拿破仑战争基础上形成的战争理论和战略思想上。它们都是按照旧时代的战争观，片面强调战略进攻，轻视战略防御；设想依靠战前的物资储备和开战时动员起来的军队，通过几次速决的进攻和大会战，就可歼灭敌军主力而赢得胜利。这种旧时代的战争观，集中反映在各个主要交战国的战争计划和作战行动上。

德意志帝国作为积极主动发动战争的一方，其战争计划是由 1891 年出任德军总参谋长的 A·施利芬①制订的。地处中欧的德国，军事上的一大弱点是可能两面、甚至多面受敌。从俾斯麦时代起，避免两线作战就成为德国的首要战略问题。当时德国面临的两线强敌，一个是法国，一个是沙俄。施利芬这位以推崇机动速决歼灭战著称的德国军事家，在担任德军总参谋长期间，经过多年酝酿于 1905 年制定了德国的战争计划。他力图依靠德国处于内线作战和铁路网发达、能够迅速机动的优点，利用沙俄的落后和战争动员迟

---

① A·施利芬（Alfred Schlieften，1833—1913），又译史里芬，任德军总参谋长至 1905 年。

缓，在东线先取守势（仅以驻东普鲁士的20万守军协同奥匈军队对付俄国），集中德军的180万兵力在西线实施先发制人的突击，迅速击败法国，然后回师东线打败沙俄。对于西线作战，施利芬设想以梅斯（在德、法、卢森堡三国交界处）为枢轴分成左右两翼。左翼以20万人在德法边境筑垒据守作为底座。另20万人在梅斯一带作为"转板枢轴"。集中140万重兵于右翼，构成一块强大机动的"转板"，沿海边穿越中立的荷兰和比利时，迅速突破法国北部边境，强渡塞纳河，包围巴黎，然后迂回东北，夹击歼灭法军主力于法德边境。按照施利芬的设想，法军越是集中兵力在法德边境向德国腹地采取攻势作战，这块德军右翼实施机动突击的"转板"，从背后对法军的打击就越重。施利芬相信，德国实施他所制定的机动速决歼灭战计划，就能在几个月的时间内赢得战争。

法国自普法战争后一直视德国为主要敌人。它曾经制订过多个对德作战计划，在战略上经历了从单纯防御向绝对进攻的转变过程。霞飞①和福煦②推崇的"拼命攻势"和会战至上论，到20世纪初已经成为法国陆军的宗旨。1913年霞飞主持制定的"第17号计划"规定，一旦战争爆发，将把法军基本兵力集结在法德边境的孚日山脉和摩泽尔河之间，向德国腹地发起强大攻势，企图经过两三个大规模会战就打败德军，赢得战争胜利。从某种意义上说，德国人的"施利芬计划"，是继承法国人拿破仑的机动歼灭战略思想；而法国人的"第17号计划"，则更多地体现了德国（普鲁士）人克劳塞维茨的会战论。

俄国的战争计划是1912年修订的"第19号计划"。根据法俄协约规定，一旦德国进攻法国，俄国应在15天内调集80万军队攻击德军东线。但是沙俄的战争目标，主要是击败奥匈帝国，进入巴尔干和土耳其，夺取通向地中海的出海口，实现其传统南下战略的夙愿。从这一目标出发，沙俄的"第19号计划"制定了两个方案：其一，当德军以主力在东线进攻俄国时，俄军即实施以主力对付德军的"Г"（俄文"德国"的第一个字母）方案；其二，当德军以主力在西线进攻法国时，俄军即实施以主力突击奥匈军的"A"（俄文"奥匈"的

---

① 霞飞（Joseph—Jacques—Cesaire Joffre，1852—1931），1911—1916年任法军总参谋长。

② 福煦（Ferdinand Foch，1851—1929），1917年继霞飞任法军总参谋长。1918年兼任协约国军队总司令。著有《战争原理》（1903）和《论战争指导》（1904）。

第一个字母)方案。后来在1914年的战争中,俄军主要是按“A”案作战。

英国由于殖民利益遍布全球,主要关心的是其海上霸权。英国的海上作战计划以马汉的海权论为思想基础,力图在北海和大西洋,通过主力舰队的决战摧毁德国海军。至于陆上作战,英国仅派了一支远征军到法国靠海的西北部配合法军行动。

总之,当时无论是同盟国一方或者协约国一方,都没有打“总体战争”的认识和准备,都同样设想通过战争开始时动员的有限军队,在短时间内赢得战争胜利。德国的施利芬断言:战争将从春天开始,不迟于“秋日落叶”时就该结束。[①] 法国的福煦强调:法德战争将是一场“打起来激烈而迅速”的战争。俄国的军事领导人也同样认为:“战争将持续数月,不超过一年。”[②]

第一次世界大战的实践,使各个交战大国这种短期速决战的计划全部破产了。

1914年8月战争爆发后,西线德军右翼重兵集团刚进入比利时,霞飞就按“第17号计划”下令法军向法德边境的德军发起进攻。但法军的攻势很快破产,两周后不得不撤到马恩河一带防守。接着,对战局影响更大的德国速决突击进攻战略也遭到了失败。开战时的德军总参谋长是德皇威廉二世年轻时的好友、老毛奇的侄儿小毛奇。这个缺乏胆识的庸才,1906年接过“施利芬计划”后,就逐步作了致命性的修改。他削弱德军投入西线进攻的兵力,去增加东线对沙俄的防御;在西线又削弱右翼的突击力量,去增强左翼的防御,使担负突击的德军右翼重兵,从140万减少到70万人。施利芬的“转板”失去了必要的重量。此外,当时德军虽能利用发达的铁路网调运军队,但战场机动仍然主要依靠徒步和马拉,难以对法军主力实施高速突击的深远战略包围。结果,西线德军虽在初战中攻占比利时和法国北部,但却在1914年9月的马恩河会战中受挫。这场会战是一场“大规模的总决战”,双方投入兵力共达200万人,在正面180公里宽的地带进行了8天激战。虽然德军的攻势,一度进至可用望远镜看到巴黎埃菲尔铁塔的塔尖,虽然法国政府已迁到波尔多,但进攻的德军终于力量耗尽而败退。惊慌失措的小毛奇向威廉二世报

---

① 叶廖夫:《从施利芬到兴登堡》,莫斯科1956年版,第49—51页。

② 罗斯图诺夫:《第一次世界大战史》(上册),上海译文出版社1982年版,第196页。

告:“陛下,我们输掉了这场战争!”[1]随后他就被解除了职务。此时协约国联军曾企图发动攻势以追击退却之敌,然而也无力突破德军的防御。以后,双方轮番试图从侧翼突破对方的防御。德军突击联军靠海边方向的左翼,联军也突击德军靠海边方向的右翼。双方在一连串的血战中,把战线不断地向西北推延,直到北海沿岸(史称“奔向大海”作战),都没有取得突破性进展,西线战争便陷入了堑壕战僵局。

至于东线,俄军在1914年8—9月发动了进攻东普鲁士之战。德国守军以2万人伤亡的代价,歼灭俄军25万。其中8月下旬由兴登堡和鲁登道夫指挥进行的坦能堡战役,被称为“现代的坎内[2]之战”。不过,俄军虽然在东普鲁士之战遭到惨败,却在加里西亚之战取得对奥匈军的胜利。加里西亚战役(1914年8—9月)双方共投入200万人,在维斯瓦河与德涅斯特河之间的近400公里正面展开,俄军损失23万,奥匈军损失40万。为了挽救奥匈的败局,德军被迫从西线抽调兵力加强东线。于是东线在1915年夏也陷入了阵地战僵局。

同盟国与协约国双方在以后3年多的激战中,多次使用拿破仑以来的传统作战方法(即所谓“炮兵摧毁、步兵占领”)。集中大量炮兵进行长时间猛烈炮火准备(炮轰时间长达1—2个星期,发射炮弹3百万—4百万发),在敌方正面狭窄地段的堑壕上轰出一个缺口,然后实施大规模的步兵进攻,企图打破僵局。但这种传统战略,即便付出重大伤亡代价,也仅能攻下第一道防线,很快又被对方从防御纵深处调来的预备队堵住。其中最大、最典型的是凡尔登战役和索姆河战役。

凡尔登战役(1916年2—12月),德军投入了50个师,在战线很狭窄的正面(仅15公里)实施集中的突击,火炮密度每公里正面100门,第一天就消耗了炮弹200多万发。虽然如此,德军经过几个月的血战,仍未能突破对方的防线,遂被迫于9月停止了进攻。尔后,法军(69个师)也实施了两次进攻,亦无法突破德军防线。此战双方投入军队共达150万人,攻守鏖战10个月,伤亡

---

① 汉森·W·鲍德温:《第一次世界大战史纲》,军事科学出版社1991年版,第35页。

② 公元前216年第二次布匿战争期间,迦太基名将汉尼拔在意大利东南的坎内(Cannae),采取两翼机动,以2.6万兵力歼灭罗马8万大军。此后“坎内”就成了机动歼灭战的代名词。

近百万人,被称为“绞肉机”。索姆河战役(1916 年 7—11 月),英法联军在 40—50 公里的正面战线上,投入 86 个师、近 2000 门重炮和数百架飞机,还使用了新发明的坦克。经过一个星期炮轰,英法联军向德军阵地发起猛攻,仅头一天英国远征军就损失 6 万人。然而鏖战 140 天,英法联军伤亡 80 万人(德军伤亡 54 万人),仅推进了 5—12 公里,未取得战略突破。在整个大战过程中,这种双方在战线的狭窄地段投入重兵,不惜代价地企图实施战略突破,结果都基本原地踏步,整个战局始终陷于堑壕防线的阵地战僵局。

第一次世界大战从实施拿破仑时代的速决机动歼灭战开始,变成了长期消耗的总体性阵地战。旧时代的战争理论和战略战术破产了。由于战争的广度、深度、残酷性和破坏性大大增加,双方战前建立起来的基干军队和物资储备,很快就消耗殆尽了。法国到 1914 年底已损失 98 万正规军,被迫征召所有适于服兵役的男子入伍。法军的火炮弹药储备,战前计算为每天 1.3 万发;而仅仅在马恩河会战,每天消耗就高达 24 万发。法国的 75 毫米火炮炮弹储备,开战两个月就消耗光了,原有的军工生产规模仅够供应战争需要的 1/15。英国派到法国去的 10 万远征军,其基干力量头三个月就差不多损失殆尽(损失 8.5 万人),只好实施新的征兵动员。由于战前的储备迅速耗尽,英国远征军 1915 年初每门火炮每天只得到 4—10 发炮弹的供应。英、法两国都不得不征召殖民地人民参战。俄国仅在 8、9 月的作战中就损失了 50 万人。为了满足战争的需要,俄国在 1914 年就征召了 140 万人,但它的步枪储备在三个月内便已告罄,以致有半数新兵只能赤手空拳在战场上等着从阵亡者手中接过武器。至于德国,不仅付出了沉重的伤亡代价(头三个月损失 67.7 万人),而且陷入了西线面对英法和东线面对俄军的两线作战局面。

旧时代的战略和战争观破产了。双方都不得不反复进行动员,一次次地把大量的人力和物力投入到无底的大厮杀之中。战争的实践,促使人们逐渐形成一种新的战略观和战争观,这就是“总体战争”。

“总体战争”同“世界大战”是紧密联系在一起的,都是到了 20 世纪才出现的历史现象。“总体战争”具有很多同过去的战争不同的新特点:

1. 战争的广度和深度大大增加,战争的残酷性和破坏性大大加强。

2. 战争已经不仅仅是军队的事情,也不仅仅是在前方打仗,已经没有严格的前方和后方之分。

3. 战争中的经济因素的作用大大提高，大量使用各种基于现代技术的斗争手段，动员整个国家的经济力量，整个国民经济都转上了战争的轨道。

4. 战争把整个国家、整个民族的千百万人民群众都卷了进去，不仅建立了数以百万计的军队，而且有更多的人投入到后勤供应和战争经济的运转之中，极大地影响到整个社会生活的各个方面。

5. 战争中的精神因素、人的因素的作用大大提高。战争成为整个国家和民族的军事、政治、经济、科技、思想、文化和人的素质的全面较量。

这些特点在20世纪初叶的第一次世界大战中，首次展示在世人面前。它使战争问题空前复杂化，政治、经济、科技和精神（心理）的因素与军事因素紧密交织在一起，在此基础上产生了新的军事理论（“大战略”①和“总体战”理论②），同时促使人类战争历史运动迅速走向无限化的顶峰。然而，在1914—1918年的厮杀仅仅是开始。无限化“总体战争”的真正含义，只有经过第二次世界大战，到了20世纪中叶才为人们所认识。

## 二、全社会投入的“战争动员”

“战争动员”这个概念虽然近代以来就存在，但那时的战争动员，只是一种单纯的军事行动，仅仅涉及武装力量的范围。拿破仑战争打了10多年，其动员基本限于为补充兵员消耗所采取的军事行动。至于战争所需的物资和经费，主要是依靠征用和从占领区抢掠。那时的战争，除了处在双方军队直接战斗的区域之内，一般对于整个国家的经济活动和社会生活影响不大。但是，在19世纪下半叶的科技革命和产业革命基础上，军事领域发生了革命性的变化，进入“军事工业化”③和“总体战争”的时代。投入战争的军队日益庞

---

① “大战略”的最早倡导者是英国军事家利德尔·哈特。他在1929年发表《历史上的决定性战争》一书，强调当代对战争的指导必须从一般的军事战略上升到大战略的层次。“大战略的任务是协调和指导国家的全部力量以便达到战争的政治目的”。

② “总体战”理论的突出代表是德国的鲁登道夫。他在1935年发表《总体战》一书，认为过去那种政府单单以其军队进行战争的方法已经过时，今天的战争必须动员全体人民的力量（包括其体力的、经济的和精神的力量），战争对象不仅针对军队，也直接针对敌方人民。

③ 安东尼·吉登斯：《民族—国家与暴力》，三联书店1998年版，第269—279页。

大,战争的物质技术手段日益复杂,战争的资源(包括人员和物资)消耗日益增加,战争越来越成为整个国家、民族的全部经济、政治、组织和精神力量的综合较量。但是,正如上一节所述,在20世纪初,人们对此还缺乏认识,各国领导人对战争的认识和战略的指导,仍然停留在旧时代的水平,所以第一次世界大战在"战争动员"上,也同样经历了重大的转变。

大战刚刚爆发时,各交战国虽然都宣布了战争动员,但仍然仅仅停留在单纯的军事动员上。当时英国内阁向整个社会提出的口号是:"照常工作,各安本业"。可是战争的实践,很快就促使各主要交战国从单纯的军事动员,扩展到经济和社会生活各个领域的全面动员,把整个国民经济和全部社会生活转上了战争轨道。德国最早(1914年8月)开始全面动员,随后英、法、俄也相继实施全面动员。同以往的战争动员相比,这种全面的战争动员,具有领域广、规模大、影响深、组织实施复杂和时效性强等特点。[①]

第一次世界大战的全面动员,首先是由于战争空前的规模、广度和激烈性,很快把各国战前建立起来的基干军队和物资储备消耗殆尽。交战双方为了补充兵员,不得不加大征兵动员的广度和深度,征兵人数达到总人口的十之一二,几乎波及每个家庭。同时,现代的战争对于技术装备和物质资源的消耗十分巨大,各主要交战国不得不把动员从传统的一般军事范围,扩展到整个经济领域。

冷兵器时代军队的武器装备十分简单,战争的物资消耗主要是粮秣,战争物质保障主要是粮秣等的征集和运输问题。中国有句古话:"兵马未动,粮草先行。"这反映我们祖先对战争后勤重要性的认识,也反映了那个时代战争的水平。18世纪以后,随着枪炮的普遍使用,战争物资的消耗中武器弹药所占比重愈来愈大。但从总体上来说,在20世纪以前,战争的消耗仍以粮秣、军服等士兵个人消费为主(约占3/4),武器、弹药、机械油料、技术器材等装备只占1/4。然而在第一次世界大战时则完全不同了,平均每个士兵的动力装备为0.4匹马力、日耗物资6公斤,武器装备的消费比例提高到占一半(到二次大战时,武器装备的消费比例再次提高到占3/4以上)。保障战争的物质需要,牵涉到整个国家的经济生活,成了战争动员中十分重要而复杂的问题。

---

① 张海麟等:《公理战胜强权的神话——第一次世界大战》,国防大学出版社,第302页。

在第一次世界大战中，各交战国普遍建立高度集中的战时经济体制。国家统制战略原料和劳动力，对有关的私营企业实施干预和统制管理。最先是在与军火武器生产直接有关的重工业部门，接着扩展到纺织、服装、食品加工等轻工业部门以及农业部门，甚至对居民实行了食品和日用品的定量配给制度。受到协约国海上封锁的德国和奥匈，于1915年率先实行居民定量配给供应。德国颁发面包卡，凭卡供给用土豆淀粉等混合制成的"K面包"；奥匈则颁布统购粮食法令，实行面粉配给制度，城市居民每人每天定量供应200克面粉。

战略封锁虽然在拿破仑战争时代就已经出现，但作为总体战的一种重要手段，它在一次大战中起了巨大作用。战略封锁直接威胁到交战国的每一个家庭、每一个人。据估计，由于协约国的封锁，战争最后两年，德国有80万平民死于饥饿或因营养不良而引起的疾病，比英国在潜艇战中死亡的人数多50倍。

对于一次大战期间各主要交战国实施战争动员的广度和深度，从下列表格的数字可见一斑（按战时最高比例的年份统计）。

| | 应征服兵役的人数占人口总数百分比 | 为军工生产的工人数占工人总数百分比 |
|---|---|---|
| 德国 | 19.7 | 58.3 |
| 法国 | 17.2 | 57 |
| 英国 | 10.8 | 46 |
| 俄国 | 8.7 | 76 |

注：资料来自吴春秋主编：《世界战争通鉴》（下册），国际文化出版公司，第1049页。

第一次世界大战的全面动员，也进入到政治生活领域。为了巩固自己的后方，最大限度地动员全国的人力和物力进行战争，各主要交战国纷纷加强集中的专制统治。它们普遍限制和平时期的民主政治制度，取缔人民正常的自由权利，广泛实施政治思想的管制，实行禁止罢工和强制劳动（例如，德国在1916年通过了一项"国民志愿服务法"，强制17—60岁的男性参加社会劳动）。同时，积极煽动民族沙文主义，展开广泛的宣传心理战（包括对国内的政治宣传和对国外的宣传战）。

把宣传作为战争手段，也是第一次世界大战才出现的总体战争特点。在过去的时代,进行战争的目的,一般只是为了改变敌方政府推行的政策,而不是推翻敌方的政府。在拿破仑战争和普法战争时期,各交战国不仅不到敌国去策动叛乱,反而防范这种事件发生。[①] 在一次大战刚开始时,各交战国也都没有设想把宣传作为战争手段。可是随着全面动员和战争总体性的扩展,从1915年夏起各交战国的政府和军队,都相继建立专门组织和实施宣传的机构,展开了系统的大规模宣传活动。这种宣传战一般包含三个方面的目标:一是激发和煽动本国人民群众支持和投入战争(这属于现代战争动员的一个重要内容);二是搅乱和瓦解敌国军民的战斗意志(例如1915年法军总司令部设立专事"心理战"的宣传勤务部,用飞机、气球、炮弹等工具,向德军的前线和后方共散发传单和小册子2900万份);三是争取国际舆论和中立国家民众的同情和支持(例如,英国在美国尚未参战之前,每月向美国播送100多万字的亲英反德宣传材料)。正是经过这次战争,西方普遍强调"宣传是一种新型的、强大的战争武器",出版了众多有关实施宣传心理战的著作。[②]

同以往的战争动员相比,这种现代战争的全面动员,具有组织实施复杂和时效性强的特点。以往的战争动员任务专一(主要是为军队补充兵员),组织实施的系统单一(主要是由军队总参谋部领导实施)。现在的战争动员,涉及全社会的各个领域,持续的时间长;既要保证眼前的战场急需,又要兼顾持续的动员后备;既要保证前方作战,又要维持后方的生产和基本民需,保障本国政治、经济和社会的稳定。这就需要有一个高度集中、统筹国家生活各个方面的战时体制。在传统的资产阶级民主制国家中,这方面比较典型的是英国,它成立了实施高度集中领导的"战时内阁",其中的战时经济由内阁专设的军需部统一掌管(包括统制原料和劳动力、管制私营企业、禁止罢工和强制劳动等)。至于军国主义传统浓厚的德国,则成立了超越议会与内阁的战时最高统帅部(德皇为最高统帅,但实权在总参谋长手里)。在国家生活军事化的情况下,德军后勤各级"指挥官",除了掌管征兵训练和军需补给等军事任务之外,还负责政治行政任务(如保障国家安全、新闻和通信检查以至粮食供

---

① J. F. C. 富勒:《战争指导》,第167页。

② И·А·谢列兹涅夫:《心理战:战争与意识形态斗争》,吉林人民出版社1981年版,第45页。

应和劳力安排等)，他们既不服从议会，也不接受内阁指示。[①] 为了加强对战争经济的统制，1916 年 8 月鲁登道夫出任战时最高统帅部第三任总参谋长后，抛出所谓“兴登堡计划”，专门成立了国防部战争局，统筹整个德国战时经济。鲁登道夫也成了德国战时体制的实际主持人。

战争动员也并非是越全面、越彻底和越早就越好。由于战争动员事关极大，一经实施影响深远。一个国家宣布动员，就意味着要进行战争，必将在国际社会引起强烈反响。动员早了，要承担由此而来的“发动战争”的责任，而且战争机器一经开动，将按其本身的法则运转，很难驾驭和控制。第一次世界大战的爆发，从 1914 年 6 月 28 日萨拉热窝的枪声开始，不到 40 天的一连串相互动员和宣战的连锁反应，充分说明了这一点。但是动员迟了，又怕被动挨打。虽然当时各国一般都采取先动员后宣战、然后进行交战的开战方式，但已经出现了不等动员结束就抢先发动进攻的现象(如德国)。一次大战后若干国家总结经验，更走向采取秘密动员和突然袭击的战略，因此战争动员的效率和速度就尤其尖锐起来。战争动员不够充足和全面，就无法维持一场大规模的现代化战争(更不用说去赢得胜利)。但战争动员越全面、越彻底，对国家人民正常生活的冲击就越大，也就越容易激起尖锐的经济、政治和社会矛盾。从某种意义上说，俄国、德国和奥匈这三大帝国，在第一次世界大战中都不是在战场上败于自己的敌手，而是崩溃于本国社会矛盾所引发的革命。

第一次世界大战已经开始表明，20 世纪的战争是国家整体实力的一种较量。这里所说的国家整体实力，也就是人们常说的综合国力。它包含军事、政治、外交、经济、科技、自然资源、地理条件、人口和国民构成等多方面的因素。它既包括现存的力量(实力)，也包括潜在的力量(潜力)；既包括有形的物质力量，也包括无形的精神力量；既包括静态的因素，也包括动态的因素；既包括一个国家本身的力量，也包括其外部的国际关系因素和力量。战争动员所要解决的问题，也就是如何把国家的整体综合国力，以最佳的时效动员组织和投入到战争之中，从而赢得战争的胜利。“战争动员”已经成为 20 世纪战争中的一个重大战略问题。

---

① 卡尔·迪·埃尔德曼:《德意志史》第 4 卷上册，第 115—117 页。

## 三、从平面发展到立体的战争样式

第一次世界大战的激烈性和残酷性,促使各主要交战国把现代工业文明的全部手段,一切最新的科学技术发明,广泛而迅速地用于作战。正如列宁当时所说:这次世界大战“因为最大的技术成就被用于屠杀千百万人的生命,其规模如此广泛,破坏如此严重,能量如此巨大,这在历史上还是第一次”。[①] 因而出现了许多历史上前所未有的战争手段和样式。

由于战争规模和范围的扩大,在现代工业和技术的基础上,各主要交战国的军队都走向组织大型化、编制合成化、机动摩托化。作为陆军主要编成的步兵师,发展成包括步、骑、炮、工程兵和通信兵诸兵种合成的基本战术兵团。[②] 诸兵种合成的集团军,则成为基本的战役军团。[③] 为了组织和实施成百万兵力的、前所没有的大规模战略性战役,还出现了由数个集团军组成的方面军(集团军群)。[④] 步兵虽然仍是陆军中占主导地位的兵种,但所占的比例已从70%降到56%,而其火力却由于装备大量机枪、迫击炮和枪榴弹等提高了1—2倍。炮兵成为陆军主要的火力突击力量,其比重增加了约1倍(达到陆军总人数1/3左右)。各主要交战国的火炮数量,从战前共有2.49万门增加到1918年的8.48万门,炮兵火力造成的伤亡,占了全部战场人员伤亡总数的3/4。由于战场火力的增加,曾经作为陆军主要机动作战兵力的骑兵,逐渐失去原有的地位,其数量锐减1/2—2/3。同时开始出现了一种新的陆军机动作战兵力——坦克和摩托化步兵。为了保障对大规模和大范围作战的指挥,无线电通信普遍装备到师一级单位,并使用了密码通信,因而通信兵的作用与地位大大提高。随着大量野战工事的构筑,以及铁路与机械化机动的发展,工程兵的作用与地位也大大提高。它们都成为陆军任何合成兵团必不可

① 《列宁全集》第34卷,第369页。

② 当时诸兵种合成的步兵师,采取固定编制,一般辖2个步兵旅、1个炮兵旅(或团)及工程、通信和骑兵等分队。德国步兵师1.66万人,法国1.59万人,俄国2.1万人,美国2.8万人。

③ 集团军也是固定编制,由3—6个军及各种战斗、勤务保障部队编成。军则由2—3个师组成。

④ 方面军最先由俄国建立,德法英则建立了相当的集团军群。它们不是固定的编制。

少的重要组成部分。

由于战争开始不久就陷入阵地战僵局，双方都构筑了包括铁丝网、障碍物、地下交通壕和混凝土工事的筑垒地域防御体系。这种防御体系，使用传统的火炮和其他杀伤武器难以摧毁。为了突破对方的堑壕阵地，交战双方都极力利用现代科技和工业，研制和使用新的武器。其中立足现代化学工业基础上的毒气化学武器，以及立足现代内燃机工业基础上的坦克装甲车最为突出。

早在一次大战以前，西方发达国家已开始利用现代化学技术，研究有毒化合物作为武器。这种战争手段，具有十分突出的非人道残酷性，引起国际社会的反对，1899 年和 1907 年的两次海牙会议，都签订了明确禁止使用的国际公约。然而尽管如此，大战爆发不久，德军就在 1914 年 10 月底的佛兰德交战中，对法军使用了一种引起喷嚏的非致死性刺激剂炮弹。翌年的 1 月和 3 月，德军又对俄军和英军使用了类似的刺激剂炮弹。同时，法军也对德军使用了原为警察用的催泪手榴弹和枪榴弹。这几次行动，使用的仍仅是非致死性的刺激剂，而且规模也不大，故一般视为化学战的序幕。人类历史上大规模化学战的开端，是在 1915 年 4 月 22 日。这一天下午，德军在西线比利时西南部的伊珀尔战线前沿 6 公里正面，使用了 5700 具毒剂吹放钢瓶，对英法联军施放 180 吨致死性氯气毒剂，造成 1.5 万人中毒（其中 5000 人死亡）。① 此后，英、法、俄、奥匈和美国，都相继大量使用毒气化学武器。从 1917 年 7 月起化学战达到高潮，几乎每次战役都使用化学武器（直至大战结束）。除氯气外还出现芥子气等新毒剂。除使用吹放钢瓶方式外，还出现了迫击炮和抛射炮施放方式。在整个第一次世界大战中，各交战国共施放毒剂 11.3 万吨，造成近 130 万人中毒伤亡。化学武器的发展和应用，形成了化学兵这一新兵种，而化学战的实施与防护也成了现代合同作战的一项重要任务。

如果说在实施毒气化学战上是德国人率先的话，那么英国则在发明和使用坦克上走在前面。1916 年初，英国制成世界上第一辆坦克（有意思的是坦

---

① 纪学仁：《化学战史》，军事译文出版社 1991 年版，第 5—6、13—19 页。

克这种陆军的重要武器,却是由英国海军研制出来的)[①]。同年9月15日,英军第一批49辆坦克投入索姆河战役,不过由于数量少和性能欠佳,未能得到广泛的承认。直到1917年11月的康布雷战役,英军投入470多辆坦克,协同步兵作战获得成功[②],成为人类历史上大规模坦克作战的开端。此后,坦克兵(装甲兵)迅速发展,仅英法即生产了近万辆坦克。不过,当时英、法坦克兵的基本建制是连和营,配属于步兵师,未能充分发挥坦克作战的机动突击潜力。应当说,第一次世界大战时的战争实践,已经表明大规模使用坦克攻击,能够打破阵地战的僵局,恢复机动歼灭战的威力。但当时的坦克性能较差(时速仅4—6公里,最大行程不到20公里,车内视界不良,机械故障率很高),数量有限,协同坦克作战的步兵缺乏必要的机动能力,客观上还不完全具备突破的条件。更加主要的是,人们尚缺乏使用坦克的正确战略和战术思想,仅仅把它视作支援步兵作战的活动炮台。只是到了第二次世界大战,才得以实现重新恢复并大大扩展机动歼灭战威力的突破。

飞机虽然早在1909年开始应用于军事领域[③],但基本上是用于进行战场侦察、校正炮兵射击目标以及通讯传递。第一次世界大战开始时,各交战国虽然共有飞机1300架,但战争的指导者们并未重视飞机的作用,投入战争的现役飞机不到400架,而且都是没有武装的。当时双方执行侦察任务的飞行员,在天空相遇时常常各干各的事情,甚至相互轻快地招招手。直到1914年9月的一天,有个飞行员拔出身佩的手枪向一架从身旁飞过的敌机射击,才开始了敌对国家的飞机之间进行"空中战斗"的行动。1915年春,当科技研究解决了机枪子弹同步穿过旋转的螺旋桨的问题之后,飞行员以手枪射击和飞机冲撞的单机空中格斗,迅速发展为装备机枪的飞机编队争夺制空权的空战。至于利用飞机对地面目标实施轰炸攻击,则比空战出现得稍早一些。1914年8月13日,德军一架飞机在巴黎上空投掷炸弹,成为历史上首次飞机轰炸行

---

① 这第一辆坦克,车身长8.1米、宽4.1米、高2.1米、重28吨、时速6公里、乘员8人、装备2门57毫米火炮、4挺机枪。

② 11月20日晨英军在大雾掩护下发起进攻,坦克部队在10公里正面展开,每3辆为一组,呈三角队形冲击,经过8天步坦协同作战训练的步兵随后,炮兵在坦克开动10分钟后才开始炮击,进攻当天已经突破德军在战术防御地幅。仅因英军预备兵力不足而未能向纵深扩展。

③ 飞机第一次投入实战是1911年的意土战争。意军在北非的利比亚用飞机侦察土耳其军阵地。

动。翌年9月8日，德军以“齐柏林”飞艇首次空袭伦敦。1916年11月，德军又开始了以远程飞机空袭伦敦。英国则以远程飞机轰炸德国的飞艇基地和潜艇船坞，并对德国城镇进行报复性轰炸。这些都可以视为一种独立的“战略轰炸”的萌芽。不过当时最积极进行战略轰炸行动的却是意大利。它在后来成为“空军制胜论”鼻祖的G·杜黑[①]推动下，曾在1918年10月出动200架飞机和飞艇，轰炸奥匈的波拉，成为此次战争中最大规模的轰炸行动。总之，正是在第一次世界大战中，飞机越出了单纯战场侦察的范围，形成包括侦察、空中战斗、轰炸、攻击地面目标等多种作战任务的航空兵。其中的“战略轰炸”成了一种新的战争样式。虽然当时的战略轰炸规模不大，次数很少，造成的物质损失也轻微，但给了交战国民众和政府在精神上很大震动。在这次大战中，空军的发展最为迅速，每隔几个星期就有新型飞机问世，仅法、德两国在战时就生产了飞机近10万架。到大战结束时，各交战国已拥有多种现役作战飞机1万多架、预备役飞机近5万架。1918年4月，英国率先成立与陆、海军平行的第三军种——空军。这支由H·M·特伦查德[②]主持创建的英国皇家空军拥有官兵30万人、飞机3万架，成为世界第一支独立的空军。

海军的发展，早在日俄对马海战之后，已进入“大舰巨炮主义”统治的时代。1906年英国建造了第一艘“无畏”级战列舰（排水量1.8万吨、装甲厚度11英寸、装备10门12英寸口径巨炮），各个海军强国都争相建造这种巨炮大舰。到1914年大战爆发时，双方都以这种战列舰为海军主力，而以主力舰队的总决战为海上基本战争样式。但这种主力舰队的决战，在大战中仅出现了一次，即1916年5月31日至6月1日在北海日德兰半岛附近的海战。英国出动舰艇151艘（损失14艘），德国投入舰艇101艘（损失11艘），均未达成主力决战的目标。严格地说，此战双方主力舰队只是擦身而过，彼此打了个照面。但从海军发展史上看，日德兰海战却标志着一个旧时代——“海上总决战”时代的结束，与此相反，过去一直被视为十分次要的辅助舰种的潜艇，却在战争中发挥了重大作用。也许由于德国的主力舰队弱于英国，所以首先

① G·杜黑（Giulio Douhet，1869—1930），当时任意大利国防部航空处主任。

② H·M·特伦查德（1873—1956）一次大战时在法国指挥英国空军作战，1919—1929年为英国皇家空军参谋长。被认为是独立空军战略和空中战争理论的创始人之一。

使用了潜艇攻击协约国的军舰和商船。1914 年 9 月 22 日，德国 U-9 号潜艇一举击毁英国 3 艘装甲巡洋舰，潜艇的威力引起了重视。随着战争进入长期消耗战，德国于 1915 年春开始了以潜艇大规模袭击商船的行动。从此，潜艇发展成为海军的一个新兵种，“潜艇战”也成为 20 世纪一种新的战争样式。1917 年德国投入 127 艘潜艇实施无限制的潜艇战。这一年共击沉协约国 2566 艘船只、排水量 575 万吨，一度把英国战争经济逼向失败的边缘，只是后来英国采取护航体制和发明了深水炸弹等反潜武器，才扭转了局面。[①] 此外，随着海军航空兵的发展，大战的末期英国还率先建成可搭载 6—20 架飞机的航空母舰，不过这一新的兵种和由它所开创的海战新样式只是到了第二次世界大战才发展起来。

总之，第一次世界大战已使人类战争从平面发展到包括空中和海底的立体战争。20 世纪所特有的许多战争新样式，都从它开始出现，如化学战、坦克战、以争夺制空权为目标的空战、以摧毁敌方经济和斗志为目标的战略轰炸、以破坏敌方海上交通线为目标的潜艇战等。第一次世界大战虽然有某些不具有时代性的特点，如它那僵持的非机动性阵地战，但在许多方面，它开创了 20 世纪“军事工业化”发展的新战争样式，在我们面前清楚地展示了 20 世纪战争历史运动的新高峰。然而，这仅仅是开始，人们将在 20 世纪后来的战争——尤其是在第二次世界大战中，看到这些新战争样式更加激烈、更加大规模和更具无限化的发展。

## 四、成打的王冠落地

战争引起革命，王冠成打落地，革命结束战争。这可以说是第一次世界大战最后两年的历程，也是 20 世纪初叶这场历时 4 年多的帝国主义战争的下场。

无限化的总体战争，给交战各国带来了空前的灾难、破坏和死亡。

仅 1915—1917 年的三年阵地攻守鏖战，德军伤亡、被俘和失踪就达 300

---

① И. 帕姆塞尔：《世界海战简史》，第 187—189 页。

万人以上，奥匈损失400万人，法军损失270万人，英军损失170万人。至于俄国军队，到1916年底就已损失570万人（死伤360万、被俘210万）。每次战役都变成一场双方以现代工业手段相互进行的大规模屠杀。1915年春天的喀尔巴阡战役，俄军损失100万、德奥损失80万。秋天的香槟—阿杜瓦战役，英法军损失25万、德军损失14万。1915年下半年意大利和奥匈争夺阿尔卑斯的伊松佐河地区，双方损失32万人。同年英法联军登陆达达尼尔海峡，与土耳其军鏖战数月，双方损失34万人。1916年的凡尔登战役，在一块被称为“屠场”的正面18英里、纵深6英里的阵地上，法军损失50万、德军损失40万。同年6—8月，被认为东线俄军最出色的布鲁西洛夫[①]攻势，俄国与德奥双方损失高达200万人。而稍后在西线展开的索姆河战役，英法损失80万、德军损失54万。1917年春西线英法联军的尼韦勒[②]攻势损失34万、德军损失23万。同年夏秋的伊珀尔战役，英法联军对帕尚代尔高地的进攻，鏖战3个多月（包括著名的康布雷坦克战），向前推进了5英里，每英里的代价是伤亡25.2万人。

物质的损失难以计算。大量房屋倒塌，农庄遭破坏，公路、铁路和电线被炸毁，牲畜遭到屠杀，森林毁坏殆尽，农田由于埋有许多未爆的炮弹和地雷而无法耕种。在破坏和死亡最严重的法国北部、波兰和塞尔维亚的原野，人们这样记述了鏖战过后的战场——“地面呈现出如月球表面的形状，布满密密麻麻的炮弹坑。树林变成一片枯木朽株混乱的堆积场。到处可见炮火翻腾过的泥土上暴露的人和马的尸体。随着天气变暖，尸体腐烂散发出的恶臭令人窒息。长期生活在这样的地狱中的部队显得苍老，他们眼珠深陷，面目全非。”[③]有人计算过，若把战争动员的直接和间接费用，以及参战国所举借的债务全部加上，共约2600亿美元，“相当于自18世纪末到第一次世界大战前夕，各国国民债务累计总和的6.5倍”。[④]

德国工业产量降到只有战前的一半，不得不实施超级动员的“兴登堡计

---

① 布鲁西洛夫（A. A. Врус и лоВ，1853—1926），俄国骑兵上将，时任俄国西南方面军司令，在此次攻势中，创造在漫长战线上实施一点为主，多点同时正面突破的战法，闻名于世。

② 尼韦勒（Robert—Georges Nivelle，1856—1924），1916年底接替霞飞任法军总司令。

③ 汉森·W·鲍德温：《第一次世界大战史纲》，第102页。

④ 保罗·肯尼迪：《大国的兴衰》，第318、303、307页。

划”，把农村几乎所有的男人、马匹和燃料都强征入伍或投入军火生产，结果又出现农业危机，加上协约国封锁（无法从海外进口粮食），全国走向饥荒的边缘（城市每人每月只能配给7.5公斤面包、12公斤马铃薯、1公斤肉）。沙俄一向以军队庞大而被称为军事上的“蒸汽压路机”，为了弥补巨大的前线伤亡，于1916年底下达了超级征兵令，连农民家庭担负生计的唯一男人都强征入伍。这不但引起农村骚乱，而且把大量强烈不满的人征入军队，连俄军最高统帅部也承认：俄军“简直是由渴望和平与共同失望联合起来的，人数众多、疲惫不堪、衣衫褴褛、营养不良和愤怒的乌合之众”。[①] 法国仅仅由于北部工业发达地区成为战场，就使64%的铁、40%的煤和24%的钢生产能力毁于战火。它在战前以大量资本输出著称，现在则不得不依靠向美英借贷来维持战时财政开支。它在战前是欧洲农产品输出大国，现在也只能靠海外供应来避免粮食危机。至于一向财大气粗的英国，则把国民生产总值的52%耗于战争，还欠了美国40亿美元战债，以至其财政大臣1916年底惊呼：“到明年6月底或更早些，美国总统如果愿意的话，将能对我们发号施令。”[②]尤其对以海上运输为生命线的英国，威胁最大的是损失了70%的船只。

到了1917年，各交战国都已精疲力竭，面临着经济崩溃与社会革命危机。大战之前和战争初期，被各交战国统治阶级煽动起来的民族沙文主义狂热，在残酷的现实面前破灭了。人们越来越对这场战争的必要性提出质疑，要求得到和平、面包、土地和自由的呼声日益增强。尽管有战时的种种禁令，仍然不断发生工人罢工、农民骚乱和民族起义。尤其在专制落后的沙俄和战局不利的德奥同盟国集团，形势更加严峻。正如列宁所指出：“任何一个国家也没有像俄国那样严重地受到战争的磨难和痛苦。”“由于许多历史原因（俄国比其他国家落后得多，战争带给它的困难特别大。沙皇制度腐朽透顶，人民继承着1905年的传统），使得俄国的革命比其他国家先爆发。”[③]1917年3月（俄历2月），彼得堡爆发武装起义。要求和平、面包和土地的俄国工人和士兵（即穿军装的农民），推翻了统治俄国300多年的罗曼诺夫王朝。其他交战

① 保罗·肯尼迪：《大国的兴衰》，第318、303、307页。
② 保罗·肯尼迪：《大国的兴衰》，第318、303、307页。
③ 《列宁全集》第26卷，第463页。

国也出现了类似的危机。1917 年 4—5 月，法军总司令尼韦勒，冒险对易守难攻的“兴登堡防线”[①]发起进攻，导致巨大伤亡。徒劳无益的流血，引发了大规模的兵变。在西线法军的 16 个集团军中，整师整师的部队拒绝执行任务。军营贴满了士兵宣告拒绝再回到堑壕的布告，有些奉命上前线的部队干脆在森林中自动解散，回家休假的士兵在火车上高唱国际歌。法国最高当局不得不以“凡尔登英雄”贝当[②]取代尼韦勒任总司令。1917 年 11 月（俄历 10 月），俄国新成立的资产阶级临时政府，不能解决面包和土地问题，又迫使军队在前线发动进攻，结果导致布尔什维克党领导的“十月革命”。以列宁为首的苏俄政府，上台后立即通过退出帝国主义战争的《和平法令》，建议各交战国缔结公正、民主的和约，并在英法协约国拒绝苏俄和平建议后，开始同德国单独进行停战缔和谈判。

1917 年有两件大事特别影响到德国的军事战略决策：一件是在俄国发生十月革命。在它的影响下，德国和奥匈都出现了罢工浪潮和革命危机[③]；但同时由于俄国退出战争，也使德军得以从东线抽出兵力去西线作战。另一件是美国于是年 4 月对德奥同盟国集团宣战。拥有巨大实力的美国参战，使战争力量对比的天平，大大倾向于英法协约国一方。不过，对于实际的战争来说，美国巨大的国家整体实力，暂时仍然只是一种潜力。美国宣布参战时，仅有不足 15 万人的现役陆军（虽然其海军已具规模）。宣战两个月后，美国派往欧洲的远征军第一批象征性的部队（1 个步兵师和 1 个海军陆战团），才在司令潘兴将军的率领下抵达巴黎。新组建的美国陆军部队，先要在国内进行 4 个月训练，经海运到达法国之后，还要以营为单位轮流跟随英法军进入前沿阵地进行 10 天“实习”，然后才能正式投入作战。在这种背景下，1918 年春，德军最高统帅部决心集中所有的力量，发动孤注一掷的进攻，以图在美军实际参战和国内发生革命之前打败协约国。鲁登道夫心里知道，这是德国打出

---

① 亦称齐格菲防线，兴登堡出任德军总参谋长后在西线修建，为 15 公里纵深的筑垒堑壕防线。

② 贝当（H. Ph. Petain，1856—1951），凡尔登战役时任要塞司令，以坚守出名。1917 年 5 月接替尼韦勒为法军总司令。二次大战时，1940 年 6 月出任法国总理，主持向纳粹德国投降，后为“维希政府”首脑。战后以卖国罪于 1945 年被判死刑，后改判无期徒刑。

③ 1918 年 1 月柏林 50 万工人罢工，要求按苏俄建议缔结和约，罢工迅速席卷全国，人数超过百万。奥匈也出现 70 万人的罢工浪潮，并在 2 月间爆发 42 艘军舰的水兵反战起义。

的最后一张王牌。当时，巴登马克斯亲王问他：如果进攻失败将会发生什么？鲁登道夫回答："那么德国就得灭亡。"[1]

1918 年 3 月，德军在西线集中 194 个师对协约国 186 个师发动了最后的攻势。经过 3 个多月的 5 次大规模进攻，德军向前推进到西线开战以来最远的地方，已经能够用克虏伯兵工厂特制的 8 英寸口径重炮轰击巴黎了。但这只是"昙花一现的胜利"。7 月中旬，德军攻势以损失 100 万人而告终，随后协约国即以 210 个师（包括 29 个美国师）发动反攻。德军从法国北部退回到兴登堡防线，沿途留下了一片焦土。9 月底协约国军队向兴登堡防线发起总攻，德军不断败退，鲁登道夫被解职。

德奥同盟集团的局势更加恶化了。各条战线都在崩溃，各国内部不断发生罢工、骚乱以至起义，军队纪律松弛，临阵逃跑和公开反战已成常事。1918 年 9 月底，保加利亚爆发士兵和工人起义，政府宣布向协约国投降，随后斐迪南国王退位。10 月 27 日，奥匈帝国单独向协约国求和。捷克斯洛伐克、南斯拉夫[2]、匈牙利、奥地利等各族人民纷纷起义，推翻哈布斯堡王朝的统治，成立独立的国家，奥匈帝国彻底瓦解了。10 月 30 日，追随德奥集团参加战争的土耳其，也放下了武器。[3] 11 月初，德国海军舰队的水兵，拒绝执行出海"决一死战"（形同送死）的命令，在基尔港发动武装起义。革命风暴迅速席卷全国。威廉二世在斯巴大本营召见军队将领，企图从前线调回军队镇压起义，得到的回答是"无能为力"。走投无路的德皇，只好在 11 月 9 日宣布退位。霍亨索伦王朝的德意志帝国垮台了。两天后，德国向协约国签署了停战协定。

经过 4 年的血腥厮杀，战争浩劫激起的革命席卷欧洲大地，三大帝国（沙皇俄罗斯帝国、奥匈帝国、德意志帝国）相继崩溃，第一次世界大战的战火终于停息。

---

① 卡尔·迪·埃尔德曼：《德意志史》第 4 卷上册，第 147 页。

② 于 1918 年 12 月在贝尔格莱德成立"塞尔维亚—克罗地亚—斯洛文尼亚"国家。1929 年改名为南斯拉夫。

③ 土耳其 1914 年 8 月同德国签订秘密条约，参加德奥同盟集团。但在战争中，土耳其 300 万大军几乎全军覆灭。1918 年 10 月 30 日被迫同协约国签订停战协定。翌年爆发凯末尔革命。1922 年奥斯曼帝制被最终废除，成立了土耳其共和国。

# 第四章　不稳定的和平与不可靠的安全

## 一、胜利者的分赃

1919年元旦刚过，巴黎突然热闹起来，那些豪华宾馆，门前车水马龙、人声鼎沸，门里管弦大作、杯盘叮当。在那里进进出出的人群中，有来自世界各国的政府要员、王公显贵、富商巨贾和随员记者。原来，说是要召开巴黎和会，缔造"永久和平"。

巴黎和会果真是缔造"永久和平"吗？当然不是。它只是帝国主义列强之间相互争夺的另一种形式。在大战中获胜的英、法、美等协约国，要按照战场上较量的结果，宰割战败的德、奥等同盟国，重划欧洲和世界的地图，并策划扼杀新生的苏维埃俄国和扑灭在十月革命影响下兴起的世界革命运动。

1月18日，巴黎和会在凡尔赛宫辉煌的镜厅正式开幕。作为东道主的法国，选择此时此地开幕自有一番心机。48年前的这一天，打败法兰西的普鲁士国王威廉一世，正是在这个镜厅里登上德意志帝国皇帝的宝座。现在战败的德国要在这里接受法国参与的宰割。出席和会的各国代表共有1000多人，可谓"盛况空前"。然而，众多曾经站在协约国阵营的小国和殖民地附属国代表，以及一些国际社会团体的代表，不过是被拉来装点门面、充当陪衬、凑凑热闹而已。他们无权出席讨论和约的会议，即使涉及直接有关他们国家的问题，也仅仅是应召前往"旁听"，无人理会他们的意见。操纵一切的是英、法、美、意四国首脑组成的"四人会议"，以及由上述四国外长加上一个日本代表组成的"五人会议"。不过，其中的日本主要关心的是远东事务，坚持取得它在战争期间已从德国手中抢过来的原德属殖民权益，包括德国在中国山东省的殖民权益，以及太平洋上的马利亚纳、加罗林、马绍尔等三个群岛。对于其他列强激烈争吵的欧洲事务，日本绝少开口，因而被称为“沉默的伙伴”。至于意大利，由于实力薄弱，在战争中也很少“贡献”，因而在会上也大受冷落。意大利首相奥兰多，曾因此拂袖离会，但并无人挽留；过了一段时间他又悄悄溜回来，也没有人关注。所以，巴黎和会实际上是由三个人——英国首相劳合·乔治、法国总理克利孟梭和美国总统威尔逊主宰一切。他们各自带着争霸世界的盘算，跑到谈判桌上你抢我夺。

战争虽然停止，但一场新的争夺——战胜国列强的分赃斗争又开始了。

法国在战争中付出惨重代价，它决心要使自己的宿敌德国永远不能东山再起。有“老虎”总理之称的克利孟梭，赤裸裸地宣言：“2000 万德国人是多余的。”法国不仅要求收回 48 年前在普法战争中被割去的阿尔萨斯和洛林，要求取得盛产煤铁的萨尔区，向德国勒索大量赔款，夺取德国在非洲的殖民地，而且要肢解德国，把莱茵河地区（其中包括德国最重要的工业中心鲁尔）分割出来，河西由法国占领，河东建立一个法国保护下的莱茵共和国。法国还力图夺取土耳其在中近东的领地，插足和控制中欧和东南欧。总之，法国要搞垮德国，确立自己在欧洲大陆的霸权，以同英国分庭抗礼。

英国要确保自己的海上霸主和殖民大帝国地位，它首先关心的是攫取德国的舰队和船只，同时要取得大部分的德国海外殖民地和土耳其的中近东领地。英国希望削弱德国的经济实力，使之不再成为自己的危险竞争对手，但不愿搞垮德国以致坐大法国的欧陆霸权。被誉为“第一流生意人和滑头政客”的英国首相劳合·乔治，本着传统的“欧陆均势”方针，抵制法国的“过分”要求，反对肢解德国。支持意大利和巴尔干国家的某些要求以拆法国的台。同时，劳合·乔治还企图让德国充当反对苏俄与镇压中欧革命的警犬。对于远东问题，英国主要是利用新崛起的日本，去牵制在全球范围同自己竞争的美国。

美国则抱有更大的野心。在战争期间，它利用自己的地缘政治优势，一方面依靠供应战争大发横财（从债务国变成债权国，集中了世界黄金储备的 40%），成为世界经济和金融中心；另一方面在欧洲列强打得精疲力竭时，于 1917 年 4 月参战，以较少的损失获得了战胜国的地位。依靠这两张王牌，美国在历史上首次露出了夺取世界霸权的野心。被誉为"理想主义者"的美国总统威尔逊,在大战临近结束前,就抛出了用"正义和平"包装起来的"十四点"原则。① 威尔逊大力鼓吹"贸易与通航自由",目的是要让美国"自由"闯入英、法等国的势力范围,以便依靠雄厚的经济实力夺取老牌帝国主义的殖民权益。他提出"公正解决一切殖民地争端"和"奥匈统治下的各族人民享有自治权",目的是要阻止英、法独吞原德国的殖民地和控制巴尔干等地区。威尔逊特别热衷于建立"国际联盟",企图充当盟主,以便通过这个国际组织来控制世界。美国也反对过分削弱德国,目的不仅是制约法国和对付苏俄,而且也想利用德国来牵制英国。为了实现美国的全球霸权梦,威尔逊不惜远涉重洋,率领庞大的代表团来到巴黎(他是美国建国以来第一位到海外出席国际会议的总统,也是巴黎和会出席者中唯一的国家元首)。

巴黎和会一开始就在程序问题上吵翻了天。法国总统利用东道主之便,在致开幕词时就提出要首先"制裁战争祸首(德国)"。美国总统威尔逊连忙强调,应当先制定国际联盟的盟约和成立国际联盟组织。英国首相劳合·乔治则声称,必须首先讨论殖民地问题。他们各执己见,互相攻讦,威胁讹诈,纵横捭阖。在国联盟约和殖民地问题上,英、法常常串通反对美国。在有关德国疆界和赔款问题上,美、英则勾结起来对付法国。在涉及远东的问题时,英、法又站在日本一边向美国施加压力。他们从第一天开始,吵到会议结束,经常陷入僵局,几次差点儿散伙。正如列宁当时所形容的:"这是一群野兽,他们彼此斗得很凶,继续互相撕咬……他们要决定给谁多一些,于是彼此厮打了五个月,他们已到了不能控制自己的地步,这群野兽会撕咬得只剩下各自的尾巴。"②

经过激烈争斗,列强才就国联盟约和对德和约勉强达成协议。1919 年 5 月 7 日,各国代表齐集在凡尔赛宫的一个大厅,德国代表团被允许最后一个进

---

① 威尔逊在 1918 年 1 月的总统演说中提出"十四点"原则:1. 公开外交;2. 海上贸易与通航自由;3. 消除国际贸易障碍;4. 裁减军备;5. 公正解决一切殖民地争端;6. 德国退出所占一切领土,解决有关俄国的各项问题;7. 解放并恢复比利时;8. 阿尔萨斯和洛林归还法国;9. 修正意大利边界;10. 奥匈统治下的各族人民享有自治权;11. 德军撤出罗马尼亚、塞尔维亚、门的内哥罗;12. 达达尼尔海峡对各国船只开放;13. 凡波兰人居住的领土均应属于波兰,并拥有出海口;14. 建立国际联盟。

② 《列宁全集》第 36 卷,第 247—248 页。

入会场。克利孟梭宣布开会,三言两语之后就对德国人说:"清算的时间到了。你们要和平,我们同意给你们以和平。我们现在就把这项和平的文件交给你们。"德国代表事先被告知,他们在会上不许申辩。但德国代表还是作了回答:"大家要我们承认我们是战争的唯一祸首。我本人如果这样来承认,那就是欺人之谈。"明白地暗示了英法协约国也同样对这场战祸负有责任。又经过数十天的讨价还价,面对协约战胜国以联军进占德国本土的威逼,德国魏玛政府被迫接受这个条件十分苛刻的和约(本章第三节还要谈这个问题)。6月28日,各国代表再次齐集凡尔赛宫的镜厅,看着德国代表在和约上签了字。

凡尔赛和约签订后的一年多时间里,协约战胜国又相继同原来的同盟国集团各国——奥地利、匈牙利、保加利亚、土耳其等,签订了和约。所有这些和约都同对德和约一样,要战败国割地赔款,被人们谴责为"高利贷者的和约,刽子手的和约,屠夫的和约"。[①] 通过这些和约,法国收回阿尔萨斯和洛林,从德国获得最大份额的赔偿,巩固了自己在欧洲大陆上的优势;英国获得原德国的大部分殖民地,夺取了德国的舰队和大量商船,控制了通往大英帝国遍布全球各领地的海上交通线;日本则夺得德国在远东的主要殖民权益,加强了他在亚洲和太平洋地区的地位。至于打着"正义和平"旗号的美国,虽然他的总统所到之处获得不少民众的欢呼,却没有捞到多大实质性的好处。美国不仅没有捞到什么殖民地,就连威尔逊煞费苦心创立的国际联盟,最后也主要落入英国人的掌握之中。[②] 因此,当威尔逊带着花了九牛二虎之力弄来的《国际联盟盟约》回到华盛顿时,迎面而来的是一片讽刺、指责和反对之声。1919年11月,美国参议院以53:38票拒绝批准和约。

凡尔赛和约体系主要围绕欧洲问题,解决列强的重新瓜分矛盾,但有关远东的问题未曾完全划定。因此美国立即加大海军的扩军力度,加紧在亚太地区同英、日的争夺。1921年11月,美国依恃其迅速膨胀起来的经济和海军实力,发起召开华盛顿会议,希冀补偿自己在巴黎和会上的失落。经过几个月的激烈争斗,于次年2月签订《五强海军协定》、《四国条约》和《九国公约》。

---

① 《列宁全集》第39卷,第352页。

② 在国联全体大会中,每个成员国(包括自治领)拥有一个投票权,这样英国就实际拥有6票。

美国终于拆散了英、日在远东的同盟，迫使英国放弃海军的传统"两强标准"（即英国海军实力要等于其他两个海军强国的总和），同意英美海军实力平等。此外，美国又促使其他列强承认对华"门户开放、机会均等"的原则。日本独霸中国和亚洲大陆的企图遭到了挫折，中国恢复到由几个帝国主义国家共同支配的局面。

从巴黎和会到华盛顿会议，协约战胜国列强在宰割战败国和奴役弱小民族的基础上，对它们的殖民势力范围与强权利益，按照经过战争较量的实力对比，重新进行了一次调整。英、法、美共同维持了在资本主义世界的统治霸权，构成了第一次世界大战后的新国际格局：凡尔赛—华盛顿"和平"体系。这个国际体系的主要缔造者们，也确实想通过这个新的国际体系，把有利于他们的格局固定下来，维持所谓"永久的和平"。然而，凡尔赛—华盛顿体系埋下的是新的战争种子。它是如此的不合理和脆弱，以致不少人把它视为新世界大战的一个重要根源。法国元帅福煦早在凡尔赛和约签字时就说："这不是和平，这是20年休战！"①丘吉尔则在其著名的《第二次世界大战回忆录》中，把凡尔赛体系称为"胜利者所做的蠢事"。

## 二、强权主持下的集体安全

在国际关系领域里，19世纪可以说是"均势"论的全盛时期，它曾经被英国等众多欧洲大国奉为对外政策的圭臬。第一次世界大战从某种意义上，宣告了均势论的破产。帝国主义列强经过4年的血腥厮杀，以英法美为首的协约国集团取得了胜利。被西方称颂为国际关系"理想主义者"的美国总统威尔逊，起而倡导"集体安全"。他在1918年1月抛出"十四点"原则，特别强调："为了大小国家都能相互保证政治独立和领土完整，必须成立一个具有特定盟约的普遍性的国际联盟。"与此同时，作为协约国集团头号国家的英国，也由其首相劳合·乔治出来宣告："必须通过建立某种国际组织来设法限制军备和减少战争的危险"。在经过4年残酷厮杀的战争之后，世人纷纷要求

---

① 安东尼·亚当斯韦特：《第二次世界大战的形成》，伦敦1979年版，第28页。

在国际领域里建立一种能够保障和平与安全的体制。正是在这种背景下，“集体安全”的思想和主张流行起来。据说，集体安全与均势的区别在于，它是一个有组织的国际体制。能以压倒优势的集体实力，对付可能出现的侵略者。这样，和平就不会建立在那种不确定和不稳定的力量均衡格局之上。国际联盟作为历史上第一个世界性的国际政治组织①，正是按照这种“缔造永久和平的集体安全”构想而建立起来的。

1919 年 4 月，巴黎和会通过了国际联盟的盟约，并把它列为凡尔赛和约的第一部分。1920 年 1 月 20 日凡尔赛和约生效，国际联盟正式成立（当时会员国 44 个）。美国因其参议院拒绝批准凡尔赛和约而未加入，但实际上参与了国联的重大行动。战败的德国和社会主义的苏俄，在开始时都被排除在外。后来德国于 1926 年加入国联。此时其会员国已增加到 63 个。日本 1931 年发动“九一八事变”侵占我国东北，受到谴责后于 1933 年 3 月退出国联。德国在希特勒上台后毁约扩军，也于同年 10 月退出国联。法西斯意大利侵略埃塞俄比亚受到谴责后，也于 1937 年退出国联。而苏俄则为了争取国际和平与集体安全，于 1934 年进入国联。

国联的主要机构是会员国代表大会、行政院和常设秘书处。会员国代表大会每年 9 月在日内瓦召开一次（必要时可以召开特别大会）。行政院原来规定由英、法、美、意、日 5 个常任理事国，加上大会选出的 4 个非常任理事国共同组成，每年开会 1 次（后来改为每年 4 次）。由于美国未加入国联，所以开始时只有 4 个常任理事国。1926 年德国加入后成为第 5 个常任理事国，而非常任理事国则增加到 9 个。常设秘书处由行政院指定一位秘书长领导，负责准备大会和行政院的文件、报告和新闻发布工作。除此之外，还设立了国际法院、委任统治委员会等 6 个常设机构和专门委员会，以及许多辅助机构。

国联盟约规定：其宗旨是“促进国际合作，保证国际的和平与安全”，为此要求各会员国家，有义务和责任裁减军备，相互尊重领土完整与独立，维护各国之间的正义与和平，共同反对侵略与战争威胁。这表面看来似乎是相当

---

① 早在 19 世纪，随着国际交往的发展以及人类社会相互依存的加深，一些根据行业需要的国际组织就陆续建立起来，如万国邮政联盟、国际电讯联盟等。到 1914 年已有 30 多个，此外还有不少工会、体育、宗教、文化等非官方的国际团体。但它们都不具有政治上的约束力。

“理想”的，但在国际关系盛行强权政治的情况下，这种泛泛的规定，对于列强政府根本没有约束力。而且连国际联盟本身，实际上也成了英法所操纵、美国时时予以支持和干预的外交工具，成了维护凡尔赛—华盛顿体系（即它们在大战后建立起来的新的霸权统治格局）的工具。

**裁减军备吗?!**

军事实力是强权政治的主要基础和手段，列强自然不会认真去“裁减”自己的军备。虽然大战结束之后，广大民众和世界舆论强烈要求裁军，各交战国家也都把战时总动员起来的庞大军队进行复员，把战时经济转回到和平轨道，但战胜国列强并未削弱自己的军事力量。对于它们来说，真正要裁减的只是战败国的军备，或者是其争霸对手的军备。对于国联内外召开的一系列裁军会议，所提出的种种裁军方案，列强政府要么敷衍应付，要么用以对付别人（裁它国军备之长以补本国军备之短），或者大做表面文章以欺骗国际舆论（“裁减”自己那些陈旧和过剩的军备）。事实上，即便是在所谓和平与稳定的20年代，列强争夺军事实力优势的军备竞赛也未停止过。据统计，仅1923—1927年，英、法、美、意、日等5个国家的军队总人数，便从188万人增加到260万人；军用飞机从2600架增加到4300架；巡洋舰吨位从72万吨（1922年）增加到86万吨（1926年）。列强的军费开支，在“和平时期”的1929年，同一次大战前夕的1913年相比，法国高出30%，英国高出42%，意大利高出44%，日本高出142%，美国高出197%。

**尊重领土完整与独立、维护国际正义与和平吗?!**

仅在国联成立的头10年间，就发生过英、法、美、日等协约国对苏俄的武装干涉；英、法、意对土耳其的武装干涉；法国的出兵鲁尔；日本的两次出兵我国山东省；美国的入侵墨西哥、巴拿马、危地马拉、洪都拉斯、尼加拉瓜等拉美国家，这些都是列强以武力和战争维护其霸权统治的行径，都是对“尊重领土完整与独立”原则最明显的践踏。事实上，凡尔赛和平体系本身，就是建立在战胜国列强宰割战败国和奴役弱小民族基础之上的。面对一次大战后亚非拉兴起的民族独立运动，国联不仅没有触动协约国殖民地统治的一根毫毛，就连原来德国的殖民地和奥斯曼帝国的领地，也由国联“委托”给英、法、比、日等战胜国进行统治。按照国联盟约的规定，“委任统治”分为三类：第一类是原奥斯曼帝国的阿拉伯领土，据说其发展已达到“可以暂被承认为独立国之程度”，但还不能自立，故交委任国给予“行政之指导及帮助”；第二类是原德国在中非的殖民地，由委任国“负地方行政之责”，并保证国联其他会员国“商业上之机会均等”；第三类是原德国在西南非的殖民地和太平洋上的岛屿属地，由委任国作为本国领土来管理。无论是哪一类，实质都是战胜国列强通过国联“委任统治”之名，践踏弱小民族的领土完整与独立。

**共同反对侵略与战争威胁吗?!**

这本来是任何集体安全的应有之义。但是，国联盟约对“侵略”和“侵略者”的涵义没有明确的规定，这就给侵略者以可乘之机，使国联操纵者可以作出任意解释。其次，盟约泛泛地声称要对侵略者实行制裁，却没有关于如何实施制裁的相应规定；而且国联大会和行政院的所有决议，又都必须全体一致通过，这就使得任何一国都可以阻挠国联通过制裁侵略的决议。在30年代日本侵略中国、意大利侵略埃塞俄比亚、德意武装干涉西班牙等事件中，我们就充分看到了国联这方面的缺陷和软弱无能。事实上，当时西方国家所关心的“集体安全”，主要是欧洲的和平与安全。在英法操纵下的国联，对于很多实际存在的侵略与战争行径，诸如上述提到的（还有很多尚未提到的）对亚非拉的武装干涉，一概不闻不问。然而，强权主持下的集体安全，即使是在欧洲范围也是十分脆弱的。

20年代西方集体安全体系的标志，除了国际联盟之外，主要就是洛迦诺公约与非战公约。凡尔赛体系是由部分战胜国列强（主要是英法），依靠自己的强权优势构建起来的欧洲和平结构。其合乎逻辑的要求是处于主导地位的战胜国，必须能够保持它们在一次大战中形成的优势地位，继续将战败的德国踩在脚下，这就形成了战胜国与战败国之间的尖锐矛盾。另一方面，作为维护凡尔赛体系基本力量的战胜国，也各有自己的争霸利益与企图，彼此之间存在着深刻矛盾。处于面对德国第一线的法国，力图加强压制德国，确保自己的安全与欧陆霸权地位。地缘政治上处境比较有利的英国，则从其传统的均势方针出发，推行某种“扶德抑法”的政策，以保持自己对欧陆的仲裁地位。而在大战中迅速崛起的美国和日本，则又力图闯入英法等老牌殖民帝国的势力范围，分别谋求各自在全球和远东的霸权利益。战胜国之间的矛盾同战胜国与战败国之间的矛盾，错综复杂地交织在一起，使得一次大战后建立起来的“集体安全”体制，即使对于西方列强来说，也是既无“集体”亦无“安全”可言。这种情况，将在下面章节的阐述中展示出来。

## 三、被捆绑的德意志

由于凡尔赛体系是协约国列强立足于把战败的德国踩在脚下而构建起来的，所以它们虽然存在种种矛盾，却都不想让德国重新崛起同自己争霸。因此，凡尔赛体系对德国规定了一系列割地、赔款和解除军备的苛刻条款（这些条款主要在凡尔赛和约中规定，同时也反映在圣日耳曼条约和特里亚农条约中[①]），意欲将这个曾经在欧洲叱咤风云的德意志捆绑起来。

割地：在德国的西部，阿尔萨斯和洛林重归法国；盛产煤铁的萨尔区，由国联委托法国代管 15 年，然后以全民投票方式决定其归属[②]；欧本和马尔梅迪地区划归比利时；什列斯威格—荷尔斯泰因地区划归丹麦。在德国的东部，东普鲁士濒波罗的海、当涅曼河口的默麦尔港（Memel，又译“梅梅尔”），交由国际共管（先由法军占领，1923 年划归立陶宛）；西普鲁士和波森的大部分地区划归重新复国的波兰；沿维斯瓦河下游西岸，划出宽 80 公里的波兰出海地带（史称“波兰走廊”），把东普鲁士同德国本土分隔开来；维斯瓦河口濒临波罗的海的重要港口城市但泽[③]，成为国联管辖的自由市（但其外交和关税事务由波兰管理）。此外，上西里西亚的大部分产煤区和工业区也划归波兰；西里西亚南部的古尔钦地区，以及德意志波希米亚地区，则归属新独立的捷克斯洛伐克。总计与第一次世界大战前相比，德国共减少 1/7 的领土和 1/10 的居民。

战前德国的工业经济主要依靠两个支柱：一个是其海外贸易和海外投资，这主要是立足于其相当庞大的远洋商船队与海外殖民地；另一个是其钢铁、电气和化学工业，这主要是立足于其煤、铁矿资源的开采。一次大战的战败，德国被迫交出其商船队与殖民地，它的海外投资也几乎丧失殆尽。德国

---

① 一次大战后奥匈帝国瓦解。协约国分别于 1919 年 9 月在巴黎西郊的圣日耳曼缔结对奥地利和约；1920 年 6 月在巴黎凡尔赛的特里亚农宫缔结对匈牙利和约。

② 1935 年萨尔经全民投票重归德国。

③ 即波兰的“格但斯克”，1793 年被普鲁士占领，改名“但泽”。

在敌对国家的财产被没收，在中立国家的财产也大部分被没收；不仅国家资产丧失殆尽，而且私人财产也大部分丧失了。由于失去萨尔和上西里西亚以及交还阿尔萨斯和洛林，德国工业丧失了1/3的煤产基地和3/4的矿产基地。此外，还要从剩下的煤产量中（德国的煤产量已从战前13900万吨降低到8500万吨），每年拿出2500万吨用作支付赔款。

赔款：法国要求从德国榨取最大限度的赔款，目的是削弱德国和增强自己的经济力量。英美虽然也要求德国赔款，但不愿德国因过大的赔款而造成经济崩溃，它们企图通过恢复德国经济以促进自己在欧洲的投资与贸易。战胜国列强的矛盾导致巴黎和会未能对赔款总额作出决定，仅规定德国先交纳200亿金马克，并成立一个赔款委员会去解决赔款总额和分配比例。悬而未决的赔款问题，不仅成了20年代国际斗争的焦点（从鲁尔危机、道威斯计划到杨格计划[①]都是围绕着这个问题展开的），而且成为时时笼罩着德国的一种"战败国地位"的阴影。人们一再提到赔款问题，也就一再激起了德意志民族主义者的愤懑和对战胜国的仇恨情绪。

解除军备：规定德国要解散总参谋部（这将使德国没有策划进行战争的军事首脑部门），废除义务兵役制，实行长期服役的职业军队（这将使德国没有发动总体战争所必需的、受过训练的后备兵源）。陆军要削减到10万人（其中军官不得超过4000人），海军削减到1.5万人（36艘轻型舰艇）；武器弹药受到严格限制，禁止拥有空军、坦克、重炮、毒气、潜艇和万吨以上的军舰。德国在西线的工事全部拆除；莱茵河东岸50公里的地带划为非军事区，不得驻军设防；莱茵河西岸则划成三个占领区，由协约国分别占领5、10、15年。但德国在东线的军事工事则被允许保留下来。事实上凡尔赛和约对德国的"解除武装"，只是解除它同协约国对抗的武装，而并非解除它镇压国内革命和对付东方"布尔什维克威胁"的武装。

协约战胜国列强1919年精心构建的凡尔赛和平体系，能否将曾经叱咤风云的德意志捆绑起来呢？历史已经作了否定的回答。协约战胜国列强把世

① 1923年，法国以德国拒绝履行赔款义务为由，纠合比利时出兵占领德国重工业区鲁尔。鲁尔危机造成国际紧张局势，美国乘机插手，于1924年抛出道威斯计划，由美英贷款帮助德国恢复经济，以促使德国支付赔款。1929年，德国以经济危机为由再次拒付赔款，美国又抛出杨格计划，减少德国20%的赔款总额和延长赔款期限至59年。

界大战的罪责全部加到德国头上，从而强使它割地、赔款和解除军备。这只能激起德国人的民族主义愤懑和复仇情绪。德国的魏玛政府虽然被迫在和约上签了字，但没有一个德国政治家自愿地承认过这个条约[①]。不少第二次世界大战起源的研究者认为，“凡尔赛和平”对后来重新挑起战祸的纳粹德国的崛起负有责任。看来这是个不争的事实。那么，凡尔赛和约对德国的处置，究竟是太苛刻呢？抑或是太温和？从不同的立场和视角去观察，人们常常会得出相反的评判。说它太苛刻，那是因为它以对于一个民族来说难以忍受的条款，促使德国走上了挣脱和约的民族复仇主义道路。说它太温和，那是因为它对德帝国主义实体的打击，并没有大到使德国失去挣脱或撕毁和约重新走向战争的可能性。其实，两种评判都有一定的道理。

德国是在19世纪下半叶，由普鲁士容克贵族通过“铁血”政策的王朝战争道路统一起来，又在20世纪初发展成为“最先进的新兴资本主义国家”[②]。容克资产阶级的帝国主义经济政治基础，造就了它的代表人物，如威廉一世、俾斯麦、威廉二世、兴登堡等军国主义的“民族领袖”；造就了它的军官阶层、官僚政客和垄断集团；在整个德国社会中培育起一种对武力和战争的崇尚，对民主和人道的蔑视，对权威和独裁的膜拜，对民族沙文主义的迷恋，对强权和扩张主义的信奉等。这种泛滥于德国社会的普鲁士精神，在引导德意志民族走向发动第一次世界大战中起了极其重要的作用。

容克资产阶级的帝国主义特性，4年大战的浩劫，加上德军在前线的失败，使资本主义制度的弊病尖锐暴露出来。在俄国十月革命的影响下，1918年德国爆发十一月革命。帝制政府垮台了，德军向协约国签署了停战协定。红旗在柏林升起来了，建立了工兵代表苏维埃，反对现存制度的“社会主义”形成了一股巨大的潮流，德国似乎要仿效苏俄的榜样。然而，德国无产阶级争取社会主义的斗争，由于其本身的不成熟和分裂，遭到了失败。原来容克贵族占主导地位的霍亨索伦王朝君主政体也无法继续下去。在这种情况下，政治上软弱的德国资产阶级，依靠社会民主党右翼的支持，在1919年建立起

---

① 卡·迪·埃尔德曼:《德意志史》第4卷上册，第216页。

② 列宁在《帝国主义是资本主义的最高阶段》一文中，把美国和德国并称为“最先进的新兴资本主义国家”。《列宁选集》第2卷，第788页。

议会民主制的魏玛共和国。

面临战争失败后尖锐而复杂的经济、政治和民族矛盾，德国魏玛共和国的政局不稳，社会动荡，各种不同的阶级和集团势力，纷纷从各自的利益出发，试图改变他们所不满的现存社会。霍亨索伦王朝的君主政体崩溃了，但普鲁士化的旧国家机器保留下来。容克贵族的势力虽然受到打击，却没有根本的触动。德意志帝国在战争中失败了，但其军队是从战争中所占据的外国领土上撤回来的。德国的军备虽然受到严格限制，其军国主义势力的根基却未受损害。德国无产阶级在十一月革命中遭到失败，但在革命斗争中成立了共产党，继续进行争取社会主义的斗争。战后凋敝的经济，恶性的通货膨胀，动荡的社会，促使面临分化与沉沦的小资产阶级急于改变现状，又构成了另一种性质的冲击。纳粹主义和纳粹运动正是从这一社会阶层中发展起来的。这种错综复杂的矛盾冲突，充分表现在战后德国爆发的一系列事件中。1920年帝制派军人的卡普暴动。主要是来自右翼保守势力的冲击。1923年由法、比两国出兵而引爆的鲁尔危机，集中反映了德国同协约战胜国的矛盾。同年的汉堡起义和图林根、萨克森工人政府的出现，是来自左翼的革命发动。1923年11月希特勒的啤酒店暴动，则是来自纳粹主义运动的冲击。

凡尔赛和约强加于德国头上的一系列割地、赔款和解除军备条款，虽然没有从根本上触动容克资产阶级的帝国主义基础，却严重伤害了德国民众的民族自尊心。在战后动荡和多种势力冲突的德国社会中，民族主义成了能够整合广大民众的力量（尤其是小资产阶级民众）。他们把一切贫困、匮乏、破产、失业的痛苦，统统归结到协约国与凡尔赛和平体系的头上。本来应该承担德国战败罪责的容克军国主义分子，通过散布所谓“十一月罪人”在背后捅了一刀的神话①，使十一月革命后成立并承担了签署凡尔赛和约的魏玛共和国成了替罪羊。

基础薄弱而又承担着履行凡尔赛和约苛刻条款的魏玛共和国，不得不依靠容克军国主义势力的支持，尤其是在左翼革命运动高涨时。因此，右翼保守的军国主义势力在魏玛共和国中得到加强。1925年社会民主党人艾伯特

---

① 指军国主义分子把第一次世界大战德军的失败，归罪于1918年德国的十一月革命，说这等于是在德军背后捅了一刀。

总统死后，军国主义的偶像兴登堡当选总统。这一现象也反映出德国资产阶级政治上的软弱，他们推选不出自己的政治代表来担任总统。20 年代资本主义相对稳定时期，德国魏玛共和政体尚能维持，而到 1929 年经济大危机爆发后，它就难以维持下去了。1930 年 3 月 27 日，魏玛共和国最后一届议会制政府米勒内阁倒台。在左右两翼激进运动的夹击下，无论是社会民主党同资产阶级政党的魏玛联盟，或者是其扩大的包括各个极不相同党派的大联合，都无法再组成议会制政府。于是，在国防军的支持下，兴登堡总统根据魏玛宪法第 48 条[①]的独裁大权，任命布吕宁组织总统内阁。以后的巴本和施莱歇尔内阁，都是这样的总统内阁。他们越来越多地依靠兴登堡援引宪法第 48 条的非常权力来维持统治。[②] 因此，西方一些史学家认为，1930 年 3 月 27 日这一天，是从魏玛共和到纳粹独裁的真正历史转折点，是"魏玛共和国末日的开始"。[③] 希特勒正是在这种背景下，通过民族复仇主义的煽动、欺骗性的社会宣传以及同大资产阶级和容克军国主义势力的幕后勾结，终于在 1933 年 1 月 30 日由兴登堡总统任命为总理组阁。从此，在一次大战后曾经被凡尔赛和约的军备条款捆绑起来的德意志，走上了毁约扩军和再次发动战争的"铁血复仇"之路。

## 四、受遏制的日本

日本军国主义的向外扩张由来已久。

早在 1880 年，日本参谋本部长山县有朋[④]在向天皇递交的奏折中，就提出了矛头主要针对中国的军事战略设想；随后以武力迫使朝鲜签订《济物浦条约》(1882 年)，取得了在朝鲜的长期驻军权。这是日本军事力量第一次扩

---

① 魏玛宪法第 48 条授予总统以宣布非常法的大权，再加上总统任免总理(第 53 条)和解散议会(第 25 条)的权力，就成为通向独裁统治之门。

② 依靠兴登堡总统援引宪法第 48 条颁布非常法的次数：1930 年 5 次，翌年 44 次，1932 年 66 次。

③ 卡·迪·埃尔德曼：《德意志史》第 4 卷上册，第 365 页。

④ 山县有朋(1838—1922)，日本大陆政策主要制订者和推行者之一，历任陆军卿、参谋总长，1889—1891、1898—1900 年两度出任首相，被认为是日本早期扩军的元勋。

张到亚洲大陆。1889 年山县有朋出任首相后，日本陆、海军以适应大陆作战需要为目标加紧扩充，确定了先夺朝鲜，然后争霸东亚的大陆政策。1894—1895 年，日本同与朝鲜有宗主关系的中国清政府发生甲午战争。清政府战败，被迫签订《马关条约》。日本攫取了对朝鲜的宗主权，割占了中国的台湾、澎湖列岛和辽东半岛，并从中国夺得 2 亿两白银赔款。这是日本大肆走上武力扩张道路的开始，也是日本挤进世界强国行列的开始。

日本在甲午战争中侵略得手，引起帝国主义列强加紧瓜分中国，它们之间的争夺也进一步尖锐。首先是沙俄联结法、德，迫使日本退还所割占的辽东半岛（即所谓“三国干涉还辽”）。接着，俄国夺取修筑穿越满洲的中东铁路租让权；英国迫使清政府开放广东的西江水道；德国出兵占领胶州湾，夺取胶州湾周围 50 公里的领土租让权和山东铁路修筑权。1898 年，沙俄又迫使清政府租借旅顺、大连；英国攫取威海卫的租借权，并扩大了香港对面九龙半岛上的英国领地；法国则夺取广州湾的租借权和云南的铁路铺设权。与此同时，英、德两国还约定，长江沿岸为英国的势力范围，黄河沿岸为德国的势力范围。日本则力图染指中国南方，迫使清政府保证不将台湾对面的福建省任何一部分领土割让或租借给其他列强，并企图独霸汉阳铁路和大冶铁矿的管理权。至于美国，则在 1899 年提出对中国实行“门户开放”政策，要求分沾列强侵华的利益。

面对帝国主义列强瓜分的危机，1900 年中国掀起反对外国入侵的义和团运动。列强组织八国联军（共 4. 7 万人，其中日军 2. 2 万人）入侵中国京津地区，残酷镇压义和团和屠杀中国人民，强迫清政府签订了《辛丑条约》，赔款 4. 5亿两白银。日本夺得其中很大份额，并取得了在北京和天津的驻军权。

日本帝国主义利用从中国勒索到的大量赔款，投入扩军备战。其军费开支占每年财政预算的 40%—50%，陆军由甲午战争时 7 个师团扩大到 13 个师团，海军新建舰艇 106 艘。当时日本把主要精力放在“北进”。1904—1905 年，日本同沙俄进行了争夺中国东北的帝国主义战争。日本获胜，从沙俄手中抢得对旅顺、大连以及东北大片土地的控制权（辽东半岛、长春至大连的南满铁路等）。日本侵略者将中国辽东半岛改称关东州，成立了关东都督府和南满铁道株式会社（简称“满铁”），派兵驻守（1919 年正式称为“关东军”）。

1914 年第一次世界大战爆发，西方列强忙于欧战无暇东顾。日本帝国主义认为这是“天佑”之机，首先出兵中国山东省，夺取德国在华的权益；同时派海军夺取德国在南太平洋的殖民领地——马绍尔群岛、加罗林群岛、特鲁克群岛和雅浦岛等。1915 年，日本利用袁世凯想当皇帝的野心，迫使袁氏政府签署全面控制中国的“二十一条”等有关条约。这是日本帝国主义侵吞中国野心的一次大暴露。

从中日甲午战争到日俄战争，再到第一次世界大战期间提出“二十一条”，日本向亚太地区的扩张侵略步步升级。而它所受到的遏制，首先是来自中国人民的反侵略斗争。这一斗争高潮在一次大战后再次显现出来。当时中国作为协约国阵营的“战胜国”之一，也派有代表出席 1919 年的巴黎和会。按理说，巴黎和会应把原德国占据的山东半岛殖民权益无条件交还中国。但巴黎和会是帝国主义战胜国列强的分赃会议，中国被列为只准申述“情况和理由”的二等国家。当和会讨论远东问题时，日本搬出强加于中国的“二十一条”以及大战期间日、英、法订立的密约，要求占有德国在中国山东半岛的全部权益。中国代表顾维钧、王正廷据理力争，要求归还山东的权益。英、法从其殖民主义立场出发，支持日本的要求。美国始以“门户开放、机会均等”原则，提出把原德国的山东权益交“国际共管”。但当日本以拒绝参加国联相威胁时，美国旋即转变态度。英、法、美同日本勾结，把中国代表拒之于讨论山东问题的会议门外（连记录也不让看）。列强炮制出来的方案写进了凡尔赛和约，它规定：原德国所获的胶州地区铁路、矿山、工厂、海底电缆和一切附属权利，“均为日本获得并继续为其所有”。这一严重损害中国主权的决定，激起中国人民极大的义愤，掀起了中国轰轰烈烈的“五四”反帝反封建运动高潮。中国代表最后拒绝在凡尔赛和约上签字。

一次大战后西方势力重返亚洲，列强的矛盾构成了对日本企图独霸中国和亚洲的另一种遏制。这时亚太地区形势已经出现新的变化。原来角逐的六个帝国主义列强，德国在大战中战败了，沙俄在十月革命中垮台了，法国则困囿于战争创伤和欧洲事务，只剩下英、美、日三强争霸。日本在该地区势力的明显增强和独占中国的野心，引起美、英的极大不安。战后列强之间新一轮的海军军备竞赛，更使英、美、日之间的关系显得格外紧张。

海军是列强争夺世界霸权的主要工具。一次大战前，激烈的海军军备竞赛，主要是崛起问鼎欧洲和世界霸权的德国向老牌海上霸主英国挑战，争夺制海权的重心是在北海和大西洋。那一轮的海军军备竞赛,曾经是促成第一次世界大战爆发的重要因素。现在,德国海军虽然已被消除,但美日却崛起成为新的海军强国。有意问鼎世界霸权的美国,早在1916年就批准庞大的3年造舰计划,拨款5亿多美元,建造10艘战列舰、6艘战列巡洋舰和50艘驱逐舰。其海军部长声称:美国"必须用它的意志、精力、人力和财力,为建设一支世界上最强大最优秀的海军而努力"。[①] 大战的结束并未使美国放松这一努力,1918年又准备拨款6亿美元,实施新的3年造舰计划。巴黎和会期间,英国曾以支持威尔逊建立国联为条件,迫使美国答应放弃新的3年造舰计划。但威尔逊回国后遭到国人反对,美国很快把诺言弃于一旁,重新批准了造舰计划。一心谋求称霸亚太地区的日本,早在1917年就制订了建立"八四舰队"[②]的计划,1920年又扩大为"八八舰队",其海军经费从1914年8300万日元,猛增到1920年的4.8亿日元。深感自己的海上霸主地位受到威胁的英国,不顾需要医治战争创伤的财经困难,连忙决定拨款建造4艘新型的4万吨级战列舰。英国首相劳合·乔治声称:"大不列颠宁愿花尽最后一枚金币,也要保持一支比美国或其他任何国家更为强大的海军。"[③]法国和意大利也同样不顾财经困难,投入造舰竞赛。一条条黑黝黝的庞然大物纷纷下水,搅得三洋四海恶浪滔滔。昔日的协约国"朋友"英、美、日,成为这新一轮海军军备竞赛的主角,争夺制海权的重心则转移到亚洲和太平洋。

大战刚刚结束就掀起如此激烈的军备竞赛,首先遭到人民反对,再者各国财政也不胜负担。建造一艘新的战列舰,简直犹如用黄金锻造那样昂贵。在大战中已耗尽财力并欠了一屁股债的英国首先奉陪不起。英国的海军当时虽然拥有舰艇730多艘,总排水量240万吨,位居世界第一,但其舰艇大多老化(大战期间没有一艘新的主力舰下水)。美国海军当时总排水量虽然不到100万吨,但正在建造和计划建造的舰艇350多艘,总排水量为110多万吨。如果竞赛下去,英国将因财力不继而被美国抛到后面。因此,英国一方面咬咬牙拨款建造4艘新战列舰,另一方面放出空气表示愿同其他列强就

---

① 斯普劳特夫妇:《通向海洋实力新秩序之路》,伦敦1946年版,第59页。

② "八四(八)舰队"即由8艘新型战列舰和4艘(8艘)新型战列巡洋舰组成的主力舰队。

③ 西摩编:《豪斯上校秘录》第4卷,波士顿1976年重印版,第180—181页。

“限制”海军军备达成妥协。日本国力不如美英，为了搞“八八舰队”已把国家预算 1/3 投入海军，也难以长此下去。至于美国，口袋里虽然多几个钱，但真要压倒英、日也非易事。英国当时不仅舰艇总吨位超过美国 1.5 倍，而且掌握着新加坡、亚历山大、好望角、直布罗陀和多佛尔海峡等遍布全球的海洋战略通道。日本也控制着广布于太平洋的千岛、琉球、马里亚纳、马绍尔、加罗林等群岛的海军前哨基地。况且，英日之间在一次大战前就订有同盟条约（到 1921 年期满，正在讨论是否续订）。这个同盟原来是针对沙俄与德国的，在历史上曾为加强英、日在远东的势力起过重要作用。美国一心想拆散这个英日同盟，但如果在海军军备上逼人太甚，就可能促使英、日续盟以对付美国。同时，中华民族的觉醒和从“五四”运动开始的反帝斗争高潮，也使列强急需调整它们之间的对华战略。正是在这种背景下，美国发起召开华盛顿会议。

1921 年 11 月—1922 年 2 月的华盛顿会议，主要议题一为限制海军军备问题，二为处理有关远东和太平洋问题。前者由美、英、日、法、意 5 个海军大国组成“裁减军备委员会”商讨，后者由这 5 大国加上中国、葡萄牙，荷兰、比利时组成“远东问题总委员会”会议。经过近 3 个月的争吵，签订了 7 项条约和 13 项决议案，其中最重要的是《四国条约》、《五国海军协定》和《九国公约》。美、英、日、法签订的《四国条约》及其补充文件规定：缔约国相互尊重彼此在太平洋地区的权利，如发生争端则召开四国会议解决，一俟此条约生效，英日同盟即予终止。《五国海军协定》规定：各国战列舰总吨位的限额，美、英各为 52.5 万吨，日本为 31.5 万吨，法、意各为 17.5 万吨，即 5 个海军大国主力舰总吨位实行 5∶5∶3∶1.75∶1.75 之比例。此外，美、英承诺除夏威夷和新加坡之外，不在太平洋西部建设和加强海军基地；日本亦不得在千岛群岛、小笠原群岛等岛屿加强工事。中国问题是远东和太平洋问题的核心。中国应邀出席华盛顿会议，国人纷纷要求争回被日本占去的山东权益，废除不平等条约，维护中国的主权。在国内舆论压力下，当时的中国北洋政府代表也提出了若干相应要求。经过斗争，虽然日本不得不同意把山东主权和胶济铁路权归还中国(日本仍保有重大控制权)[①],但所签订的《九国公约》贯彻的却是美国主张的“门户开放”和“机会均等”原则。

总的来说,日本利用一次大战在亚太地区扩张的势头,受到了遏制。

## 五、法国人的依托

法国作为一个传统的欧陆大国,其外交政策和军事战略,总是时时面对着英、俄、德、奥匈以及在次要程度上的意大利等欧洲强国。但从普法战争以来,其核心一直是德国。法国同英国有争夺海外殖民地和欧洲霸权的矛盾,同俄国有争夺东南欧和中近东的矛盾,同奥匈帝国有争夺巴尔干的矛盾,同意大利有争夺地中海势力范围的矛盾等。可是,由于历史和地理的因素,法、德之间就不仅仅是争夺殖民地势力范围、争夺欧洲大陆霸权的问题,而首先是国家安全的问题。

表面看来,一次大战的胜利和凡尔赛体系的建立,似乎已经确保了法国的国家安全和欧陆霸权地位。但是,法国在战争中付出了惨重的代价。其工业发达的北部地区被德军侵入而成为主要战场,有近两万个工厂、5000 公里铁路和 5.3 万公里公路被毁坏,房屋倒塌,农田荒芜,森林损毁,满目疮痍。高额的战费耗空了国库,还欠下 85 亿美元战债。尤其严重的是战争中死亡 153 万人,负伤和失踪 480 万人,加上出生率下降,使法国人口降到只有 3900 万(而德国却有人口 6200 万)。人力资源和工业能力,作为近代国家的战争潜力基本要素,法国与德国相比从 19 世纪末以来就一直处于劣势。一次大战法国的“惨胜”,没有改变两国这种战争潜力要素对比的天平。德国虽然受到了割地、赔款和解除军备等苛刻条款的捆绑,但其人力和工业优势的基础却未受到触动,一旦重整旗鼓,必将重新构成对法国安全的严重威胁。

莱茵兰[②]问题是法国国家安全战略的一个要点。法国的工业和重要矿产

---

① 在 1922 年 2 月 4 日,中、日两国签订的《解决山东悬案条约及其附约》规定:山东归还中国,但中国必须开放若干商埠口岸;胶济铁路权归还中国,但中国要偿还日本 5300 万马克(合 3200 万银元);在未偿清之前,胶济铁路在车务长和会计长职务仍由日本人担任。

② 莱茵河左岸地带旧称。拿破仑帝国时代其北段并入法国。1815 年维也纳会议后归普鲁士。

资源多分布在北部。这里出产了法国75%的煤、95%的铁、90%的布、80%的毛制品，所有的汽车和飞机制造业以及大部分化学工业也集中于此。这一地区紧接德国的莱茵兰，缺乏天然屏障。如果法国能够控制河道宽阔、堤岸高耸的莱茵河左岸，就进可以威胁德国的鲁尔重工业基地，退可以屏护自己北部的工业发达地区。法国在巴黎和会上力图把莱茵河地区从德国分离出来，但这一计划遭到英美坚决反对，只好退而接受莱茵兰非军事化（莱茵河左岸50公里由协约国军队占领15年，右岸50公里划为非军事区）。英美作为对法国的补偿，许诺同法国订立安全保证条约。可是由于美国参议院拒绝批准凡尔赛和约，英美许诺的安全保障随之流产。20年代初，法国曾企图依靠自己的战胜国余威，对德国采取强硬威逼政策。1920年以监督德国履行赔款为借口，一度派兵进入莱茵河右岸的几座德国城市。1923年又以德国拒付赔款为由，纠合比利时出兵占领德国的鲁尔区。法国占领鲁尔，造成欧洲国际局势的危机。由于法英都难以靠自身的实力来解决危机，于是美国乘机插手，在1924年抛出道威斯计划，夺取了处置德国赔款问题的主导权。

出兵鲁尔的失败，使法国意识到单靠自己以强力压制德国是行不通的。而美国和英国则从自身的利益出发，采取了某种扶德抑法的政策。当时的英国外交大臣奥斯丁·张伯伦[①]明确地劝导法国当局说："鉴于无论英国或法国都没有足够力量控制整个欧洲大陆，因此有必要让德国的政治和经济恢复；只有当德国接受战后的现状时，现存的和平才有可能得到长期维护。"经过一番外交会谈，在美国的支持下，英、法、德、意、比、捷、波7个欧洲国家，1925年底在瑞士的洛迦诺缔结了《莱茵保障公约》及若干仲裁协定（统称"洛迦诺公约"）。公约规定：德国与法、比接壤的西部边界和莱茵非军事区的安全不可侵犯，由英、意承担保证；德国与波、捷接壤的东部边界如发生争端，则通过国际仲裁解决。同时，作为协议的一部分，德国被接纳加入国联并成为常任理事国。

从国际关系的角度来看，洛迦诺公约是在肯定凡尔赛体系所确定的欧洲格局基础上，改变完全排斥德国的做法；而从法国的对德政策来看，则是从强

---

① 奥斯丁·张伯伦（1863—1937），为后来以推行绥靖政策著称的尼维尔·张伯伦之同父异母哥哥。

力压制的攻势战略，转向妥协和解的守势战略。法国的这一战略依托的是如下两个支撑点：一个是法国在欧洲大陆遏制德国的同盟圈；另一个是马其诺防线。

结盟本来是列强在国际斗争中所惯用的伎俩。然而对于法国来说，自从它身旁出现了强大的德国之后，就更是其国家安全战略中不可或缺的部分。19 世纪末，法国正是依靠同沙俄的结盟，才得以同咄咄逼人的威廉德国抗衡。一次大战期间，法国也是在同英、俄以及随后的意、美结盟的情况下，才得以打败德国。1917 年俄国十月革命后，法国失去了在欧陆传统的主要盟友。现在的洛迦诺公约，虽然由英、意承担莱茵非军事区的安全保证，但一则 20 年代的英国奉行扶德抑法政策，二则英、意的“保证”难以替代同俄国结盟在大陆所产生的制约作用。因此，法国就转向争取同东欧中小国家结盟，构筑以自己为首的欧陆对德包围圈。早在 20 年代初，法国就同波兰缔结盟约，积极支持东南欧的“小协约国”①集团。现在则更分别同捷克斯洛伐克（1924 年）、罗马尼亚（1926 年）和南斯拉夫（1927 年），缔结互助同盟条约。不过，由于这些东欧中小国家实力有限，又彼此矛盾重重，法国人所依托的这个对德战略支撑点是十分脆弱的。事实上，无论是洛迦诺公约还是同东欧国家的结盟体系，都难以成为法国国家安全的可靠外交保障。

法国对德战略的另一个支撑点是马其诺防线。如上所述，屏护北部工业发达地区是法国国防的关键。这一问题在一次大战前尚不突出，因为那时法国的军事战略是实行速决的进攻作战，其设想是法军将向德国腹地发起强大攻势，经过几个大规模会战就赢得战争胜利。这种旧时代的速决进攻战略在大战中破产了。法国当局在总结大战的经验教训时，虽然认识到未来战争将是长期的总体性战争，但在决定今后的军事战略时，有两方面的因素推动他们作出了消极防御的错误决策：一是胜利者的包袱，法军在一次大战中（尤其凡尔登战役）的经验，使他们过分相信筑垒阵地的威力；二是对人员重大伤亡的恐惧心理，使他们力图通过修筑坚固的筑垒阵地来减少未来战争的伤亡。早在 1920 年 1 月战后的法国最高军事委员会成立时，就明确宣告：法国必须

① 1920—1921 年捷、罗、南三国，通过缔结连环的双边协定，结成防范德国和匈牙利的军事政治同盟。用“小协约国”之名，是以类比一次大战时英、法、俄针对德国的协约国集团。

研究“对国土或海岸线防御体系的总编成”。[1] 不过,法国军事当局存在两派意见:以霞飞和福煦为代表的一派,坚持会战至上的传统攻势思想;以贝当为首的另一派,则以凡尔登战役的经验为依据,强调筑垒阵地防御的作用。被誉为“凡尔登英雄”的贝当,声称:“坦克和飞机并不能改变战争的基本因素,绵亘的筑垒是不可攻破的,防御将成为未来战争的皇后。”两派争论直到1927年,法国最高军事委员会正式采纳了贝当一派的主张,最终确定了在法国东北部面对德国的边境上,修筑永久性筑垒防御体系的方案。由于时任法国众议院陆军委员会主席的马其诺[2]积极倡导,争取议会通过巨额拨款,并在他再度出任陆军部长之后正式动工,故防线在马其诺逝世后以其名命名。1936年防线基本竣工,从法国与瑞士边境修筑到法国与比利时边境的阿登山区,全长约400公里,纵深6—8公里,永备碉堡5600个,大型综合工事群22个,彼此以地下坑道连接,备有独立的电站、兵员宿舍、粮食和弹药仓库等。整个防线耗资60多亿法郎。马其诺防线作为永备的筑垒防御体系,其工程建设是出色的[3],但作为一种国家安全战略则是错误的。当时的法国人曾经深信,依托这条精心设计、耗资巨大的“法兰西万里长城”将能轻易地阻挡德军的进攻。法国的军事家们宣称:这条连绵的防线“折断了(德国)攻势战斗的翅膀……已经成了和平的因素”。[4] 然而正是这种把和平与安全依托在一条防线上的思想,助长了法国30年代在法西斯侵略面前的和平麻痹与绥靖妥协。

## 六、英国人的王牌

英国人对于欧洲的和平与安全,同法国人的感觉是全然不同的。长期以来,英国在欧洲事务中享有特殊地位。它既是欧洲大陆政治的一部分,又可

---

① 罗伯特·阿伦·道蒂:《灾难的种子:1919—1939年法国军事学说的发展》,美国阿肯出版社1985年版,第47页。

② 马其诺(A·Maginot,1877—1932),多次入阁任抚恤、殖民和陆军部长,1924—1928年为众议院陆军委员会主席,1929年再度出任陆军部长。

③ 不过,作为一条现代国境防线,马其诺防线纵深不足,未考虑兵力机动的需要,而且没有延伸到法比边境。1940年德军穿过阿登山区在色当实施突破,使之完全失去作用。

④ 保罗—莫利·戈尔斯:《法国陆军:军事政治史》,纽约1963年版,第274页。

以超然其外。英吉利海峡为它提供了面对来自欧陆威胁的某种保护屏障,但地缘政治和经济的双重因素,又使它同欧陆的事变息息相关。因此若干个世纪以来,英国人在对待和平与安全的问题上,始终依靠着两张王牌:第一是保持世界上最强大的海军,掌握制海权:第二是维持欧洲大陆的均势,防止某个大国取得对欧陆的支配地位。

作为一个工业发达的岛国,又是海外领地遍布全球的殖民大帝国,保持强大的海军对英国的重要性是不言而喻的。至于维持欧陆列强势力的均衡,对英国则甚至是更为重要。因为,只要哪个欧陆国家取得对大陆的支配权,它就可以切断欧陆与英国的贸易往来,它就可以依托欧陆港口为基地,用其虽比英国弱的海军干扰大英帝国的海上交通线,还可以封锁甚至入侵英伦诸岛(像当年拿破仑曾经做和想要做的那样)。所以,只要没有一个国家过分强大以至有可能取得支配地位,英国是不大在乎欧陆哪一个国家是否强大。当欧洲大陆国家在为领土和边界纠纷、为邻国军事力量的变化等忧心忡忡的时候,英国所考虑的却是欧洲作为一个整体的权力分配与力量均衡。1914 年英国参加反对威廉德国的一次大战,同一个世纪前它参加反对拿破仑法国的战争,贯彻的都是同一个原则:加入反对欧洲未来霸主的联盟,维持欧洲的力量平衡,防止某个大国主宰欧洲大陆。

表面看来,通过第一次世界大战,英国达到了自身霸权地位的顶峰。原来咄咄逼人地问鼎欧洲和世界霸权的威廉德国,因战败而退出了争霸的舞台。英国夺取了德国的舰队和大量商船,控制了遍布全球的海上主要交通要冲,获得了原德国的大部分殖民地,把其海外殖民帝国扩大到了历史的顶点。战后确立欧洲和世界格局的凡尔赛体系是由它起主导作用的,国际联盟主要是由它实际操纵的,它对国际政治事务拥有最大的发言权。然而,一次大战又恰恰是大英帝国霸权地位走向衰落的起点。英国的胜利也是一种“惨胜”,在战争中死伤 300 万人,损失船只 70%,工业生产指数降低 20%,战费支出 125 亿英镑(约相当于同期英国国民收入的 44%),变卖了 10% 的海外资产,从美国的债权国变成了债务国(欠美国 8.5 亿英镑),失去了世界金融中心的地位。而尤其影响深远的是,几个世纪来作为英国霸权主要政治舞台的欧洲,已经开始失去了中心地位而走向衰落。

欧洲的中心地位同英国的霸权是密不可分的。1815 年拿破仑战争后所建立的维也纳体系，就是在英国的“仲裁”下以欧洲大陆列强均势为基础的国际体制。一次大战后的凡尔赛体系，基本上也是这种以欧洲为中心对世界加以控制的结构模式。但是，上个世纪维持这种国际体制稳定性的基础已经或者正在消失。欧洲衰落了。英国失去了过去的“仲裁”能力。俄国十月革命使欧洲和世界出现了两种社会制度体系的对立。由于奥匈帝国的瓦解、德国的战败和俄国的被排除，传统的欧洲大国均势已无法重建。东方民族解放运动的高涨，首先冲击了传统殖民主义的欧洲老牌帝国。美国和日本这两个非欧洲强国的崛起，使列强的争霸更为复杂和尖锐。后来虽然以华盛顿体系和洛迦诺公约来作为补充，凡尔赛体系也难以有持久的稳定。

“保持世界最强大的海军和掌握制海权”，这张英国的传统王牌，在一次大战后就失去了分量。1922 年，在美日这两个新崛起的海军强国造舰竞赛的逼迫之下，英国不得不在华盛顿会议上放弃几个世纪的传统海军“两强标准”（即英国海军实力要等于其他两个海军最强国家的总和），同意美国与它拥有同等强大的海军，同意英、美、日、法、意 5 国海军主力舰吨位 5∶5∶3∶1.75∶1.75 的比例。然而即使如此，也未能消弭列强海军军备竞赛对英国的逼迫。1927 年在日内瓦举行的第二次海军裁军会议，美国同英国对立，法国和意大利干脆不到会。1930 年英国出面邀请的“伦敦海军裁军会议”，通过新的《五国海军条约》，虽然主力舰总吨位维持华盛顿会议的比例，但巡洋舰等辅助舰艇的比例却变成英、美、日 10∶10∶7，而对英国海上交通线威胁最大的潜艇，甚至大家可拥有相同的水平。即使如此，后来法意两国仍然拒绝批准。日本虽然递交了批准书却未实际执行，而且于 1936 年退出海军裁军会议，完全撕毁了条约。至于德国，1935 年同英国签署英德海军协定，表面上规定德国海军总吨位不超过英国的 35%，潜艇不超过英国的 45%，似乎限制了德国海军的发展，但实际上却是让德国放手发展海军。因为当时德国海军的总吨位仅 11.2 万吨，而英国海军的总吨位是 120 万吨，按此比例德国海军可以扩大到原来的 3 倍（其总吨位超过法国海军的水平）。德国要达到这个规模，即使开足其造船工业的全部马力，也需要 10 年的时间。

对于“维持欧洲大陆均势”这张英国的传统王牌，在当时的具体贯彻中，实际成了从均势外交走向纵容德国的绥靖政策的跳板。一次大战刚一结束时，英国就力图从战时的军事介入欧陆纷争，重新回到传统的均势政策。然而,由于欧洲与世界格局的改变,以及英国自身实力的开始走向衰落,这时英国的均势外交,在内容与性质上已不可同日而语。就内容而言,一次大战前德国的实力急剧膨胀,积极对外扩张,谋求世界霸权,直接威胁到英国的霸权利益,因此那时英国“联合法、俄以抗德”。现在德国战败,奥匈解体,俄国爆发革命,法国一时成了欧陆唯一强国。英国转而认为“法国是唯一有可能对我们造成麻烦的国家”[①],于是从传统均势原则出发,实行“扶德抑法”。然而事实上这时的法国,其实力地位正在走向衰落,其对外政策是谋求能保住一次大战中已取得的相对霸权地位,不仅没有(也不可能)威胁到英国的霸权,而且在维护凡尔赛和平体系上同英国有共同利益。因此,英国的“扶德抑法”,实际上正是导向扶植重新打破欧陆均势的力量。

就性质而言,此时英国的欧陆均势政策,已从一次大战前的“实力政策”,演变成缺少稳固实力基础的“纯粹外交”。从历史上看,英国的海外殖民事业,与它在欧洲的“仲裁”外交是相互依存的。它作为最早发展起来的欧洲资本主义强国,在夺占海外殖民地上占有优势。英国成为“日不落”的世界殖民大帝国,这是它长期对外扩张的结果,维护和加强这个大帝国是它对外政策的利益重心。但在另一方面,处于近代国际关系中心的欧洲,则是英国外交斗争的重心。世界殖民“帝国”的存在,使英国在“欧洲”外交舞台的力量对比天平上,其砝码获得真正的分量,为它在欧洲推行均势外交提供了必要的力量后盾。而鉴于欧洲在近代国际结构中的显赫地位,英国在“欧洲”事务中拥有的仲裁权,又使它得以放手扩展与维护自己的“帝国”利益。作为英国利益重心的“帝国”,与作为英国外交重心的“欧洲”,在其对外政策中一直是协调的。但从19世纪末起,随着大英帝国在世界范围面临越来越严重的挑战,这种协调性开始动摇。一次大战的发生,在某种意义上,就是这种协调性被打破的重要表现。大战之后欧洲的衰落,世界范围民族解放运动的勃兴,以及非欧洲强国美、日的崛起,使英国对外政策中这种“帝国”与“欧洲”的协调性进一步逆转。对英国来说,曾经主要意味着利益与力量的殖民“帝国”,现在越来越成为风暴的源泉和力量的负担。为了维护这种越来越成为负担的利

---

① 这是当时英国首相劳合·乔治所说的话。参见安东尼·亚当斯韦特:《法国与第二次世界大战的到来(1933—1936)》,伦敦1977年版,第3页。

益，英国不得不保持一种全球展开的战略态势。可是，就世界和平与安全的国际结构来说，却又仍然是以欧洲的凡尔赛体系为中心。这就使得英国不得不仍以欧洲为其外交重心。于是，一次大战后英国推行其欧陆均势政策时，就失去了过去所拥有的那种源于世界殖民“帝国”的稳定的传统力量后盾，只能更多地依赖于“纯粹外交”本身。正是在这种背景下，一旦遇到重大危机，这种已经缺乏“实力”的英国传统欧陆均势外交，就走向了退缩、妥协的绥靖主义道路。这是我们在下一章中将要看到的。

## 七、美国人的梦幻

20 世纪初的美国人，对于西半球以外的世界是知之甚少的。一次大战前欧洲列强的紧张角逐，他们毫不关心。大战的爆发，他们又感到意外，继而又觉得远隔重洋可避战祸，不无庆幸之感。战争初期，美国当局采取隔岸观火的中立政策，凭借强大的工业生产能力大做军火生意，及至欧洲列强打得精疲力竭时于 1917 年参战，以较少损失获得了战胜国的地位。抱有“领导世界”野心的美国总统威尔逊，抛出“十四点”和国际联盟的纲领，这是美国人理想主义与扩张主义的混合物。然而，大发战争财的美国虽然成为世界经济和金融中心，其问鼎世界霸主地位的时机尚未成熟。威尔逊在巴黎和会没有捞到多大实质性的好处，连他煞费苦心创立的国联也主要落入英国人的掌握之中。于是美国参议院拒绝批准凡尔赛和约和参加国联，美国人又重新回到了长期奉行的孤立主义立场。

确实，当时的世界没有什么事情严重威胁到美国的利益。欧洲人的争吵处在凡尔赛体系大格局之下；同资本主义对立的苏俄被孤立起来了；亚太地区新崛起的日本扩张势头受到遏制；一度激烈的海军竞赛也由华盛顿条约作了限制；至于广大殖民地附属国的民族解放运动浪潮，冲击的主要是老牌欧洲殖民帝国。只要美国的商业利益没有遭到其他国家的损害，受孤立主义影响的美国民众，就反对卷入欧洲和世界无穷无尽的外交与军事纠纷。地缘政治上的优势,使美国两次大战之间军事上的投入,比其他大国少得多。① 当时拥有巨大经济实力的美国,追求的是全球门户开放与机会均等,梦幻的是和平与繁荣的永恒。

20 年代美国经济迅速膨胀,1922—1928 年间,其工业生产增长 70%,国民收入增长 40%。华尔街的股票指数扶摇直上。美国总统柯立芝宣称:"这是一个商业国家,需要一个商业政府。"于是积极鼓励和支持私人企业向海外扩张的法律纷纷出笼。政府贷款私人建造新的商船队,加强海外贸易运输能力;鼓励美国公司联合向海外扩张,不受反托拉斯法的限制;制订海外投资贷款的指导条例,支持和保护私人资本输出;建立外交商务参赞制度,提供经济扩张的情报。美国一方面自己高筑关税壁垒(1922 年通过新税法,改变了战时的低关税政策),另一方面由政府出面打开其他国家的贸易和投资门户。美国依仗其经过一次大战所取得的世界经济和金融中心地位,使它的出口总值从 1914—1929 年翻了两番,达到 54 亿美元;它在海外的私人投资,从 1914 年的 35 亿美元上升到 1930 年的 172 亿美元。

美国的海外贷款,很大一部分是流入德国的。这些贷款同有关德国赔款以及英法归还美国战债的问题联系在一起。当时欧洲协约国欠美国 103 亿美元战债(其中英国欠 43 亿、法国欠 34 亿、意大利欠 16.5 亿)。它们认为,美国在战争中人员牺牲最少(死伤 36 万人,仅为法国的 6.2%,英国的 12%),理应在经济上多尽义务,把这些战债一概取消。但美国坚持战债不得减免。美国总统柯立芝,以威尼斯商人夏洛克的腔调说:"他们借了钱,不是吗?!"美国要求那些欠了战债的国家,同它订立双边财政协定,把战债转变成长期贷款。当法、意等国拒绝这一要求时,美国国务院宣布禁止向拒偿战债国家的政府和私人贷款。欧洲国家当然不愿以正常商业方式来偿付战债。其实它们即使想这么做也难以办到,因为它们的商品很难打入高关税的美国市场。于是就把偿还战债的负担转移到德国支付战争赔款上面。在法国主持下的协约国赔偿委员会,1921 年确定德国赔款总额 1320 亿金马克(约合 330 亿美元)。承受如此巨额赔款的德国自然有所拖欠。法国便在 1923 年以德国拒付赔款

---

① 1935—1939,美国在军事上的投入约 15 亿美元,而同期德国投入 120 亿美元,苏联投入 80 亿美元,英国投入 25 亿美元。

为由,纠合比利时出兵占领鲁尔。法国这一行动使德国面临经济崩溃和革命危机,也造成欧洲局势动荡和金融混乱,危害到美国的经济和政治利益。于是美国插手,从法国人手中夺取有关德国赔款问题的主导权。1924 年,由美国银行家查尔斯·道威斯为首的国际委员会,抛出一项向德国提供贷款,帮助德国摆脱危机恢复偿付赔款的计划,即"道威斯计划"。从此,大量美国资本源源流入德国。

1924—1931 年间,美国投资者向德国提供了 22.5 亿美元贷款。这些美国资本的流入,帮助了德国经济的迅速复兴。如果以一次大战前 1913 年的工业生产水平为 100,20 年代德国工业生产指数的变化如下:

| 年份 | 1920 | 1923 | 1924 | 1925 | 1926 | 1927 | 1928 |
|---|---|---|---|---|---|---|---|
| 工业指数 | 59 | 53 | 77 | 91 | 88 | 109 | 115 |

注:卡·迪·埃尔德曼:《德意志史》第四卷上册,第 307 页。

大量美国资本的流入,不仅使德国的工业生产水平迅速恢复并超过战前水平,而且促使它更新设备,加强集中,实现生产技术革新和合理化,出现了如法本化学工业公司(1925 年)、联合钢铁公司(1926 年)等大垄断企业。这一切就为 30 年代纳粹德国的崛起和走向铁血复仇打下了经济基础。

如果说,道威斯计划反映了 20 年代美国追求门户开放的经济扩张的话,那么凯洛格—白里安公约(全名《关于废弃战争作为国家政策工具的普遍公约》,俗称"非战公约"),则表现了美国人的和平梦幻。第一次世界大战的灾难,促使战后欧美出现和平运动高潮。当时的美国大企业界也不希望战争。以中西部芝加哥、克利夫兰财团为代表的一派,主要面向国内和拉美市场,主张传统的孤立主义政策,反对卷入欧洲事务,被称为"国内派"。以东部摩根财团为代表的一派,在欧洲等海外有巨大投资和市场利益,主张介入欧洲事务,被称为"国际派"。他们希望维持欧洲和世界稳定,自信依靠美国的雄厚金融和工业实力,可以通过"和平竞争"确立美国的全球霸权,也不主张美国承担过多的国际政治与军事义务。两派都参与和支持了和平运动。尤其是受摩根财团影响的卡内基国际和平基金会①,对当时的非战和平运动有巨大

① 由著名的美国钢铁企业家卡内基(Andrew Carnegie)于 1911 年以总额 1000 万美元为基金创立,美国的大部分和平组织和有关和平的研究,都从该基金获得过资助。

影响。该基金会主席、哥伦比亚大学校长尼·巴特勒和基金会的经济与历史部主任、哥大教授鲁·肖特韦尔，广泛组织有关“宣布战争为非法”的活动，提出种种方案和计划，并经常出访欧洲，向各国政要进行游说。1927 年，肖特韦尔说服法国外长白里安，利用美国参加第一次世界大战 10 周年纪念（4 月 6 日）之机，通过美联社向美国人民发出两国签订非战双边条约的建议（该建议书是由肖特韦尔起草的）。白里安接受了这一建议，他的目的是想借此拉拢美国承担对法国安全的某种保障。美国不愿因为同法国缔结双边条约而过多卷入欧洲事务，便由当时的国务卿凯洛格出面提出，由美、法、英、德、意、日等签订“废弃战争作为国家政策工具”的多边公约。经过一年多的外交活动，在世界人民反对战争要求和平的舆论压力下，各个有关国家从各自不同的目的与利益需要出发，于 1928 年 8 月在巴黎签订了“凯洛格—白里安公约”。创始签字国 15 个，到 1934 年又有 49 个国家先后签字加入。

凯洛格—白里安公约郑重声明：“缔约各国……斥责用战争来解决国际纠纷，并在它们的相互关系中，废弃战争作为实行国家政策的工具”。但是，它根本没有规定实施的办法。白里安空谈“从根本上铲除战争这种祸害”，却避而不说应该采取什么实质性的措施。英国外交大臣奥·张伯伦说：公约的价值取决于“美国在公约遭到违反时可能采取的行动”，把问题推到美国人身上。凯洛格则宣称：“公约所包含的唯一实施手段是人民的舆论”；同时私底下对英国人表示：“每个国家都有特殊利益要保卫”。尚处在魏玛共和时期的德国表示：“公约就是这个样子，个个都参加，谁也不得罪”。正在觊觎中国东北的日本则声言：“按照有关自卫权的保留，日本在满洲可以自由行动”。倒是墨索里尼的意大利，颇有讽刺地说了点实话：公约是“吃得饱饱的国家，企图维护几乎全靠战争得来的既得利益”。

这就是 20 年代的所谓“非战公约”，而一到国际局势动荡的 30 年代，各国列强就都把它抛之脑后。

# 第五章　通向新浩劫之路

## 一、大和民族的强兵霸权梦

日本从明治维新后走上资本主义发展道路，集中力量发展军事工业和近代化陆海军，设立参谋本部作为直属天皇的最高军令机关，实行所谓“帷幄上奏”权[①]，贯彻军国主义精神。1880 年首任参谋本部长山县有朋上奏天皇，强调“论兵之多寡急于论国之贫富”，把“强兵”看作“富国之本”。[②] 从此，“富国强兵、称霸东亚”就成为大和民族追求的目标。

1889 年日本颁布明治宪法[③]。这是在东方国家中第一部君主立宪的资产阶级宪法。它保障私有制，废除封建等级身份制度，实行一定程度的三权分立，为资本主义的发展创造条件。在国家政权的扶持下，日本资本主义经济迅速发展，经过产业革命很快在国民经济中占了优势。但明治宪法保留了大量封建主义和军国主义因素。它规定：天皇“总揽统治权”，“神圣不可侵犯”；内阁只对天皇负责而不对议会负责；陆海军的统帅大权和编制大权直属天皇，参谋本部长辅助天皇独断行使陆海军统帅权，首相也不能参与其事，形成了军部独立于内阁的军国主义体制。

日本军国主义向外扩张的传统方针是大陆政策。这一以武力称霸东亚的方针，早在 19 世纪 80 年代末即已确定。1890 年山县有朋以内阁首相身

---

① 规定帝国陆军直属天皇，凡军令事项皆由参谋本部长策划，不经内阁直接上奏天皇。

② 信夫清三郎：《日本外交史》上册，商务印书馆 1992 年版，第 169 页。

③ 即《大日本帝国宪法》，1890 年开始施行，至二次大战日本投降前一直是其国家根本大法。

份,在按明治宪法产生的日本第一届帝国议会上发表施政演说,指明日本要实行首先向朝鲜扩张然后进而争霸东亚的方针。[①] 那种鼓吹应“由日本掌握东洋之霸权而立于统帅之地位”的言论,喧嚣一时。

中日甲午战争和日俄战争之后,日本挤进世界帝国主义强国的行列,大和民族的军国主义强兵霸权梦也进一步膨胀。1907 年,日本军部制定《帝国国防方针》和《帝国军队用兵纲领》,实施所谓“攻势作战”战略,以俄、美、法顺序确定预想之敌,强调日本“国利国权之扩大”以面向中国为方针。当时作为参谋本部作战课高级部员的田中义一中佐[②],参加了此二文件的制定。另一参与文件制定的参谋本部第二部长松石安治大佐,还起草了关于国防大方针的意见书,强调:“殖民地之获得……必须伴随以兵力”;“其发展地区为:第一,西伯利亚、满洲及蒙古方面;第二,菲律宾及法属印度支那以南和南洋群岛;第三,中、南美洲。”[③]把向海外武力扩张的目光,投向了整个环太平洋地区。

第一次世界大战期间,西方列强忙于欧洲战事无暇东顾,给了日本帝国主义推行大陆政策实现其强兵霸权梦的大好机会。1915 年日本提出全面控制中国的“二十一条”,就是其称霸亚太地区野心的一次大暴露。只是由于中国人民的反侵略斗争,以及战后西方势力重返亚洲,日本独霸中国和亚洲的企图遭到了挫折。

带有封建性的日本帝国主义,在经济结构上同欧美列强相比是脆弱的。它的资本有机构成低,商品国际竞争力弱,财经力量不足,金融上对英美有依赖性。为了弥补经济上的软弱,日本在对外扩张中特别倚重武力,经常保持着对于国民经济来说负担过重的军备,这又反过来阻碍其经济发展。加上 1921 年经济危机和 1923 年关东大地震的打击,日本失去了一次大战时在远东市场上取得的优势,没有出现西方国家 20 年代那种繁荣与稳定。在政治上,日本缺乏欧美发达国家那样完整的资产阶级民主制度,封建性和军国主

---

① 大山梓:《山县有朋意见书》,原书房 1966 年版,第 197、203 页。

② 田中义一(1864—1929),被认为是山县有朋的接班人,1918、1923 年两次出任陆军大臣,1927 年出任首相组阁,“日俄战争后 20 年间的国防军事经营擘画多出田中之手”。

③ 日本防卫厅战史室编:《大本营陆军部》,中译本《日本军国主义侵华资料长编》上册,四川人民出版社 1987 年版,第 88—89 页。

义传统根深蒂固，加上实行军事第一主义，形成以军部为支柱的天皇制。这一切就成为日本法西斯势力迅速崛起的基础。

日本最早鼓吹法西斯主义的是北一辉和大川周明。他们宣扬日本应成为亚洲盟主。为了实现这一总目标，北一辉提出“国家改造”论，主张通过政变建立天皇独裁政权。大川周明则提出“天皇归一”说，强调确立以天皇为绝对权威的“国体意识”，用以统一国民思想。两者的结合，构成了日本早期的法西斯主义思想，并于1919年组织日本第一个法西斯组织——犹存社。1923年，日本军部的法西斯分子永田铁山、小佃敏四郎、冈村宁次、东条英机等成立二叶会，形成军内幕僚革新派。他们吸收德国的军事思想，强调通过总体战争来争霸亚洲与世界。同时，另一部分基层军官则形成基层将校革新派，强调只有军队才能完成国家改造。军内的和民间的法西斯结合，形成了比较完整的日本法西斯主义思想体系和在政治生活中举足轻重的法西斯势力。他们的共同特点是主张“天皇归一”，强调绝对服从天皇的忠君思想，鼓吹建立以天皇为绝对权威的国体意识，依靠军队进行国家改造，建立法西斯独裁和总体战体制，通过对外发动侵略战争，使日本成为亚洲的霸主。

日本法西斯继承明治以来用武力推行大陆扩张政策的老军国主义衣钵，而且更加富于冒险性，逐渐形成了一股新的发动侵略中国和亚洲的战争狂热。1927年春，日本爆发严重的金融危机，进一步加剧了这种狂热。当时中国正处于第一次国内革命战争的高潮，国民革命军顺利进行北伐。是年4月20日上台的田中义一内阁，一方面于5月28日借口“保护侨民”，出兵山东，阻止中国国民革命军北伐；另一方面召开东方会议，制定加速侵略中国的新大陆政策。

东方会议召开前夕，日本外务省政务次官森恪[①]召集法西斯分子铃木贞一少佐（参谋本部作战课课员）、河本大作大佐（关东军参谋）、石原莞尔少佐（陆军大学教官）和吉田茂（驻奉天——即沈阳总领事）等人，密商解决“大陆问题”的谋略，提出首先把满蒙从中国分裂出来，使之成为日本独占的势力范围。接着，关东军抛出了《关于满蒙政策的意见》，强调满蒙是日本扩张的重

---

① 森恪（1883—1932）为日本法西斯势力核心人物，三井系统资本家，长期在中国东北经营矿山等企业，与军部和关东军有密切联系，在筹划和召集东方会议中起了重大作用。

点，应首先使中国东北军阀张作霖宣布自治，允许日本在东北建铁路、开矿山、垦土地，并派遣军事、财政顾问；如果张作霖拒绝，则“断然排斥之，根据需要，准备使用武力”。[①]

1927年6月27日—7月7日，田中义一首相兼外相，在东京召开东方会议，出席的有外务省政务次官森恪、事务次官出渊胜次、亚洲局长本村锐市、情报部长小村欣一、驻华使节芳泽谦吉和吉田茂；陆军方面有陆军省次官佃英太郎、军务局长阿部信行、参谋本部第二部长松井石根、关东军司令官武藤信义；海军方面有海军省次官大角岭生、军令部次长野村吉三郎等。会议的最后一天，田中发表了公开的八条《对华政策纲领》：强调日本在远东之“特殊地位”；把中国领土划分为“中国本土与满蒙”，宣称“满蒙、尤其东三省”是日本“生存具有重大利害关系”的特殊地区，必须“及时采取适当措施”维护日本“在该地的特殊地位和权益”；还声称要支持“东三省有力者中尊重我在满蒙之特殊地位、认真谋求该地方政局之稳定者”，露骨地表示了扶植傀儡、分裂中国、独占东北的野心。[②]

田中于7月25日函请宫内大臣一木喜德，将其根据东方会议写成的《帝国对满蒙之积极政策》密奏天皇，这就是新大陆政策的《田中奏折》[③]。主要内容如下：

“所谓满蒙者，乃奉天、吉林、黑龙江及内外蒙古是也……不惟地广人稀令人羡慕，农矿森林等物之丰富，世之无其匹敌。……故历代内阁之施政于满蒙者，无不依明治大帝之遗训，扩展其规模，完成新大陆政策……惟欲征服支那，必先征服满蒙；如欲征服世界，必先征服支那。倘支那完全可被我国征服，其他如小中亚细亚及印度南洋等，异服之民族必畏我敬我而降于我，使世界知东亚为我国之东亚，永不敢向我侵犯。……我对满蒙权利如可真实的到我手，则以满蒙为根据，以贸易之假面具风靡支那四百余州；再则以满蒙之权利为司令塔，而攫取全支那之利源。以支那之富源而作征服印度及南洋各岛

---

① 日本历史学研究会：《太平洋战争史1·满洲事变》，青木书店，1971年版，第137页。

② 日本外务省：《日本外交年表并主要文书》下册，《文书》，原书房，1978年版，第101—102页。

③ 1929年12月中国南京出版的《时事月报》首先揭露《田中奏折》，以后西方各国报刊都予以披露。日本当局慌忙通过舆论工具矢口否认。近年日本又有人散播《田中奏折》是伪造之说。但历史证明，日本帝国主义后来的侵略行动就是按照《田中奏折》所述的轨道运行的。

以及中小亚细亚欧罗巴之用，我大和民族之欲步武于亚细亚大陆者，握执满蒙利权乃其第一大关键也。"①

东方会议和田中奏折是明治维新以来，走上扩张道路的大和民族强兵霸权梦的露骨表现。这种先夺满蒙，继取全中国，进而征服整个亚洲和太平洋的狂妄野心和侵略步骤，就成为30年代日本帝国主义发动战争的总纲领。

东方会议后，日本便加紧利用中国奉系军阀张作霖侵占东北权益，同时再次出兵山东制造济南惨案。日本的侵略行径激起了中国人民反日斗争的新高潮。美英等西方国家也抗议日本损害它们的在华利益。张作霖不敢贸然出卖东北权益。急于行动的日本关东军，便于1928年6月制造了皇姑屯事件炸死张作霖，企图借口出兵占领东北。张作霖之子东北军少帅张学良倾向抗日，宣布易帜服从南京政府。在此形势下，日本统治集团内部对侵略步骤发生争执，田中义一内阁于1929年7月下台。尽管如此，田中奏折所反映的根本战略构想，仍然是日本军部和继任内阁的行动方针，而皇姑屯事件实际上也成了"九一八"事变的前奏。

1929年秋，资本主义世界爆发空前严重的经济危机。1931年日本经济危机达到顶峰，工业生产总值比1929年减少1/3，对外贸易额下降近一半，工人失业300万，国内阶级矛盾尖锐。在日本的殖民地和势力范围中，反日运动也高涨起来。为了摆脱危机，日本统治集团图谋发动侵略战争。当时欧美列强忙于应付经济危机，而中国国民党政府对外软弱无能，并正集中力量围剿江西的中国工农红军，这被日本当局视为动手夺取中国东北的有利时机。日本法西斯和右翼军国主义势力，疯狂鼓吹侵占满蒙是"日本的唯一出路"，强调"为了消除国内的不安，需要对外进出（即发动侵略战争）"。② 参谋本部秘密制订了《解决满蒙问题方策大纲》，确定以武力侵占的原则，时间定在1932年春天以后。更加积极的关东军则密谋在沈阳北郊的柳条湖炸毁铁路，制造发动战争的借口，把时间提前到1931年9月18日。同年8月，日本军部调派"中国通"本庄繁中将和土肥原贤二大佐，分任关东军司令官和奉天（即沈阳）

---

① 《时事月报》第1卷第2期，南京版1929年12月。转引自军事科学院军史部：《中国抗日战争史》上卷，解放军出版社1991年版，第38—39页。

② 日本国际政治学会：《走向太平洋战争之路·别卷·资料编》，朝日新闻社1963年版，第86页。

特务机关长。本庄繁到任后，即下令关东军做好应变准备，审查了所拟订的作战计划，检阅了攻打沈阳城的实战演习。

日本的国家体制与一般西方列强不同。日本军部拥有专断特权的天皇体制，在其发动对外侵略战争中起了特别重要的作用。当时，关东军积极准备和策动战争的行动，并不完全受日本内阁的节制。日本内阁担心过早动武会在国际上处于不利地位，打算劝告关东军再忍耐一年。然而这一"劝告"却促使关东军提前行动。9 月 18 日夜，关东军秘密派人炸毁柳条湖地段的南满铁路路轨，栽赃于中国军队，并诬指中国军队袭击日本守备队。随即，关东军按预定计划向中国东北军北大营、沈阳城以及南满铁路沿线地区展开进攻。

"九一八"事变后第二天，日本内阁举行会议，表面宣称实行"不扩大"方针，但并未采取任何措施，而军部则鼓励关东军扩大战争行动。9 月 20 日，陆军三长官（参谋总长、陆相和陆军教育总监）会议一致决定："军部希望一并解决满蒙问题，万一内阁不同意军部这一方案，则以此为理由，直至推翻内阁亦在所不惜。"海军军令部和海军省也决定，出动舰艇到山海关配合行动。9 月 21 日，林铣十郎大将指挥的驻朝鲜日军进入中国东北支援关东军，日本内阁也决定拨付其军费。9 月 24、26 日，日本政府两次正式发表声明，诬蔑事变"完全起因于中国军事当局的挑衅行动"，掩耳盗铃地宣称"帝国政府在满洲没有任何领土欲望"，而关东军则继续扩大侵略行动。

其实，日本当时发动大规模侵略战争的准备是不足的。"九一八"事变时，日本全国军队总数只有 23 万人，关东军只有 1 个多师团（每个师团约 2 万人），加上朝鲜军总共也只有 3 个师团，而中国东北军就有 30 多万人。事变爆发时，蒋介石正在江西亲自坐镇"剿共"。张学良连夜 10 多次急电请示，蒋介石却命令："不准抵抗"。蒋介石政府这种不抵抗政策，使数十万东北军不战而退入关内。结果，从 1931 年 9 月 18 日到翌年 1 月 3 日锦州沦陷和 2 月 5 日哈尔滨失守，仅 4 个月零 18 天，日军就侵占了整个东北地区。

第二次世界大战的第一个战争策源地，就这样首先在亚洲形成。

## 二、德意志的铁血复仇

第二次世界大战的主要战争策源地，是以希特勒上台、纳粹德国走向毁约扩军和重新争霸为标志，在欧洲形成的。

1933年1月纳粹政权建立伊始，德国受着凡尔赛和约的束缚，军事上处于不能与其他大国抗衡的劣势，外交上也是孤立的。它的邻邦，尤其是法国和波兰，对它抱着怀疑敌对的态度。意大利独裁者墨索里尼，尽管表面上欢迎第二个法西斯国家出现，却并不喜欢纳粹的泛德意志主义政策，而且在奥地利与巴尔干问题上同德国有相当尖锐的矛盾。处于欧陆海外的英国虽然比较超脱，但对希特勒今后的政策走向抱有戒心。至于苏联，反对纳粹主义的态度是很明显的。由于这种国际处境上的孤立和军事上的受束缚，希特勒不得不暂时收起他上台前那些赤裸裸的民族复仇和扩张主义言论。希特勒曾经说过，他上台后的主要工作，在国内是“铸造神剑”，在外交上是“寻觅战友”。所谓“铸造神剑”，就是打破凡尔赛和约的束缚扩军备战，扩建一支庞大和现代化的侵略军。所谓“寻觅战友”，就是挖敌手的墙脚，瓦解凡尔赛和约的阵营，组织以自己为首的侵略集团。这两个问题不解决，希特勒是无法发动战争实现其霸权梦想的。

希特勒的第一步是毁约扩军。

1933年2月3日晚上，刚刚就任政府总理的希特勒，就向德军高级将领作了两小时的秘密讲话。这位纳粹政权头子强调，德国现在可以放手重新武装了。这些国防军将领们，对希特勒展示的大规模重整军备的诱人图画都感到欣喜。要知道，他们本来就对凡尔赛和约限制德国军备强烈不满，一心想重振德军昔日的荣光与权势，何况大规模扩军将为他们个人提供晋升机会。希特勒让冯·勃洛姆堡，这位主张在普遍征兵基础上建立庞大军队和实施总体战战略的国防部长，放手策划和进行扩军工作，并于是年秋天提升他为陆军上将。不过，希特勒清楚地知道，迈出毁约扩军第一步时是最危险的。当时德国的军力是如此软弱，以至于无法对付任何可能招致的外国制裁，这种制裁看起来首先会来自法国。希特勒早在1928年口授的《秘密之书》中就表示担心:德国将来是否会“有时间以合适的方式武装自己,至少不至于在最初24小时内遭到崩溃”。[①] 因此,他极力在不致引起协约国阵营进行制裁的情况下,迅速摆脱凡尔赛和约对德国重整军备的束缚。

空前严重的世界经济危机,给纳粹德国毁约扩军提供了有利时机。虽然当时世界正日益走向动荡,但各国在财政上越来越感到难以应付军备竞赛的重担,正由国联在日内瓦召开世界裁军会议。希特勒乘机以宣传“裁军与和平”来迷惑他的欧洲敌手,并利用列强在裁军问题上的矛盾来打破凡尔赛和约的束缚。1933 年 5 月 15 日,刚上台的美国新任总统罗斯福,向全世界 44 个国家的首脑发出一封有关裁军的公开信,呼吁“废除一切进攻性武器——轰炸机、坦克、机动重炮”。希特勒马上抓住这个机会,于 5 月 17 日在德国国会的讲台上,发表了一篇“裁军与和平”的演说。他说:“我在昨天晚上获悉罗斯福总统提出的建议,德国政府对他的建议表示最热烈的感谢。……德国完全愿意放弃一切进攻性武器,如果有武装的国家也销毁他们的进攻性武器的话。……德国也完全愿意解散它的全部军队,销毁它现有的少量武器,如果邻国也这样做的话。”希特勒鼓其簧舌,大谈“德国不要战争,战争是疯狂透顶的事”。[②] 这是希特勒一生最漂亮的演说之一,也是纳粹欺骗宣传的杰作。人们很难想象,这些话同《我的奋斗》中那些颂扬战争和鼓吹扩张的话,都是出自一人之口。希特勒还充分利用世人同情弱者的心理,把德国打扮成一个受到不公平待遇的国家,打出“军备平等”的旗号,宣称德国只是要求获得与邻国(法国)同等军备的权利。这一点很得一些西方人士的同情。西方的舆论和政界,都被希特勒关于“裁军与和平”的大量甜言蜜语所迷住,没有注意到他要求“军备平等”的真正含义,就是让德国突破凡尔赛和约的束缚而放手扩军。

当法国人得悉纳粹德国正在扩军因而表示不打算裁军时,希特勒于 1933 年 10 月 14 日断然宣布:由于遭到不平等待遇,德国退出裁军会议和国际联盟。他在当天的无线电广播讲话中,再次表演了那煽动性和欺骗性的演说天才。他先是故作沉痛地说:德国加入国联是希望和相信,“国联……最终要给

---

① 《希特勒的秘密之书》。转引自《二战史通讯》第 8 期(1985 年 11 月),第 6—7 页。

② 威廉·夏伊勒:《第三帝国的兴亡》,三联书店,1974 年版,第 299 页。

德国人民恢复平等权利。……德国曾经试图进行合作，但遭到了严重的幻灭和羞辱”。他接着便慷慨激昂地叫嚷：“对一个拥有 6500 万人口的爱好荣誉的国家来说，被别人贬为没有平等权利的成员，这是不能容忍的耻辱！”[①]希特勒宣布把退出裁军会议和国联的决定，交付全德公民投票来认可。这样做，一方面可以煽起德国民众的民族主义情绪，以支持其毁约扩军的行动；另一方面则借此向全世界显示，他的行动是有德国人民支持为后盾的，用以遏制西方国家可能进行的制裁。希特勒特意把公民投票日期定在 11 月 12 日，即第一次世界大战德国投降十五周年纪念日的第二天。他发表讲话说：“一定要使这一天在我国人民的历史上成为得救的一天……11 月 11 日德国人民丧失了他们的荣誉；而在十五年后的 11 月 12 日，德国人民又恢复了他们的荣誉。”结果，当时德国合格选民 96% 参加投票，其中 95% 投票支持希特勒的决定。

就是在这些公开的演讲、宣传和政治行动掩盖下，希特勒一个劲儿地推进德国的重整军备。1933 年底勃洛姆堡拟出扩军计划，打算 4 年内建立 25 个师和 1 支装甲部队，总兵力 30 万人。但希特勒下令提前到 1934 年秋（即一年内）完成。陆军总部受命扩军工作必须保密，“总参谋部”名称不得公开出现。海军司令雷德尔海军上将也接到训令，绝对不能提及正在建造的两艘2.6 万吨排水量的战列舰，只说是改进的 1 万吨军舰（这是凡尔赛条约规定的限额）。至于在海军总部基地基尔港已完成的 12 艘潜艇骨架和部件，也暂时不装配出来以绝对保密。由纳粹头子戈林主持的航空部，在民用航空名义下开展空军的建设，对空军飞行员的训练则在航空体育协会的伪装下进行。鲁尔的大钢铁、化学、机械和电器公司，如蒂森、克虏伯、法本等，都接到了大批制造军火武器的订货单。整个德国走上了重整军备的道路。

希特勒在加紧“铸造神剑”的同时，也极力挖敌手的墙脚，瓦解凡尔赛和约的阵营。无论在地缘政治上或军事上，德国采取任何对外扩张的行动，都必然首先要对付法国。希特勒早在《我的奋斗》中就谈到，将来德国恢复强国地位以及继而夺取世界霸权的时候，首先必须同“德国人民不共戴天的死敌”法国算账。事实上，法国也确是坚持遏制德国的主要大国。无论是“铸造神

---

① 艾伦·布洛克：《大独裁者希特勒》，北京出版社 1986 年版，第 319 页。

剑”或者是“寻觅战友”，希特勒都必须瓦解法国在欧陆的对德同盟体系。

希特勒是首先从波兰打入瓦解法国对德包围圈的第一个楔子的。

波兰地处中欧，东邻俄国、西界德国、南连捷克斯洛伐克、北接立陶宛和濒临波罗的海，战略地位十分重要。近代以来，波兰三次遭到俄、普、奥瓜分，亡国长达百余年。直到一次大战结束，随着德国战败、奥匈瓦解以及俄国发生革命，它才得以复国。1918年11月11日，这个被德国民族主义分子看作“国耻日”的德国战败投降日，也就是波兰重新复国的“独立纪念日”。凡尔赛和约规定德国领土的变动，波兰是主要受益者。因此，在德国民族主义分子看来，波兰是凡尔赛和约的“孽种”，甚至比法国更可恨。即使是在魏玛共和时期，德国的大多数军政领导人，也认为“摧毁波兰应是德国外交政策的目标”。

这种历史与现状的背景，使波兰敏感地感到德国的任何重新崛起和扩张，首当其冲的都将是自己。20年代，波兰把同法国结盟作为其外交政策的基石（1921年波法就缔结了同盟条约）。但1925年法英签订洛迦诺公约，仅仅保障德国西边国家的安全，而不保障德国东边国家的安全（该公约规定如果德国进攻波兰，法国要先取得国联同意才可以采取军事行动）。波兰总统毕苏斯基指责法国，为了同德国达成妥协不惜抛弃自己的盟友。这是降临在法波友谊上的第一团阴云。1933年希特勒上台后，毕苏斯基曾两次秘密向法国提出，联合采取对德“预防性”军事措施，但均遭法国拒绝。眼见难以指靠法国，波兰便转而调整同德国的关系。狡猾的希特勒抓住波法关系的裂纹，采取主动于1934年1月签订了为期10年的《德波互不侵犯条约》。

整个世界外交界对此大感惊讶，那些充满民族主义情绪的德国人也无法理解。但希特勒很清楚地知道，在德国刚刚开始重整军备的时候，他需要以和平诺言来蒙骗其周边国家，尽管他实际上正在为使用武力而加紧扩军备战；他需要以尊重波兰主权的姿态来促使波兰离开法国，尽管他那纳粹化欧洲蓝图中是没有独立波兰的位置的；他也需要以分别缔结“互不侵犯”条约的手段，打击国联的集体安全思想，尽管他压根儿就从未打算去履行这些条约；他更加需要以“各个击破”的策略，瓦解法国的对德包围圈。应该承认，希特勒的这一手在很大程度上达到了目的：毕苏斯基统治下的波兰从此离开同法国结盟的政策，走上了一条导致它5年后亡国的道路；而协约国在一次大战后组建起来的欧洲安全体系，也从此打开了一个缺口，并最终在30年代后期完全瓦解。

1934年的秋冬，纳粹德国违反凡尔赛和约的规定进行重整军备，已经越来越成为公开的秘密。当时一些报刊上流传着不少这样的笑话：德国工厂接受的订货单是婴儿的摇篮车，而装配起来却成了机关枪。事实上，德国的秘密扩军已达到无法再实行隐蔽的程度。因此希特勒就找寻时机，完全撕毁凡尔赛和约，公开放手扩军。

1935年3月16日（星期六，希特勒大多数惊人之举都是在星期六采取的），这位纳粹元首颁布了一项法令，宣布德国重新实行普遍义务兵役制，重建包括空军在内的国防军，将常备陆军增加到36个师约50万人。第二天即3月17日是阵亡将士纪念日。希特勒在柏林国家歌剧院举行隆重的军事典礼。这是20多年来没有过的场面。整个大厅是一片军装的海洋，原威廉帝国陆军的褪色灰制服和尖顶钢盔，同纳粹德国新军装交杂在一起，还有人们未见过的德国空军天蓝色制服。坐在希特勒旁边的是穿着髑髅骠骑兵礼服的冯·马肯森（他是唯一还活着的原威廉帝国陆军元帅）。台上灯光辉煌，军旗林立，青年军官像大理石那样一动不动地站着。在他们后面的巨幅帷幕上，挂着一个极大的银黑两色的铁十字徽章。表面上这是一个纪念阵亡将士的仪式，实际上却是庆祝凡尔赛和约死亡和德国军队复活的典礼。整个德国充满民族主义激情，不管人们多么不喜欢希特勒和纳粹制度，也不得不承认："元首"完成了"民主"的魏玛共和政府连想都不敢想的事情——打破凡尔赛和约束缚重整军备。不过，对希特勒来说主要问题不在国内，而在于国际上对此作何反应。

反应如何呢？法、英、意作为签署凡尔赛和约的大国，相继提出了外交抗议；三国首脑和外长在意大利北部的斯特雷扎举行会议，发表了对德国毁约扩军表示遗憾的声明；国联也在日内瓦通过一纸决议，谴责德国单方面废约扩军……为了欺骗国际舆论和对付这些谴责，希特勒于5月21日在国会发表了一篇新的"和平"演说。这又是他一篇典型迷人的欺骗性"和平"演说。希特勒没有对国际上谴责德国毁约扩军的言论表示不满或蔑视，而是摆出一副德国是个被人误解和遭到不公平对待的国家；强调他极端厌恶战争，追求的仅仅是平等与谅解。

希特勒在演说中大谈:300年来欧洲大陆上的“帝王野心、政治欲望、爱国偏见,造成了大量流血”,“每一次战争的主要后果是摧毁国家的精华”,“德国需要和平,希望和平!”而就在这同一天,他秘密颁布德国国防法,改组武装部队的指挥系统,开始实施战争经济动员的准备工作。

希特勒在演说中郑重表示:德国将“无条件地尊重”凡尔赛和约“剩下的”其他条款,特别是将履行洛迦诺公约的一切义务,保证遵守莱茵区非军事化的规定。其实就在这个月初,他已指示其陆、海、空三军总司令,拟订重新派兵进驻莱茵非军事区的行动计划;而且过了不到一年时间,他就彻底撕毁凡尔赛和约与洛迦诺公约“剩下的”条款,实施了进军莱茵兰非军事区的行动。

希特勒在演说中信誓旦旦地保证:“德国既不打算也不希望干涉奥地利内政,或者并吞奥地利”。但过了不到3年,他的军队就开进奥地利,把这个国家变成了大德意志的“东方省”。

希特勒在演说中宣称:“德国已和波兰缔结了互不侵犯协定……我们将无条件地信守这个协定……我国承认波兰是一个伟大而具有独立意识的民族的国土”。可是过了4年多一点,德军的铁蹄就“无条件地”践踏波兰;这个他所承认的伟大民族的国土,就被置于纳粹德国总督的管辖下或者干脆直接并入了德国的版图。

希特勒在演说中强调说:“德国已向法国庄严承认和保证了它在萨尔公民投票后决定的边界……最后放弃了对阿尔萨斯和洛林的一切要求”。可是,5年之后,德国坦克就冲向法国,不仅夺取了阿、洛两省,而且占领巴黎,灭亡了法国。

当然,希特勒尤其没有忘记向伦敦频送“友谊”的秋波。他在演说中再次表示,纳粹德国不会重走上次世界大战前威廉二世同英国争霸海洋的老路。德国真诚地希望同英国建立并保持友好关系。他向英国人抛出一个诱饵:签订一个保证英国海军优势的协定,即德国海军不超过英国海军总吨位35%。英国政府出乎意料之快地吞下希特勒的诱饵,1935年6月在伦敦签订了英德海军协定。正如我们在上一章第六节所分析的,这实际是让希特勒放手发展海军。尤为严重的是,英国作为制定和保障凡尔赛和约的主要国家,完全没有同法意磋商,甚至也没有通知国联,就公开协同德国撕毁凡尔赛和约限制德国军备的条款。从希特勒分化瓦解对手的角度来看,英德海军协定可以说是从根本上毁坏了凡尔赛体系的阵营。

瓦解对手阵营和组织自己为首的侵略集团，是希特勒“寻觅战友”的两个密切联系的方面。1935—1936年意大利侵略埃塞俄比亚战争，是德意两个法西斯国家走向接近的转折点。素有称霸地中海野心的意大利，因英法在巴黎和会拒绝满足其欲望而心怀不满。墨索里尼1922年上台时就说过：“凡尔赛和约不是永恒的。”整个20年代，法西斯意大利在国际舞台上既无明确的盟友又无确定的敌人，“很像一只孤独的狼”。[①] 希特勒早在《我的奋斗》中就认为，意大利是德国从凡尔赛体系阵营中，有可能争取到的一个重要盟友。由于德、意同属法西斯国家，又都不满凡尔赛体系而欲打破现状，而且在实行扩张时都需要争取“盟友”，这就构成双方走向勾结的基础。不过，纳粹德国同意大利在奥地利、多瑙河地区和巴尔干存在矛盾，而且30年代初世界格局处于动荡、分化和改组的时候，惯于投机的墨索里尼尚未看准该把“宝”押在哪一边。1935年10月墨索里尼发动侵埃战争。国联大会通过对意大利实施经济制裁的决议。由于英法的绥靖政策，这一“制裁”变成一种虚张声势的行动，未能制止侵略[②]却激怒了墨索里尼。希特勒乘机煽风点火，供应意大利所需的原料和军火。墨索里尼感激地宣称：“我已成为希特勒的朋友。”

东地中海的埃塞俄比亚战火刚停，西地中海的西班牙1936年7月发生内战。意、德两国出兵支持西班牙法西斯将领佛朗哥，进行反对西班牙共和国“人民阵线”政府的战争。西班牙战争给了希特勒进一步争取墨索里尼投入自己怀抱的机会。是年9月，他派遣能说一口流利意大利语的德国司法部长汉斯·弗兰克赴罗马。弗兰克在威尼斯宫拜见了墨索里尼，向这位意大利法西斯领袖说：“元首非常希望领袖能够知道，他认为地中海纯粹是意大利的。意大利有权在地中海享有特殊地位，有权控制地中海。德国的兴趣则在波罗的海，那是德国的地中海。”[③]随后，意大利新任外长、墨索里尼的女婿齐亚诺访问柏林。希特勒接见齐亚诺时强调：意大利和德国有必要组成共同阵线来对付布尔什维主义和西方大国；如果英国看到成立了强有力的德意集团，就

---

① 丹尼斯·麦克·史密斯：《墨索里尼其人》，军事译文出版社1985年版，第253页。

② 1936年5月意军攻占埃塞俄比亚首都。7月，国际联盟取消了对意大利的经济制裁，实际上承认了意大利吞并埃塞俄比亚。

③ 艾伦·布洛克：《大独裁者希特勒》，第348—350页。

大有可能会妥协；如果英国继续持反对态度，那么德国和意大利是有力量击败它的。于是两国在柏林签订了《德意协定》(1936 年 10 月)。一个星期后，墨索里尼在米兰发表演说，第一次以“轴心”这个比喻来形容德意关系，声称“围绕着这个轴心”，其他的国家“可以一起合作”。后来德日意法西斯侵略集团就被称为“轴心国家”。

在武装干涉西班牙所煽动起来的反共气氛中，德国和日本之间的结盟谈判也迅速取得进展。这一谈判是 1935 年初夏，由日本采取主动而开始的。当时已经侵占中国东北的日本，正在策划扩大对华北的侵略，希望通过同德国结盟以牵制北方的苏联，同时摆脱因侵华而造成的国际孤立状态。希特勒在基本完成毁约扩军的冒险行动之后，也有意加紧同日本的政治结盟谈判。于是 1936 年 11 月，德日两国在柏林签订《反共产国际协定》。一年后意大利加入。三个法西斯国家结成了侵略性的政治同盟。“柏林—罗马轴心”，扩展成为“柏林—罗马—东京轴心”。

## 三、不列颠目光短浅的绥靖

在 30 年代通向第二次世界大战之路时，西方国家的绥靖政策，起了纵容、推动法西斯侵略和扩大战争的恶劣作用。绥靖(appeasement)一词，原本有抚慰怨愤、平息争斗的意思。它作为英国欧洲外交的一种意向与姿态，可以追溯到 20 年代。那时，英国政府就试图在凡尔赛体系的既定格局里作些调整，怀柔德国，把它重新纳入欧洲的均势结构中来。当时，英国的“扶德抑法”政策，就包含了绥靖的内容。到了 30 年代，随着法西斯的侵略和战争威胁增长，它的范围和内容都发生了变化。绥靖，尤其是对纳粹德国的绥靖，逐步上升为英国全部对外政策的核心和指导方针，而且在其大规模的实施中，变为西方民主国家对德日意法西斯侵略行径的全面姑息与纵容。1938 年的慕尼黑协定，则是它的集中表现。于是，“绥靖”一词同尼维尔 · 张伯伦的名字连在一起，几乎成了懦怯投降和无耻叛卖的同义词。

绥靖作为英国统治集团在 30 年代内外交困的一种政策选择，有一个逐步积累、加速和全面展开的过程。踏上对法西斯侵略国家妥协退让的斜坡，并且向下滑动，是始于张伯伦的前任麦克唐纳和鲍尔温的“国民内阁”[①]，而造成这种态势的直接背景，则是1929年10月发端于美国迅速蔓延全球的经济大危机。

这场空前迅猛而严重的危机，导致西方世界的经济灾难和社会动荡，全面动摇了凡尔赛—华盛顿体系的国际格局。它既推动那些所谓“无”[②]的国家（德日意），从对内加强专制统治和对外武力扩张以寻找出路；同时也销蚀了另一些所谓“有”的国家（英法美），削弱了它们的反应能力和行动意志。两者的结合，就规定了这两类国家在30年代国际危机中的攻守态势，以及通向新战争之路的特点。

1931年“九一八”事变，日本侵占中国东北，打破了一次大战后华盛顿会议所确立的亚太国际格局。英国在远东的利益受到严重威胁。但在经济大危机的冲击下，英国当局正为处理国内经济和社会问题焦头烂额，又穷于应付欧洲局势及其殖民“帝国”的动荡。他们当然不愿丢弃自己在远东的殖民权益，可是欲抑制日本时又感到捉襟见肘。而且，英国的决策者从以欧洲和帝国为重点的战略视角出发，仍将日本的侵略视为“局部性事件”；既想用有限的力量抑制日本，又希望在保住大英帝国基本权益条件下息事宁人。于是，从这时开始直到太平洋战争的爆发，英国的对日政策就摇摆在“龇龇牙齿”和“频送秋波”之间。所谓“龇龇牙齿”即显示实力，虽然英国海军在总体上以5∶3强于日本，但其部署面对全球而重点又在欧洲，无法在远东集结一支足以同日本抗衡的舰队，因此日本人极少认真理会。所谓“频送秋波”，即以牺牲中国去妥协迎合，一心要独霸亚太的日本却毫不领情。日本法西斯正是利用这个时机，得寸进尺，扩大侵华战争并进逼大英帝国殖民地。这样，英国的肩头上就压了一副脱卸不得而又支撑乏力的战略重担。西方的危机，成了英国在东方绥靖日本侵略的因素；而东方的战火更成为他们向德意法西斯妥协的理由。

对于英国来说，中心舞台终究在欧洲，德国才是风暴的渊薮。1933年1

---

① 1929年上台的麦克唐纳工党内阁，在经济危机中于1931年分裂。麦氏延揽保守党与自由党组成联合政府，称国民内阁。1935年保守党鲍尔温出任首相，仍维持多党联合的国民内阁。

② 指在凡尔赛体系中受到压制或不满足的国家，相对的是在该体系中得益的“有”的国家。

月希特勒上台，一个公然声称要全面清算凡尔赛和约，并以鼓吹武力和实施暴政为特色的法西斯政权，在高度工业化的欧洲中心建立起来，不能不使整个欧洲心神不宁。所有德国的邻国，没有一个不处在忧虑和焦急之中。英国也在困惑中面临紧迫的政策抉择。对于如何面对纳粹德国为核心的欧洲问题，英国统治集团内一开始就出现了尖锐对立的两种意见：一种认为，纳粹政权在德国的建立改变了一切，法西斯主义所固有的侵略势头，应该用包括武力在内的一切手段加以遏制，否则难免最终被拖进一场 1914 年那样的战争。按照这种意见，英国必须迅速重整军备，参与并扩大欧洲集体安全体系，寻求紧密的战略联盟，反对德国修改凡尔赛和约的行径。另一种意见则主张，保持英国传统的“仲裁立场”和“行动自由”，反对参加某种欧洲集体安全的特别安排，除了国联盟约所规定的一般义务之外，拒绝承担其他义务，以免卷入欧洲大陆的冲突。

当初，麦克唐纳和鲍尔温内阁，摇摆于这两者之间。极端拒绝卷入欧陆事务的孤立主义主张受到了指斥，因为在现代条件下“英国的国际防线在莱茵河”（鲍尔温语）；而一味强硬也被认为是不切实际而且过分冒险。在进退两难之中，人们常常总是寻找一条阻力最小的路线，并把它当作左右两全的良策。在这样的寻找中，英国 20 年代“扶德抑法”外交的惯性、进入 30 年代时经济大危机的现实压力、对纳粹政权的种种惬意的推想（如认为希特勒上台三把火之后就会变得讲道理，认为纳粹主义虽然令人不快，终究是抵御共产主义向西欧扩散的坚强堡垒等），就一齐发挥作用，把大英帝国导向绥靖主义的斜坡。英国内阁得出结论：既然凡尔赛和约难免被打破，“那末最好是在希特勒还愿意对此作出回报的时候就安排”。[①] 于是，英国一方面认定纳粹德国是“最大的潜在威胁”（1934 年帝国防务需要委员会报告的断语），开始迟疑和缓慢地重整军备（改变一战后确定的“十年无大战”军备原则）；另一方面则热切地寻求妥协，首先在军备限制上，然后在经济贸易上，甚至准备在殖民地和领土调整上，满足德国的要求，对凡尔赛体制进行大幅度的修改。于是，1935 年 3 月希特勒公开宣布毁约扩军时，英国虽然同法意在斯特雷扎集会表示谴责，却没有采取任何对抗行动；相反随即便同希特勒签订了英德海军协

---

① 《英国外交政策文件集（1919—1939）》第 2 辑第 6 卷，伦敦 1955 年版，第 3 页。

定，等于是公开正式同意德国废约扩军。1935年10月墨索里尼发动侵埃（埃塞俄比亚）战争，英国虽然支持国联通过对意经济制裁决议，但又怯于认真实行而变成一种虚张声势的行动。1936年3月希特勒进兵莱茵兰非军事区，英国又不愿承担支持法国对德国进行制裁的责任。同年7月西班牙发生内战，德意出兵支持法西斯将领佛朗哥，英国也采取不干涉政策。所有这一切，都表明英国在绥靖法西斯扩张侵略的道路上，一步步地滑下去。

1937年5月末，尼维尔·张伯伦接替鲍尔温，出任保守党领袖和内阁首相。这时，大英帝国的霸权已受到法西斯国家的全面挑战。在欧洲，希特勒大体完成了毁约扩军的步骤，正打着"统一德意志民族"的旗号开始夺取"生存空间"；在亚洲，日本正在加紧策划发动全面侵华战争；在地中海和红海地区，意大利侵占埃塞俄比亚后正在策划扩大其势力范围；三个法西斯国家也开始勾结起来。[①] 面对法西斯国家的侵略和战争威胁，英国统治集团内部进一步发生不同意见的尖锐对立。以在野的丘吉尔为代表的强硬派认为，希特勒的目标是控制欧陆争夺世界霸权，主张英国应该全力重整军备，联合欧洲的一切力量来约束、抑制，必要时挫败德国的霸权（包括使用武力）。[②] 可是掌握政权的张伯伦为首的绥靖派却认为，希特勒的目标是"民族主义的，而不是统治欧洲"，只要英法等"有"的国家作出让步，让希特勒"统一德意志民族"，并为德国找到"经济出路"，其欲望是可以满足的。对于丘吉尔以"大联合"挫败德国霸权的主张，张伯伦却认为上次大战爆发的重要原因是形成了两个对立国家集团，因此避免结盟就是避免新的世界大战。张伯伦虽然也意识到需要重整英国的军备，但他强调财政经济稳定是英国国防力量的"第四军种"，坚持防务需要必须服从财政需要的原则。正是根据这样的认识和判断，张伯伦一上台就热切地谋求同希特勒就欧洲争端达成"总解决"。

张伯伦所设想的"总解决"是什么货色呢？主要包含如下三层内容：

第一，解决欧洲政治问题。他认为，一次大战后欧洲边界的划分确有不合理之处，希特勒"统一德意志民族"的要求有其"正当性"，要加以阻止不仅很难，而且没有必要。同时，希特勒"生存空间"的要求主要指向中欧和东欧，

---

① 1936年11月德日签订《反共产国际协定》。一年后意大利加入，三国结成政治同盟。

② 丘吉尔：《二次大战回忆录》，商务印书馆1974年版，第310—311页。

这些地方并非英国传统势力范围。英国完全可以牺牲这一地区的小国利益以满足希特勒，只要德国允诺“按和平演进的途径实现”，“保证不在欧洲提出新的领土要求”，并重新回到国联。1937 年 10 月张伯伦派他的亲信、英国枢密院长哈里法克斯访问柏林，就曾经向希特勒露骨地表述了这个设想，甚至暗示了“英国可以允许德国吞并奥地利、捷克的苏台德区乃至但泽自由市等德意志人占多数的地区”。①

第二，解决欧洲经济问题。张伯伦等人设想，在欧洲“政治解决”达成协议、德国已“对欧洲安全作出严格保证”的条件下，英国可以对德国提供经济援助，让德国获得“经济出路”，“消除德国对外扩张的经济根源”，并促使德国放弃自给自足的经济政策，从而使欧洲的经济秩序“恢复正常”。

第三，解决殖民地问题。为了达成欧洲问题的“总解决”，张伯伦等人还打算在殖民地问题上作出让步，归还德国在非洲的部分殖民地，从而使德国最终成为一个“心满意足的”、“守秩序的”国家。②

正是在这种全面的绥靖主义方针指导下，1938 年 3 月英国默许纳粹德国吞并了奥地利。接着，当希特勒制造“捷克危机”时，张伯伦又不顾自己 69 岁高龄，冒生平第一次坐飞机的风险，三次前往德国拜见这位纳粹元首，终于在 9 月 30 日同希特勒、墨索里尼和达拉第签订了臭名昭著的慕尼黑协定（全名《关于捷克斯洛伐克割让苏台德领土给德国的协定》）。张伯伦自以为他从慕尼黑带回伦敦的是“我们时代的和平”。然而，他带给英国的却是一场新的大战。

## 四、法兰西没有主心骨的外交

希特勒上台和纳粹德国的崛起，对于法国的威胁，比英国更为直接和严重。由于历史和地缘政治的原因，它势将成为纳粹德国复仇行动的首要打击目标。面对这种威胁，法国虽然在人力和工业潜力方面与德国相比处于劣

---

① 李钜廉主编：《二次大战起源历史文件集》，华东师范大学出版社 1985 年版，第 34 号文件。

② R·欧文戴尔：《绥靖政策与英语世界》，卡迪夫大学 1975 年版，第 107—108 页。

势,但似乎拥有两个有利条件,即我们在上一章所讲到的法国对德战略的两个支撑点:一个是它在欧陆的同盟网[①];另一个是马其诺防线。然而这两个支撑点本身具有双重性。只有当法国的整个政治方针和战略指导,是独立自主和积极进取时,那个欧陆同盟网才有足够的凝聚力而发挥作用;而马其诺防线也可以成为对德攻守两利的依托。反之,如果法国的整个政治方针和战略指导是消极的,那么一切可恃的因素都将走向反面。这种极端矛盾的处境,对法国不同政治派别和利益取向的人,在不同的时候起着迥然不同的作用。在决意维护法国国家民族利益的人看来,这是必须实施独立自主而坚定的对德政策的有力依据;而在那些因循苟安、唯本集团私利是谋的人看来,却成为赶紧攀附英国对德妥协的理由。

这种状况同法国当时出现的社会分裂和政坛争斗,又交缠在一起。在经济大危机的冲击下,法国的法西斯右翼势力——如火十字团、法兰西行动、青年爱国团等极为活跃,构成对普法战争以来的第三共和国民主政体的严重威胁。另一方面,共产党、激进社会党等左翼力量,又从另一角度反对现存制度,要求实行社会主义性质的重大社会改革(如改造私有制、建立完善的社会福利和保险制度等)。左右两翼尖锐对立,各政党和派系不断重新组合,政局动荡,内阁更迭频繁(1930—1940 年先后更换 24 届内阁,平均不到半年更换一次),议会、内阁和军队之间各怀鬼胎,对外政策日益成为国内政治斗争的议题,等等。这一切就使得任何一届的法国政府,都没有、也不可能实施完整和持续的国家安全战略。当时主张对德强硬的英国外交大臣安东尼·艾登(后被张伯伦解职),就曾感叹地回忆说:"法国政府必须集中全力维持议会中的多数……以保证政府存在下去。在这样的情况下,部长们已无时间考虑那些对法国生存攸关的问题,更无时间作出决定了。"[②]这在很大程度上,造成 30 年代法国外交的软弱无能,最终跟着英国走上绥靖主义的道路。

不过在 1934 年,法国外交曾出现过一段独立自主和积极进取的时期。是年 2 月,法国的法西斯右翼暴乱被打退之后,杜迈格内阁执政,外交大权交给

---

① 它包括法国同比利时(1920)、波兰(1921)、捷克斯洛伐克(1924)、罗马尼亚(1926)、南斯拉夫(1927)分别缔结的互助同盟条约。还包括它积极支持的东欧"小协约国"集团。

② 《艾登回忆录——面对独裁者》:商务印书馆 1976 年版,第 151—152 页。

了72岁的老政治家路易·巴尔都。3月,德国公布新的年度军事预算,军费一下子跳升80%以上,这不能不引起法国的震动。曾经在1913年担任过内阁总理,又历任内政、陆军和外交部长等要职的巴尔都,是强硬的法国传统独立外交最后一个代表人物。他不仅在法国政坛和欧洲外交舞台上很有影响,而且是当时唯一读过德文原版希特勒《我的奋斗》的国际政治家,对于纳粹主义的危险性十分敏感。他积极推行独立自主的对德强硬外交,坚信只要巩固和扩大法国在欧洲的同盟体系,就足以对付纳粹德国的威胁。从4月开始,巴尔都接连走访波兰、捷克斯洛伐克、罗马尼亚和南斯拉夫,努力重建和加强法国原来的欧陆同盟网。为了遏制德国,他一改过去的反苏主张,致力于吸收苏联参加国联和欧洲集体安全体系,于6月间向苏联提出缔结《东方公约》的建议。这一集体安全的构想包括:签订一项保障东欧各国国界不可侵犯的国际互助公约(即所谓东方洛迦诺公约);苏联参加洛迦诺公约(即参加保障西欧与德国接壤的国家边界不可侵犯),而法国则参加保障东欧国界不可侵犯的东方洛迦诺公约,在此基础上法、苏两国缔结互助同盟条约。这样,按巴尔都的设想,就将构成一个遏制德国扩张的国际条约网。

然而,巴尔都的东方公约计划在国内外都遇到了困难。在国际上,仍然沉迷于“扶德抑法”的英国态度冷淡;已经同德国签订了互不侵犯条约的波兰表示婉拒;其他的东欧小国则担心苏联的“红色影响”而犹豫。在国内,一批反对苏联的政客出而主张对德绥靖。然而,巴尔都利用自己的政治威望,坚定地推行抗衡德国的大联盟外交路线,不屈不挠地为实现东方公约计划奔走。苏联响应了巴尔都的外交努力。苏法关系取得进展。是年9月苏联加入国联并成为常任理事国。

此种情况对心怀扩张野心的纳粹德国当然不利。于是希特勒实施其国际暗杀的“条顿剑”行动。1934年10月9日,巴尔都在马赛港迎接前来访法的南斯拉夫国王时被暗杀。接替巴尔都出任法国外长的皮埃尔·赖伐尔,是个毫无气节、左右逢迎的政客。[①] 由于巴尔都的巨大声望,赖伐尔不得不宣称继续奉行其政策,但已失去原有的精神。巴尔都以遏制德国的扩张为其外交政策的中心;赖伐尔却把调整法德关系置于首位。巴尔都认为“从纳粹德国

---

① 赖伐尔后来投降纳粹德国,当了维希政府总理,战后被法国最高法院以卖国罪判处死刑。

那里得到一纸诺言是不够的”；赖伐尔却宣称“如果办得到，我将毫不迟疑地与柏林签订协议”。[①] 巴尔都坚决拒绝德国“军备平等”要求，强调出自法国民族利益的独立外交，经常提防英法联盟会变成一种“法国是马而英国是骑手”的合作[②]；赖伐尔却追求眼前的政治利益，跟随英国去绥靖德国。1935 年 2 月，赖伐尔跑到伦敦，同英国政府一起，向德国提出了“全面解决”建议，企图以军备问题上对德国的让步，换取希特勒同意签订保障欧洲安全的公约。这是法国开始走上绥靖外交路线的标志。

1936 年 3 月，纳粹德国公然违反凡尔赛和约与洛迦诺公约的规定，出兵进驻莱茵兰非军事区。这是希特勒在德国重整军备时期最大的一次冒险行动，也是西方国家在纳粹德国尚未完全武装起来之前，能够不必冒发生战争的风险而遏制希特勒的最后一次机会。尽管法国每个政治家和每个将军，都知道莱茵兰事件对其国家安全构成的威胁；尽管当时法国可以马上动员 90 个师，而纳粹德国毁约扩军后的第一批应征壮丁才刚刚编入陆军；可是法国当局却没有采取制裁行动，因为他们已经失去了独立自主地行动的意志。在此之前的 2 月间，法国政府已经决定，除非得到英国“完全支持”，将不在莱茵兰问题上采取“强有力的行动”。其实，当时法英两国都存在一种害怕对德战争的恐惧心理：法国是害怕没有英国的支持而单独面对德国的战争；英国则是害怕在自己不适宜和不愿意的情况下，被法国拖入对德战争。因此，当德国出兵进驻莱茵兰时，英国立即通知法国，它将不与法国共同采取军事行动。两国都只提出了外交抗议，并在国联开会通过谴责德国的决议，仅此而已。

既然法国把自己的安全系于英国的支持上，就必然跟着英国，沿着绥靖主义的斜坡一直住下滑。1936 年 7 月跟着英国，默许德意出兵支持佛朗哥颠覆西班牙共和国政府，在自己的背后扶植起一个西班牙法西斯政权。1938 年 3 月跟着英国，纵容希特勒吞并奥地利，使自己的宿敌德国的战争潜力进一步膨胀，并打开了通向东南欧的门户。1938 年 4 月，爱德华·达拉第[③]出任法国

---

① 约翰·惠勒-贝内特：《慕尼黑——悲剧的序幕》，北京出版社 1978 年版，第 259 页。

② 西蒙：《谁出卖了法国》，良友复兴图书公司 1941 年版，第 59 页。

③ 爱德华·达拉第（1884—1970）是激进党领袖。在 1933 年和 1934 年曾两次出任总理组阁。1938 年是第三次出任总理，兼任国防部长。1939 年 9 月德国进攻波兰后，对德宣战，但未采取积极作战措施，坐视波兰覆亡。1940 年 5 月希特勒闪击西欧后去职。

总理，他同张伯伦一起，在9月30日同希特勒、墨索里尼签订臭名昭著的慕尼黑协定，出卖了自己最后一个忠实盟友捷克斯洛伐克，使法国在绥靖主义的斜坡上迅速滚到了底。从此，达拉第的名字也同张伯伦的名字一样，成了30年代绥靖主义的代名词，而这一政策给法兰西带来的是亡国的战祸。

## 五、美国不分是非的中立

美国在30年代亚、欧两个战争策源地形成后的对外政策，很大程度上是由其特殊的国情与政情所决定的。

从历史上看，美国是一个经过反对英国殖民统治而建立起来的资产阶级民主国家。它由大量来自世界各地的移民立国，地处北美大陆，周边没有强邻，一贯崇尚自由竞争和机会均等；但又是主要具有欧洲文化传统的英语国家。它从19世纪下半叶起，已迅速崛起成为全球经济实力最强的国家，并且经过一次大战后正从称霸西半球走向问鼎世界霸权。实现“美国世纪”的理想，也已成为具有广泛国际联系的美国垄断资本家的愿望，也构成了这一时期“美国利益”这一概念的基本内涵。虽然威尔逊总统在巴黎和会问鼎世界霸权的努力受挫，美国20年代的对外政策重新回到传统孤立主义的立场，但美国对于英法主导欧洲格局、操纵国际联盟并不满意，对日本在亚洲的扩张更有反感，仍不断地利用自己的经济实力干预世界事务。

进入30年代，日本法西斯在亚洲点燃侵略战火，纳粹德国在欧洲崛起，国际局势剧烈动荡。这对美国的海外贸易和经济利益固然有所威胁，但毕竟不同于与纳粹德国毗邻的法国，也不同于殖民利益遍布全球而易受攻击的大英帝国。由于有大西洋与太平洋的相隔，当时欧、亚两洲大陆的任何争端或局部战争，都不会危害到美国的安全。法西斯国家在一定范围的扩张，也不会对美国在世界范围的经济利益构成大的威胁。况且从某种意义上说，国际局势的动荡和世界格局的变化，甚至可能为美国势力的乘虚而入造成机会。这就使得30年代美国罗斯福政府在对外政策上具有英、法等国不能比拟的广阔回旋余地，能够更加超脱地以“和平”与“中立”的旗号，推行最符合“美国利益”的政策。

但另一方面，上述历史的和地缘政治的因素，又使罗斯福在推行其国际政策时受到种种掣肘。美国是当时世界上属于“和平型”国民经济结构的典型国家，在其工业生产总值中，军事生产所占比重还不到1%；军费开支只占国民收入的2%左右。美国的经济实力虽然是世界上最强大的，其军事力量却相对薄弱。它虽然拥有一支与英国差不多同样强大的舰队，用以在两洋保卫美国的安全和在西半球的霸权，但陆军只有14万人，其军队兵员总数在当时世界上排在第十六位。一次大战灾难促成的和平运动高涨，使得不问是非反对一切战争的和平主义盛行，同历史悠久影响深远的孤立主义结合在一起，加上经济大危机引起的贸易保护主义，形成了一股反对卷入欧亚争端、孤立自保的强大社会思潮。在美国的民主政治体制下，这种国情使得即便像罗斯福总统这样的“国际派”政治家，也不能不谨慎行事，难以完全按照自己的判断对国际危机进行干预。正是由于这些原因，美国30年代的对外政策，呈现出一种“不分是非、隔洋观火、避免卷入”的中立主义色彩。

1935年8月，美国国会通过《中立法》，规定：(1)对一切交战国实施武器和军需品的禁运，授权总统确定军需品的种类和实施禁运的时间；(2)禁止美国船只向交战国运送军火。此法通过不到两个月，墨索里尼就发动了侵略埃塞俄比亚的战争。美国不分侵略与被侵略的是非，宣布对交战双方实施武器和军需品禁运，这对工业落后、急需进口武器弹药的埃塞俄比亚是非常不利的。相反，工业比较发达的意大利，不仅可以自造武器，可以通过第三国(德国)进口军火，而且它所急需用于战争的石油、卡车、废钢铁等物资，罗斯福也没有利用自己可以“确定军需品种类”的权力，把这些战略物资列入禁运的种类。事实上，美国1935年输往意大利的石油等战略物资，还比宣布禁运前一年猛增了一倍多。

1936年2月，美国国会通过《中立法》修正案，增加禁止向交战国贷款的规定；另外授权总统，确定某个国家是否处于战争状态和是否对之实行禁运。不到半年之后，西班牙发生法西斯将领佛朗哥反对共和政府的内战。尽管1936年《中立法》没有规定禁运适用于内战国家，但罗斯福政府仍然要求美国人以中立法精神对待这场内战，国务院多次否决了美国私人公司向西班牙共和政府出售飞机的准许证申请。以后，德意出兵武装干涉西班牙的真相大白，美国政府也没有把《中立法》应用到实际已处于交战国地位的德、意。结果,德意法西斯和它们所支持的佛朗哥叛军,可以得到美国的军火武器,而西班牙共和政府却无法从美国获得一枪一弹。尽管美国不少政界人士(如著名的参议员杰拉尔德·奈),要求撤销对西班牙共和政府的禁运,但罗斯福仍以不能改变美国严守中立的政策为由,加以否决。这种行径,连后来以全面推行绥靖主义著称的尼维尔·张伯伦(当时是英国财政大臣)也说:美国的中立法"包含着对侵略间接和潜在的鼓励"。[①] 其实,美国不愿制裁德意侵略者还有一个重要原因,就是不想失去在这两个法西斯国家的经济利益。据1937年的一项调查表明,美国100家大企业中有20家同德国有重大商业协议,其中钢铁业和石油业同德国的军事工业联系尤其密切。[②]

1937年5月,美国国会通过更加严厉的新《中立法》,主要是增加了有关美国与交战国的非军火贸易,也要实行"现款自运"(即除军需品禁运之外,交战国也要用现金才能购买美国的非军需品,并且要用自己的船运走)。两个月之后,7月7日"卢沟桥事变"爆发,日本发动全面侵华战争。对此美国国务院两次宣称"不想评判争端是非",只是"呼吁各方不要诉诸战争"。虽然这次罗斯福顶住了孤立主义者的压力,拒不宣布对中日两国实施《中立法》,多少符合迫切想从美国购买军火的中国利益。但当9月日本宣布封锁中国海岸之后,美国政府即下令禁止美国商船向中日两国运输军火。在日本拥有制海权的情况下,这显然是有利于日本的。

同年10月,罗斯福发表著名的"防疫演说",把法西斯的扩张行为比喻为流行疫病,说应该加以"隔离"。当时国际社会的不少人把这视为美国打算制裁法西斯侵略者的信号。然而一个星期之后,罗斯福却在其"炉边谈话"中解释说:"这个演说不意味着放弃中立法",美国"没有考虑对日本制裁"。事实上,从"七七"事变到太平洋战争爆发前,美国一直是日本的石油、钢铁、铝合金、飞机、汽车等战略物资的主要供应者。仅仅在1938年,美国对日本的出口物资就达近2.4亿美元,其中62%以上为日本侵华战争所需的军需品;而相对同期的美国对华出口,却只有3000多万美元。1938年6月,罗斯福政府宣布对日本实行飞机及其制造材料的"道义禁运",这被认为是美国对日本最强

---

① 罗伯特·达莱克:《罗斯福与美国外交政策》,商务印书馆1984年版,第198页。
② 杨生茂等:《美国外交政策史》,人民出版社1991年版,第370页。

硬的表示。然而事实上直到 1940 年 10 月，日本还在利用来自美国的新式战斗机侵略中国。

至于对欧洲，当 1938 年希特勒制造“捷克危机”时，罗斯福曾呼吁在某个中立地区召开一次广泛的国际会议，讨论苏台德区及相关的问题。当得悉张伯伦前往慕尼黑同希特勒、墨索里尼和达拉第会谈时，罗斯福称赞张伯伦为“善人”。[①] 虽然英法出卖捷克斯洛伐克的慕尼黑协定，并非完全合乎美国的心意；罗斯福也不像张伯伦那样认为这一协定给欧洲带来了“我们时代的和平”；但当时美国政府对于慕尼黑协定的签订，确实是有一种“普遍的解脱感”。[②] 不过，作为一个精明的政治家，罗斯福也感觉到再如此推行中立主义的政策，将对美国带来不利甚至是危险。他在 1939 年 1 月致国会的咨文中指出：“美国的外部危险大于内部危机”；并且明确地表示：在这样一个危机四起的世界中，“我们的《中立法》……可能实际上援助了侵略者，而使被侵略者得不到援助”。于是，罗斯福顶住国内孤立主义者的压力，敦促美国国会在是年的 4—5 月开始讨论修改《中立法》。

总的来说，在亚洲、欧洲两个战争策源地形成之后，在 30 年代人类通向新战争浩劫之路中，美国的中立外交，虽然同英法的绥靖主义有所区别；罗斯福也远不是张伯伦和达拉第；但是，美国这种不分是非的中立政策，在实际上确实纵容和助长了法西斯的侵略扩张，从而加速了战争的到来。

---

① 杨生茂等：《美国外交政策史》，第 371 页。
② 科德尔·赫尔：《赫尔回忆录》第 1 卷，纽约 1948 年版，第 595 页。

# 第六章　从局部战争走向全球战争

## 一、日本由“蚕食”满洲到全面侵华

第二次世界大战从局部战争走向全球战争之路，很大程度上是由西方民主国家对法西斯的侵略采取绥靖主义政策所促成的。谈起绥靖主义，人们往往首先想起1938年欧洲的慕尼黑会议，英法将捷克的苏台德区奉送给希特勒。其实，二次大战前西方国家的绥靖主义，最早起于在亚洲纵容日本法西斯侵占中国东北。

1931年“九一八”事变日本侵占中国东北，打破了一次大战后华盛顿会议所确立的亚太国际格局，对美英在远东的利益构成威胁，标志着新的世界战争策源地形成。但美英一则忙于应付经济危机；二则日本打着“反苏反共”旗号，标榜自己是亚洲文明与秩序的维护者。当时美英欲借日本之手，镇压中国革命运动，甚至幻想日本会以中国东北为跳板北上反苏，因此采取了纵容日本的绥靖主义立场。美国总统胡佛1931年10月的一份备忘录，充分反映了这种立场。他说：“假使日本人公开对我们说：我们不能再遵守华盛顿协议，因为……我们在北方已同布尔什维克的俄国为邻，如果在侧翼再有一个布尔什维克化的中国，我们的存在就要受到威胁，所以，让我们有恢复中国的秩序的机会吧！……我们是不能提出异议的。”①

西方国家的态度助长了日本的侵略野心。不过当时日本并未打算北进，

① 外交学院编：《中国外交史资料选辑》第2册，高等教育出版社1958年版，第269页。

而是在 1932 年 1 月占领锦州后图谋南下，入侵对美英有重大利益的华北地区。于是美国的国务卿史汀生连忙发出“不承认”的照会。与此同时，在中国一再向国际联盟提出申诉和国际舆论的压力下，国联理事会决定派遣由英、美、法、德、意等国组成的李顿调查团，前来调查“中日冲突”。面对这一情况，日本一方面在中国东北策划扶植傀儡政权，实行“以华制华”，用以对付中国人民的抗日斗争和掩饰其侵略中国东北的行径；另一方面则在上海挑起事端，转移国际公众的视线，胁迫蒋介石政府承认其侵占东北的事实，并为下一步扩大对华侵略作准备。

1932 年 1 月，日本挑起“一·二八”事变，出动海军陆战队向上海闸北、江湾、吴淞等地大举进攻。日本原指望很快攻占上海，但驻防上海的中国十九路军官兵，在上海和全国抗日高潮的推动和支持下，奋起抗击日军。随后，张治中率第五军增援。日军三次增兵猛攻仍未能得逞。上海是国际性大都市，当时西方国家在华投资绝大部分集中上海。英美等国反应强烈，相继向日本提出强硬抗议，并调动它们在太平洋的舰艇和军队。面对这种情况，日本一方面再增兵向上海发动第四次总攻，力图在战场上取得优势；另一方面则表示接受调停，在英美外交官参加下于 5 月 5 日签订《淞沪停战协定》(日本取得在沪驻军权，为以后入侵华东建立了桥头堡)。

当国际视线转移上海之时，日本在中国东北导演了成立傀儡政权的丑剧，于 1932 年 3 月成立由溥仪就任执政的“满洲国”(两年后改为“满洲帝国”，溥仪当上傀儡皇帝)。日本通过同傀儡“满洲国”总理郑孝胥签订《日满议定书》(9 月 15 日)，以条约形式确定了日本对中国东北的军事占领和殖民统治。

1932 年 10 月 2 日，国际联盟发表李顿调查团报告书。报告书断言日本侵略中国东北有“赤色危险”的复杂问题，硬说中国抵制日货运动是重要原因，“从苏联来的共产主义传播”是根本因素，为日本帝国主义的侵略辩护。但报告书也不得不承认，东北“向来毫无疑义属于中国领土”，认为日本占领东北违反华盛顿九国公约和国联盟约，否认“满洲国”是所谓独立运动的产物。报告书主张，既不承认“满洲国”的现状，也不恢复“九一八”事变前的形势，提出中日军队都退出东北，由外国教官协助组成特别宪警，由国际合作的顾问会议建立名义上属于中国中央政府的自治政权。这实际上是由各帝国主义列强共同宰割中国东北。

李顿调查团报告书尽管偏袒日本，但并不能满足日本的侵略欲望。就在国联讨论李顿调查团报告书的时候，日军于1933年1月占领山海关，2月进攻热河①，形成入侵华北的态势。西方国家的在华利益进一步受到威胁，它们同日本的矛盾也进一步尖锐。2月24日，国联大会以42票赞成、仅日本1票反对，通过接受李顿调查团报告书，并声明对"满洲国"不给予事实上或法律上的承认。没有参加国联的美国，由国务卿史汀生发表声明，赞同国联决议。日本则于3月27日宣告退出国联。

1933年3月，日军占领热河省会承德，随后进至长城一线。中国驻守长城喜峰口和古北口的第二十九军和第十七军，奋起阻击日军。但蒋介石继续推行"攘外必先安内"的反动政策，将主力集中于剿共前线，日军遂攻占古北口，突破长城防线，两路入侵河北省，至5月下旬占领华北22县，直逼平津。不过，当时日本尚未形成战时体制，关东军兵力不足。鉴于在长城遭到中国军队抗击的苦战，日军担心孤军深入对其不利，便利用蒋介石的投降政策，以武力胁迫中国政府于5月31日签订《塘沽协定》。该协定虽载明关东军撤至长城一线，但把冀东20余县划为非武装地带，为日军尔后大举入侵平津和华北敞开了大门，并实际上承认了日本侵占东北和热河。

《塘沽协定》签订后，日本加紧了侵入华北的活动。1935年5月，日军借口中国东北义勇军进入冀东非武装地带，以调关东军入关相威胁，向中国政府提出撤销河北驻军、取缔抗日活动等无理要求。国民党政府接受日方要求，于7月6日由国民党华北军事分会代理委员长何应钦，同日本华北驻屯军司令梅津美治郎签订《何梅协定》。与此同时，日军还以其特务被中国军队逮捕为借口，胁迫中国驻察哈尔②的第二十九军副军长秦德纯，同日本关东军特务机关长土肥原贤二签订《秦土协定》，中国军队退出张北县以北地区，使之成为非武装地带。同年秋冬，日军大搞所谓华北五省（河北、山东、山西、察哈尔和绥远③）"自治运动"，企图使之从中国分离出去，变成日本的殖民地。日

① 热河，旧省名，1956年撤销，分别并入河北、辽宁两省及内蒙古自治区。

② 察哈尔，旧省名，1952年撤销，其辖区分别划入河北、山西两省及内蒙古自治区。

③ 绥远，旧省名，1954年撤销，其辖区包括今内蒙古自治区西部和呼和浩特、包头两市。

军先后嗾使汉奸殷汝耕在河北通县成立“冀东防共自治政府”，扶植内蒙古民族败类德王成立“内蒙古自治政府”。在日本要挟下，国民党政府竟于12月答应成立冀察政务委员会，实际上承认了冀察两省变相的“自治”。但日本的侵略和国民党政府的投降卖国，遭到中国人民奋起反对。就在国民党政府宣布成立冀察政务委员会的同时，爆发了“一二·九”抗日救亡运动。中国人民高涨的抗日运动，迫使国民党政府华北当局开始由对日妥协退让向抗衡转化。日本妄图把华北变成第二个“满洲国”的阴谋遭到了打击。

日本侵略势力进入华北也使美英深感不安。为了同不断扩张的日本势力抗衡，美国1933年夏给国民党政府5000万美元的麦棉贷款，并签订了中美秘密航空协定，向中国供应飞机和军火。英法也通过国联，于同年7月成立对华技术合作委员会，加强对华经济援助。1934年4月，日本政府以外务省情报部长天羽英二的名义发表声明，宣称日本是“维持东亚和平的唯一基础，负有全部责任”，公然表示要独霸中国。英美立即照会日本表示反对。美国国务卿赫尔会晤日本驻美大使，指责日本企图“在邻国及相邻之土地上享有太上政府的地位”。随后英美又相继要求日本不采取违反华盛顿九国公约的行动。但是，这时纳粹德国正在毁约扩军，意大利发动侵埃战争，西方国家的主要注意力放在欧洲应付德意法西斯的威胁，对日本在远东的扩张侵略，总体上仍然采取绥靖主义立场。

日本发动侵华战争的过程，也是它国内建立法西斯体制的过程。“九一八”事变首先是日本军部法西斯策划和挑起的。日本内阁支持关东军和军部法西斯，表明他们在推行战争政策方面是一致的。但是，日本法西斯势力对于实行所谓政党政治的内阁并不满意，尤其是不愿意受到政党内阁的任何制约。他们要求实行赤裸裸的军部法西斯独裁，以便随心所欲地推行战争政策。随着对华侵略战争的扩大，从1931年10月到1934年11月，日本法西斯极端分子先后密谋发动了4次暗杀和武装政变。在这个过程中，法西斯势力内部也经历了激烈的争斗倾轧。本来在“九一八”事变以前，日本法西斯势力总的设想是，如果内阁不支持军部的战争政策，就以暴力推翻政党内阁。后来由于政党内阁顺从地追随军部的战争政策，军部法西斯的幕僚革新派，感到无须经过政变也能实现其设想，遂放弃发动政变的计划，成为统制派。但以激进的法西斯青年军官为主的基层将校革新派，仍然坚持通过暴力政变来

"改造国家",他们成为皇道派。统制派对内主张依靠财阀和其他右翼政治势力,以合法手段实现军部独裁,建立天皇制法西斯统治;对外主张侵占中国,然后实施南进和北进,夺取亚太地区的霸权。他们有较完整的政纲,得到财阀和军内多数高级将领的支持。皇道派大多是出身下层的少壮军官,他们既仇视革命也反对财阀,主张用武装政变实行所谓"清君侧"以建立军部独裁,对外则狂热反苏、主张北进。皇道派醉心于暗杀和政变等行动,缺乏完整的政纲,在军内的高级军官中只得到少数人支持。1935 年夏,统制派将领陆相林铣十郎借军内定期人事调整之机,把一批皇道派将领编入预备役,而把东条英机、小矶国昭等统制派骨干,安插到中央部门任要职。两派斗争趋向白热化。皇道派决定策划新的政变。1936 年 2 月 26 日,一批皇道派军官率部下 1500 人,袭击首相府、重臣官邸和警视厅,杀死内阁大臣斋藤实、藏相高桥是清等。统制派在天皇、元老重臣和财阀的支持下,对叛乱实行镇压,并乘机肃军,巩固了自己的地位,也加强了军部的独裁大权。

1936 年 3 月,在实行军事戒严的情况下组成的广田弘毅内阁,完全按照军部意图行事,实施所谓"全面革新政治"和建设"国防国家"。这标志着日本以军部为核心的天皇法西斯政权形成。同年 8 月,广田内阁通过《国策基准》,确定日本的根本国策在于:"一方面确保帝国在东亚大陆的地位,另一方面向南方海洋发展";规定加紧扩军备战,"陆军军备以对抗苏联于远东所能使用的兵力为目标","海军军备应配备和充实兵力,足以对抗美国海军,确保西太平洋制海权";首次把以苏联为敌的北进政策和以美英为敌的南进政策列入国策。但其关键是侵占中国,实际上是采取中间突破(侵占中国),为尔后南进或北进建立战略基地的方针。

1936 年 11 月,日本同德国签订《反共产国际协定》。这是日德法西斯走向勾结的开始,也是日本准备发动全面侵华战争的重大外交行动之一。

为了发动全面侵华战争,日本把扩充军备放在首位。直接军费从 1931 年 4.55 亿日元(占国家总预算 30.9%),增加到 1936 年 10.78 亿日元(占国家总预算 47.2%),1937 年再增加到 13.6 亿日元(占国家总预算 49%)。军队人数从 1931 年 23 万人,增至 1936 年 56.4 万人,1937 年再增至 107.8 万人。陆军达到 17 个师团和 10 个旅团;海军 200 余艘舰艇,总吨位 77 万吨;陆海军航空兵 91 个中队,2600 余架飞机。同时,陆海军统帅部修订了《帝国国防方针》

和《帝国军队用兵纲领》，强调要“控制东亚大陆及西太平洋”，实现“建国以来天皇的宏图”；在作战方针上采取“制敌机先，迅速达到战争目的”。①

1937 年，日本进入发动全面侵华战争的时期。为了挑选一个适应发动战争需要的内阁，军部法西斯进行了紧张的活动，内阁更迭频繁。1 月 23 日广田弘毅内阁下台，新首相人选宇桓一成尚未组阁便被军部拉下马。2 月 2 日林铣十郎大将组阁，到 5 月 31 日就下台了。6 月 4 日，近卫文麿内阁成立。以狂热支持法西斯和鼓吹战争政策著称的近卫上台，标志着日本统治集团已经决策发动全面侵华战争。

1937 年 7 月 7 日夜，日军在中国北平西南的宛平县卢沟桥挑起事端，翌日凌晨向中国驻军发动猛攻，中国驻军奋起自卫还击。当时在华北的日本驻屯军仅 1 个旅团(6000 余人，司令部在天津)。中国国民党政府有陆军 191 个师和 52 个旅。驻守河北省和平津两市的是宋哲元的第二十九军(约 10 万人，司令部在北平)。日本陆相杉山元大将等坚决主张立即扩大事态，被称为扩大派。他们认为，苏联不会干涉，英美受到德国牵制，中国不堪一击，只要出动 3—4 个师团就能征服中国。杉山元向天皇夸口说：“中国事变一个月就解决了”。日本内阁和军部的另一些人，则担心日本兵力不足和国际干涉，被称为不扩大派。其实，他们打出所谓“不扩大”，也仅仅是迷惑国际舆论，掩护日本加紧动员，包括获得增兵华北的时间。

7 月 10 日，日军参谋本部作出形势估计，认为目前国际形势下不会引起欧美和苏联参战，应速调关东军 2 个旅团、朝鲜军 1 个师团、本土 3 个师团及 18 个航空兵中队赴华北作战。日本内阁通过了此增兵方案。7 月 28 日，平津之战全面展开。

日本侵略者认为，只要通过一场以军事攻势为主、外交攻势为辅、速战速决的有限战争，就能摧毁中国的抵抗。它的军事战略是集中精锐，占领平津，并向华北进攻，同时攻取上海及华东战略要地，迫使中国政府投降；然后，下一步再准备实施北进(攻打苏联)或南进(夺取美英势力范围的南洋)。按照这个方针，经过增援的华北日军 7 月底攻占平津后，兵分三路，沿平绥、平汉和津浦铁路线南犯。与此同时，驻沪日军于 8 月 13 日开始进攻上海，随后增兵

---

① 服部卓四郎：《大东亚战争全史》第一册，商务印书馆 1984 年版，第 260—262 页。

两个师团组成上海派遣军。8 月 31 日，日军正式组成华北方面军（共 8 个师团、1 个旅团），展开了华北会战。在上海方面作战的日军，到 10 月间也增至 9 个师团。这时，留在日本国内的部队只剩下 2 个师团。11 月，日本成立大本营以及大本营与内阁联席会议，统一战时的政略与战略，并在政治、经济等方面陆续作出一系列决定，走上了战时体制。

日本发动全面侵华战争，直接损害了西方国家在华的权益，但英美却继续推行绥靖政策。美国除“呼吁各方不要诉诸战争”之外，在 1937 年 9 月宣告禁止美国商船向中日两国运输军火。同年 10 月，罗斯福发表“防疫演说”，把法西斯的扩张行为比喻为流行疫病而应加以隔离。这被国际社会看作对日本的警告。但罗斯福立刻解释说，美国“没有考虑对日本制裁”。事实上，从“七七”事变到太平洋战争爆发前，美国一直是日本战略物资主要供应者之一。至于英国，张伯伦在当时的内阁会议上就声明，不能对日本实行制裁。尽管中国多次向国联提出控告日本侵略，但同年 11 月美、英、法等国举行的布鲁塞尔会议，仅要求中日双方停止战争行动，连指责日本侵略的词句都没有，更谈不上任何制裁日本和援助中国的措施。

如果说日本发动全面侵华战争，在西方没有遇到任何他们所担心的干预和制裁的话，那么在中国却遭到了他们原来并不十分重视的全民族抗战的打击。日本帝国主义先天不足，人力、物力都比较缺乏。为了扩大侵略战争，它在“七七”事变后的一年多一点的时间里，把兵力扩大了一倍（到 1938 年底陆军达 34 个师团和 4 个独立混成旅团），其中陆军 94% 投入中国战场。经过 1 年又 3 个月的作战，日军付出 40 余万人伤亡和大量物资损耗的代价，虽然侵占了中国沿海大片土地，但并未能消灭中国政府军队的主力；而且由于中国共产党领导的八路军、新四军挺进敌后，开辟抗日根据地，使日军只能控制占领区的主要城市和交通线，广大的农村和乡镇多为中国共产党领导的人民抗日武装力量所收复。日本法西斯妄图速战速决灭亡中国的战略破产了，日本侵略者陷入中国战场的泥潭，这标志着日本法西斯的大陆政策开始破产。

## 二、希特勒从“一次切一片”到“破釜沉舟”

纳粹德国的野心是很大的。它从建立之日起，就以夺取世界霸权为目标，世界各国几乎都是它侵略和征服的对象。但称霸全球不能一蹴而就，希特勒的扩张侵略有个逐步发展和演变的过程。西方一些学者，把希特勒的扩张伎俩，形象地描绘为“一次切一片”(One - slice - at - a - time)。日本法西斯侵略中国时也采用类似手法，我国人民称之为“蚕食”。

1937 年是二次大战从局部战争走向全球战争的重要一年。这一年日本法西斯由“蚕食”满洲进到发动全面侵华战争；希特勒也初步铸成他的“神剑”，着手谋划其扩张行动。是年 11 月 5 日，这位纳粹德国元首，把他的武装部队总司令、陆海空三军司令以及外交部长等五人，召至柏林威廉街的帝国总理府，举行纳粹德国立国以来首次最高层机密军事会议。会议大部分时间是希特勒讲话。元首军事副官霍斯巴赫上校担任记录，并在会后整理成一份绝密的备忘录。[①] 根据这一秘密文件，我们得以揭示希特勒发动侵略战争的战略构想。

会议一开始希特勒就声明：“他要讲的话系经过深思熟虑的结果”，要求视之为“他万一离开人世时留下的一份遗嘱”。他说，纳粹德国政策的目的，就是要为德意志种族谋求所必需的空间。他断言，德意志民族“比其他民族更有权要求获得更大的生存空间”。希特勒否定通过自给自足的途径，或更多地参与世界经济的方法，强调“解决德国问题只有武力一个办法，而这从来没有不冒风险的。……如果决心使用武力，那么必须回答‘在什么时间’和‘如何行动’的问题”。

在什么时间动手呢？这位纳粹元首具体阐述了三种情况。

情况一：1943—1945 年间。希特勒判断，在一般情况下，这是最迟动手夺取“生存空间”的时间。“在这个时间以后，只会发生对我们不利的变化”。首

① 二次大战后盟军查获此文件，经纽伦堡国际军事法庭确认为纳粹德国发动侵略战争的重要罪证，称为《霍斯巴赫备忘录》，见李钜廉主编《二次大战起源历史文件集》，第 28 号文件。

先,从德国的情况来看,“陆海空三军的装备和军官团培训接近完成。物资装备和武器已经现代化。长期坐等就会出现陈旧过时的危险,尤其是‘特殊武器’不能永远保密”。其次,从德国的外部情况来看,倘若到那时仍不采取行动,“与周围各国到那时的军备比较,我们在实力方面的相对优势将有所削弱”。因为,“世界各国都预期我们会出击,每年都在……加强其防御”。最后,随着时间的推移,“纳粹运动及其领袖又在趋于老化和衰弱……”因此,结论是:“只要元首还在人世,他的不可变更的决心是,至迟在 1943—1945 年解决德国的空间问题”。

接着,希特勒分析了有可能提前行动的另外两种情况。

“情况二:如果法国的社会紧张局势发展成为内政危机,牵制住法国军队,不能对德国进行战争的话……”当时,希特勒是寄望于法国内部右翼同左翼之间的尖锐斗争会引起内乱。

“情况三:如果法国被牵制在一场同另一个国家的战争中,以至它无法采取行动对付德国”。当时,德意正在武装干涉西班牙,意大利同英法在地中海形成紧张局势。希特勒希望由此而“导致法国和英国向意大利开战”。他断定,倘若德国利用这种时机动手夺取捷克和奥地利,“可以有把握地估计,正与意大利交战的英国不会下决心进攻德国;估计没有英国的支持,法国也不会对德国采取军事行动”。

虽然“情况二”和“情况三”后来都没有出现,但西方国家推行绥靖政策,却帮助纳粹德国兵不血刃地夺取奥地利和捷克,造成有利于希特勒发动大战的战略态势,因而后来他提前于 1939 年发动战争。

那么“如何行动”呢?

在希特勒看来,纳粹德国谋求“生存空间”的行动,大致可分为三个阶段:首先是建立一个囊括中欧的大德意志;其次是打败法国和消灭苏联,独霸欧陆;最后向海外发展,战胜英美,称雄全球。但在具体扩张侵略时,必须“分而取之、各个击破”,“一次切一片”。他向将军们陈述说:“任何情况下,我们的第一个目标是推翻捷克,与此同时推翻奥地利,以便在可能向西方发动进攻的时候消除侧翼的威胁。”希特勒以武力夺取欧洲和世界霸权的战略方针是非常明确的。可是张伯伦、达拉第之流目光短浅,在 1938 年时竟然以为用牺牲奥地利和捷克的方法,就能安抚纳粹德国,为他们换来“一代人的和平”。

那么苏联呢？希特勒在这次秘密会议中很少谈到苏联，因为还有很多未知的变数，不过也透露了他的一些心思。他说："我们必须以快速的作战行动对付俄国的军事干涉；至于这种干涉压根儿是否可能，鉴于日本的态度（当时日本正在酝酿北进，苏日关系紧张），看来大成问题。"

在这个秘密会议上聆听元首讲话的五人中，除了戈林以外，都对将要采取的扩张行动感到不安。他们倒并非是为希特勒那种赤裸裸的侵略性主张不安，而是认为德国还没有为一场大战准备就绪，担心现在采取如此冒险的扩张行动会招致灾祸性的后果。武装部队总司令勃洛姆堡和陆军总司令弗立契认为，德国现在还不能同英法为敌。外交部长牛赖特也表示了怀疑。这三人都因此很快就丢掉了官职。[①]

正如我们上一章所说到的，正是西方国家的绥靖主义政策，帮助了希特勒实现"分而取之、各个击破"的扩张伎俩。纳粹德国得以兵不血刃地"一次切一片"，在1938年春到1939年春的一年时间里，相继吞并奥地利、夺取捷克的苏台德区和占领整个捷克斯洛伐克。这种"不流血征服"如此之顺利，以至于希特勒决定修订其战争时间表，加快扩张侵略的步伐。

占领整个捷克之后的1939年3月8日，希特勒在纳粹德国高层秘密会议上，对其侵略计划作了新的概括。他首先透露，下一个"将轮到波兰"。至于匈牙利和罗马尼亚，还有南斯拉夫，"它们当然属于德国维持生存所必需的空间"。他说：对于这些国家，消灭波兰和给予一定压力之后，将使它们就范。"那时我们就会完全控制它们大量的农业和石油资源……这就是1940年以前要实现的计划。到那时，德国将是不可战胜的"，也就可以同英法正面交锋了。希特勒说："到1940年和1941年，德国将一劳永逸地同自己的宿敌——法国进行清算。……当法国被击败后，德国就能轻而易举地确立对英国的统治，并且得以支配英国在全世界的财富和领地"。然后……"德国将着手执行整个历史最伟大的战斗行动：我们将以英法两国在美洲的领地为基地，同美国的'犹太金元大王'进行清算"。[②] 这就是1939年春希特勒所确定的新战争

---

① 1938年1月，纳粹秘密警察（盖世太保），抛出勃洛姆堡的新婚妻子曾当"妓女"的材料，又炮制了弗立契有同性恋的假案。希特勒借此迫使两人以"健康不佳"的名义辞职，同时整肃了一批对纳粹扩张"不够热心"的高级将领和外交、经济等内阁部长。

② 李鉅廉主编：《二次大战起源历史文件资料集》，第183号文件。

时间表。

消灭波兰一直是希特勒的重要战略目标。地处德国东邻的波兰，是纳粹德国进攻苏联的必经之路，又是它进攻西方的战略后方。对于希特勒来说，无论是东进或者是西侵，都亟须解决波兰问题。但泽是波兰的咽喉，波兰的对外贸易主要靠但泽港吞吐，一旦发生战争也是英法援助波兰的主要通道，掌握了但泽几乎就等于控制了波兰。况且，但泽是个民族和归属问题复杂的城市，它又可以作为发动侵波战争的引爆点。在希特勒的战争谋略中，“但泽根本不是争执的中心问题”，而是德国对外侵略、争夺霸权的一张牌：但泽→波兰→争霸欧洲。因此，当希特勒在 1939 年春，按其新的战争时间表迈出新的侵略步伐时，首先就从挑起但泽危机开始。

但泽问题是德波关系的晴雨表。当希特勒集中力量吞并奥地利和捷克时，他曾多次表示德国无意改变但泽现状，甚至拉拢波兰一起参与肢解捷克斯洛伐克。而短视的波兰政府，从狭隘的民族主义利益出发，也竟然参加这种可耻的勾当，夺取了捷克在特青地区的 1600 平方公里领土。然而当德国侵占捷克后不到一个星期，即 1939 年 3 月 21 日，纳粹外长里宾特洛甫就以非常严厉的口气通知波兰：德国要“收回”但泽和在波兰走廊修建享有治外法权的运输线。面对德国的威胁，波兰一方面仍想以和平谈判方法解决，另一方面则加强波兰走廊的军力并重新靠拢英法。

这时英法（尤其是英国）的外交政策也发生了变化。希特勒在签订慕尼黑协定以及随后的英德、法德宣言[①]墨迹未干之际，就撕毁这些协定和宣言，出兵侵占整个捷克斯洛伐克。这使很多西方人士睁开了眼睛。英国一时舆论哗然，纷纷指责对德绥靖政策。张伯伦不得不于 3 月间在伯明翰发表对德强硬演说，并在下院宣布：如果波兰遭到进攻并进行抵抗的话，英国将给予全力支持。张伯伦之流的“和平”迷梦被打破了。他们感到自己低估了希特勒的扩张野心，意识到已面临纳粹德国发动战争的严重局面，并且发现自己的战略地位非常不利，一味退让已不能保住大英帝国的既得利益了。过去曾经积极支持绥靖主义的人，现在也提出了疑问：“再扔出另一个小孩给狼群以求躲避灾难的政策还能有收益吗？”（他们已经扔出了两个“小孩”——奥地利和

---

① 英德宣言和法德宣言，签订于慕尼黑协定之后的 1938 年 9 月 30 日和 12 月 6 日。

捷克）。张伯伦政府连忙采取一系列应急措施：实行征兵扩军，成立军需部加紧军火生产，签订英波临时互助协定，并向比利时、荷兰、罗马尼亚、希腊等欧洲小国作出安全保证（法国也同时对上述国家提供安全保证）。英法两国政府在前几年推行绥靖政策，把自己原有的对德阵线瓦解了，现在又急急忙忙力图重新建立一个对德"遏制圈"。他们设想这个对德"遏制圈"，西线以法国为主体，东线以波兰为主体。然而，正如丘吉尔和劳合·乔治等人所指出的："没有苏联，也就不能有强大的东方战线"。因此，在国内强硬派和舆论的压力下，张伯伦政府不得不一改过去孤立与排斥苏联的政策，从 4 月初开始同苏联进行关于共同对付德国侵略的谈判。张伯伦政府的这一系列行动，被一些西方学者称之为"外交革命"。然而这种"外交革命"，已经不能制止纳粹的侵略步伐了。

希特勒的扩张手段总是因势而易的。他前一阶段的扩张侵略，主要是攫取有大量德意志人居住的地区，建立一个雄霸中欧的大德意志帝国。那时的主要手段，是以战争讹诈实行"不流血的征服"。他虽然曾经动员和集结军队，甚至采取了某些军事行动，但并未准备好真正发动战争。现在既然在英法绥靖政策的帮助下，得以比原来的设想提早实现了这个战略目标，于是希特勒便迅速迈入以争夺欧陆霸权为目标的扩张新阶段。在这个阶段，夺取欧陆霸权的战略目标，使纳粹德国同英法的矛盾必然激化，"不流血的征服"已经不可能了。因此，希特勒就加紧战争准备，于 4 月 11 日签发了进攻波兰的"白色"方案。

1939 年 5 月 23 日，希特勒在柏林的新总理府召开秘密军事会议。他反复告诫与会的德国三军高级将领："不流血再也不能取得新的成功……我们不能期望重演捷克事件。将进行战争"。这位德国元首强调说："不能把波兰问题同对西方国家的摊牌割裂开来"。当然，同时两面作战对于德国是非常不利的，因此必须尽可能先征服波兰。

那么如何对待苏联呢？希特勒当时正在秘密向苏联伸出谈判的触角，打算作出某些让步来争取苏联对欧洲将要发生的战争采取中立。他说："俄国也许对消灭波兰不感兴趣……"但是，也许德苏谈判不能成功。于是希特勒又说："如果俄国继续对我们采取敌对态度，我们同日本的关系会变得更密切。"此时德日正在秘密进行矛头针对苏联的军事结盟谈判。

其实,当欧洲战云密布时,各大国都从各自的利益出发,紧张地进行着多角的双边谈判。其中比较公开的是英法与苏联的结盟谈判,处于秘密状态的则是德苏之间的谈判、德日之间的谈判以及稍后德英之间的谈判。这些谈判相互牵制,不可分割,对于欧洲以至世界的"战"或"和",具有举足轻重的影响。不过,希特勒发表这个讲话时,这些大战前夕紧张的多角双边谈判才刚刚开始,局势并未明朗,他不能不谈到几种可能的情况。希特勒说:"法、英、俄如果结成一个反德、意、日的同盟,将促使我们对英国和法国来几下毁灭性的打击"。"必须对荷兰和比利时……实行军事占领。中立宣言可以置之不顾。……如果英国想干涉波兰战争,我就必须闪电式地进攻荷兰。……对英法的战争将是一场生死存亡的战争。能轻易取胜的想法是危险的,不存在这种可能性。我们必须破釜沉舟"。①

## 三、苏联后果严重的闪避

希特勒要发动战争了。他要开始实施其扩张侵略的第二阶段:夺取欧洲大陆霸权。其根本的战略任务是消灭苏联、打败法国和把英国的势力赶出欧陆。只有控制了整个欧洲大陆之后,希特勒才能够迈进到其扩张侵略的第三阶段:向海外发展,战胜英美,称霸全球。

德国地处中欧,军事上最大的优点是具有内线作战之利,最大的弱点则是可能两面甚至多面受敌。从俾斯麦时代起,避免两线作战就成为德国发动战争的首要战略原则。第一次世界大战时,威廉德国的将军们精心炮制了"施利芬计划",企图利用沙俄的落后和行动迟缓,首先集中兵力迅速西击打败法国,然后回师东向打败沙俄。但这一计划在实施时,由于没有集中足够兵力和缺乏高速机动装备(坦克),未能如愿。结果德国陷入东、西两线同时作战的局面,这是其战败的原因之一。战后德国的军、政界痛定思痛,无不视两线作战为畏途。希特勒早在《我的奋斗》中就多处提到这方面的教训。因此,纳粹德国在进行扩张时,虽然总体上既要征东,又要击西,但并不是两个

---

① 李钜廉主编:《二次大战起源历史文件资料集》,第256号文件。

拳头同时打出去。那么究竟是先东后西呢,还是先西后东?这是希特勒一直在考虑的重大战略问题。

希特勒所考虑的“西”,主要是针对法国,同时也包括支持法国的英国。法国从19世纪一直是德国争霸欧陆的宿敌。希特勒1933年上台后对国防军高级将领所作的首次秘密讲话中,便明确提出以法国为主要敌人。但对于英国,希特勒的态度却有个变化过程。他在《我的奋斗》中,曾把英国看成是将来纳粹德国可能的盟友(另一个是意大利)。上台后的最初几年,他极力利用英法矛盾,争取英国对德国毁约扩军行动的谅解。1937年11月的秘密会议上,希特勒判定英国最终会“把屹立在欧洲中部的强大德国视为眼中钉”,因而把英国同法国连在一起并列为德国的“仇敌”。但他此时仍然以争取英国不干涉德国在欧陆扩张为方针,并未把对英战争提到日程上,直到1938年春,希特勒才首次把英国作为未来战争预想之敌。他对德国海军总司令雷德尔说:“从现在起也应把英国列为可能之敌,海军必须据此在军备方面订出自己的方案。”①

希特勒所考虑的“东”,主要是指苏联。征服苏联无疑是希特勒夺取欧陆霸权的主要战略目标之一。从这个意义上说,苏联一直是纳粹德国潜在的预想之敌,并不存在希特勒同苏联结盟的问题。尤其是30年代中期,苏联加入国联,同法国一起致力于建立东方公约,缔结苏法和苏捷互助条约,援助西班牙人民阵线政府,等等,这些都是针对纳粹德国侵略扩张的。因此,希特勒在政治宣传和外交上,常常以苏联为攻击对象。由于西方国家长期排斥苏联,而它本身对周边国家又有大国沙文主义,这就使得苏联当时对欧洲国际事务的影响力十分有限。再加上按照西方的军事观点,苏联被认为虽有巨大防御潜力而无足够进攻能力,德苏又互不接壤(中间隔了波兰和波罗的海国家)。因此,希特勒在1940年以前,仍然只是把苏联作为德国将来要加以征服的对象,而不是当时主要的军事进攻目标。

1937年11月希特勒准备夺取奥地利和捷克时,从可能遇到干涉的角度,提出把英、法、苏作为敌对因素加以考虑。其中,法国和英国进行军事干涉(因而发生战争)可能性最大。从这个判断出发,纳粹德国在夺取捷、奥时,认

---

① 卡尔·邓尼茨:《第二次世界大战中的德国海军战略》,上海人民出版社1976年版,第37页。

真考虑和准备了对法英的战争(红色方案)。但是,希特勒当时力争的仍然是英国不介入,从而法国(因无英国支持)也不会对德国采取军事干涉行动。这是一种防御性态势,同后来从发动战争的需要去考虑——究竟先击“西”(法国和英国)?还是先击“东”(苏联)?——那是完全不同的。对于希特勒来说,这个问题在 1939 年 3 月出兵布拉格时仍未最后确定。他后来曾经回顾说:“我终于决定进入波希米亚(捷克),然后建立起庇护关系(斯洛伐克),这就为向波兰进军奠定了基础。但在那时我还不完全清楚,我究竟应当首先向东前进然后再向西,或者是相反。”①

事实上,希特勒是在 1939 年 5 月 23 日的秘密军事会议上,才第一次明确其侵略战争的“先西后东”战略打击顺序。他告诫德军高级将领们说:“不能把‘波兰’问题同对西方国家的摊牌割裂开来”;夺取波兰是为了击“西”时无后顾之忧,即将进行的“斗争主要应针对英国和法国”。促使希特勒作出此决策的原因是多方面的,但如下两方面的因素具有特别重要的作用:

第一是慕尼黑会议的影响。从 30 年代中期起英法推行绥靖政策,直至在慕尼黑会议上出卖自己的盟友,它们不仅帮助纳粹德国兵不血刃地夺取了奥地利和捷克,同时也把中欧的战略优势、自己的政治威信和战争的主动权,全都让给了希特勒,造成一个有利于纳粹德国发动战争的战略态势。任何战争都不仅仅是物质的较量,而且是精神和心理的较量。如果从影响这位纳粹元首在 1939 年断然作出开战决策的角度来看,最深刻的就是他本人反复说过的:西方国家“没有什么杰出人物”。他说:“我在慕尼黑已领教过达拉第和张伯伦这些可怜的小蛆虫。他们太懦弱,不敢发动进攻。”②正因为希特勒断定英法政府首脑都是些意志薄弱、缺乏胆略、没有行动决心的庸人,所以他才敢于作出向总体潜力比德国大的英法开战的决策。

第二是张伯伦“外交革命”的逆反后果。

张伯伦政府不是实行了征兵和加紧军火生产嘛,希特勒是怎么看的呢?!他认为这是英国人玩弄的对德“神经战”把戏。他对英国扩军备战行动进行了分析,认为英国“在 1941 年或 1942 年前海军不会得到根本的加强”;“陆军

---

① 《纽伦堡审判》,莫斯科 1957 年版,第 603 页。

② 李钜廉主编:《二次大战起源历史文件集》,第 714 页。

方面进展甚少,最多只能向大陆派遣3个师";"空军方面会取得一些发展,但仅仅是开始……两三年之后才可能改变这种情况"。希特勒的结论是:"在英国,人们希望再过两三年才发生这场冲突。"①

张伯伦政府不是向波兰、比利时、荷兰、罗马尼亚、希腊等欧洲中小国作出安全保证嘛,希特勒是怎么看的呢?! 他认为,英国人既没有能力、也没有决心去履行这些许诺。希特勒向他的将军们分析说:"下列事情很能表明英国的性格:波兰为了扩充军备,希望得到英国的货款,然而,英国只答应给波兰提供用于购买英国军火的贷款,而英国却没有能力交货。这说明英国并不想真正支持波兰。"②

由于张伯伦政府正在同苏联进行结盟谈判,这涉及德国避免两线作战这一基本战略核心问题,所以希特勒最初相当紧张。但后来他发现,张伯伦对于同苏联的谈判三心二意、讨价还价,态度并不积极。因此,希特勒把这件事情,同他在慕尼黑已得出的英法首脑缺乏胆略的判断印证起来,认为英国的外交政策和行动都是软弱的,"俄国不会准备为西方国家火中取栗"。③

事实上,恰恰是张伯伦这种对抗与绥靖参半的政策,在1939年的特定历史环境下,推动了希特勒作出首先击"西"的开战决策。我们知道,西方民主国家的潜力比德国大,它们所处的战略地位本来也比德国有利,只不过由于西方阵营几年来推行绥靖政策和内部的种种矛盾,才让希特勒取得了军事上的相对优势,暂时形成一个对德国发动战争有利的态势。现在英法开始从绥靖主义的迷梦中苏醒(但还未完全清醒)。如果让英法有机会完全清醒过来,就将会使希特勒前几年苦心经营而取得的相对优势和有利态势很快丧失。既然希特勒判断德国要夺取欧洲霸权难免同英法一战,那就必须紧紧抓住这个难得的时机,趁英法尚未完全清醒过来,尚未调整好阵脚,尚未认真实行扩军,就提早发动首先击"西"的战争,打对方一个措手不及。希特勒对这一点的感觉是很强烈的。他在几次秘密会议上都一再说:"所有这些有利的形势在两三年后就不会存在了";"我们面临着一种严酷的选择:或者战胜敌人,或

① 李钜廉主编:《二次大战起源历史文件集》,第806、825—826页。
② 李钜廉主编:《二次大战起源历史文件集》,第806、825—826页。
③ 李钜廉主编:《二次大战起源历史文件集》,第806、825—826页。

者迟早肯定被消灭”。

正是在这种背景下,希特勒作出了“先西后东”战略打击顺序的开战决策。

对于希特勒来说,“先西后东”的决策与调整对苏关系,是一个问题的两个方面,其核心都是避免两线作战。只有调整了对苏关系,稳住了东线,才能集中力量进攻西欧。因此,当这位纳粹元首心中酝酿着击“西”的时候,首先想到的就是要调整对苏关系。但是,由于纳粹政权历来鼓吹反对布尔什维克主义,德苏关系一直比较紧张,而且德日意还订有反共协定,因此这一调整能否成功殊难预料。如果调整对苏关系不能成功,德国就只好转向同英法妥协,并联络日本,掉过头来实行“先东后西”,从首先进攻苏联入手去实现其夺取欧陆霸权的目标。正因为事关发动战争的大局,希特勒在慕尼黑会议后,一方面小心地向苏联伸出试探性的外交触角,另一方面并未关死同英法妥协的大门(1939 年夏还同英国进行秘密谈判),同时还与日本秘密进行矛头针对苏联的军事结盟谈判。

1939 年初,苏联对德国调整两国关系的试探性外交行动,作了同样小心谨慎的响应。慕尼黑会议对于苏联来说,也是被西方国家所出卖。早在纳粹德国开始毁约扩军之时,苏联就参加国际联盟,致力于建立集体安全体系,分别同法国以及捷克斯洛伐克缔结了互助条约。1938 年捷克危机期间,苏联一再表示关心捷克的命运,声明将履行援捷的条约义务,呼吁英法共同制止纳粹侵略。但是,英法政府竟然把对捷克负有条约义务的苏联,完全排斥在解决事关欧洲安危大局的捷克问题之外,使苏联成了当时欧洲唯一被孤立的大国。现在纳粹的侵略魔爪已伸向苏联的近邻波兰,加上西方出现“希特勒将要东进夺取乌克兰”的叫嚣,这就使斯大林不得不特别警惕起来,着手调整其外交战略,实行避免苏联首先卷入战争的政策。1939 年 3 月 10 日,斯大林在联共(布)第 18 次代表大会上强调:“保持谨慎态度,不让那些惯于从中渔利的战争挑拨者把我国卷入冲突中去。”

1939 年 4 月初,随着希特勒占领布拉格和制造但泽危机,欧洲战云密布,张伯伦政府不得不开始同苏联进行谈判。苏联一下子由被孤立与排斥的状态,跃上了具有举足轻重意义的特殊位置。斯大林面临着希特勒与张伯伦两方同时“求爱”的局面,既存在着巨大的机会,也包含着严重的危险。英法政府这时同苏联谈判“共同对付德国侵略”，目的是要把苏联拉入冲突的旋涡，让苏联去承担对德战争的主要重担，避免自己马上陷入同德国直接对抗的境况。希特勒追求“改善德苏关系”，则是为了让苏联在德国入侵波兰和西欧时保持中立，以避免自己两线作战。如果希特勒无法达到同苏联妥协（从东边取得避免两线作战的条件），就完全可能转而同英法妥协（从西边取得避免两线作战的条件），纳粹侵略的“先西后东”就可能变成“先东后西”。面对这种既有机会而又异常凶险的形势，斯大林便同时与德国和英法两方面，展开了十分微妙的双重外交谈判。

4月17日，苏联向英法政府提出了条件很高的达成结盟对德的“八点建议”，要求从英法方面得到确实保证，以免替人火中取栗。同一天，苏联驻德大使梅利卡洛夫前往德国外交部会见德国外交国务秘书冯·威兹萨克，两人的谈话从经济问题入手，逐渐转向政治问题。梅利卡洛夫表示：“意识形态上的分歧……不应该影响苏德关系”；“就苏联来说，没有理由不同德国在正常基础上相处，而且从正常关系中可以产生日益改善的关系”。[①] 两个星期后，苏联宣布由人民委员会主席（即政府总理）莫洛托夫兼任外交部长，以接替多年来致力于同西方国家建立集体安全的李维诺夫。德国人马上注意到这个信号，并从纳粹主义的观点出发，注意到“莫洛托夫不是犹太人”（而李维诺夫是犹太人）。接着苏德举行了有关“经济问题”的谈判。5月20日，德驻苏大使舒伦堡拜访莫洛托夫。在谈到两国经济谈判尚无进展时，莫洛托夫表示“要有相应政治基础”。当舒伦堡问及“政治基础”作何解释时，莫洛托夫说：“这是双方政府都必须考虑的事”，不作明确答复。对苏联卖的这个关子，希特勒心中颇为恼火。德苏之间的谈判遂陷于半停顿状态。双方都在探测对方的底牌，观察正在急剧变化中的局势，等待着最后的时机。

希特勒一方面加紧战争准备，另一方面从各个不同角度对苏联施加影响。5月下旬，德国和意大利缔结《钢铁盟约》，进一步加强轴心国家的关系。6月初，德国同拉脱维亚和爱沙尼亚签订“互不侵犯条约”，把手伸向苏联近邻的波罗的海国家。6月底，德国暂停了同苏联的贸易谈判。6—7月间，希特勒还接过了张伯伦政府抛来的外交线头，分别在柏林和伦敦进行了有关德英

---

① 李钜廉主编：《第二次世界大战起源历史文件集》，第236号文件。

“全面谅解”的秘密会谈。与此同时，德国同日本针对苏联的军事结盟谈判也在加紧进行。日本“北进”的叫嚣高涨起来，日军大量集结蒙古边境，不断进行挑衅，终于在7月初同苏蒙军队发生了诺门坎事件这一大规模冲突。这一切都给苏联造成了很大的威胁。而在此期间，英法苏的谈判却没有多大进展。开始时英法要求苏联单方面承担保障波兰和罗马尼亚等国，不愿与苏联缔结互助盟约；5月底英法同意了与苏联缔结互助盟约，但又不愿意承担保障波罗的海国家的义务；7月初英法基本上同意保障波罗的海国家，却又在如何理解“间接侵略”①的问题上同苏联磨来磨去。

其实，当时希特勒、张伯伦以及斯大林，都同时进行着一种脚踏两只船的外交谈判，而且都在利用一条线的谈判来牵制、影响另一条线的谈判。对于希特勒来说，同苏联的谈判是主线，因为他要调整同苏联的关系以便从东边获得避免两线作战的条件；但他同时保留着一条同英国谈判的辅线，这既是给自己埋下一条退路，也是用以牵制英法苏谈判和对苏联施加压力。对于张伯伦来说，同苏联的谈判也是其主线，因为他想把苏联推上对德战争的前列，以便自己重新赢得时间和主动权（这个时间和主动权是英法前几年推行绥靖政策而丧失的）；但张伯伦仍时时想回到英德慕尼黑妥协的旧轨道上，因此也保留着一条同德国谈判的暗线。斯大林自然也保留着自己的两条线。他开始时是以英法苏谈判为主线的，因为这对于苏联长远利益较为有利，而且同苏联30年代以来所执行的集体安全外交路线一脉相承；但面对严重的战争威胁，他要从英法方面获得最大的安全保证，以免陷入单独对德战争的危险局面。后来，由于英法对同苏联的结盟三心二意，在战争威胁加重而英法苏谈判难以取得进展的情况下，斯大林就逐渐把德苏谈判提升为主线。在斯大林看来，既然英法企图“祸水东引”，苏联为什么就不可以“祸水西推”呢？！

7月间，欧洲局势日益紧张，但泽危机已成了随时可能爆炸的火药桶。德国陆军正着手组建入侵波兰的两个集团军群，并且下达了必须在8月底完成一切准备工作的指令。欧洲外交舞台上多角谈判的较量到了最后关头。7月18日，苏联向德国建议签订一项增加两国贸易的协定。英法政府得悉后，赶

① “间接侵略”的概念原是英法政府提出的。7月初苏联要求三国在对波罗的海国家进行保障时，包括“间接侵略”的情况在内。英法政府怀疑苏联别有企图而加以拒绝。

忙于7月25日通知苏联，表示同意在莫斯科开始有关三国军事谈判。面对此种情况，已经确定8月底进攻波兰的希特勒，决定加速推进同苏联的谈判。7月26日，在柏林进行经济谈判的德方代表奉命宴请苏方代表，声称德国希望重建两国良好关系，并用赤裸裸的语言说："莫斯科应该考虑到这一点，英国能给俄国什么呢？至多是参加一场欧洲战争并与德国交战，这对俄国来说几乎不是一个值得向往的目标。相反，我们能够给些什么呢？中立，并置身于可能发生的欧洲冲突之外。如果莫斯科愿意，还可以达成一项关于俄德间相互利益的谅解。"希特勒发出这个信息后，就焦急地等待着苏联的反应。两天过后未见回音，德国外交部又接连两次电令德国驻苏大使舒伦堡去见莫洛托夫，进一步说明："不论波兰问题如何发展，德国都准备保全苏联的利益并同莫斯科达成谅解。在波罗的海地区的问题上……德国也愿意调整自己的态度，以尊重苏联在波罗的海地区的重大利益。"①

德国同英国（法国追随英国）现在展开了一场奔向莫斯科"求爱"的竞赛。然而英国人从一开始就注定了其失败。尽管英法政府于7月25日通知苏联，同意立即在莫斯科开始三国军事谈判，但拖了6天才组成派赴莫斯科谈判的军事代表团，而且所委派的都是些二等军事专业人员。德国人却大不一样，希特勒不仅向苏联发出明确信息，而且准备下大的赌注。8月3日，德国通知苏联，说明如果苏方愿意把苏德关系置于新的基础上，里宾特洛甫外长随时准备参加会谈。拖拖拉拉的英法军事代表团，乘坐一艘慢船绕道列宁格勒，直到8月11日才抵达莫斯科。第二天，三国军事会谈正式开场，面对苏联由国防部长和三军首脑组成的拥有全权的代表团，那个由即将退休的海军上将为首的英法代表团，连全权证书都拿不出来。8月12日（星期六），苏联通知德国，表示愿意讨论德国所提出的一系列问题，建议以莫斯科为谈判地点。星期天一过，即8月14日，里宾特洛甫就急电通知苏联政府，他本人准备亲自到莫斯科。苏联政府一方面表示欢迎，另一方面提出了具体要求：缔结一项互不侵犯条约；德国承担对日本施加影响，以改善苏日关系和消除边境冲突；对波罗的海国家实行可能的联合担保等。希特勒立即全盘接受，并以"特急"电告苏联，德国外长准备飞赴莫斯科，以元首全权代表的身份谈判德苏关系

---

① 威廉·夏伊勒：《第三帝国的兴亡》，第699页。

的全部问题，并签订相应的条约。于是苏德谈判迅速进展。8月19日双方签订了一项贸易和贷款协定。20日（星期日）希特勒亲自致电斯大林，表示接受苏联提出的互不侵犯条约草案。21日苏方通知英法，三国军事谈判“没有必要再开会了”。23日里宾特洛甫飞抵莫斯科，当天深夜由里宾特洛甫和莫洛托夫代表两国政府，签署了立即生效的《苏德互不侵犯条约》，其中有一项绝密的附加议定书，划分了两国在波兰和波罗的海地区的势力范围。①

希特勒获得了他所迫切需要的东西——避免两线作战。这是纳粹德国在1939年能够发动战争的首要条件。他得意忘形地写信给墨索里尼说：“这个条约保证俄国在发生任何冲突的情况下将采取最友好的态度”；由于这个条约，“出现了一种全新的世界政治形势，可以把这种形势理解为轴心国的最大胜利”。

纳粹德国的战车发动了，一场新的欧洲大战进入了倒计时。

## 四、波兰的覆亡

当希特勒在1939年8月14日早晨指示里宾特洛甫前往莫斯科时，显然很有把握他的“求爱”不会被拒绝。难道不是吗?！他出了英法所无法出的大价钱——准备同苏联瓜分波兰。于是当天下午，他在上萨尔茨堡山间别墅召集高级军事会议。他得意地宣告：“伟大的戏剧现在已经接近高潮了。”当出席会议的德军将领担心进攻波兰会重蹈两线作战覆辙时，希特勒教训他们说：要取得胜利就不能不冒风险。不过他还是肯定，英法不会为波兰打仗。他说：英法“没有一个真正有胆略的领袖，我在慕尼黑领教过，（他们）都不是能打一场新的世界大战的人物”。至于苏联，这位纳粹元首没有完全告诉他的将军们，他将要做一笔多么大的交易。但是他说：“俄国决不肯为别人火中取栗”，俄国对“划定势力范围”有兴趣，德国“准备同他们互相迁就”。因此，

---

① 它规定：在波兰以纳累河至桑河一线为界，波罗的海地区以立陶宛北疆为界，划分苏德的势力范围；同时承认苏联对罗马尼亚的比萨拉比亚的利益。苏联一直否认该秘密附加议定书的存在。参见李鉅廉、王斯德主编《二次大战起源历史文件资料集》第333号文件。

波兰很可能是单独应战。虽然如此,希特勒还是强调必须"在一两个星期内"打败波兰,这样就不会有人来得及设法去救它了。

德军奉命全力准备以闪电般的突击进攻波兰,同时也准备万一英法出兵干涉时保卫德国西部。担负入侵波兰任务的两个集团军群,开始向边境出发地集结。海军的21艘潜艇和两艘战列舰离开基地开赴大西洋战区。与此同时,为了制造进攻波兰的借口,策划了一个代号"希姆莱行动"的阴谋。即由一批会讲波兰语的纳粹党卫队,穿上波兰陆军制服,袭击德国靠近波兰的边境城市格莱维茨的电台,用波兰语发出对德国的挑衅性广播,然后丢下几具穿波军制服的集中营死囚的尸体(代号"罐头货")。纳粹德国就借此说"波军袭击德国城市"而发动战争。

8月22日,即里宾特洛甫飞赴莫斯科那一天,希特勒对全体集团军级以上的将领,进行战前动员听训会。他以国家元首和武装部队最高统帅的身份发表长篇讲话,把作出开战决策的种种考虑,披露给这些即将要执行其战争决策的将领们。他首先回顾了自己上台6年多来,从1933年退出国联、1935年毁约扩军、1936年进兵莱茵兰,到1938年侵吞奥捷,"每次都有人反对我,预言要失败,但我都成功了"。他强调:现在的形势对德国发动战争是有利的;"英国还没有从上次战争中恢复过来";"法国的地位在恶化";"敌人还希望俄国在波兰被征服后会与我们为敌。敌人没有考虑到我有这样大的决心(同斯大林合作)"。希特勒强调:"这是一场生死存亡的斗争……绝不能抱有任何同情心,要进行无情的斗争,谁强就是谁对"。他还说:"我将提出发动战争的宣传上的理由,至于这种理由是否可信,那无关紧要。胜利者在事后不会被问起当初说的是不是实话。在发动战争和进行战争时,是非问题无关紧要,紧要的是胜利。"①

这就是希特勒发动战争和进行战争的逻辑。

开完这个秘密军事会议后第二天,希特勒就在上萨尔茨堡山间别墅的书房内,签署了进攻波兰的时间命令:8月26日,星期六,拂晓4点30分。纳粹德国的战争机器点火了。但后来两天所发生的事情,使已经点火的纳粹德国战争机器,推迟了差不多一个星期才碾向波兰。尽管希特勒对其将领大谈发

① 李鉅廉主编:《第二次世界大战起源历史文件集》,第328号文件。

动战争的坚定决心，仍然有两件事使他放心不下：一件是他期望墨索里尼给予支持，倒不是要意大利投入德波战争，而是希望当他东击波兰时意大利能在地中海牵制英法；另一件是他仍然期望张伯伦还会像一年前在慕尼黑那样，在最后关头抛弃波兰。

希特勒从上萨尔茨堡回到柏林后，就发信告诉墨索里尼：德国将随时可能对波兰发动进攻（但未说确切日期），希望获得意大利的谅解。根据 3 个月前刚缔结的《钢铁盟约》，意大利理所当然应予德国援助。可是这位意大利法西斯领袖，对形势的估计同纳粹德国元首大不一样。墨索里尼相信如果德国进攻波兰，英法必然参战；而当德国在西线处于守势时，意大利就将承受对英法作战的重担。临阵胆怯的墨索里尼回信给希特勒说：意大利的战争准备要到 1942 年才能就绪，不可能马上在军事上介入，除非德国能提供意大利所需的一切战争物资。与此同时，英法两国的驻德大使，先后向希特勒转达：一旦波兰遭到进攻，英法将全力支持波兰。希特勒受到相当大的震动，心中颇有犹豫。他需要时间再采取一些外交行动。于是在 25 日晚上 8 点 30 分下达了“停止行动”的命令。此时德军突击部队已经出发，只是靠着参谋军官驾驶小型侦察机在边境快速着陆才拦住。

希特勒连忙发信询问墨索里尼，为了保证意大利能够参战，“需要什么样的武器装备和原料”。第二天，墨索里尼给希特勒开出一份“作战 12 个月最低需要”的清单：700 万吨石油、600 万吨煤、200 万吨钢、100 万吨木材、大量的稀有金属、化学制品和橡胶、兵工厂所需的机器，还有 150 组高射炮等。德国根本不可能提供这样大量的物资，何况意大利还要求“在战争爆发以前运到”。不管希特勒心中如何不快，他也只好让这位意大利法西斯领袖临阵逃脱了。

与此同时，希特勒同英国进行了更加紧张的外交活动。他千方百计地想促使张伯伦抛弃对波兰的保障义务。他通过两条渠道来进行这种活动：一条是正式的官方外交途径（通过英国驻德大使汉德逊）；另一条是非正式的民间外交途径，由作为戈林朋友的瑞典商人达勒鲁斯奔跑于柏林与伦敦之间（戈林给这位商人提供了一架德国专机）。希特勒向英国人抛出的诱饵是：只要让德国取得但泽和波兰走廊，并收回自己的殖民地，德国将尊重大英帝国的利益，并同英国缔约或者结盟，保证波兰的新国界。这回英国人可不敢轻信希特勒了，何况波兰人宁愿打仗也绝不会放弃走廊。不过，张伯伦仍然幻想纳粹元首会在最后关头回心转意。

8 月 28 日，张伯伦建议德波之间举行直接谈判。美国总统罗斯福、比利时国王、荷兰女王、罗马教皇等，也都先后发出了敦促通过谈判和平解决的呼吁。希特勒对于同波兰谈判并不感兴趣，而且如果拖延下去波兰的雨季便到来，那里泥泞的公路会使他的摩托化部队难以发挥威力。希特勒可不愿把战争推迟到明年，他已经给进攻波兰定了一个新的时间——9 月 1 日。尽管如此，正如他后来承认的："我需要一个口实，特别是要向德国人民表明，为了保持和平我已经尽了一切努力。"因此，29 日晚 7 点多，希特勒交给英国大使汉德逊一份正式照会，同意由英国出面斡旋，要波兰立刻派遣全权代表来柏林，在德国的"和平建议"基础上谈判，但规定波兰代表必须在 30 日（即第二天）到达柏林。

英国政府立即紧张起来，从 30 日清晨两点多到下午 6 点，一连给德国政府发了 4 份电报：一方面指出德国要求"今天就在柏林变出个波兰代表来是无理的"；另一方面又由张伯伦亲自致函希特勒，表示英国政府正在"紧急"设法，请求德国避免冲突。可是在这种无理的条件下，波兰人宁愿战斗而死也不愿意派代表到柏林接受羞辱。在伦敦方面施加压力的情况下，波兰外长贝克终于在中午指示波兰大使利普斯基去见里宾特洛甫，通知德国波兰准备直接谈判。午后 1 点，利普斯基匆匆赶到德国外交部求见，尽管德国人知道贝克指示利普斯基的内容（因为他们掌握了波兰人的电报密码），里宾特洛甫却故意拖延到傍晚 6 点多才接见这位波兰大使。其实，英国和波兰的这一切活动都是多余的了。

8 月 31 日中午 12 点半，希特勒签发了第二次世界大战中德国武装部队最高统帅的第一号作战指令：按照"白色方案"对波兰发动全面进攻。当天下午 5 点，德军担任进攻的部队，接到了"D 日——9/1，H 时——0445"的出击令。晚上 8 点"希姆莱行动"付诸实施。晚上 9 点，柏林电台广播了德国政府向波兰提出的那份"和平建议"。这份"和平建议"，连一些富有政治经验的资深记者——例如当时正在柏林的美国记者威廉·夏伊勒，也感到是"非常合情合理的"[1];当然,他们那时不可能知道,希特勒根本就不让波兰人有时间和有可能接受这个"合情合理的和平建议"。当欧洲的老百姓听完广播安心上床睡觉的时候,当那位不知疲倦的瑞典商人达勒鲁斯还在为和谈而奔走的时候,当那位仍迷恋着绥靖主义的英国大使汉德逊还在催逼波兰人赶快到柏林谈判的时候,纳粹德国的坦克已经进入了出击阵地。

战争悄悄地降临到了欧洲大地。

坦克摩托化部队与空军协同实施的运动战理论,虽然在第一次世界大战后就被一些军事理论家所鼓吹,但第一次应用于实际战争中的是纳粹德国进攻波兰。波兰是最适宜于实施闪击战的场所,它有5600公里的漫长边界,其中西部1400公里同德国本土接壤,北部有600公里同嵌进来的东普鲁士交界;南部同捷克斯洛伐克接壤的800公里,在德国侵捷之后也暴露出来。波兰的西部工业区,实际上已成为一大凸角,处于德国三面的钳形包围态势之中。广阔的波兰平原,在维斯瓦河以西缺乏阻挡坦克摩托化部队运动的天然屏障。虽然雨季期间波兰的公路十分泥泞,但希特勒所选定的入侵时间正是其干燥季节。波兰和平时期有军队30个步兵师、1个骑兵师和11个独立骑兵旅(实施动员后兵力可扩大到150万人)。虽说也算是欧洲的陆军大国,然而装备陈旧,通讯联络与机动能力差,只有几个轻型坦克连和若干装甲汽车连。它的空军名义上有近千架飞机,能投入作战的却只有400架。

从军事战略上看,如果波军主力能退到宽阔的维斯瓦河和桑河以东进行抵抗,将可避免被德军高速度大纵深突击的坦克摩托化部队穿插围歼,会有利于坚持较长时间的战争。但是,这就等于在战争一开始便放弃西部的工业区,实为当时怀着强烈民族自尊心的波兰人所难接受。况且,波兰当局对德军的闪击战缺乏认识,过分自信其军事力量,又指靠法、英将会立即在德国的西线发动攻势,牵制住大量的德军。因此,在总司令利兹—斯密格莱元帅指挥下的波军,将主力集结在西部靠近边境地带,分散部署以屏护其工业区和波兰走廊。这种部署恰恰是德军坦克摩托化部队实施高速度大纵深密集突击的最好进攻对象。

德军按照"白色方案",把全部54个师的基干兵力(包括所有坦克摩托化

---

① 威廉·夏伊勒:《第三帝国的兴亡》,第809页。

部队和大部分空军,共 3000 辆坦克和 2000 架飞机),投入东线进攻波兰。[①]其南方集团军群(33 个师,内 4 个坦克师和 2 个摩托师),部署在面对波兰经济比较发达的西里西亚地区,以主力向华沙方向实施高速突击。北方集团军群(21 个师,内 2 个坦克师和 2 个摩托师),部署在东普鲁士和面对波兰走廊的德国本土,围歼波兰走廊的波军,打通德国本土与东普鲁士的联系,尔后向华沙方向发展。然后,南、北两军协同围歼波军主力于维斯瓦河以西。1939 年 9 月 1 日凌晨 4 点 45 分,德军从空中突袭开始入侵。其空军第一批出动 700 架飞机,突袭波兰 11 个空军基地;随后又猛袭波兰的城市、桥梁、铁路枢纽、通讯中心、军火库和部队集结地。继而德军地面部队越过波兰辽阔的边界线大举入侵。

德军进攻波兰后,张伯伦政府和达拉第政府经过两天的动摇,才在 9 月 3 日向德国宣战,但并未给予波兰以真正实际的援助。希特勒得悉英法对德宣战之后,仍然坚信英法当局既无胆量、也无力量在西线发动攻势。因此,并未将一兵一卒从东线调往西线。单独抗击纳粹战争机器重压的波军,虽然英勇作战,但无法抵挡在空军支持下的德军坦克摩托化部队的密集高速突击。波军的防线迅速崩溃,军队被分割成若干互不配合的部分各自为战,骑兵部队在对装甲坦克的冲击中损失惨重。

9 月 3 日,德军打通了本土与东普鲁士的联系,合围了波兰走廊的波军。6 日,德军中路主力突进到基埃尔策一带,左翼逼近罗兹,右翼占领了克拉科夫。波军统帅利兹—斯密格莱认为这场战争已经输掉,波兰政府离开华沙迁往卢布林。德军 7 日逼向华沙,9 日进至桑河一带,波兰政府再逃到克列梅涅茨。德军坦克部队 11 日突入华沙城,12 日进抵利沃夫,14 日突入布列斯特。波兰政府和波军总司令,于 16 日越过边界逃亡罗马尼亚。

9 月 17 日,苏联政府以"波兰国家和政府已不复存在"为由,借口保护在波兰境内的白俄罗斯人和乌克兰人,出动 7 个集团军(约 40 个师),越过苏波边界进占按照苏德密约划归苏联的波兰东部。第二天,苏军的先头部队与德军在布列斯特会师。苏军的背后一击更加速了波兰的崩溃。9 月 19 日,被德军压缩在维斯瓦河与布祖腊河的最大的一支波军残部(19 个师、3 个骑兵旅、

---

① 留在西线面对法、比、荷进行防守的只有 31 个师,大部分是边防部队和刚刚动员的部队。

共17万人)宣告投降。德军闪击波兰的战役实际上已告结束。但是被围在华沙的波兰守军仍在继续战斗。希特勒下令戈林派飞机滥炸华沙。28日,华沙12万波军在断电、断水、断粮的情况下,宣告投降。德军在作战中仅死1万余人、伤3万余人、失踪3400人;波军被歼100万人(其中死7万余人、伤13万余人、俘虏70万人,另有约10万人逃入罗马尼亚、匈牙利和立陶宛)。苏军占领波兰东部的行动历时12天,向西推进250—350公里,击毙波军5000多人,俘虏30万人;苏军仅死700余人,伤1800余人。9月28日—29日,德国外长里宾特洛甫再次飞赴莫斯科,两国签订了《苏德边界和友好条约》,大致以纳累河夫河、布格河和桑河一线为界瓜分了波兰。

希特勒闪击波兰的成功,不仅使波兰人民遭到纳粹统治的蹂躏,而且对欧洲的局势产生了灾难性的影响。东欧中小国家的亲德倾向加强了,张伯伦临战前匆忙营建的"遏制"德国的东部战线崩溃了,英法的战略地位进一步恶化。纳粹德国不仅从侵占波兰西部中夺得了新的人力和物力,腾出了基本兵力,而且消除了西进的后顾之忧。希特勒沾沾自喜地对他的高级将领们说:"67年来我们第一次避免了两线作战。自从1870年以来,我们一直渴望做到而又认为不可能做到的事情,如今终于实现了。"

## 五、法兰西的败降

当波兰遭到纳粹德国进攻时,无论从军事、政治以及所签订的条约义务上,英法都理应予以援助。但英法虽然于9月3日相继对德宣战,却背弃了所许下的诺言,也不顾自身的战略利益,按兵不动,躲在马其诺防线背后观战。当时正在西线采访的法国记者多热莱斯写道:"我对那里的宁静气氛感到惊讶。驻守在莱茵河畔的炮兵,悠闲地观望着德国运送弹药的列车在河对岸来往行驶,我们的飞行员从萨尔区工厂冒烟的烟囱上空飞过也不投掷炸弹。"[①] 正在集中兵力攻打波兰的希特勒,当然不会于此时主动出击。这种双方按兵不动的状况,持续到翌年5月德军向西线发动进攻时才结束。法国人称为

① R·多热莱斯:《奇怪的战争》,巴黎于1953年版,第9页。

“奇怪战争”(Drole de Guerre,又译“莫名其妙的战争”),德国人多半叫做“静坐战”(Sitzkrieg),英国人常称之为“晦暗不明的战争”(Twilight War),美国人则干脆叫它“假战争”(Phony War)。

这种状况的出现,原因是多方面的。不过有一点很明显,当时英法在西线按兵不动,缺乏的并非是作战的能力,而是行动的决心和魄力。德波战争期间,单是法国在西线就拥有85个基干师而德国只有31个二流的师;法军拥有坦克2200辆,而德国的坦克都调去打波兰了;西线法军的火炮比德军多一倍,作战飞机(连同英国派到法国的400架)比德军多两倍。这种“莫名其妙”的按兵不动,对于英法两国来说其后果是灾难性的。然而,对于希特勒来说则完全是另一码事。

闪击波兰的战争临近结束时,希特勒就盘算着向西线进攻的事情。9月27日,他召见德军高级将领,指示要“尽快在西线发动进攻”,甚至提出一个半月后就动手。这一打算引起德军将领的慌乱。他们一再向希特勒解释:在德波战争之后这么短时间内,就向西线发动进攻是办不到的,单是修整在波兰用过的坦克就需要几个月时间。但希特勒强调,拖延下去对德国不利,这位纳粹元首训诫说:对波兰的胜利之所以可能,是因为德国实际上只有一条战线。“这种形势能维持多久呢? ……苏俄的态度可能会发生变化。没有任何条约或协定能够有把握地保证苏俄永远保持中立”。因此,“动手越早越好”。①

10月29日,希特勒签发了代号“黄色方案”的西线作战计划。在整个1939年秋冬,希特勒先后多次定出在西线发动进攻的时间,但后来又相继作了推迟。这种推迟的原因是多方面的,秋冬时节西欧天气大多比较恶劣是原因之一,除此之外陆军也真的尚未充分准备就绪……不过主要有三件事情,促使希特勒把西线行动的时间推迟到了1940年的初夏。

首先是苏芬战争的爆发引起欧洲形势的变化。当时,苏联不仅利用德波战争之机,根据苏德密约出兵夺取划归苏联的波兰东部,把波罗的海三国纳入自己势力范围,而且对芬兰采取了行动。1939年10月—11月间,苏联以自己边境安全需要为由,要求芬兰把靠近列宁格勒的国界向后推移20—30公里

---

① 瓦尔特·胡巴奇编:《希特勒战争密令全集》,军事科学出版社1989年版,第19—20页。

和租借汉科港为军事基地。芬兰政府拒绝此要求。11 月 30 日苏芬战争爆发。西方国家立刻掀起援芬反苏浪潮。英法向芬兰提供贷款、运送军火并计划派遣志愿军。希特勒既看出苏联此举是为了将来对付自己的东进,同时也看破英法援芬是借机向斯堪的纳维亚半岛伸展势力,以便从北欧牵制德国。因此,他暂缓在西线采取行动,静观英法与苏联争斗,同时拟订入侵挪威的方案,以便抢先控制斯堪的纳维亚半岛。

另一件事情是意大利的动摇。希特勒闪击波兰的成功,并未使其法西斯盟友下定决心,站到德国一边投入对西方的战争。苏芬战争爆发后,墨索里尼发信劝告希特勒掉过头来打苏联。希特勒心中虽然也仇恨苏联,但正如他对其将领所说:“只有我们在西线腾出手来的时候才能够反对俄国”。希特勒当然不会听从墨索里尼的“劝说”,但进攻西线毕竟与入侵波兰不同,希特勒期望意大利在地中海积极行动以牵制英法,因此需要时间来做墨索里尼的工作。

第三件促使希特勒推迟在西线发动进攻的事情,则是 1940 年 1 月 10 日偶然发生的“梅克林事件”。这一天,德国空军的一位少校参谋,带着一份西线空降作战计划,乘飞机往科隆途中因风雪迷航,被迫降于比利时境内的梅克林附近。那位少校参谋未及全部烧毁的文件,落到比利时人手中。希特勒获悉此事之后,就下令推迟西线的进攻日期,并对整个西线作战计划进行了修改。

1940 年 3 月,希特勒专程到德意交界的勃伦纳山口会见墨索里尼。经纳粹元首的一番努力,这位意大利法西斯领袖终于承诺:“一旦德国胜利地向前推进,他将立即参战。”两个多月后,当德军闪击西欧取得辉煌成功时,墨索里尼总算实践了这个许诺,向投降在即的法国打出“一拳”。不过在勃伦纳山口会晤时,这位胆怯的意大利领袖对德军西击能否成功并无足够信心,所以他在对希特勒作出许诺时仍然拖了个尾巴——“如果德国的进展迟缓,他就要等一等再说了”。

当希特勒在勃伦纳山口同墨索里尼会晤时,德军已拟好代号“威塞尔演习”的作战方案,正在加紧入侵挪威和丹麦的准备工作。1940 年 3 月 12 日苏芬战争结束,英法仍然派兵到挪威和在挪威海域布雷,并压迫瑞典停止供应德国铁矿石。当时德国每年需进口 1500 万吨铁矿石,其中 1100 万吨来自瑞典。英法这些行动，不仅对德国铁石来源构成威胁，而且会在西线战争时从北翼牵制德军。于是希特勒在4月2日下达了实施“威塞尔演习”方案的指令，抢先控制斯堪的纳维亚半岛。

1940年4月9日清晨，德军出动14万人、1300架飞机和234艘舰艇，同时突袭挪威和丹麦。德军摩托化部队当天就占领了丹麦。入侵挪威的德军在中部的特隆赫姆与驰援的英法联军对峙。5月1日英法联军败退至北部的纳尔维克，主要的战斗已经结束。德军占领了挪威和丹麦，控制了波罗的海的出海口，获得了以挪威为基地、从北面的海、空攻击英国本土和从北海出击大西洋的条件。于是希特勒在5月1日这一天，下达了西线作战的新命令，规定5月5日以前完成全面进攻的准备。

纳粹德国进攻西欧的作战计划，最早是1939年10月拟就的“黄色方案”。这个方案避开马其诺防线，把进攻重点放在靠海边的右翼，以B集团军群重兵穿越荷、比，突进到法国北部的索姆河包围歼灭英法军主力。这实际上是“施利芬计划”的翻版。这一方案遭到一些高级将领的反对。希特勒本人也感到不甚满意。时任A集团军群参谋长的冯·曼施泰因中将曾多次向陆军总部提出一个大胆方案：即以坦克主力冒险穿越阿登山林地区，从马其诺防线西北终端的法军防御薄弱地带突击色当方向，然后高速西进直趋英吉利海峡，包抄法国北部的敌军主力。曼施泰因的方案被思想保守的陆军总部搁置一旁。如果不是前述偶然事件，这一后来给德军西线战争带来辉煌胜利的方案，本来是很可能被埋没的。“梅克林事件”后希特勒下令修改西线作战计划。向来喜欢大胆甚至轻率设想的希特勒，获悉曼施泰因的建议后，指令陆军总部据此拟订新的作战计划（代号“镰刀”①）。正如所有独裁者一样，希特勒把这一设想变成了自己的天才思想创造。

同纳粹德国的闪击战略相反，英法两国在军事上实行的是迂回消耗战略。他们过分相信第一次世界大战的阵地防御战经验，企图依靠永久性的筑垒地域（马其诺防线）顶住敌人的进攻。但是，马其诺防线仅仅修筑到阿登地

---

① 按“镰刀”计划，德军以中路A集团军群（45个师，内7个坦克师，3个多摩托化师）担任主攻，从亚琛南部到德法卢（森堡）交界处，出敌意料地穿越阿登山区，在列日至色当之间的法军防御薄弱地带突破，向西直插英吉利海峡，包抄进入比利时的英法联军主力，然后与右翼尚海边南下的B集团军群夹击歼灭之。

区，在沿海地势比较平坦的法比边境，既无永久性筑垒工事，又无天然屏障。当时几乎无人怀疑，德军将会再次通过入侵中立的荷、比来进攻法国。最理想的办法是英法军在德军进攻之前就进入比荷，与该两国军队一起据守面对德国的筑垒阵地。这在原来双方有结盟关系的情况下是很自然的。但由于英法战前推行出卖弱小民族的绥靖政策，原来同英法有结盟关系的比荷都宣布中立，拒绝英法军队在德军进攻之前入境。因此，英法制订了一个代号“D”字的计划，把它们的精锐主力 41 个师（其中英国远征军 9 个师），部署在左翼靠海边的法比边境待机，等到德军入侵荷比时才驰往 200 公里，进到荷兰的布雷达城和比利时的戴尔河一线迎敌。

历史上许多事情，包括人们的决策行动，虽然都有其必然性的依据，但其中又包含着众多的偶然性、甚至个人的因素。如果不是 1940 年 1 月偶然发生的“梅克林事件”，德军仍然按照以前制定的“黄色方案”发动进攻，就很可能在荷、比腹地陷入同英法联军的鏖战，纳粹德国的闪击战略便难以发挥出来。可是现在，英法军主力按照“D”字计划进入比利时腹地，却正中德军“镰刀”计划的下怀，使德国 A 集团军群的坦克摩托化部队，在穿越阿登山地和强渡马斯河之后，得以向西直插英吉利海峡，包抄进入比利时的英法军后路。以曼施泰因的建议为基础的“镰刀”计划，给纳粹德国的西线战争带来了闪击战的辉煌成功，而偶然发生的“梅克林事件”，则成了曼施泰因建议得以变成“镰刀”作战计划的契机。

1940 年 5 月 10 日凌晨 3 点 30 分，纳粹空军趁着拂晓出动 3000 架飞机，突袭荷、比和法国北部 400 公里纵深的 50 个机场，一举击毁对方停在机场上的 600 架飞机，夺得了制空权；同时还袭击交通枢纽、部队集结地、防御支撑点、行政中心和工业区。早晨 5 点 35 分，德军右翼的 B 集团军群首先突入荷兰和比利时国境。6 点 45 分，英法联军按“D”字计划开始向荷兰和比利时调动。德军利用空降兵夺取荷比境内的主要桥梁，保障其坦克摩托化部队能在河道纵横的低地国家高速推进。12 日，荷军抵挡不住德军的猛攻开始溃败，比军也退向安特卫普地域。13 日，荷兰政府逃亡伦敦（翌日荷军投降），德法两军在比利时中部的卢万发生首次大规模坦克战。急速突进的德国 B 集团军群暂受阻滞，向比利时机动的英法联军主力终于在 14—15 日进入戴尔河一线展开防御。

表面看来,英法联军基本实现了"D"字计划的目标。然而,这恰好符合德军吸引英法军主力进入比利时的战略意图。就在英法当局忙于应付在荷比的战事时,担任西线主攻任务的德国 A 集团军群,却在穿越阿登山区后,轻易突破了法国的边境防线,3 天内前进了 100 多公里,于 5 月 12 日黄昏出现在马斯河的那慕尔—色当地域。这时,联军虽然判断到德军的主攻方向在此,但对其严重性估计不足。他们认为,那里地形复杂不易通过。然而,出乎英法当局的意料,德军坦克部队不等待后续的步兵和炮兵到来,立即开始强渡马斯河。14 日是色当之战的关键时刻,德军 7 个坦克师在色当一线成功越过马斯河,法国北部平原已躺在他们的面前,进入比利时的英法联军主力面临被从背后包抄的危险。联军统帅部终于觉察局势严重。15 日,总司令甘末林下令进入比利时的法国第一集团军,回师对渡过马斯河的德军实施反突击。然而,法国第一集团军已被先前进入比利时的德国 B 集团军群牵制住。德国 A 集团军群的坦克摩托化部队,以古德里安 3 个坦克师打头阵,在呼啸的"斯图卡"式俯冲轰炸机支援下,从撕开的法军防线 80 公里缺口蜂拥而过,以每昼夜 30—50 公里速度冲下法国北部平原,向西直趋英吉利海峡。

法国总理雷诺,连忙打电话给刚取代张伯伦出任英国战时内阁首相的丘吉尔。雷诺说:"我们被打败了!"丘吉尔惊讶地问:"不会败的这样快吧?"雷诺回答说:"在色当附近战线被突破了,他们的坦克和装甲车大批地涌了进来……我们这一仗打输了。"[①]法国要求英国赶快派空军前来支援,丘吉尔没有答应,英国人要留着他们的空军来保卫自己的领空。16 日,丘吉尔带着幕僚飞往巴黎,同雷诺等人举行紧急会议。甘末林报告战况说:迎击德军的法国部队已被击溃,德军坦克正以前所未闻的速度向亚眠逼近,巴黎已受到威胁,进入比利时的英法军有被包围的危险。丘吉尔询问:"战略后备在哪里?"甘末林摇摇头,耸一下肩膀说:"一个也没有。"这时,透过玻璃窗看到法国外交部花园里正在焚烧档案的丘吉尔,心中考虑的已经不是法兰西的命运,而是如何拯救派到欧陆来的英国皇家远征军。

其实,希特勒对德军坦克会如切豆腐那样容易地闯进法国北部,也感到出乎意外,十分担心德军裸露的侧翼会受到法军的攻击。可是被失败主义情

① 温·丘吉尔:《第二次世界大战回忆录》第 2 卷,第 61—62 页。

绪笼罩的法国统治集团,缺乏战斗的决心和组织反击的魄力。18 日,雷诺政府进行改组,投降派占了上风,主降的贝当出任副总理。第二天,雷诺解除甘末林之职,把正在叙利亚指挥殖民军的魏刚调回接任法军总司令。同一天,英国成立了由拉姆齐上将负责的专门机构,着手准备从法国撤回英国远征军的行动。

20 日,德国 A 集团军群的坦克部队攻占亚眠和阿布维尔,前进至英吉利海峡岸边,把 43 个师的英法比军队围困在比法边境。23 日,古德里安的坦克已封锁了布伦和加来,进抵离敦刻尔克港 16 公里的格拉夫林,在那里防守的英法军只有 6 个步兵营。如果德军一举攻占敦刻尔克,被困的几十万联军的补给线和最后从海上撤走的退路就将被切断。然而 24 日晚,希特勒却下令德军坦克部队停止前进。古德里安只好眼看着(他已经能够望见敦刻尔克港口)大小船只络绎不绝地把英军撤走。直到 26 日晚希特勒才批准恢复进攻。这时英法军已加强了防御,还打开海水水闸淹没佛兰德[①]沼泽地的四周,阻碍了德军坦克的前进。结果从 5 月 26 日—6 月 4 日(德军是日下午攻占敦刻尔克港)的 9 天,英法守住港口,得以从这里把 33 万军队撤退到英国;虽然丢掉全部作战车辆(8.2 万辆)和大炮(2300 门),还有大量武器弹药和军用物资,但所撤走的人员却成为英国坚持抗战以及后来反攻欧陆的骨干力量。希特勒为什么会在敦刻尔克门前发出这道停止前进的命令呢?这是第二次世界大战中的一个"谜"。著名英国军事史学家利德尔·哈特对此作了如下的解释:希特勒做出这一决定,"大有可能交织着好几条线。三条是看得清的——他希望保存坦克力量以备下一次出击之用;他长期以来始终畏惧佛兰德沼泽地;戈林为纳粹空军争功。不过,十之八九是,这个生性爱好政治权术、头脑里多的是花招的人,他心中交织着一条(同英国议和的)政治线和这三条军事线"。[②]

敦刻尔克之战,对于纳粹德国是闪击西欧的胜利,对于英国是认真投入反法西斯战争的开始,而对于法兰西则是一个大悲剧。6 月 5 日,即敦刻尔克枪炮声平息后的第二天,德军便展开 140 个师对索姆河法军防线发起全面的

---

① 佛兰德是西欧对北海沿岸地带的旧称,即今分属荷兰、比利时和法国北部的低洼地带。

② 利德尔·哈特:《第二次世界大战史》(上册),上海译文出版社 1978 年版,第 116 页。

新攻势。法国这时剩下 71 个师，人员和装备都严重缺额。尽管丘吉尔声明英国将坚持“在法国作战”，但英军只有 1 个步兵师和一小支装甲部队留在法国。这时英国人对法国的态度，就像一年前法国人对波兰的态度，口头上极力鼓励法国人打下去，实际上力图保留自己的实力，尤其坚决不肯派出战斗机去法国。完全掌握了制空权的德国空军，肆虐法兰西上空，不仅对突进的德军坦克部队以有力的空中支援，而且不断空袭巴黎、里昂、圣艾蒂安以至马赛，将恐怖和毁灭撒向了法国的深远后方。

7 日，德军突破法军索姆河防线。8 日，魏刚宣布“索姆河一战已告失败”，建议政府向德国“求和”。10 日，意大利法西斯趁火打劫，对英法宣战，出动 32 个师越过阿尔卑斯山，从背后给法国捅了一刀。同一天，法国政府逃离巴黎（不久巴黎就宣告为“不设防的城市”）。以后，法国内阁便随着德军的推进，不断从一个城堡逃亡到另一个城堡。数以百万计的法国老百姓，怀着不知明天会怎样的恐惧心情，从北部和东北部涌向西部和南部。在上有纳粹飞机扫射、下有德军坦克追击的情况下，逃亡的难民与撤退的军队掺杂在一起，不仅使道路堵塞，而且增添了混乱与恐慌。14 日德军开进没有设防的巴黎。16 日贝当接替雷诺组成新政府，翌日即下令全国军民“停止抵抗”。希特勒闪击西欧的战争取得辉煌胜利。仅仅花了 6 个多星期和很小的伤亡（整个西线战争德军死亡 2.7 万人、失踪 1.8 万人、受伤 11 万人），就征服了荷兰、比利时、卢森堡和法国，把英国的势力赶出了欧洲大陆。

希特勒带着复仇的心理和征服者的姿态进入法国，于 6 月 21 日来到雷通德火车站附近贡比涅森林那块小小的历史性空地。德国工兵已奉命在前一天拆毁博物馆的墙壁，把福煦元帅的旧卧车——即原来德意志帝国向协约国签署停战协定的那节车厢，移到了 22 年前原来的地点。希特勒在一大群纳粹军政大员的陪同下检阅了德军仪仗队，乐队高奏《德意志高于一切》（1922—1945 年的德国国歌）。然后他穿过空地，在那块花岗石纪念碑前停了片刻，石碑上用法文刻着：“1918 年 11 月 11 日，德意志帝国在此屈膝投降……”这位纳粹德国元首看着碑文，脸上透露出蔑视、仇恨、愤怒、报复和胜利的情感（第二天这块花岗石纪念碑就被德国工兵炸毁）。下午 3 点 30 分，希特勒走进福煦的旧车厢，坐在 22 年前福煦所坐的那把椅子上。5 分钟后，法国政府代表团精神颓丧地进来——他们事先并不知道会把他们带到这个法国人引为骄傲的圣地受此屈辱。在德国武装部队最高统帅部长官凯特尔向法国人宣读元首批准的停战条款序文后，希特勒就带着征服者的姿态离开了车厢，让凯特尔去处理法国人签署投降的停战协定。这位22年前的德军下士，获得了复仇心理的满足，不禁高兴得有点手舞足蹈。随后的几天里，他游览了巴黎和法国北部，凭吊了第一次世界大战的旧战场，然后以凯旋姿态回到柏林。不过，在这段时间里，他的脑子却一直在盘旋着有关下一步的战争谋略。

## 六、"巴巴罗萨"

法国败降后的一个月（1940年7月29日），一趟火车专列抵达德国南部秀丽的赖兴哈尔温泉城车站，一位身穿炮兵上将制服的瘦高个，在几个副官簇拥下走出车厢。他就是希特勒信赖的德国武装部队统帅部最高统战局局长约德尔，刚刚在10天前被元首从少将擢升为上将，现在奉元首之命执行一项特别重大的秘密任务。

德国武装部队最高统帅部作战局的国防处，设在赖兴哈尔温泉城车站附近一幢宽敞的建筑物里。第二次世界大战期间，纳粹德国的不少战争计划，都是在这里由约德尔的副手、瓦尔利蒙特上校（两天后就被提升为少将）主持的参谋班子草拟的。约德尔一下车，就命令瓦尔利蒙特把国防处的陆、海、空3个高级参谋召集来，把四壁的门窗关紧，然后开门见山地对他们说："元首已经决定，尽可能在早些时候，即1941年5月，对苏俄发动一次突然袭击，将布尔什维主义的危险，从世界上彻底铲除。"①约德尔的话令几位参谋军官大惑不解：元首刚刚下达了准备登陆英国的"海狮"行动指令，难道在对英作战尚未结束就对俄开战吗？德国好不容易避免了两线作战，难道我们要自己来破坏它吗？

其实，东进征服苏联一直是希特勒念念不忘的追求。早在《我的奋斗》中他就反复谈到德国向东方夺取"生存空间"是最适宜的。他一贯从心底里仇恨布尔什维主义。何况此前不久，斯大林还把半个波兰、波罗的海三国和罗

---

① 瓦尔特·瓦利蒙特：《德国国防军大本营》，军事科学出版社1990年版，第101页。

马尼亚的比萨拉比亚等东方"生存空间",硬从他的手上敲了去。当时他为了集中力量闪击西欧,也就只好忍受下来。他曾经对其将领们说:"只有我们在西线腾出手来的时候才能够反对俄国。"现在法国败降了,是否已经能够腾出手来回头向东对付苏联呢?如果这样,那么对依然在西线海外坚持抗德的英国如何处置呢?

对于英国,希特勒的心情是复杂的。他早年曾把英国看作德国可能的盟友,上台后又努力推行过争取英德谅解的外交。尽管入侵波兰后两国兵戎相见,但在希特勒看来,现在波兰已不复存在,法国也屈服在德国脚下,英国应像所有"聪明人"那样承认德国的欧陆霸权。他设想,只要英国归还前德国殖民地和承认他在欧陆自由行动,而他表示尊重英国的独立和海外殖民帝国地位,两国就可化干戈为玉帛,他就能集中兵力东征苏联。可是英国已痛下抗德决心。敦刻尔克陷落那天丘吉尔就在下院庄严宣告:"即使我们这个岛屿被征服……我们在海外也将继续战斗。"[①]法国败降后,丘吉尔再次宣告不可动摇的抗德决心。[②] 但希特勒却视之为丘吉尔的虚张声势。这位只知暴力强权的纳粹元首,觉得需要用点武力来使英国人"理智"起来。于是便在7月16日签发了准备攻英的第16号指令,代号"海狮"。

希特勒真的打算实施"海狮"作战吗?其实,此时他已秘密指示其参谋人员策划进攻苏联的作战计划。除最高统帅部作战局的参谋班子外,陆军总部也受命草拟计划。在一次高级秘密军事会议上,希特勒表白说:"对英国将不得不用武力迫其求和",但他并不打算用武力击溃英国。他说:"如果我们用武力击溃英国,大英帝国就会分崩离析……这对德国并没有什么好处。我们德国人流血牺牲得到一些胜利,获得实惠的只是日本、美国及其他国家。"[③]因为当时德国的海军力量,尚未达到能够把大英帝国广布的海外殖民地抓到自己手里。对于执行"海狮"计划,德国的陆军和海军都强调,只有空军夺得制空权才谈得上实施渡海登陆;而戈林则拍胸脯保证,纳粹空军完全能够摧毁英国。于是,"海狮"计划演变成对英国大规模空中袭击的"鹰"行动(即所谓

---

① 温·丘吉尔:《第二次世界大战回忆录》第二卷,第170、369页。
② 温·丘吉尔:《第二次世界大战回忆录》第二卷,第170、369页。
③ 威廉·夏伊勒:《第三帝国的兴亡》,第1038—1040页。

“不列颠空中之战”)。但德国空军8—9月间出动数万架次,也未能夺得英吉利海峡的制空权。9月17日,希特勒决定无限期推迟“海狮”行动,他的心思已经转向了东方。

避免两线作战的闪击战是希特勒战争谋略的根本原则。东侵波兰,北夺挪威,西击法国与低地国家,都是在集中力量打击一头的有利态势下,实行速战速决各个击破的。在这个过程中,时间因素极其重要。这里的所谓“时间因素”,系指每一战局(campaign)的开始与结束时间的衔接。德军必须严格按照所规定的时间进行每一战局。只有按时胜利结束前一战局,才能腾出手来打击下一个敌人。希特勒向西线发动进攻,原是算好速战速决,要在击败法国之后迫使英国缔和,然后回师东进闪击苏联。等到征服了苏联,他就能以欧陆丰富的资源,发展强大的海空军,再向海外打败英美。这就是希特勒扩张的三部曲。现在法国虽已败降,英国却坚持抗战。希特勒制订“海狮”计划,发动对英空中袭击,企图迫使英国缔和,可是却碰了壁。他的战争时间表第一次被打乱了。为了摆脱这种“和不成、攻不破”的被动局面,希特勒悍然冒险在西线战争没有结束的情况下调头东击苏联。

事实上当时有三方面的因素,推动希特勒赶快在东线发动侵苏战争。

第一个因素是英国虽然不肯屈服,但已被逐出欧洲大陆。德国缺乏强大海军固然一时难以跨海攻英,而英国新败的陆军也暂时无力重返欧陆。至于英国的空军,虽然挫败了德国夺取英吉利海峡制空权的企图,一时也无力对德国展开大规模战略轰炸。因此在一段时间内,英国不可能对德国挥师东进造成后顾之忧。如果时间拖延下去,让英国有时间恢复起来,那时德国就将真正陷于两面受敌的态势,希特勒的扩张侵略三部曲就无法再唱下去了。

第二个因素是苏联日益加紧备战和改善自己的战略态势。斯大林签订苏德互不侵犯条约,本来就是一种“祸水西推”的策略。苏联正在加强战备,改善自己的战略态势,尤其法国投降后英苏关系发生微妙变化。希特勒十分担心英苏和解、甚至携手结盟。他反复念道:“英国把希望寄托在俄国方面……俄国被摧毁,英国的最后希望就会被粉碎。”在希特勒看来,必须趁苏联尚未做好战备,尽快摧毁苏联。这样不仅可以一劳永逸地解除德国东线的威胁,也有利于促使英国屈服。

第三个因素是美国援助英国和参战倾向日益加强。美国本来对欧战采取中立态度。法国败降后，美国感到自己的利益受到纳粹扩张威胁，于 1940 年 6 月下旬向英国紧急输送军火，7 月通过新的扩军计划，8 月转让 50 艘驱逐舰给英国，9 月又通过新的兵役法。希特勒估计，美国将在 1942—1943 年完成扩军备战。最好在此之前迅速摧毁苏联。他说：英国的希望在于俄国和美国。如果俄国覆灭，那么对美国的希望也将破灭。因为一旦摧毁了苏联，没有北顾之忧的日本必将放手南进，美国的力量也就被牵制在远东而无力过问欧洲和援助英国了。

三方面的因素集中到一点，就是希特勒必须在英国尚未恢复力量之前；在苏联尚未做好战争准备和改变英苏关系之前；在美国尚未准备参加欧战之前，以一个短促的战局（1941 年春天开始冬天到来之前结束）迅速摧毁苏联。然后他才能重新取得战略主动权，回师西线集中力量对付英国和美国。这完全是一个“时间差”的进攻战略。时间因素再次成为关键。为此，希特勒一方面在军事上加紧秘密策划和准备侵苏战争，另一方面在外交上采取了一系列相应的行动。先是 1940 年 9 月 27 日缔结德、意、日三国军事同盟条约。接着 10 月间进行了一次南方之行，相继会见佛朗哥、贝当和墨索里尼，煽动他们加强在地中海与北非针对英国的行动。继而在同年 11 月邀请莫洛托夫访问柏林，对苏联进行了一次摸底性的会谈。这些外交行动表面看来似乎并非针对苏联，其实既含有迷惑苏联、也含有牵制英美之意，以确保自己东击苏联时西线无重大后顾之忧。

1940 年 12 月 18 日，即莫洛托夫访问柏林后的一个月，希特勒正式签发了关于进攻苏联的第 21 号指令，代号“巴巴罗萨”①。它规定：“德国武装部队必须准备在对英国的战争结束之前即以一次快速的远征将苏俄击败……准备工作……务必在 1941 年 5 月 15 日以前完成。”②

希特勒虽然作出进攻苏联的最终决策，但为了集中力量征服这个他深深仇恨的敌人，也是欧洲大陆最大最顽强的国家，还有很多事情要做。首先，他必须巩固其侧翼和后院，解决从巴尔干到地中海和北非的种种麻烦，这些麻

---

① 巴巴罗萨（Barbarossa）是神圣罗马帝国皇帝腓特烈一世的绰号为“红胡子”之意，他曾举行十字军东征。

② 瓦尔特·胡巴奇编：《希特勒战争密令全集》，第 65—66 页。

烦很多是他那“不争气”的法西斯盟友墨索里尼惹出来的。希特勒原来要求意军在北非向埃及推进，并答应给予援助，但墨索里尼却自作主张在巴尔干入侵希腊。这不仅分散了轴心国的力量，而且无能的意军连连受挫，危及德国在巴尔干和地中海的地位。希特勒不得不在1941年2月，派遣隆美尔率德军到北非作战，尤其在4月对南斯拉夫和希腊实施大规模作战行动，为此将“巴巴罗萨”开始时间推迟到6月22日。

为了保证入侵苏联的战略突然性，希特勒实施了有史以来最大的战略欺骗行动。一切都严格保密和伪装。“巴巴罗萨”计划只打印9份，陆海空三军总部各一份，其余保存在最高统帅部。即便是参加此行动的军、师一级指挥员，也是直到1941年4—5月间才被告知要入侵苏联。掩蔽虽然是欺骗的核心，但仅仅反映了欺骗战略的消极方面。人为制造假象和散布谎言，则是欺骗战略的积极方面。它有两种最基本的形式：一种是“A式”欺骗，主要是增加情况的模糊度，使敌方无法判明己方的意图；另一种是“M式”欺骗，它刚好相反，以一种减少模糊度的假情况，诱使敌方相信而作出错误判断。在战争史上，“M式”欺骗成功的比较少，而“巴巴罗萨”则是一个非常典型的范例。在这个过程中，希特勒充分利用了苏德互不侵犯条约，以及在西线的对英战事。当然，他在1939年8月签订苏德互不侵犯条约，最初并非用于进行欺骗，而是为了入侵西欧时避免两线作战，但现在则被直接用于欺骗苏联人。斯大林虽然心知签订条约并非意味着纳粹德国放弃进攻苏联的企图，问题在于对德国调头东进时机的估计上。应该说，希特勒在西线战争尚未结束就调头攻苏，这种出乎一般意料的决策本身，为他施展对苏战略欺骗打下了基础。希特勒在法国败降后的对英作战行动，最初也不是为欺骗苏联而采取的。“海狮”计划确有“真”的一面，但纳粹空军在不列颠之战受挫后，“海狮”行动就成了“假”的。此后，希特勒精心策划了一系列攻英假象，导致斯大林错误判断。虽然斯大林曾从几方面的渠道（包括丘吉尔的通报），获得过有关德国准备进攻苏联的信息，但他始终认为，德国在征服英国之前，不可能对苏联发动一场全力以赴的战争。

1941年2月3日，希特勒召集高级军事会议，最后审定“巴巴罗萨”作战方案。确定编组北、中、南三个战略集群，同时实施三大战略性进攻战役。北方集团军群（29个师）向列宁格勒方向突击。中央集团军群（50个师又2个旅）向斯摩棱斯克和莫斯科方向突击。南方集团军群（57 个师又 13 个旅）向基辅方向突击。要求坦克部队高速突入苏联纵深，围歼苏军主力于苏联西部地区。希特勒按捺不住兴奋的心情说："当'巴巴罗萨'开始时，全世界将会大惊失色，难置一言！"第二天，德军即开始分 5 个梯队，由远而近隐蔽地逐步向东线调动。

要把 152 个师这样一支庞大的军队，调集到东普鲁士和波兰靠近苏联的边境，虽然采取种种掩蔽措施，也是很难完全不被苏联发现的。4—5 月间，德军前 3 个梯队（主要是步兵师）已调集到离苏联边境 70 公里。这里，苏联的情报部门侦察到德军的调动。斯大林下令以"野营集训"为名向西部边境增调部队，但他仍坚信纳粹德国在征服英国之前不可能对苏联发动全面进攻，没有采取更有力的措施。从 5 月 25 日起，德国开始以每天调运 3 个师的速度，把德军担任主攻的 47 个师（主要是坦克师和摩托化师），从法国和德国调运到东普鲁士和波兰离苏联边境 60 公里一线。从 6 月 10 日起，德军参加进攻苏联的步兵师，开始逐次采取夜行昼伏的隐蔽方式，向离苏联国界 7—10 公里的边境推进。苏联的情报和侦察部门有所觉察。6 月 13 日，苏联国防部长铁木辛哥向斯大林提出，下令西部军区进入一级战斗准备，但斯大林说："让我们再考虑一下。"[①]6 月 14 日，希特勒召见东线集团军一级以上的指挥官，就"巴巴罗萨"行动进行最后的部署。希特勒强调：进攻苏联"是两种意识形态之间的决定性战斗，必须用……残暴的手段和空前恐怖的方式来进行"。同天晚上，苏联间谍左尔格向莫斯科发了一份情报："进攻将在 1941 年 6 月 22 日拂晓全面展开——拉姆扎。"[②]苏联国防部下令西部各军区，以"演习"为名把部队向预定展开地带运动，并对机场、军火库等重要军事目标进行野战伪装。但斯大林仍不相信纳粹德国进攻苏联在即，没有同意采取更加紧迫的临战防御措施。

6 月 18 日，德军担任主要突击的坦克师和摩托化师，开始在夜间隐蔽地向离苏联国界 20—30 公里的边境推进，但边界线表面上仍然十分平静。21 日（星期六）夜幕降临后，德军第一拨步兵师在黑暗中悄悄进到离苏联国界 1

---

① 格·康·朱可夫：《回忆与思考》上册，三联书店 1972 年版，第 400 页。

② 尤里·科罗利科夫：《间谍-左尔格》，新华出版社 1980 年版，第 172 页。

公里的出击阵地。当时在乌克兰边境,有一个德军司务长越过国界向苏军边防部队投诚,供称德军将于明晨发动进攻。信息迅速上报到苏联最高当局。斯大林立即召集铁木辛哥和总参谋长朱可夫商讨,继而召开党的政治局紧急会议,决定下令西部5个军区进入一级战斗准备,第一线部队隐蔽进入国境筑垒地域各发射点,全部飞机立即分散到各野战机场。命令在6月22日0点30分发出。但由于通讯设备落后等原因,苏军大多数部队未能在德军进攻之前接到这个命令。

6月22日(星期天)凌晨3点刚过,德国空军2000架飞机,首先突袭苏联西部地区的66个机场,同时袭击400公里纵深的主要城镇、交通枢纽和部队驻地。第一天便击毁苏军飞机1200架(其中800架是首轮空袭时毁于机场地面)。3点15分,德军地面部队7000多门各种口径大炮开始炮火准备。4点15分,德军100多个师以坦克为先导,从波罗的海到喀尔巴阡山的苏联千余公里国境线,全面发起进攻。到当天傍晚,德军在中路和北路突入苏联国境35—60公里,南路也突入10—20公里。在东普鲁士腊斯登堡元首大本营——"狼穴"[①]中的希特勒,心中升起了一种满足感。他处心积虑了近一年:如何对斯大林实施战略欺骗,现在终于成功地打了苏联一个措手不及。他确信三个月内就能征服苏联,因此根本不作冬季作战的准备。

由于德军在战略和战术上成功的突然袭击,没有准备的苏军不仅战线被突破,而且部队建制和指挥系统均被打乱,无法实施有效的抵抗。中路德军的古德里安和霍特两个坦克集群,以钳形攻势在明斯克合围苏联西方面军主力,随后向斯摩棱斯克迅速推进,到7月9日深入苏境近600公里;同时北路和南路德军,也分别深入苏境450公里和350公里。德军初战告捷,使希特勒得意忘形,竟于7月14日签发了一项指令,把军备生产的重点将转移到海、空军,以便征服苏联后回头"与英国和必要时与美国作战"。[②] 可是希特勒估计错了。初战失利的苏联,在斯大林和布尔什维克党领导下,全民动员起来,集中统一领导;改变原来御敌于国门之外的错误战略,实行积极的防御战略;征

---

① 建于1940年冬,希特勒给它起了"狼穴"的代号。苏德战争期间希特勒大部分时间在此指挥作战。1944年7月20日德国军内反纳粹分子曾在此以定时炸弹谋刺希特勒未遂。

② 瓦尔特·胡巴奇编:《希特勒战争密令全集》,第102—109页。

召 18—50 岁的后备役人员入伍，紧急组建新的战略预备队；把整个国民经济转上战时轨道，从西部作战地区实行了史无前例的工业大东迁；以战略第二梯队（预备队），在普斯科夫、奥尔沙（斯摩棱斯克之西）、文尼察（基辅之西）一线重新组织防御（被称为“斯大林防线”）。

7 月间，德苏两军从南到北，展开了基辅战役、斯摩棱斯克战役和列宁格勒战役的激烈战斗。据有重兵的中路德军，依靠空军支援的坦克部队突击力量，趁苏军战略第二梯队未及建立稳定的纵深防御，迅速夺取奥尔沙、斯摩棱斯克等地，再推进了约 200 公里；但南、北两路德军不断遭到苏军反击，进攻受阻。此时，希特勒同他的高级将领之间，就下一步的作战行动发生了尖锐分歧。

早在 1940 年 7 月指令陆军总部制订侵苏作战方案时，希特勒就提出先夺取列宁格勒和乌克兰，然后再攻打莫斯科。但陆军总部却认为，应把进攻重点放在莫斯科方向。1941 年 2 月 3 日最后审定“巴巴罗萨”方案的军事会议上，希特勒同意了同时在北、中、南实施三大战略性进攻战役，而以中路为重点。但当 7 月间南、北两路德军进攻受阻，未能一举夺取列宁格勒和乌克兰的情况下，希特勒打算从进展最突出的中央集团军群，抽调古德里安和霍特这两个坦克集群，分头转向南、北支援攻击基辅和列宁格勒。这一分兵的打算受到一批陆军高级将领强烈反对，他们主张全力进攻莫斯科。为了克服对南北分兵的反对意见，希特勒 8 月间两次前往中央集团军群司令部。他大骂持反对意见的高级将领“对战争经济一无所知”，强调“冬季到来前要达到的最重要目标……是拿下顿涅茨盆地的工业和煤矿区，并切断俄国的高加索石油供应线”。对希特勒在莫斯科门前的南北分兵，有如一年多前他在敦刻尔克门前叫停一样，也有众多不同的看法。不过普遍认为这是一大战略性错误，使德军失去了在冬季到来之前攻下莫斯科的机会。

1941 年 9 月下旬，南下的古德里安坦克集群协同南路德军，把苏联西南方面军主力歼灭在“基辅大包围圈”。与此同时，北路德军在霍特坦克集群支援下，从陆上封锁了列宁格勒。① 当南北两路德军取得进展后，希特勒的心思

---

① 这个苏联英雄城市的军民，在布尔什维克党的领导和全国支援下，坚守 900 天，至 1944 年 1 月突破德军封锁，虽然付出巨大伤亡（仅饿死者就达 64 万人），始终未被德军攻占。

又转到进攻莫斯科上。9月30日,德军中央集团军群发起代号“台风”的新攻势。为了在冬季到来之前攻占莫斯科,希特勒不仅把原来分兵南、北的两支坦克集群调回中路,而且从北、南两路抽调坦克和空军支援,使中央集团军群兵力达到74个师(180万人),集中了东线德军2/3的坦克,形成强大的突击力量。而在莫斯科方向的苏军只有125万人,坦克、火炮和飞机都比德军少一半。由于正面苏军指挥失误,德军坦克部队迅速楔入,形成包围态势。10月8日,德军占领莫斯科南面的重镇奥廖尔,距离苏联首都只有100公里。得意忘形的希特勒宣布:东方的战事已告结束,“从一切军事意义上讲,苏俄已经完蛋了,英国的两线作战的梦想已经破灭”。

苏联的局势确实到了十分危急的关头,但以斯大林为首的苏联当局并没有失去斗志。苏联国防委员会和苏军最高统帅部紧急调整部署,把西方方面军和预备方面军合并,从列宁格勒调回朱可夫出任新的西方方面军司令组织防御。被围在维亚兹马地域的60万苏军继续积极战斗,牵制住当面28个师的德军,为莫斯科组织防御赢得了宝贵的时间。这时俄罗斯的雨雪季节已经来临,土质公路泥泞起来,德军的重型摩托化装备陷入胶一样的泥淖,后勤补给也发生困难。还有更令他们难以对付的是苏联人不屈的斗志。激烈的战斗使德军伤亡总数达53.4万人(至9月26日止),占德军东线编制人数15%。德军的作战力大大下降了。但待在“狼穴”大本营的希特勒,仍然命令他的军队发动新的进攻。苏联党和政府动员首都居民参加防御,几天便建立起4个民兵师和数百个准备巷战的战斗班组,还有45万人(3/4是妇女)参加修筑防御工事。10月底,德军对莫斯科的进攻在离城100公里处被挡住了。11月6日晚上,苏联人民在莫斯科地下铁路的马雅可夫斯基车站,举行了十月革命24周年纪念大会。第二天斯大林在红场举行阅兵。刚从西伯利亚调来的、全副冬装的苏军部队,通过红场检阅后直接开赴前线投入战斗。

11月中旬德军调整部署,以11个坦克师、6个摩托化师和9个步兵师,从加里宁和图拉两个方向对莫斯科进行直接冲击。战斗打得很激烈。苏联军民同仇敌忾,出现了许多可歌可泣的英雄事迹——如著名的潘菲洛夫近卫师28勇士、女游击英雄卓娅等。此时俄罗斯的严冬已经降临。没有冬季作战准备的德军,在希特勒催逼下投入最后一点的后备兵力,于12月2日突入莫斯科城郊。5日,气温降到零下35℃,德军在环绕莫斯科的半圆形阵地上全线被遏制住了。

苏联在莫斯科战役最困难的时候,组织和调集了 100 多个师的兵力。按照斯大林的命令,于 12 月 5—6 日相继在加里宁和图拉两个方向发起反攻。德军开战以来首次陷入被动局面,整个部队都笼罩着 1812 年拿破仑兵败莫斯科的阴影。虽然希特勒严令德军"不惜一切代价坚守每块阵地",改组了陆军总部(亲自接掌陆军总司令之职),撤销一批前线高级指挥官的职务(包括中央集团军群总司令博克、坦克集群司令古德里安等),但都未能阻挡苏军的冬季反攻。到 1942 年春天,苏军向西推进 100—350 公里,解放了大片领土。德军遭到了开战以来最大的失败。

曾经横扫欧洲的希特勒"闪击"战在苏联破产了。他那避免两线作战的"时间差"进攻谋略也破产了。纳粹德国从此陷入腹背受敌的局面。

## 七、战争的全球化

第二次世界大战是两大对立集团——法西斯轴心国集团和反法西斯的同盟国集团之间,在全球范围进行的一场总体战争。它是由法西斯国家发动的。但德、日、意进行侵略战争基本上是各自为政,相互间没有战略协同。日本法西斯最早动手,它在 1931 年就侵占中国东北,点燃了二次大战第一把局部战争的战火。1935 年意大利侵略埃塞俄比亚。1936 年德意武装干涉西班牙。同年,德意签订"柏林—罗马轴心"协定,德日签订反共产国际协定(一年后意大利加入),三个法西斯国家开始勾结起来。不过,反共协定只是相互声援和交换情报性质的条约,它们尚未结成军事同盟。反共协定签订不到八个月,日本在 1937 年 7 月发动全面侵华战争,德国却宣布保持中立,维持了同中国的经济贸易和军事关系。1938—1939 年,德日曾就缔结军事同盟进行谈判,由于双方各有打算迟迟未能成功。后来德国没有向日本打招呼就径自同苏联签订互不侵犯条约,日本为此向德国提出抗议,并中止了两国的结盟谈判。1939 年 9 月德国进攻波兰,英法对德宣战,日本宣布"不介入"欧战。

日本法西斯的野心本来也是很大的。它的目标是独霸亚太地区。但对于达到这一目标的扩张战略,其统治集团内部长期存在首先"北进"还是"南进”的争论。日本1937年发动全面侵华战争，原打算采取中间突破，三个月灭亡中国，然后再伺机北进（进攻苏联）或者南进（夺取英法美在远东的殖民地）。然而，这一侵略计划遭到中华民族全民抗战的打击，到1938年底就陷入持久战泥潭。由于这一原因，加上同纳粹德国的结盟谈判告吹，日本法西斯对下一步战争方针举棋未定，遂不得不确定“以处理中国事变为重心”，再行伺机决定北进或者南进。

1940年6月法国败降，英国困守英伦三岛。日本的野心被纳粹德国闪击西欧的成功大大鼓舞起来，便想乘机利用其未陷入中国战场的海军和部分陆军兵力，夺取英法在亚洲的殖民地。于是南进倾向抬头。是年6月29日，日本外相有田发表广播演说，宣称要把“东亚新秩序”扩大到东南亚。7月下旬，曾在1937年组阁发动侵华战争的近卫文麿再次上台组阁，经御前会议通过《基本国策纲要》，正式确定日本的基本国策是“建立以日本皇国为核心的……大东亚新秩序”。接着大本营和政府联席会议抛出一个《时局处理要纲》，强调“在促进中国事变迅速解决的同时，捕捉良机，解决南方问题”。[①] 这标志日本已把南进定为下阶段扩张侵略的主要战略方向。8月1日，新任外相松冈洋右发表声明，公开亮出“大东亚共荣圈”的侵略计划，把西起印度、南达澳大利亚、东到新西兰的整个东亚、南亚和西南太平洋广大地区，都划进了由日本统治的“共荣”圈里面。

1940年9月，正是在纳粹德国准备东进侵苏、而日本则策划南进建立“大东亚共荣圈”的背景下，德意日缔结了三国军事同盟条约，宣告相互承认彼此在欧洲和亚洲建立新秩序的领导权。不过，它们仍然各怀打算，并没有真正的战略协同。当时已经下决心要进攻苏联的希特勒，深信德军能在三个月内打败苏联，不想让日本插手德苏战事，但觉得有必要借助日本牵制英美，保障自己东进时在西线无大的后顾之忧。所以，希特勒严令禁止把德国准备进攻苏联的心思透露给日本人，而鼓励日本进攻英国在远东的基地新加坡。不过，希特勒并不希望日本过早对美开战，以免自己因与日本的结盟关系，在东线战争结束前同美国发生冲突。至于已确定南进战略的日本，为避免南北两面受敌，一方面谋划调整与苏联的关系（后来在1941年4月签订了日苏中立

---

① 日本外务省：《日本外交年表并主要文书》下册，原书房1978年版，第436—438页。

条约),另一方面欲借助德国牵制英美,同样也没有把自己准备发动太平洋战争的打算透露给德国。

德意日三国军事同盟条约的第三条规定:“如果三缔约国之一受到目前不在欧洲战争或中日冲突中的一国攻击时,应以一切政治、经济和军事手段相援助。”当时尚“不在欧洲战争或中日冲突中”的大国,就只有苏联和美国。条约的第五条又明文规定:“上述各条款毫不影响三缔约国各与苏俄间现存的政治地位”。这样,其矛头就变得是针对美国的了。美国立即作出反应,罗斯福第二天(9 月 28 日)在白宫召集高层会议,确定“希特勒是对西半球的主要威胁”,把英国作为对付德国的“第一道防线”,加紧了援英行动。希特勒原打算借助同日本结盟来牵制美国,却起了推动美国积极插手欧战的作用,而在日本偷袭珍珠港后又不得不过早进入对美国的战争,这是始料不及的。

日本法西斯为了南进战略的需要,除对外强化同德意的轴心联盟关系以外,对内加强了法西斯统治和国民经济军事化,建立所谓“发挥国家总体力量的国防国家体制”,加紧扩充军备。日军总数从 1940 年的 170 万人增到 1941 年的 240 万人,海军下水舰艇从 1940 年的 27 艘(6.8 万吨)增到 1941 年的 48 艘(20 万吨,多为大型舰艇)。1940 年 9 月,日军兵分三路开进法属印度支那北部,迈出了南进的第一步。

日本的南进促使美日矛盾尖锐起来。美国接连宣布禁止向日本出口废钢铁,实行石油输往日本许可制度,并把租借法案扩大到中国。但当时美国面临着来自日本(太平洋)和德国(大西洋)的两洋威胁。罗斯福决定实行“先欧后亚”战略,集中力量在大西洋对德国采取攻势战略,在太平洋对日本则采取守势战略,力图通过谈判避免或推迟同日本的冲突。于是从 1941 年春起,由美国国务卿赫尔同日本驻美大使野村,在华盛顿开始了“美日谅解”的外交谈判。

1941 年 4 月,美国开列出其“美日谅解”的具体条件:第一,日本必须宣告日德意三国军事同盟为有限的防御性条约(不针对美国和不参加欧战),而美国则答应声明不同第三国缔结针对日本的军事同盟;第二,日本从中国撤兵,恢复中国的门户开放,而美国则答应说服蒋介石政府承认伪满洲国、同日本媾和并与汪伪政权合并;第三,日本保证不向南洋实行武力扩张,而美国则答应恢复美日通商条约,保证日本从南洋取得所需资源。对此,日本在 5 月以修正案形式提出了它的条件:第一,坚持日德意军事同盟,声称日美谅解案不与日德意军事同盟相抵触;第二,坚持近卫对华三原则和日汪条约(即坚持独占中国),而且要美国承担对蒋介石政府进行“和平劝告”;第三,坚持建立“大东亚共荣圈”的要求。双方条件的距离太大,无法妥协,谈判很快陷入僵局。

1941 年 6 月苏德战争爆发,苏联在德军的闪击下丧师失地。日本统治集团内部关于先南进还是北进之争再度掀起。以外相松冈洋右和关东军为主的一派,认为这是千载难逢的好机会,叫嚷“不要误了公共汽车”,主张立即实施北进,配合纳粹德国出兵苏联,在隆冬之前夺取西伯利亚。以近卫首相和海、陆两相在内的军部实力派,则主张利用苏德战争解除了日本受北方牵制之机,全力实施南进,夺取南洋的丰富资源。当然,他们也不是不想北进,但正如日军参谋总长杉山元所说:日本的大部分兵力现在正用于中国,此时出兵苏联“实际上办不到”①;而且要扩大侵略战争也需要从东南亚获得战略原料供应的可靠保障。经过一番争论之后,7 月 2 日的御前会议通过《适应世界形势的帝国国策纲要》,决定坚持以“建设大东亚共荣圈”为目标的南进战略;同时规定暗中准备对苏战争,“如果苏德战争的进展对帝国有利,就行使武力解决北方问题”。此次会议之后,日军就在 7 月下旬开进越南南部和柬埔寨,占领了整个印度支那;8 月初又开进了泰国。美英对此作出强烈反应,相继冻结日本在美英的资产,英国废除日英通商条约,美国对日本实行包括石油的全面禁运(棉花、粮食除外),荷属印尼当局也冻结了日本的资产。

西方国家的禁运(尤其是石油),对资源贫乏的日本打击是相当大的。当时,日本每月消耗石油 45 万吨,国内生产(包括人造汽油)不到 6 万吨。1941 年 8 月日本储备的石油约 940 万吨,仅能维持两年左右。在这种形势下,日本统治集团内部再次发生激烈争论。以陆军为主的军部核心人物,要求采取先发制人的方针,马上实施南进,夺取资源丰富的南洋地区。在他们的坚持下,9 月 6 日御前会议通过《帝国国策施行要领》,确定“在不辞对美(英、荷)作战的决心下,以 10 月下旬为期完成战争准备”。虽然在另一派的要求下,写上了“对美英尽量采取各种外交手段”,但规定日本在谈判中三项最低限度要求:一是美英不插手、不阻挠日本处理“中国事变”;二是美英不在远东采取威胁

① 服部卓四郎:《大东亚战争全史》第一册,商务印书馆 1984 年版,第 153 页。

日本的行动；三是美英对日本取得所需物资给予合作。这实际上是要美英放手让日本独占中国和称霸远东，显然不可能为美国所接受。同时，该文件还规定："外交谈判到10月上旬未达到我方要求便决心对美（英、荷）开战。"此时，日本的陆、海军参谋部，已秘密拟订了发动太平洋战争的作战方案。不过，由于日军陷在侵华战争的泥潭，其野心同实力的差距很大，相当一部分军政要人对冒险南进表示了犹豫，连主持发动全面侵华战争和制定南进决策的近卫首相，也感到难以负起责任。10月17日御前重臣会议的一份记录，反映了日本统治集团内部争论的情况："……自美英实施冻结令以来，军需物资（特别是石油）的进口几乎完全不可能。陆军认为，如果照这样演变下去，到了陷于越来越穷的状况，连腰腿都撑不起来的时候，美国再加以威胁和压力，那就无法抵抗……不如现在全力奋战。这样虽然多少有些危险，但是一般说来，我们有弱点，他们也有弱点……现在只有作出最后决定……对此，总理大臣（近卫）认为，现在中国事变还没有得到解决，如果再进入前途未卜的大战争中，作为中国事变爆发以来痛感责任重大的我，无论如何难以忍受。"①于是，近卫内阁辞职，军部法西斯核心人物东条英机上台组阁（东条兼任陆相和内相）。

东条上台后于11月5日经御前会议通过新的《帝国国策实施纲要》，确定"为了建设大东亚新秩序，现在决心对美英荷开战"；"发动武装进攻的时间定为12月初"。为了隐蔽日军对美国实施突然袭击，东条不仅继续同美国谈判，而且加派"和平特使"来栖三郎赴美。就在来栖动身飞赴华盛顿的同时，日本军部已下令南方派遣军进入战斗序列，12个师团集结到台湾、海南岛和印度支那，联合舰队也作好开战准备，担任偷袭珍珠港的特遣舰队开始向其秘密出发地——择捉岛单冠湾集结。11月20日，正当来栖和野村（日驻美大使）向美国务卿赫尔提出日本的"和平建议"时，日本海军军令部已下令联合舰队司令山本五十六，着手实施其精心筹划的偷袭珍珠港行动。12月1日，日本通讯社从东京向全球发出一条电讯："日本政府决心继续进行在华盛顿的和平谈判"。而同一天，东条率全体阁僚出席御前会议，日本天皇正式批准了对美英荷开战的决定，进攻日期定在12月8日。随后，山本五十六即向正

---

① 复旦大学历史系编：《日本帝国主义对外侵略史料选编》，第357、360页。

率特遣舰队逼近珍珠港的南云忠一中将发出暗语密令："攀登新高山1208"。同时，陆军参谋总长杉山元也给南方派遣军下达了开战命令。

1941年12月8日（夏威夷时间7日），日军偷袭珍珠港，同时攻击威克岛、关岛、马尼拉、新加坡等美英在远东的军事基地，并在马来半岛、吕宋岛等地登陆。太平洋战争全面展开。① 12月9日（华盛顿时间为8日），美英对日本宣战。接着加拿大、澳大利亚等20多国相继对日本宣战。中国国民党政府也正式对日本和法西斯德、意宣战。11日，德、意对美国宣战。

第二次世界大战进一步扩大为全球化战争。

---

① 太平洋战争初期，日本集中其海军主力（200多艘舰艇，700多架飞机）以及从中国战场抽调和国内拼凑的陆军11个师团，于1941年12月到1942年5月的半年多时间内，侵占了香港、新加坡、马来亚、缅甸、泰国、荷属东印度、菲律宾、威克岛、关岛、新几内亚一部分、阿留申群岛、所罗门群岛以及广布于西南太平洋的一系列岛屿。在这些地区依靠刺刀，建立起所谓"大东亚共荣圈"的法西斯殖民统治。

# 第七章　无限化总体战争的顶峰

## 一、集约快速的突击与摧毁

战争同其他的社会现象一样，并非是由人们随心所欲地进行的。恩格斯早就指出："没有什么东西比陆军和海军更依赖于经济前提。装备、编成、编制、战术和战略，首先依赖于当时的生产水平和交通状况。这里起变革作用的，不是天才统帅的'悟性的自由创造'，而是更好的武器的发明和士兵成分的改变"。[①] 随着冷兵器时代到黑火药时代，再到工业革命和技术变革的时代，以至今天的高科技时代，准备和实施战争的方法与样式在不断变化发展，战略和战术也在不断变化发展；即使是在同一个时代，各个不同的国家由于条件和情况的差异，其军事战略和战争样式也各有不同。

在战争发展史上，自拿破仑起，占主导地位的作战样式是依靠机动在主要方向上集中兵力，实施以歼灭敌人主力为目标的进攻，通过一两次歼灭性的决战就结束战争。这种由拿破仑在法国大革命基础上创立的作战样式，曾经为这位天才统帅在争夺欧洲霸权的战争中赢得众多胜利，因而一直统治着19世纪西方的军事思想。恩格斯说：拿破仑把"战略战术发展到那样完善的程度，以致现代的将军们一般地不仅不能胜过他，而且只能试图在自己最光辉和最成功的作战中抄袭他罢了"。[②] 第一次世界大战开始时，交战双方都仍然停留在拿破仑时代的战争认识和战略思想上，都企图通过几次速决进攻和

---

① 《马克思恩格斯选集》第3卷，第206页。
② 《马克思恩格斯全集》第7卷，第565页。

大会战,就歼灭敌军主力而赢得战争胜利。然而战争的实践使这种旧时代的战略破产了,一次大战变成了长期消耗的总体性阵地战,表现出防御强于进攻。我们在本书第三章中阐述过这一点。

一次大战的这种结果,对20—30年代世界军事思想和各国军事战略的制定产生了很大影响。不过,这种影响是沿着两个相反的方向发展的。一个是以协约国(尤其法国)掌权的高级将领为代表,也可以说是以一次大战的胜利者为代表,他们强调防御的作用,认为未来的战争仍将是由防御所主宰,主张实行消耗战略。另一个是一些思想比较敏锐、比较年轻的军事思想家为代表,他们注意到在一次大战中所出现的新武器和新军事技术带来的变化,沿着发展拿破仑以来强调快速机动的突击这个方向发展,提出了坦克制胜论、空军制胜论等新的军事思想。纳粹德国的闪击战就是沿着这个方向发展的。苏联的大纵深进攻理论[①]也是沿着这个方向发展的。

虽然在军事上,“进攻”与“防御”始终是辩证关系中的一对矛盾。但二次大战与一次大战的一个重大区别,就是进攻强于防御,战争具有强大的机动性。立足于无限化“总体战争”基础上的战略进攻,成为整个战争的主导样式。纳粹德国在其近6年的侵略战争中,有3年多时间实施战略进攻,包括毁灭波兰、扫荡北欧、闪击西欧、轰炸英国、征讨巴尔干、打入北非和进攻苏联。日本军国主义1937年发动全面侵华战争之后,在中国实施了1年零4个月的战略进攻;在1941年12月发动太平洋战争之后,以海空军为主要突击力量,在西南太平洋实施了半年的战略进攻。苏联则从1942年11月在苏德战场转入战略反攻(翌年夏发展为战略进攻),共进行了近3年的战略进攻作战,占苏联整个战争时间的近3/4。美英盟军采取“先欧后亚”战略方针。1942年底在北非开始了战略反攻,1943年扩展到意大利,1944年扩展到西欧;同时在太平洋地区,美军从1943年起通过艰苦的岛屿争夺战,也逐步开始战略反攻。各个国家和各个战场的战略进攻都有自己的特点。突然袭击与闪击战,是法西斯国家战略进攻的主要特点;登陆战和战略轰炸,在美英的战略进攻中占有特殊的地位;而苏联则以大纵深的陆上进攻战役为其主要的军事行动样

---

① 苏联这一军事理论在30年代基本形成,在二次大战的中后期苏军战争实践中进一步发展和成熟。从60年代起,苏联不再用这一术语,改用“战略性进攻战役理论”。

式。但它们都同样体现了“总体战”基础上集约快速的突击与摧毁。

人们在谈论第二次世界大战时，常常会说到突然袭击与闪击战。突然袭击是法西斯国家发动战争的基本方式，是闪击战战略的一个要素，两者有密切关系。但如果把它们看作同一个东西，这种理解是不正确的。突然袭击作为一种作战手段古已有之。无论西方或者东方，历史上都有过不少突然袭击的战例和理论。2000 多年前中国的孙子兵法就有：“攻其无备，出其不意”；“兵之情主速，乘人之不及，由不虞之道，攻其所不戒也”。在西方被推崇为无与伦比的杰出统帅拿破仑，也强调“要战胜敌人，就必须出其不意地行动”。至于闪击战，则是对纳粹德国作战样式和军事战略的称呼。该词源于德文“Blitzkrieg”，英文的对应词是“Lightning War”，意思是“闪电式的战争”①。它指的是纳粹德国指导战争全过程的战略方针，而不是一般的作战攻击样式。

历史上常有这样的事情，前一场战争的胜利隐藏着下一场战争的失败因素，反过来，以前的失败又会成为促使另辟蹊径而赢得胜利的动力。坦克和飞机都是第一次世界大战中出现的，当时英法处于领先地位。英国人富勒在 1919 年就发表了世界上第一本有关坦克战理论的书。但是，英法在一次大战中，主要依靠筑垒地域的会战打败德国（其典型是 1916 年凡尔登战役）。一次大战后两国当局沉迷于昔日的胜利，军事思想保守落后。法国花了半数国防经费，在面对德国的 400 公里边境修筑马其诺防线。相反，战败的德国在希特勒上台后，由被称为德国“坦克战之父”的古德里安等人，组建空军支援下的独立坦克兵团。古德里安曾经形象地描述了这种新的作战样式：“在某个晚上，飞机库和坦克库的门一打开，马达吼叫起来，我军便向前出击。敌人重要工业区首先遭到空袭而被摧毁，敌方的政府和军事中心将陷于瘫痪，运输系统被破坏。在首次突然的战略进攻中，我军将向敌方领土纵深挺进……在空军和坦克部队的第一拨攻击之后，摩托化步兵师紧紧跟上，巩固占领的领土，把坦克兵团腾出来进行又一次突击。”1940 年 5—6 月，德国正是以这种独立的坦克兵团为主要突击力量，绕过马其诺防线，用“闪击战”打败法国。法国由 84 岁的“凡尔登英雄”贝当主持的政府，向纳粹德国签署了投降书。

---

① 这个称呼最初也不是德国人自己发明的，而是随着纳粹军队横扫波兰和西欧之后，西方国家新闻媒体首先惊呼起来的。

闪击战战略最简要的概括是三个“S”：第一个“S”（Surprise）是以全面而猛烈的战略性突然袭击开始军事行动；第二个“S”（Superiority）是集中优势的兵力和兵器在主要的打击方向；第三个“S”（Speed）是以空军支援下的坦克摩托化部队，实施高速度大纵深的突击，速战速决。二次大战开始的时候，纳粹德国依靠它先下手动员的优势（这是积极主动发动战争一方所常常具有的），实施其闪击战战略。1939 年 9 月以两个半星期摧毁波兰；1940 年 4 月以三个星期侵占挪威；又在同年 5—6 月，以 5 天攻占荷兰、18 天攻占比利时、五个星期打败法国和把英军赶出欧洲大陆；1941 年 4 月又以三个星期侵占了巴尔干。1941 年 6 月，纳粹德国实施大举进攻苏联的“巴巴罗萨”行动，三个月深入苏联境内 800—900 公里，占领了基辅、斯摩棱斯克并逼近列宁格勒。这是纳粹德国闪击战发展的顶峰，但同时也是它破产的开始。面对斯大林为首的共产党领导下的苏联军民顽强抗战，德军的闪击战攻势终于在莫斯科城下破产。

登陆作战在西方亦称两栖作战，是一种从古希腊和古罗马就有的作战样式。由于它既属海军，也属陆军，在作战和协同上有很多特殊的问题和困难，历来成功的不多。一次大战期间，各交战国共进行过 5 次较大的登陆战。其中 1915 年英军在达达尼尔海峡的加利波利半岛，进行大规模的登陆惨遭失败，导致不少人认为：面对防御一方的现代化陆军，两栖作战不可能获胜①。二次大战开创了登陆战历史的新纪元。这场战争波及三大洲四大洋，不仅战场十分广阔，而且战争前期德意法西斯夺占了欧洲大陆，日本军国主义则控制了东亚大陆和西南太平洋众多岛屿。在这种情况下，除了苏联之外，美英要赢得战争胜利，只有渡海登陆，攻入欧洲大陆和太平洋上日本控制的岛屿，才能直接攻打德意日法西斯。因此在二次大战中，登陆战就成为仅次于陆上作战的重要战争样式。其实施次数之多、规模之大、成功率之高，都是史无前例的。据统计，二次大战各交战国共实施了 500 多次登陆作战，其中 6 次为战略性登陆战役——即 1940 年德军挪威登陆战役、1941 年日军菲律宾登陆战役、1942 年美英盟军北非登陆战役、1943 年美英盟军意大利南部登陆战役、1944 年美英盟军诺曼底登陆战役（这是人类有史以来最大的登陆战役），以及

① 此战之后，著名军事理论家利德尔·哈特也认为，两栖进攻已变得无法进行。

同年的美军菲律宾登陆战役。这6大战略性登陆战役都取得了成功。其主要原因和经验是:(1)夺取海、空控制权是登陆作战成功的基本保障;(2)正确选定登陆地域,隐蔽企图,出敌不意突击上陆,是登陆作战胜利的重要条件;(3)组织强大的舰炮和空中火力支援,也是登陆作战胜利的重要条件;(4)严密而充分的物资器材保障,是登陆作战胜利的重要物质基础。

所谓战略轰炸,就是一种独立的空中战略攻势。它可以在地面和海上部队所能达到的范围之外实施,并且不需要地面和海上部队的直接合作和支援。自从一次大战出现空中作战以后,世界军事界就围绕着空军在未来战争中的作用,展开了激烈的争论,一种关于空中战略攻势的理论发展起来。意大利的G·杜黑、英国的H·M·特伦查德和美国的W·米切尔①,被认为是这种空军战略理论的创立者。他们三人都主张独立的空中攻势,强调以大规模的系统战略轰炸破坏敌人的战争经济,摧毁敌方的抵抗意志,以此赢得战争胜利。尽管这种理论有不少支持者,但在二次大战开始时尚未被普遍接受,也未具备足够的实施条件。纳粹德国空军虽然是一个独立的军种,但主要强调用于对闪击战的坦克摩托化部队的支持,因而空军建设重点是发展中程和俯冲轰炸机。英国虽然相当重视轰炸机,但战备不足,而且当局害怕德国报复,不愿对德国实施战略轰炸。尽管1940年秋的不列颠之战中,德、英都曾向对方实施过一定程度的战略轰炸,但均未取得明显战果。1942年2月,出任英国轰炸机司令部总司令的A·T·哈里斯,开始采取密集轰炸德国工业城市以破坏其经济和士气的方针(所谓“恐怖战略”)。他在是年5—6月,接连组织了3次出动千架轰炸机,夜袭德国莱茵河畔的科隆、鲁尔工业中心埃森和北部重镇不来梅。这种千机密集轰炸给当时的公众留下了深刻印象,但实际效果仍很微弱。

二次大战期间战略轰炸的真正转折点是1943年。是年1月罗斯福和丘吉尔在卡萨布兰卡举行两国首脑会议,决定对德国发动联合轰炸攻势。美英军方制定的联合战略轰炸目标是,逐渐打乱并摧毁德国的军事和经济系统,打击德国人的斗志,从而大大削弱纳粹的抵抗能力。是年3月美英开始实施

---

① W·米切尔(1879—1936),一次大战时在法国与特伦查德共事,战后任美国陆军航空部队副司令。

联合战略轰炸,对以鲁尔区为重点的德国工业城市,连续实施了43次大规模轰炸。由于哈里斯的坚持,主要是对城市实施夜间区域性轰炸,其中26次密集轰炸鲁尔(共投弹34705吨);虽然飞机损失率较低(4.7%),但命中效果欠佳。6月,美英开始实施代号"直射"的新联合轰炸行动,强调集中摧毁德国的飞机工业和空军基地。其中美国驻英的第八航空队出动数百架B-17重型轰炸机,连续于白天精确轰炸德国滚珠轴承工业中心施魏因富特,使德国这一军工重要部件产量下降17%—32%,但美机的损失率高达20%。在下半年,盟军以英国轰炸机司令部为主、美国第八航空队配合,又相继实施了以汉堡为中心(33次)和以柏林为中心(28次)的大规模轰炸。整个1943年,美英对德国战略轰炸共投弹20万吨以上,为前一年的4倍,但对德国经济并未造成巨大影响(据战后调查统计,1943年战略轰炸造成德国工业产量的损失不超过3%—5%)。①

1944年美英空军力量大大加强,美国第八航空队的第一线轰炸机增至1800架,英国轰炸机司令部增至1500架,此外美国又在意大利组建了第十五航空队。盟军对德国的战略轰炸达到高峰,主要目标:一是轰炸石油工业(这是美国驻欧战略空军首脑斯巴茨力主的);二是轰炸交通线(这是作为艾森豪威尔副手掌管空军的英国将军特德所强调的);三是继续对城市进行区域性轰炸(这是英国轰炸机司令部总司令哈里斯所坚持的)全年战略轰炸投弹共达120万吨,占整个二次大战美英轰炸欧洲总投弹量的60%。

1945年纳粹德国在苏联和盟军的东、西夹攻下,所控制的领土迅速缩小,那种对地面部队所能达到的范围之外实施的战略轰炸,从4月起对德国实际上已经停止(到德国投降为止是年在欧洲共投弹48万吨)。1945年美军的战略轰炸重点转到了亚洲。是年3月间,美国出动B-29重型轰炸机1600架次,密集轰炸东京、名古屋、大阪、神户等城市,投弹近万吨(针对日本木头房屋多,美军大量使用燃烧弹)。仅东京即有占其面积1/4的26.7万栋房屋焚毁,8.3万人死亡。由于日本防空力量薄弱,美机损失率不到1%。这种燃烧弹轰炸,加上美机散发传单(列出下一步轰炸目标),致使日本有850万城市居民逃往农村,其战争经济几乎陷于瘫痪。直至日本投降的4个多月,美机先

---

① 肯特·格林菲尔德:《二次大战中的美国战略:再思考》,解放军出版社1985年版,第132页。

后轰炸日本城镇65个，投弹共15.3万吨，炸死33万人。

战略轰炸对二次大战的进程和结局有巨大影响，但它远未达到空军制胜论者所鼓吹的那种程度。事实证明，战略轰炸威力的发挥取决于多种因素；并非如其倡导者所想象的那样，是一种简单、迅速、便宜、有效的外科手术式行动。美英在二次大战中把它作为战略进攻的特殊手段，投入了大量人力物力。英国投入战争的人力和财力，约有40%—50%用于空军，其中30%用于战略轰炸。美国至少有25%的产品用于空军。美国空军在巅峰时期（1944年6月）有240万人，占美军总数31%，而且大都是军中最优秀的人才。在实施战略轰炸中，英国轰炸机司令部损失8325架轰炸机和6.4万名空勤人员，美国第八和第十五航空队损失8237架轰炸机、3924架战斗机和7.3万名空勤人员。尽管如此，战略轰炸仍然是二次大战中发展起来的最值得重视的战争样式，它对未来的战争和战略有着不可逆转的影响。

决定二次大战胜负的主要战斗是在陆上进行的。苏联军队在陆上实施的战略性进攻战役数量之多、规模之大、战斗之激烈，都超过了其他国家。苏军先后共实施了7个进攻战局①、37次战略性进攻战役②。这些战略性进攻战役，通常由2—4个方面军（100—200个师）实施，总兵力125万—250万人，火炮和迫击炮2万—4万门，坦克和自行火炮3000—6000辆，飞机2000—7500架。苏联军队在二次大战中、后期所实施的战略性进攻战役，总括起来具有如下的特点：

（1）集中兵力兵器于主要突击方向。从斯大林格勒会战起，苏军在进攻中组建方面军突击集团，集中该方面军兵力的50%—70%的步兵、70%—80%的火炮和迫击炮、80%—100%的坦克和飞机，选定狭窄的突破地段（方面军突破地段宽度缩到16—44公里，约占其进攻地带总宽度的5%—25%），这就保证了苏军在选定的突破地段，拥有对敌军步兵2—4倍、火炮和坦克5—7倍、飞机2—4倍的优势力量。

（2）极力达成战略、战役上的突然性。包括实施多种形式的战略和战役

---

①　指根据统一战略计划，为达成统一战略目标，在一定时间内连续进行的一系列战役之总和。苏军在二次大战实施的7个战局是1941—1942年间冬季战局、1942—1943年间冬季战局、1943年夏秋战局、1944年冬春战局、1944年夏秋战局、1945年欧洲战局、1945远东战局。

②　指对战争全局有重大影响的大规模战役，常常由若干个战役组成。

伪装、隐蔽进攻企图、秘密进行战役准备、选择出敌意料的方向和时间、采用敌方意想不到的作战方法等。

(3)实施宽正面、大纵深、高速度的进攻。苏军的战略性进攻战役，一般进攻正面达到400—1000公里，战役纵深250—450公里，进攻速度每昼夜步兵20—30公里、坦克部队50—60公里，而担任主要突击的坦克部队，甚至高速突进敌阵纵深，超前于其步兵部队达60—80公里。

(4)连续或同时实施多个进攻战役。1944年苏军的战略进攻，常常在几个不同方向上，逐次实施多个战略性进攻战役。一个战役尚未结束就在新方向上开始另一个进攻战役，迫使德军不断向新方向转移兵力进行防御，因而在其正面很宽的地段出现暴露状态，使苏军得以全面实现战略突破。

在斯大林为首的苏联共产党的领导下，苏联军队在人民的全力支持下，正是以这种庞大的气势、凌厉的进攻精神、连续作战的勇敢，通过37个大规模的战略性进攻战役，粉碎了纳粹德国的主要战争力量以及日本的关东军，为战胜法西斯侵略国家做出了巨大贡献。

## 二、走向极限的战争动员

通过第一次世界大战开始展示在人们面前的无限化“总体战争”，在第二次世界大战达到了登峰造极的地步。无限化“总体战争”的特点，不仅是战争的规模和范围增加，战争的残酷性和破坏性加强，而且战争成为整个国家和民族的军事、政治、经济、科技、思想、文化和人的素质的全面较量。如何动员整个国家和民族的全部力量投入战争，就成为特别尖锐的问题。在战争动员上，第二次世界大战比之前一次世界大战大大地发展了，其广度和深度都走向极限。

战争是通过武器来进行的暴力行动。恩格斯说：“暴力的胜利是以武器的生产为基础的，而武器的生产又是以整个生产为基础，因而是以‘经济力量’，以‘经济情况’，以暴力所拥有的物质资料为基础的。”①尤其是在20世

① 《马克思恩格斯选集》第3卷，第206页。

纪，一个国家进行战争的能力，很大程度上取决于这个国家的经济实力，以及它动员与使用其资源（包括人力资源）的能力。所以“战争是对每个民族全部经济力量和组织力量的考验”。[①] 这里包含着两个方面的问题：一是经济实力大小的问题，这是一种战争潜力；另一个是如何把这种经济实力，在战时转化为军事实力，转化为战争力。这后一个也就是战争动员的问题。

20 世纪以前的战争，主要交战国家动员军队的总数，不超过其适龄男性人口总数的 10%。第一次世界大战首次突破这一比例，主要交战国平均动员其 1/3 的男性适龄公民入伍。第二次世界大战又进一步发展，当时全球参战的武装力量高达 1.1 亿人，主要交战国平均动员其 1/2 的男性适龄公民入伍。除此之外，还有大量的人力（包括妇女、老人和少年）被动员投入从事军工生产。例如：英国 1941 年夏在其历史上第一次采取了动员妇女的措施，把义务兵役法扩大到 20—30 岁的未婚女性和无子女的孀妇，并规定 18—51 岁的妇女必须到职业介绍所登记。苏联战时的劳动力结构中，妇女占 57%，超过 50 岁的老人占 12%，不满 18 岁的少年占 15%；而且平均每人的劳动时间比战前延长 22%。由于苏联在战争中人员遭受重大伤亡，而且大片国土被纳粹德国占领，成百万青壮年被强征到德国去充当苦力，所以尽管采取包括对妇女、老人和少年在内的总动员，其国民经济中的职工人数在 1941—1942 年时只有战前的 59%；其农业劳动力更只有战前的 47%（妇女占 71%，其余多为老人和少年）。纳粹德国在战争初期，依靠闪击战迅速侵占几乎整个欧洲大陆，对被占领的国家和地区实行“以战养战”的掠夺（据估算纳粹德国掠夺占领区财产至少 2000 亿马克，约占其战时总支出的 1/3），所以它初期的战争动员紧张程度相对较低。但是，到 1942 年其闪击战破产以后，纳粹德国就一再实行战争总动员。由于大批青壮男性被征到前线进行侵略战争（战争中后期德军在伍 860 万—950 万人、伤亡 170 万—330 万人），劳动力十分紧张，希特勒就在 1942 年 3 月，任命纳粹头目绍克尔为劳工全权总办，从各占领区（尤其在苏联和东欧）强征青壮劳工到德国充当苦力（1943 年 470 万人，1944 年 530 万人），并且广泛利用战俘和集中营囚犯（1943 年为 162 万人，1944 年为 183 万人）。奴隶式的超强劳动，使大批劳工、战俘和集中营囚犯死亡。日本也同样

① 《列宁军事文集》，第 586 页。

实行“以战养战”,1942 年 11 月成立专门从事掠夺占领区的大东亚省。日本战时所需 95% 的石油、80% 的铁矿以及大部分的有色金属,都是从占领区掠夺来的。从动员人力的角度来看,二次大战各个交战国中,日本是最具竭泽而渔性质的。1943 年夏,日本颁布所谓《勤劳报国整饬要纲》,组织妇女和中学生(包括部分小学高年级生)“勤劳报国队”,学生劳动者多达 330 万人,中小学教育都几乎陷于停顿。同时,日本也从中国和朝鲜强征大量劳工到日本充当劳力。

第二次世界大战期间,各主要交战国的整个国民经济更加广泛、更加深入地转上了战争的轨道。从事军工生产的工人数,占到整个在业工人总数的 60% 左右。各国都建立战时体制,改组工业结构,增加税收,强制劳动,限制日常消费,实行更加严厉的国家干预和统制措施,最大限度地动员全部生产能力、物质资源和科技力量为战争服务。例如:德国的消费品生产,1944 年降到只有战前的 85% ,如果考虑到其消费品生产的 1/3 是由军队所占用,那么战时德国居民的消费品供应就只有战前的 50% —60% ;而同期德国的军火生产却增长了 6 倍多。苏联在战争初期失利,大片西部发达地区被德军占领,其工业生产最低降到只有战前的 47% 。在极端困难的条件下,苏联人民把一切生产能力和资源用于战争,虽然到 1943—1944 年其工业生产仍低于战前水平,但其军火生产从 1942 年底起就开始超过德国(1943 年苏联生产了 1.7 万辆坦克和自行火炮而德国只生产 7500 辆,苏联生产了近 3 万架飞机而德国只生产 2.1 万架),这就为苏军在苏德战场上的战略反攻提供了必要的物质基础。美国在二次大战所处的境况是主要交战国中最为有利的,但它仍然动员了巨大的生产能力、物质资源和科技力量投入战争。我们从美国战时军费支出的增长即可见一斑。美国 1941 年(珍珠港事变前)军事支出 60.3 亿美元,占国民收入的 5.7% ;1943 年军费支出 631.5 亿美元,占国民收入的 37% ,1945 年军费支出 812.1 亿美元,占国民收入的 44.8% 。在整个二次大战期间,仅美、英、苏、德等四国就生产了作战飞机 61 万多架、坦克 27.2 万辆、火炮近 68 万门、炮弹 18.2 亿发和枪弹 763 亿发,分别为一次大战时的 5.4 倍、29 倍、6.4 倍、3 倍和 2.3 倍。在战争期间,绝大部分的钢材和化工产品,几乎全部的有色金属,大量的石油和其他原料,都用于军火装备和供应战争需要。全球在战争中的直接军费支出高达 13520 亿美元,占各交战国家国民收入的 40% —

70%。个别国家在战争最紧张的年份，军费支出甚至超过其国民收入总和。例如日本1944年军费支出735亿日元，为同年国民收入569亿日元的129%。

动员一切科学技术力量，把最新的科技发明广泛而迅速地用于战争，这是无限化总体战争时代的特点。科学技术的发展，本来是源于社会生产和生活的需要，其目的在于发展生产力和造福人类，本不应在于战争。科学进步的本身，最终也要求社会的进步。但在人类历史上，科学技术的应用和发展，常常取决于一定的社会阶级和集团的利益与政策。某些掌权的阶级和集团，某些经济政治和军事上的强国，为了其统治和称霸的目的，常把最先进的科学技术应用于战争。一次大战已经表现了这一特点，二次大战则更加充分地展现。战争是人和武器两者结合的较量。恩格斯在《反杜林论》中就曾经指出："……军队的全部组织和作战方式以及与之有关的胜负，取决于物质的即经济的条件，取决于人和武器这两种材料，也就是取决于居民的质与量和取决于技术。"①第二次世界大战的突出特点，就是战争的物质保障程度越来越依赖于现代科学技术。新式的飞机、坦克、火炮、军舰、爆炸物以及雷达等仪器的不断研制和改进，原有技术兵器的被淘汰和新式技术兵器的大批投产，使战争的方法和手段迅速变化。新技术、新工艺、新材料的发展和应用，出现了新的优质钢材、轻金属合金、塑料、合成橡胶；出现了快速金属切削法、模压法、压铸法、快速电焊法；出现了新的电化学、有机合成化学、无线电电子技术、火箭和喷气发动机技术以及原子能等，这一切使得战争具有了空前巨大的威力和破坏力。

千百万军队参战，大量新型武器装备的使用，作战空间广阔，战争时间的延长和日益激烈，所有的这一切都使物资消耗空前巨大。二次大战时平均每个士兵装备为10马力，日耗物资20公斤（一次大战时平均每个士兵装备0.4马力，日耗物资6公斤）。战争对经济的依赖程度越来越大。战争的进程和结局，很大程度上取决于能否为战争提供必要的物质保障。因此，各个交战国不仅最大限度地动员本国的人力、物力和科技力量进行战争，而且更加广泛地使用种种手段，加强打击对方的经济，破坏对方的工业潜力和交通线。例如，纳粹德国在大西洋等海域开展广泛的海上袭击和潜艇战；德、日法西斯

---

① 《马克思恩格斯选集》第3卷，第210页。

(它们的经济潜力相对弱于反法西斯阵营)大肆掠夺被其侵占的国家和地区,力图以战养战。美英则对德国(包括被德国占领的地区)和日本,实施大规模战略轰炸,等等,都是围绕着战争经济的斗争。

关于战略轰炸我们在前面一节已有阐述,至于潜艇战在一次大战时曾被威廉德国广泛使用过。由于英国是个岛国,其经济所需的资源大部分是依靠海运输入(如75%的石油、88%的铁矿、80%—90%的有色金属、91%的橡胶、89%的粮食、84%的肉类、93%的食用油都靠海运输入)。因此,二次大战一开始,纳粹德国就立即展开了破坏英国海上交通线的作战。当时的德国潜艇司令邓尼茨,总结一次大战的经验,把单艇攻击发展为使用多艘潜艇结群攻击的"狼群战术",对英国航运造成了极大的威胁。除了潜艇战之外,德国海军初期还曾经以大型水面军舰组成小编队,在广阔的大西洋海域分散出击,对英国及其盟国的商船实施"打了就跑"的破袭战。由于德国海军水面军舰实力比英国处于很大劣势,在其最新型的"俾斯麦"号战列舰被击沉后,被迫停止了这种破袭战而专注于潜艇战。1941 年 12 月美国参战后,纳粹德国实施无限制的潜艇战。邓尼茨集中德国的远洋潜艇,在占全球航运 2/3 的北大西洋航线,开展大规模的潜艇结群攻击,力图使击沉美英盟国商船的吨位,超过美英所造新船的吨位(被称为"吨位战")。1942 年邓尼茨的"吨位战"取得了一定的成功。这一年德国击沉盟国船只 769.9 万吨,超过了美英所造新船的总吨位(718.2 万吨)。受到巨大威胁的盟国,成立了以丘吉尔为首的反潜艇战委员会,调集和投入 3000 多艘舰艇和 2000 多架飞机,研制和使用了最新科技的反潜作战手段(包括新式雷达和反潜航空母舰等),终于在 1943 年 5 月扭转了局势。反潜艇战的胜利,为美英集结大量军队和作战物资于英伦三岛扫除了障碍,这是后来盟军得以举行有史以来最大的诺曼底登陆战的重要条件。

游击战的发展也是无限化总体战争的突出表现。它从另一角度,展示了二次大战把整个国家、整个民族千百万人民群众都卷进去的特点。从历史上看,游击战是一种古老而特殊的战争样式。它的出现和发展首先同奴隶、农民起义和民族起义相联系,是军事上处于劣势的被压迫人民反抗统治者和侵略者的斗争手段。统治者们则往往视之为无政府状态的暴乱,在军事上视之为非正规的行动。虽然历史上不乏有识的军事家采用过游击战,但大多仅为某种特殊情况下的个别战术行动。在资本主义时代,美国独立战争、法国大革命和拿破仑战争,以及欧洲 1848 年革命,都出现过相当规模的游击战,并发展为人民战争。马克思和恩格斯在总结这些革命战争经验后,曾把游击战看作工人阶级武装起义的重要斗争形式。克劳塞维茨是从军事上论述游击战的第一人。他在其《战争论》中列出以“民众武装”为题的专章,强调“人民战争……是战争的整个发酵过程的扩大和加强”,并论述了游击战的原则和条件。一次大战时,英国军官 T · E · 劳伦斯,曾率阿拉伯部落军队在土耳其从事游击战,被西方一些史家推崇为第一位游击战专家。尽管如此,一次大战时并未出现大规模的游击战。

二次大战是从法西斯国家对弱小国家的侵略逐步发展起来的,因而一开始就出现了被侵略国家人民以游击战方式,反抗军事上处于优势的敌人。随着德日意法西斯侵略的扩大,在遭受法西斯铁蹄蹂躏的亚、非和欧洲 20 多个国家中,都展开了游击战争,游击队人数上千万人。二次大战中的游击战,不仅范围空前广阔、规模空前宏大,而且具有历史上前所未有的战略性地位和作用。尤其是中国抗日游击战,从一开始就不仅只是对正规战起配合作用的战术范畴。在中国抗日战争的战略防御阶段,游击战争担负着开辟敌后战场、创建根据地、牵制与打击敌人、配合正面战场作战的战略任务。在战略相持阶段,游击战争担负着坚持敌后抗战、发展与巩固根据地、消耗与削弱敌人、支援正面战场作战、积蓄力量逐步从游击战向正规战转变和准备反攻的战略任务。在战略反攻阶段,游击战争则转变为正规战,展开大规模反攻,收复失地。正是在中国抗日战争中,毛泽东在历史上第一个提出游击战的战略问题并进行了系统的论述,成为当代世界军事科学的重要内容。①

总之,在无限化“总体战争”的时代,战争已成了整个国家和民族的军事、政治、经济、科技、思想、文化和人的素质的全面较量。发动第二次世界大战的德、日、意法西斯国家,综合国力远远落后于反法西斯国家,它们的称霸野心同其实力存在尖锐矛盾。为此,德日意法西斯煽动狂热的民族主义和军国

---

① 一些西方军事家认为世界上有 4 大主要战略:大陆战略、海洋战略、航空和宇宙空间战略、毛泽东的游击战战略。他们认为,游击战在当今常规战争范围内是唯一的威慑力量,因为“面对遍及全国的游击战的前景足以使入侵者气馁”。

主义，采取提前动员和先期把国民经济转上战争轨道，不顾国力地片面发展军事实力，企图依靠其一时间的军力优势，通过分化瓦解对手和实行突然袭击、速战速决的战略，实现其霸权主义的野心。它们虽然曾经得逞于一时，却无法从根本上改变战争的最终进程和结局。当反法西斯国家克服了种种矛盾，动员起来和联合起来之后，反法西斯同盟巨大的综合力量优势就显露出威力，终于决定了德、日、意法西斯的覆灭。

## 三、无限化的打击与杀伤

人类战争的本身，具有一种自然的无限化的暴烈性。著名普鲁士军事理论家克劳塞维茨，曾阐述过人类战争这种无限的暴烈性。首先，一方对另一方使用暴力，另一方就必然要报之以相应的暴力；这种相互的作用，就把战争的暴力行动推向极端，这是无限的。其次，一方为了使对方屈服，就必然要使用一切手段，运用一切新发明的武器来压倒对方。这样，随着科技的进步和武器的发展，战争的暴烈性将不断增加，这也是无限的。克劳塞维茨由此得出结论："战争是一种暴力行为，而暴力的使用是没有限度的。"[①]事实上，早从拿破仑战争起，人类战争就迅速向着无限化的方向发展。当然，它的上升不是直线的而是有起有伏，但总体上是向着无限化方向发展。这种战争历史运动，伴随着世界从自由资本主义过渡到垄断阶段，最终使人类在20世纪进入到无限化总体战争时代。

第一次世界大战是人类进入无限化总体战争时代的开始，第二次世界大战则达到了登峰造极的地步。在这个时代，人们进行战争所奉行的信条（或曰原则）是：固守绝对的目标，使用绝对的手段，谋求绝对的胜利。这在二次大战得到了充分的反映。无论是法西斯侵略国一方，还是反法西斯同盟国一方，都在战争中贯彻了这一无限化总体战争时代的战争原则。纳粹德国的扩张侵略，不仅是一般地要重新瓜分世界，而且要征服整个欧洲以至全世界，把所谓"新秩序"的法西斯统治推至所有的地方。东方的日本法西斯也是如此，

---

① 克劳塞维茨：《战争论》，军事科学出版社1977年版，第3—7页。

它要用所谓“大东亚共荣圈”，把整个亚太地区圈到它的军国主义统治之下。法西斯侵略国家实施这种无限化的总体战争，促使被它们侵略和威胁的国家和人民，起而动员全民力量进行彻底打败法西斯侵略国家的总体战争。正是在这样的背景下，人类以空前的规模和速度，把最先进的科技和所有创造发明，全都用于进行战争；把整个民族、整个国家以至几乎整个世界的人力和物力，全都投入到战争之中，造成了战争空前的规模、空前的暴烈、空前的破坏，出现了人类有史以来最无限化的打击与杀伤。

这种无限化的打击与杀伤，首先是来自于法西斯的侵略。

日本法西斯 1937 年 7 月发动全面侵华战争，利用其现代工业生产出来的机枪、大炮和飞机，甚至包括国际公法禁止的化学毒气[①]，大举入侵中国的华北、华东、华中和华南，在一年零三个月的时间内，占领了中国 13 个省的 160 万平方公里土地，包括 340 多座城市和 900 多个县城，杀伤了数百万中国军民。日本法西斯不仅在战场上实施无限化的打击与杀伤，而且大量屠杀手无寸铁的中国平民和放下武器的中国军队俘虏。1937 年 12 月日军攻占当时中国国民政府所在地南京后，屠杀了 30 万中国平民和俘虏，约占当时南京人口的一半[②]，制造了惨绝人寰的大屠城。据 1947 年中国审判日本战犯军事法庭的查证，日军仅有组织地一次屠杀数千人以上的大血案就有 10 起：12 月 15 日在上元门外马路至鱼雷港江边，以机枪射杀被捆绑的俘虏和平民 9000 多人；16 日把聚集在华侨招待所的难民 5000 余人，押至中山码头以机枪射杀然后抛尸江中；17 日在煤炭港以机枪射杀所拘禁的平民 3000 余人，继对未死者浇上汽油活活烧毙；18 日把拘禁在幕府山的俘虏和平民 5.7 万人，用铅丝捆绑押至下关草鞋峡以机枪射杀，对尚能挣扎者继用刺刀戳毙，全部尸骸浇上汽油焚化……除了集体屠杀外还有大量的分散屠杀，最典型的是两个日军少尉向井敏明和野田毅，在侵占南京时约定进行杀人比赛，看谁用刀首先斩杀 100 个中国人。他们从句容杀到汤山，向井斩杀了 89 人，野田斩杀了 78 人，因未满百人又继续杀下去。12 月 10 日两个刽子手相遇紫金山下，野田说“我

---

① 在全面侵华战争的初期，日军就在华北、淞沪、徐州、山西的作战中大量使用化学武器。参见纪学仁主编：《日本侵华战争的化学战》，军事译文出版社 1995 年版。

② 据资料记载：“七七事变”前南京人口百余万，日军侵占前逃亡后方一部分，到 11 月底尚有约 50 万，加上留城中国官兵和外地难民，总人口仍在 60 万以上。

杀了105人”,向井说“我杀了106人”,因未能确定谁首先杀满100人,于是再赌看谁先杀满150个中国人……这种屠杀是同强奸、抢劫、纵火等暴行同时进行的。整个南京城约1/3被焚毁。当时留在南京的美籍教授贝德斯博士气愤地说:“我找不出什么东西足以超过日军的暴行,南京已完全成了活地狱。”就连纳粹德国当时留守南京的外交官罗森,在他递交德国外交部的报告中也说:“这不是个人的(行为),而是整个陆军、即日军本身的残暴和犯罪行为。”①

日本法西斯不仅杀中国人,而且也对亚洲其他国家和美英等西方国家实施无限化的打击与杀伤。它依靠其现代化的海空军,在1941年12月突袭美国的珍珠港、关岛和美英在马尼拉、新加坡的军事基地,以从中国战场抽调出来的陆军11个师团,登陆侵占马来亚、缅甸、菲律宾、印度尼西亚和西南太平洋一系列岛屿。日军在太平洋战争中,同样不仅在战场上实施无限化的打击与杀伤,而且虐杀平民和俘虏。其中最臭名昭著的是“巴丹死亡行军”和泰缅“死亡铁路”。1941年12月日军登陆菲律宾群岛,美将麦克阿瑟率8万美菲军退守巴丹半岛陷于困境。翌年3月麦克阿瑟撤往澳大利亚,4月初美军少将金率留守的7万官兵投降,日军强迫他们在缺粮的恶劣条件下步行80英里到战俘营,沿途虐杀美菲军俘虏1万人(其中美军2000人)。1942年10月—1943年11月,占领缅甸的日军强征缅、泰、马来亚和爪哇等地27万劳工和6.1万美英战俘,在极端恶劣的条件下强迫他们以奴隶式的劳动,修筑从泰国班邦至缅甸丹彪扎亚的长250英里的铁路,约有10万名劳工和1.6万名美英战俘因此死亡,被称为“死亡铁路”或“地狱之路”。

在欧洲,德国法西斯以其更加现代化的先进武器,实施无限化的打击与杀伤。

1939年9月1日,纳粹德国投入54个师(包括所有坦克摩托化部队,共2800辆坦克和2000架飞机)闪击波兰。9月25日在波兰战争实际已告结束的情况下,希特勒仍下令出动1200架飞机滥炸华沙,致使全城一片火海,造成严重的破坏和死伤。

---

① 军事科学院军史部:《第二次世界大战史》第1卷,军事科学出版社1995年版,第536—548页。

1940年4月,德军出动14万人、1300架飞机和234艘舰艇,进攻丹麦和挪威。

同年5月10日,纳粹德国出动136个师、2450辆坦克、3800架飞机,全线进攻西欧。6个星期的战争,仅法军就伤亡20万人、被俘150万人。

1940年8月,纳粹德国对英国开始了有史以来最大规模的空中攻击。德国空军接连每天出动千余架次,最初以英国空军基地为攻击重点。9月7日晚,德机千架首次大规模空袭伦敦,投弹775吨。以后连续轰炸伦敦,使英国首都的市区1/5损毁。从11月初起德机又扩展至普遍夜袭英国各工业城市,一直延续到翌年5月。英国被炸死炸伤14.7万人,损毁房屋100多万幢,其中考文垂几乎全城被毁。

1941年4月,纳粹德国以压倒优势的兵力,大举入侵南斯拉夫和希腊。仅战争开始的头三天,就接连每日出动500架飞机,对毫无防空力量的贝尔格莱德狂轰滥炸,炸死1.7万人,伤者无数,全城一片瓦砾。

1941年6月,纳粹德国以190个师、4300辆坦克和5000架飞机,总兵力550万人全面进攻苏联。希特勒断言:当实施"巴巴罗萨"时,"全世界将会大惊失色,难置一言"。他下令:要以"空前残酷无情的严厉方式"进行这场战争,"莫斯科即使投降也不予接受",列宁格勒要"用炮击和连续的空军轰炸把它夷为平地,我们对于这样一个大城市的人口连一部分也不想保留"。

……

正是法西斯侵略这种无限化的打击与杀伤,促使被它们侵略的国家和人民起而实施彻底打败法西斯侵略国家的无限化总体战争。1940年5月13日丘吉尔就任英国战时内阁首相时在下院的演说就反映了这一点。他说:"诸位问,我们的目的是什么?我可以用一句话来回答:赢得胜利——不惜一切代价去赢得胜利,不畏艰险去赢得胜利。不管道路多么漫长和多么艰难,还是要赢得胜利,因为没有胜利就没有生存。"①1941年7月3日,斯大林在纳粹德国进攻苏联后发表的广播演说,也表达了这一点。他说:"这次与法西斯德国进行的战争,不能认为是通常的战争。这个战争不仅是两国军队间的战争。它是全苏联人民反对德国法西斯的战争,其目的不仅是要消灭临到我国

---

① 丘吉尔:《第二次世界大战回忆录》第2卷,第37—38页。

面前的危险，而且还要援助那些呻吟于德国法西斯枷锁下的欧洲各国人民。”斯大林号召：“把人民的一切力量都用去歼灭敌人。”[①]当二次大战的战局出现转折时，1943 年 1 月在卡萨布兰卡的美英首脑会议上，罗斯福提出：“这次战争的目标可以列成这样一条简单的公式：要德国、意大利和日本的无条件投降。”[②]斯大林在 1944 年“五一”国际劳动节的特别命令中也宣告：“我们的任务不能以把敌军逐出我们祖国境外为限。现在德军正如一只受了伤的野兽，不得不爬往自己的洞穴——德国——边境去医治创伤……必须跟踪追击这只受了伤的德国野兽，一直追到它的洞穴里，把它完全打死为止。”[③]这都同样反映了这一无限化总体战争时代的战争原则。

正是在这样的背景下，出现了如下人类历史上前所没有的大战役：

1942 年 7 月—1943 年 2 月的斯大林格勒会战（苏德双方先后投入兵力各 200 万），此战成为苏德战场以及整个二次大战的转折点。

1943 年 8—12 月的第聂伯河大会战（苏军投入 263 万人、5.1 万门炮、2400 辆坦克、2850 架飞机；德军投入 124 万人、1.2 万门炮、2100 辆坦克、2100 架飞机）。

1944 年 6—7 月的诺曼底登陆战役（美英盟军投入近 300 万人、5000 多艘舰船、1 万多架飞机；德军 58 个师、500 余艘舰艇、500 架飞机），此战美英在欧陆开辟第二战场，纳粹德国面临苏军与美英盟军从东、西两面的夹击。

1944 年 6—8 月的白俄罗斯战役（苏军投入 140 万人、3.1 万门炮、5200 辆坦克、5000 多架飞机；德军 120 万人、9500 门炮、900 辆坦克、1350 架飞机），此战苏联开始打出国门，进入波兰境内。

1944 年 6 月的马里亚纳海战（美军投入航空母舰 15 艘、舰载飞机 890 架、战列舰 7 艘等；日本航空母舰 9 艘、舰载飞机 430 架、岸基飞机 560 架、战列舰 5 艘等），此战日本海军航空力量基本覆灭。

1944 年 10 月的莱特湾海战（美军投入航空母舰 34 艘、舰载飞机 1400 架、战列舰 12 艘、重巡洋舰 10 艘；日本航空母舰 4 艘、舰载飞机 116 架、岸基

① 斯大林：《论苏联伟大卫国战争》，莫斯科外文出版局 1950 年版，第 16—17、124 页。
② 斯大林：《论苏联伟大卫国战争》，莫斯科外文出版局 1950 年版，第 16—17、124 页。
③ 舍伍德：《罗斯福与霍普金斯》（下册），商务印书馆 1980 年版，第 320—323 页。

飞机300架、战列舰9艘、重巡洋舰13艘)，此战为历史上最大的海战，日本海军力量基本覆没。

1945年1—2月的维斯瓦河—奥得河战役(苏军220万人、3.3万门炮、7000辆坦克、5000架飞机；德军近100万人、5000门炮、1200辆坦克、600架飞机)，此战苏联进至离柏林60公里。

1945年4—5月的柏林战役(苏军250万人、4.2万门炮、6250辆坦克、7500架飞机；德军120万人、1万余门炮、1500辆坦克、3300架飞机)，此战苏军攻克柏林，迫使希特勒自杀，纳粹德国投降。

1945年8月6日和9日，美国把刚刚研制出来的两颗2万吨当量的原子弹，投掷到广岛和长崎，使20万人伤亡，这是人类战争史上一次攻击所造成的最大伤亡。

核武器(原子弹)的出现，是二次大战成为人类战争历史运动达到顶峰的重要标志。早在30年代一些物理学家已经认识到，通过像铀和钚这种重元素裂变会释放出巨大的能量，由此有可能造出破坏力比化学炸药大得多的炸弹。原子物理学的理论成果是公开的，但把它应用到军事上则是绝密的。二次大战期间，德、英、法、美、苏以至日本，都先后着手研制原子弹。纳粹德国1939年就成立了代号"U工程"的机构进行研制。由于希特勒推行反动的种族政策，强调自然科学也有"种族性"，划分所谓"德意志科学"和"非德意志科学"(如爱因斯坦是犹太人，他的相对论就被划为"犹太物理学"而受到攻击)，结果造成因大批"非德意志"的原子物理学家被驱逐而使上述研究受挫。法国则因1940年在纳粹德国闪击下迅速败降而中断。很多德国和法国的原子物理学家逃亡到美国。英国的研究开始时处于领先地位，曾成功地试验了分离铀$^{235}$的方法，但它处于战争的紧张关头，缺乏足够的人力物力进一步研制。随着美英的结盟，英国后来转到了同美国进行合作研究。爱因斯坦等从德国流亡美国的科学家，1939年联名致函罗斯福总统建议研制原子弹。1941年12月珍珠港事变后，美国展开了代号"曼哈顿计划"的庞大研制原子弹工程，投入22亿美元、数千名科学家和50万工人。日本则是在1941年春开始有关制造原子弹的研究。该研究由当时的陆军航空技术研究所所长安田武雄中将主持，具体研究工作由东京理化学研究所的原子物理学博士仁科芳雄负责。东条英机还曾在1943年春向已升任航空本部部长的安田武雄下达过

“促进研制”的命令。随后海军也加入研究(委托京都大学荒胜文策的研究所负责)。虽然日本没有来得及研制出原子弹,但正如参加这一秘密研制工作的铃木辰三郎(当时的日本陆军中佐,现为岩木明星大学校长)在前不久所供认的:“如果我们能研制出原子弹,我们当时就会对美国……投放这种武器。”①

我们可以说,第二次世界大战已把战争推到了能够毁灭整个人类文明的极端界限。战争向着无限化方向发展已经达到了一个“临界点”。物极必反。从此人类已经不能再把自己的全部能力和手段都投入战争了。人类战争发展史上,一直没有占据主导地位的那种制约和控制战争的趋势,在二次大战之后就开始上升到了主导地位,这是人类战争历史运动的重大转折。从此,人类就从无限化总体战争时代,进入到一个新的有限战争时代。

## 四、战争教育了人民,人民赢得战争

丘吉尔在他的名著《第二次世界大战回忆录》中讲到,罗斯福曾经问他:对于这次战争应该起个什么名称?丘吉尔立即说:“非必然的战争。从来没有一次战争比这次战争更容易加以制止的了。”

的确,当30年代初,德日意三个法西斯国家开始走上扩张侵略道路之时,英法美等西方民主国家和社会主义苏联,无论在国力上还是所处的战略态势上均占有很大优势。如果它们在法西斯发动局部侵略战争过程中,能够联合起来制止侵略,那么这场人类历史空前的浩劫,确实很容易加以制止。然而,当时这些大国,都在不同程度上采取民族利己主义的立场。英法推行绥靖政策,力图牺牲别国利益去同法西斯妥协,甚至想将“祸水东引”,以实现“西方无战事”。美国则实行孤立主义,通过“中立法”,利用自己远隔重洋的优势,大做军火生意以发战争财。苏联起初曾经倡导集体安全,但在西方国家推行绥靖政策的情况下,于慕尼黑会议后便退向中立自保,同纳粹德国签订“互不

① 参见:日本《宝石》月刊1995年1月号、合众国际社东京1995年7月19日电、时事社东京1995年7月20日电。

侵犯”条约，对西方国家也来了个“祸水西推”。结果，德日意法西斯侵略者，得以实行各个击破的策略，通过局部侵略战争，掠夺资源，扩充实力，抢占战略要地，摧折对手侧翼，逐步走向了发动全面的世界大战。

1931年日本法西斯侵占中国东北，点燃了二次大战的第一把战火。到大战全面爆发前的1938年底，日本军队已进到武汉、广州一线，侵吞了半个中国。1935年意大利法西斯侵占埃塞俄比亚，在东非点燃了第二把战火。随后，德意武装干涉西班牙，希特勒吞并奥地利和捷克，到1939年纳粹德国进攻波兰，二次大战全面爆发。1939—1941年间，德、意法西斯迅速席卷了波兰、北欧、西欧、巴尔干、地中海和北非。1941年6月德国进攻苏联，12月日本发动太平洋战争。战火烧遍全球。德日意法西斯侵占了几乎整个欧洲、东亚和西南太平洋、北非和地中海，建立了法西斯统治的所谓“欧洲新秩序”和“亚洲新秩序”。

“和平不可分割”。这个30年代有识之士提出的口号是完全正确的。原来一心想自己避免战祸的西方大国和苏联，最终都在对自己十分不利的态势下，遭到法西斯国家的突然袭击，不仅被迫卷入战争，而且丧师、失地，甚至亡国（如法国）。

战争虽然残酷，但也教育了人民。德日意法西斯的侵略，起了激发各国人民奋起斗争的作用。亚、非、欧、美洲和大洋洲许多国家的人民，相继投入反法西斯侵略，并逐步联合起来，形成了伟大的世界反法西斯战争。

中国人民在世界上第一个举起了反法西斯战争义旗。在“九一八”事变后的头两年，中国东北奋起武装抗日的就有30多万人。中国共产党是领导人民抗日斗争的中坚。它实行抗日民族统一战线，团结一切可能的力量抗击日本侵略。1937年“七七”事变之后，中国人民更开展了全面的反法西斯抗日战争，在15个月内粉碎了日军速战速决灭亡中国的战略，迫使其在华停止战略进攻。历史事实表明，中国人民在欧洲国家（除西班牙）开始反法西斯战争之前，就进行了八年（1931—1939）的反法西斯侵略的武装斗争。中国人民第一个建立广泛的民族统一战线，在欧洲国家展开全面抗德战争之前，就进行了两年多（1937—1939）的全民族反法西斯抗日战争。中国人民第一个以自己的英勇抗战，挫败了法西斯国家的速战速决战略，在纳粹德国横扫欧洲大陆之前，就使日本法西斯陷入长期战争的泥潭，牵制了德日法西斯的勾结，支援了苏联和西方国家后来的抗战。

中国人民的抗日战争和西班牙人民反德意武装干涉的战争，都获得了世界民主进步力量的广泛同情与支持。但最早的国际性反法西斯同盟，是以英法为核心、先后包括波兰、比利时和荷兰的同盟。1939 年纳粹德国进攻波兰前夕，英法波通过双边的互助条约正式结成同盟。但当时英法政府尚未完全抛弃绥靖主义的幻想，当德国大举进攻波兰时，英法政府虽然于 9 月 3 日相继对德国宣战，却背弃了所许下的援波诺言，也不顾自身的战略利益，按兵不动，躲在马其诺防线背后消极观战，演出了一幕"奇怪战争"。法国败降后，英国成了在西欧孤军抗击德意法西斯的国家。流亡伦敦的戴高乐举起了"自由法国"的旗帜，组织在英国领土上的法国武装力量和海外法国人民，继续进行抗德战争。同时，比利时、荷兰、卢森堡、波兰、捷克斯洛伐克、挪威等被德国侵占国家流亡伦敦的政府，也在英国支持下相继声明坚持抗德战争。因而，一个新的欧洲反法西斯同盟正在重新兴起。不过在苏美未参加之前，终究没有形成世界反法西斯同盟。

二次大战是世界性的联盟战争，但双方都不是在完成各自的联盟之后才开始战争的。从法西斯侵略国家方面来说，它们是各自按照自己的战略，分别在不同地区以不同方式发动的。1936—1937 年间签订的反共公约，仅属外交上的相互声援呼应，并没有达到军事结盟的程度。1939 年 5 月德意缔结"钢铁盟约"，虽然双方承担了军事义务，但当德国进攻波兰和英法对德宣战后，意大利却一直处于"非交战国"状态。日本则宣布不拟参加这次欧战，确定"以处理中国事变为重心，对外坚持自主立场"。1940 年希特勒闪击西欧的成功，助长了纳粹的气焰，鼓励了日本和意大利的侵略野心。在法国投降前夕，墨索里尼才对英法宣战。日本则在法国投降后，确定南进夺取英法在南洋的势力范围。德日意法西斯终于在 1940 年 9 月签订了三国军事同盟条约，正式结成法西斯侵略集团。

法国的败降、日本的南进，以及德日意的结成军事同盟，震动了整个世界。美国越来越感觉到了德日法西斯在两洋的严重威胁。就在德日意三国军事同盟条约签订的第二天，罗斯福在白宫召集国务卿和三军首脑会议，明确指出："我们第一位的忧虑在于大西洋，希特勒是对西半球、大西洋文明的主要威胁"，确定"先欧后亚"的战略方针，把援助英国作为对付德国的"第一道防线”,美英走向同盟。

1941 年 6 月 22 日,希特勒撕毁苏德互不侵犯条约,全面突袭苏联。法西斯猖狂的侵略行动,进一步从反面起了教育和动员各国人民联合起来的作用。英美政府相继声明援助苏联。斯大林在 7 月 3 日广播演说中表示:苏联“为保卫祖国自由而进行的战争,将同欧洲和美洲各国人民为争取独立、民主、自由的斗争汇合在一起。这将是各国人民争取自由、反对希特勒法西斯的奴役和奴役威胁而结成的统一战线”。于是,苏联先后同英国以及在伦敦的捷、波、比等流亡政府,签订了一致对德作战的协定,正式承认戴高乐领导的“自由法国”。1941 年 8 月,罗斯福和丘吉尔乘坐军舰在大西洋上会晤,举行了二次大战期间的第一次美英首脑会议,发表了关于反法西斯战争目的和战后世界结构的一系列民主原则,即著名的《大西洋宪章》。同年 9 月,苏美英三国在莫斯科举行会议,签订了二次大战期间第一个三国议定书(关于美英援苏的协定)。同时,苏联、自由法国和捷、波、比、荷等 24 个国家声明赞同《大西洋宪章》。

1941 年 12 月日本偷袭珍珠港,太平洋战争爆发,美国正式参战。12 月 22 日,罗斯福和丘吉尔在华盛顿举行代号为“阿卡迪亚”的两国首脑会议,罗斯福倡议由所有对轴心国作战的同盟国家签署一项共同宣言。美国提出了宣言草案,经与英、苏政府磋商修改之后,用急电发给各盟国政府。1942 年 1 月 1 日,美英苏中四国代表(罗斯福、丘吉尔、李维诺夫、宋子文)首先在白宫总统书房里签字。翌日,其余 22 个国家的大使,齐集美国国务院,按国名英文字母顺序依次签字。这就是 26 个国家的《联合国家宣言》。它宣告:各签字国政府保证使用其全部军事和经济资源进行反法西斯战争,保证进行合作和不与敌人单独停战或媾和。《联合国家宣言》的发表,标志着世界反法西斯同盟的正式形成。

第二次世界大战是德日意法西斯侵略势力,同世界反法西斯民主力量之间的殊死搏斗。正是由于世界各国的反法西斯力量克服了种种(包括意识形态和社会制度不同)的矛盾与分歧联合起来,才奠定了最后胜利。经过世界各国人民的共同奋战,墨索里尼首先在 1943 年垮台,意大利于 9 月 8 日宣布投降。1945 年 5 月苏军攻克柏林,希特勒自杀,德国于 5 月 9 日正式签署无条件投降书。三个月后,这场首先在东方由日本法西斯燃起第一把战火的战争,终于在东方随着日本在8月15日宣布投降而胜利结束。在战胜日本法西斯的战斗中,亚洲各国人民起了重要作用;盟军在太平洋战场的大反攻给了它以致命的打击;苏联出兵中国东北和朝鲜加速了它的败降;而自始至终坚持抗战的中国人民则起了决定性作用。经过这场伟大的战争,各国人民的觉悟更加提高了,力量更加发展了,整个世界迈进到了一个新的历史时期。毛泽东在大战结束前夕1945年4月的中国共产党第七次代表大会上,这样总结了这场战争。他说:“战争教育了人民,人民将赢得战争,赢得和平,又赢得进步。”①

## 五、国际社会追究战争罪责

1945年11月20日上午,时钟刚敲过10点,21名纳粹德国主要战犯,在头戴白色钢盔的美国宪兵押解下,鱼贯进入纽伦堡国际军事法庭,开始听候审讯。这一历史性的时刻,是世界人民用流血牺牲的斗争赢得的。

法西斯国家是发动第二次世界大战的罪魁祸首。早在1942年1月,被纳粹德国侵占的比、希、卢、挪、荷、波、南、法等8个国家在伦敦的流亡政府,就联合发表宣言,决定要通过司法手段惩办战争罪犯。1943年10月,英、中、法、美等17个国家在伦敦成立“联合国家战罪委员会”,为战后审判战犯作准备。同月,苏美英三国莫斯科外长会议,通过了《关于希特勒分子对其所犯罪行责任问题的宣言》。这个由斯大林、罗斯福、丘吉尔签署的宣言载明:战争罪犯“将被解回犯罪地点,由他们所曾迫害的人民予以审判”。宣言警告战争罪犯们:“……三个同盟国必定要追赶他们到天涯海角,将他们交给控诉他们的人,俾使公道得以伸张。”1945年5月纳粹德国投降后,美英苏中四大国在旧金山的联合国制宪会议上,就设立国际军事法庭审判战犯有关事宜达成共识。同年7—8月苏美英三国首脑签署的《波茨坦会议议定书》,列入了设立国际军事法庭审判战犯的条款;同时发表的中美英三国促令日本投降的《波茨坦公告》严正声明:“吾人无意奴役日本民族或消灭其国家,但对于战罪人

① 《毛泽东选集》第3卷,人民出版社1953年版,第1053页。

犯，包括虐待吾人俘虏者在内，将处以法律之严厉制裁。”

1945年8月8日，美英苏法四国在伦敦正式缔结了《关于控诉和惩处欧洲轴心国主要战犯的协定》及其附件《欧洲国际军事法庭宪章》（简称《伦敦协定》）。随后有20个国家加入该协定。它规定了国际军事法庭的目的、任务、职能、机构和管辖权；规定美英苏法四大国各派一名审判官和一名代理审判官，主持审讯和判刑事项；规定对战犯进行起诉的是——“破坏和平罪”（指策划、准备、发动或进行侵略战争）；“战争罪”（指违反战争法规和惯例，包括虐待或杀害俘虏、人质、劳工以及掠夺财产、破坏城镇等）；“违反人道罪”（指在战争发生前和战争期间，对任何平民的杀害、灭绝、奴役及其他不人道的行为）；还规定每个被告有权任选德籍律师一名，允许被告加以申辩。

审判地点选定纽伦堡有其特殊意义，因为该城从1927年起，即为纳粹党历届党代表大会的地点，被希特勒“誉”为第三帝国党代会之城；另外，纳粹当局1935年在该城颁布过一个迫害犹太人的法律，即臭名昭著的“纽伦堡法”，由此开始了大规模的迫害和灭绝犹太人的运动。

开审之前，盟国作了大量的准备，从总数逾千吨的缴获纳粹文件（包括外交和军事记录、信札、日记等）中精选出可作证据的材料，集中了一批证人，把受审的战犯押解到纽伦堡的专门监狱（由美军上将、心理学家安德鲁斯当狱长）。审判庭在纽伦堡法院的正义宫，大厅正面竖立着美英苏法四国国旗，旗前为身穿黑色法衣的审判官（苏联审判官着军服）；对面是律师席，被告的纳粹战犯在律师席后。大厅左、右两侧分别为检察官和证人席，大厅内有数排专供各国记者的座位，旁听席设在大厅楼上。审判庭长由英国大法官杰弗里·劳伦斯担任，负责起诉的是由来自美英苏法四国的16名代表组成的委员会。

在被告席占据首位的是纳粹二号人物戈林，这个昔日脑满肠肥的前希特勒接班人，体重已从280磅骤降到200磅。他张大眼睛直盯审判法官席，盘算着作一番垂死挣扎的狡辩。前纳粹三号人物、希特勒的副党魁赫斯，他在三年半前单独驾机伞降英国，据说是图谋促使英德停战，以利德国东进攻打苏联（此事成为二次大战中的一个历史之谜），以后一直被英国关押。现在赫斯坐在被告席上，神情错杂地翻着一本书。曾在国际舞台飞扬跋扈的纳粹外长里宾特洛甫，脸色苍白地垂头坐在第三被告席上。此外，坐在被告席上的还有:纳粹德国武装部队最高统帅部长官(实际上是希特勒的总参谋长)凯特尔;纳粹德国潜艇部队司令、海军总司令邓尼茨(他在1945年5月1日希特勒自杀后,按其遗嘱继任德国总统和武装部队最高统帅);纳粹德国中央保安局长卡尔登勒鲁纳;纳粹德国内政部长弗里克;被称为“天字第一号犹太迫害狂”的纳粹党大区领袖施特莱彻;纳粹“理论家”、战时东方占领区事务部长罗森堡;纳粹德国驻波兰占领区总督弗兰克;纳粹德国驻奥地利、波兰(副)和荷兰占领区总督赛斯-英夸特;德国国家银行总裁、军事经济全权总办、不管部长沙赫特;纳粹德国经济部长丰克;纳粹德国军备和战时生产部长施佩尔;纳粹德国战时劳工全权总办绍克尔;纳粹德国武装部队最高统帅部作战局长约德尔;纳粹德国海军总司令雷德尔;德国前总理、纳粹德国驻奥地利和土耳其大使巴本;纳粹党青年领袖席拉赫;德国前外长、纳粹德国驻波希米亚和摩拉维亚保护长官牛赖特;纳粹德国宣传部出版、广播司长弗里茨彻等。另外,以阴险恶毒著称的纳粹党全国总管鲍曼,在逃未缉拿归案,缺席审判;纳粹德国劳动阵线头目莱伊,在候审的监狱中畏罪自杀;德国军火大王、垄断资本家、75岁的古·克虏伯,以“中风和年老昏聩”未出庭受审(他的儿子阿·克虏伯,后来在1948年纽伦堡的美国军事法庭受审,被判处12年徒刑和没收全部财产,但3年之后又被美国当局大赦释放,并发还全部财产)。

纽伦堡国际军事法庭经过403次公开审讯,历时近一年,于1946年10月1日宣布判决:戈林、里宾特洛甫、凯特尔、卡尔登勃鲁纳、弗里克、施特莱彻、罗森堡、弗兰克、赛斯-英夸特、绍克尔、约德尔和鲍曼(缺席判决)等12人为绞刑;赫斯、雷德尔和丰克为无期徒刑;施佩尔和席拉赫为20年徒刑;牛赖特为15年徒刑;邓尼茨为10年徒刑;沙赫特、巴本和弗里茨彻无罪释放。另外,宣告纳粹党领导机关、秘密警察(盖世太保)、保安勤务处、党卫队为犯罪组织。苏联法官对判决沙赫特、巴本和弗里茨彻无罪,判决赫斯无期徒刑,以及不宣告纳粹德国政府、国防军参谋本部和德国武装部队最高统帅部为犯罪组织表示反对,并在判决书中保留了自己的意见。随后,法庭驳回戈林、里宾特洛甫等7人的上诉,于10月16日执行判决。在行刑前两小时,戈林瞒过监狱看守服用氰化钾自杀。里宾特洛甫成为第一个上绞刑架的纳粹战犯。其他被判徒刑的纳粹战犯,押解到西柏林专门的施潘道监狱服刑。到1966年10月,施潘道监狱只剩下赫斯一个囚犯。1987年8月,93岁的赫斯在监狱后花园的小屋内死亡，有说是自杀有说是他杀，也是一个谜。

对日本战犯的审判（东京审判）晚半年多开始。经盟国授权，驻日盟军最高统帅麦克阿瑟于1946年1月颁布《远东国际军事法庭宪章》（同年4月进行过修正）。东京审判只审理和惩办甲级战犯（即"破坏和平罪"者），对乙、丙级战犯（即违反战争法规和惯例者，以及违反人道罪者），由被日本侵略的国家设庭审判。远东国际军事法庭由澳大利亚的韦伯任首席法官，另有美、中、英、苏、加、法、菲律宾、新西兰、印度和荷兰的10名法官（中国法官为梅汝璈）；首席检察官是美国律师约·B·基南，另有主要来自上述国家的30名检察官。被正式起诉的甲级战犯是东条英机等28人。

东京审判的审讯从1946年5月开始，共开庭818次，出庭证人419名，书面证人779名，受理证据4336份。1948年4月16日法官退庭合议。同年11月4—12日宣读长达1231页的判决书，它陈述了从1928年起军部控制日本、对中国和苏联的侵略、太平洋战争、违反战争法规的暴行等。判决东条英机、广田弘毅、土肥原贤二、板垣征四郎、木村岳太郎、松井石根、武藤章等7人为绞刑；荒木贞夫、桥本欣五郎、畑俊六、平沼骐一郎、星野直树、贺屋兴宣、木户幸一、小矶国昭、南次郎、冈敬纯、大岛浩、佐藤贤了、岛田繁太郎、白鸟敏夫、梅津美治郎、铃木贞一等16人为无期徒刑；东乡茂德20年徒刑；重光葵7年徒刑。审讯期间，松冈洋右和永野修身病死"免予起诉"；大川周明因"发疯"中止审讯。东京审判由于主要受美国操纵，又是处在"冷战"开始的国际政治背景下，美国当局出于扶植日本向亚洲扩张的需要，包庇日本战犯，使许多战犯未受到应有的惩处，被判服刑的也在不久后就纷纷"宣誓出狱"，其中重光葵1950年11月便出狱重返政界，1954—1956年甚至出任日本鸠山内阁的外相和副首相。

纽伦堡审判和东京审判虽然都不够彻底，仍不失为世界人民对德日法西斯侵略罪行的一次全面清算。在第二次世界大战以前，人类历史上发生过无数次的侵略战争，但从来没有对发动和进行侵略战争的罪犯进行正义的国际审判。纽伦堡审判和东京审判，在人类历史上开辟了国际社会追究战争罪责、把战犯押上国际法庭接受法律惩处的先河。

# 结语:人类还能打世界大战吗?

20世纪是人类战争历史运动出现大转折的世纪。

在这个世纪的上半叶,接连发生了两次世界大战。以人类以前所未有的规模和速度,把最先进的科学技术和所有创造发明,全都用于进行战争。把整个民族、整个国家以至几乎整个世界的人力和物力,全都投入到战争之中。造成了战争具有空前的规模、空前的暴烈、空前的破坏,直到出现原子弹。战争的历史运动迅速走向了无限化的顶峰。但另一方面,世界大战的空前浩劫,又促使制约和控制战争的因素迅猛发展,达到了能够影响战争历史运动的程度。战争,这个人类社会的"怪物"、"恶魔",开始日益受到制约而走向下降运动。

人类还会打世界大战吗?

人类还能打世界大战吗?

世界上不少学者都分析过,20世纪下半叶没有再发生世界大战的原因,并列出了多方面的因素。据我个人看来,最具根本性的是如下两个因素:第一是毁灭性热核武器发展所产生的制约作用。对于一个拥有热核武器的大国来说,已经不能放手无限地使用战争手段,去解决国际政治和经济矛盾。第二是日趋加强的世界整体性发展所产生的制约作用。现在世界各国已经越来越相互依存,已是"你中有我、我中有你",构成了一个错综复杂的国际社会。人类已经从"零和关系"①发展到"共赢的全球关系"。这当然不是说,今天大家都成了爱好和平的国家,所有国家都不会再发动战争,也不是说它们之间和它们的内部没有尖锐的矛盾、斗争和震荡,而是说今天的人类已不能

---

① 所谓"零和关系",就是一方之所失,与另一方之所得,处于相等的关系。

再打无限化的总体战争了。

回首20世纪的历史,人们会发现,帝国主义列强的争霸,具有导致一再发生世界大战的趋势。但这并不意味着世界大战是注定不可避免或不可制止的。尤其是第二次世界大战前,一直存在着制止世界大战的可能性。其实,战争终究还是手段,而不是目的本身,即使对于那些热衷争霸的大国来说也是如此。要不要打?什么时候打?能不能打这样一场破坏性极大而后果又难以预料的世界性战争?这是一个十分严重的问题。其最后的发展结果,还是要取决于各国统治集团内部和外部的、国内和国际的各种力量的相互制约和斗争。对于世界大战能否避免的问题,必须进行具体的历史考察和分析,不可笼统地说能够避免或者不能够避免。但是,第二次世界大战已经把战争推到了能够毁灭整个人类文明的极端界限。战争向着无限化方向发展已经达到了一个"临界点"。物极必反。今后人类已经不能再把自己的全部能力和手段都投入战争了。

我们应该看到,导致战争与维护和平的因素从来都不是单一的。和平与发展、和平与民主、和平与世界的公正和平等,都是不可分割的。而恰恰在这些方面,世界仍然存在很多的问题。当人类从20世纪向21世纪过渡的时候,整个世界仍然处在矛盾、斗争和震荡之中。其中有两个矛盾最为突出:第一个是在世界经济迅猛发展中所出现的、新的贫富两极分化的矛盾。这个贫富两极分化之所以说是"新的",一是它同新科技革命基础上生产结构和社会结构的巨大变革紧密相连,因而与传统的贫富两极分化有不同的内容;二是这个贫富两极分化,同全球经济一体化的发展紧密相连,具有突出的世界性,因而同新的民族矛盾和民族主义浪潮交错在一起。其核心问题可以说,就是人们能不能以及如何才能使经济和科技迅速发展所带来的物质财富和精神财富,不仅在一个民族国家范围内,而且在世界范围内的社会全体成员中,得到比较合理的分配。第二个突出的矛盾,就是民族国家的利益与主权,同全球走向一体化趋势之间的矛盾。全球走向一体化的世界性趋势(虽然它目前首先是、也主要是表现在经济一体化的趋势上),不单是一般意义上的各个国家之间的国际联系和交流日益密切,而且是全球在经济、政治和社会的发展上日益相互依存。何谓内政问题,何谓国际问题,其界限越来越难以区分,越来越需要有国际性的组织来处理共同的经济、政治和社会问题。然而,由于现实中一直存在着严重的大国强权主义，由于历史造成的严重不合理的国际秩序，还由于大批原殖民地半殖民地落后国家刚刚取得民族独立，它们仍然需要加强自己的国家主权来保护自己的利益。因此，今天全球走向一体化的世界性趋势，同时并存着另一种世界性趋势——民族国家主权利益加强的趋势，两者之间发生着错综复杂的矛盾冲突，这就使国际社会变得更加敏感和脆弱。

人类在21世纪能否获得更多的和平与繁荣呢?!

这取决于众多复杂的因素。一切都必须放到特定的历史条件中，通过对同时存在而又相互制约的各种因素和关系的分析，才能比较准确地认识这个复杂的世界，才能比较准确地估计人类进入21世纪时的战争与和平的发展。

人类战争的走向消亡，最终不在于意识形态，不在于道德规范，甚至不在于政治制度和国际秩序的改造，而在于物质生产的发展。从根本上说，只有社会生产力发展水平达到极高的程度，产品像“泉水般地涌现出来”，物质财富能够充分满足人们的需要，并且在这个基础上（也只有在这个基础上才有可能），整个人类社会（包括人的本身）获得了飞跃提高，战争才会走向消亡，永久和平才会到来。

# 主要参考书目

《马克思恩格斯选集》

《列宁选集》

《毛泽东选集》

斯大林:《论苏联伟大卫国战争》,莫斯科外文出版局 1950 年中文版。

《日本军国主义侵华资料长编》,四川人民出版社 1987 年版。

李鉅廉、王斯德主编:《二次大战起源历史文件集》,华东师范大学出版社 1985 年版。

瓦尔特·胡巴奇编:《希特勒战争密令全集》,军事科学出版社 1989 年版。

吴春秋主编:《世界战争通鉴》,国际文化出版公司 1995 年版。

李鉅廉、金重远主编:《第二次世界大战百科词典》,上海辞书出版社 1994 年版。

朱庭光主编:《外国历史大事集》(现代部分),重庆出版社 1987 年版。

斯塔夫里亚诺斯:《全球通史》,上海社会科学院出版社 1992 年版。

张海麟等:《公理战胜强权的神话——第一次世界大战》,国防大学出版社 1993 年版。

汉森·W·鲍德温:《第一次世界大战史纲》,军事科学出版社 1991 年版。

罗斯图诺夫:《第一次世界大战史》,上海译文出版社 1982 年版。

军事科学院军史部:《第二次世界大战史》,军事科学出版社 1995 年版。

李鉅廉、潘人杰:《第二次世界大战》,华东师范大学出版社 1990 年版。

利德尔·哈特:《第二次世界大战史》,上海译文出版社 1978 年版。

A. J. P. 泰勒:《第二次世界大战的起源》,华东师范大学出版社 1991

年版。

苏联国防部军事历史研究所等:《二次大战总结与教训》,军事科学出版社1988年版。

温·丘吉尔:《第二次世界大战回忆录》,商务印书馆1975年版。

军事科学院军史部:《中国抗日战争史》,解放军出版社1991年版。

艾伯特·西顿:《苏德战争》,上海人民出版社1983年版。

格·康·朱可夫:《回忆与思考》,三联书店1972年版。

服部卓四郎:《大东亚战争全史》,商务印书馆1984年版。

H·帕姆塞尔:《世界海战简史》,海洋出版社1986年版。

纪学仁:《化学战史》,军事译文出版社1991年版。

J. F. C. 富勒:《战争指导》,解放军出版社1985年版。

李德哈特:《战略论》,内蒙古文化出版社1997年版。

吴春秋:《广义大战略》,时事出版社会,1995年版。

肯·N·华尔兹:《人、国家与战争》,上海译文出版社1991年版。

T. N. 杜普伊:《武器与战争的演变》,军事科学出版社1985年版。

保罗·肯尼迪:《大国的兴衰》,世界知识出版社1990年版。

迈克尔·曼德尔鲍姆:《国家的命运》,军事科学出版社1990年版。

安东尼·吉登斯:《民族—国家与暴力》,三联书店1998年版。

詹姆斯·多尔蒂等:《争论中的国际关系理论》,世界知识出版社1987年版。

杰弗里·帕克:《20世纪的西方地理政治思想》,解放军出版社1992年版。

И·A·谢列兹涅夫:《心理战:战争与意识形态斗争》,吉林人民出版社1981年版。

唐纳德·丹尼尔等:《战略欺骗》,军事科学出版社1991年版。

卡尔·迪·埃尔德曼:《德意志史》,商务印书馆1986年版。

威廉·夏伊勒:《第三帝国的兴亡》,三联书店1974年版。

艾伦·布洛克:《大独裁者希特勒》,北京出版社1986年版。

李鉅廉:《希特勒的战争谋略》,上海人民出版社1995年版。

瓦尔特·瓦利蒙特:《德国国防军大本营》,军事科学出版社1990年版。

冯·曼施泰因:《失去的胜利》,战士出版社 1980 年版。

古德里安:《闪击英雄》,战士出版社 1981 年版。

卡尔·邓尼茨:《十年与二十天》,军事科学出版社 1989 年版。

信夫清三郎:《日本外交史》上册,商务印书馆 1992 年版。

张宗平、汤重南:《2000 万中国人之死》,辽宁古籍出版社 1995 年版。

纪学仁主编:《日本侵华战争的化学战》,军事译文出版社 1995 年版。

丹尼斯·麦克·史密斯:《墨索里尼其人》,军事译文出版社 1985 年版。

约翰·惠勒-贝内特:《慕尼黑——悲剧的序幕》,北京出版社 1978 年版。

陈兼:《走向全球战争之路》,学林出版社 1989 年版。

舍伍德:《罗斯福与霍普金斯》,商务印书馆 1980 年版。

罗伯特·达莱克:《罗斯福与美国外交政策》,商务印书馆 1984 年版。

杨生茂等:《美国外交政策史》,人民出版社 1991 年版。

肯特·格林菲尔德:《二次大战中的美国战略:再思考》,解放军出版社 1985 年版。

西蒙:《谁出卖了法国》,良友复兴图书公司 1941 年版。

尤里·科罗利科夫:《间谍-左尔格》,新华出版社 1980 年版。

P. A. 施泰尼格尔编:《纽伦堡审判》,商务印书馆 1985—1988 年版。

《远东国际军事法庭判决书》,五十年代出版社 1953 年版。